| SEITE 46 | **REISEZIELE AUF ZYPERN** | ALLE ZIELE AUF EINEN BLICK
Fundierte Einblicke, detaillierte
Adressen, Insidertipps und mehr |

🛏 Unterkunft S. 204

Kyrenia (Girne) & die Nordküste S. 165

Famagusta (Mağusa) & die Karpaz-(Kırpaşa-)Halbinsel S. 185

Nord-Nikosia (Lefkoşa) S. 153

Troodos-Gebirge S. 65

Lefkosia (Nikosia) S. 129

Larnaka & der Osten S. 107

Pafos & der Westen S. 84

Lemesos & die Südküste S. 48

| SEITE 253 | **PRAKTISCHE INFORMATIONEN** | SCHNELL NACHGESCHLAGEN
Tipps für Unterkünfte, sicheres
Reisen, Smalltalk und mehr |

Allgemeine
Informationen.................. 254
Verkehrsmittel & -wege.. 261
Sprache........................... 268
Register.......................... 283
Kartenlegende............... 291

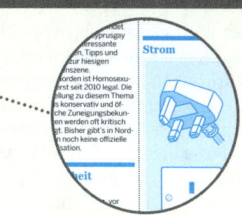

**Josephine Quintero,
Matthew Charles**

Willkommen auf Zypern

Grenzerfahrungen

Für Besucher wird es immer leichter, die so unterschiedlichen Kulturen des griechischen und türkischen Zyperns kennenzulernen. Aktuell verbinden sieben Grenzübergänge die beiden Landesteile, darunter zwei für Fußgänger in Lefkosia. Ausländische Touristen dürfen die Grenze überqueren und bis zu drei Monate bleiben, allerdings ist es nicht möglich, in den einen Teil Zyperns ein- und über den anderen wieder auszureisen.

Ab ins Freie

Die Landschaft und das milde Klima schaffen ideale Bedingungen für Outdoor-Aktivitäten. Da wären beispielsweise die zahlreichen Strände, die jeden Geschmack zufriedenstellen: Es gibt sowohl wilde, windgepeitschte als auch familienfreundliche, gut besuchte Varianten, an denen man jedem erdenklichen Wassersport nachgehen kann. Abseits des Meeres bieten von Kiefern bedeckte Gebirge, eindrucksvolle Täler und üppige Weinberge vielfältige Möglichkeiten vom Wandern und Radfahren über Weinverköstigungen bis zum Skifahren.

Spuren der Vergangenheit

Von Zyperns bewegter Vergangenheit zeugen historische Stätten, römische Ruinen, abwechslungsreiche Museen und staubige Straßen. Besonders deutlich ist die

Eine gespaltene Identität, leidenschaftliche Menschen sowie Kultur, Natur und Lebensart voller Faszination und Überraschungen.

(links) Petra tou Romiou, Pafos
(unten) Meze

Präsenz der Geschichte in Pafos, wo sich gleich neben einem Touristenresort eine der bedeutendsten archäologischen Stätten als historischer Themenpark erstreckt. Bei Ausgrabungen auf der Insel wurden außergewöhnliche Relikte wie neolithische Siedlungen, Gräber aus der Bronzezeit und der Phönizier sowie kunstvolle römische Mosaiken entdeckt. Darüber hinaus sind in den Gassen venezianische Mauern, byzantinische Burgen und Kirchen, romanische Klöster und islamische Moscheen zu bewundern.

Festessen

Wer kann schon Meze widerstehen? Das Festessen aus kleinen Gerichten, die von cremigem Hummus bis zu würzigen Grillwürsten reichen, betört die Geschmacksknospen. Die zyprische Küche ist von türkischen, griechischen und orientalischen Einflüssen geprägt und wartet mit einzigartigen kulinarischen Highlights wie dem Halloumi-Käse auf. Auch brutzelnde Kebabs mit Cayennepfeffer oder Zwiebeln und schwarzem Pfeffer sind ein echter Gaumenschmaus, ebenso wie gefüllte Weinblätter, Lamm-Schmorpfannen, saftig gebackene Moussaka, frische exotische Fruchtsäfte und verführerische Desserts mit Mandeln, Rosenwasser und Pistazien, Reispuddings und Baklava. Wer in den Genuss dieser Köstlichkeiten kommen möchte, sollte Restaurants meiden, die auf dem Bürgersteig mit ausgebleichten Fotos ihre „internationale Küche" bewerben.

›Zypern

Alanya (Türkei; 150 km)
Taşucu (Türkei; 60 km)

MITTELMEER

Kyrenia
Bei einem Spaziergang Kyrenias malerisches altes Hafengebiet erkunden (S. 167)

St.-Hilarion-Burg
Eine verträumte Schlossruine bewundern (S. 175)

Troodos-Gebirge
Die Natur von ihrer schönsten Seite erleben (S. 68)

Omodos
Das umliegende Weingebiet entdecken (S. 77)

Lara-Strand
Fußabdrücke an diesem Naturstrand hinterlassen (S. 96)

Pafos
Eine faszinierende archäologische Stätte bestaunen (S. 85)

Petra tou Romiou
An einem mythischen Strand relaxen (S. 61)

Vouni
Sich von einem Eselpark bezaubern lassen (S. 59)

Koruçam Burnu (Kap Kormakitis)
Geçitköy (Panagra) • Lapta (Lapithos) • KYRENIA (Girne)
St.-Hilarion-Burg
Yılmazköy (Skylloura) • Bellapais (Beylerbeyi)
KORUÇAM (KORMAKITIS) HALBINSEL
BEŞPARMAK- (PENTADACTYLOS-) GEBIRGE
NORD-NIKOSIA (LEFKOŞA)
MORFOU (Güzelyurt)
Morfou-Bucht
Agios-Dometios-Grenzübergang
Kokkina (Erenköy) • Pomos
UN-Pufferzone
Antikes Vouni
Yeşilırmak (Limnitis)
Antikes Soloi
Zodhia Grenzübergang
Peristerona • Orounda
Kap Arnaoutis
Chrysochou-Bucht
Latsi • Polis
AKAMAS-HALBINSEL
TYLLIRIA
PAFOS-WALD
SOLEA
MESAORIA
Antikes Tamassos
Neo Horio • Terra Kritou
AKAMAS-HÖHEN
Tripylos (1362 m)
ZEDERNTAL
MARATHASA
ADELFI-WALD
Agios-Iraklidios-Kloster
Lara-Strand
Ano Arodes
Kykkos-Kloster
Kakopetria
TROODOS-GEBIRGE
Stavros tou Agiasmati
PITSYLIA
MAHERAS-WALD
REPUBLIK ZYPERN
Olympos (1952 m)
Trooditissa-Kloster
Troodos
Makria
Papoutsa (1554 m)
Maheras-Kloster
Pano Lefkara
Korallenbucht
Kontarka (1680 m)
Kionia (1423 m)
Kato Lefkara
Vouni
Choirokoitia
PAFOS
Internationaler Flughafen von Pafos
Omodos
Zygi
Kouklia
Apollon-Ylatis Heiligtum
Episkopi
Kolossi-Burg
LEMESOS (Limassol)
Petra tou Romiou (Aphroditefelsen & -strand)
Antikes Kourion
Akrotiri-Bucht
Kap Aspro
Episkopi-Bucht
Akrotiri
Salzsee
AKROTIRI-HALBINSEL
Akrotiri Sovereign Base Area (Großbritannien)

(Route nur für Kreuzfahrtschiffe)

Rhodos (Griechenland; 400 km); Piräus (Griechenland; 800 km)

Top-Erlebnisse ›

22 TOP-ERLEBNISSE

Alter Hafen von Kyrenia

1 Das gemächliche moderne Leben im nördlichen Zypern zeigt sich mit Kyrenias vor einer romantischen Bergkulisse gelegenem U-förmigem alten Hafen (S. 167) von seiner idyllischsten Seite. Einst wurden in den charmanten erhöhten Gebäuden und gepflegten Lagerhäusern Tonnen rohen Johannisbrotes aufbewahrt, das als schwarzes Gold galt. Heute laden hier hippe Cafés und Restaurants zu einem gemütlichen Kaffee oder einer *nargileh* (Wasserpfeife) mit Blick auf die am Pier und an der Burg vertäuten türkischen *gulets* (traditionelle Holzschiffe) ein.

Archäologische Stätte von Pafos

2 In der südlichen Hafenstadt Pafos befindet sich eine der faszinierendsten archäologischen Stätten der Insel. Auf dem weitläufigen Gelände (im Sommer einen Hut mitnehmen!) erstreckt sich eine Siedlung (S. 85) aus dem 4. Jh. v. Chr., die wohl nur einen kleinen Teil davon repräsentiert, was noch unter der Erde liegt. Zu den Highlights gehören die kunstvollen, farbenprächtigen römischen Bodenmosaiken im Herzen des Originalkomplexes, der von einem Bauern 1962 beim Pflügen entdeckt wurde.

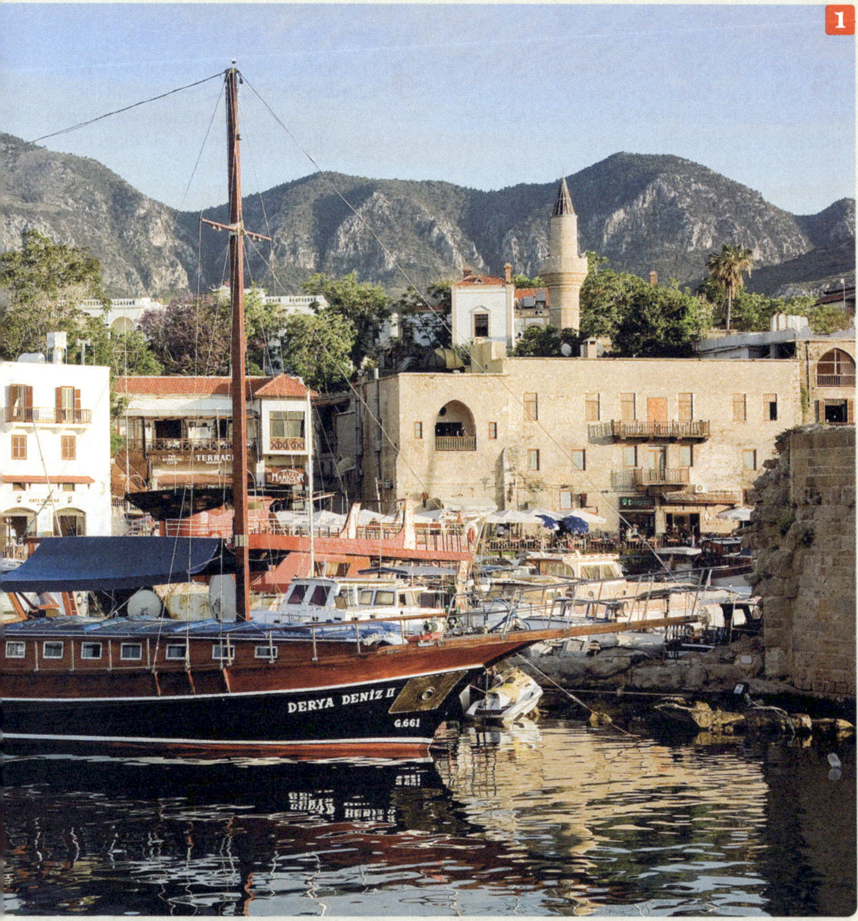

1

STF/IMAGEBROKER ©

2

OLIVER STREWE/LONELY PLANET IMAGES ©

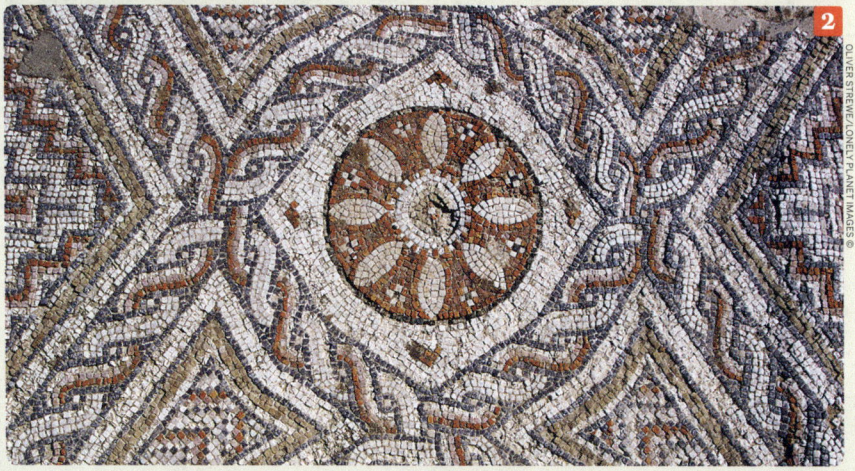

Meze

3 Einmal probiert, für immer verführt: Mit leckerem Meze kann man auf gesellige Art die verschiedensten Gerichte und Aromen probieren. In der Regel werden rund 30 kleine Speisen serviert. Los geht's mit vertrauten Klassikern wie Hummus, Tzatziki, Taramosalata und Gemüse samt Knoblauch, Zitrone und Olivenöl, gefolgt von verschiedenen traditionellen Fisch- und Fleischspeisen wie *calamari* (Tintenfisch) und *sheftalia* (Schweinefleisch- und Lammbällchen). Bei der Masse an Essen lautet das Motto: S*iga, siga* (Langsam, langsam)!

Wandern im Troodos

4 Das Troodos-Gebirge wartet mit Flora, Fauna und geologischen Formationen wie Pinienwäldern, Wasserfällen, Felswänden und sprudelnden Bächen auf. Mit einer Höhe von 1952 m bietet das Gipfelmassiv Olympos spektakuläre Ausblicke auf die Südküste und die kühle frische Luft sorgt für wohltuende Erholung von der Sommerhitze. Wanderer, Camper, Pflanzenliebhaber und Vogelbeobachter werden von den Bergen, Gipfeln und Tälern, die mit den grünsten und facettenreichsten Wanderwegen und Naturpfaden der Insel locken (S. 69), begeistert sein.

Nord-Nikosias Altstadt

5 Die Überquerung der Grünen Linie von Lefkosia nach Nord-Nikosia (S. 155), dem türkisch besetzten Gebiet der Stadt, ist eine faszinierende Erfahrung. Von der schicken Ledrastraße der Republik erstreckt sich ein Labyrinth aus altmodischen Läden, die verwaschene Jeans und Rüschenhemden verkaufen, sowie Kebabimbissen, Cafés und Süßigkeitenständen mit frischer Halva. Hier kann man die faszinierende Moschee, einen erholsamen Hamam und Museen besuchen oder einfach durch die Straßen bummeln.

Weindörfer rund um Omodos

6 Rund um Omodos erheben sich die weitläufigen Weinberge der *krasohoria* (Weindörfer; S. 77). Bei einer Tour durch die Region, wo einst in jedem Haus der Rebensaft selbst gekeltert wurde, ist Durchhaltevermögen und ein wenig Weinwissen gefragt. Über sechs oder sieben traditionelle Weindörfer verteilen sich rund 50 kleine Winzereien, die eine große Auswahl an edlen Tropfen bieten. Die bekanntesten der zwölf einheimischen Sorten bestehen aus der Mavro (dunkelrote Traube) und der Xynisteri (weiße Traube).

Lara-Strand

7 Wunderbarerweise konnten die Akamas-Höhen ihre Ursprünglichkeit größtenteils bewahren. Zum Lara-Strand (S. 96) führt eine holprige Straße vor der Kulisse von kargem Buschland, gespickt mit Ginster, buschigen Kiefern und saisonalen Wildblumen. Obwohl der Strand als der spektakulärste der Republik gilt, ist er doch kaum touristisch. Der weiche Pulversand wird von Kalksteinfelsen gesäumt und die See ist warm und ruhig. Vorsicht beim Spazierengehen: Schildkröten legen hier ihre Eier ab. Ein wahrhaft magischer Ort bei Sonnenuntergang!

Verwöhnprogramm im Hamam

8 Der Omeriye-Hamam (S. 138) befindet sich im Zentrum von Lefkosias Altstadt und sorgt für Erholung vom Sightseeing. Er stammt aus dem 16. Jh. und wurde 2004 im Rahmen des Nicosia-Master-Plan-Projekts geschmackvoll renoviert. Glänzender Marmor, feine Düfte und flackernde Kerzen bilden das Ambiente zu verschiedenen Massagen sowie Behandlungen mit ätherischen Ölen, Schlamm und heißen Steinen. Es gibt spezielle Öffnungszeiten für Männer, Frauen und Paare.

Windsurfen

9 Wer möchte nicht umringt von der kristallklaren, glitzernden See halb surfend, halb segelnd über das Mittelmeer gleiten (S. 26)? Mit ihren feinen Sandstränden, Meeresarmen und Buchten bietet die Ostküste der Insel Wassersportliebhabern wunderbare Wellen- und Windbedingungen. Wenn man erst einmal Herr über die leichten Brisen des Windgotts Aiolos geworden ist, kann man sich auch am Kitesurfen versuchen.

Tauchen

10 Zypern verfügt über großartige Tauchreviere mit perfekt temperiertem Wasser, ausgezeichneter Sicht, facettenreichem Unterwasserleben, Meereshöhlen, Riffen und Untiefen. Daneben laden Schiffswracks zu Erkundungstouren ein (s. S. 25), die versandeten Ruinen, alten verlassenen Häfen und mangelhaften Navigationskünsten zu verdanken sind. Highlight ist die *Zenobia*, die zu den zehn besten betauchbaren Wracks der Welt gehört und 1980 vor der Ostküste der Larnaka-Bucht sank.

Zyprisches Weinmuseum

11 Touren zu Weingütern werden für Touristen immer interessanter, da das Angebot an zyprischen Rebsäften quantitativ und qualitativ zunimmt. Ein Besuch des Weinmuseums (S. 51) vermittelt Einblicke in die Geschichte, Herstellungsmethoden und den Geschmack edler lokaler Tropfen. Je nachdem, wie viel man probieren möchte, stehen verschiedene Führungen zur Auswahl. Darüber hinaus gibt's einen kurzen Film und ein Museum, das den Weinhandel auf der Insel erörtert. Na dann, prost!

Auf Souvenirjagd

12 Filigrane Spitzenarbeiten, bestickte Seide, Mosaiken, Keramik, Lederartikel, Wasserpfeifen und dekorative Backgammonspiele sind lohnenswerte Beute für Souvenirjäger. Von touristischen Gegenden sollte man sich fernhalten und lieber in Dorfläden, Lefkosias Seitenstraßen oder den staatlich finanzierten Kunsthandwerkszentren (S. 146) auf die Suche gehen, da dort faire Preise und erstklassige Qualität geboten werden. Außerdem erhält man Einblicke in die Herstellungsprozesse. Die Zentren befinden sich in der Hauptstadt und in größeren Urlaubsorten der Republik.

Petra tou Romiou

13 Dieses Fleckchen mit dem berühmten Aphroditefelsen (S. 61) ist der wohl bekannteste und mythischste Strand Zyperns und zweifellos einer der ungewöhnlichsten und eindrucksvollsten Orte. Hier entstieg Aphrodite der Sage nach dem Schaum des Meeres. Um Daheimgebliebene zu beeindrucken, kann man bei Sonnenuntergang vom Touristenpavillon aus ein Foto knipsen. Tagsüber ist das Meer angenehm kühl und erfrischend und der Strand ein perfekter Picknickplatz.

Neolithische Stätte von Choirokoitia

14 Die Unesco-Welterbestätte (S. 118) zählt zu den bedeutendsten und besterhaltenen prähistorischen Siedlungen im Mittelmeerraum. Sie entstand um 7000 v. Chr. und gibt faszinierende Einblicke in den Alltag sowie die Lebensverhältnisse der ersten Zyprer. Besucher können durch die Ruinen der Rundhäuser mit Flachdächern spazieren, die sich auf einem geschützten Hügel hinter alten Mauern verbergen. Fünf Hütten, die nach Originalmethoden mit Hilfe von Archäologen nachgebaut wurden, machen die Anlage noch anschaulicher.

Zyprische Volkstänze

15 Zyprische Volkstänze gehen auf alte religiöse Zeremonien sowie Bräuche aus dem frühen 19. Jh. zurück, als das Tanzen ein wichtiger Bestandteil von Hochzeiten, Feiertagen, Ernten und Festen war. Sie bestehen aus verschiedenen Teilen, wobei Symbolik eine große Rolle spielt und Männer und Frauen sowohl getrennt als auch miteinander tanzen. Die ersten Tänze verkörpern Harmonie und Geschlechterrollen wie weibliche Anmut und Demut sowie männliche Agilität und Potenz. Traditionell tanzen zum Abschluss alle gemeinsam im Kreis den Kalamatianos, der für Lebensfreude steht.

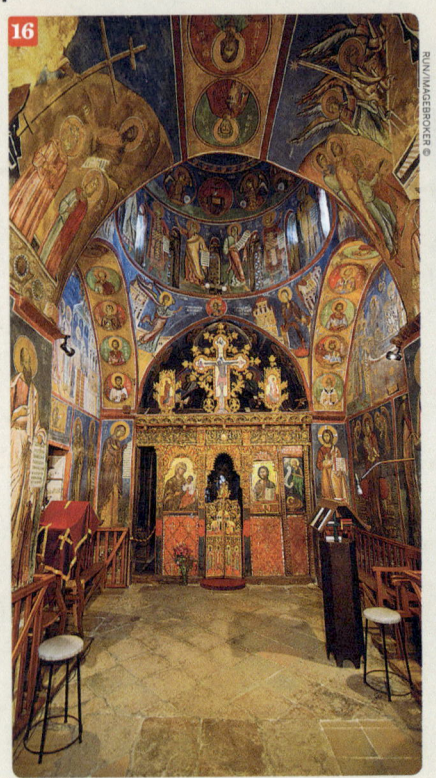

Byzantinische Kirchen im Troodos-Gebirge

16 An die Berge schmiegen sich viele gut erhaltene Kirchen aus dem 8. bis 12. Jh., die mit lebendigen, zeitlosen Fresken kunstfertiger Maler beeindrucken. Während der Lusignan-Herrschaft zogen sich orthodoxe Zyprer, Geistliche und Handwerker ins Troodos-Gebirge zurück und errichteten Kirchen und Kapellen (S. 72). Zehn davon gehören zum Unesco-Welterbe, deshalb gilt Zypern nicht zu Unrecht als „Insel der Heiligen".

St.-Hilarion-Burg

17 Diese märchenhafte Festung (S. 175) soll Pate für den spektakulären Palast der bösen Stiefmutter in Walt Disneys Version von *Schneewittchen* gestanden haben. Ihre Ruinen setzen sich als zerklüftete Silhouette gegen die felsige Landschaft ab und versprühen den gotischen Charme des Hofs Lusignans, der hier einst im Sommer residierte. Zum Turm führt ein mühseliger Anstieg über steile Treppen, Gärten und ausgetretene Wege. Der eindrucksvolle Ausblick über das Meer bis zur anatolischen Küste passt hervorragend zum magischen Flair.

Pide & Lahmacun

18 Bereits die Zubereitung dieser Köstlichkeiten ist ein Augenschmaus. Der Teig wird gut durchgeknetet, mit Käse bestreut und mit Knoblauch verfeinert. Bei der Pide klappt man die Ränder nach oben, während *lahmacun*, die flache Version, meist mit Rindfleischstückchen belegt und mit Zitronensaft gewürzt wird. Dann befördern türkische „Pizzabäcker" die Leckereien mit 1,2 m langen Schiebern in Kohleöfen und holen sie 15 Minuten später goldbraun und heiß wieder heraus. Auf Holztischen mit weißen Tischdecken serviert, sind sie ein echter Gaumenschmaus.

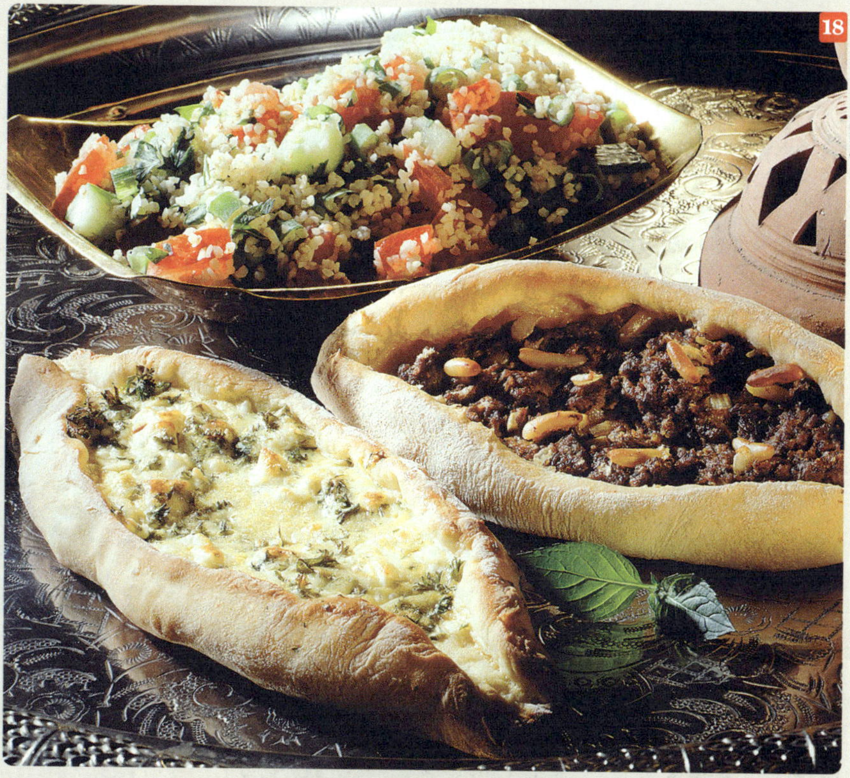

BON APPETIT/ALAMY ©

Köstlicher Frappé

19 Zu jedem Zypernurlaub gehört ein Frappé, doch Vorsicht, die Suchtgefahr ist groß und manch einer sucht anschließend verzweifelt nach einem möglichst leichten Frappé-Mixer, der ins Gepäck passt. Der Star der zyprischen Kaffeekultur besteht aus einem hohen Glas Eiskaffee mit dicker Schaumschicht, der mit einem Strohhalm getrunken wird. Man bekommt das cremige Getränk in verschiedenen Varianten: süß (2 EL Kaffee, 4 EL Zucker), mittelsüß (2 EL Kaffee, 2 EL Zucker) und pur (ohne Zucker). Toll sind sie alle!

STEFANO PATERNA/ALAMY ©

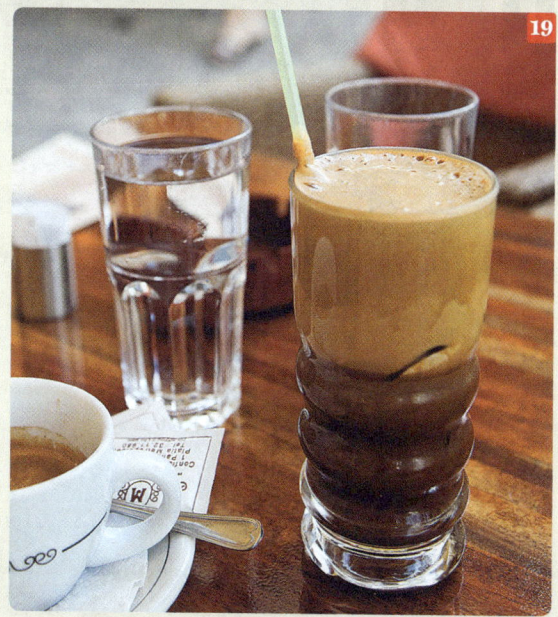

Antikes Salamis

20 Einst war Salamis (S. 195) das stolze Aushängeschild hellenischer Zivilisation und Kultur auf der Insel sowie das bekannteste und prächtigste der alten Stadtkönigtümer. Seit dem Altertum erlebte die Stadt mit ihren verschiedenen Königen, die eine Ausdehnung des Athener Reiches anstrebten, großen Wohlstand und großes Leid. Heute können Besucher durch die weitläufige Anlage mit ihren Überresten von prächtigen Statuen, Säulenhallen, Sporthallen, Becken, Bädern, Innenhöfen, der Agora und sogar des früher so bedeutenden Zeustempels spazieren.

Antikes Kourion

21 Das in der Jungsteinzeit gegründete Kourion (S. 62) thront majestätisch auf einem Hügel über dem Meer und florierte in der mykenischen, ptolemäischen, römischen sowie später der christlichen Periode. Zyperns spektakulärste archäologische Stätte im Süden umfasst gut erhaltene, faszinierende Mosaiken, eine frühchristliche Basilika und ein atemberaubendes Amphitheater, in dem Opern aufgeführt werden. Nach Besichtigung der Anlage lockt ein erfrischendes Bad am nahe gelegenen Strand von Kourion mit den Ruinen einer Basilika aus dem 6. Jh.

21

CHRIS CHRISTO/LONELY PLANET IMAGES ©

22

BRIAN SHAW/ALAMY ©

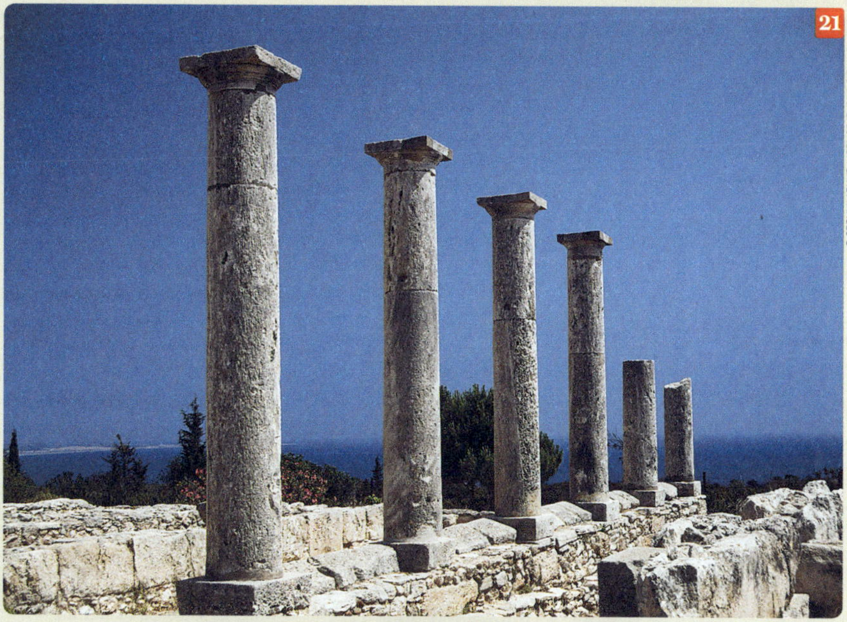

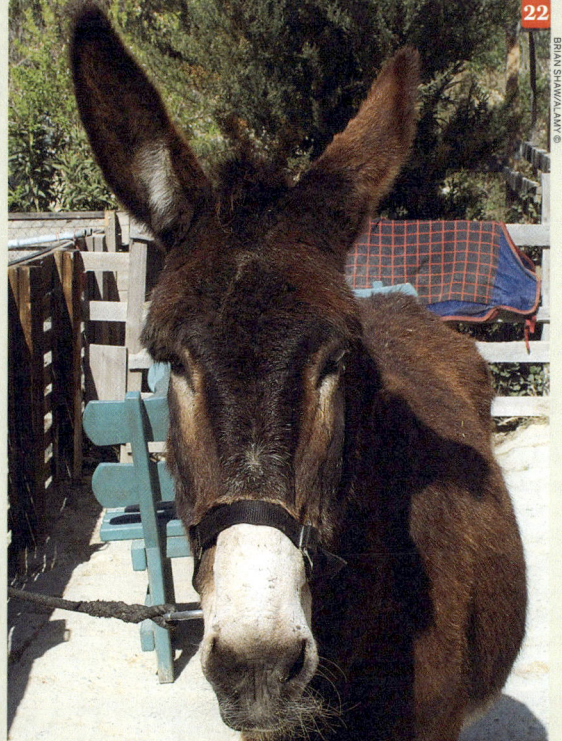

Vouni-Eselpark

22 Der Eselpark (S. 60) eignet sich bestens für einen Familienausflug. Hier treffen Besucher auf Narka, der mit seinen rund 50 Jahren (150 Eseljahre) der älteste Esel des Parks ist, und erfahren alles über die Lebensgeschichten der Tiere. Kinder dürfen sie striegeln und herumführen, außerdem gibt's es eine audiovisuell gestützte Präsentation zur Geschichte der Esel auf Zypern und ein Programm, über das man gegen eine symbolische Summe einen Esel „adoptieren" kann und regelmäßig Newsletter erhält.

Gut zu wissen

Währung
» Republik Zypern: Euro (€)
» Nordzypern: Neue Türkische Lira (TRY)

Sprache
» Republik Zypern: Zyprisches Griechisch, Englisch
» Nordzypern: Türkisch

Reisezeit

Karpaz-Halbinsel
Reisezeit März–Juni

Kyrenia
Reisezeit März–Juni, Sept.–Okt.

Lefkosia
Reisezeit März–Juni, Sept.–Nov.

Troodos-Gebirge
Reisezeit April–Juni, Sept.–Okt.

Pafos
Reisezeit März–Juni, Sept.–Okt.

trockenes Klima
warmer bis heißer Sommer, milde Winter

Hauptsaison
(Juni–Aug., öffentliche Feiertage)
» Ausgebuchte Unterkünfte; Preise steigen bis zu 30 %.
» Ferienorte am Meer sind mit Familien überfüllt.
» Anstieg des Inlandstourismus.
» Es kann bis zu 40 °C heiß werden.

Zwischensaison
(März–Juni & Sept.–Okt.)
» Ideale Reisezeit; angenehmes Wetter und weniger Menschen.
» Perfekt für Outdoor-Aktivitäten wie Wandern und Radfahren.
» Im April und Mai blühen Wildblumen.

Nachsaison
(Nov.–Feb.)
» Skifahren im Troodos-Gebirge.
» Es kann feucht und kühl oder angenehm mild sein.
» Einige Hotels und Restaurants in den großen Ferienorten sind geschlossen.

Tagesbudget

Günstig – unter
60 €
» Zimmer im Budgethotel (mit Gemeinschaftsbad): 30–40 €
» Hervorragende Märkte und Supermärkte für Selbstversorger
» Auf Museen mit freiem Eintritt und kostenlose Führungen der Touristeninfos achten

Mittelteuer
60–120 €
» Doppelzimmer im Mittelklassehotel: 60 €
» Drei-Gänge-Menü in gutem Restaurant: 25 € plus Wein
» Die besten Museen, Galerien und Sehenswürdigkeiten: durchschnittlich 6 €

Teuer – mehr als
120 €
» Luxushotelzimmer: 120 €
» Mittags und abends gehobene Restaurants besuchen
» Mietwagen ab 35 € pro Tag

Geld

» Geldautomaten sind weit verbreitet. Die meisten Hotels, Restaurants und größeren Geschäfte akzeptieren Kreditkarten.

Visa

» Für Aufenthalte bis zu drei Monaten in der Republik und in Nordzypern ist kein Visum erforderlich.

Handys

» Prepaidhandys mit Guthaben gibt's ab 25 €. Lokale SIM-Karten sind leicht zu bekommen und mit europäischen Handys kompatibel.

Unterkunft

» Infos zu Übernachtungsmöglichkeiten siehe S. 204.

Websites

» **Lonely Planet** (www.lonelyplanet.de) Allgemeine Infos, Forum und mehr.

» **Cyprus Tourism Organisation** (www.visitcyprus.org.cy) Offizielle Internetseite der Tourismusorganisation der Republik Zypern (CTO).

» **Nordzypern Tourismuszentrum** (www.nordzypern-touristik.de) Ausführliche Infos.

» **Zypern-Forum** (www.zypern-forum.de) Forum, zahlreiche Links und jede Menge Bilder.

» **cips** (www.cips.com.cy) Presseservice mit vielen aktuellen Meldungen.

Wechselkurse

Eurozone	1 €	–	2,33 TRY
Schweiz	1 SFr	0,82 €	1,92 TRY

Aktuelle Wechselkurse siehe unter www.xe.com.

Wichtige Telefonnummern

Landesvorwahl (Republik Zypern)	357
Landesvorwahl (Nordzypern)	90 392
Internationale Vorwahl	00
Krankenwagen	199 oder 112
Polizei	155

Ankunft auf Zypern

» **Flughafen Larnaka** (S. 116)
Busse: zwischen 6.20 und 21 Uhr (im Winter 17.45 Uhr) bis zu sieben Verbindungen pro Tag
Taxis: 15–20 €, ca. 10 Min.

» **Flughafen Pafos** (S. 94)
Busse: vom Flughafen zweimal täglich um 7.30 und 18.30 Uhr
Taxis: 25 €, ca. 20 Min.

» **Flughafen Ercan**
Nur Flüge aus der Türkei. Kaum Einrichtungen für Passagiere.

Autofahren auf Zypern

Die erste und wichtigste Regel: defensiv fahren! Zypern hat eine der höchsten Unfallraten in Europa, obwohl der Zustand der Straßen insgesamt gut ist. In der Republik verbinden Autobahnen *(autopistas)* den Flughafen mit großen Ferienorten und Städten, auch die übrigen Fernstraßen sind gut ausgebaut. Schlaglöchern wird man sehr selten begegnen. Wer die Gegend rund ums Troodos-Gebirge erkunden will, sollte ein Auto mit mindestens 1600 cm³ wählen, um die landschaftlich reizvollen steilen, kurvenreichen Straßen zu bewältigen. Von den Ferienorten an der Küste und den großen Städten mal abgesehen ist es kein Problem, einen Parkplatz am Straßenrand zu finden. In der Hochsaison sollte man Mietwagen lange im Voraus buchen. Und nicht vergessen – in Zypern fährt man LINKS!

Was gibt's Neues?

Für diesen Band haben sich unsere Autoren auf die Suche nach allem gemacht, was neu, spannend und angesagt ist. Hier nun ihre persönlichen Highlights. Noch aktuellere Infos gibt's unter lonelyplanet.com/cyprus

Das neue Lemesos

1 Wirtschaftskrise hin oder her, in Lemesos (S. 49) wird man nicht müde, das Zentrum mit zahlreichen ehrgeizigen Bauprojekten zu verschönern. Der viel beworbene neue Luxusjachthafen soll 2013 eingeweiht werden, außerdem wurde das Altstadtviertel in eine Fußgängerzone umgewandelt und aufwendig aufgehübscht, wobei die mittelalterliche Burg verdientermaßen einen Ehrenplatz einnimmt.

Günstige Busfahrten

2 Weil die Regierung den Nahverkehr subventioniert, muss man nur noch 1 € für Einzelstrecken, 2 € pro Tag, 10 € pro Woche und 30 € pro Monat für unbegrenzte Busfahrten (S. 147) in einer bestimmten Zone zahlen.

Mousio Theasis, Larnaka

3 Larnakas ausgefallenes „Eulenmuseum" (S. 113) dient gleichzeitig als Kulturzentrum, auf dessen Programm wöchentliche Livekonzerte, Kunstausstellungen und Kinonächte im Sommer stehen.

Plateia Eleftherias, Lefkosia

4 Bald wird der berühmte Platz (S. 136) bei der venezianischen Mauer um Spazierwege und eine Grünfläche mitten im Stadtzentrum erweitert.

Bedesten, Nord-Nikosia

5 Die ehemalige Kirche (S. 157) neben der Hauptmoschee blickt auf eine faszinierende Geschichte zurück, bezaubert mit einer tollen Innenarchitektur und wird ebenfalls als Kulturzentrum genutzt.

Solar Car Challenge, Pafos

6 Seit 2010 ist dieses Autorennen (S. 91) mit den innovativen Fahrzeugen Teil des jährlichen Veranstaltungskalenders von Pafos. Hier sind sowohl einheimische als auch internationale Fahrer mit von der Partie.

Naturkundemuseum, Pomos

7 Wer mehr über die zyprische Fauna erfahren möchte, sollte das kleine Museum (S. 103) im malerisch am Meer gelegenen Pomos besuchen, das mit zahlreichen präparierten und ausgestopften Exponaten aufwartet.

Dreiradtouren, Larnaka

8 In Larnaka gibt's Dreiradtouren (S. 114) mit ganz unterschiedlichen Mottos. Im Mittelpunkt stehen z. B. die Lokalgeschichte oder traditionelles Kunsthandwerk.

Pafos Marina, Potima

9 Lemesos ist nicht der einzige Ort, der sich bald mit einer neuen Marina brüsten kann: Der Pafos-Jachthafen (S. 95) mit 1000 Ankerplätzen soll 2013 eingeweiht werden und ebenso prunkvoll sein.

Flughafen von Larnaka

10 Larnakas brandneuer Flughafen (S. 116) kostete stolze 656 Mio. Euro und ist ein großer, moderner Komplex mit hervorragenden Einrichtungen. Nebenan befindet sich ein Luxushotel.

Wie wär's mit ...

Archäologie

Hobbyarchäologen und Geschichtsfans sind definitiv auf der richtigen Insel gelandet, denn zu beiden Seiten der Grünen Linie locken jede Menge antike Sehenswürdigkeiten.

Antikes Salamis Zyperns berühmteste Stätte besticht durch beeindruckende römische Monumente wie eine Sporthalle, Bäder und ein antikes Theater (S. 195).

Archäologische Stätte, Pafos Diese Überreste einer Stadt aus dem 4. Jh. v. Chr. sind schlichtweg umwerfend. Kernstück des Original-Komplexes ist eine Sammlung feiner bunter Mosaiken (S. 85).

Königsgräber Die gut erhaltenen unterirdischen Grabstätten und Kammern wurden von den Bewohnern des alten Pafos genutzt (S. 87).

Antikes Kourion Noch heute finden in dem neolithischen Amphitheater von Kourion Konzerte unterm Sternenzelt statt. Hier genießt man einen tollen Blick aufs Meer (S. 62).

Strände

Die Strandwahl hängt u. a. davon ab, ob einem Kieselchen oder Sand zwischen den Zehen lieber sind. Noch wichtiger ist die Frage, ob man Einsamkeit und Picknicks oder Taverna-Terrassen, Sonnenliegen sowie Eisbuden bevorzugt.

Lara-Strand Dies ist der schönste Strand der Republik. Die Bucht mit den Kalksteinfelsen wartet mit goldenem Pulversand sowie ruhigem, warmem Wasser auf. Viele Schildkröten legen hier ihre Eier ab (S. 96).

Golden Beach (Nangomi-Bucht) Zyperns längster Strand eignet sich wunderbar zum Baden. Er bietet Sand, Dünen und wilde Esel so weit das Auge reicht und bezaubert mit spektakulären Sonnenuntergängen. Auch in dieser Bucht nisten Schildkröten – auf die markierten Nester achten (S. 200).

Petra tou Romiou An dem berühmten Aphroditefelsen in der weitläufigen Bucht brechen Wellen und formen eine Schaumsäule mit beinahe menschlicher Form (S. 61).

Kunst & Kunsthandwerk

Die zyprische Kunst- und Kulturszene blüht: Es gibt erstklassige moderne Museen, aber auch traditionelles Kunsthandwerk wie Stickereien, geschnitzte Backgammonspiele und aufwendig gestaltete Flechtkörbe. Kultur zum Anfassen bieten die Festivals, darunter vor allem der Karneval in Lemesos.

Staatliches Kunsthandwerkszentrum In Lefkosias verlässlichem Geschäft für Souvenirjäger bekommt man zypriotische Lackarbeiten, Lederwaren, Mosaiken und die allgegenwärtigen Backgammonspielbretter (S. 146).

Chrysaliniotissa-Kunsthandwerkszentrum Einige Ateliers dieses Kunsthandwerkszentrums liegen rund um einen zentralen Hof, außerdem befindet sich vor Ort ein vegetarisches Restaurant – eine echte Rarität (S. 139)!

Büyük Han In der traditionellen Karawanserei im Norden Nikosias wird traditionelles Kunsthandwerk verkauft. Die Werkstätten sind in den früheren Schlafzellen untergebracht (S. 155).

» Kirche zwischen den Ruinen der antiken Stätte in Pafos

Wein

Die Zyprer halten ihrem Wein die Treue und bevorzugen zum Essen edle Tropfen von der Insel, deren Winzertradition bis in die Antike reicht. Obwohl die Erzeugnisse nicht mit den besten Franzosen konkurrieren können, sollte man trotzdem ein paar Jahrgänge kosten.

Weinrouten Die Touristenbroschüre der Republik enthält sechs Routen mit Infos zu den Weingütern und Degustationen.

Weinfestival in Lemesos Diese jährliche Veranstaltung schafft einen fröhlichen Rahmen für die Verkostung heimischer Weine und punktet mit einer riesigen Auswahl (S. 53).

St.-Hilarion-Weingut Bei Redaktionsschluss gab es nur ein einziges Weingut im Norden der Insel, aber dafür ein empfehlenswertes: St. Hilarion produziert tolle Cabernet-Shiraz-Weine (Rot und Rosé). Mehr darüber erfährt man auf www.northcypruswines.com.

Verwöhnprogramm

Sich vom Partner den Rücken eincremen zu lassen ist ja nett, allerdings nichts im Vergleich zu einer Schokoladenmassage bei Kerzenlicht und Räucherstäbchenduft.

Wellnesshotels Luxusbleiben wie das fantastische Ayii Anargyri Natural Healing Spa Resort bei Pafos haben gewöhnlich Tagesangebote. Weitere Optionen findet man unter www.cyprusspahotels.com.

Omeriye-Hamam Auf Zypern sollte man nach traditionellen türkischen Bädern Ausschau halten. Das hübsch restaurierte historische Omeriye-Hamam in Lefkosia gilt als eines der besten. In herrlich feudalem Ambiente kann man sich hervorragend vom Großstadtlärm erholen (S. 138).

Kreuzfahrten In den Haupttouristenorten werden verschiedene entspannte Bootsausflüge angeboten. Kyrenia im Norden wartet beispielsweise mit Grillfahrten bei Sonnenuntergang und verschiedenen Thementouren auf. Wer Lust auf eine private Jacht mit Kapitän und Crew hat, informiert sich am besten unter www.cyprusyachtcharters.com.

Gaumenfreuden

Auf der Insel gibt's ein paar leckere Gerichte, die einem so lange bekannt vorkommen, bis man sie probiert hat. Die Küche umfasst jede Menge marktfrischer Zutaten und ist griechisch, türkisch sowie orientalisch geprägt.

Fruchtsäfte Die Gelegenheit, frisch gepresste Smoothies an einer Saftbar zu kosten, darf man sich nicht entgehen lassen, vor allem wenn es sich um exotischere Geschmacksrichtungen wie Papaya, Mango oder Ananas handelt. Günstig und gesund.

Kebab mit allem Gegen diese Spezialität aus dem Norden kommt der Lieblings-Kebabimbiss in der Heimat nicht an: Sie wird mit gegrillten Lammnierchen, Kotelettstückchen und Wurst zubereitet und ist wunderbar saftig und würzig.

Pizza Zyperns aromatische Version heißt Pide: Der Teig wird mit gewürztem Fleisch oder Fisch sowie Schmelzkäse und einem Spritzer Zitrone gewürzt. Köstlich!

Monat für Monat

Top-Events

1. **Karneval in Lemesos**, Februar
2. **Internationales Kunst- und Kulturfest in Famagusta**, Juli
3. **Musikfestival in Bellapais**, Mai
4. **Weinfest in Lemesos**, September
5. **Olivenfest in Kyrenia**, Oktober

Januar

Normalerweise ist der Januar ziemlich mild, wobei die schneebedeckten Gipfel des Troodos-Gebirges zum Skifahren einladen. Der Tourismus hält Winterschlaf, deshalb schließen manche Restaurants und Hotels.

 Kulturwinter in Agia Napa
Jeden Donnerstag um 20 Uhr sind in Agia Napas Stadthalle (www.agianapa.org.cy) kostenlose Konzerte, Vorträge und Tanzvorführungen zu sehen.

Februar

Das gemäßigte, teilweise recht regnerische Wetter eignet sich hervorragend für ausgiebige Rad- und Wandertouren. Feuchtfröhliche Karnevalsfeiern bringen jede Menge gute Stimmung auf die Insel.

 Karneval in Lemesos
Faschingsumzüge, Festzugswagen und zahlreiche Partys (S. 53).

März

Jetzt blühen über 32 endemische Wildblumen, darunter Orchideen. Vogelbeobachtungs- und Wandertouren sowie der ein oder andere Strandtag versprechen einen schönen Frühjahrsurlaub.

 Internationales Dokumentarfilmfest in Nikosia
Auf dieser ausgezeichneten Veranstaltung werden ausgewählte Dokumentarfilme gezeigt und man erhält Einblicke in die zyprische Gesellschaft (www.filmfestival.com.cy).

April

Das Klima ist meist wunderbar, doch rund um Ostern strömen zahlreiche Besucher herbei, außerdem steigen die Flug- und Hotelpreise.

 Osterumzüge
In der Osterwoche stehen vor allem feierliche Umzüge mit religiösen Festwagen samt kunstvollem Blumenschmuck und ein spektakuläres Abschlussfeuerwerk auf dem Programm.

Mai

Leere Strände, eine Durchschnittstemperatur von 26 °C und Abendessen unter freiem Himmel sorgen für einen tollen Urlaub.

 Musikfestival in Bellapais
Am 21. Mai finden in der städtischen Abtei Konzerte und Vorträge statt (www.bellapaisfestival.com).

Juni

Mit durchschnittlich elf Sonnenstunden pro Tag lässt das Wetter keine Wünsche offen. Die Hochsaison wird eingeläutet, deswegen sollte man Unterkünfte möglichst früh buchen.

 Oldtimerrennen
Anfang Juni folgen die Teilnehmer der Aphrodite-Oldtimerralley einer 300 km langen Route (www.fipa-cyprus.org.cy).

Juli

Die Hitze nimmt zu, doch in den südlichen

Urlaubsorten liegen die Durchschnittstemperaturen noch bei erträglichen 32 °C. Während dieser Zeit locken viele erstklassige Festivals Musikliebhaber auf die Insel.

Internationales Kunst- & Kulturfest in Famagusta
Das größte Festival des Nordens findet in der letzten Juliwoche im Othelloturm und auf dem Marktplatz in Famagusta sowie am antiken Salamis statt. Zu diesem Anlass gibt's Musik, Theater und Kunst (www.magusa.org/festival).

Paradise Jazz Festival
Eine großartige Kulisse und Stimmung sowie exzellente Musik machen die Veranstaltung an einem Juliwochenende zu einem echten Highlight in Pomos.

Internationales Musikfestival in Lemesos
Internationale, klassische, Jazz- und experimentelle Musik im eindrucksvollen Amphitheater des antiken Kourion.

August
Einen Schirm braucht man nur noch gegen die brennende Sonne, wobei die Temperaturen selten über 35 °C steigen. Der Höhepunkt der Reisesaison bedeutet gut besuchte Strände und erhöhte Preise.

Ländliches Dokumentar- & Trickfilmfest
Das ausgezeichnete fünftägige Festival im malerischen Dorf Plataniskia des Lemesos-Bezirks wartet mit Zeichentrickfilmen, Dokumentationen, Workshops und Freiluftkonzerten auf.

Weintraubenfest in Mehmetcik
Bei diesem kulinarischen Event in einem kleinen Dorf auf der Halbinsel Karpaz (Kırpaşa) gehören die Krönung der Weinkönigin und des -königs sowie Volkstänze zum Programm.

September
Hitze und Hektik halten an. Erholung vom Trubel in den Küstenorten bietet das Troodos-Gebirge im Inselinneren mit Weinverköstigungen, Picknicks und Herbstspaziergängen.

Weinfest in Lemesos
Im Stadtpark feiern Einheimische und Touristen den Rebensaft mit einer Menge Riechen, Schwenken, Spucken und Probieren.

Aphroditefest in Pafos
Unter freiem Himmel werden im Kastell Opern aufgeführt.

Oktober
Mit seinen gold und rot gefärbten Bäumen und Temperaturen von rund 27 °C lädt das Troodos-Gebirge zu herrlichen Wandertouren ein.

Olivenfest in Kyrenia
Diese nette Veranstaltung in Kyrenia und im nahe gelegenen Zeytinlik lockt mit Folkloretänzen, Schattentheater und vielen anderen interessanten Darbietungen. Besucher können Oliven probieren und beim Pflanzen der Bäume helfen.

Filmfest in Lefkosia
Cannes verpasst? Dann ist das internationale Festival am Monatsende mit kostenlosen Vorführungen genau das Richtige.

November
Wechselhaftes Wetter, aber auch ein paar klare Sommertage. Der Veranstaltungskalender ist übersichtlich. Viele Hotels und Restaurants gehen jetzt in die Winterpause.

Viertageslauf
Die vier Rennen der jährlich stattfindenden International 4-Day Challenge reichen vom Anfänger- bis zum Marathonniveau und führen über die eindrucksvolle Akamas-Halbinsel (www.cypruschallenge.com).

Dezember
Die Zyprer feiern im Kreise der Familie Weihnachten. Das Wetter zeigt sich von seiner launischen, aber insgesamt recht milden Seite. Es erlaubt den einen oder anderen Strandtag, auch wenn das Meer sehr kalt ist.

Silvester
Mitternächtliches Feuerwerk und Musik rund um Lefkosias Plateia Eleftherias sowie in anderen Städten auf der Insel.

Outdoor-Aktivitäten

Die besten ...
... Wracktauchspots
Zenobia, in 17 bis 43 m Tiefe (S. 123)
Vera K, in 10 m Tiefe (siehe unten)
Helikopterwrack, in 16 m Tiefe (S. 26)
M/Y Diana, in 21 m Tiefe (S. 26)

... Wind- & Kitesurfspots
Pissouri-Bucht, Lemesos (S. 60)
Protaras, Agia-Napa-Bezirk (S. 127)
Makenzy-Strand (inklusive Kap Kiti), Larnaka-Bezirk (S. 117)

... Wanderungen
Aphrodite- und **Adonis-Wanderweg**, Akamas-Halbinsel (S. 98)
Olympos, **Platres** und **Troodos-Gebirge** (S. 68)
Kyrenia-Bergwanderweg (S. 173)
Stavros tis Psokas Wanderwege im Waldschutzgebiet, Tylliria (S. 104)

... Reitschulen
Kiniras Horse Riding Centre, Pafos (www.horseridingpaphos.com)
Drapia Horse Riding Farm, Tochni, Larnaka-Bezirk (www.drapiahorseriding.com)
Moonshine Ranch (S. 127)

... Paintball-Anbieter
DNA Paintball, Geroskipou, Pafos
Lapatsa Paintball Ranch, Lefkosia
Souni Paintball Arena, Souni, Lemesos-Bezirk

Zypern ist ein Paradies für Outdoor-Fans, denn die Insel wartet mit fast durchgehend gutem Wetter, abwechslungsreichem Terrain und warmem Wasser auf. Überall werden Aktivitäten angeboten.

Tauchen

Weil die Wassertemperaturen stets zwischen 16 und 28 °C liegen und das klare Meer Überbleibsel aus antiker Zeit sowie Riffe, Schelfe und Schiffswracks birgt, zieht Zypern jede Menge tauchwütige Touristen an. Die besten Tauchgründe findet man rund um die Kap-Greco-Halbinsel und die Protaras-Bucht.

Schiffswracks

Eines der zehn besten Tauchwracks weltweit, die *Zenobia,* sank 1980 vor der Küste von Larnaka. Inzwischen wird das 200 m lange schwedische Frachtschiff von riesigen Thunfischen, Barrakudas, Gelbschwänzen und Aalen „bewohnt" und kann von erfahrenen Tauchern erkundet werden. Mehr dazu siehe S. 123.

5 km vom Hafen von Pafos entfernt stößt man auf ein weiteres faszinierendes Schiffswrack, die *Vera K*. Der türkische Frachter lief in den 1970er-Jahren auf Grund und diente seither häufig als romantischer Hintergrund für Unterwasserfotos. Dieses Ausflugsziel ist auch für Anfänger geeignet.

SCHNORCHELN

Schnorcheln auf Zypern ist äußerst beliebt, sicher, für jeden geeignet und sehr spaßig. Einige der schönsten Ecken findet man in den geschützten östlichen Buchten, vor allem rund um Protaras (S. 127). Hier ist das Wasser warm und seicht, außerdem gibt's eine reiche Meeresfauna und erstklassige Riffe. Vor Ort bekommt man verschiedene Muscheln, Seeigel und Einsiedlerkrebse zu sehen. Die Ausrüstung (Maske und Flossen) kann günstig geliehen oder gekauft werden.

Bei dem Helikopterwrack vor Larnaka (15 Min. Bootsfahrt) handelt es sich um einen Hubschrauber der britischen Armee. Taucher lieben die Stelle wegen der hervorragenden Sichtweite (bis 25 m) und weil dort viele Kraken, Makrelen sowie Zackenbarsche zu sehen sind.

In der Nähe des Hafens von Lemesos ereignete sich 1996 die Havarie der *M/Y Diana*, einer 15 m langen russischen Jacht. Jetzt „sitzt" sie aufrecht auf dem Meeresboden und ist häufig Ziel von Tauchertrainings und Nachttauchgängen. Vor Ort trifft man oftmals Unterwasserfotografen, die große Tintenfische und jede Menge andere Meeresbewohner knipsen wollen.

Die *Pharses II* ging 1980 bei einem gewaltigen Sturm 800 m vor dem Hafen von Lemesos unter, als ihre Ladung umkippte. An dem unbeschädigten Frachtschiff wimmelt es nur so von Meeresbewohnern, doch der Zugang wird streng überwacht, da sich das Wrack gleich vor der Haupthafeneinfahrt befindet.

Meereshöhlen & -kultur

Unterwasserhöhlen wie die Big Country (in 23 m Tiefe) bei Lemesos und das Akrotiri Fish Reserve (in 9 m Tiefe) sind ideal für enthusiastische Tauchnovizen. Hier tummeln sich zahlreiche Fischschwärme, zwischen denen große Zacken- und Wolfsbarsche herumschwimmen.

Rund um das Octopus Reef in Larnaka (in 10 m Tiefe), einem weiteren tollen Spot für Anfänger, kann man Kraken in ihrem natürlichen Lebensraum beobachten.

Fortgeschrittene sollten die wie Pilze geformten Mushroom Rocks (in 50 m Tiefe) bei Larnaka ansteuern, die mit einer riesigen Fischpopulation und aus dem Meeresboden wachsenden Schluchten aufwarten.

Überbleibsel aus der Antike findet man beim Amphorae Reef in Pafos (in 5–10 m Tiefe). Der Grund ist übersät mit Tonwaren und Amphoren, die im Schatten eines auf dem Riff gestrandeten Schiffswracks liegen.

In Larnaka, Agia Napa, Protaras, Lemesos, Pafos, der Korallenbucht, Latsi, Kyrenia und Famagusta gibt's Tauchschulen, in denen alle nötigen Ausrüstungsgegenstände ausgeliehen und Kurse bei ausgebildeten Lehrern gebucht werden können. Aktuelle Infos rund um dieses Thema siehe unter www.oceanssearch.com.

Am und auf dem Wasser
Windsurfen, Kitesurfen & Stehpaddeln

Da auf der Insel eine beständige Brise weht und ein mildes Klima herrscht, sind die unterschiedlichen Surfsportarten so ziemlich die populärsten und am weitesten verbreiteten Wasseraktivitäten.

Windsurfing (die Nummer eins auf der Beliebtheitsskala) verbindet Segel- mit Surftechniken. Manchmal ist der Wind so sanft, dass man sich mit entspannten neun Knoten fortbewegt. Die Hauptsaison geht von April bis September und für einen Tag muss man ca. 70 € inklusive Ausrüstung und Unterricht einplanen.

Noch nicht genug Adrenalin? Kitesurfing oder -boarding, der jüngere Cousin des Windsurfens, ist um einiges extremer: Dabei wird man auf einem kleinen Brett stehend von einem Drachen gezogen, macht teilweise über 10 m hohe Sprünge und kann spektakuläre Tricks sowie Drehungen vollführen. Obwohl sich das Ganze spektakulär anhört, ist Kitesurfen eine der am leichtesten zu lernenden (und ungefährlichsten) Extremsportarten. Nach einigen guten Unterrichtseinheiten kann man bereits an einer organisierten „Kite-Safari" teilnehmen, die auch für Anfänger angeboten werden. Weitere Infos gibt's unter www.windsurfingcyprus.com.

Paddelsurfen (auf Englisch auch SUP genannt) kommt ursprünglich aus Hawaii und wird inzwischen auch auf Zypern praktiziert.

Die Sportart, für die man nur ein SUP-Brett (gewöhnlich eine Spur breiter als die traditionelleren Bretter) und ein Paddel braucht, erfreut sich bei allen Arten von Surfern (Wellenreitern, Wind- und Kitesurfern) großer Beliebtheit. Sie eignet sich für jeden, wirkt sich positiv auf Fitness sowie Balance aus und stellt ein tolles Basistraining dar. Außerdem ist man dabei nicht vom Wind abhängig. Als bester Ort für einen Testlauf gilt der Makenzy-Strand in Larnaka. Dort hat man die Möglichkeit, die passende Ausrüstung auszuleihen und einen Lehrer anzuheuern.

Angeln

Abgesehen vom Kochen und Essen ist Angeln die beliebteste Aktivität auf der Insel – kein Wunder, denn ringsum erstreckt sich das herrlich blaue Mittelmeer und es gibt jede Menge Stauseen.

Auf den Dämmen kann man das ganze Jahr über sein Glück versuchen und auf Rotaugen, Silberbrassen, Barsche, Zander, Forellen, Welse, Schleien, Meeräschen sowie Spiegel- und Koikarpfen von hervorragender Qualität hoffen. Meistens wiegen die Fische zwischen 1 und 10 kg.

Wer das offene Meer vorzieht, darf sich ebenfalls freuen, da in dem warmen Wasser rund um Zypern mehr als 250 Fischarten heimisch sind. In vielen Dörfern entlang der Küste werden Boote verliehen, außerdem gibt's an den Jachthäfen der Ferienorte gewöhnlich einige Fischer, die gern bereit sind, Touristen mit an Bord zu nehmen und Angelausflüge zu organisieren (gern auch mit Kindern). Normalerweise gehört zu diesen Touren ein Mittagessen im Ort.

Wenn man richtig fette Beute machen möchte, sollte man ein Boot mieten und die Tiefsee ansteuern. Große Fische wie Blau- und Wolfsbarsche, Barrakudas, Thunfische und Makrelen zu jagen ist wirklich aufregend! Egal wo man sich auf Zypern befindet, die nächste tolle Angelgelegenheit ist nie weit entfernt. Aktuelle Infos siehe unter www.fishingcy.com.

Zu Lande

Mountainbiking & Radfahren

Die Wege, auf denen einst Packesel und Karawanen unterwegs waren, eignen sich heute wunderbar für Mountainbikes. Im Troodos-Gebirge und den dazugehörigen Tälern verlaufen sowohl asphaltierte als auch unbefestigte Straßen. Über lange, weitläufige und langsam zunehmende Steigungen geht's die Berge hoch und wieder runter. Vor Ort locken ein paar der malerischsten Aussichten von ganz Zypern (S. 69). Weiter westlich bietet die Akamas-Halbinsel kilometerlange Routen durch Kiefernwälder, felsige Wege und gewundene Straßen, auf denen man eigentlich das Gelbe Trikot verliehen bekommen müsste. Hier heißt es oft absteigen, außerdem sind Flickzeug und Karten unerlässlich.

Mountainbikes können in Troödos und Platres geliehen werden. Alternativ findet man unter www.mountainbikecyprus.com Infos über Trainings- und Technikkurse, Touren, Reparaturen und Wartung in der Akamas-Region.

Mittlerweile kommen auch viele Rennradfahrer hierher, vor allem aus Nordeuropa. Zahlreiche internationale Teams trainieren auf der Insel, denn die relativ kurzen Distanzen und ruhigeren Wege, die parallel zu den Bundesstraßen verlaufen – alles sehr saubere, malerische Strecken – eignen sich dafür ideal. Diese alten Routen verbinden Lefkosia mit den größeren Küstenstädten Larnaka, Lemesos und Pafos im Süden. Fast überall gibt's Standstreifen, die Strecken sind in einem guten Zustand, darüber hinaus ist das Wetter der Fitness förderlich und gut für die Kondition, obwohl es auf dem Asphalt natürlich heiß wird.

Die Karpas-Halbinsel im Norden wartet mit ein paar tollen verkehrsfreien und ebenen Straßen entlang des Kaps auf. Zusätzlich locken einsame Strände und sorgen im Sommer für Abkühlung. Infos zu Radsportvereinen, Rennen und anderen Events siehe unter www.cypruscycling.com. Am besten trinkt man immer reichlich Wasser und lässt es während der Mittagshitze ruhig angehen. Wenn man die meiste Zeit im Sattel verbringen will, sollte man im Frühling oder Herbst herkommen.

Wandern

Auf Zypern gibt's mehr als 250 km gut markierte Wanderwege durch jede Menge unberührte Natur. Unterwegs bekommt man zudem einen Gratisgeschichtskurs, denn es geht vorbei an byzantinischen Kirchen, malerischen Klöstern, venezianischen Brücken, gotischen Bogen, verfallenen, uralten Ruinen und Wasserfällen, um nur ein paar Highlights zu nennen.

Zu den schönsten Gegenden gehören die Akamas-Halbinsel und das Troodos-Gebirge im Süden sowie das Kyrenia-Gebirge und die Karpas-Halbinsel im Norden. Weitere Routen (mit herrlicher Flora im Frühling) erstrecken sich rund um das Kap Greco an der Ostküste und führen zu majestätischen Grotten.

Skifahren

Von Anfang Januar bis Mitte März zieht Zypern, eines der südlichsten Skigebiete Europas, viele Wintersportler an.

Der spektakuläre 1952 m hohe Olympos (S. 69) gehört zum Troodos-Gebirge. Seit die Infrastruktur ausgebaut wurde, ist die Gegend noch beliebter.

In der Nähe von Troodos gibt's vier Pisten, die vom Cyprus Ski Club betrieben und instand gehalten werden. An der Nordseite des Olympos befinden sich zwei weitläufige Abfahrten. Eine ist 350 m lang und kann auch von ehrgeizigen Anfängern gemeistert werden, die andere hat eine Länge von 500 m und eignet sich eher für Fortgeschrittene. An der Südseite des Gebirges, im friedlichen Sun Valley, verlaufen zwei schnellere, kürzere Pisten (jeweils 150 m lang), eine für Anfänger, die andere für durchschnittlich gute Fahrer.

In dem Skiladen an der Südseite des Bergs bekommt man alle Arten von Ausrüstungsgegenständen. Die neuesten sind natürlich am schnellsten weg, deshalb sollte man früh aufstehen, wenn man nicht mit leicht verranzten Stücken abgefertigt werden will. Infos zu Skiclubs und Schneebedingungen siehe unter www.cyprusski.com.

Reiten

Zypern ist sehr abwechslungsreich und mit seinen unterschiedlichen Landschaften ein wunderbares Terrain für einen Ausritt. Die Einheimischen sind echte Pferdenarren, und so ist im Süden der Insel ein gut ausgebautes Netzwerk mit toll organisierten Reitställen entstanden. Hier wird alles von Sonnenuntergangsausritten, malerischen Reitwanderungen und Kursen zur Verbesserung der Technik bis zu Unterricht für Kinder geboten. Wer mag, kann sogar einen Tag lang Cowboy oder Cowgirl spielen.

Meistens zahlt man etwa 25 bis 40 € pro Stunde. Auf Ausflügen passiert man Ruinen und lernt nebenbei auch etwas über die Geschichte der Insel. Zypern auf dem Pferderücken zu entdecken ist ein absolut unvergessliches Erlebnis.

Paintball

Zyprer sind begeisterte Jäger, aber vielleicht ist es auch der Adrenalinrausch, wenn man sich innerhalb von Sekundenbruchteilen eine Strategie ausdenken muss, um den Farbpatronen auszuweichen, der dazu beigetragen hat, dass die Inselbewohner gar nicht genug von diesem Spiel bekommen können. Paintball wird sowohl als Mannschaftssportart praktiziert, aber auch in der Freizeit mit Freunden und Familie ausgetragen.

Zuerst bildet man Teams und dann verfolgt man seine „Beute" in verschiedenen künstlichen oder auch natürlichen Kulissen. Gerade die Jagd ist es, die den Sport so aufregend und spaßig macht.

Mittlerweile gibt's diverse sichere und gut ausgestattete Arenen, die jede Art von Szenario bieten, das man sich nur wünschen kann. Am lustigsten ist das Ganze wahrscheinlich mit einer Gruppe von Freunden (egal welchen Geschlechts). Zu den witzigsten Spielvarianten gehören Fahnenraub, „Last Man Standing" (der letzte „überlebende" Spieler gewinnt) und nächtliche Schlachten bei künstlichem Licht.

Treffer können ein bisschen wehtun (wie ein Schlag auf die Hand vielleicht), wenn man nicht den empfohlenen Abstand einhält, doch wenn man Schutzanzug und -brille trägt, ist der Sport beinahe sicherer als eine Runde Bräunen im Solarium. Für Paintball muss man keinen speziellen Fitnessgrad, keine Erfahrung und auch kein Vorabtraining absolviert haben, da die Bedienung der leichten Druckluftpistole sehr einfach ist. Die weichen Patronen beinhalten knallbunte Farbe auf Wasserbasis, die beim Aufprall einen harmlosen Farbklecks hinterlässt und den anderen Teilnehmern zeigt, dass man getroffen wurde und ausgeschieden ist. Also: Keine Angst haben, einfach mitmachen und darauf gefasst sein, dass man süchtig wird.

REISEPLANUNG OUTDOOR-AKTIVITÄTEN

» (oben) Wrack der Zenobia
» (links) Windsurfen in Lemesos (Limassol)

REISEPLANUNG OUTDOOR-AKTIVITÄTEN

» (oben) Vor dem Kap Greco
» (links) Im traumhaft schönen Troodos-Gebirge

» (oben) Mountainbiking auf der Akamas-Halbinsel
» (links) Aphrodite-Wanderweg

REISEPLANUNG OUTDOOR-AKTIVITÄTEN

» (rechts) Zypern mit dem Rad entdecken
» (unten) Berglandschaft nahe der Buffavento-Burg

Reiserouten

Die folgenden Routen dienen als Orientierungshilfen für eine unvergessliche Reise, egal ob man sechs oder 60 Tage zur Verfügung hat. Lust auf mehr Anregungen? Auf www.lonelyplanet.de/forum kann man sich mit anderen Travellern austauschen.

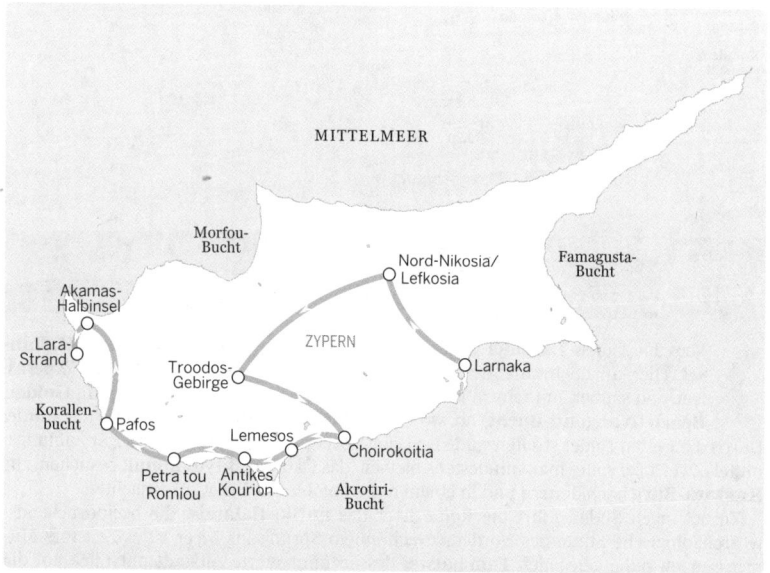

Zwei Wochen
Highlights der Republik Zypern

Die Tour beginnt in **Larnaka**, wo man am Strand relaxt, das Pierides-Museum besucht und die Stadt erkundet. Am dritten Tag geht's weiter nach **Lefkosia** mit seinen Museen, Geschäften und traditionellen Restaurants im historischen Zentrum. Als krönender Abschluss lockt eine Massage im Hamam. Am fünften Tag unternimmt man im bergigen **Troodos** Wanderungen, Radausflüge und Spaziergänge zu Tavernen sowie herrlichen byzantinischen Kirchen. Auf dem Rückweg an die Küste nach **Lemesos** bietet sich ein Zwischenstopp an der neolithischen Ausgrabungsstätte **Choirokoitia** an. In der zweitgrößten Stadt der Insel vertreibt man sich die Tage mit dem Besuch der Sehenswürdigkeiten und tollen Restaurants. Danach stehen das nahe gelegene **antike Kourion** und das mythische **Petra tou Romiou** (Aphroditefelsen & -strand) auf dem Programm.

Der elfte Tag führt nach **Pafos** mit seinen Mosaiken und geheimnisvollen Königsgräbern. Auf der **Akamas-Halbinsel** warten traditionelle Agrotourismus-Unterkünfte und einige der schönsten Strände im Süden, z. B. der **Lara-Strand**. Von Larnaka oder Pafos fliegt man schließlich zurück in die Heimat.

Zehn Tage
Von Karpaz bis Akamas

> Vom Flughafen **Larnaka** geht's zur unvergesslichen **Karpaz-(Kırpaşa-)Halbinsel**. Hier, am „Schwanz" der Insel, erstrecken sich die schönsten Strände Zyperns, leer und sauber, mit feinem gelbem Sand. Schildkröten legen ihre Eier am **Golden Beach (Nangomi-Bucht)** ab, wo ein staatliches Schutzprojekt eingerichtet wurde. Durch die weiten Felder streifen wilde Esel, einst Zyperns „Lastwagen" und sogar Zahlungsmittel. Zwei Tage sollte man mindestens bleiben, das Ökodorf **Büyükkonuk** besuchen, zur **Kantara-Burg** hochklettern und in einem der empfohlenen Hotels übernachten.

Zurück nach Süden führt die Route über das **antike Salamis**, die beeindruckendste archäologische Stätte des Nordens. Nach einem Sprung ins Meer ist es Zeit fürs Mittagessen im nahe gelegenen **Famagusta**, dessen ummauerte Altstadt mit Blick auf die Lala-Mustafa-Paşa-Moschee stimmungsvolle Restaurants beherbergt. Übernachtet wird in **Larnaka**. Tags darauf erkundet man die Stadt und den faszinierenden Salzsee, ein Magnet für Zugvögel wie Flamingos. Der nächste Tag führt weiter nach **Lemesos**, wo einige elegante Lokale zum Abendessen einladen. Von dort bricht man morgens ins Inland zum **Troodos-Gebirge** auf, um durch die reizvolle Landschaft zu streifen. Mit ihren vier markierten Wegen bietet die Gegend hervorragende Wandermöglichkeiten. Nach ein oder zwei Nächten in den Bergen geht's auf dem Naturlehrpfad durch das **Zederntal** mit einer besinnlichen Pause im **Kykkos-Kloster**.

Im hübschen **Fyti** kann man in der Taverne eine Mahlzeit genießen und eine Stickerei als Souvenir kaufen. Die Nacht verbringt man bei Vogelgezwitscher in einer der Agrotourismus-Unterkünfte rundum. Auf der Weiterfahrt lohnt ein Halt in traditionellen Dörfern wie Simou, Drouseia und **Ineia**. Anschließend geht's westwärts zum herrlichen **Lara-Strand**, an dem ebenfalls Schildkröten schlüpfen. Jetzt ist die **Akamas-Halbinsel** erreicht. Vor Ort kann man wunderbar wandern, schwimmen und in das ländliche Leben der Region eintauchen. Die steinige mediterrane Landschaft ist gesprenkelt von den für die Region typischen Wacholderbüschen und niedrigen Kiefern sowie herrlich wilden, windumtosten Stränden.

Zehn Tage
Reise durch den Norden

Nach der Ankunft am Flughafen Ercan ist **Famagusta** der erste Anlaufpunkt. Mit ihren venezianischen Wällen, verfallenden gotischen Bauwerken und Zyperns besterhaltenem Lusignan-Monument, der Lala-Mustafa-Paşa-Moschee, bildet die Stadt einen denkwürdigen Auftakt. Außerdem sollte man unbedingt im Café & Restaurant Ginkgo, einem der schönsten Terrassenlokale, einkehren. Von Famagusta reist man noch tiefer in die Vergangenheit, ins **antike Salamis**. Für diese spektakuläre Stätte benötigt man mindestens zwei Stunden. Nach der anstrengenden Beschäftigung mit so viel Geschichte wird es dann aber erst mal Zeit für ein kühles Bad im nahe gelegenen Meer.

Über die Autobahn geht's in die Hauptstadt **Nord-Nikosia**, wo man in ein oder zwei Tagen die Altstadt mit ihren Highlights wie dem Büyük Han und der Selimiye-Moschee erkundet und sich danach eine belebende Massage im Büyük-Hamam gönnt. Nächste Station ist **Bellapais (Beylerbeyi)**. Beim Besuch der Klosterruine und der ebenso verträumten **St.-Hilarion-Burg** ganz in der Nähe begreift man den Reiz des Dorfes, das Lawrence Durrell für viele Jahre zu seiner Heimat machte. Nun folgen ein oder zwei Tage im malerischen **Kyrenia**, wo großartige Fischgerichte, die dunklen Höhlen der Stadtburg und das älteste Schiffswrack Zyperns auf einen warten. Auch eine Bootsfahrt, eine Angeltour oder ein Tauchgang in die Tiefe des Meeres mit einem der zahlreichen Anbieter am Hafen sind möglich.

Als Nächstes steuert man das **antike Soloi** und das **antike Vouni** an. Anschließend kehrt man nach Kyrenia zurück und wendet sich Richtung Osten, um eine Wanderung zur **Buffavento-Burg** zu unternehmen, einer der drei Lusignan-Festungen hoch oben in den Bergen. An der Küste entlang führt die Tour weiter nach Osten und dann in vielen Serpentinen hinauf zur **Kantara-Burg** mit atemberaubenden Ausblicken. Die Reise endet mit einer Fahrt hinunter zum schönsten Teil Zyperns, der traumhaften, wilden **Karpaz-(Kırpaşa-)Halbinsel**. Hier erstrecken sich die besten Strände der Insel, darunter der **Golden Beach** (**Nangomi-Bucht**), an dem Schildkröten ihre Eier ablegen. Vom Flughafen Ercan geht's über die Türkei nach Hause.

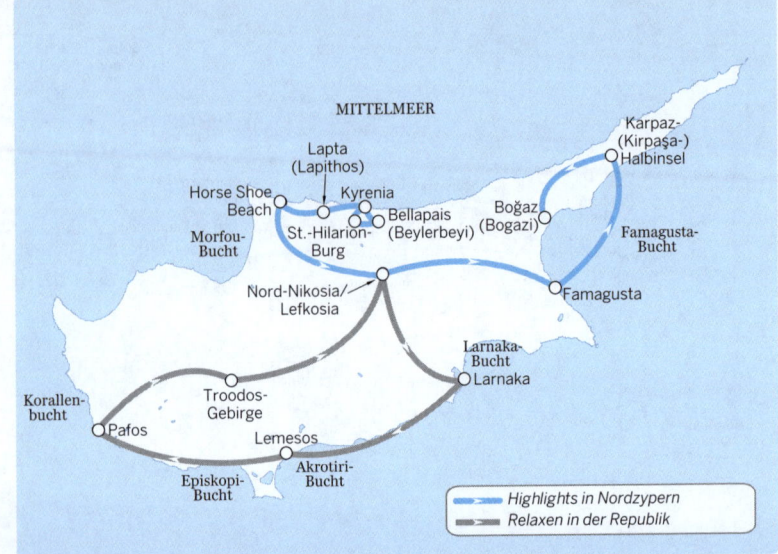

Eine Woche
Highlights in Nordzypern

> Erste Station nach Landung am Flughafen Ercan ist **Kyrenia**, eine traditionelle Mittelmeerstadt mit einer Hafenfestung und einer byzantinischen Burg. Für zwei oder drei Nächte direkt am Ufer lohnt es sich, etwas tiefer in die Tasche zu greifen. Bei einer Wanderung über den Kyrenia-Bergpfad erlebt man die Schönheit der Region hautnah. Die beste Aussicht auf die umliegenden Gipfel bietet die Augustinerabtei **Bellapais (Beylerbeyi)**. Nach einer Übernachtung geht's über die **St.-Hilarion-Burg** zurück nach Kyrenia und weiter an der Nordwestküste entlang. Unterwegs macht man Halt im hübschen **Lapta (Lapithos)** und am windumtosten **Horse Shoe Beach** mit seinen erstklassigen Fischrestaurants. Geschichtsinteressierte können einen archäologischen Abstecher zu den antiken Stätten Vouni und Soloi unternehmen, ansonsten bricht man nun nach **Nord-Nikosia** auf und besichtigt dort innerhalb eines Tages die Sehenswürdigkeiten. Danach geht's nach **Famagusta** und auf die bezaubernde **Karpaz-(Kırpaşa-)Halbinsel**. Hier entspannt man an den Stränden und verbringt eine Nacht im unberührten Fischerdorf **Boğaz (Bogazi)**, ehe man über das alte Salamis wieder zum Flughafen Ercan reist.

Eine Woche
Relaxen in der Republik

> Nach der Ankunft am Flughafen **Pafos** geht's gen Norden an den unberührten Sandstrand der Kissonerga-Bucht. Am nächsten Tag taucht man an den außergewöhnlichen archäologischen Stätten von Pafos und den nahe gelegenen Königsgräbern in die Geschichte der Insel ein. Nach Einbruch der Dämmerung steht erst ein Abendessen im Freien auf dem Programm, danach steuert man zum Feiern den derzeit angesagtesten Club an. Am dritten Tag fährt man landeinwärts nach Nordosten, um in der Region **Troodos** Wein zu verkosten; übernachtet wird in einer Agrotourismus-Unterkunft. Anschließend besucht man die faszinierende Hauptstadt **Lefkosia** und erforscht einen Tag lang die historische Altstadt mit ihren traditionellen Cafés, interessanten Museen und einem Hauch Orient-Flair. Nächster Halt ist das trubelige **Larnaka**, wo im stimmungsvollen türkischen Bezirk Kunsthandwerk direkt in den Werkstätten verkauft wird. Nun führt die Rundtour weiter nach **Lemesos**, dessen stilvolle, kleine Altstadt einige der besten Restaurants der Insel beherbergt. Einen Katzensprung Richtung Westen befindet sich das Zyprische Weinmuseum, der letzte Stopp vor der Rückkehr nach **Pafos** für den Heimflug.

Die zyprische Küche

Ein echtes Highlight Zyperns ist die facetten- und aromenreiche Küche. Die Inselbewohner lieben ihr Essen und messen ihm große Bedeutung bei. Zu Feiern und Familientreffen gehören immer auch Armadas kleiner Teller auf langen Tischen mit einer schier endlosen Auswahl an Meze, frischem Fisch, geschmacksintensivem Gemüse und saftigem Obst. Die zyprische Küche lässt sich nicht auf eine Kombination aus griechischen und türkischen Elementen reduzieren, auch wenn diese ihre Grundpfeiler sind, sondern zeichnet sich zusätzlich durch starke orientalische sowie syrische und libanesische Einflüsse aus.

Mehr zu den Preiskategorien, die in diesem Band für die Restaurants verwendet wurden, siehe S. 254.

Reisezeit: Saisonale Küche

Oktober–Dezember Die kulinarische Saison beginnt mit der Olivenernte beim alljährlichen Olivenfest in Kyrenia (S. 24), danach locken Meze-Varianten mit frischen Wildpilzen, Artischocken, Avocados und Wintergemüse. In der Vorweihnachtszeit türmen sich in den Bäckereien *kourabies* und *melomakarona* (Mandel- und Honigkekse), während Erdbeerguaven und Granatäpfel Obstliebhaber begeistern.

Januar–April Eine tolle Zeit für wärmendes *kleftiko* (Lammbraten). Im Frühling stehen wilder Fenchel und Spargel sowie *koupepia* (junge Weinblätter mit Fleisch- und Fischfüllung) auf der Speisekarte.

Juli–September Jetzt gibt's eine Menge frische Früchte wie Feigen, Mangos, Pfirsiche, Birnen und Pflaumen. Im September läutet das Weinfest in Lemesos (S. 24) den Herbst ein.

Regionale Spezialitäten

Es gibt zwar keine großen regionalen Unterschiede innerhalb der Republik und Nordzypern, doch die türkischen und griechischen Einflüsse des Nordens und Südens sorgen für eine tolle Vielfalt.

Republik Zypern

Von Touristenlokalen sollte man sich fernhalten und Restaurants auswählen, die von vielen Einheimischen besucht werden. Auf der Akamas-Halbinsel bekommt man die besten Fischgerichte und Meeresfrüchte.

» *dolmades*: gefüllte Weinblätter (gefülltes Gemüse wie Tomaten, Zwiebeln, Paprika, Auberginen und Kürbisse ist ebenfalls beliebt)

» *guvech:* Schmorgericht mit Fleisch (traditionell Rind oder Lamm), Zucchini, Auberginen, Kartoffeln, Knoblauch und Zwiebeln

» *koupepia:* mit Fleisch und Reis gefüllte junge Weinblätter, die in Tomatensoße gebacken werden

» *louvia me lahana:* mit schwarzen Bohnen gekochtes Blattgemüse plus Olivenöl und frischem Zitronensaft – eine köstliche Option für Vegetarier

» *melintzanes yiahni:* leckerer Auflauf aus Auberginen, Knoblauch und frischen Tomaten

» *mucendra:* Beilage aus Linsen, gebratenen Zwiebeln und Reis

» *ofto:* einfaches Gericht mit gebratenem Fleisch und Gemüse

» *pilaf:* in Hühnerbrühe und mit gebratenen Zwiebeln gedünsteter Weizenschrot plus Naturjoghurt; in Kombination mit Fleisch und Gemüse ein beliebtes Mittagessen

» *souvla:* große Fleischstücke (meist vom Lamm), die an langen Spießen über Kohle gegrillt werden

» *spanakopita:* Mischung aus Spinat, Feta und Eiern, die in hauchdünnen Filoteig gewickelt wird

» *stifado:* reichhaltiger Eintopf mit Rind- oder Hasenfleisch und in Essig und Wein geschmorten Zwiebeln

» *tava:* Schmorgericht mit Lamm, Rindfleisch, Tomaten, Zwiebeln, Kartoffeln und Kumin, das nach dem Tontopf benannt ist, in dem es zubereitet wird

» *trahana:* Mischung aus Weizenschrot und Joghurt; beliebtes Frühstück

» *yemista:* mit Reis und Fleisch gefüllte Zucchini

Nordzypern

Bei der Restaurantwahl in touristischen Orten wie Kyrenia ist Vorsicht angesagt. Fischliebhaber sollten an Küstenorten aufpassen, da die Preise dort oftmals in Gramm angegeben sind.

» *adana kebab:* mit Cayennepfeffer gewürzter Kebab

» *adana köfte:* würzige gegrillte Kalbs- oder Lammbällchen mit Petersilie, Kumin, Koriander und Zwiebeln

» *dolmades:* fleischlose türkische Variante mit einer Füllung aus Reis, Johannisbeeren und Pinienkernen

» *kebab:* Fleisch (meist Lamm, es gibt aber auch Hühnchen- und Fischvarianten) in Fladenbrot mit Salat; wird oft mit *ayran,* einem kühlen, herzhaften, erfrischenden Joghurtgetränk, serviert

FÜR NASCHKATZEN

Zyprische Desserts vereinen die reichen Aromen der Türkei und des Orients in sich.

» *baklava:* mit Honig und Nüssen gefüllter Filoteig

» *galatopoureko:* süßes, klebriges Gebäck mit Cremefüllung

» *irmik kurabiyesi:* Grießkekse mit Nussfüllung

» *kandaifi* (auf Griechisch; *kadaif* auf Türkisch): eingerollte dünne Blätterteigfäden

» *katméri:* eine Art Crêpe mit Banane, Honig und Creme

» *lokma:* Fettgebäck mit Sirup

» *mahalepi* (auf Griechisch; *muhallebi* auf Türkisch): aromatischer orientalischer Reispudding mit Rosenwasser und Pistazien

» *shammali:* Joghurt-Grieß-Kuchen

» *tahinli:* Tahina-Brötchen

Trotz dieser süßen Leckereien wird auf der Insel vor allem Obst als Dessert serviert.

» *lahmacun:* eine Art Pizza mit knusprigem dünnem Boden sowie einem Belag aus würzigem Lammhack und frischer Petersilie

» *patlıcan:* Kebab mit Hackbällchen und Aubergine

» *pide:* im Holzofen gebackener Teig mit würzigem Fleisch oder Fisch und Käse

» *şiş köfte:* an einem Spieß gegrilltes Fleisch

» *urfa kebab:* Kebab mit Zwiebeln und schwarzem Pfeffer

Esskultur

Essenszeiten

Die Zyprer nehmen drei Mahlzeiten pro Tag zu sich. Am wichtigsten ist das Abendessen.

» **Frühstück** Gegen 8 Uhr gibt's Oliven, gegrillten oder frischen Halloumi (auf Griechisch; *helimi* auf Türkisch), Brot, Tomaten und natürlich Kaffee.

» **Mittagessen** Wird gegen 14 oder 15 Uhr eingenommen und dauert nicht länger als eine Stunde. Sonntags treffen sich dagegen ganze Familien zu Hause oder in Restaurants, um drei bis vier Stunden zu schlemmen und sich zu unterhalten.

» **Abendessen** Ab etwa 21 Uhr. Jetzt wird es auch in den Restaurants richtig voll. Abends kommt Meze auf den Tisch, das sich mindestens zwei, meist aber eher zehn Leute miteinander teilen. Dabei werden die Gerichte lautstark herumgereicht – wer mitisst, sollte deshalb keine Zurückhaltung an den Tag legen, wenn er etwas vom anderen Tischende probieren möchte.

Wohin zum Essen?

Wenn die griechischen Einwohner nicht zu Hause essen, gehen sie in eine Taverne. Dabei kann es sich sowohl um eine einfache Dorfkneipe als auch um ein gehobenes Lokal mit traditionellem Touch handeln. *Psistarias* sind auf Souvlaki spezialisiert, während in *psarotavernas* vorwiegend Fisch serviert wird. *Estiatorio* ist das griechische Wort für Restaurant, wobei alle Läden zusätzlich mit einem „Restaurant"-Schild versehen sind und englischsprachige Speisekarten haben.

Jeder Ort in der Republik, der etwas auf sich hält, hat ein *kafeneio*, das ausschließlich von (älteren) Männern besucht wird. Dort gibt's Kaffee und Snacks wie Halloumi, Tomaten und Oliven.

Meyhanes sind türkische Kneipen, in denen u. a. Meze, Fleisch- und Fischgerichte sowie jede Menge *raki* auf den Tisch kommen. Im Norden steht *lokanta* für ein informelles Restaurant, während *restoran* die gehobene Variante bezeichnet (auch hier jeweils mit englischsprachigen Schildern ausgestattet). Die Gerichte in *hazir-yemek*-(„Fertigessen"-)Restaurants isst man am besten früh am Tag, wenn sie noch frisch sind. In *kebapçi* (Kebab-Imbissen) und *oakbaş* (Kebab-Imbissen mit Grillstelle) werden die Kebabs vor den Augen der Kunden zubereitet.

Ein kulinarisches Muss sind *pastanes* (Konditoreien), die Naschereien wie *kiru* (Kekse), Kuchen und supersüßes *baklava* verkaufen. Vorsicht: *pasta* (Gebäck) nicht mit *makarna* (Nudeln) verwechseln!

Auf die Schnelle

Zum traditionellen Fast Food auf der Insel gehören Kebabs und Souflakis. Dafür wird Fleisch gegrillt und in Pita- oder Fladenbrot gefüllt sowie mit einem großen, mit Zitronensaft verfeinerten Salat serviert.

Toll sind auch die Saftbars, in denen Mangos, Papayas, Erdbeeren oder Guaven zu zahlreichen unterschiedlichen Vitaminbomben kombiniert und zu einem sehr fairen Preis verkauft werden.

Auf in die Meze-Schlacht

Aufgepasst, hier kommt ein kulinarischer Angriff der leckeren Art mit rund 30 verschiedenen Gerichten. Die kleinen Portionen erscheinen harmlos, kommen jedoch ohne Pause auf den Tisch und versprechen neben gewissen Verdauungsbeschwerden unvergessliche kulinarische Momente.

Meze ist die Kurzform von *mezedes* („kleine Köstlichkeiten") und sowohl bei den Griechen als auch bei den Türken beliebt. Fast nie wird es für nur eine Person serviert: Zwei sind das Minimum und ab drei steht einem wunderbaren Gelage nichts mehr im Weg. Am besten probiert man Meze in einer großen Gruppe, da das gemeinsame Essen ebenso dazugehört wie die Gerichte selbst. Beim Herumreichen der Leckereien und beim lauthalsen Wunsch nach mehr Tahina oder Brot auf der anderen Tischseite teilt man mit den Zyprern eine tolle Erfahrung, die diese an vielen Abenden in der Woche erleben.

Ein Meze-Essen kommt einem Boxkampf gleich, der angenehmerweise keinerlei Verletzungsrisiko birgt.

Runde eins: Der Kellner bringt glänzende Oliven, Salat und frisches Brot sowie Tahina, Taramosalata, *talatouri* (Tzatziki) und Hummus zum Dippen. Am besten lässt man es langsam angehen, nimmt etwas Brot, einige Oliven und ein paar Salatblätter.

Runde zwei: Gemüse. Dieses wird mit Zitrone verfeinert oder pur, eingelegt und mit Halloumi serviert. Dann folgen Würste und typisch zyprische *lountza* (aus geräuchertem Schweinefilet). Hier gilt: Gemüse essen und nur ein bisschen Wurst und Käse probieren, denn die großen Kaliber folgen noch.

Runde drei: Jetzt ist das Fleisch im Anmarsch (Vegetarier können mancherorts auch vegetarisches Meze bestellen). Es gibt

---

MEZE SELBST GEMACHT

Wer Meze selbst zubereiten möchte, findet auf den folgenden Websites Zutaten und Rezepte:

» www.chefkoch.de/rezeptsammlung/2027531/Tuerkische-Meze.html

» www.ernestopauli.ch/essen/Rezepte/RezepteZypern.htm

» www.greekcuisine.com

» www.ottomancuisine.com

» www.turkishfoodandrecipes.com

eine Armada aus Lamm, Hühnchen, Rind- und Schweinefleisch sowie Souvlaki, *kleftiko*, *sheftalia* (würzige Grillwürstchen), Fleischbällchen und Räucherfleisch. Bei der Fischvariante reicht die Bandbreite von Zackenbarsch und Rotbarbe über Garnelen bis zu Oktopus und *calamari* (Tintenfisch).

In Runde vier ist der Knock-out nicht mehr weit und der Kellner holt mit seinen Platten voll frischem Obst und Gebäck zum letzten Angriff auf die Magengegend aus. Nun muss man die letzten Kräfte mobilisieren und unbedingt Opuntien probieren.

Vor einem solchen Abendessen lässt man die Mittagsmahlzeit besser ausfallen, isst möglichst langsam oder *siga siga,* wie der Zypern sagt, probiert die Gerichte und genießt die Düfte sowie Texturen. Die Auswahl ist riesig und schließlich soll der Magen nicht schon voll sein, bevor man richtig begonnen hat. Wie bei jedem guten Essen ist ein leckerer Wein der richtige Begleiter, also Prost und *kali orexi* – guten Appetit!

Für Experimentierfreudige

Griechischer oder türkischer Kaffee ohne Zucker, der *sketos* (auf Griechisch) bzw. *şekersiz* (auf Türkisch) heißt, ist mit seinem sehr bitteren, starken Aroma einen Versuch wert. Experimentierfreudigen sei zudem folgende Auswahl ans Herz gelegt:

» *mialle arnisha vrasta* (gekochtes Lammhirn): Hirnhälften mit Olivenöl, gehackter Petersilie, Zitronensaft und Salz

» *amelitita hirina vrasta* (gekochte Schweinehoden): mit Zwiebeln und Sellerie gekocht und einem Dressing aus Knoblauch, Nelken, Thymian, Olivenöl und Zitronensaft serviert

» *karalous keftedes* (frittierte Schneckenbällchen): zerhacktes und mit Zwiebeln, Kartoffeln und Eiern gekochtes Schneckenfleisch, das mit Mehl bestäubt und frittiert wird

» *karaolous me pnigouri* (Schnecken mit Bulgur): gekochte Schnecken, die mit Zwiebel- und Tomatenstückchen gebraten und auf einem Bulgur-Bett gereicht werden

» *kokorets* (in Därme eingewickelte, über Holzkohle gegrillte Innereien): mittelgroße in Därme eingewickelte Stücke von Lammleber, Lunge, Herz, Milz, Nieren usw., die anderthalb Stunden über Holzkohle gegrillt werden

» *zalatina* (Schweinesülze): zu den Zutaten gehören ein kleiner Schweinekopf, zwei Schweinsfüße, acht Orangen und Peperoni

---

TOP FIVE: ZYPRISCHE RESTAURANTS

» **Mattheos, Lefkosia (S. 141):** Die rustikalen Gerichte wie *kleftiko* (Lammbraten) oder *stifado* (Rinder- oder Haseneintopf) sind bei Einheimischen beliebt.

» **Argo, Pafos (S. 92):** In charmanter ländlicher Tavernen-Atmosphäre werden Spezialitäten wie Moussaka und *kleftiko* serviert.

» **Kyrenia Tavern, Kyrenia (S. 170):** Traditionelle türkisch-zyprische Küche vor einem hübschen Garten.

» **Platanos, Pedoulas, Troodos-Gebirge (S. 73):** Unter einer Platane gibt's Gerichte wie *afelia* (in Wein und Kräutern geschmortes Schweinefleisch).

» **Voreas, Oroklini, Larnaka (S. 113):** Das Lokal in einem Bergdorf ist für sein großartiges Meze bekannt.

Festessen

Neujahr Jede Familie backt einen besonderen Kuchen namens *vasilopitta*, in dem eine Glücksmünze versteckt ist.

Dreikönigstag (6. Januar) An dem religiösen Feiertag werden jede Menge *loukoumades* (Hefebällchen mit Honig) verspeist.

Karneval (Februar) Zu den Spezialitäten zählen *bourekia* (mit Minze und Käse gefülltes Fettgebäck) und klebrige Leckereien wie *daktyla* und *kandaifi*. Am „reinen Montag", der das Ende des Karnevals und den Beginn der Fastenzeit einläutet, picknicken die Einheimischen auf dem Land.

Fastenzeit Jetzt gibt's *klopokitta* aus rotem Kürbis, Rosinen und Weizenschrot, *tahinopitta* mit Sesampaste und *spanakopita,* mit Spinat und Ei gefüllter Filoteig.

Ostern *Avgolemono*, eine Suppe mit Eiern und Zitrone, gilt ebenso als traditionelles Osteressen wie herzhaftes Gebäck, darunter *flaounes* (mit Käse, Eiern, Gewürzen und Kräutern), doch das Hauptgericht ist *souvla* (Grillfleisch), das draußen in der Frühlingssonne am Spieß gegrillt wird.

Weihnachten Früher schlachteten zyprische Familien in der Weihnachtszeit ein Schwein, pökelten und räucherten es und aßen den ganzen Winter daran. Überbleibsel dieser Tradition ist die *loukanika* (Lamm- und Schweinswurst). Der traditionelle Weihnachtskuchen mit Trockenfrüchten und Marzipan erinnert an das englische Pendant.

Mit Kindern reisen

Die besten Regionen für Kinder

Pafos & der Westen
Pafos bietet jede Menge Wasserspaß, z. B. Bootsfahrten, Angeln, Schnorcheln und einen Wasserpark. Zudem kann man einen aufregenden Ausflug zu den Königsgräbern unternehmen.

Lemesos & die Südküste
Die Stadtstrände locken mit seichtem Wasser und vielen Aktivitäten. Für einen Adrenalinschub sorgen Ausritte, ein Eselpark und ein Sportzentrum.

Larnaka & der Osten
Unterwassersport, Strände, Meereshöhlen, ein Wasserpark, ein faszinierendes Museum und natürlich das Meer selbst werden ältere Kids begeistern.

Kyrenia & die Nordküste
Märchenschlösser, verlassene Strände, Spaziergänge durch die Natur und das massive Schiffswrack in Kyrenias Stadtmuseum.

Famagusta & die Karpaz-Halbinsel
Famagustas mittelalterliche Stadt regt die Fantasie an. Auf der Karpaz-Halbinsel locken Strände, Radtouren, ein Ökodorf und Schildkröten.

Zypern für Kinder

Zypern ist ein sehr kinderfreundliches Reiseziel. Die (erweiterte) Familie steht im Mittelpunkt der Gesellschaft und die Kleinen werden überall vergöttert. Neben Stränden, Burgen, antiken Stätten und fast ganzjährigem Sonnenschein sorgen Wassersport, Museen, Parks, Bootsfahrten sowie Eiscreme für das perfekte Verwöhnprogramm. Die meisten Themenparks und andere Freizeitangebote für Kids gibt's in der Republik.

In Touristeninformationen kann man sich nach Aktivitäten für Familien und nach kinderfreundlichen Hotels erkundigen.

Weitere Informationen liefern der Lonely Planet Band *Travel with Children* sowie die Websites www.reisen-mit-kindern.info und www.mit-kindern-reisen.de.

Highlights für Kinder
Tiere

» **Vouni-Eselpark**, Vouni, Pafos. In dem familienfreundlichen Park können Kinder beim Striegeln der geretteten Esel helfen und sich eine audiovisuelle Präsentation ansehen.

» **Pafos-Vogelpark**, Pafos. Hier gibt's jede Menge Vögel sowie andere Tiere wie Giraffen und Riesenschildkröten zu sehen.

» **Mazotos-Kamelpark**, Mazotos, Larnaka. Nach einem Kamelritt sorgt der Pool für Erfrischung.

» **Ostrich Wonderland Theme Park**, Lefkosia. Europas angeblich größte Straußenfarm informiert über die großen Laufvögel.

> **KINDERFREUNDLICHE ANBIETER**
>
> Familienfreundliche Sehenswürdigkeiten oder Unterkünfte wurden in diesem Band mit folgendem Symbol versehen: 👶. Natürlich soll das nicht heißen, dass andere Adressen gegen Kinder eingestellt sind. Weil der Nachwuchs in den meisten Lokalen willkommen ist, jedoch nur wenige ein spezielles Menü für die Kleinen anbieten, haben wir in den Restaurantbewertungen auf die Symbole verzichtet.

Aktivitäten

» **Zet International Karting Circuit**, Nord-Nikosia (www.zetkarting.com). Tolle Go-Kart-Bahn für Kinder aller Altersgruppen.

» **African Queen**, Kyrenia (www.sailcyprus.com). Bootsfahrten für die Familie, kombinierbar mit Wassersport und Schwimmen.

» **Amphora Diving**, Kyrenia (www.amphoradiving.com). Anfängertauchkurse für Kinder ab acht.

» **Santa Marina Retreat**, Lemesos. Großes Angebot an Aktivitäten, darunter Ausritte.

Grünanlagen & Themenparks

» **Extreme Park**, Lefkosia (www.extremepark.com.cy). Dieser gigantische Spielplatz mit Außen- und Innenbereichen bietet jede Menge Unterhaltung von Trampolinen über Hindernisparcours und Minibowlingbahnen bis zu riesigen aufblasbaren Rutschen.

» **Parko Paliatso**, Agia Napa (www.parkopaliatsocy.com). Traditioneller Vergnügungspark mit herumwirbelnden Fahrgeschäften, Zuckerwatte und zahlreichen aufgeregten kleinen Besuchern.

» **Eleouthkia Traditional & Botanical Park**, Anarita, Pafos (www.eleouthkia.com.cy). Botanischer Garten sowie traditionelle Spiele, Kunst, Handwerk, Musik, Kulinarisches, ein Spielplatz und ein Tauchbecken.

Wasserparks

» **Water World**, Agia Napa (www.waterworldwaterpark.com). Dieser Park verspricht spritziges Vergnügen und heimste einige internationale Auszeichnungen ein.

» **Octopus Aqua Park**, Kyrenia. Sorgt an heißen, staubigen Sommertagen mit seinen Attraktionen, der Poolbar und einem Restaurant für wohltuende Erfrischung.

» **Fasouri Watermania Waterpark**, Fasouri, Lemesos (www.fasouri-watermania.com). Wasserpark mit Landschaftsgärten und einem facettenreichen Freizeitangebot von Planschbecken bis zu Kamikaze-Rutschen.

Museen & Geschichte

» **Antikes Salamis**, Famagusta. Falls sich der Anhang partout nicht begeistern lässt, kann man ihn mit dem verführerischen Sandstrand gleich vor der Tür der faszinierenden archäologischen Stätte locken.

» **Burg- & Schiffswrackmuseum von Kyrenia**, Kyrenia. Das Schiffswrack ist rund 2300 Jahre alt und wird ebenso wie ein Rundgang entlang der Burgmauer die Fantasie der Kids beflügeln.

Märchenschlösser

» **Buffavento-Burg**, Nordküste. Die bergige Wanderung zu der hoch gelegenen Festung mit interessanten Eckchen und sensationellen Ausblicken ist etwas für größere Kinder.

» **Kantara-Burg**, Karpaz-Halbinsel. Auch diese Burg ist wegen einiger gefährlicher Abhänge nur für ältere Kinder geeignet, versprüht mit ihren Tourellen, Türmen und Aussichtspunkten jedoch eine Menge märchenhaftes Flair.

» **St.-Hilarion-Burg**, Nordküste. Für sein *Schneewittchen und die sieben Zwerge* ließ sich Walt Disney offensichtlich von diesem Bauwerk inspirieren.

Strände

Die Strände in den großen Urlaubsorten warten mit seichtem Wasser, Kiesel- oder Sandflächen zum Spielen, verschiedenen Aktivitäten (Tretboote, Bootsausflüge, Volleyball etc.) sowie familienfreundlichen Restaurants und Eisverkäufern in direkter Umgebung auf.

Reiseplanung

Zypern ist ein unkompliziertes, familienfreundliches Reiseziel, das wenig Vorbereitung bedarf. Im Juli und August strömen am meisten Besucher herbei, dann sind die großen Touristenresorts oft komplett von Reisegruppen belegt. Der Spätfrühling eignet sich gut für eine Reise mit kleinen Kindern, denn zu dieser Zeit herrscht warmes, aber nicht zu heißes Strandwetter und die Attraktionen sind – mit Ausnahme der Osterferien – nicht zu überlaufen.

Zypern im Überblick

Zypern ist wunderbar abwechslungsreich. Während der Süden mit besucherfreundlichen Badeorten und historischen Stätten lockt, wartet der Norden mit der bezaubernden Mittelmeerstadt Kyrenia und tollen ursprünglichen Stränden nördlich von Farmagusta auf.

Auf beiden Seiten der Grünen Linie kann man hervorragend wandern, vor allem im Troodos-Gebirge und an der Nordwestküste. Die schicken Restaurants in Lemesos versprechen kulinarische Genüsse, aber die einfachen Kebabs in Nord-Nikosia sind ebenfalls sehr lecker. Geschichtsinteressierte kommen in den faszinierenden archäologischen Stätten auf ihre Kosten, insbesondere rund um Famagusta, Pafos und Lemesos. Einblicke ins ländliche Leben geben die Bergdörfer im Landesinneren unweit von Lemesos und in der Umgebung des Troodos-Gebirges, die Erholung vom Trubel an der Küste sowie tolle Ferien auf dem Land bieten.

Lemesos & die Südküste

Restaurants ✓✓✓
Geschichte ✓✓
Dörfer ✓✓✓

Kulinarische Genüsse
Lemesos ist für seine innovative und raffinierte Restaurantszene bekannt, vor allem im und um den historischen Stadtkern. Wir empfehlen das großartige Old Carob Mill.

Reise in die Vergangenheit
Das antike Kourion gehörte einst zu den vier Königreichen Zyperns und ist eine von mehreren eindrucksvollen archäologischen Stätten der Region. Zudem lockt es mit Museen, Klöstern und einer Burg.

Hübsche Dörfer
Einige der schönsten traditionellen Dörfer der Region liegen in den Ausläufern des Troodos-Gebirges und versprechen Erholung vom Trubel an der Küste.

S. 48

Troodos-Gebirge

Wandern ✓✓✓
Kirchen ✓✓✓
Aktivitäten ✓✓✓

Naturerlebnisse
Es gibt immer mehr ausgeschilderte Wanderrouten, die vom halbstündigen Spaziergang zu sprudelnden Wasserfällen bis zu einer Wanderung auf den Gipfel des Olympos reichen.

Kunstvolle Fresken
Viele der byzantinischen Kirchen in der Gegend schmücken außergewöhnlich lebendige Fresken, deren Detailreichtum und Farbenpracht über Jahrhunderte erhalten blieb.

Aktivitäten
Radfahren, Vögel beobachten, reiten, picknicken oder einfach durch einige Dörfer spazieren – der Reiz dieser Region liegt in ihrer Ursprünglichkeit und natürlichen Schönheit.

S. 65

Pafos & der Westen

Strände ✓✓✓
Stätten ✓✓✓
Landschaft ✓✓

Die besten Strände
Zypern wartet nach wie vor mit ein paar unberührten Stränden auf, besonders auf der Akamas-Halbinsel. Auch rund um Pafos locken hübsche Buchten.

Wunderschöne Mosaiken
Die archäologische Stätte von Pafos mit ihren Mosaiken ist zweifellos das Highlight, daneben lohnen jedoch auch die Königsgräber und Katakomben einen Besuch.

Unberührte Natur
Einblicke in das ungezähmte Zypern bieten die Wanderwege auf der Akamas-Halbinsel, die Dörfer in den westlichen Gebirgsausläufern oder das unberührte Zederntal mit seinen gewaltigen Bäumen.

S.84

Larnaka & der Osten

Aktivitäten ✓✓✓
Nachtleben ✓
Strände ✓✓

Wassersport & Schwimmen
Eines der zehn besten betauchbaren Wracks der Welt liegt direkt vor Larnakas Küste. Darüber hinaus kann man hier auch schnorcheln, windsurfen, kiteboarden, mit dem Boot fahren und schwimmen, vor allem bei den Mereshöhlen.

Nachtleben
Auch wenn die wilden Zeiten der Vergangenheit angehören, bietet Agia Napa noch immer das geballteste und interessanteste Nachtleben der Insel.

Strände & Kaps
Im Osten der Insel erstrecken sich einige gute Strände, insbesondere bei Agia Napa, wo jede Menge goldener Sand anstelle der üblichen Kieselsteine lockt.

S.107

Lefkosia (Nikosia)

Museen ✓✓✓
Shoppen ✓✓
Restaurants ✓✓

Museen
Das Zypern-Museum ist ein echtes Muss. Außerdem wartet die kulturreiche Hauptstadt mit Volkskunst, lokaler Geschichte, osmanischen Exponaten und erstklassiger Kunst auf.

Einkaufsparadies
Die riesige Auswahl an edlen Geschäften in der Neustadt bringt die Kreditkarte zum Glühen. Originelleres findet man in den eigenwilligen kleinen Seitenstraßenläden der Altstadt.

Gourmethauptstadt
Lefkosias kulinarisches Angebot reicht von einfachen Kneipen, die ein einziges rustikales Hauptgericht servieren, bis zu edlen Feinschmeckertempeln mit schier endlosen Speisekarten.

S.129

Nord-Nikosia (Lefkoşa)

Gebäude ✓✓✓
Kebabs ✓✓✓
Souvenirs ✓✓

Architektonische Schätze
Die Stadt ist voll von teils baufälligen, teils renovierten, jedoch durchweg faszinierenden historischen Gebäuden. Zu den Highlights gehören die Moschee, der Bedesten und das Büyük Han.

Bestes Fast Food
Hier kommt man in den Genuss der saftigen, würzigen, unvergesslichen und authentischen Variante. Girne Caddesi überzeugt mit einer guten Auswahl an Fleisch.

Souvenirs
Das Büyük Han beherbergt zwei Stockwerke mit Kunst- und Handwerksläden, in denen u. a. bestickte Seide, handbemalte Karten, eingemachte Früchte, Keramik und Schmuck verkauft werden.

S.153

Kyrenia (Girne) & die Nordküste

Burgen ✓✓✓
Strände ✓✓✓
Wandern ✓✓

Burgen
Kyrenia lockt mit einem faszinierenden, in der städtischen Burg untergebrachten Schiffswrackmuseum. Außerdem befinden sich ganz in der Nähe die prächtigen St.-Hilarion- und Buffavento-Festungen.

Strände
An der Spitze des Küstenortes Koruçam erstrecken sich wilde, einsame Strände. Auch westlich von Kyrenia stößt man auf hübsche Sandstreifen, darunter der Çatalköy-Strand.

Wandern
Der gut ausgeschilderte Kyrenia-Bergpfad führt am Bergrücken des Kyrenia-Gebirges entlang und wird von einsamen Stränden sowie einer schönen Landschaft gesäumt.

S. 165

Famagusta (Mağusa) & die Karpaz-(Kırpaşa-)Halbinsel

Stätten ✓✓✓
Landschaft ✓✓✓
Gebäude ✓✓

Archäologie
Das antike Salamis ist eine der bedeutendsten und größten archäologischen Stätten der Insel, die kein Besucher verpassen sollte.

Unberührte Natur
Auf der wunderbar wilden und abgeschiedenen Karpaz-Halbinsel kann man vor einer traumhaften Naturkulisse wandern, mit dem Rad fahren und schwimmen.

Architektonisches Erbe
Mit den beeindruckenden, wenngleich unheimlichen fränkischen und venezianischen Ruinen samt ihrer gespenstischen Ruinen zieht das historische Zentrum von Famagusta jeden Betrachter in seinen Bann.

S. 185

Empfehlungen von Lonely Planet:

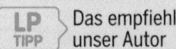 Das empfiehlt unser Autor   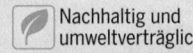 Nachhaltig und umweltverträglich   GRATIS Hier bezahlt man nichts

LEMESOS & DIE SÜDKÜSTE 48
LEMESOS (LIMASSOL) . . . 49
RUND UM LEMESOS 58
Pissouri-Bucht & -Dorf . . . 60
Petra tou Romiou (Aphroditefelsen & -strand) 61
Antikes Amathous 61
Episkopi 61
Antikes Kourion 62
Apollon-Ylatis-Heiligtum . . . 63
Kolossi-Burg 63
Akrotiri-Halbinsel 64

TROODOS-GEBIRGE 65
Troodos 68
Platres 70
Rund um Platres 72
Marathasa-Tal 72
Solea-Tal 78
Pitsylia 80
Agros 80
Rund um Pitsylia & Agros 82

PAFOS & DER WESTEN 84
PAFOS 85
RUND UM PAFOS 95
Korallenbucht 95
AKAMAS-HÖHEN 95
Dhrousia, Kritou Terra & Umgebung 96
Kathikas 97
Pano Akourdalia & Kato Akourdalia 97

Im Register findet man eine Übersicht aller Reiseziele in diesem Buch.

Reiseziele

Avgas-Schlucht...........97	Kokkinohoria............127	Gemikonaği (Karavostasi)............182
AKAMAS-HALBINSEL.....98	Pyla....................127	Lefke (Lefka)............182
Polis 98	Protaras................127	Antikes Soloi............182
Bäder der Aphrodite 102	Pernera.................128	Antikes Vouni 183
TYLLIRIA 103	**LEFKOSIA**	
Pomos 103	**(NIKOSIA) 129**	**FAMAGUSTA (MAĞUSA)**
Pachyammos 104	LEFKOSIA (NIKOSIA) 130	**& DIE KARPAZ-(KIRPA-**
Kokkina (Erenköy) 104	RUND UM LEFKOSIA.....149	**ŞA-)HALBINSEL....185**
Kato Pyrgos............104	Antikes Tamassos 149	FAMAGUSTA (MAĞUSA)..188
Stavros tis Psokas......104	Agios-Irakleidios-	RUND UM FAMAGUSTA ..194
Kampos 105	Kloster 150	Antikes Salamis 195
WESTLICHES	Agios-Mamas-Kirche in	Antikes Enkomi
TROODOS-GEBIRGE.....106	Agios Sozomenos........150	(Alasia).................197
Pano Panagia 106	Maheras-Kloster........150	İskele (Trikomo) 198
Zederntal 106	Mesaoria-Dörfer........151	Boğaz (Bogazi)..........198
LARNAKA &	**NORD-NIKOSIA**	**KARPAZ-(KIRPAŞA-)**
DER OSTEN 107	**(LEFKOŞA) 153**	**HALBINSEL**...............198
LARNAKA 109		Kantara-Burg 201
RUND UM LARNAKA..... 116	**KYRENIA (GIRNE) &**	Yenierenköy (Yiallousa).. 202
Kamares-Aquädukt 117	**DIE NORDKÜSTE ...165**	Sipahi (Agia Triada)..... 202
Hala Sultan Tekke	KYRENIA (GIRNE) 167	Dipkarpaz
(Tekkesi) 117	RUND UM KYRENIA &	(Rizokarpaso)........... 202
Larnaka-Salzsee.........117	DAS KYRENIA-GEBIRGE...173	Agios Philon &
Kiti & Umgebung 118	St.-Hilarion-Burg 175	Afendrika............... 202
Stavrouni-Kloster......118	Bellapais (Beylerbeyi)....176	Apostolos-Andreas-
Choirokoitia..............118	Buffavento-Burg........177	Kloster 203
Lefkara.................120	Panagia-Absinthiotissa-	Zafer Burnu (Kap
AGIA NAPA 120	Kloster 177	Apostolos Andreas)..... 203
RUND UM AGIA NAPA....126	Alevkaya-Herbarium 178	**UNTERKUNFT......204**
Paläste & Meereshöhlen ..126	WEST-KYRENIA 178	
Kap Greco 126	Lapta (Lapithos).........178	
Paralimni...............126	DER NORDWESTEN 178	
Deryneia................126	Koruçam-(Kormakitis-)	
Dekelia Sovereign	Halbinsel................180	
Base Area...............127	Morfou (Güzelyurt) 181	

Lemesos & die Südküste

Inhalt »

Lemesos (Limassol) 49
Rund um Lemesos 58
Pissouri-Bucht & -Dorf .. 60
Petra tou Romiou
(Aphroditefelsen &
-strand) 61
Antikes Amathous 61
Episkopi 61
Antikes Kourion 62
Apollon-Ylatis-
Heiligtum 63
Kolossi-Burg 63
Akrotiri-Halbinsel 63

Gut essen

» Dino Art Café (S. 53)
» Noodle House (S. 54)
» Syrian Arab Friendship Club (S. 54)
» Il Gusto (S. 64)

Schön übernachten

» Chrielka (S. 206)
» Curium Palace (S. 206)
» Apokryfo (S. 207)
» Bunch of Grapes Inn (S. 208)

Auf nach Lemesos und an die Südküste

Lemesos und die Südküste gehören zu den abwechslungsreichsten Regionen Zyperns und locken mit historischen Stätten, Stränden, einem regen Nachtleben sowie dem bewaldeten Troodos-Gebirge.

Die zweitgrößte Stadt der Insel mausert sich immer mehr zu einer Gourmethochburg, die für ihre spannenden, innovativen Restaurants bekannt ist. 2013 soll Lemesos' edler, lang herbeigesehnter Jachthafen eingeweiht werden, zudem herrscht im historischen Zentrum eine tolle Atmosphäre. Tollerweise ist die Fußgängerzone nur dann überlaufen, wenn Kreuzfahrtschiffe anlegen und die Passagiere an Land Ausflüge unternehmen.

Das antike Kourion, die beeindruckendste archäologische Stätte der Region, thront auf einer Klippe mit Blick auf das azurblaue Wasser der Episkopi-Bucht und spielte eine wichtige Rolle für die Verbreitung des Christentums auf Zypern.

Die Gegend eignet sich hervorragend als Basis für alle, die sich abseits der Touristenzentren Pafos und Agia Napa auf Entdeckungstour begeben möchten.

Reisezeit

Am besten kommt man im Frühling nach Lemesos. Dann überzieht ein Teppich aus Wildblumen die Hänge des Troodos-Gebirges und es ist bereits warm genug für den Strand. In der Hauptsaison von Juli bis August sind die Strände z. T. überlaufen, doch der Sommer ist auch die Zeit der Festivals mit einem bunten Programm. Zu den Höhepunkten zählen das Internationale Musikfestival und das Weinfest im September. Im Spätherbst und in den Wintermonaten regnet es viel, das Wetter zeigt sich von seiner wechselhaften Seite und die Temperaturen schwanken. Nun sind die höchsten Gipfel im Troodos-Gebirge schneebedeckt.

LEMESOS (LIMASSOL)

228 780 EW.

Lemesos ist vielen noch unter dem Namen Limassol (Limasol auf Türkisch) ein Begriff und gehört zu den am meisten unterschätzten Städten Zyperns. Es scheint nach dem Vorbild eines amerikanischen Küstenortes entstanden zu sein und verfügt über eine belebte Hauptstraße, die sich über die gesamte Länge von Lemesos erstreckt. Im Norden befinden sich Cafés, Geschäfte und Restaurants und im Süden verläuft ein langer, beliebter Strand.

Das ehemalige türkische Viertel, die historische Altstadt, wurde geschmackvoll restauriert. Heute ist die Burg von einer großen Fußgängerzone umgeben, die mit einer guten Auswahl an traditionellen Tavernen, Cafés, edlen Restaurants und Designerbars aufwartet. Das städtische Sanierungsprogramm umfasst außer dem Jachthafen auch die Uferpromenade, die erneuert und um viele Grünflächen erweitert wird.

Lemesos hat ein ganz spezielles Flair, ein wenig düster, aber kosmopolitisch. Zyperns internationales Geschäftszentrum liegt in einem besonders spannenden Teil der Insel, der mit archäologischen Stätten, Stränden und der herrlich fruchtbaren Troodos-Region auftrumpft.

Geschichte

Es war kein Geringerer als Richard Löwenherz, König der Kreuzritter, der Lemesos 1191 bekannt machte, indem er den damaligen Herrscher von Zypern, Isaak Komninos, besiegte und die Insel sowie die Stadt einnahm.

Mehr als 200 Jahre florierte der Ort unter der Regentschaft von Johannitern und Templern, doch dann beendeten Erdbeben sowie marodierende Genuesen (1373) und Sarazenen (1426) die Glückssträhne. Noch Mitte des 20. Jhs. machte Lemesos einen schlechten Eindruck: In seinem Buch *Bittere Zitronen* schrieb Lawrence Durrell 1952 über seine Ankunft hier, dass „...wir bei Sonnenaufgang in einer düsteren und grauen Reede anlegten, vor einer Stadt, deren trostlose Silhouette an eine Zinnmine in den Anden erinnerte."

Nach der türkischen Invasion 1974 wuchs der Ort schnell und löste Famagusta (Mağusa) als wichtigsten Hafen der Insel ab. Dass er erblühte, war auch notwendig, weil die Touristenzahlen in der Republik beständig stiegen. Das ursprüngliche Lemesos war auf das Gebiet der heutigen Altstadt beschränkt, die sich um den historischen Hafen erstreckt. Mittlerweile ist es über die früheren geografischen Grenzen hinausgewachsen und umfasst einen riesigen Touristenvorort. Dieser ist als „Touristenzentrum" ausgeschildert und eine chaotische Mischung aus Hotels, Bars und Restaurants. Hier vergisst man beinahe, dass es ja auch noch das Meer gibt!

Sehenswertes & Aktivitäten

Vom alten Hafen aus erreicht man die meisten Sehenswürdigkeiten zu Fuß. Die Haupteinkaufsmeile Agiou Andreou ist nur eine Querstraße von der Uferpromenade entfernt. Strandfans finden im Westen einige beliebte Badeorte. Weniger kommerzialisierte, hübschere Sandstreifen erstrecken sich noch weiter westlich, darunter Kourion, Melanda und Avdimou.

ENTFERNUNGEN (KM)

	Vouni	Pissouri	Petra tou Romiou	Antikes Amathous
Pissouri	32			
Petra tou Romiou	37	8		
Antikes Amathous	43	36	51	
Governor's Beach	59	61	66	15

NICHT VERSÄUMEN

MITTELALTERMUSEUM

Der Besuch der Burg ist erst komplett mit der Besichtigung des dazugehörigen **Mittelaltermuseums** (Erw. 3,40 €; Mo–Sa 9–17, So 10–13 Uhr), eine faszinierende Ansammlung aus Gewölben und Luftschächten. Die nach Themen geordneten Exponate werden auf mehreren Stockwerken in verschiedenen Räumen und Kammern präsentiert. Es gibt Ausstellungen mit byzantinischen und mittelalterlichen Objekten, darunter osmanische Tonwaren, religiöse Goldgegenstände, Grabsteine, Rüstungen und Waffen. In der Großen Halle (nach dem Eintreten rechts halten) sieht man Schwarz-Weiß-Fotos von byzantinischen Stätten auf ganz Zypern. Vom Dach genießt man einen tollen Blick auf die Stadt.

Highlights

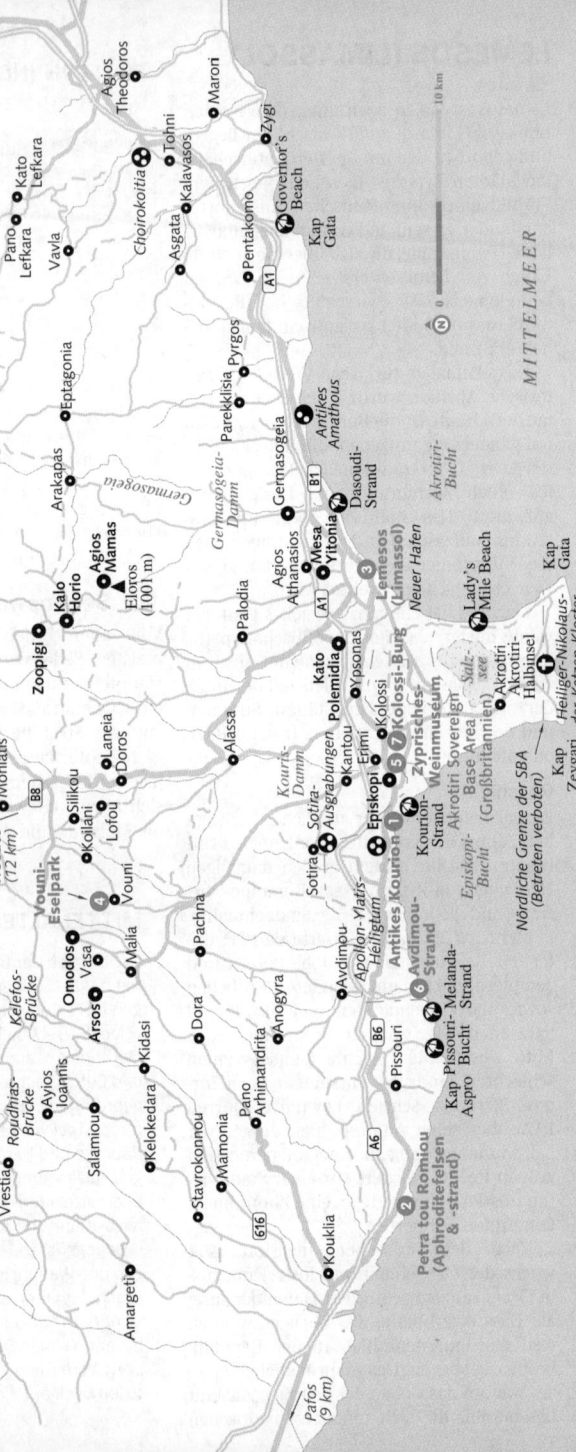

1. Ein abendliches Konzert oder Schauspiel im römischen Theater des **antiken Kourion** (S. 62) besuchen

2. Schwimmen und picknicken am **Petra tou Romiou** (S. 61), dem legendären Ort, wo die Göttin Aphrodite aus dem Meer stieg

3. In einem der wunderbaren **Altstadtrestaurants** (S. 53) essen gehen

4. Mit der ganzen Familie in den **Eselpark** (S. 60) nach Vouni fahren

5. Das interessante **Weinmuseum** (S. 51) besuchen und erfahren, wie das Lieblingsgetränk der Zyprer hergestellt wird

6. Am unberührten **Avdimou-Strand** (S. 60) die herrlich friedliche Atmosphäre genießen

7. Die Zugbrücke zu der faszinierenden, verlassen wirkenden **Kolossi-Burg** (S. 63) überqueren und sich dabei wie der Schlossherr fühlen

LESER REDEN MIT

Wer ein tolles Restaurant entdeckt hat, mit unseren Empfehlungen nicht einverstanden ist oder einfach nur von seiner letzten Reise erzählen möchte, kann das auf www.lonelyplanet.de sowie www.lonelyplanet.com tun. Hier hat man die Möglichkeit, im Forum Fragen zu stellen oder zu beantworten, Blog-Kommentare zu schreiben, Fotos und Tipps zu veröffentlichen oder einfach nur mit gleichgesinnten Travellern zu chatten. Also, los geht's!

GRATIS Mittelalterliche Burg — BURG

(Mo–Sa 9–17, So 10–13 Uhr;) Bei brütender Sommerhitze sind die Burg und der dazugehörige Garten am Westrand der Altstadt eine herrlich schattige Oase. Inzwischen hat sich die Umgebung in eine nette Fußgängerzone verwandelt.

Das Bauwerk aus dem 14. Jh. steht auf den Ruinen einer byzantinischen Burg und diente im Laufe der turbulenten Inselgeschichte unterschiedlichen Zwecken. Es wurde wiederholt geplündert: Die Venezianer beschädigten es mutwillig, während die Osmanen es aufmotzten und für militärische Zwecke nutzten. Unter den Briten musste die Festung schließlich als Gefängnis herhalten. Offensichtlich heiratete Richard Löwenherz 1191 Berengaria in der Kapelle des Originalgebäudes. Dort krönte er sich auch zum König von Zypern und erklärte seine Frau zur Königin von England.

Die Burg haut einen zwar nicht gerade vom Hocker, ein Besuch lohnt sich aber trotzdem. Im Garten liegt versteckt eine alte **Olivenölpresse** aus dem 7. bis 9. Jh.

Archäologisches Museum MUSEUM

(Ecke Vyronos & Kaningos; Eintritt 1,70 €; Mo–Sa 9–17, So 10–13 Uhr) Hier werden eine große Tonwarensammlung (u. a. aus Mykene) sowie verschiedene Gegenstände aus dem Neolithikum und dem Chalkolithikum (vor allem Tonscherben und Werkzeuge) gezeigt. Die zahlreichen Terrakottafiguren sollen Überreste von Votivgaben sein. Neben klassischen Tonwaren, Schmuck und Öllampen gehören eigentümlich modern anmutende Glasflaschen und -phiolen zu den Ausstellungsstücken. Mit dem Zyprischen Museum in Lefkosia kann dieses Museum nicht mithalten, ist aber trotzdem sehenswert.

Zyprisches Weinmuseum MUSEUM

(www.cypruswinemuseum.com; Pafos 42, Erimi; Eintritt 4–7 €; 9–17 Uhr) Gleich westlich der Stadt liegt dieses über die Schnellstraße zwischen Lemesos und Pafos zu erreichende interessante Museum. Es ist in einem geschmackvoll restaurierten Steinhaus untergebracht und gewährt einen Einblick in die Geschichte der Weinherstellung auf Zypern. Besucher können zwischen drei Führungen wählen – je mehr Sorten man kosten möchte, desto höher der Preis. Die teuerste Variante umfasst vier Weine mit Halloumi-Käse. Zu den Ausstellungsgegenständen zählen mittelalterliche Trinkgefäße und Krüge. Außerdem gibt's jede Menge Erklärungen zu allen Aspekten der Produktion und eine kurze audiovisuelle Präsentation.

GRATIS Große Moschee MOSCHEE

(Kebir Camii; Genethliou Mitella) Die Große Moschee mitten im Herzen des alten türkischen Viertels ist umringt von hohen Palmen und wird von der türkisch-zyprischen Gemeinde sowie in Lemesos ansässigen Moslems aus dem Nahen Osten genutzt. Besucher müssen konservativ gekleidet sein, die Schuhe am Eingang ausziehen und dürfen das Gebäude nicht zu den Gebetszeiten aufsuchen. Die Öffnungszeiten sind flexibel: Wenn das Tor offen ist, kann man sein Glück versuchen.

Hamam DAMPFBÄDER

(9947 4251; Loutron 3; Dampfbad & Sauna 15 €; Mo–Sa 14–22 Uhr) Der winzige Hamam neben der Moschee ist kein wirklich touristischer Ort. Beim Besuch des Bads, das von beiden Geschlechtern genutzt wird, legt man Wert auf Privatsphäre. Weil es sehr schlicht ist, sollte man kein opulentes Verwöhnprogramm erwarten. Die Leute kommen vor allem hierher, um zu entspannen. Zum Angebot gehören Ganzkörpermassagen, Shiatsu, schwedische Massagen, indische Kopfmassagen und Anti-Stress-Massagen ab 20 €.

Lanitis Art Foundation AUSSTELLUNGSZENTRUM

(www.lanitisfoundation.org; Old Carob Mill; Mo–Sa 10–18 Uhr) Hier finden interessante, ausgefallene Ausstellungen statt. Aktuelle Infos siehe Website.

Geführte Touren

Die CTO bietet drei kostenlose Stadtrundgänge an, die man in der Hauptsaison besser vorab reservieren sollte.

Lemesos (Limassol)

Montags um 10 Uhr führt „A Stroll in Neapolis, Nemesos, Limassol" durch das historische Zentrum zu den Denkmälern, Märkten und Hauptattraktionen.

Von Oktober bis April gibt's immer mittwochs um 10 Uhr abwechselnd folgende Touren: Bei dem Ausflug durch Germasogeia schaut man sich den Dorfdamm (der Name der Führung ist „Germasogeia: A Village Blessed by Water") sowie die Architektur und die Straßen im Ort an. Beim zweiten Angebot, der sogenannten „Discover the Na-

Lemesos (Limassol)

◎ Highlights
Mittelalterliche Burg & Museum......................................A6

◎ Sehenswertes
1 Archäologisches Museum.....................D1
2 Große Moschee...A5
3 Hamam..A5
Lanitis Art Foundation..............(siehe 16)
4 Natural Sea Sponge Exhibition Centre...A6

⊜ Schlafen
5 Chrielka..D2
6 Curium Palace..D1
7 Luxor Guest House..................................B5
8 Metropole...B5

⊗ Essen
9 127 Café..B4
10 Antonaros Tavern....................................B2
Artima Bistro...............................(siehe 16)
11 Bono..B5
12 Castello...A6
13 Dino Art Café...A5
14 Karatello...A6
15 Noodle House..A5
16 Old Carob Mill...A6
17 Ousia...A5
18 Rizitiko Tavern...A5

⊙ Ausgehen
127 Café.......................................(siehe 9)
19 Adiexodo..B4
Draught.......................................(siehe 16)
20 Moyo...B4
21 Pi...A5
22 Rogmes Piano Bar...................................B4
23 Sousami..A5
Stretto Café................................(siehe 16)

⊙ Unterhaltung
24 7-Seas..B4
25 Alaloum..B5
26 Rialto Theatre..B3
27 Sesto Senso...A5

⊙ Shoppen
28 Pana's Patchwork....................................B5
29 Violet's Second Hand Shop....................B4

---

tural Environment of Germasogeia", wandert man auf einem Naturpfad des Forstministeriums durch die Hügel. Dazu sollte man auf jeden Fall eine einigermaßen gute Kondition haben.

✵ Feste & Events

Karneval KARNEVAL
(www.limassolmunicipal.com.cy/carnival) Lemesos ist die einzige Stadt auf Zypern mit einer „echten" Karnevalsatmosphäre. Vor allem Kinder lieben das elftägige Fest 50 Tage vor Ostern. Auftakt ist die Ankunft des „Karnevalskönigs" in der Stadt, der von einer bunten Parade begleitet wird. Außerdem gibt's einen Kinderumzug und zum Abschluss steigt noch ein Kostümfest.

Weinfest WEINFEST
(www.limassolmunicipal.com.cy/wine) Vom 30. August bis zum 11. September wird im Stadtpark dieses nette Fest ausgerichtet – *die* Gelegenheit, eine große Auswahl an hiesigen Weinen zu kosten. Wie man sich vorstellen kann ist das Event extrem beliebt bei jungen Touristen auf der Suche nach Unterhaltung, lokaltypischem Essen, traditioneller Musik und Tanz und natürlich Wein.

✖ Essen

Lemesos' Restaurantszene bietet eine tolle Kombination aus Vielseitigkeit, Qualität und moderner Küche, vor allem in der Altstadt (die meisten Lokale im Touriviertel sind eher durchschnittlich). Die ansprechend restaurierte Old Carob Mill neben der Burg beherbergt einige Restaurants und Bars mit einer coolen, kultivierten Atmosphäre. Alternativ kann man auch die Plateia Salabuli, eine Fußgängerzone neben dem frisch aufgehübschten Markt, ansteuern. Der Platz ist umringt von günstigen Kebab-Buden und traditionellen Cafés.

Dino Art Café MEDITERRAN €€
(☎2576 2030; Irinis 62–66; Hauptgerichte ab 8 €; ☎) Das Dino's hat einen tollen Ruf unter einheimische Stammgäste, denn das Dekor ist elegant, der Besitzer (Dino Kosti) nett und das Essen super. Wir empfehlen die fantastischen und sehr sättigenden Salate. Zu den ungewöhnlicheren Gerichten zählt Ente à l'Orange. Auch die Auswahl an Pasta, z. T. mit pikanten Soßen, und das Sushi überzeugen. Ein weiteres Plus: Hier stellen zyprische Fotografen und andere Künstler ihre Werke aus. Vorab reservieren.

Noodle House
ASIATISCHE FUSIONSKÜCHE €€

(www.thenoodlehouse.com; Agiou Andreou 3; Hauptgerichte 10 €; 🍴) Eine willkommene Abwechslung in Lemesos' kulinarischer Szene liefert die erste europäische Filiale der beliebten Kette aus den Arabischen Golfstaaten. Neben einer offenen Küche und einem stilvollen Dekor ist eine vielseitige Speisekarte mit Klassikern aus Singapur und Thailand wie Tom-Yam-Suppe, grünes Curry, asiatischer Wolfsbarsch und gebratene Ente Standard. Wer es gern scharf mag, sollte sich an die Kellner wenden, da die Gerichte tendenziell an den zyprischen Gaumen angepasst, also milder als die Originale sind. Sonntags mittags stehen die Kleinen im Mittelpunkt: Sie werden geschminkt und bekommen Ballons.

Syrian Arab Friendship Club
ZYPRISCH €€

(SAFC; Iliados 3; Meze 15 €) Ebenso gut wie das Schwesterrestaurant in Lefkosia. Dank Zutaten wie Kichererbsen, Bohnen, Kräutern, Gewürzen sowie gegrilltem und mariniertem Fleisch gilt der SAFC als Paradies für Liebhaber der arabischen Küche. Außerdem gibt's herrlich süße Desserts. Am besten bestellt man den Meze-Teller und gönnt sich anschließend eine *nargileh* (Wasserpfeife). Der Syrian Club (so nennen ihn die Einheimischen) ist über die Küstenstraße zu erreichen; er liegt 3,5 km östlich des Stadtzentrums gegenüber dem Apollonia Beach Hotel.

127 Café
MEDITERRAN €€

(Eleni Paleologinas 5; Salate & Sandwiches ab 7,50 €) Zum Flair einer Late-Night-Lounge tragen die avantgardistischen Kunstwerke, schwarzen Sofas, hohen Decken und die elegante Terrasse im hinteren Bereich bei. Zehn innovative Salate stehen zur Auswahl, darunter der „Orgasmic" mit Parmesan, Avocados, Pilzen und pikanter Tomatensoße, aber es werden auch warme Gerichte und Cocktails angeboten.

Bono
INTERNATIONAL €€

(Anexartisias 3; Frühstück ab 4,50 €, Salate ab 8 €; ☉So geschl.) Der Besitzer hat ein paar Jahre in den USA gelebt und dort gelernt, wie man hervorragenden Käsekuchen macht! Auch das Frühstück, die Burger, Quesadillas, Salate und Suppen sind einen Tick besser als anderswo. Zudem gibt's 50 verschiedene Biersorten und freitagsabends treten Bands auf.

Ousia
MEDITERRAN €€

(Irinis 30–32; Hauptgerichte ab 8 €) Seit der notwendigen Erweiterung und Wiedereröffnung im Mai 2011 überzeugt das Ousia mit einem angesagten, kunstbeflissenen Dekor und einer tollen Speisekarte. Zum Angebot gehören Brunch, Sandwiches, leckere Burger und Hauptspeisen wie Oktopus-Carpaccio, Teriyaki-Hühnchen und Souvlaki in Barbecuesoße. Die Hauptgerichte werden meist mit Wildreis und gebratenem Gemüse serviert.

Castello
INTERNATIONAL €€

(Irinis 22; Salate 8,50–12,50 €) Von dem touristischen Flair des Castello sollte man sich nicht abschrecken lassen, denn das Essen ist toll, vor allem, wenn man Lust auf Grünzeug hat. Es gibt 25 verschiedene Salate, die mit köstlichen Zutaten wie Papaya, Haselnüssen, Lachs, getrockneten Tomaten und geräuchertem Truthahn auf den Tisch kommen.

Artima Bistro
FUSIONSKÜCHE €€

(Old Carob Mill; Hauptgerichte 12 €; 🕿) Während eines offiziellen Besuchs im März 2011 speiste hier Königin Sofia von Spanien (sie war auf Zypern, um die Miró-Ausstellung zu eröffnen). In der Küche werden Fleisch-, Fisch- und Pasta-Gerichte sowie Sushi zubereitet. Beliebte Zutaten sind Mangos und gerösteter Sesam.

Trata Fish Tavern
FISCH & MEERESFRÜCHTE €€€

(📞2558 6600; Ioanni Tompazi 4; Fisch- & Meeresfrüchte-Meze 20 €) Eines der besten Fischrestaurants der Stadt, das vor allem mit seinen tollen Meze-Tellern punktet. Der schlichten Aufmachung und bescheidenen Atmosphäre zum Trotz fallen die Einheimischen in Scharen ein, besonders an den Wochenenden – dann geht ohne Reservierung gar nichts. Die Taverne befindet sich hinter dem Debenhams-Kaufhaus 400 m östlich des Stadtparks.

Rizitiko Tavern
ZYPRISCH €€

(Tzamiou 4–8; Hauptgerichte ab 8 €; ☉abends) Dieses verlässlich gute, schlichte Lokal versteckt sich an einer Fußgängerstraße unweit der Moschee. Es hat sowohl drinnen als auch draußen Tische und überzeugt mit erstklassiger *afelia* (in Rotwein und Koriander gekochtes Schwein) sowie köstlichem *kleftiko* (im Ofen gegartes Lamm) – beides hausgemacht.

Karatello
ZYPRISCH €€

(Vasilissis 1; Hauptgerichte ab 8,50 €; ☉abends) Eine ehemalige Mühle mit hohen Decken und viel Platz liefert die stilvolle, moderne Kulisse für eine innovative, kreative Küche. Besondere Highlights sind das Kaninchen in Joghurt-Zitronen-Soße, Gemüse der Saison mit gebackenem Feta und das leckere, auch optisch schöne *kleftiko*.

Antonaros Tavern MEZE €€

(Attikis 1; Meze 14–16 €; ⊙Mo–Sa abends) In dieser Taverne bekommt man schnörkelloses authentisches, lokaltypisches Essen. Es gibt Meze mit gegrillten Zutaten oder mit einer großen Auswahl an Spezialitäten wie Schnecken, Muscheln und Fisch. Bei den handgeschriebenen Sprüchen an der Wand handelt es sich um griechische philosophische Sprichwörter.

Ausgehen

Vor 22 Uhr ist in den meisten Bars nichts los. Die Läden an der Uferpromenade sind erwartungsgemäß touristisch, mit Bier vom Fass und großen Bildschirmen für Sportübertragungen. Auf der Suche nach einem authentischeren Erlebnis wird man in bzw. rund um die Old Carob Mill und in der Altstadt fündig. Überdies wartet Lemesos mit ein paar modernen Cafés auf, in denen man einen Frappé schlürfen und dabei im Internet surfen sowie die eleganten Einheimischen beobachten kann.

 **Stretto Café** CAFÉ

(Vasilissis; 🛜) Schicker geht's nicht: Das Stretto Café gehört zur Old Carob Mill und besticht durch hohe Decken, bequeme Sofas und ein attraktives Publikum. Keine Bange, die Atmosphäre ist trotzdem super und sehr entspannt. Auch das Essen kann sich sehen lassen. Wie wär's z. B. mit Hühnchen in Johannisbrotkernmehlkruste oder Schokoladen-Ravioli auf Eiscreme?

Draught BAR

(Vasilissis) Eine nette Adresse für ein Getränk mit lebendiger Atmosphäre und einem be-

---

ZYPERN FÜR KINDER: LEMESOS

Wenn die lieben Kleinen keine Lust mehr auf Eiscreme und Sandburgen bauen haben und sich schlichtweg weigern, auch nur einen Fuß in die Nähe einer weiteren Ausgrabungsstätte zu setzen, ist das noch lange kein Grund zur Panik, denn in Lemesos gibt's eine Reihe von Unterhaltungsmöglichkeiten für Kids. Einziges Manko sind die Eintrittsgelder – leider kommt da schnell einiges zusammen.

Fasouri Watermania WASSERPARK

(📞2571 4235; www.fasouri-watermania.com; Erw./Kind 29/16 €; ⊙10–18 Uhr; 🚼) 15 Autominuten von Lemesos entfernt bietet dieser Wasserpark in der Fasouri-Gegend alle typischen Kracher wie eine Kamikaze-Rutsche, eine „große, orangefarbene Blase", einen „trägen Fluss", ein Wellenbad sowie Becken für Groß und Klein. Abgekämpfte Eltern werden sich über die Sonnenliegen und -schirme freuen.

Wer den abseits der Nationalstraße, 5 km nordwestlich von Lemesos gelegenen Park besuchen möchte, muss der Lemesos-Pafos-Schnellstraße folgen. Sollte man keinen fahrbaren Untersatz haben, nimmt man das Shuttle zum Park (einfach anrufen, dann erfährt man, wann und wo man sich abholen lassen kann).

Natural Sea Sponge Exhibition Centre MUSEUM

(Agias Theklis; ⊙Mo–Fr 9–19, Sa bis 15 Uhr; 🚼) Obwohl dies nicht unbedingt die Art von Ausstellung ist, die man sofort als familiengeeignet klassifizieren würde, sind Meeresschwämme doch interessante Kreaturen. Darüber hinaus gibt's einen kompletten Cartoon, der sich einem sprechenden Exemplar widmet; Kinder können sich damit vielleicht identifizieren. Die Ausstellung informiert über die Schwammernte und darüber, wie aus den Lebewesen die weichen Gebrauchsgegenstände werden, die in unseren Bädern herumliegen. Natürlich kann man hier auch welche kaufen.

Santa Marina Retreat OUTDOOR-AKTIVITÄTEN

(📞9954 5454; www.santamarinaretreat.com; Pareklisia-Dorf; Eintritt 3 €; ⊙Di–So 9–19 Uhr; 🚼) Ausritte, Bogenschießen, Quad- und Mountainbikefahren, Klettern, Naturlehrpfade erkunden mit batteriebetriebenen Buggys und vieles mehr wie Golf für die Erwachsenen.

Lemesos Mini Zoo ZOO

(Stadtpark; Eintritt 1 €; ⊙Mai–Sept. 9–12 & 15–19 Uhr, Okt.–April 9–18.30 Uhr; 🚼) Ebenfalls interessant für Kinder ist dieser erst kürzlich renovierte bescheidene Zoo, der allerdings aus nicht viel mehr als einer Voliere, Straußen und ein paar frechen Geparden besteht.

eindruckenden Angestellten: Krisztian Gyokeres vertrat Zypern bei der Barkeeper-Weltmeisterschaft 2010. Es gibt helle, dunkle und Weizenbiere, extravagante Cocktails und kleine Gerichte wie Fajitas. An den Wochenenden legt ein DJ auf.

Moyo BAR
(Agiou Andreou 244; ⏰11.30–2 Uhr) Die Wände des Moyo sind in Burgunderrot und Aschgrau gehalten, man kann in kuscheligen Ecken sitzen, auf großen Bildschirmen werden Musikvideos gezeigt, die Sitzgelegenheiten sind gemütlich, Antiquitäten prägen das Dekor, draußen lockt ein netter Garten mit Stoffpavillons und zu vorgerückter Stunde sorgen DJs für Stimmung. Außerdem stehen leichte Snacks wie Gemüseburger und Kebabs auf der Karte.

Sousami BAR
(Kitiou Kyprianou 8) Zu dem schlichten Bar-Café mit einem jugendlich-frischen Bohemien-Flair gehört ein Garten mit Tischen unter Granatapfelbäumen. An den Wochenenden bringt ein DJ Schwung in den entspannten Schuppen.

Rogmes Piano Bar BAR
(Agiou Andreou 197) Hochgelobte Bouzouki-Bar, die an den Wochenenden ein irres Tempo verspricht: Dann spielen die Musiker so lang und laut, wie das Publikum es wünscht.

127 Café BAR
(Eleni Paleologinas 5) Neben leckeren Speisen kann man im hübschen Garten hinten auch farblich abgestimmte Cocktails schlürfen.

Adiexodo CAFÉ
(Salaminos 8) Am besten schnappt man sich einen Tisch unter dem uralten Fikus und fordert einen der älteren Stammgäste zu einem Backgammonspiel heraus.

Pi CAFÉ
(Kitiou Kyprianou 27; Snacks 5 €) Auf der Karte des relaxten Cafés mit einem hübschen Garten stehen leichte Snacks, mehr als zehn Biersorten, gute, vor allem italienische Weine und tolle Cocktails. Schwule und Lesben sind willkommen.

☆ Unterhaltung

Tepee Rock Bar NACHTCLUB
(www.tepeerock.com; Ampelakion) Mexikanische Burritos zu Liverock mampfen, das kann man in dieser beliebten Mischung aus Restaurant, Bar und Nachtclub mit Cowboy-und-Indianer-Dekor und Steinwänden – ein toller Ort, um mit den Füßen im Takt zu wippen. Der angesagte Club 11 nebenan hat dieselben Besitzer. Beide Läden befinden sich im Herzen des Touristenviertels an der Küstenstraße, 3 km östlich des Stadtzentrums. Auf der Website gibt's eine Wegbeschreibung.

7-Seas NACHTCLUB
(www.7seaslive.com; Agiou Andreou 223, Columbia-Plaza) Strandklamotten sind tabu in diesem neuen Livemusikclub, der von einem gut betuchten Publikum frequentiert wird. Er ist in einem supermodernen Mehrzweckkomplex untergebracht und punktet mit regelmäßigen Salsa-Abenden sowie Auftritten brandneuer Bands.

EIN JACHTHAFEN WIE KEIN ANDERER

Derzeit wird der heruntergekommene ehemalige Fischerhafen von Lemesos für sage und schreibe 300 Millionen Euro generalüberholt. 2007 gewannen die in Lefkosia ansässigen Architekten Dickon Irwin und Margarita Kritioti von Irwin & Kritioti Architects die Ausschreibung für den Bau der **Limassol Marina**. Der innovative Ansatz des Büros sieht vor, dass der Jachthafen mit viel Stahl und wellenförmigen Elementen das Meer nachahmen soll. Abgesehen davon, dass er optisch beeindruckend sein wird, hofft man auch auf eine ganzjährige Belebung von Lemesos' Stadtzentrum. Wenn die Hochsaison Anfang Winter vorüber ist, soll der Komplex als lebendiges Konferenz- und Seminarzentrum dienen.

Die große Verwandlung vollzieht sich in mehreren Abschnitten. Zuletzt hieß es, die Eröffnung sei 2013. Dann wird die Limassol Marina wohl der luxuriöseste Ort auf der ganzen Insel sein. Bislang hat es noch kein Bauvorhaben dieser Ausmaße in Zypern gegeben. Der Hafen soll Platz für 1000 Jachten sowie Wohnraum, Geschäfte, Bars, Restaurants, Cafés, WLAN und weitere exklusive Bereiche bieten. Ringsum erstreckt sich ein Park, zudem werden die Gebäude auf dem Hafengelände dem traditionellen Baustil von Lemesos entsprechen.

Mehr Infos siehe unter www.limassolmarina.com.

> ### ⓘ EIN ZWEIFELHAFTER SPASS
>
> Wir raten von einem „Kabarett"-Besuch in der Stadt ab, da viele Frauen nicht freiwillig in den Clubs arbeiten. Außerdem werden den Gästen manchmal am Ende des Abends mehrere Hundert Euro für ein paar lausige Biere in Rechnung gestellt – und wehe dem, der nicht zahlen will.

Guaba Beach Bar   NACHTCLUB
(Agia-Varvara-Strand) Beliebte Bar mit Sitzgelegenheiten am Strand 5 km östlich der Altstadt (neben dem Aquarius Hotel, s. S. 207). Manchmal steigen hier Partys, manchmal geht's ganz entspannt zu. Je nach Tag und Laune legen die DJs alles von Reggae bis zu Elektro auf.

Alaloum   NACHTCLUB
(Loutron 1) Der älteste und beliebteste Gay Club der Stadt in einer sanierten Villa nahe dem Hamam zieht viele Schwule, Lesben, Bisexuelle etc. an, die hier ausgelassen bis in die frühen Morgenstunden feiern.

Mehr Infos für Schwule und Lesben siehe unter www.cyprusgaybars.com.

Sesto Senso   NACHTCLUB
(Eleftherias 45) Einer der elegantesten Läden der Stadt. Die Aufmachung ist beeindruckend, aber leider muss man für die Getränke tief in die Tasche greifen.

Rialto Theatre   THEATER
(2534 3900; www.rialto.com.cy; Andhréa Dhroushióti 19) Dieses herrlich restaurierte Art-déco-Schmuckstück ist *die* Adresse in Lemesos für Theaterstücke, Konzerte und Filmfeste.

K Cineplex   KINO
(www.kcineplex.com; Ariadnis 8, Mouttagiaka; 17-22.30 Uhr) Wie in Lefkosia und Larnaka wird auch die Kinoszene von Lemesos von dem großen K Cineplex im Touristenviertel dominiert. In den diversen Sälen sind viele brandaktuelle Filme zu sehen. Wer sich für einen der Streifen interessiert, nimmt am besten ein Taxi. Auf der Website findet man das aktuelle Programm.

🛍 Shoppen

Viele Bekleidungs-, Schuh- und Haushaltswarengeschäfte befinden sich entlang der Fußgängerstraße Agiou Andreou im Stadtzentrum. In den Nebenstraßen stößt man auf ausgefallenere Andenkenläden, Boutiquen und Ähnliches.

Staatliches Kunsthandwerkszentrum   SOUVENIRS
(Themidos 25) Wie auch in den anderen Städten auf Zypern ist dieser von der Regierung finanzierte Laden die beste Quelle für authentisches, traditionelles Kunsthandwerk zu fairen Preisen. Er liegt etwa 3 km östlich des Zentrums.

Anna's Book Swap   BÜCHER
(Oktovriou 28) Die kleine Buchhandlung in der Nähe des Debenhams-Kaufhauses verfolgt ein geniales Konzept: Wer ein Buch zum vollen Preis kauft und es in den Laden zurückbringt, wenn man es gelesen hat, erhält einen Rabatt von 40 % auf den Kauf des nächsten Titels.

Violet's Second Hand Shop   KLEIDUNG
(Salaminos 10) Tolle Adresse für Kleidung und Schmuck, darunter ausgefallene zyprische Vintage-Artikel.

Pana's Patchwork   ACCESSOIRES
(www.panas-creations.com; Saripolou 21) Ein buntes Durcheinander aus Ornamenten, Dekostoffen, Puppen und Stickarbeiten, allesamt gefertigt von der Ladeninhaberin Pana.

ⓘ Praktische Informationen

Die Website der regionalen Tourismusbehörde heißt www.visitcyprus.com.

CyberNet (Eleftherias 79; 2,50 € pro Std.; Mo-Fr 13-23, Sa & So 10-23 Uhr) Internetzugang in günstiger Altstadtlage.

Cyprus Tourism Organisation (CTO; 8.15-14.30 & 16-18.15 Uhr) Stadtzentrum (Ecke Nikolaidi & Spyrou Araouzou); Touristenviertel (Georgiou 1, 22a) Außerhalb der Sommermonate variieren die Öffnungszeiten der Büros.

Salamis Tours (2535 5555; www.salamis international.com; Salamis House, Oktovriou 28) Der Hauptsitz befindet sich in Lemesos unweit der CTO. Hier bekommt man Tickets für den Fährtransport des Autos bzw. Motorrads nach Griechenland oder Israel.

ⓘ An- & Weiterreise

BUS **InterCity** (www.intercity-buses.com) bietet Verbindungen nach Lefkosia (4 €, 1 Std.), Larnaka (3 €, 45 Min.) und Pafos (3 €, 1 Std.). Die Bushaltestelle liegt nördlich der Burg.

FLUGZEUG Lemesos befindet sich ziemlich genau auf halber Strecke zwischen den Flughäfen von Pafos und Larnaka. Beide können nur mit Gemeinschafts- und Privattaxis (etwa 20 €) erreicht werden.

SCHIFF/FÄHRE Das ganze Jahr über starten in Lemesos teure zwei- und dreitägige Kreuzfahrten mit Kurs auf Haifa (Israel), Port Said (Ägypten) und verschiedene griechische Inseln sowie manchmal (im Sommer) auch auf den Libanon. Buchungen sind in den meisten Reisebüros möglich.

SERVICETAXI Gemeinschaftstaxis von **Travel & Express** (7777 7474; www.travelexpress.com.cy; Thessalonikis 21) fahren regelmäßig nach Lefkosia (11 €, 1½ Std.), Larnaka (11 €, 1 Std.) und Pafos (10 €, 1 Std.) und bringen Passagiere zu den Flughäfen von Larnaka (13 €) und Pafos (13 €).

❶ Unterwegs vor Ort

AUTO An der Uferpromenade gibt's Parkplätze.

BUS Emel (www.limassolbuses.com) unterhält ein städtisches und regionales Busnetzwerk. Im Lemesos-Bezirk (inklusive der umliegenden Dörfer) zahlt man 1 € pro Strecke, 2 € für ein Tagesticket und 20 € für ein Wochenticket. An der Bushaltestelle im Zentrum starten regelmäßig folgende Linien:

Bus 1 10 Min.; zum Hafen.

Bus 17 20 Min.; zur Kolossi-Burg.

Bus 30 35 Min.; am Ufer entlang nach Nordosten ins antike Amathous.

RUND UM LEMESOS

In der Gegend rund um Lemesos kann man eine Menge sehen und unternehmen. Sonnenanbeter dürfen sich auf exzellente Strände freuen, und für Archäologiefans hält die Gegend viele antike Stätten bereit.

❶ Anreise & Unterwegs vor Ort

Abgesehen von einer Handvoll Attraktionen können die in diesem Kapitel beschriebenen Orte nur mit einem Mietwagen bzw. einem (teuren!) Taxi erreicht werden. In der Stadt selbst und jenseits der Stadtgrenzen kann man sich auch gut mit dem Fahrrad fortbewegen. Bis man die Ausläufer des Troodos-Gebirges erreicht, ist die Gegend relativ eben.

🏖 Strände

Die Stadtstrände sind recht beliebt und absolut ausreichend für eine kurze Abkühlung. Wer auf der Suche nach einem beschaulicheren Fleckchen Sand ist, könnte einen der folgenden Orte ansteuern:

Lady's Mile Beach STRAND

Dieser nette 7 km lange Wochenendstrand besteht aus festem Sand und Kieseln und erstreckt sich gen Süden, vorbei am Neuen Hafen, entlang der Ostseite der von den Briten kontrollierten Akrotiri-Halbinsel. Er ist nach einem Pferd benannt, dessen Besitzer, ein Kolonialgouverneur, hier auf seiner Stute zu reiten pflegte. Die unschönen Kräne am Hafen sollte man schnellstmöglich hinter sich lassen, denn je weiter man nach Süden kommt, desto malerischer werden Strand und Aussicht. An Sommerwochenenden strömen die Einwohner von Lemesos in Scharen herbei, um in dem relativ seichten Wasser zu plantschen. Ein paar Tavernen sorgen für das leibliche Wohl und stellen eine nette Abwechslung zu der ansonsten eher kargen Strandlandschaft dar. Am besten bringt man einen Sonnenschirm o. Ä. und Insektenschutzmittel mit, wenn man bis in die Abendstunden bleiben möchte: Der Salzsee in der Nähe ist der ideale Nährboden für fiese kleine Stechmücken.

Governor's Beach STRAND

30 km östlich von Lemesos erstreckt sich der wunderbare Governor's Beach, wo sich ein paar Buchten mit schwarzem Sand von den kreidigen Felsen abheben. Leider unterbricht das Elektrizitätswerk von Vasilikos 3 km weiter östlich den ansonsten durchgehend traumhaften Blick aufs Wasser. Wer sich vor Ort stärken möchte, sollte das auf der Zufahrtsstraße ausgeschilderte **Panayiotis** (www.panayiotisgovernorsbeach.com) ansteuern, das seit 1963 von demselben Besitzer betrieben wird. Die Spezialität des Restaurants, Fisch-Meze, kann man in einem üppig grünen Garten mit Blick auf das unterhalb gelegene Meer und umgeben von Eukalyptus-, Oleander- und Olivenbäumen sowie Kiefern genießen. Andreas, der überschwängliche Inhaber, vermietet außerdem ein paar vernünftige Apartments.

Kourion-Strand STRAND

Bei Wind- und Kitesurfern erfreut sich der hübsche Sand- und Kieselstrand dank einer beständigen Brise großer Beliebtheit, aber auch „normale" Besucher mögen die unberührte Natur und die weißen Klippen im Hintergrund. Der Strand liegt etwa 17 km westlich von Lemesos auf dem Gelände der britischen Akrotiri Sovereign Base Area (SBA), deshalb ist dieser Teil der Insel auch kaum bebaut. Von der Stadt aus erreicht man ihn mit öffentlichen Verkehrsmitteln. Viele Einheimische parken ihre Autos und Jeeps direkt am Wasser. Natürlichen Schatten sucht man vergeblich, aber in den Tavernen werden Sonnenliegen und -schirme verliehen (4 € pro Tag).

START **LEMESOS**
ZIEL **LEMESOS**
LÄNGE **74 KM**
DAUER **VIER BIS SECHS STUNDEN**

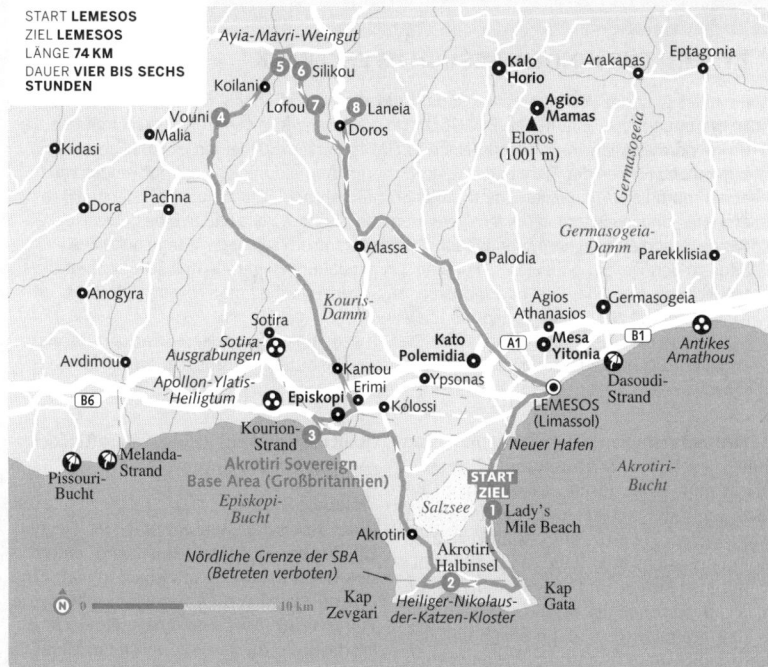

Spritztour:
Katzen, Esel & Wein

Von Lemesos aus fährt man auf der E602 nach Westen Richtung Pafos am KEO-Weingut vorbei und biegt dann links ab zum ausgeschilderten ❶ **Lady's Mile Beach**. Nach einem Hüpfer ins Wasser geht's mit dem Strand zur Linken zum ❷ **Heiligen-Nikolaus-der-Katzen-Kloster**. Hier kann man sich mit Obst und Keksen eindecken. Anschließend passiert man den Salzsee auf dem Weg zum spektakulären ❸ **Kourion-Strand**, wo man einen Imbiss am späten Vormittag zu sich nimmt. Für die Besichtigung des antiken Kourion sollten zwei bis drei Stunden eingeplant werden, deshalb will man den Abstecher vielleicht lieber an einem anderen Tag machen. Einen guten Vorgeschmack bekommt man beim Besuch der Ruinen der Hafenbasilika (6. Jh.) am Kourion-Strand.

Als Nächstes geht's auf der B6, die man bei der Ausfahrt Erimi E601 verlässt, zurück Richtung Lemesos. Zuerst fährt man gen Norden, umrundet Omodos, passiert einen Damm auf der Ostseite und folgt danach den Schildern nach ❹ **Vouni**, einer malerischen Stadt mit einem Eselpark. Mittags kehrt man bei Takis ein, das Teil des Vakhis-Programms (s. Kasten S. 151) ist. Nach weiteren 5 km in nördlicher Richtung steht ein Ausflug zum ❺ **Ayia-Mavri-Weingut** auf dem Programm. Der Cabernet Sauvignon ist exzellent und der süße Muskateller hat schon viermal den angesehenen französischen Titel Moscats du Monde gewonnen. Außerdem ist in dem Dorf Zyperns führender Produzent von Bioweinen ansässig: Gaia Oinotechniki. An Wochenenden kann man an Weinproben teilnehmen.

Nach diesem Abstecher sind es 2 km bis zur Abzweigung nach ❻ **Silikou** und ❼ **Lofou**. Die Straße windet sich durch eine atemberaubende Berglandschaft und Terrassenfelder mit dem Meer in der Ferne. Bei einem Spaziergang durch die Gassen von Lofou sieht man zahlreiche traditionelle Kalksteingebäude. Zudem befinden sich in dem Dorf drei weitere Vakhis-Restaurants.

Nächste Station ist das niedliche Dorf ❽ **Laneia** (s. S. 62). Wenn man einen Kaffee im begrünten Hof des Kapudia-Restaurants (neben dem Parkplatz) getrunken und die kopfsteingepflasterten Gassen erkundet hat, geht's auf der gut ausgeschilderten B8 zurück nach Lemesos.

> **ABSTECHER**
>
> ## ZYPERN FÜR KINDER: BESUCH IM ESELPARK
>
> Ein tolles Ausflugsziel mit Kindern ist der **Eselpark** (2594 5488; www.thedonkeysanctuarycyprus.org; Vouni; Eintritt frei; 10–16 Uhr) in den Ausläufern des Troodos-Gebirges, 36 km nordwestlich von Lemesos. Nach 13.30 Uhr dürfen die Kleinen gewöhnlich beim Putzen und Führen der Tiere helfen; eine vorherige Anmeldung ist nicht notwendig, wird aber empfohlen. Auf der Farm sind 120 Esel untergebracht. Die meisten wurden auf Bauernhöfen und in einsamen Dörfern gefunden und gerettet. Viele haben eine herzzerreißende Geschichte. In dem brandneuen Besucherzentrum sind jede Menge nützliche Infos zu den Tieren nachzulesen. Für eine Jahresgebühr von gerade mal 20 € besteht die Möglichkeit, einen der Esel zu adoptieren. Im Gegenzug erhält man regelmäßig einen Newsletter mit Neuigkeiten über das „Ziehkind".
>
> Um zum Park zu gelangen, muss man die Lemesos-Pafos-Schnellstraße an der Ausfahrt Vouni E601 verlassen. Vor Vouni ist er mit „Donkey Sanctuary (Cyprus)" ausgeschildert.

Das leckerste Essen bekommt man in der Blue Beach Bar & Restaurant. Entweder wählt man sich einen Fisch in dem großen Becken aus oder bestellt den Meeresfrüchte-Meze-Teller (21 € pro Pers.). Auch Vegetarier kommen nicht zu kurz: Für sie gibt's fleischlose Burger und verschiedene Salate. Das östliche Ende des Strands ist nicht zum Baden geeignet (das Schild beachten), deshalb sollte man Richtung Westen gehen, wenn man sich abkühlen möchte. Die Fahrt hierher kombiniert man am besten mit dem Besuch des antiken Kourion – die Überreste einer **Hafenbasilika** aus dem 6. Jh., samt elf Säulen in der Mitte des Strands liefern schon mal einen Vorgeschmack auf die Stätte.

Darüber hinaus befindet sich vor Ort das angesehene **Curium Beach Equestrian Centre** (9956 4232; www.curiumequestrian.com; Unterricht ab 25 €;), wo Ausritte und Reitunterricht (inklusive Dressurreiten) angeboten werden.

Avdimou-Strand STRAND

Die Eröffnung des Zigs Beach Club mit seinem Restaurantbereich und Holzliegen deutet darauf hin, dass die Touristenzahlen an diesem bislang unberührten Strand unweigerlich steigen werden. Der Strand gehört zum nahe gelegenen Aphrodite Hills Resort Hotel, wo man eine Sonnenliege und einen Sonnenschirm leihen kann und noch ein Hauptgericht für 15 € dazubekommt. Alternativ bringt man selbst etwas zu essen mit und zahlt nur 3,20 €. Das angrenzende alteingesessene Kyrenia Beach Restaurant bietet eine Mischung aus internationalen und zyprischen Gerichten. Eine nette Kombination wäre z. B. Halloumi-Käse und *lountaza* (Räucherschinken) gefolgt von saftig-klebrigem Kuchen mit Karamellsoße.

Melanda-Strand STRAND

Einer der schönsten Strände der Gegend, ein Bogen aus Kieseln und Sand, erstreckt sich geschützt hinter niedrigen weißen Klippen und wird von Olivenbäumen begrenzt. Von der B6 führt eine ausgeschilderte Zufahrtsstraße hierher, die in einem ziemlich üblen Zustand, aber noch befahrbar ist. Das Melanda Beach Restaurant verfügt über eine Terrasse und verleiht Sonnenliegen und -schirme für 4 €. Im Juli und August sollte man besser nicht herkommen, den Rest des Jahres über gilt Melanda aber als gute Anlaufstelle für einen Strandtag.

Pissouri-Bucht & -Dorf

In dem Badeort 10 km westlich von Avdimou werden Jetskis verliehen, außerdem kann man surfen, mit dem Bananenboot fahren und anderen unterhaltsamen Wasseraktivitäten nachgehen. Taucher sollten **Kembali Diving** (2522 2468; www.kembalidiving.com; Columbia Hotel; halbtägige Tauchgänge 55 €) ansteuern.

In Pissouri wimmelt es von Touristen und man hat überall kostenlosen WLAN-Zugang, es gibt aber nach wie vor ein paar authentische Ecken. Für stimmungsvolles Ambiente während einer Mahlzeit sorgt der **Bunch of Grapes Inn** (2522 1275; Ioannou Erotokritou 9; Hauptgerichte ab 8 €). Hier sitzen die Gäste im Schatten von Feigenbäumen, Weinreben und Platanen und verzehren knusprig gebratene Ente in Aprikosen-Brandy-Soße oder Rotbarbe in Knoblauch. Die Zyprer lieben das Restaurant, deshalb sollte man vorab reservieren. Auch die Übernachtungsmöglichkeiten sind toll (s. S. 208).

Als beste Adresse unten am Strand gilt das **Limanaki** (2522 1288; Hauptgerichte ab 8 €; Mo geschl.), eine ehemalige Johannisbrotmühle. Das Lokal ist berühmt für seine leckeren hausgemachten Currys und aufwendigeren Gerichte aus dem Nahen Osten wie Lamm in Joghurtsoße mit getrockneter Minze, Pinienkernen und Basmatireis. Vorab reservieren!

Im **Two Friends** (2522 2527; Hauptgerichte ab 8 €) gibt's Hausgemachtes, darunter Ravioli mit Käse-Minze-Füllung sowie Tahini-Dip aus frisch gemahlenem Sesam, Knoblauch und Olivenöl etc. Das Lokal befindet sich an der Hauptstraße zum Strand, kurz hinterm Ortsausgang.

Petra tou Romiou (Aphroditefelsen & -strand)

Wahrscheinlich ist dies der berühmteste Strand Zyperns. Anhand der zwei aufrecht stehenden Felsen erkennt man ihn leicht, vor allem weil regelmäßig Schwimmer etwas unsicher oben auf den Steinen balancieren. Um hierhin zu gelangen, folgt man der malerischen alten Straße B6 von Lemesos nach Pafos.

Der Name Aphroditefelsen geht auf eine Legende zurück, laut der Zyperns Schutzgöttin an genau dieser Stelle aus den schäumenden Wellen auftauchte. Die Bewohner der griechischen Insel Kythira behaupten allerdings, dass die „Schaumgeborene" den Wellen vor *ihrer* Insel entstiegen ist. Aber wer sagt eigentlich, dass sie nicht an zwei Stellen aufgetaucht sein könnte? Schließlich war sie eine Göttin …

Viele Besucher legen hier einen Zwischenstopp auf dem Weg zu einem anderen Ziel ein oder schauen sich den **Sonnenuntergang** an, den man besonders gut vom **Touristenpavillon** aus oder von dem Parkplatz an der Straße 1,5 km weiter östlich beobachten kann. In der Cafeteria des Pavillons sollte man nichts essen, denn die Snacks sind völlig übertreuert. Am besten sorgt man selbst für Proviant und macht ein Picknick.

Vom Pavillon aus 500 m weiter Richtung Pafos führt eine gut ausgeschilderte Fußgängerunterführung von dem Kiosk und dem Parkplatz auf der anderen Seite der Straße zum Strand.

Antikes Amathous

(Eintritt 1,70 €; Juli & Aug. 9–19.30 Uhr, Sept.–Juni bis 17 Uhr) Die archäologische Stätte 11 km östlich von Lemesos lässt nicht darauf schließen, was für eine große Bedeutung Amathous, eines der vier alten Königreiche von Zypern (die anderen drei waren Salamis, Pafos und Soloi), einst innehatte. Nach der Legende wurde die Stadt von Kinyras, dem Sohn von Pafos, gegründet, der auch den Aphroditekult auf Zypern begründet haben soll. Sie entstand um 1000 v. Chr. und wurde im 7. sowie 8. Jh. von Seeräubern geplündert, war aber bis etwa ins 14. Jh. durchgehend besiedelt. Als 1191 Richard Löwenherz auf der Insel auftauchte, hatte der Niedergang des Ortes bereits eingesetzt. Da der Hafen versandet war, musste Richard am Strand an Land gehen, um seinen Anspruch auf das ehemals so stolze, wohlhabende Amathous geltend zu machen. Dann versetzte er der Stadt den königlichen Gnadenstoß und machte sie dem Erdboden gleich.

Ohne visuellen Leitfaden kann man mit der Stätte vielleicht nicht so viel anfangen, da zahlreiche Steine und Marmor gestohlen bzw. als Material für andere Bauprojekte weggekarrt wurden. Am Eingang stehen ein paar Säulen mit einer schematischen Karte des Geländes und Erklärungen auf Englisch. Das sollte einem eine Vorstellung davon vermitteln, wie der Ort einmal ausgesehen hat. Ernsthafte Ausgrabungen wurden erst ab 1980 vorgenommen.

Auf dem Gelände finden im Sommer manchmal kostenlose Konzerte statt (nach Plakaten Ausschau halten oder bei der CTO in Lemesos nachfragen).

Episkopi

3170 EW.

Hauptgrund für einen Besuch in Episkopi, 14 km westlich von Lemesos, ist das **Kourion-Museum** (Eintritt 1,70 €; Juli & Aug. 8–19.30 Uhr, Sept.–Juni Mo–Mi & Fr 9–14.30, Do 9–14.30 & 15–17 Uhr) in dem früheren Wohnhaus des Archäologen George McFadden. Zu den hier ausgestellten Exponaten gehören Terrakottagegenstände aus dem antiken Kourion und dem Apollon-Ylatis-Heiligtum. Das Museum ist an der Straße zwischen Lemesos und Kourion sowie in Episkopi ausgeschildert.

Wer Hunger hat, kann die **Old Stables** (2593 5568; kleftiko 10 €; Mo–Sa abends) an-

ABSTECHER

LANEIA

Einige der hübschesten Dörfer Zyperns findet man nördlich von Lemesos in der bergigen Mandaria-Region. Vouni, Silikou und Lofou sind sehr sehenswert und liegen dicht beieinander. Der schönste Ort ist vermutlich Laneia, kurz hinter Doros (noch ein Schmuckstück). Er ist auf der B8 ausgeschildert und erfreut sich großer Beliebtheit bei Künstlern und Wahl-Zyprern. Die Straßen sind mit Kopfsteinen gepflastert, überall blühen Blumen, und die Kalksteinbauten machen sich ausgezeichnet als Fotomotive. Einige Tavernen laden zu einfachen Mahlzeiten ein und es gibt ein paar ausgezeichnete Kunstgalerien sowie Kunsthandwerkerläden. Bei Pleiades neben dem Kapudia-Restaurant bekommt man Tonwaren aus der Region, aber auch Schmuck und feine Glaswaren und Mosaiken, die Besitzerin Phoebe selbst herstellt. Sie betreibt darüber hinaus ein Café (ihren selbst gemachten Karamellkäsekuchen sollte man sich nicht entgehen lassen).

Die in der gut ausgeschilderten Galerie des Berufsmalers Michael Owen (www.michaelowengallery.com) ausgestellten Werke geben die Essenz der hiesigen Landschaft gekonnt wieder. Im Dorf stößt man außerdem auf ein paar einfache Landwirtschaftsmuseen mit alten Oliven- und Traubenpressen. Als eigentliches Highlight gilt aber ein Spaziergang durch die Straßen mit der Kamera im Anschlag. Während eines Päuschens in einem traditionellen Café kann man dann von einem eigenen kleinen Ferienhaus in Laneia träumen.

steuern, wo es zartes, saftiges *kleftiko* und leckere Meze-Teller gibt. Die Gerichte sind auch zum Mitnehmen. Das Restaurant mit der kleinen, schattigen Terrasse vorne liegt an der Straße zwischen Lemesos und Pafos gegenüber der Eko-Tankstelle und sieht so aus, als wäre es entstanden, lange bevor die Straßen gebaut wurden.

Antikes Kourion

Das spektakuläre **antike Kourion** (Eintritt 1,70 €; 8–19.30 Uhr;) klammert sich an einen Hügel und gewährt einen Panoramablick auf einen Flickenteppich aus Feldern und das Meer – wenig überraschend also, dass es bei allen Busreisegruppen und Schulklassen auf dem Programm steht. Am frühen Morgen oder späten Nachmittag ist normalerweise weniger los.

Neben dem Kartenverkauf befindet sich ein kleines Besucherzentrum mit einem Modell der gesamten Stätte, eine gute Orientierungshilfe. Praktischerweise liegt der Ort in der Nähe von zwei weiteren Sehenswürdigkeiten, dem Heiligtum von Apollon Ylatis und der Kolossi-Burg. Alle drei Attraktionen können innerhalb eines Tages besichtigt werden. Für eine Pause bietet sich ein Abstecher an den Kourion-Strand an, der sich unterhalb der Stätte erstreckt.

Wahrscheinlich wurde Kourion im Neolithikum gegründet. Seine Lage auf einer Klippe hoch über dem Meer galt als strategisch günstig. Es war etwa ab dem 13. Jh. v. Chr. durchgehend bewohnt; damals ließen sich hier mykenische Siedler nieder.

Die Stadt blühte unter dem Einfluss der Ptolemäer und Römer auf. In römischer Zeit hingen die Bewohner von Kourion einem vorchristlichen Apollonkult an – davon zeugt das nahe gelegene Heiligtum von Apollon Ylatis – der schließlich vom Christentum verdrängt wurde. Obwohl verheerende Erdbeben in der Region wüteten, wurde im 5. Jh. eine **frühchristliche Basilika** errichtet, die vom starken Einfluss des „neuen" Glaubens in Kourion zu jener Zeit zeugt. 200 Jahre später stand der Fortbestand der christlichen Diözese wegen Piratenraubzügen auf Messers Schneide. Der Bischof von Kourion war gezwungen, seinen Sitz ins nahe Episkopi (bedeutet „Diözese" auf Griechisch) zu verlegen. Von da an ging es bergab mit Kourion. Erst nach halbherzigen Ausgrabungen 1876 wurde die Stadt wiederentdeckt.

Die Basilika hat alle Merkmale einer frühzeitlichen Kirche. Ihr Fundament lässt deutlich erkennen, dass es eine Narthex, ein Diakonikon (einen Lagerraum für landwirtschaftliche Erzeugnisse), verschiedene Räume, eine Taufkapelle und ein Atrium gab. Zudem sind ein paar Bodenmosaiken zu sehen.

Der auffälligste Bereich der Ruine ist das **klassische römische Theater**. Es handelt sich um die Nachbildung eines kleineren Theaters, das sich hier in spektakulärer Lage auf einem Hügel mit Blick auf das Meer befand und im 4. Jh. bei einem Erdbeben zerstört wurde. Besucher können sich ein Bild davon machen, wie es zu den Glanzzeiten ausgesehen haben muss. Heute wird das Gelände für kulturelle Events wie Theaterstücke von Shakespeare oder Musikkonzerte von zyprischen sowie griechischen Sängern genutzt.

Ganz in der Nähe stößt man auf das **Haus des Eustolios**, ursprünglich ein Palast aus dem 5. Jh. v. Chr., der im 3. Jh. zu einem öffentlicheren Komplex für die Leute aus der Umgebung umfunktioniert wurde. Er umfasst große Bäder, Höfe und Säle. Die bunten, christlich inspirierten Mosaikböden sind gut erhalten und erinnern an den Erbauer Eustolios sowie den Schutzgott Apollon. Sehenswert sind auch die christlichen Motive (kreuzförmige Ornamente und Fische).

Nordwestlich liegt das **Haus der Gladiatoren**. Der Name geht auf zwei recht gut erhaltene Bodenmosaiken zurück, die Gladiatoren in Uniform zeigen. Zwei Gladiatoren, Hellenikos und Margaritis, schwingen ihre Waffen.

Apollon-Ylatis-Heiligtum

2 km westlich des Haupteingangs von Kourion stößt man auf das ebenfalls zu der antiken Stätte gehörende und an der Schnellstraße ausgeschilderte **Apollon-Ylatis-Heiligtum** (Eintritt 1.70 €; ⊙ 9–19.30 Uhr). Die Anlage aus dem 8. Jh. v. Chr. wurde zu Ehren von Apollon, dem Gott der Wälder (*ylatis* bedeutet auf Griechisch „der Wälder"), errichtet. Heute ist das ehemals so baumreiche Terrain um einiges karger, wartet aber immer noch mit einigen Ruinen auf, die darauf schließen lassen, wie das Heiligtum ausgesehen hat. Es handelt sich um römische Bauten, die 365 von einem schweren Erdbeben niedergerissen wurden.

Der **Haupttempel** ist teilweise restauriert worden, man beachte vor allem die wunderschönen Säulen. Ebenfalls deutlich zu erkennen sind die **Priesterunterkünfte**, eine **Palaestra** (Sportarena) und **Bäder** für Athleten sowie ein unspektakuläres **Stadion** 500 m weiter östlich. Darin fanden einst 6000 Zuschauer Platz.

Kolossi-Burg

Eigentlich ist die **Kolossi-Burg** (Eintritt 1,70 €; ⊙ Juli & August 9–19.30 Uhr, Sept.–Juni bis 17 Uhr) ein befestigter Wohnturm, der zwischen den Weinbergen und Häusern des gleichnamigen Dorfs aufragt und ziemlich fehl am Platz wirkt. Er erinnert an die Herrschaft der Johanniter im 13. Jh. In der Kommende, die sich einst hier befand, produzierten die früheren Hausherren Wein und verarbeiteten Zuckerrohr. Das aktuelle Bauwerk wurde 1454 errichtet und steht wahrscheinlich auf den Fundamenten der älteren befestigten Anlage.

Über eine kurze Zugbrücke, die mit einem Maschikuli (Gussöffnung für kochendes Öl) verteidigt wurde, hat man Zugang zur Burg. Das Gebäude beherbergt zwei große Zimmer. Eines verfügt über einen riesigen Kamin und eine Wendeltreppe, die zu zwei weiteren Räumen im zweiten Stock hinaufführt. Einziger Hinweis darauf, dass der Turm einstmals bewohnt war, ist ein Wandbild der Kreuzigung im Hauptzimmer im ersten Stock. Wer der Wendeltreppe weiter folgt, gelangt aufs Dach, dessen Zinnen 1933 restauriert wurde.

Östlich der Burg sieht man ein großes Außengebäude, die sogenannte **Zuckerfabrik**, wo Zuckerrohr verarbeitet wurde.

Akrotiri-Halbinsel

AKROTIRI SOVEREIGN BASE AREA

In der Geschichte Zyperns sind immer wieder Siedler, Plünderer und Armeen aufgetaucht, für die die strategische Position der Insel von Bedeutung war. Als Zypern schließlich 1960 verspätet unabhängig wurde, legte die alte britische Kolonialmacht fest, dass die neu gegründete Republik eine Fläche von 158 km² an sie abtreten musste. Dieses Territorium, heute als sovereign base areas (SBAs) bekannt, wird von den Briten für militärische Zwecke genutzt.

Das Einzige, was darauf schließen lässt, dass man sich auf „ausländischem Terrain" befindet, ist der merkwürdige Anblick von britischen SBA-Polizisten, die mit ihren speziellen Autos das Gelände abfahren. Gleich westlich der Halbinsel, entlang der alten Straße zwischen Lemesos und Pafos (hinter Episkopi), stößt man auf grüne Sportplätze, Kricketfelder und Wohnviertel. Alles vor Ort erinnert sehr an England.

Leider ist die untere Hälfte der Halbinsel nicht zugänglich, da sie als Standort für eine abgeschlossene **Militärbasis** mit einer eigenen großen Landebahn dient.

Akrotiri ist die einzige richtige Siedlung auf dem SBA-Gelände. In den Tavernen kehren häufig britische Soldaten ein. An ihren freien Tagen sieht man sie manchmal auf schicken Mountainbikes oder zu Fuß auf den Pfaden rings um den großen Salzsee in der Mitte der Halbinsel.

Von hier hat man es nicht weit bis zu einem der besten Restaurants in der Gegend: Im **Il Gusto** (2529 2638; Akrotiri Vasilissis Elisavel 11; Hauptgerichte 10 €) verpassen die Köche klassischen italienischen Rezepten eine innovative Note. Ohne Reservierung geht nichts. Das Lokal befindet sich an der Hauptstraße und ist zwischen den Chinesen, Indern sowie Fish-&-Chips-Schuppen leicht auszumachen.

Zudem erlangte die Gegend Bekanntheit für ihre **Fasouri-Plantagen**, eine Reihe von Zitrushainen im Norden der Halbinsel, unterbrochen von langen, geraden Straßen, über denen Zypressen aufragen. Sie erscheinen einem wie kleine Oasen nach der Trockenheit im Süden der Halbinsel.

HEILIGER-NIKOLAUS-DER-KATZEN-KLOSTER

Hinter dem bizarren Namen steckt eine entsprechende Geschichte. Das **Kloster** (8–14 & 15–18.30 Uhr) und die kleine Kirche stammen aus dem Jahr 327 und gehen auf das Konto des ersten byzantinischen Gouverneurs von Zypern, Kalokeros, zurück. Beide Gebäude standen unter dem Schutz der hl. Helena, der Mutter von Konstantin dem Großen. Zur damaligen Zeit herrschte auf ganz Zypern eine schwere Dürre und es wimmelte nur so von Giftschlangen, was den Bau erschwerte. Um den gefährlichen Reptilien zu Leibe zu rücken, ließ man deshalb eine große Ladung Katzen aus Ägypten und Palästina herbringen. Mit einer Glocke wurden die Katzen zum Fressen „gerufen" und schon stürzten sich die pelzigen Krieger auf die Schlangen. Ein venezianischer Mönch, der zu Besuch in dem Kloster war, beschrieb die Katzen als „versehrt": Einer fehlte die Nase, einer anderen ein Ohr, manche waren erblindet, alles als Ergebnis der Kämpfe.

Eine Weile war die Gegend als Katzenhalbinsel bekannt. Die hübsche kleine Kapelle aus dem 13. Jh. wartet mit ein paar bemerkenswerten Ikonen auf, die von den beiden ersten vor Ort lebenden Nonnen gemalt wurden. Das Klostergebäude ist unlängst renoviert worden und sieht jetzt ziemlich modern, aber auch irgendwie nichtssagend aus. Die vielen im Schatten der Säulen schlummernden Katzen sind den sechs Nonnen, die sich heute um die Anlage kümmern, zahlenmäßig weit überlegen. Letztere verkaufen selbst gemachte Konserven, Marmeladen, Honig und Süßwaren sowie je nach Saison frische Kräuter und Orangen.

Das Kloster liegt am Rande des Salzsees (an der Rückseite verläuft der SBA-Zaun) und ist von Akrotiri aus über eine gute, unbefestigte Straße oder über eine weniger offensichtliche Route, die vom Lady's Mile Beach nach Westen führt, zu erreichen.

Troodos-Gebirge

Inhalt »

Troodos	68
Platres	70
Rund um Platres	72
Marathasa-Tal	72
Solea-Tal	78
Pitsylia	80
Agros	80
Rund um Pitsylia & Agros	82

Gut essen

» Linos-Mesastrato Tavern (S. 78)
» Skylight Restaurant, Bar & Pool (S. 71)
» Platanos (S. 73)
» Village Tavern (S. 71)
» Psilo Dendro Restaurant (S. 71)

Schön übernachten

» Semiramis (S. 208)
» Linos Inn (S. 210)
» Mill (S. 210)
» To Spitiko tou Arhonta (S. 209)
» Elyssia (S. 209)

Auf ins Troodos-Gebirge

Zu der bewaldeten Gebirgskette über den Tälern von Lemesos und Larnaka sowie der Mesaoria-Ebene gehört auch der höchste Berg der Insel, der Olympos (1952 m). 1992 wurden zum Schutz der Tierwelt, des Ökosystems und der Felsformationen über 90 km² des Waldes zum Nationalpark erklärt. Die facettenreiche Landschaft der Region eignet sich ideal zum Campen, Picknicken, Wandern, Radfahren und Beobachten von Vögeln. Während der Frühling zur Entdeckung verschiedener Naturpfade und Weingüter einlädt, lässt sich der Sommer wunderbar im kühlen Schatten der schwarzen Kiefern inmitten frischer Bergluft aushalten. Im Winter bevölkern Skifahrer und Snowboarder die Resorts an den Nordhängen.

Neben vielfältigen Naturschätzen wartet das Troodos-Gebirge mit charmanten Dörfern samt Pflasterstraßen, terrassenförmigen Abhängen und landestypischer Architektur auf. In den Bergen und Tälern der Region verstecken sich einige der bedeutendsten, mit mittelalterlichen Fresken versehenen Kirchen der Insel sowie Villen, Klöster und Museen.

Reisezeit

Von Januar bis April kann man tagsüber Ski und Snowboard fahren und sich abends bei einer warmen Kneipenmahlzeit erholen.

April bis September ist die ideale Zeit für Weinverköstigungen, denn in den weitläufigen Weinbergen und steilen, windigen Tälern gibt's viele gute Kellereien.

Im Frühsommer (Mai & Juni) laden Natur- und Wanderwege mit einer Gesamtlänge von 65 km an 13 verschiedenen Orten zu Touren ein.

Im Juli und August schlägt man der Hitze auf den grünen Zeltplätzen in den Bergen auf etwa 1000 m Höhe ein Schnippchen.

Highlights

1 Alle zehn zum Unesco-Weltkulturerbe zählenden Freskokirchen auf der **byzantinischen Route** (S. 71) besichtigen

2 Beim **Wandern** (S. 69) und **Radfahren** (S. 69) im Schatten des Olympos die frische Luft und die wunderschöne Landschaft genießen

3 In Dörfern wie **Treis Elies** (S. 77), **Kakopetria** (S. 78) und **Pedoulas** (S. 72) einige der authentischsten Unterkünfte Zyperns kennenlernen und Einblicke ins traditionelle ländliche Leben bekommen

4 Entlang der Weinstraßen in den Bergen die besten zyprischen Rebensäfte probieren und **Weingüter** (S. 78) besuchen

Troodos

24 EW.

Dieses winzige Örtchen in der Nähe des Olympos (auf Griechisch Chionistra) dient als Ausgangsbasis für alle, die in der Region wandern, Rad fahren oder Wintersport betreiben möchten. Auf einer Höhe von 1900 m über dem Meeresspiegel herrschen hier sehr viel kühlere Temperaturen als im Flachland, zudem genießt man einen großartigen Ausblick auf die umliegenden Täler.

Troodos ist um einen einfachen Platz *(plateia)*, das sogenannte Kentriko Troodos („Zentrum von Troodos"), angeordnet. Dort gibt's einen Spielplatz mit ein paar Bänken und einige Souvenirläden, die alles Mögliche von Windspielen bis zu *soujoukko*, einer traditionellen Süßigkeit aus Mandeln sowie Saft aus sonnengetrockneten Trauben, verkaufen.

Gegenüber dem Park liegen das Troodos Hotel und ein paar Restaurants und Cafés. Ein Nachtleben existiert praktisch nicht, da fast alle Besucher erschöpft von ihrem Tagesprogramm früh ins Bett gehen. Weitere 200 m bergauf in Richtung Westen befindet sich das Besucherzentrum von Troodos (s. S. 70). Das im Winter geöffnete Skigebiet erstreckt sich unmittelbar nördlich in der Nähe des Jubilee Hotel.

Vom Platz gehen drei Straßen ab: nordwärts in Richtung Solea-Tal und Lefkosia, westwärts nach Prodromos und ins Marathasa-Tal sowie südwärts nach Platres – auf manchen Karten auch Pano Platres genannt – und zu den *krasohoria* (Weindörfern) der Region Commandaria. Letztere Route ist die meistgenutzte.

Nach Troodos gelangt man am besten von Lemesos (über die B8) oder Lefkosia (über die B9) aus. Alternativ führen gute, aber kurvenreiche Straßen ab Pitsylia im Osten und Pafos im Westen ins Dorf. Sonntagabends sind die Zugangsstraßen in die Berge oft stark befahren, da Wochenendausflügler nach Lefkosia und an die Küste zurückkehren.

Geschichte

Die ozeanische Erdkruste von Troodos entstand vor über 90 Mio. Jahren und war der erste Teil der Insel, der vor rund 15 Mio. Jahren aus dem Meer emporstieg. In den höheren Lagen der Region findet man Gesteine wie Serpentinite, Dunite, Wehlite, Pyroxenite, Plagiogranite, Gabbro, Diabase und Vulkanite.

Laut Strabon, dem griechischen Geografen (geb. etwa 63 v. Chr.), gab es auf dem Olympos während des Hellenismus einen der Göttin Aphrodite geweihten Tempel. Für Frauen soll er nicht nur unerreichbar, sondern auch gänzlich unsichtbar gewesen sein.

Nach Berichten zyprischer Adeliger, die den umliegenden Klöstern und Erholungsgebieten einen Besuch abstatteten, ließen venezianische Generäle 1571 zum Schutz vor osmanischen Angriffen eine Festung auf dem Berg errichten.

Ende des 19. Jhs. wurde Troodos zur Sommerresidenz der englischen Gouverneure der Insel, die vor der brennenden Sonne flüchteten. Damals galt das Gebiet als sommerlicher Regierungssitz der Briten. Im Laufe der Zeit diente es als Zufluchtsort für Religionsgemeinschaften, Freiheitskämpfer, Gesetzlose und Gutbetuchte der Levante.

Heute zieht die Gegend Naturfreunde, Naturkundeinteressierte und Freizeitsportler an, die campen, wandern und im Winter Ski fahren.

⊙ Sehenswertes & Aktivitäten

Picknicken

Mit seinen neun gut organisierten Plätzen, die für 250 bis 2000 Besucher ausgerichtet sind, zieht der Troodos-Waldpark jede Menge Picknickfans an. Die mit Holztischen, frischem Trinkwasser, Toiletten, Spiel- und Parkplätzen ausgestatteten Bereiche findet man fast überall. Grillen darf man an den dafür vorgesehenen Stellen. Hier brutzeln zahlreiche Einheimische ihre Koteletts und *kontosouvli* (Lammfleischstücke) am Spieß.

Kampos tou Livadi, ein toller kleiner, von Kierfern umgebener Platz, liegt an Km 3 der Straße zwischen Troodos und Lefkosia (B9). Nach weiteren 8 km stößt man auf den beliebten Picknick- und Campingplatz **Platania** (Platanen). Am Wochenende wird es dort oft voll, denn er bietet jede Menge Schatten und einen Abenteuerspielplatz.

ENTFERNUNGEN (KM)

	Plano Platres	Kakopetria	Pedoulas	Agros
Kakopetria	25			
Pedoulas	18	15		
Agros	25	50	46	
Omodos & die Krasohoria	8	35	29	31

Radfahren

Im Troodos-Gebirge gibt's immer mehr Rad- und Mountainbikewege, darunter einige Waldstrecken. Die Broschüre *Cycling Routes*, die man im Besucherzentrum und in den CTO-Büros bekommt, informiert ausführlich über die Bergrouten. Die bekannteste im Troodos-Gebirge umfasst drei Einzelstrecken, die sich zu einer großen Rundfahrt um den Olympos zusammenfügen:

Psilo Dendro (Platres)–Karvounas
16,2 km lange flache Strecke durch leicht zu bewältigendes Gelände mit Asphalt-, Wald- und Schotterabschnitten.

Karvounas–Prodromos 22,7 km lange Fahrt mit Gefälle, einem mittleren bis hohen Schwierigkeitsgrad und guten Streckenbedingungen.

Prodromos–Psilo Dendro Einfache 18,2 km lange Route bergab mit einer Mischung aus gepflegten Straßen und reifenbeanspruchenden Steinwegen.

Mehr über Radrennen und andere Veranstaltungen auf der Insel erfährt man unter www.cypruscycling.com.

Skifahren

Im Troodos-Gebirge gibt's vier Abhänge mit einer Länge von 150 bis 350 m. Die beiden längeren liegen an der Nordseite. Während der Hera-Lift Skifahrer zum 350 m langen Anfängerhang bringt, fährt der Zeus-Lift zum Gipfel mit der 500 m langen Jubiläumsabfahrt und Rennstrecken. Hier oben, beim Dias Restaurant, befindet sich das **North Face Ski Centre** (✆2542 0105).

An der Südseite führen Skilifte zu den kürzeren Aphrodite- und Hermes-Abhängen, die sich für Anfänger und etwas Erfahrenere eignen. Vor Ort sind das **Sun Valley Centre** (✆2542 0104) und ein Skiladen ansässig. Schneeberichte und Aktuelles zu den Pistenbedingungen siehe unter www.skicyprus.com.

Vogelbeobachtung

Zypern wartet mit fast 400 Vogelarten auf. Ornithologen schätzen das Troodos-Gebirge wegen der Ruhe, der exzellenten Sicht und der vielfältigen Gegend. Die Bandbreite an Arten ist hoch und reicht von Gänsegeiern über Sperlinge bis zu Bachstelzen und Piepern. Auf www.natureofcyprus.org sind alle Vogelarten aufgelistet.

Wandern

Im Troodos-Gebirge erstrecken sich 13 Naturlehrpfade, darunter eine leicht zu bewältigende 1,6 km lange Strecke sowie eine 14-km-Route für Geübtere. Gemeinsam geben die Wege exzellente Einblicke in den Facettenreichtum der Region. Die meisten Bäume und Pflanzen an den Pfaden sind mit ihren lateinischen und griechischen Namen beschriftet, außerdem kann man sich auf den Holzbänken am Wegesrand ausruhen und den Ausblick genießen.

Broschüren zur Flora, Fauna und Geologie jedes Weges bekommt man im Besucherzentrum von Troodos (S. 70).

Artemis-Wanderweg (Chionistra-Rundweg) WANDERN
Dieser Weg ist ein wunderbarer Einstieg für alle Wanderer und verläuft in einer Art Schleife um den Olympos. Start und Ziel sind der kleine Parkplatz bei der Straße zum Gipfel. Die Route führt abwechselnd durch schattige und offene Abschnitte, die spektakuläre Ausblicke gen Süden, endemische Flora wie Johanniskraut, Salbei, Steinkraut und Berberritze sowie geologische Formationen wie eine Chrommine und von Pyroxeniten und Duniten durchzogene Gesteine bieten. Darüber hinaus geht's an den sogenannten „Mauern der Altstadt" vorbei, angeblichen Überresten der venezianischen Festung (s. S. 69). Auf dem Weg passiert man auch den Skilift. Die 7 km lange Strecke ist recht flach und in drei bis vier Stunden zu bewältigen. Wasser und Sonnenschutz nicht vergessen!

Persephone-Wanderweg WANDERN
Der hübsche Rundweg ist nach dem Berg benannt, zu dem er ansteigt. Er führt durch hohe Kiefern, eine reiche Pflanzenwelt und offene Abschnitte mit weiten Ausblicken. Man kann die 3 km lange Strecke in rund anderthalb Stunden bewältigen. Auf dem Gipfel **Makria Kontarka** genießt man eine tolle Aussicht auf Weinberge und Dörfer bis zum

---

> **ZYPERN FÜR KINDER: AUSRITTE**
>
> Der kleine Anbieter für Ausritte auf Pferden und Eseln an der Südseite des Dorfes, unweit der öffentlichen Toiletten, eignet sich ideal für Kinder ohne Erfahrung. Die Tiere sind sehr ruhig und freundlich – man muss also nicht mit wilden Galopprennen rechnen. Ein zehnminütiger Ausflug durch Troodos mit Begleitung kostet 6 €, 20 Minuten 10 € und eine halbe Stunde 15 €.

Hafen von Lemesos im Süden. In nördlicher Richtung entdeckt man die klaffende Grube, die eine mittlerweile stillgelegte Asbestmine bei Pano Amiantos hinterlassen hat.

Atalante-Wanderweg WANDERN

Die leicht zu bewältigende, gut ausgeschilderte Route beginnt am Platz in Troodos. Sie ist nach der Waldnixe Atalante benannt und verläuft in geringerer Höhe als der Artemis-Weg, hat jedoch einen ähnlichen Streckenverlauf. Obwohl die Aussicht weniger beeindruckt als vom höheren Weg, lohnt sich die Wanderung. Nach 3 km stößt man auf eine frische Quelle mit Trinkwasser. Zurück zum Dorf führt die Hauptverbindungsstraße zwischen Prodromos und Troodos. Für den 12 km langen Weg muss man rund fünf Stunden einplanen.

Essen

Die Auswahl ist begrenzt, es sei denn, man bevorzugt einen einfachen Imbiss. In dem Fall sollte man das **Fereos Park Restaurant** (Hauptgerichte 8 €) mit seinen großzügigen Kebabs und Souvlakis ansteuern. Platres beherbergt sehr viel mehr Lokale mit verschiedener Auswahl und besserer Qualität.

An- & Weiterreise

Ab Lefkosia und Lemesos verkehren regelmäßig Busse ins Troodos-Gebirge. Bei den nachfolgend genannten Anbietern kann man telefonisch Routen und Abfahrtszeiten bestätigen lassen sowie nach außerplanmäßigen Stopps fragen.

Clarios Bus Co (2246 5546; einfach/hin & zurück 5/8 €) Ab der Constanza-Bastion in Lefkosia starten wochentags um 10.20 Uhr sowie samstags um 11.30 Uhr Busse nach Troodos. Die Rückfahrt erfolgt montags bis samstags um 19 Uhr.

Emel (7777 8121; www.limassolbuses.com; einfach/hin & zurück 3/5 €) Jeden Tag um 9 Uhr bestehen Verbindungen von Lemesos nach Troodos. Um 15.30 Uhr geht's wieder zurück.

Nach Troodos fahren keine Sammeltaxis. Man gelangt zwar mit einem normalen Taxi hierher, allerdings ist die Tour durch die Berge lang und deswegen teuer.

Unterwegs vor Ort

Wer bei den Ausflügen in die wunderschönen kleinen Dörfer nicht auf die begrenzten öffentlichen Verkehrsmittel angewiesen sein möchte, erkundet das weitläufige Troodos-Gebirge am besten mit einem Mietwagen. Die Straßen sind gut, aber kurvenreich.

Platres

280 EW.

> In Platres lassen einen die Nachtigallen nicht schlafen.
> *Georgos Seferis, Eleni, 1953*

Mit rund 1200 m ist Platres, ehemals Pano Platres, eines der höchsten Bergdörfer. Es liegt inmitten eines grünen, fruchtbaren Waldes und weist eine der größten Niederschlagsmengen in Zypern auf.

Früher war es ein beliebter Kurort für britische Kolonialisten und bekannte Persönlichkeiten. Der Nobelpreisträger und griechische Dichter Georgos Seferis, der hier viele Tage verbrachte, verfasste berühmte Gedichte darüber, zudem überquerte König Faruq I. von Ägypten das Mittelmeer, um hier seinen Sommerurlaub zu verbringen.

Platres ist den Bergdörfern Kolonialasiens nachempfunden und lockt mit all den Attraktionen eines kühlen Gebirgsortes wie Waldwegen, sprudelnden Bächen, Erholung von der Hitze des Flachlandes und Gin Tonics auf den Balkonen altehrwürdiger Hotels. Heute zieht es Wanderer, Pensionäre und Urlauber, die lieber die Berge als den Strand in der Nähe haben, an. Die Mischung aus traditionellem Charme und modernen Restaurants und Hotels macht es zu einer hübschen Ausgangsbasis bei einer Reise durchs Gebirge.

BESUCHERZENTRUM VON TROODOS

Unmittelbar südlich der Hauptstraße von Troodos befindet sich das lohnenswerte **Besucherzentrum** (Eintritt 1 €; 10–16 Uhr) mit einem kleinen Museum, in dem Exponate zur Flora, Fauna und Geologie der Region gezeigt werden. Darüber hinaus ist in einem tollen Minitheater ein informatives zehnminütiges Video zur Geschichte des Parks zu sehen, dessen Grenzen, Berge und Landschaften ein geografisches Modell im Foyer verdeutlicht. Alle Karten, Broschüren und andere Literatur zur Region, u. a. zu Wanderwegen und zur Vegetation, sind hier erhältlich. Der 250 m lange botanische und geologische Weg rund um das Gebäude bietet sowohl Kindern als auch Erwachsenen eine tolle Einführung in die Attraktionen der Gegend.

Der Ort befindet sich abseits der Hauptverbindungsstraße zwischen Lemesos und Troodos (B9) und besteht aus einer Reihe von kurvigen Straßen, darunter die obere mit verschiedenen Hotels und die untere mit Restaurants, Geschäften sowie Bars. Aktuelle Infos zur Gegend siehe unter www.platres.org.

Sehenswertes

Dank seines trockenen Klimas, der Natur und der Ruhe bietet Platres wunderbare Erholung von der Sommerhitze. Im Winter verwandelt es sich in einen tollen Skiort mit gemütlichen Restaurants und knisternden Kaminfeuern.

Traditionelle Gebäude GEBÄUDE

In Platres gibt's einige wunderschöne traditionelle Steinhäuser, die größtenteils von der Gemeinde verwaltet und genutzt werden. Bei einem Spaziergang fallen einem z. B. die **Polizeistation** (von den Briten gebaut) in der Nähe des CTO-Büros, die **alte Sporthalle** (heute das Krankenhaus) 600 m südlich des Ortszentrums, die zweistöckigen **Gemeinderatsbüros** und das gepflegte Gebäude des **Elektrizitätswerks**, das 1930 aus Steinen aus der Gegend errichtet wurde, ins Auge.

Aktivitäten

Platres ist nur 10 km von Troodos sowie den verschiedenen Wanderwegen im Umland (S. 69) entfernt und wartet mit ein paar guten Routen auf, darunter die bergab nach Foini, 9 km weiter westlich, die etwas einfachere 7 km lange Strecke nach Perapedhi und der exzellente 3 km lange Aufstieg nach Pouziaris. Diese und weitere Wege sind in der CTO-Broschüre *Platres* aufgeführt, die im Besucherzentrum von Troodos (S. 70) erhältlich ist.

Essen

Im *krasohoria*-Tal und in der nahe gelegenen Commandaria-Region werden lokale Spezialitäten mit wirklich großartigen Weinen serviert.

LP TIPP Skylight Restaurant, Bar & Pool

MEDITERRAN €€

(Leoforos Archiepiskopou Makariou III 524; www.skylight.com.cy; Hauptgerichte ab 8 €, Eintritt Swimmingpool 5 € pro Tag; ⊙9–18 Uhr; ≋) Dieses moderne Restaurant mit Bar und Pool punktet mit einer ausgezeichneten Auswahl an Grillgerichten, Salaten, Fisch und Meeresfrüchten. Zwischen einer Schwimmpartie und faulen Momenten auf der sonnigen Terrasse kommen Gäste in den Genuss eines großartigen Service.

Village Tavern ZYPRISCH €€

(Leoforos Archiepiskopou Makariou III; Hauptgerichte 8 €) Eine Terrasse mit tollem Ausblick und große Portionen einfacher traditioneller Küche machen die Taverne zur idealen Adresse nach einer Wanderung. Wir empfehlen die frischen griechischen Salate mit goldbrauner Moussaka.

To Anoi ZYPRISCH €€

(Olympou 37; Hauptgerichte ab 9 €) Die familiengeführte Taverne ist in einem großen Steinhaus untergebracht und kredenzt Gerichte wie *kleftiko* (Lammbraten) sowie über Holzkohle grillte *souvla* (Fleischspieße, zumeist Lamm).

Psilo Dendro Restaurant ZYPRISCH €€€

(Aïdonion 13; Forelle 14 €; ⊙11–17 Uhr) Wegen seiner Nähe zum Südende des Kaledonia-Wegs aus Troodos erfreut sich das Restaurant bei hungrigen Wanderern großer Beliebtheit. Da die Besitzer gleich nebenan eine Forellenzucht betreiben, bekommt man hier den frischesten Fisch der Insel.

Praktische Informationen

Die **Cyprus Tourism Organisation** (CTO; ☎2542 1316; platresinfo@cto.org.cy; ⊙Mo–Fr 9–15.30, Sa bis 14.30 Uhr, schließt im Juli & Aug. 30 Min. früher) informiert über Wanderwege im Troodos-Gebirge.

Wer einen **Waldbrand** melden will, muss die ☎1407 wählen.

An- & Weiterreise

Abfahrts- und Ankunftsort aller öffentlichen Verkehrsmittel ist der Bereich neben dem CTO-Büro. Bei folgenden Anbietern kann man sich

INSEKTENSCHUTZ

Wer die Gegend besucht, sollte unbedingt Insektenschutzmittel mitnehmen, denn die Berge sind zwar wunderbar malerisch, allerdings fühlen sich hier auch zahlreiche Kerbtiere wohl. Viele der großen Fliegen und Käfer scheint weiße Kleidung anzuziehen, deswegen sind besonders in den wärmeren Monaten und auf dem Gipfel andere Farben eine bessere Wahl.

ZYPERNS BYZANTINISCHE FRESKENKIRCHEN

Viele Besucher kommen wegen der faszinierenden byzantinischen Kirchen ins Troodos-Gebirge, die mit wunderschönen Fresken aufwarten und zwischen dem 11. und 15. Jh. entstanden. Die folgenden zehn zählen zum Unesco-Weltkulturerbe und sind in der üblichen Besichtigungsreihenfolge aufgelistet: Archangelos Michail, Agios-Ioannis-Lampadistis-Kloster (S. 73), Panagia tou Moutoulla (S. 74), Agios Nikolaos tis Stegis (S. 79), Panagia tis Podithou (S. 79), Panagia Forviotissa (Asinou; S. 79), Stavros tou Agiasmati (S. 82), Panagia tou Araka (S. 82), die Timios-Stavros-Kirche (S. 82) sowie die Kirche der Verklärung des Erlösers (S. 83).

Als die französisch-katholische Adelsfamilie Lusignan 1197 in Zypern die Macht übernahm, hatten die Arbeiten an ein paar kleinen Gotteshäusern in den Bergen bereits begonnen. Doch erst infolge der Unterdrückung und Diskriminierung griechisch-orthodoxer Zyprer durch die Lusignan-Herrscher zogen sich orthodoxe Geistliche, Handwerker und Baumeister in die Nordhänge des Troodos-Gebirges zurück. Dort bauten und verschönerten sie ihre eigenen Kirchen, in denen die orthodoxe Lehre 300 Jahre ungestört aufblühen konnte.

In Folge entstanden viele Bauten im ähnlichen Stil. Die meisten waren kaum größer als Scheunen, einige hatten Kuppeln, andere nicht. Aufgrund des harten Winters und zum Schutz gegen den Schnee wurden die Gebäude später mit großen, schräg abfallenden, ausladenden Dächern versehen. Im Inneren entstanden aus der Hand kunstfertiger Freskomaler lebendige Bilder.

Nicht alle Kirchen wurden derart kunstvoll dekoriert, aber die von der Unesco zum Weltkulturerbe erklärten zählen zu den schönsten Beispielen. Die Fresken zeichnen sich durch ihren Detailreichtum und gut erhaltene Farben aus. Spätere Bilder mit didaktischem Anspruch sind wie Filmstreifen gemalt und sollten wohl ungebildeten Dorfbewohnern die Grundlagen der Evangelien nahebringen.

Wer alle Welterbestätten besichtigen möchte, benötigt dafür mindestens zwei Tage. Einige sind verschlossen und man muss den jeweiligen Verwalter ausfindig machen. Eine Spende von 1 bis 3 € ist angemessen und wird auch erwartet. Die meisten Kirchen erreicht man am einfachsten mit dem Auto, da öffentliche Verkehrsmittel nur sporadisch verkehren.

---

telefonisch nach Routen und Abfahrtszeiten erkundigen sowie nach außerplanmäßigen Stopps fragen.

Emel (✆7777 8121; www.limassolbuses.com; einfach/hin & zurück 3/5 €) bietet montags bis samstags um 7.20, 9.05 und 15.45 Uhr sowie sonntags um 7.20 und 15.45 Uhr Busverbindungen von Platres nach Lemesos. Zurück geht's werktags um 9.30, 13.30, 15.30 und 18 Uhr, samstags um 9.30, 12.30 und 17 Uhr sowie sonntags um 9.30 und 17 Uhr.

Sammeltaxis (✆2542 1346) fahren für 11 € pro Person von Lemesos nach Platres.

Rund um Platres

Platres ist eine tolle Ausgangsbasis für Tagesausflüge zu Attraktionen in der Umgebung wie den Klöstern in Kykkos und Trooditissa, den byzantinischen Kirchen und den Weindörfern der Commandaria-Region. Um das Umland zu erkunden, ist ein fahrbarer Untersatz vonnöten.

Marathasa-Tal

Das malerische Tal nordwestlich von Troodos wartet mit einigen der bedeutendsten und eindrucksvollsten Sehenswürdigkeiten in den Bergen auf, darunter das prächtige Kykkos-Kloster, die Archangelos-Michail-Kirche in Pedoulas samt ihren wunderschönen Fresken und das einfache Agios-Ioannis-Lampadistis-Kloster in Kalopanagiotis.

Am besten kommt man im Frühling oder Herbst hierher, wenn die Wildblumen in bunten Farben leuchten. Im Tal gibt's ausgezeichnete ländliche Unterkünfte, die größtenteils in restaurierten traditionellen Häusern untergebracht sind (s. S. 209).

PEDOULAS
190 EW.

Pedoulas (pedoulasvillage.com) ist Hauptort sowie touristisches Zentrum des Marathasa-Tals und bekannt für sein Quellwasser, das auf der ganzen Insel verkauft wird. Im Sommer herrschen hier angenehm kühle Temperaturen, außerdem gibt's tolle Lokale und Unterkünfte.

◉ Sehenswertes

Archangelos Michail KIRCHE
(Eintritt gegen Spende) Fast alle Besucher kommen wegen der zum Unesco-Welterbe zählenden Kirche nach Pedoulas. Das 1474 errichtete Gebäude mit Giebeldach befindet sich im unteren Teil des Dorfes. 1980 wurden die **Fresken** des Gotteshauses restauriert; sie zeigen Elemente des Naturalismus der neobyzantinischen Epoche und werden einem Künstler namens Adamos zugeschrieben. Zu den Darstellungen gehören ein über den Gläubigen thronender Erzengel Michael, der Verrat Jesu Christi, die Opferung Abrahams, Maria mit dem Jesuskind und eine wunderschöne Taufszene, in der Jesus in den Jordan steigt.

Der Schlüssel zur Kirche wird im Byzantinischen Museum auf der anderen Straßenseite aufbewahrt.

Byzantinisches Museum MUSEUM
(Eintritt 1,70 €; ⊙10–13 & 14.30–17 Uhr) Hier kann man eine umfassende Sammlung von Heiligenbildern aus dem 12. bis 15. Jh. bewundern, darunter die **Ikone der Jungfrau Vorinis** aus dem späten 13. Jh. Viele Stücke wurden schon in internationalen Ausstellungen gezeigt.

Volkskunstmuseum MUSEUM
(Eintritt 1,70 €; ⊙10–13 & 14–16 Uhr) In dem Museum unweit des Dorfzentrums geben Kleidung, Möbel sowie landwirtschaftliche Geräte Einblicke in die Kultur, Gebräuche und Geschichte der Marathasa-Region.

✕ Essen

LP TIPP Platanos ZYPRISCH €€
(Vasou Hadjiioannou; Hauptgerichte 9 €) Im kühlen Schatten einer Platane (*platano*) können die Gäste traditionelle Gerichte wie *souvlakia* (Souvlaki) und *afelia* (in Wein und Kräutern geschmortes Schweinefleisch) genießen. Ein echtes Muss ist der zyprische Kaffee, der nach althergebrachter Art im *brikki* (Kännchen) in einem Kästchen mit heißem Sand über der offenen Flamme zubereitet wird. Das langsame Erhitzen verleiht dem Getränk einen intensiven, vollmundigen Geschmack.

❶ An- & Weiterreise

Clarios Bus Co (☎ 2246 5546; einfach/hin & zurück 5/8 €) bietet wochentags um 12.30 und 16.15 Uhr sowie samstags um 12.30 Uhr Verbindungen von der Constanza-Bastion in Lefkosia nach Pedoulas. Unter der Woche geht's um 5.20 und 6.30 Uhr zurück, samstags um 6.30 Uhr.

KALOPANAGIOTIS
290 EW.

Kalopanagiotis ist für sein Kloster und das dort untergebrachte Byzantinische Museum bekannt. Darüber hinaus lädt es mit seinen natürlichen **Schwefelquellen**, die Asklepios, dem antiken Gott für Heilkunde, gewidmet sind, und tollen ländlichen Unterkünften zu ein paar entspannten Tagen ein.

◉ Sehenswertes

Agios-Ioannis-Lampadistis-Kloster
KIRCHEN
(Spende erbeten; ⊙Mai–Sept. 8–12 & 13.30–18 Uhr) Die Unesco-Welterbestätte besteht aus einem im 11. Jh. errichteten Komplex mit drei Kirchen, deren Bau über 400 Jahre dauerte. Das orthodoxe Originalgebäude hat ein doppeltes Kirchenschiff, zu dem später ein Narthex und eine lateinische Kapelle hinzugefügt wurden. Heute teilen die drei ein Pultdach aus Holz im typischen Stil des Troodos-Gebirges und gehören zu

---

NICHT VERSÄUMEN

NACHTIGALLEN & WASSERFÄLLE

Auf dem schattigen, gut ausgeschilderten **Kaledonia-Weg** kann man eine tolle sommerliche Wanderung machen. Die 3 km lange Route beginnt 1 km bergabwärts vom Ort Troodos und endet vor den Stadttoren von Platres. Sie windet sich am Kryos entlang, einem sprudelnden Fluss, der mithilfe von Trittsteinen und Holzbrücken überquert wird, durch ein dicht bewaldetes Tal hinunter. Der Pfad ist teilweise steil und fällt 400 m ab, deshalb nimmt man ihn sich am besten von Norden nach Süden vor. Unterwegs warten eine vielfältige Vegetation wie schwarze Kiefern und zyprische Minze sowie eine facettenreiche Vogelwelt, zu der Schuppen- und Samtkopfgrasmücken sowie Nachtigallen gehören. Auf dem letzten Kilometer geht's zu den malerischen **Kaledonia-Wasserfällen**, die von einem gewaltigen Gabbro-Felshang 15 m in die Tiefe stürzen. Für einen entspannten Ausflug sollte man zwei Stunden einplanen.

den am besten erhaltenen Gotteshäusern der Region.

Die orthodoxe Hauptkirche mit Kuppel schmücken farbenprächtige, kunstvolle **Fresken** aus dem 13. Jh., die Agios Irakleidios, dem hl. Herakleidios, gewidmet sind. Zu sehen ist u. a. der Einzug Jesu in Jerusalem auf einem Esel, mit Jungen, die auf Dattelpalmen klettern, um sich eine bessere Sicht zu verschaffen. Andere Fresken stellen die Auferweckung des Lazarus sowie die Kreuzigung und den Aufstieg in den Himmel dar, wobei die bunten Farben Einflüsse aus Konstantinopel vermuten lassen.

Die Vorhalle und lateinische Kapelle zieren Fresken aus dem 15. und 16. Jh. Die in der Kapelle gelten als die umfassendste Serie italienisch-byzantinischer Fresken Zyperns. Sie zeigen den Akathistos-Hymnus, der die Jungfrau Maria in 24 Strophen lobpreist, in 24 Bildern, von denen jedes einen Buchstaben des griechischen Alphabets enthält. Die Ankunft der Heiligen Drei Könige präsentiert diese auf Pferden mit Rüstungen und auffälligen roten Halbmonden, dem römischen Symbol für die Byzantiner und später die Türken.

Leider dürfen die Fresken nicht fotografiert werden. Zum Kloster führt die Hauptstraße auf der anderen Seite des Tals. Die Schlüssel bewahrt der Dorfpriester auf, der sich in den Sommermonaten meist im *kafeneio* (Café) im Ortszentrum aufhält.

Byzantinisches Museum   MUSEUM

(Eintritt 1 €; ☉ März–Juni 9.30–17 Uhr, Juli–Sept. bis 19 Uhr, Okt.–Feb. 10–15.30 Uhr) Das zum Kloster gehörende Museum verfügt über eine Sammlung von 15 Ikonen aus dem 16. Jh., die 1998 entdeckt wurden. Orthodoxe Priester, die vor den Osmanen flohen, hatten sie unter der Erde versteckt. Die Ikonostase, eine mit Ikonen geschmückte Wand, zieren Schnitzereien von Farnen, die man am Fluss bei Kalopanagiotis gefunden hat und die Herkunft der Bilder bestätigen.

MOUTOULLAS

In dem kleinen Dorf an der Straße zwischen Pedoulas und Kalopanagiotis befindet sich eine weitere Unesco-Welterbestätte, die **Panagia tou Moutoulla** (Eintritt frei; ☉ Sonnenaufgang–Sonnenuntergang). Ihre Fresken stammen aus dem Jahr 1280.

Die ehemalige Privatkapelle zeichnet sich durch ein abschüssiges Kirchenschiff und ein Satteldach aus, beides typisch für die Region. Ungewöhnliche, nicht restaurierte Malereien zeigen u. a. Christophorus, den hl. Georg und die Jungfrau Maria. Besucher müssen sich den Schlüssel im Dorfcafé besorgen, wo traditionelle Holzschnitzereien aus der Gegend verkauft werden. Vor Ort gibt's wunderbare Äpfel und Kirschen aus den weitläufigen Obstgärten der Umgebung.

KYKKOS-KLOSTER

Das reichste und prächtigste orthodoxe **Kloster** (Eintritt frei; ☉ Sonnenaufgang–Sonnenuntergang) der Insel wurde im 11. Jh. vom byzantinischen Kaiser Alexios I. Komninos nach einer Serie merkwürdiger Ereignisse gegründet. Alles begann mit einem Eremiten namens Isaias, der in einer Höhle in der Nähe lebte. Eines Tages begegnete er im Wald einem Jäger aus Lefkosia, Manuel Voutoumetes, der außerdem byzantinischer Gouverneur Zyperns war.

Voutoumetes hatte sich verlaufen und fragte den Einsiedler nach dem Weg. Dieser ignorierte ihn jedoch, weil er sich in seiner Einsamkeit gestört fühlte. Der wichtigtuerische Jäger empfand das als Anmaßung: Er beschimpfte den Eremiten und verpasste ihm als Strafe einen Fußtritt.

Zurück in Lefkosia wurde Voutoumetes schwer lethargisch. Er bereute sein Verhalten und bat Isaias in der Hoffnung auf Heilung um Verzeihung.

Isaias wiederum wurde im Traum von Gott geheißen, Voutoumetes zu beauftragen, die Marienikone von Konstantinopel nach Zypern zu bringen.

Der Eremit überbrachte Voutoumetes die Nachricht, der mit großem Einsatz die Ikone nach Zypern schleppte. Er überzeugte den byzantinischen Kaiser in Konstantinopel, dessen Tochter ebenso an Lethargie litt, davon, dass sie geheilt werde, wenn sie der Bitte des Eremiten (und damit Gottes) nachkämen.

Die Ikone, die vom hl. Lukas bemalt worden sein soll, ist eine von nur drei noch existierenden. In den letzten 400 Jahren befand sie sich in einem versiegelten Silberkasten im Kykkos-Kloster.

Über die Jahrhunderte zerstörte eine Reihe von Bränden große Teile des Originalklosters. Der heutige imposante und gepflegte Bau stammt aus dem Jahr 1831 und liegt 20 km westlich von Pedoulas. Besucher müssen sich angemessen kleiden, d. h. Arme und Beine bedecken. Im Sommer kann man vor Ort an Ständen Hosen und Schals leihen.

Byzantinisches Museum   MUSEUM

(✆ 2294 2736; www.kykkos-museum.cy.net; Eintritt 3,40 €; ☉ Juni–Sept. 10–18 Uhr, Okt.–Mai bis

16 Uhr) Das Museum beherbergt einen großen Teil der eindrucksvollen Klosterschätze, darunter viele byzantinische und kirchliche Artefakte.

Links hinter dem Eingang sind Antiquitäten ausgestellt. Frühe christliche, byzantinische und postbyzantinische Gewänder, Schiffe und Schmuckstücke sieht man in der großen kirchlichen Galerie. In der kleinen runden Kammer werden alte Manuskripte, Dokumente und Bücher gezeigt, in dem größeren runden Raum eine umfassende Sammlung von Ikonen, Wandgemälden und Schnitzereien.

Am Ticketschalter bekommt man informative Museumsführer (5 €), deren Anschaffung sich auf jeden Fall lohnt.

GRAB DES ERZBISCHOFS MAKARIOS III.

Auf dem Throni-Hügel 2 km hinter dem Kykkos-Kloster, wo die Straße nach rechts und bergaufwärts verläuft, befindet sich das Grab des ersten Präsidenten Zyperns. Makarios wurde dort auf eigenen Wunsch nahe dem Ort, an dem er 1926 als Novize diente, bestattet. Das einfache Steingrab ist mit schwarzem Marmor überzogen und von einer runden Kuppel mit Steinintarsien ge-

ERZBISCHOF MAKARIOS III. – PRIESTER & POLITIKER

Während der kurzen Phase des unabhängigen, vereinigten Zyperns war Makarios Ethnarch und religiöser Führer der Insel. Am 13. August 1913 wurde er als Michalis Christodoulos Mouskos in dem kleinen Bergdorf Pano Panagia bei Pafos geboren.

Nach einem Studium in Zypern und an der Universität von Athen machte er zudem einen Abschluss an der Fakultät für Theologie in Boston. 1948 ernannte man ihn zum Bischof von Kition, zwei Jahre später zum Erzbischof.

Zunächst trat er für die zyprische Enosis-Bewegung (Vereinigung mit Griechenland) ein, später stellte er sich gegen deren Ansichten zur Unabhängigkeit, zum Commonwealth-Status und zum *taksim* (türkische Bestrebungen zur Teilung). Während der drei Jahre dauernden Aufstände in den 1950er-Jahren verdächtigten ihn die Briten der Zusammenarbeit mit der rebellischen Enosis-Bewegung Ethniki Organosi tou Kypriakou Agona (EOKA; Nationale Organisation Zyprischer Kämpfer) und verbannten ihn auf die Seychellen.

Makarios war jedoch noch immer Politiker, kein Aufständischer, und so konnte er 1959 nach Zypern zurückkehren. Im selben Jahr handelte er ein Unabhängigkeitsabkommen mit Großbritannien aus und wurde am 13. Dezember mit großer Mehrheit zum Präsidenten der neu geschaffenen unabhängigen Republik Zypern gewählt.

Indem er indirekt Religion und Politik miteinander verband, verkörperte er traditionelle Erwartungen der kleinen Leute, die ihren geistlichen Führern großes Vertrauen entgegenbrachten. Als die Insel noch unter Kontrolle ausländischer Mächte stand, wurde diese Rolle zyprischen religiösen Führern aufgezwungen.

Nun distanzierte sich Makarios von der Enosis-Bewegung, trat für Unabhängigkeit ein, suchte den Dialog mit der türkisch-zyprischen Minderheit auf der Insel und setzte sich für eine blockfreie Außenpolitik ein. Bei manchen türkischen Zyprern galt er allerdings als antitürkisch, deshalb kam es 1963 zu schwerwiegenden blutigen Ausschreitungen. Makarios' geringes Interesse am Westen wurde von den USA als kommunistisch interpretiert – sie bezeichneten ihn als „Castro des Mittelmeers".

1974 unternahm die griechische Militärregierung mit Unterstützung der CIA und der radikalen, für die Enosis kämpfenden EOKA-B, eine Art neuer EOKA, unter Führung des griechischen Generals Grivas einen Putschversuch. Ziel war es, Makarios zu töten und eine neue Regierung zu schaffen.

Ihr Plan schlug fehl: Makarios entkam und die Türkei, die bereits die Teilung vorbereitete, nutzte den Putschversuch als Rechtfertigungsgrund für einen Angriff, was jede Hoffnung auf Frieden zwischen den beiden Gemeinschaften zerstörte. Sie startete Bombenangriffe auf Dörfer und besetzte den Norden der Insel.

Nach dem Sturz der Militärregierung kehrte Makarios aus England zurück und regierte nun geschrumpften Staat. Am 3. August 1977 starb er überraschend im Alter von 63 Jahren. Heute sehen viele in ihm eine Führungspersönlichkeit, einen Staatsmann und die Verkörperung des Volkswillens nach Unabhängigkeit und einer eigenen Identität.

START **PLATRES**
ZIEL **FOINI**
LÄNGE **44 KM**
DAUER **DREI BIS VIER STUNDEN**

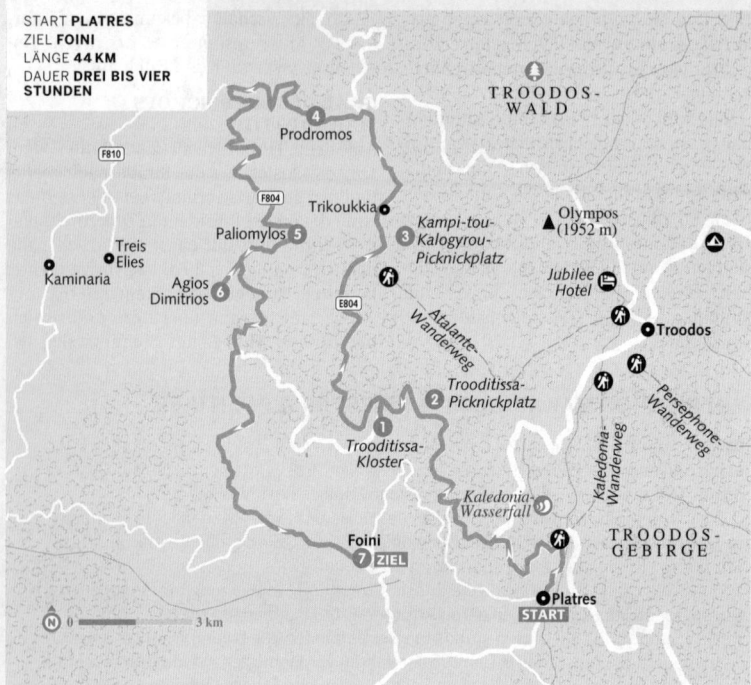

Spritztour:
Klöster & Bergdörfer

> Von Platres führt die E804 zu einigen versteckten Dörfern des Tals. Als Erstes steht das als 13. Jh. errichtete ❶ **Trooditissa-Kloster** auf dem Programm, das inmitten dichten Kiefernwaldes über einer tiefen Schlucht thront. Es wurde nach dem Fund einer wertlosen, mit Silber verkleideten Ikone der Jungfrau Maria gegründet, die aus Kleinasien stammte und der man eine Fruchtbarkeit bringende Wirkung nachsagte. Bis zu ihrem Tod bewahrten sie zwei Eremiten in einer nahe gelegenen Höhle auf. Die Klosterkirche aus dem Jahr 1731 ist nicht für Besucher zugänglich, da sie von der Ordensgemeinschaft genutzt wird. Wer jedoch höflich und geduldig ist, bekommt eventuell Zutritt.

Anschließend geht's weiter die Bergstraße entlang, vorbei an den schattigen Picknickplätzen von ❷ **Trooditissa** und ❸ **Kampi tou Kalogirou** in einem kühlen Kiefernwald, nach ❹ **Prodromos** (www.prodromos.org.cy). Urlaubern ist der kleine Ort durchaus ein Begriff, aber nicht so bekannt wie Troodos und Platres. Das mit 1380 m höchste Dorf Zyperns lockt mit eindrucksvollen Obstplantagen voller Apfel-, Pfirsich-, Pflaumen-, Mandel- und Kastanienbäume.

Nun fährt man zurück in Richtung Süden nach ❺ **Paliomylos** (paliomilos.org) und ❻ **Agios Dimitrios**, zwei zeitlosen, vom Tourismus gänzlich unberührten Weilern, umgeben von Weinbergen und grüner Natur.

Danach gelangt man nach ❼ **Foini**, wo man sich mit ein paar *loukoumades* (zyprische Honigbällchen) und einem starken Kaffee stärken kann. Der Ort ist für seine handgemachte Töpferware und *pitharia* (Tongefäße zur Lagerung) bekannt. Zur Mittagszeit lockt das Neraida mit frischer Forelle und köstlichem Meze (17 €). Das Lokal befindet sich im Westen des Dorfes in der Nähe des Bachs und bietet donnerstags bis dienstags Mittag- sowie freitags und samstags Abendessen.

schmückt. Seine Schlichtheit erklärt sich teilweise durch Makarios' plötzlichen Tod, nach dem es möglichst schnell angelegt werden musste.

Eine riesige Bronzestatue des Erzbischofs, die 2008 vom Bischofspalast in Lefkosia auf den Hügel versetzt wurde, unterstreicht die Bedeutsamkeit des Verstorbenen.

Weiter oben am Weg stößt man auf den **Throni-Schrein**. Er ist der Jungfrau Maria geweiht und bietet spektakuläre Panoramablicke auf die Täler und Straßen, die aus Richtung Osten nach Kykkos führen.

Ganz in der Nähe steht ein **Wunschbaum**, an dem Gläubige in der Hoffnung, Maria möge ihre Träume erfüllen, Nachrichten aus Papier und Stoff befestigen.

TREIS ELIES

Über die F10 und F811 erreicht man das südwestlich von Prodromos gelegene Treis Elies (www.triselies.org), ein ruhiges, idyllisches Örtchen. Um das Dorf führen ein kleiner Fluss und ein Naturlehrpfad, außerdem sprudelt in unmittelbarer Nähe die **Schwefelquelle** Iamatikes (als „Ιαματικές" ausgeschildert) durch große Felsen. Von hier kann man wunderbar Wanderungen zu den mittelalterlichen Brücken Kelefos, Elies und Roudhias unternehmen, die unter venezianischer Herrschaft errichtet wurden, um die Kamelkarawanenroute in der Nähe des Ortes zu optimieren. Die Kamele transportierten Kupfer von Troodos nach Polis und Pafos, wo es verkauft wurde. Leider existiert der ursprüngliche Weg nicht mehr.

Die Brücken sind durch den Europäischen Fernwanderweg E4 (siehe unten) verbunden, der zu Trekkingtouren einlädt.

Treis Elies am nächsten ist die **Elies-Brücke** über einen Bach. Sie befindet sich gleich hinter dem Dorf Kaminaria in einem dichten Wald, ist die kleinste der drei und soll die Ostverbindung der Karawanenroute gewesen sein.

Am elegantesten ist die **Kelefos-Brücke**, deren gewaltiger Spitzbogen über einem weiten Fluss thront. Man benötigt etwa zwei Stunden, um von Elies nach Kelefos zu wandern, wo sich ein ausgezeichneter Picknickplatz erstreckt. Alternativ erreicht man die Brücke auch per Auto; einfach den Schildern Richtung Agios Nikolaos folgen.

Eindrucksvoll, aber sehr viel abgeschiedener ist die **Roudhias-Brücke**, zu der eine vierstündige Wanderung führt. Sie verläuft entlang des Weges hinter der Pera-Vassas-Forststation mit Picknickplatz. Weil die Brücke nicht ganz einfach zu finden ist, braucht man eine gute Karte. Darüber hinaus gibt's eine direkte, allerdings recht schmale und nur beschränkt befahrbare Verbindungsstraße für Autos. Wer den Fluss überqueren möchte, muss einen Geländewagen mieten.

OMODOS & DIE KRASOHORIA
30 EW. (OMODOS)

Die weitläufigen Weinberge der *krasohoria* (Weindörfer) erstrecken sich über die Hänge rund um das Örtchen Omodos (www.omodos.org). Hier, an der Südwestseite des Troodos-Gebirges, ist die Landschaft äußerst eindrucksvoll.

Im Zentrum des Dorfes befindet sich das byzantinische **Moni Timiou Stavrou** (Kloster des Heiligen Kreuzes). Seine Lage macht Omodos in Griechenland einzigartig, da Siedlungen normalerweise nicht um ein Kloster angeordnet sind. Es wurde um das Jahr 1150 errichtet und im 19. Jh. erweitert sowie umgestaltet. Zudem gibt's im Ortszentrum eine gepflasterte Fußgängerzone, die

---

FERNWANDERN AUF ZYPERN

Treis Elies ist die perfekte Ausgangsbasis für eine Tour auf dem **Europäischen Fernwanderweg E4**. Die faszinierende Route führt von Gibraltar durch Spanien, Frankreich, die Schweiz, Deutschland, Österreich, Ungarn, Bulgarien und Griechenland sowie seit Ende 2005 auch durch Zypern. Weil er mehr Besucher für die Region verspricht, wurde der neue Streckenabschnitt im Maheras-Wald feierlich eingeweiht. Der E4 ist mit Zypern per Luft- und Seeweg verbunden. Von den Flughäfen Larnaka und Pafos verläuft er durch das Troodos-Gebirge zur Akamas-Halbinsel bis zum frei zugänglichen Osten Famagustas. Die Broschüre der Cyprus Tourism Organisation (CTO) *European Long Distance Path E4 & Other Cyprus Nature Trails* gibt einen Überblick über die zyprischen Wanderwege, deren Länge, Schwierigkeitsgrad, Start- und Endpunkt und über interessante Attraktionen. Natürlich gehört unbedingt auch eine detaillierte Karte in den Rucksack. Die Erkundung des hiesigen Abschnitts begeistert wohl jeden Wanderfan und ist ein großartiger Einstieg, also, los geht's!

COMMANDARIA

In den weiten, von der Sonne durchfluteten Südhängen des Commandaria-Tals wird bereits seit über 4000 Jahren ein viel gepriesener Rebensaft hergestellt. Homer lobte seine goldgelbe Farbe und reichhaltige Süße; die Tempelritter waren so sehr davon angetan, dass sie ihn nach ihrer Commanderie (Kommende) in Lemesos benannten und nach Europa an die königlichen Höfe exportierten; und nach seiner Hochzeit in Lemesos erklärte ihn Richard Löwenherz zum „Wein der Könige" sowie zum „König der Weine". Der Commandaria besteht aus roten und weißen Trauben und hat nichts von seiner Qualität eingebüßt. Mehr als ein Dutzend Dörfer stellen ihn noch immer her. Eine große Auswahl bietet **Revecca Spirits** (www.reveccaspirits.com) in Agios Mamas, außerdem kann man ein paar Weingüter besuchen und ihre Produkte kosten.

che besucht werden können. Mehr Details dazu siehe unter www.cypruswineries.org.

Solea-Tal

Im Solea-Tal, das vom Karyotis-Fluss zweigeteilt wird, befinden sich bedeutende Kirchen mit Fresken. Sie stammen aus der spätbyzantinischen Epoche, als die Gegend ein wichtiger militärischer Stützpunkt war.

In den 1950er-Jahren wurde das Tal seinem Ruf als strategisches Rückzugsgebiet erneut gerecht, indem es Mitgliedern der Ethniki Organositou Kypriakou Agona (EOKA; Nationale Organisation Zyprischer Kämpfer) in ihrem Kampf gegen die Briten als bedeutendes Versteck diente. Aufgrund seines unübersichtlichen Terrains und der Nähe zu Lefkosia eignete es sich ideal dazu.

Heute gelangt man über die Straßen im Osten und Westen der Gegend ganz unkompliziert in die Berge und das Umland. Der Hauptort Kakopetria lädt mit seinen anständigen Hotels und dem großartigen Serviceangebot zu Tagesausflügen oder längeren Aufenthalten ein.

mit ihren Souvenirläden und Geschäften Touristen anlockt. Das **Socrates Traditional House** (Eintritt frei; 9.30–19 Uhr) liegt an einer Seitenstraße und ist die richtige Adresse, um eine Flasche hausgekelterten Commandaria-Wein zu probieren oder zu kaufen. Überdies kann man dort alte Pressen, Webstühle, eine Getreidemühle und Exponate aus dem ländlichen Leben bewundern.

Einst soll jedes Haus der Weindörfer eigene Gerätschaften zum Keltern gehabt haben. In der Region stößt man auf jede Menge Weingüter, außerdem werden in vielen Weilern verschiedene traditionelle Produkte aus Trauben hergestellt, darunter *soujoukos* (eine Mischung aus Trauben und Mandeln), *espima* (Traubenhonig) und *palouze* (Süßwaren aus Trauben).

Die Weingüter **Agia Mavri** (2547 0225; www.ayiamavri.com) mit seinen preisgekrönten Weißweinen und **Domane Valassides** (9944 1574) mit seinen aromatischen, vollmundigen Rotweinen sind beide in dem Ort Kilani zu finden. In Pachna keltert die Winzerei **Yiaskouris** (2594 2470) tolle Shiraz-Weine und trockene Weißweine, **Gaia Oinotechniki** (2594 3981; www.gaia.com.cy) in Agios Amvrosios wiederum bietet eine exzellente Auswahl an biologischen Rebsäften.

In der Region gibt's über 50 kleine Weingüter, von denen viele nur nach Terminabspra-

KAKOPETRIA
1200 EW.

Kakopetria bzw. *kaki petra* („schlechter Fels") verdankt seinen Namen gigantischen Felsen, die sich an den Gebirgskamm rund ums Dorf schmiegen, und die für die ersten Siedler ein Hindernis darstellten. Der Ort erstreckt sich über beide Uferseiten des Karyotis und ist von steilen Straßen, hinabhängenden Bäumen und dem Geräusch natürlicher Regenkanäle geprägt.

Bei wohlhabenden Zyprern erfreut sich die Gegend großer Beliebtheit: Sie verbringen die Sommermonate in ihren Häusern in den Bergen. Die denkmalgeschützte Altstadt des Dorfes weiß sich mit ihren restaurierten Bauten ihren Charme zu bewahren.

Es gibt in Kakopetria zwei ausgezeichnete Hotels und einige gute Lokale. Darüber hinaus eignet sich der Ort bestens als Ausgangsbasis für Erkundungstouren zu den mit Fresken geschmückten Kirchen und ins Umland.

Essen

Linos-Mesastrato Tavern ZYPRISCH €€
(2292 3161; www.linos-inn.com.cy; Palea Kakopetria 34; Meze 5 € pro Teller) Dieses atmosphärische, sehr beliebte Restaurant kredenzt ausgezeichnetes Meze und tolle lokale Rotweine wie Ktima Malia (20 €), einen vollmundigen

Cabernet. Im Sommer können sich die Gäste in der Café-Bar entspannen und *nargileh* (Wasserpfeife) rauchen. Vorab reservieren!

Mill Restaurant   MEDITERRAN €€
(2292 2536; www.cymillhotel.com; Mylou 8; Hauptgerichte ab 10 €; 20. Nov.–20. Dez. geschl.) Das Restaurant in malerischer Lage neben dem Fluss mit einem sich langsam drehenden Mühlrad und schattiger Terrasse hat sich auf Forelle spezialisiert, die gegrillt oder mit Kräutern serviert wird. Im Winter knistert im Innenraum ein alter Kamin. Am Wochenende muss man reservieren.

Village Pub   ZYPRISCH €
(Hauptgerichte ab 6 €) Auf einer Holzterrasse mit Blick aufs Dorf serviert diese nette Kneipe gute, einfache Sommergerichte wie frische Salate, *fassolia* (weiße Bohnen) und *faggi* (Linsen). Wir empfehlen die leckeren Tagesmenüs.

ⓘ An- & Weiterreise
Die zum Unesco-Welterbe gehörenden Kirchen im Tal werden nicht direkt von öffentlichen Verkehrsmitteln angesteuert.

Clarios Bus Co (2246 5546; einfach/hin & zurück 5/8 €) fährt werktags von 6 bis 18 Uhr sowie samstags von 11.30 bis 17.30 Uhr etwa jede Stunde von der Constanza-Bastion in Lefkosia nach Kakopetria. Im Sommer verkehren sonntags zwei Busse. Zurück geht's werktags jeweils um 5, 5.45, 6.10, 6.30, 6.45, 8, 13.30 und 14.30 Uhr sowie samstags um 6, 6.45, 8 und 14.30 Uhr.

Abfahrts- und Ankunftsort aller öffentlichen Verkehrsmittel ist neben dem CTO-Büro.

RUND UM KAKOPETRIA
In den Tälern rund um Kakopetria kann man zahlreiche zum Unesco-Weltkulturerbe zählende Kirchen besuchen und tolle Wanderungen unternehmen.

AGIOS NIKOLAOS TIS STEGIS
Die im 11. Jh. errichtete **Kirche** (Spende willkommen; Di-Sa 9–18, So 11–16 Uhr), eine Welterbestätte, verdankt ihren Namen „Sankt Nikolaus vom Dach" dem großen schweren Satteldach. Sie liegt 5 km nördlich von Kakopetria und gehörte ursprünglich zu einer Klosteranlage. Kuppel, Narthex und Dach, das gegen den Schneefall in der Region schützen sollte, wurden im 15. Jh. hinzugefügt.

Im Mittelalter, als sich die Orthodoxen vor der damaligen römisch-katholischen Regierung verstecken mussten, erlebte die Kunst der Ikonografie und der Freskomalerei in der Region eine Blütezeit. Die **Fresken** der Kirche sind ein bunter Stil- und Motivmix. Zu den eindrucksvollsten gehören die Darstellung der stillenden Jungfrau Maria, der Kreuzigung, der Geburt Christi und der Myrrheträger mit einem Engel auf dem leeren Grab Jesu.

Wer höflich ist und eine kleine Spende hinterlässt, darf Fotos (ohne Blitz!) machen.

PANAGIA TIS PODITHOU
In dem Dorf **Galata** an der Straße nach Lefkosia befindet sich eine weitere Welterbestätte. Die **Kirche** (2292 2393; auf Anfrage) ist 1502 im Auftrag von Dimitrios de Coron erbaut worden, einem griechischen Offizier, der Jakob II. von Zypern diente. Einst war sie Teil eines Klosters, das bis in die 1950er-Jahre von Mönchen bewohnt wurde.

Das rechtwinklige Gebäude hat eine halbkreisförmige Apsis am östlichen Ende und das für die Region typische Satteldach. Später wurde ein um alle drei Seiten angeordneter Portikus hinzugefügt.

Innen bedecken **Fresken** die Wände des Ost- und Westgiebels, der Boden besteht aus Terrakottafliesen.

Die beiden Fresken an der Süd- und Nordwand aus dem 17. Jh. wirken unvollendet. Sie zeigen die Apostel Peter und Paulus im byzantinischen Stil mit Elementen der italienischen Renaissance, wobei die lebendigen Farben sie fast dreidimensional erscheinen lassen.

PANAGIA THEOTOKOS (ARCHANGELOS)
Die kleine Kapelle aus dem Jahr 1514 liegt in der Nähe der Panagia tis Podithou. In ihrem dunklen Inneren ist eine Taschenlampe von Nutzen. Hier entdeckt man lebendige didaktische **Fresken** mit interessanten Szenen aus dem Leben Jesu.

Wer das Bauwerk besichtigen möchte, muss im Dorfcafé von Galatas nach dem Verwalter fragen, der allerdings nicht immer leicht ausfindig zu machen ist.

PANAGIA FORVIOTISSA (ASINOU)
Beim Adelfi-Wald, 4 km südwestlich des Dorfes Nikitari, stößt man auf eine weitere **Kirche** (9983 0329; Spende willkommen; Mo-Sa 9.30–12.30 & 14–16, So 10–13 & 14–16 Uhr), die zumUnesco-Welterbe gehört. Sie ist der Jungfrau von „Phorbiottissa" geweiht und beherbergt die wohl hübscheste Sammlung byzantinischer **Fresken** im Troodos-Gebirge. Diese stammen aus dem 12. bis 17. Jh. und weisen verschiedene Kunststile auf. Ihre Motive ähneln denen der anderen Welterbestätten, doch ihre Lebendigkeit und Farben machen sie einzigartig.

Wer das Gebäude besichtigen möchte, sollte den Priester und Verwalter Pater Kyriakos ausfindig machen, der sich meist im *kafeneio* von Nikitari aufhält.

Um zur Kirche zu gelangen, folgt man den Schildern abseits der B9 ab Lefkosia über Vizakia. Im westlich gelegenen Dorf Agios Theodoros (bei der B9) beginnt außerdem ein Waldwanderweg, der durch die schöne Landschaft führt und zu einem Picknick zwischen den Bäumen einlädt.

Pitsylia

Diese weitläufige Region mit 40 Dörfern erstreckt sich vom Olympos und Troodos-Gebirge in östlicher Richtung bis zum Maheras-Kloster. Ihre Nordhänge sind von großen Kiefern bedeckt und die Täler voller Weinreben sowie Nuss- und Obstbäumen.

In der Gegend gibt's mehrere byzantinische Kirchen sowie anspruchsvolle Fernwanderwege für erfahrene Trekkingfans. Agros ist der Hauptort. Bedeutende Sehenswürdigkeiten findet man darüber hinaus in den Dörfern Kyperounda, Platanistasa, Paliaiochori und Pelendri.

Wandern

Pitsylia wartet mit einigen gut beschilderten Wanderrouten auf. Bei den meisten handelt es sich um Rundwege, darunter auch zwei kürzere Strecken, es sei denn, man hat das nächste Dorf zum Ziel.

Obwohl die Broschüre der CTO *Cyprus: Nature Trails* Karten zu den Routen enthält, sind zusätzlich detaillierte Regionalpläne empfehlenswert.

Die Wege führen durch Wälder, Obstgärten, Dörfer, Täler und auf Gipfel und gehören zu den besten Trekkinstrecken der Insel.

Doxasi o Theos–Madari-Feuerwache (3,75 km, 2 Std.) Der Wanderweg auf einem Gebirgskamm mit Panoramablicken beginnt 2 km vor Kyperounda.

Teisia tis Madari (3 km, 1½ Std., Rundweg) Die Weiterführung der ersten Route umfasst eine Rundwanderung um den Gipfel des Madari (Adelfi; 1613 m), Traumaussicht inklusive.

Panagia tou Araka (Lagoudera)–Agros (6 km, 2½ Std.) Längere Wanderung durch Weingüter und Obstgärten mit einem tollen Aussichtspunkt auf dem Madari-Papoutsas-Gebirgskamm.

Panagia tou Araka–Stavros tou Agiasmati (7 km, 3½ Std.) Auf der längsten Wanderroute passiert man zwei der bedeutendsten byzantinischen Kirchen sowie Wälder, Weinberge und Steinterrassen.

Agros–Kato Mylos (5 km, 2 Std., Rundweg) Gemächliche Wanderung vorbei an Kirsch- und Birnenbäumen, Weinbergen und Rosengärten.

Petros Vanezis–Alona (1,5 km, 30 Min., Rundweg) Kürzere Route rund um das Dorf Alona und durch Haselnussplantagen.

Agia Irini–Spilies tou Digeni (3,2 km, 1½ Std.) Einfache Rundtour zu den abgelegenen Digenis-Höhlen, in denen sich während der Aufstände (1955–1959) EOKA-Anhänger versteckten.

❶ An- & Weiterreise

In der Pitsylia-Region ist das Angebot an öffentlichen Verkehrsmitteln begrenzt.

Emel (7777 8121; www.limassolbuses.com; einfach/hin & zurück 3/5 €) fährt werktags um 5.15, 6, 7, 9 und 14.30 Uhr, samstags um 6, 7 und 9 Uhr sowie sonntags um 9.30 und 16 Uhr von Agros nach Lemesos.

Unter der Woche um 7.30, 12, 13.40 und 16.15 Uhr, samstags um 7.30 und 12 Uhr sowie sonntags um 11 und 17 Uhr starten Busse von Lemesos nach Agros, Agios Nikolaos tis Stegis, Kyperounda, Pelendri und Kato Mylos.

Täglich um 6.40 Uhr verkehren Busse von Lefkosia nach Agros. Um 12.50 Uhr geht's wieder zurück.

Agros

840 EW.

Agros (www.agros.org.cy) liegt auf einer Höhe von 1100 m in einem kühlen Tal und eignet sich hervorragend als Ausgangsbasis für Wander- und Autotouren in die umliegenden Berge. Der Ort ist für Erzeugnisse wie Rosenwasser und zyprisches Lokum bzw. für eingemachtes Obst und traditionelle Fleischgerichte wie *loukanika* (würzige Würste) und *lountza* (geräuchertes Schweinefilet) bekannt. Dementsprechend konzentriert sich das Angebot an Aktivitäten auf traditionelle Produktionsbetriebe.

⊙ Sehenswertes & Aktivitäten

CNT – House of Roses TRADITIONELLER BETRIEB (www.rose-tsolakis.com; Anapafseos 12; ⊗Mo–Fr 8–17, Sa & So 10–17 Uhr) In der Produktionsstätte des Geschäftes für Rosenprodukte und Töpferware erhält man Einblicke in die vielen Verwendungsmöglichkeiten von Rosen. Tolle Beispiele sind Rosenblütenwasser, Ro-

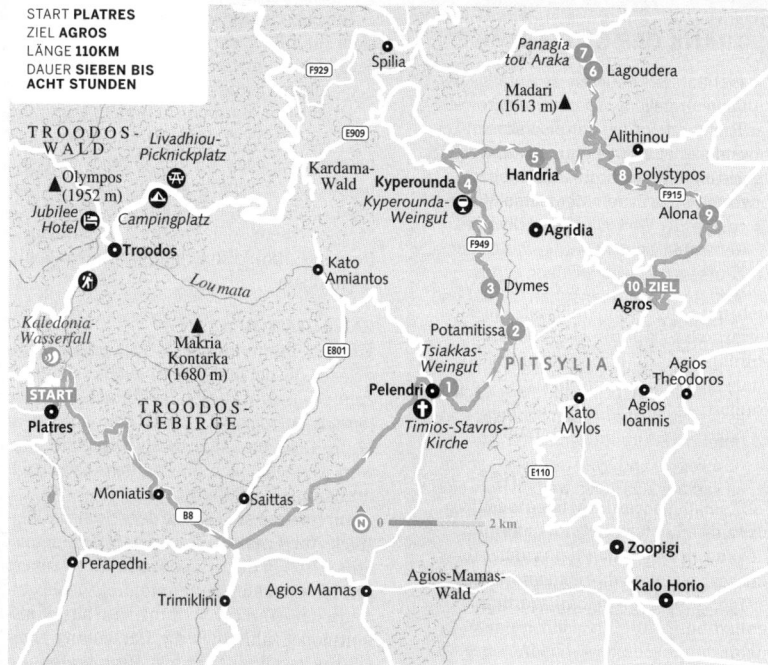

START **PLATRES**
ZIEL **AGROS**
LÄNGE **110KM**
DAUER **SIEBEN BIS ACHT STUNDEN**

Spritztour: Weinroute 6

Die Weinroute 6 umfasst über 14 Dörfer, zwei Weingüter und einige tolle Weinberge in Familienbesitz. Sie ist gut mit dunkelrotgrünen Schildern samt Traubensymbol und der Nummer sechs ausgeschildert. Zunächst folgt man der B8 südlich von Platres und wechselt auf die E806 nach Pelendri. Hier lohnt ein Stopp beim ❶ **Tsiakkas-Weingut**, wo Besucher exzellente trockene Weißweine und einen empfehlenswerten Cabernet Sauvignon probieren können. Dann nimmt man die F949, passiert die Orte ❷ **Potamitissa** und ❸ **Dymes** und gelangt schließlich nach Kyperounda sowie zum ❹ **Kyperounda-Weingut**. Die moderne Kellerei bietet eine große Auswahl an Weiß- und Rotweinen und eine besonders süffige rote Cuvée namens Andessitis. Die nächsten Stopps sind die hoch gelegenen Dörfer ❺ **Handria** und ❻ **Lagoudera** an der F915 mit ihren üppigen Weinbergen. Ganz in der Nähe liegt die Unesco-Welterbestätte ❼ **Panagia tou Araka**, eine byzantinische Kirche aus dem 12. Jh. Als Nächstes geht's ein kurzes Stück zurück, auf der F915 an ❽ **Polystypos** und ❾ **Alona** vorbei und auf der E903 nach ❿ **Agros**, der Heimat vieler Mavros-Reben. Im Dionysos Restaurant lässt man den Tag ausklingen, bevor man die Nacht im hübschen Rodon Hotel verbringt. Auf der langen kurvenreichen Weinroute sollte man mehrere Pausen einlegen und vorher einen Fahrer bestimmen oder auf seinen Alkoholkonsum achten. Die Weingüter haben keine festen Öffnungszeiten, deshalb ruft man am besten vorher an. Sie bieten Besichtigungstouren und kostenlose Weinproben, bei denen Besucher allerdings mindestens eine Flasche kaufen sollten – kein wirklich großes Opfer!

> ### TRANK DER GÖTTER
>
> Archäologen datieren die Anfänge der Weinherstellung auf der Insel etwa ins Jahr 4000 v. Chr., dafür sprechen Ausgrabungen von Amphoren, Krügen und Traubenkernen rund um Lemesos. Damit wäre Zypern der älteste Weinerzeuger der Welt. Dionysos, Gott des Rebsaftes, scheint heute wieder sein Zepter zu schwingen, denn zyprische Weine gewinnen erneut an Format und Beliebtheit und sind auf dem Weg zu alter Stärke.
>
> Im Troodos-Gebirge mit seinen fruchtbaren Hügeln und Tälern wachsen einige der besten Reben der Insel, darunter die endemischen Sorten Mavro (dunkelrot) und Xynisteri (weiß) sowie elf weitere. Aus ihnen werden Rotweine wie Ofthalmo, Maratheftiko, Cabernet Franc, Cabernet Sauvignon, Mataro, Mavro, Lefkada und Shiraz sowie Weißweine wie Xynisteri, Sauvignon Blanc, Malaga und Chardonnay gekeltert.

senbrandy, Hautreinigungsmittel, Kerzen, Rosenlikör und sogar Wein mit Rosenaroma. Eine großartige Adresse für Souvenirjäger!

Niki's Sweets TRADITIONELLER BETRIEB
(www.nikisweets.com.cy; Anapafseos 5; Eingemachtes 3–5 €) Niki verkauft ihre selbst gemachten Marmeladen, eingelegten Feigen und Süßigkeiten mit Walnuss auf der ganzen Insel und sogar im fernen Australien. Viele ihrer eingemachten Leckereien sollen heilende Kräfte haben.

Kafkalia Sausages TRADITIONELLER BETRIEB
(Agros; Preis nach Gewicht) Einige der leckersten Fleischprodukte Zyperns wie *lountza*, *hiromeri* (traditioneller Räucherschinken), *loukanika* und *pastourmas* (würzige geräucherte Rinderwurst) werden hier frisch zubereitet. Der Räucherraum befindet sich neben dem Laden.

Rund um Pitsylia & Agros

STAVROS TOU AGIASMATI
Die byzantinische Kirche (Spende willkommen), eine Unesco-Welterbestätte, ist für ihre aus dem 15. Jh. stammenden Wandbilder des orthodoxen syrischen Malers Philippos Goul bekannt.

Im oberen und unteren Bereich schmücken die Bilder die Decken und Balken des Satteldachs und zeigen Szenen wie die Entdeckung des Kreuzes.

Ist der Priester nicht zu finden, fragt man im Café im Dorf Platanistasa (www.platanistasa.org) nach dem Schlüssel zum Gebäude. Die Kirche liegt 5 km vom Ort entfernt etwas versteckt an der gesperrten Straße abseits der Orounda–Platanistasa-Route (E906). Einfach den Unesco-Schildern folgen.

PANAGIA TOU ARAKA
Vor den Toren des Dorfes Lagoudera befindet sich die bei Besuchern beliebte, ebenfalls zum Unesco-Welterbe gehörende Kirche (Spende willkommen; 9–18 Uhr) aus dem 12. Jh. Das von außen riesig wirkende Bauwerk versteckt sich unter einem Satteldach und hinter Holzgittern.

Im Inneren sind einige der schönsten Beispiele für Fresken des späten Komnenus-Stils (1192) in der orthodoxen Welt zu sehen. Zu der umfassenden Sammlung neoklassizistischer Werke von Künstlern aus Konstantinopel zählt auch die Darstellung eines eindrucksvollen Christus Pantokrator im Tholos (bienenkorbförmiges Steingrab).

Andere faszinierende Fresken zeigen die Verkündigung des Herrn, die vier Evangelisten, den Erzengel Michael und Panagia Arakiotissa, die Schutzheilige der Kirche.

Der ungewöhnliche Name des Gotteshauses leitet sich von dem Wort *arakiotissa* („von der wilden Erbse") ab, eine in der Gegend weit verbreitete Pflanze. Der Priester und Verwalter der Kirche hält sich meist nebenan auf. Wer die Fresken fotografieren möchte, sollte ihn vorher fragen. Gibt er die Erlaubnis, darf man nicht vergessen, den Blitz zu deaktivieren.

TIMIOS-STAVROS-KIRCHE
Ursprünglich besaß die im 12. Jh. aus Stein errichtete Kirche zum Heiligen Kreuz (Spende willkommen; 10–17 Uhr), auch sie eine Welterbestätte, eine Kuppel und ein einzelnes Schiff. Im 13. und 14. Jh. wurde sie erweitert, dann zerstört, niedergebrannt und schließlich wieder aufgebaut. Nur die Apsis ist heute noch original erhalten.

Die aufgedeckten Fresken (1178) an der Apsis machen das Bauwerk einzigartig und zeigen einen überdimensionalen betenden Jesus von der Hüfte aufwärts, der von der Jungfrau Maria und Johannes dem Täufer, beide sehr klein gemalt, flankiert wird.

Darüber hinaus sind nahe dem kleinen Fenster in der Apsis Altar und Gral dargestellt, während man an der Nordseite Stephanus erkennt. Mit ihren klaren Linien und glänzenden Erdfarben gelten die von einem einzelnen Künstler geschaffenen Fresken als Vorreiter der großartigen Werke in anderen Kirchen des Troodos-Gebirges.

Die restlichen Bilder stammen aus dem 14. Jh., als dem Gebäude ein neuer Anstrich verpasst wurde. Rein optisch sind sie die eindrucksvollsten Fresken, insbesondere der Abstieg in die Unterwelt im unteren Bereich der Kapelle.

Die Kirche erhebt sich am südlichen Ende des Dorfes Pelendri (www.pelendri.org), über das Jean de Lusignan, König Zyperns im 13. Jh., herrschte. Ist sie geschlossen (sehr wahrscheinlich), fragt man im *kafeneio* des Dorfes nach dem Priester.

KIRCHE DER VERKLÄRUNG DES ERLÖSERS

14 km von Agros entfernt stößt man auf eine weitere Welterbestätte, die **Kirche der Verklärung des Erlösers** (9997 4230; Spende willkommen; Di & Mi 10–13 Uhr) aus dem frühen 16. Jh., die auf einem Berg über dem Dorf Palaichori (www.palaichori.com) thront. Sie hat das für Bergkirchen typische abgeschrägte Holzdach und beherbergt eine der umfassendsten Serien spätbyzantinischer Wandmalereien der Insel.

Die von einem unbekannten Künstler gemalten Bilder zeigen vollständig erhaltene Motive wie den auf einem Löwen reitenden Eremiten Mamas. Zudem kann man eine Reihe von Ikonostasen des Mönchs Mathaios vom Berg Athos bewundern. Wer die Kirche besichtigen möchte, erkundigt sich beim Aufseher oder bei den Angestellten des Byzantinischen Museums im Dorfzentrum.

SPILIA-KOURDALI

460 EW.

Diese beiden traditionellen Dörfer im Adelfi-Wald wurden im 16. Jh. unweit des Klosters und der Kirche der Jungfrau Maria Chrysokourdaliotissa (Kourdali) gegründet. Wie viele Siedlungen der Region entstanden sie als Zufluchtsorte in Reaktion auf Angriffe von Eroberern wie den Franken und später den Türken.

Das schmale Kourdalis-Tal (www.kourdali.org) erstreckt sich bis nach Spilia, dessen Name auf die in der Gegend gefundenen römischen Gräber (auf Griechisch *spilioi*) zurückgeht. Viele Jahre lebten die Einwohner vor allem von der Arbeit in den Asbestminen, danach widmeten sie sich dem Schneider- und Schusterhandwerk. Heute sind die Cafés und Kunsthandwerksläden die Hauptattraktionen des Dorfes.

Olivenmühle von „Paphitaina"

HISTORISCHE STÄTTE

Die gut erhaltene Olivensteinmühle und die Presse aus Holz sind seit 1955 in Betrieb und stehen heute in einem traditionellen Haus im Zentrums Spilias.

Ursprünglich war die Mühle in Privatbesitz und wurde von einem Esel angetrieben. Die zerriebenen Oliven wurden in der Presse weiterverarbeitet und das aus den Rillen im unteren Teil gewonnene Öl in *tzares* (Tongefäße) gefüllt. Später lösten moderne Pressen in nahe gelegenen Dörfern die Mühle ab. Den Schlüssel zum Gebäude mit der Olivenmühle bewahren die „Freunde von Spilia-Kourdali" im Nachbargebäude auf.

Pafos & der Westen

Inhalt »

Pafos	85
Korallenbucht	95
Akamas-Höhen	95
Dhrousia, Kritou Terra & Umgebung	96
Kathikas	97
Pano Akourdalia & Kato Akourdalia	97
Akamas-Halbinsel	98
Polis	98
Bäder der Aphrodite	102
Tylliria	103
Pomos	103
Kato Pyrgos	104
Stavros tis Psokas	104
Zederntal	106

Gut essen

- » Old Town Restaurant (S. 101)
- » Kiniras Garden (S. 91)
- » Argo (S. 92)
- » Imogen's Inn (S. 97)

Schön übernachten

- » Axiothea Hotel (S. 211)
- » Bougainvillea Hotel Apartments (S. 212)
- » Amarakos Inn (S. 212)
- » Ayii Anargyri Natural Healing Spa Resort (S. 212)

Auf nach Pafos und in den Westen

In Pafos wimmelt es von historischen Relikten … und Touristen. Wer den Strand bei Kato Pafos als zu ausgebaut empfindet, kann sich nach Ktima in den Hügeln aufmachen, das ein sehr zyprisches Flair verströmt und ein gutes Angebot an Geschäften, Restaurants und Cafés hat. Entlang der Küste nach Norden reihen sich weitere Strandorte aneinander.

Um den Menschenmassen ganz zu entkommen, mietet man am besten ein Auto und fährt auf die urtümliche Akamas-Halbinsel mit ihren traditionellen Dörfern, einsamen Stränden sowie einigen der schönsten Wanderwege Zyperns. Ebenso reizvoll ist der riesige Wald von Pafos im Osten, der fast unmerklich mit der düsteren Tylliria-Wildnis verschmilzt.

In Pafos selbst befinden sich einige der bedeutendsten archäologischen Stätten der Insel, etwa die weitläufigen Mosaiken und die geheimnisvollen Königsgräber. Das hübsche Städtchen Polis, vom Pauschaltourismus noch unberührt, ist für Individualreisende der ideale Ausgangsort, um die Gegend zu entdecken.

Reisezeit

Bei der Reiseplanung sollte man daran denken, dass Pafos der touristische Hauptort der Insel ist. Im Juli und August sind die Strände voller Liegen und sonnenverbrannter Urlauber, außerdem muss man die höchsten Hotelpreise zahlen. Im Mai und Juni sowie im September und Oktober geht's ruhiger zu, dennoch gibt's reichlich lange Sonnentage. Auch im Frühling und Herbst kann es angenehm warm sein, abends kühlt es allerdings deutlich ab. Im Winter schließen einige Restaurants und Hotels ganz, und im westlichen Troodos-Gebirge fällt möglicherweise sogar etwas Schnee.

PAFOS

67 432 EW.

Eine Hauptstraße verbindet Kato Pafos (Unterstadt) und Ktima (Oberstadt, 3 km nordöstlich), die zusammen Pafos bilden. Ersteres, das touristische Zentrum, ist mit dem unvermeidlichen *„all-day English breakfast"* und seinen Bars unverhohlen auf britische Urlauber ausgerichtet. Doch es könnte schlimmer sein: Niedrige Gebäude reihen sich am von Palmen gesäumten Meer aneinander, neben einer riesigen antiken Stätte findet man versteckt in den Seitenstraßen weitere historische Kostbarkeiten wie mittelalterliche Bäder, Katakomben und eine schlichte Fischerkirche. Das absolute Highlight ist aber der Archäologische Park, eine der ergiebigsten Fundstellen im Süden der Insel. Wer hier (relativ) allein steht, umgeben von so viel Geschichte, dem endlosen blauen Himmel, wildem Fenchel und Kapernsträuchern, die am Rande des Mittelmeers wachsen, fühlt sich in eine weit entfernte Zeit versetzt.

Ktima, das alte Stadtzentrum, ist alles in allem ruhiger – hier gehen die Einwohner wie schon seit Jahrzehnten ihren täglichen Geschäften nach. Die Viertel sind gesprenkelt mit schönen Gebäuden aus der Kolonialzeit, die Regierungsbehörden und städtische Museen beherbergen. Außerdem gibt's in Ktima einige gute Hotels.

ENTFERNUNGEN (KM)

	Lara-Strand	Polis	Kato Pyrgos	Fyti
Polis	21			
Kato Pyrgos	69	46		
Fyti	36	17	66	
Pano Panagia	47	33	61	13

◉ Sehenswertes

Archäologischer Park   ARCHÄOLOGISCHE STÄTTE
(Karte S. 88; Kato Pafos; Eintritt 3,40 €; ☺8–19.30 Uhr) Ironischerweise wird die weitläufige archäologische Stätte, die den westlichen Teil von Kato Pafos einnimmt, Nea Pafos („Neu-Pafos") genannt. Dabei handelt es sich um die antike Stadt Pafos, die Ende des 4. Jhs. v. Chr. gegründet wurde. Palea Pafos („Alt-Pafos") hieß daggegen das heutige Kouklia südöstlich des modernen Pafos, wo das Heiligtum der Aphrodite lag. Zur Zeit von Nea Pafos gehörte Zypern zum Königreich der Ptolemäer, der griechisch-makedonischen Herrscher von Ägypten, mit Alexandria als Hauptstadt. Nea Pafos wurde ein wichtiger strategischer Außenposten und wuchs in den folgenden sieben Jahrhunderten beträchtlich.

Ursprünglich war der Ort von massiven Mauern umgeben und nahm eine Fläche von etwa 950 000 m² ein. Obwohl er 58 v. Chr. an die Römer fiel, blieb er ein politisches und administratives Zentrum auf Zypern und erreichte zwischen dem 2. und 3. Jh. n. Chr. seinen Zenit. Während dieser Zeit entstanden die prächtigsten öffentlichen Gebäude der Stadt, darunter auch jene, in denen sich die berühmten Mosaiken befinden.

Ein Erdbeben im 4. Jh., das Nea Pafos stark beschädigte, läutete seinen Niedergang ein. Salamis im Osten wurde neue Hauptstadt Zyperns und Nea Pafos zu einer einfachen Diözese zurückgestuft. Im 7. Jh. überfielen Araber den Ort und besiegelten so seinen Untergang. Weder die Ansiedlung der Lusignans (1192–1489) noch die Kolonisation durch Venezianer und Osmanen konnten sein Schicksal wenden.

Die archäologischen Ausgrabungen werden weiter fortgesetzt, denn man rechnet damit, noch viele Schätze zu entdecken. Hier die wichtigsten Sehenswürdigkeiten:

Mosaiken
Im südlichen Teil der archäologischen Stätte, direkt südlich der Agora, befindet sich die faszinierende Sammlung kunstvoller, farbenfroher Mosaiken. 1962 stieß ein Bauer durch Zufall auf die großartigen Bilder, als er sein Feld pflügte. Sie schmückten den Boden einer weitläufigen Residenz aus der römischen Epoche. Dieser Komplex, später **Haus des Dionysos** genannt (weil mehrere Mosaiken Dionysos, den Gott des Weins, darstellen), ist das größte und bekannteste der Mosaikhäuser.

Von ihrem künstlerischen und ästhetischen Wert einmal abgesehen ist das Schönste daran, dass jedes Mosaik eine Geschichte erzählt, meist eine aus der griechischen Mythologie.

Der erste Blick nach dem Betreten fällt nicht auf ein römisches Bildwerk, sondern auf ein hellenistisches einfarbiges Kieselmosaik mit dem Meeresungeheuer **Scylla**. Es wurde 1977 einen Meter unter der Erde in der südwestlichen Ecke des Atriums entdeckt.

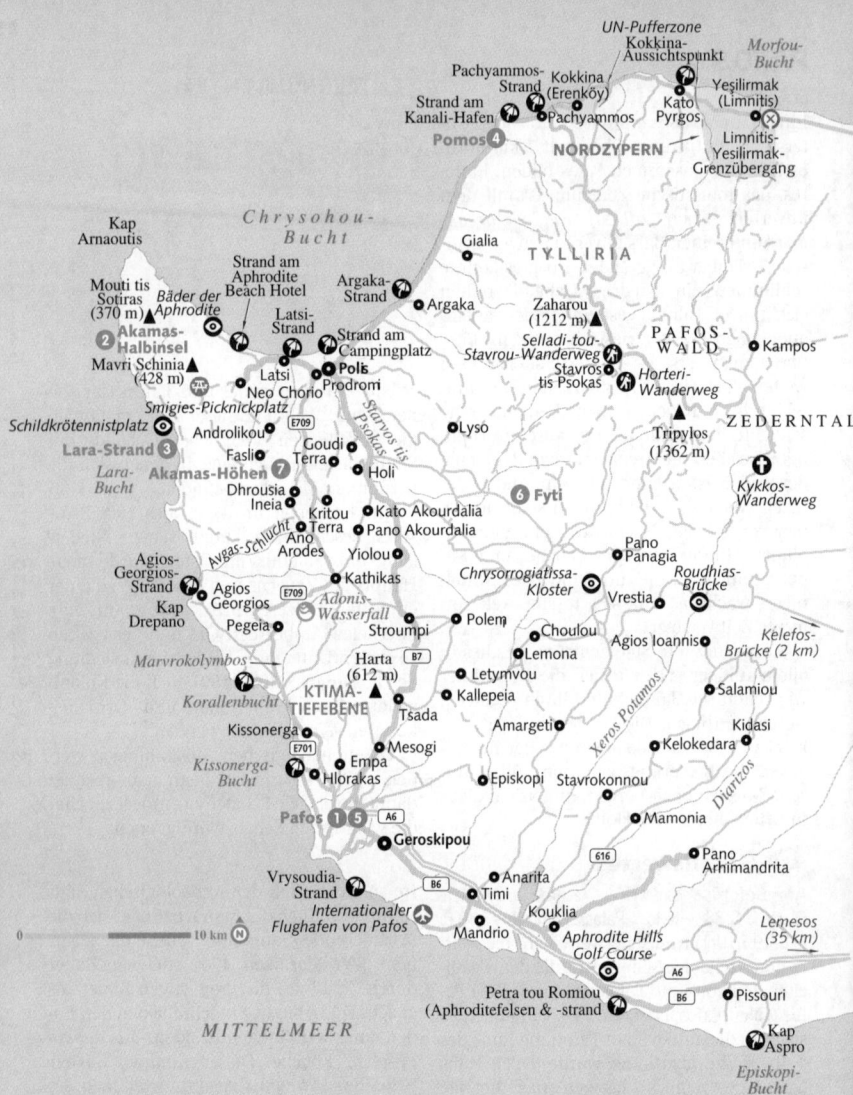

Highlights

① Beim Besuch der römischen **Mosaiken** (S. 85) und **Königsgräber** (S. 87) der Vergangenheit von Pafos nachspüren

② Durch die urtümliche und zerklüftete **Akamas-Halbinsel** (S. 98) streifen

③ Am naturbelassenen **Lara-Strand** (S. 96), dem wildesten Sandstreifen der Republik, ins Meer springen

④ Erstklassiger Jazzmusik beim **Paradise Jazz Festival** (S. 103) in Pomos lauschen

⑤ Leckeres *kleftiko* in Pafos' alteingesessenem Restaurant **Argo** (S. 92) schmausen, das seinen Ruf dem traditionellen Lammgericht verdankt

⑥ Im malerischen, für seine Baumwoll- und Seidentücher berühmten Dorf **Fyti** (S. 105) den Webern bei ihrer Arbeit zusehen

⑦ Auf den wunderschönen **Akamas-Höhen** (S. 95) entspannen und die schlichten alten Ortschaften in der Umgebung erkunden

In Raum 2 wird die berühmte Geschichte von **Narziss** dargestellt. Das wunderbare **Mosaik der Vier Jahreszeiten** (Raum 3) porträtiert den Frühling mit Blumenkranz und Hirtenstab, den Sommer mit einer Sichel und Kornähren, den Herbst mit einer Krone aus Blättern und Weizen und den Winter als bärtigen, grauhaarigen Mann. **Phaedra und Hippolytos** (Raum 6) ist eines der bedeutendsten Bilder dieses Hauses. Es zeigt die tragische Geschichte der bizarren Liebe einer Stiefmutter zu ihrem Stiefsohn.

Ebenso beeindruckend ist die **Entführung des Ganymed** (Raum 8), einem schönen jungen Schäfer, der zum Mundschenk der Götter aufstieg. Der Künstler, der das Mosaik schuf, hatte sich offenbar beim Platzbedarf vertan, deshalb sind die Flügel des Adlers beschnitten.

Im Westlichen Portikus (Raum 16) stellt ein Mosaik eine Sage dar, die allen Shakespeare-Freunden bekannt sein dürfte: Die Geschichte von **Pyramos und Thisbe** wurde zuerst von Ovid in seinen *Metamorphosen* erzählt, später nutzte Shakespeare sie als Vorlage für *Romeo und Julia* und in abgewandelter Form für den *Mittsommernachtstraum*.

Der hervorragende offizielle *Guide to the Pafos Mosaics,* der für 6 € am Ticketschalter verkauft wird, informiert ausführlich über dieses und die anderen Mosaiken.

Ein kurzer Spaziergang führt zum **Haus des Theseus** und **Haus des Aion**. Letzteres, ein Zweckbau aus Steinen, die rund um die Stätte gefunden wurden, beherbergt ein Mosaik aus dem 4. Jh., das aus fünf verschiedenen Tafeln besteht. Seinen Namen erhielt das Haus nach dem heidnischen Gott Aion, der auf einem der Mosaiken dargestellt wird. Obwohl sein Bild etwas beschädigt ist, lassen sich Namenszug und Gesicht des Gottes noch gut erkennen.

Das Haus des Theseus war vermutlich eine private Villa aus dem 2. Jh. Benannt ist sie nach einer Darstellung des Helden Theseus, der gegen den Minotaurus kämpft. Das Gebäude umfasst eine Fläche von insgesamt 9600 m² und bisher wurden 1400 m² Mosaiken freigelegt. Das runde Mosaik mit Theseus und dem Minotaurus in Raum 36 ist exzellent erhalten. Bemerkenswert sind auch das Poseidon-Mosaik in Raum 76 und die Mosaiken des Achilles in den Räumen 39 und 40.

Für die drei Häuser sollte man mindestens zwei Stunden einplanen.

TIPPS FÜR DEN BESUCH DER GRÄBER

» Mindestens zwei Stunden für die Stätte der Königsgräber einplanen.

» Am besten frühmorgens kommen, denn später kann es beim Herumlaufen in der weitläufigen Totenstadt sehr heiß werden.

» Sonnenhut und Wasser mitbringen.

» Vorsicht beim Hinabsteigen in einige Gräber: Die Steinstufen sind sehr hoch und könnten rutschig sein.

Agora, Asklepieion & Odeon

Die Agora (Forum) und das Asklepieion stammen beide aus dem 2. Jh. n. Chr. und bildeten das Herz des einstigen Nea Pafos. Heute besteht Erstere vor allem aus dem Odeon, einem halbrunden Theater, das im Jahr 1970 restauriert wurde und nicht besonders alt aussieht. Der übrige Platz ist an den Überbleibseln der Marmorsäulen erkennbar, die im weitläufigen offenen Bereich ein Rechteck bilden. Die Überreste des Asklepieion, einer Heilstätte mit dem Altar des Asklepios, des Gottes der Heilkunst, erstrecken sich auf der Südseite des Odeons von Ost nach West.

Saranta-Kolones-Festung

Nicht weit von den Mosaikhäusern stößt man auf die Ruinen der mittelalterlichen Festung Saranta Kolones. Sie ist nach den „40 Säulen" benannt, die einst zu dem heute fast völlig verwüsteten Kastell gehörten. Über seine genaue Funktion und Geschichte weiß man kaum etwas, außer dass es im 12. Jh. von den Lusignans errichtet und 1222 bei einem Erdbeben zerstört wurde. Ein paar vereinzelte Bogen sind die einzigen verbliebenen Zeugen seiner früheren Erhabenheit.

Königsgräber ARCHÄOLOGISCHE STÄTTE

(außerhalb der Karte S. 88; Kato Pafos; Eintritt 1,70 €; ⊗8.30–19.30 Uhr) Umringt von uralten Gräbern steht man in einer wüstenhaften Landschaft, in der einzig das Rauschen der Wellen auf den Felsen zu hören ist. Die Königsgräber, Teil der Welterbestätte Pafos, sind ein faszinierender und magischer Ort. Als einzigartige Bauwerke auf Zypern zeigen sie starke Einflüsse der altägyptischen Tradition, nach der die Gräber der Toten den Häusern der Lebenden ähneln sollten.

Kato Pafos

Die Stätte liegt 2 km nördlich von Kato Pafos und umfasst mehrere gut erhaltene unterirdische Grüfte sowie Kammern, die während der griechischen und römischen Epoche vom 3. Jh. v. Chr. bis zum 3. Jh. n. Chr. von Einwohnern Nea Pafos' genutzt wurden. Ungeachtet ihres Namens wurden hier keine Monarchen bestattet – die Bezeichnung „Königsgräber" erhielten sie wegen ihres prächtigen Aussehens. Stattdessen fanden in ihnen Mitglieder der Oberschicht ihre letzte Ruhe.

Die sieben freigelegten Begräbnisstätten verteilen sich auf dem weitläufigen Gelände. Am beeindruckendsten ist die Nr. 3 mit einem überirdischen offenen, von Säulen umringten Atrium. In anderen Grüften wurden Nischen in die Wände eingelassen, in die man die Körper der Toten bettete. Leider sind die meisten Schätze längst von Grabräubern geplündert worden.

GRATIS Chrysopolitissa-Basilika & Paulussäule   ARCHÄOLOGISCHE STÄTTE

(Karte S. 88; Stassándhrou, Kato Pafos) An dieser faszinierenden, weitläufigen Stätte stand einer der größten sakralen Bauten von Pafos. Heute sind nur noch die Fundamente der christlichen Basilika aus dem 4. Jh. erhalten. Sie zeugen von der Größe und Pracht des Gotteshauses, das bei einem arabischen Angriff im Jahr 653 zerstört wurde. Nun liegen Marmorsäulen verstreut auf dem Platz, und noch immer erkennt man Mosaiken. Im Laufe der Zeit wurden neue Varianten der Basilika gebaut, bis zum Schluss die kleine Kirche Agia Kyriaki entstand, die heute für anglikanische und griechisch-orthodoxe Gottesdienste genutzt wird. Ein Netz von Pfaden überzieht die Stätte, Schilder informieren auf Englisch. Interessant ist auch das Grab von Erik I. Ejegod, der im 12. Jh. König von Dänemark war und hier 1103 auf dem Weg ins Heilige Land starb.

Auf der westlichen Seite der Basilika befindet sich die Paulussäule: Es heißt, an diese wäre der Apostel Paulus gefesselt und 39 Mal gegeißelt worden, ehe er seinen Peiniger, den römischen Statthalter Sergius Paulus, zum Christentum bekehren konnte.

Im nordwestlichen Bereich der Stätte stößt man auf eine winzige frühchristliche Basilika, deren Eingang fast völlig von der knorrigen Wurzel eines alten Olivenbaums überwuchert wird.

GRATIS Agia Solomoni & christliche Katakombe   ARCHÄOLOGISCHE STÄTTE

(Karte S. 88; Kato Pafos) Dieser schlichte Gräberkomplex nahe der Leoforos Apostolou Pavlou

Kato Pafos

◎ Highlights
Chrysopolitissa-Basilika & Paulussäule.. C2

◎ Sehenswertes
1 Agia Solomoni & christliche Katakombe.............................. B1
2 Agios-Lambrianos-Felsengrab................................ B1
3 Agora, Asklipieion & Odeion........... A1
4 Alykes-Strand.................................. D3
5 Eingang zum Archäologischen Park................................... A3
6 Städtischer Hauptstrand................ C3
7 Burg.. A3
8 Mosaiken.. A2
9 Saranta-Kolones-Festung................ B2

◉ Aktivitäten, Kurse & Touren
Bubble Maker.........................(siehe 10)
10 Cydive.. B3
11 Mickys Tours................................... D3
12 Paphos Sea Cruises......................... B3

◉ Schlafen
13 Alexander the Great........................ D3
14 Annabelle....................................... D3
15 Crystallo Apartments..................... C1
16 Daphne.. C2
17 Dionysos.. C2
18 Pyramos Hotel................................ C2

◉ Essen
19 Almond Tree................................... D2
20 Argo... C2
21 Chloe's No. 1................................... C2
22 Hondros... B2
23 Kyra Frosini.................................... C2
24 Nikos Tyrimos Fish Taverna............ D1

◉ Ausgehen
25 Baywatch....................................... C2
26 Deck Café & Bar............................. D3
27 Different Bar.................................. C2
28 Kouskous....................................... D3
29 La Place Royale.............................. D2
30 Zen... C2

---

ist die Ruhestätte der sieben Makkabäischen Brüder, die um 174 v. Chr. unter Antiochus IV. Epiphanes den Märtyrertod erlitten. Ihre Mutter Agia Solomoni, eine Jüdin, wurde nach dem Tod ihrer Söhne zur Heiligen. Man vermutet, dass sich hier während der römischen Zeit eine Synagoge befand. Den Eingang zur Katakombe markieren Votiv-Stoffbänder, die an einem großen Baum draußen vor dem Grab befestigt wurden. Rundum hängen weitere Tücher, einige sind an die Kopien von Ikonen geknüpft. Dieser offenbar heidnische Brauch wird heute von den christlichen Besuchern fortgeführt.

Vorsicht am untersten Abschnitt der steilen Treppen – wenn man aus dem grellen Sonnenlicht kommt, sind die mit Wasser gefüllte Höhle und der Brunnen kaum zu erkennen und könnten eine Gefahr darstellen.

GRATIS Agios-Lambrianos-Felsengrab
ARCHÄOLOGISCHE STÄTTE

(Karte S.88; Kato Pafos) Etwas weiter nördlich am Fabrica-Hügel erstrecken sich riesige unterirdische Kammern, die aus der frühen hellenistischen Periode stammen. Auch sie dienten als Grablege und werden mit den Heiligen Lambrianos und Misitikos in Verbindung gebracht. Fresken im Inneren der Gräber deuten darauf hin, dass sie einst von Christen als Ort des Gebets genutzt wurden. Bei den weiter andauernden Ausgrabungen entdeckte man kürzlich die Überreste eines klassischen Theaters.

GRATIS Agia Paraskevi
KIRCHE

(außerhalb der Karte S.88; Geroskipou; ⊙8–13 & 14–17 Uhr) Eine der bezauberndsten Kirchen in der Region ist dieser byzantinische Bau mit sechs Kuppeln in Geroskipou östlich von Pafos. Die meisten noch erhaltenen Fresken stammen aus dem 15. Jh. Beim Betreten des Gebäudes fällt der Blick als Erstes auf das **Abendmahl**, die **Fußwaschung** und den **Verrat Jesu**. In der Hauptkuppel ist eine primitive, aber interessante Darstellung der **Betenden Jungfrau** (Maria mit erhobenen Händen) zu sehen.

Burg
BURG

(Karte S.88; Kato Pafos; Erw./Kind 1,70 €/frei; ⊙9–18 Uhr;) Diese kleine leere Festung bewacht die Hafeneinfahrt. Eine Steinbrücke führt über den Burggraben ins Innere. Viele Besucher klettern aufs Dach, um die weiten Aussichten über den Hafen zu genießen. Beim Aphroditefest dient das Bauwerk auch als Veranstaltungsort.

Die Burg ist alles, was von einer früheren Lusignan-Festung aus dem Jahr 1291 übrig geblieben ist, den Rest zerstörten die Venezianer keine hundert Jahre später. Danach benutzten die Osmanen das Erdgeschoss als Kerker.

Archäologisches Museum MUSEUM
(Karte S. 91; Leoforos Georgiou Griva Digeni, Ktima; Eintritt 1,70 €; Mo-Fr 9-17, Sa & So 10-13 Uhr) Für Hobbyarchäologen mit Interesse am Detail ist das kleine Museum ein Muss. Seine vier Räume bergen eine umfangreiche, vielfältige Sammlung vom Neolithikum bis zum 18. Jh. mit Gefäßen, Keramik, Glas, Werkzeugen, Münzen und Münzgussformen. Zu den hellenistischen und römischen Exponaten zählen eine Grabstele aus Kalkstein, Marmorstatuetten, Votivobjekte, Töpferwaren aus dem Haus des Dionysos und Terrakottafiguren von Hunden und Hirschen.

Byzantinisches Museum MUSEUM
(Karte S. 91; Andrea Ioannou 5, Ktima; Eintritt 2 €; Mo-Fr 9-16, Sa bis 13 Uhr) In diesem interessanten Museum werden kirchliche Gewänder und Gerätschaften sowie Manuskripte gezeigt. Unter der Sammlung beeindruckender Ikonen befinden sich eine Darstellung der Agia Marina aus dem 9. Jh., vermutlich eines der ältesten Bilder der Insel, und eine doppelseitige Ikone aus Filousa aus dem 13. Jh.

Ethnografisches Museum MUSEUM
(Karte S. 91; Exo Vrysis 1, Ktima; Eintritt 3 €; Mo-Sa 9-18, So bis 13 Uhr) Die bunt gemischte private Sammlung umfasst Münzen, traditionelle Trachten, Küchengeräte, Axtköpfe aus der Kupferzeit, Amphoren und verschiedene andere Dinge. Im Garten gibt's noch mehr zu sehen, z. B. ein hellenistisches Felsengrab. Der Museumsführer, der für 5 € am Eingang erhältlich ist, hilft dabei, die scheinbar ungeordnete Sammlung zu verstehen.

GRATIS Agios-Georgios-Museum MUSEUM
(Hlorakas; 9-18 Uhr) Wer sich für die jüngere Geschichte Zyperns interessiert, sollte diese etwas bizarre und nationalistische Einrichtung besuchen. Sie steht an der Stelle, wo EOKA-Anführer Georgios Grivas mit dem Kaíki *Agios Georgios*, heute das bedeutendste Ausstellungsstück, im November 1954 große Waffen- und Munitionsvorräte an Land brachte, um die britische Kolonialherrschaft zu stürzen. Bei einem erneuten Landungsversuch zwei Monate später wurden die Rebellen jedoch verhaftet. In dem Museum werden die Gefangennahme und das anschließende Gerichtsverfahren veranschaulicht sowie Fahndungsfotos der Rebellen und ein Teil der beschlagnahmten Waffen und Munition gezeigt.

Der Ort, auch „Grivas Landing" genannt, liegt 4 km nördlich von Kato Pafos an der E701. Man erkennt ihn leicht an der großen Agios-Georgios-Kirche, die zur Erinnerung an die Ereignisse errichtet wurde, und dem benachbarten St. Georg Hotel.

Aktivitäten

Abgesehen von organisierten Touren, die von unzähligen Unternehmen angeboten werden (Flyer findet man überall in der Stadt), konzentrieren sich die meisten Aktivitäten in Pafos aufs Meer. Neben den unten aufgeführten gibt's diverse Bootsfahrten, Tretboote und – wenn es sein muss – die allgegenwärtigen Bananenboote. Außerdem stehen am Hafen ein Dutzend Kioske, die für Glasbodenboote, Wasserski, Angeltouren und Mietboote werben. Auf der Promenade kann man wunderbar umherbummeln; es sind Pläne in Vorbereitung, sie vom Flughafen Pafos bis zur neuen Marina bei Potima, die 2013 eingeweiht werden soll, zu verlängern.

Paphos Sea Cruises BOOTSTOUREN
(Karte S. 88; 8000 0011, www.paphosseacruises.com; Hafen von Pafos, Kato Pafos) Renommierter Anbieter, dessen Bootstouren oft Extras wie Grillen an Bord, Schnorchelausrüstung, Unterhaltung für Kinder und Kanus umfassen. Tagesfahrten sind ab 33 € pro Person zu haben. Auf Halbtagesausflügen zahlen Kinder unter zwölf Jahren je nach Angebot nichts oder nur die Hälfte.

Cydive TAUCHEN
(Karte S. 88; 2693 4271; www.cydive.com; 1 Posidonos, Myrra Complex 33, Kato Pafos) Die Gewässer vor Pafos eignen sich ideal zum Tauchen, etwa 50 Spots warten auf die Erkundung. Cydive ist ein langjähriges, professionelles Unternehmen. Einzelne Tauchgänge kosten inklusive der gesamten Ausrüstung 50 €, ein Paket mit zehn Tauchgängen gibt's für 435 €.

Feste & Events

Aphroditefest MUSIKFESTIVAL
(www.pafc.com.cy) Vor der passend grandiosen Kulisse der Burg werden im September unter dem Sternenhimmel hervorragende Opern gespielt. Zu den jüngsten Aufführungen gehörten beispielsweise Puccinis *Madame Butterfly* und *Hoffmanns Erzählungen* von Offenbach.

Solar Car Challenge AUTORENNEN
(www.cyi.ac.cy/solar_race/intro; Geroskipou) Das Autorennen im Juni zieht einheimische Teams und internationale Teilnehmer an, die im Wettkampf um das schnellste solarbetriebene Fahrzeug erfinderisch vorgehen und mit raffinierten Konstruktionen aufwarten.

✖ Essen

Die Restaurants in Pafos sind sehr unterschiedlich. Um die Lokale am Ufer in Kato Pafos sollte man generell einen Bogen machen, besonders wenn schon Fertigsoßen und Ketchup auf dem Tisch stehen. In den Seitenstraßen befinden sich Läden mit authentischerer einheimischer Küche. Auch an der Tafon Ton Vasileon (Straße zu den Königsgräbern) und am Hafen ist die Auswahl gut. In Ktima, das einige erstklassige Restaurants beherbergt, geht Qualität vor Quantität.

KTIMA

Kiniras Garden ZYPRISCH €€
(Karte S. 91; ☎ 2694 1604; Leoforos Archiepiskopou Makariou III 91; Hauptgerichte 8–15 €; ⏰ abends) Georgios, ein leidenschaftlicher Vertreter der traditionellen Küche, führt diese kleine grüne Oase mit Bäumen, Statuen und plätschernden Wasserspielen bereits in vierter Generation. Viele Rezepte hat er von seiner Großmutter geerbt, außerdem stammen die Zutaten aus seinem eigenen 60 ha großen Garten. Spezialität des Lokals, das am Vakhis-Programm (s. Kasten S. 151) teilnimmt, ist *kleftiko* (Lammbraten aus dem Ofen). Es gibt hausgemachte Desserts und auf der Weinkarte stehen hervorragende Qualitätsweine vom familieneigenen Weingut. Vorab reservieren.

Ktima

⊙ Sehenswertes
1	Archäologisches Museum	D3
2	Byzantinisches Museum	A3
3	Ethnografisches Museum	B3

🛏 Schlafen
4	Agapinor Hotel	A2
5	Axiothea Hotel	A3
6	Kiniras	B1

✖ Essen
7	Fetta's	B2
	Kiniras Garden	(siehe 6)
8	Politia	B3

🍸 Ausgehen
9	Kafé	B2

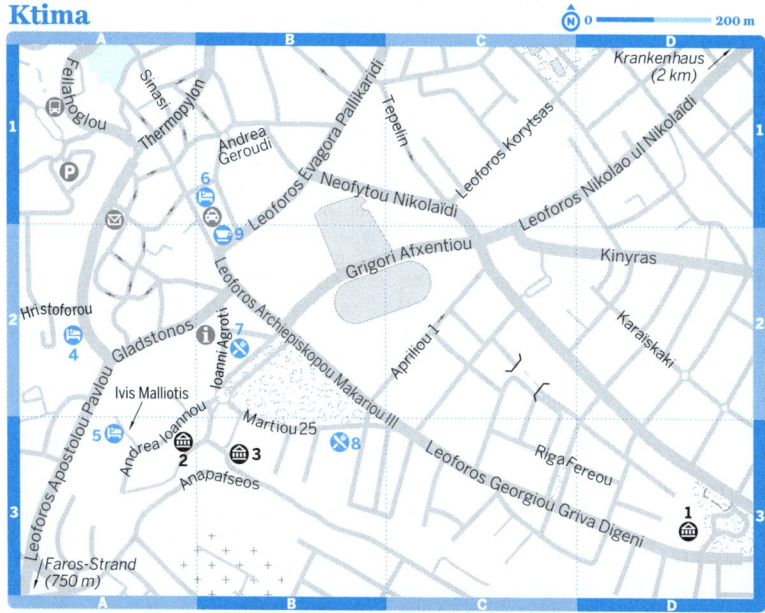

STRÄNDE IN UND UM PAFOS

» Der **städtische Hauptstrand** (Karte S. 88) im Zentrum von Kato Pafos gilt nicht gerade als typische Urlaubsbroschüren-Idylle mit sonnengeküsstem Sand, denn er ist gepflastert und teilweise eine Fußgängerzone. Mit seiner Ansammlung von Holzliegen, Felsen, Sand und Tauchstellen kann man es sich aber recht gemütlich machen und das kristallklare Wasser bewundern. Vor Ort gibt's Duschen, Toiletten und ein Café-Restaurant.

» Weiter östlich liegt der **Alykes-Strand** (Karte S. 88), bei Einheimischen besser bekannt als Sopab-Strand (nach einer Fabrik, die dort mal stand). Er erstreckt sich vom Café Deck bis zum Hotel Alexander der Große. Mit seinen Felsenpools, dem flachen, klaren Wasser und genügend Sand zum Burgenbau eignet er sich ideal für Familien mit Kleinkindern. Die große Terrasse des Cafés über dem Strand ist sehr angenehm, um etwas zu essen und zu trinken, außerdem bekommen die Großen hier einen Cocktail zum Sonnenuntergang.

» Östlich vom Alykes-Strand stößt man auf den **Vrysoudia-Strand** (außerhalb der Karte S. 88), einen schönen Sandstreifen hinter dem Hotel Anabelle, an dem Liegen und Sonnenschirme vermietet werden (5 € pro Tag).

» Wer den **Faros-Strand** (außerhalb der Karte S. 91) nördlich des Archäologischen Parks besuchen will, benötigt ein Fahrzeug. An dem ungeschützten Sandstrand mit ein paar Sandsteinfelsen gibt's einige Snack-Bars. Vorsicht vor der Strömung im offenen Meer, sie kann das Schwimmen gefährlich machen.

» Noch weiter außerhalb, etwa 8 km nördlich von Kato Pafos, befindet sich der lange, unbebaute Sandstrand der **Kissonerga-Bucht** mit Bananenplantagen und einer einsamen Atmosphäre. Da es vor Ort keinerlei Einrichtungen für Touristen gibt, sollte man ein Buch, Essen und Wasser dabeihaben, dann kann man wunderbar relaxen.

Fetta's
ZYPRISCH €€€

(Karte S. 91; ☎2693 7822; Ioanni Agroti 33; Meze 16 €; ⏱abends) Das Fetta's wartet mit klassischen regionalen Gerichten mit Liebe zum Detail auf. Eine *yaya* (Großmutter) bereitet fantastisches Meze aus verschiedenen gegrillten Fleischsorten zu, das aus einem niedrigen, verrauchten Fenster an der Seite des Hauses serviert wird, während die effizienten Kellner zwischen der Küche und den großzügig verteilten Tischen umherflitzen. Vorab reservieren.

Politia
MEDITERRAN €€

(Karte S. 91; Martiou 25; Hauptgerichte ab 7 €) Dieses coole Café und Restaurant mit bequemen Sofas ist in einem historischen Steinhaus mit Blick auf einen Kiefernhain untergebracht und organisiert regelmäßig Livemusik und Kunstausstellungen. Auf der Karte stehen leckere Gerichte wie Crêpes, Kebabs und Salate.

KATO PAFOS
Argo
ZYPRISCH €€

(Karte S. 88; ☎2693 3327; Pafias Afroditis 21; Hauptgerichte 10 €; ⏱abends) Im relativ ruhigen Teil von Kato Pafos verströmt das Argo mit Naturstein, hölzernen Fensterläden und seinen in warmem Ocker getünchten Wänden den Charme einer Dorftaverne. Auch die Spezialitäten wie Moussaka sind sehr authentisch, genau wie das *kleftiko* jeden Dienstag und Samstag; an diesen beiden Tagen ist eine Reservierung ratsam.

Hondros
ZYPRISCH €€

(Karte S. 88; www.hondros.com.cy; Leoforos Apostolou Pavlou 96; Hauptgerichte 10 €) Pafos' ältestes traditionelles Restaurant wurde 1953 eröffnet, hatte also Zeit, alles richtig hinzubekommen. Zu den Highlights gehören *stifado* (Kaninchen- oder Rindfleischeintopf) mit viel Fleisch und eine Variante des köstlichen türkischen Gerichts *imam bayildi*, hier *imam* genannt (Auberginen und Zucchini in Knoblauch-Tomaten-Soße).

Almond Tree
FUSIONSKÜCHE €€

(Karte S. 88; Konstantias 5; Hauptgerichte ab 8 €; ⏱abends;🌱) Ungewöhnliche thailändisch-zyprische Geschmacksnoten kitzeln den Gaumen, darunter das Hühnchen-Satay oder die Lachsküchlein mit Mango. Darüber hinaus gibt's ein überwältigendes Angebot zyprischer und internationaler Speisen. Auch für Vegetarier ist mit Pfannengerichten und anderem gut gesorgt.

Nikos Tyrimos Fish Taverna
FISCH & MEERESFRÜCHTE €€€

(Karte S. 88; Agapinoros 71; Fisch- & Meeresfrüchte-Meze 14 €) Der Fisch und die Meeresfrüchte werden täglich mit dem Boot des Besitzers gefangen. Gäste können aus den ausgestellten Angeboten wählen oder auch mit der Meze aus 22 Fischgerichten so richtig auf den Putz hauen.

Kyra Frosini
ZYPRISCH €€

(Karte S. 88; Pafias Afroditis & Filoktitou 4; Hauptgerichte 7 €) Im Kyra Frosini, das einen hübschen, von Palmen beschatteten Hofgarten und einen gemütlichen Innenraum für den Winter hat, geht's entspannt zu. Hier finden regelmäßig Kunstausstellungen statt. Das Essen reicht von Feta-Pasteten bis zu Schweinekoteletts, wirklich überragend sind aber die hausgemachten Kuchen.

Chloe's No. 1
CHINESISCH €€

(Karte S. 88; 2693 4676; Posidonos 13; Hauptgerichte 10 €) Das beste chinesische Restaurant der Stadt.

Ausgehen

Fast alle Bars und Kneipen befinden sich in der Agiou Antoniou in Kato Pafos, die bei den Einheimischen auch Bar Street heißt. Läden wie Blues Brotherz und Robin Hood zieren die einst friedlichen Gassen, und das Bubbles macht seinem Namen alle Ehre, indem es draußen mit Blasenpistolen um Kundschaft wirbt. Die englischen Pubs sind genauso wie in Großbritannien, außer dass sie die sonnenverbrannte Menge noch zusätzlich mit Robbie-Williams-Imitatoren und Ähnlichem unterhalten. In der Stadt gibt's aber auch einige kultiviertere Lokale.

Kouskous
BAR

(Karte S. 88; Othellous 5, Kato Pafos) Das Kouskous besticht mit herrlich übertriebener Opulenz, die in glitzernden Kronleuchtern, romantischem Purpur und Schwarz, plüschigen lila Sitzgelegenheiten, runden Spiegeln und frischen Orchideen Ausdruck findet. Wir empfehlen die mit Erdbeeren und Kiwi gekrönten Mojitos.

Baywatch
BAR

(Karte S. 88; Ecke Konstantias & Agias Napas, Kato Pafos; 8 Uhr–open end) Bequeme Stühle mit Kissen, ein Billardtisch, über 30 Cocktails und ein sympathischer Besitzer. Die Tische stehen zur Straße ausgerichtet, damit die Gäste das vorbeiziehende Leben genießen können, und die Cocktails sind so, wie sie sein sollten – außerdem kosten sie nur jeweils 2 €.

La Place Royale
CAFÉ-BAR

(Karte S. 88; Posidonos, Kato Pafos) Direkt an der geschäftigen Fußgängerzone am östlichen Ende der Posidonos lockt eine der stilvollsten Café-Bars. Die kleine Oase aus Glas, Zuckerrohr, Schmiedeeisen und Mini-Wasser-

---

ZYPERN FÜR KINDER: PAFOS

In Pafos kommt garantiert keine Langeweile auf. Wie alle Orte auf der Insel ist auch diese Stadt ausgesprochen kinderfreundlich und es gibt verschiedene Möglichkeiten, wo sich die Kleinen austoben und gleichzeitig amüsieren können.

Pafos Bird Park (2681 3852; www.pafosbirdpark.com; Agios Georgiou; Erw./Kind 15,50/ 8,50 €; 9–20 Uhr;) Dieser Park an der Straße zur Korallenbucht ist die vielleicht schönste Kombination von Zoo und Kinderattraktion in ganz Zypern. Neben Vögeln gibt's auch Giraffen, Antilopen, Rotwild, Gazellen, Mufflons, Reptilien, Riesenschildkröten, Emus und Strauße. Ein Restaurant mit Snack-Bar und ein Spielplatz sind ebenfalls vorhanden.

Aphrodite Waterpark (außerhalb der Karte S. 88; 2691 3638; www.aphroditewaterpark.com; Posidonos, Kato Pafos; Erw./Kind 28/15 €; 10–17.30 Uhr;) Hier kann man sich den ganzen Tag zu einem unschlagbaren Preis amüsieren. Erwachsene gönnen sich gern eine Massage, während die Kids mit dem Minivulkan kämpfen. Mittels eines Armbands behält man die Ausgaben im Blick – bezahlt wird am Ende.

Bubble Maker (Karte S. 88; Cydive; 2693 4271; www.cydive.com; 1 Posidonos, Kato Pafos; 40–45 €;) Kindern zwischen acht und zehn Jahren bietet Bubble Maker ein echtes Taucherlebnis. Es gibt zwei Programme: Das erste findet im Pool statt, zum zweiten gehört ein tiefer Sprung ins Meer. Das Team mit PADI-Ausbildung sorgt die ganze Zeit für Sicherheit und eine regulierte, überschaubare Umgebung. Eine tolle Möglichkeit, den Nachwuchs fürs Tauchen zu interessieren.

fällen in einem schattigen gepflasterten Innenhof bietet sich für einen Cocktail vor dem Clubbing an.

Kafé
CAFÉ

(Karte S. 91; Ecke Leoforos Archiepiskopou Makariou III, Ktima; Snacks 6 €; 🕾) Obwohl das Café behauptet, das älteste in Pafos zu sein, ist seine Atmosphäre angenehm modern. An den Wänden hängen dynamische abstrakte Drucke und ein Motorrad (!) und die kurze, gut durchdachte Karte bietet Cocktails, Kaffees sowie leichte Gerichte.

Different Bar
BAR

(Karte S. 88; Agias Napas, Kato Pafos) Beliebte Schwulenbar.

Zen
BAR

(Karte S. 88; Tefkrou 2, Kato Pafos) Schickes minimalistisches Design in Schwarz-Weiß, bei gut betuchten Einwohnern beliebt.

Deck Café & Bar
BAR

(Karte S. 88; Posidonos, Kato Pafos) Bei Wohlfühl-Loungemusik und einem Cocktail lässt es sich auf der großen Terrasse mit Blick auf den Sand und die Felsen hervorragend relaxen.

☆ Unterhaltung

Wer feiern möchte, findet an der Agiou Antoniou in Kato Pafos nahe der Touristeninformation die angesagtesten Läden (auch die oben genannten). Gewöhnliche Clubs nicht mit „Kabaretts" verwechseln, die mehr oder weniger Puffs sind!

ⓘ Praktische Informationen

WLAN gibt's in Hotels in Pafos sowie in einigen Cafés und Bars, dort kann man es in der Regel kostenlos nutzen, wenn man etwas trinkt. In der Touristeninformation bekommt man auf Anfrage außerdem eine Liste mit ein paar Internetcafés.

Cyprus Tourism Organisation (CTO) Flughafen (📞2642 3161; Pafos International Airport; 🕘9.30–23 Uhr); Kato Pafos (📞2693 0521; Posidonos; 🕘Mo–Sa 8.15–14.30 & 15–18.30 Uhr, Mi & Sa nachmittags geschl.); Ktima (📞2693 2841; Gladstonos; 🕘Mo–Sa 8.15–14.30 & 15–18.30 Uhr, Mi & Sa nachmittags geschl.) Hier erhält man ordentliche Karten und hilfreiche Broschüren über Wandern, Radfahren und Agrotourismus, einen Hotelführer, Auskünfte zu Verkehrsmitteln und Berge weiterer nützlicher Infos über Zypern. Donnerstags um 10 Uhr veranstaltet die Fremdenverkehrszentrale eine kostenlose Führung in und um Ktima, die vor dem Büro in Ktima startet (Reservierung erforderlich).

TOP PICKS FÜR TEENAGER (& IHRE ELTERN)

Eltern, die gemeinsam mit Teenagern Urlaub machen – oder Teenies, die mit ihren Eltern Urlaub machen – und eine Pause vom endlosen Sonnenbaden und Gezänk am Strand brauchen, können sich bei **Zephyros Adventure Sports** (📞2693 0037; www.enjoycyprus.com; The Royal Complex, Shop 7, Tafon Ton Vasileon) eine schöne Aktivität aussuchen. Im Angebot sind Mountainbiken, Kajakfahren, Klettern, Schnorcheln, Tauchen und im Winter Skifahren. Das ist das beste Mittel für einen gelungenen Familienurlaub. Alternativ unternimmt man eine gemeinsame **Wanderung** auf der Akamas-Halbinsel; Routenvorschläge siehe S. 98. Viele Unternehmen bieten Jeep-Safaris an, allerdings sollte man an die Umweltbelastung durch Bodenerosion, hohen Spritverbrauch und Lärmbelästigung denken und widerstehen, wenn man kann.

---

www.paphosfinder.com Listet zahlreiche Dienstleistungen auf, die für Besucher der Stadt nützlich sind.

www.visitcyprus.com Website der Fremdenverkehrszentrale Zypern.

www.visitpafos.org.cy Genaue Informationen über Pafos und Umgebung.

ⓘ An- & Weiterreise

BUS InterCity (www.intercity-buses.com) verkehrt an Wochentagen fünfmal täglich nach Lefkosia (5 €, 1½ Std.) und achtmal täglich nach Lemesos (3 €, 45 Min.). Die Abfahrt erfolgt am Karavella-Busbahnhof in Ktima. Am Wochenende starten die Busse seltener.

VOM/ZUM FLUGHAFEN Bus 613 fährt um 14 und 19 Uhr vom Karavella-Busbahnhof (Karte S. 91) in Ktima zum Flughafen.

Zurück geht's um 7.30 und 18.30 Uhr. Bus 612 pendelt zwischen 10.30 und 22.30 Uhr alle halbe Stunde von und zum Flughafen, Haltepunkte sind an der Korallenbucht und an der Posidonos in Kato Pafos. Die einfache Fahrt kostet 1 €.

Ein Taxi vom Flughafen nach Pafos und umgekehrt kostet ca. 25 €.

Flugzeug Der Flughafen 8 km südöstlich der Stadt wird von vielen Billigairlines und einigen Linienfluggesellschaften angesteuert.

SERVICETAXI Travel & Express (📞0777 7474; www.travelexpress.com.cy; Leoforos Evagora

Pallikaridi 9, Ktima) verkehrt nach Lemesos (10 €, 1 Std.), Larnaka (mit Umstieg in Lemesos; 21 €, 1½ Std.) und Lefkosia (mit Umstieg in Lemesos; 22 €, 1½ Std.).

❶ Unterwegs vor Ort

Pafos Buses (www.pafosbuses.com) betreibt ein stadtweites und regionales Busnetz. Die Preise betragen 1 € pro Fahrt, 2 € pro Tag und 10 € pro Woche im Bezirk einschließlich der Dörfer auf dem Land.

Regelmäßige Verbindungen ab Ktima:
Korallenstrand Bus 610; 25 Min.
Geroskipou-Strand Bus 615; 25 Min. (Der Strand liegt 3 km südöstlich von Kato Pafos.)
Kato Pafos Bus 611; 15 Min.
Polis Bus 645; 1 Std.

Unweit des Eingangs zum Archäologischen Park in Kato Pafos gibt's einen großen kostenlosen Parkplatz. Am Hauptplatz (Ecke Gladstonos und Leoforos Georgiou Griva Digeni) und am Karavella-Busbahnhof in Ktima bestehen ebenfalls Möglichkeiten, den Wagen abzustellen.

Taxis (2693 3301) können telefonisch bestellt und auf der Straße angehalten werden. Außerdem findet man sie an den vielen Ständen in der ganzen Stadt. Vorsicht: Für die 3 km zwischen Kato Pafos und Ktima berechnen die Fahrer unverhältnismäßige 10 €.

RUND UM PAFOS

Die Umgebung von Pafos lockt mit Stränden, Wanderwegen und traditionellen Dörfern und lädt zum Entdecken ein, allerdings muss man sich dafür meist einer organisierten Tour anschließen oder ein eigenes Fahrzeug haben. Auch wenn man mit dem Moped herrlich in den Ferienorten herumdüsen kann, ist ein Auto empfehlenswerter, besonders für das westliche Troodos-Gebirge, die raue, einsame Akamas-Halbinsel und die dünn besiedelte Tylliria-Gegend im Nordwesten Zyperns.

Korallenbucht

Die Korallenbucht 12 km nordwestlich von Pafos besteht aus mehreren Strandabschnitten, die alle von verschiedenen Stellen der Zufahrtsstraße erreichbar sind. Aufgereihte Sonnenschirme und Menschenmengen sind der Suche nach Korallen an diesem schönen Strand natürlich nicht zuträglich, doch die Atmosphäre ist lebhaft und die hiesigen Einrichtungen eignen sich besonders für Familien. Leider sind die Restaurants ziemlich mittelmäßig, wenn man nicht gerade auf Burger und Pommes frites steht.

Eine Ausnahme bildet **Neo's Sports Club** (2662 2900; Panayias Agridiotissas 38), dessen Besitzer Stavros das perfekte Steak direkt am Tisch zubereitet. Auch die mit Kokosnuss gebackene Seebrasse ist ein Hit. Das Lokal erinnert an einen privaten Club aus der Kolonialzeit – es gibt Billardtische, eine Cocktailbar auf dem Dach und eine traditionelle Bowling-Rasenfläche. Es zielt unverhüllt auf wohlhabende einheimische Senioren ab, doch das Essen schmeckt richtig lecker. Abends muss man reservieren. Das Neo's ist an der E 701, gleich hinter dem Hauptkreisel beim Korallenstrand, ausgeschildert.

Der Bau einer luxuriösen neuen Marina mit 1000 Liegeplätzen im nahe gelegenen Potima könnte der Korallenbucht einen willkommenen Anstrich von Klasse verleihen. Nach langen rechtlichen Auseinandersetzungen wurde der Fertigstellungstermin der **Pafos Marina** (das wird ihr Name sein) auf 2013 festgesetzt.

AKAMAS-HÖHEN

Wer Zeit in und um Pafos verbringt, sollte unbedingt die Akamas-Höhen besuchen. Viele Dörfer bieten für den Agrotourismus hergerichtete, traditionelle Häuser zur Miete an (siehe www.agrotourism.com.cy), zudem ist das Essen in den Tavernen, gekocht für die Einheimischen, fast immer köstlich, und es locken fantastische Wandermöglichkeiten. Auch die Strände überzeugen, denn in der Gegend erstrecken sich einige der besten Sandstreifen im Süden.

Am besten erreicht man die Orte auf dem Weg nach Polis über die malerische westliche Straße (E 701/709). Öffentliche Verkehrsmittel fahren nicht zu den Siedlungen, Stränden bzw. zur Avgas-Schlucht. Der Anstieg zu den Höhen beginnt in Pegeia, wo vor allem gut betuchte Briten leben. Von hier kann man Richtung Nordwesten fahren und gelangt so von Süden her auf die Akamas-Halbinsel.

🏖 Strände

Auf der nordwestlichen Seite der Akamas-Halbinsel stoßen Besucher auf ein richtiges Juwel, denn 21 km nördlich der Korallenbucht führt eine holprige, aber befahrbare Straße von Agios Georgios zum berühmten, herrlich unentwickelten Küstengebiet Lara.

ABSTECHER

GOURMETDORF GEROSKIPOU

Die größte Attraktion in Geroskipou, einem hübschen traditionellen Dorf mit einer markanten byzantinischen Kirche aus dem 9. Jh., ist das Meze in der **Seven St. Georges' Tavern** (außerhalb der Karte S. 88; 2696 3176; www.7stgeorgestavern.com; Meze 25 €; Mo geschl.). Alles, was man hier zu essen und zu trinken bekommt, hat der Besitzer George zusammen mit seiner Frau Lara biologisch angebaut, getrocknet und eingelegt. Hinter dem Restaurant befinden sich ein Kräutergarten und eine Räucherhütte für Fleisch. Sogar der Wein wird direkt vor Ort aus selbst gezogenen Biotrauben gekeltert. Die Spezialität des Hauses, Meze, besteht aus der üblichen Abfolge von Oliven und Kapern, Rote-Bete- und Möhrensalaten, kaltem Fleisch, Aufläufen sowie geräuchertem Schinken. Alle Zutaten sind saisonal, darum kann es durchaus auch handgepflückten wilden Spargel, Wildpilze mit frischen Kräutern, Auberginen in Tomatensoße oder zartes *kleftiko* (Lammbraten) geben. Das Lokal liegt im Dorfzentrum unweit der Kirche in einem alten Haus mit einer von Wein und Palmenblättern beschatteten Terrasse.

Hinter der Küste erstreckt sich wüstenartiges Buschland in dunklen Ockertönen, in dem Ginster, buschige Kiefern und je nach Jahreszeit verschiedene Wildblumen wachsen; die Kulisse bilden niedrige Hügel in der Ferne. Wer auf die Schilder zum Lara Restaurant achtet, kann auf dessen riesiger Terrasse bei einem Drink oder Snack den Blick auf die unberührte **Lara-Bucht** mit ihrem Kies und dunklen Sand genießen.

Der noch berühmtere **Lara-Strand** liegt durch eine Landzunge abgetrennt in der nächsten Bucht und ist von zahlreichen Kalksteinfelsen umgeben. Abgesehen von einer bescheidenen Cafeteria-Bar, die vor Kurzem in der Nähe des Zugangs eröffnet hat, ist der Sandstreifen völlig unberührt und wartet mit ruhigem, sauberem Wasser auf. Er dient auch als **Schildkrötengelege** und ist einer der wenigen verbliebenen Nistplätze für Karett- und Grüne Meeresschildkröten. Aus diesem Grund sind Liegen und Sonnenschirme nicht erlaubt. In den Meereshöhlen rund um die Halbinsel leben Mönchsrobben.

Zum Strand führt eine unbefestigte Straße, die man mit einem normalen Auto (mit Zweiradantrieb) befahren kann, allerdings sollte man beim Parken aufpassen, dass man nicht im Sand stecken bleibt. Wer nicht unbedingt nach Agios Georgios zurückwill, kann die ausgeschilderte Asphaltstraße nach **Ineia** (8 km) nehmen, die in der Nähe des Eingangs zum Lara Restaurant beginnt und sich durch kiefernbewachsene Hügel sowie Täler windet.

Zum **Agios-Georgios-Strand** gelangt man mit einem normalen Auto von Polis (über Pegeia) oder Pafos (über die Korallenbucht) aus. Der 100 m lange Strand aus Sand und Felsen hat einen kleinen Hafen, aber keinen Schatten. Immerhin werden hier Sonnenschirme und Liegen vermietet. Es gibt eine einfache Strandbar und oben auf den Klippen befindet sich eines der beliebtesten Restaurants der Region, **Saint George's Fish Tavern** (Agios Georgios; 2662 1888; Hauptgerichte 13 €). Weil das Lokal gleich am Hafen liegt, ist der Fisch der beste der Gegend – so gut, dass er nur gegrillt mit etwas Olivenöl und Zitrone serviert wird. Ebenso großartig schmecken Tintenfisch und Kalmar. Am Wochenende wird es voll, und obwohl die Terrasse sehr groß ist, muss man möglicherweise warten – dabei lässt sich der Blick aufs Meer genießen. Darüber hinaus werden ein paar Zimmer vermietet.

Das angrenzende große offene Gelände lockt bei Sonnenuntergang Romantiker an. In der Nähe gibt's zudem eine bescheidene archäologische Stätte, die die Ruinen einer Basilika aus dem 6. Jh. mit teilweise erhaltenem Mosaikboden sowie einige Felsengräber aus der römischen Zeit umfasst. Die Öffnungszeiten sind Glückssache.

Dhrousia, Kritou Terra & Umgebung

390 & 90 EW.

Wer die Akamas-Höhen erklommen hat, kommt zu mehreren Weilern, in denen guter Wein angebaut wird. Sie sind hübscher als die meisten anderen zyprischen Dörfer, warten mit einem kühleren Klima auf und eignen sich auch als praktischer Standort für Traveller, die die turbulente Küste weiter südlich meiden wollen.

Dhrousia und Kritou Terra gehören zu den schönsten Orten. Nur wenige Touristen verweilen dort, doch beide Siedlungen bieten sich für einen erholsamen Urlaub an.

Ersteres ist ein Dorf mit gewundenen Straßen, in dem schnauzbärtige Männer vor dem *kafeneio* (Kaffeehaus) sitzen, riesige Feigenbäume stehen und gelegentlich Esel am Straßenrand zu sehen sind. Es gibt mehrere Tavernen im Ort wie das ausgeschilderte **Finikkas** (2633 2336) mit einem altehrwürdigen Speisesaal und vielen Fleischgerichten, darunter gegrillte Souvlaki und Lamm-Kebab.

Kritou Terra liegt etwas östlich von Dhrousia und ist ein urtümlicher Weiler mit einigen prächtigen traditionellen Häusern, die von ihren Besitzern geschmackvoll renoviert wurden; manche hat man in außerordentlich stimmungsvolle Unterkünfte verwandelt. Bei der spätbyzantinischen Kirche Agia Ekaterini am südlichen Ende des Dorfes lohnt es sich, die Kamera zu zücken.

Nicht weit von Dhrousia und Kritou Terra locken zwei weitere Dörfer, das unberührte **Inia** (350 Ew.) und **Goudi** (160 Ew.), die ebenfalls beide Übernachtungsmöglichkeiten bieten. Mehr dazu siehe S. 212.

Kathikas

335 EW.

Kathikas auf halbem Weg zwischen Pafos und Polis an der E 709 ist von Pafos aus leicht zu erreichen. Das Dorf wartet mit Weingärten und edlen Tropfen auf und beherbergt mehrere beliebte Restaurants. Hier steht auch eines der sogenannten Baumdenkmäler Zyperns: die Zypresse von Agios Nikolaos. Sie misst erstaunliche 14 m und hat mehr als 700 Jahre auf dem Buckel.

Mehrere traditionelle Tavernen bieten solides, aber nicht besonders aufregendes Essen. Ungewöhnlicher ist das **Imogen's Inn** (2663 3269; Meze 16,50 €), das an ein französisches Bistro erinnert. Im Garten mit dem großen Feigenbaum sind Jazz- und Bluesklänge zu hören. Hier gibt's die typischen Meze-Gerichte, aber auch eine vegetarische Mahlzeit mit Spinat, Feta-Pastete, Falafel und *ful medame* (Saubohnen). Zum Nachtisch kann man sich z. B. ein Stück von der Schokoladencremetorte gönnen.

Pano Akourdalia & Kato Akourdalia

35 & 30 EW.

Von Kathikas führt ein Umweg über die B 7 (der direkten Straße von Pafos nach Polis) zu diesen beiden malerischen Dörfern, in denen man übernachten oder auch nur für ein entspanntes Mittagsmahl halten kann. Im **Amarakos Inn** (2231 3374; Kato Akourdalia; Hauptgerichte 10 €; Restaurant mittags & abends), einem wunderbaren Agrotourismus-Hotel (s. S. 212), stammen viele der verwendeten Lebensmittel aus dem Bioanbau der Besitzer. Hier können Gäste Gaumenfreuden wie Landwürste mit gebratenen Pilzen und *afelia* (in Rotwein gekochtes Schweinefleisch) genießen. Am besten reserviert man vorher.

Avgas-Schlucht

Dieser enge Einschnitt in den Akamas-Höhen ist ein beliebtes Wanderziel. Über den Agios-Georgios-Strand gelangt man ans westliche Ende der Schlucht und kann dort fast direkt bis zum Eingang fahren. Mit tiefergelegten Wagen sollte man allerdings Vorsicht walten lassen! Die Wanderung zwischen hoch aufragenden Felswänden die schmale Klamm hinauf ist einfach und sehr schön. Normalerweise strömt mindestens bis Mai Wasser in der Schlucht und sorgt für eine üppige Vegetation entlang des Flusses (auf Laubfrösche achten). Für eine Strecke benötigt man höchstens 30 bis 40 Minuten, manche Wanderer kämpfen sich aber weiter den Steilhang hinauf und laufen bis zum Dorf Ano Arodes (was nicht viel bringt, wenn das Auto am Eingang zur Schlucht steht).

> **NICHT VERSÄUMEN**
>
> ### SPEISEN WIE EIN KÖNIG
>
> Wer kein Picknick mitgebracht hat, bekommt in der Nähe des Eingangs zur Avgas-Schlucht bei **Viklari** (2699 60 88; Hauptgerichte 12 €; 13.30–16 Uhr), besser bekannt als **Last Castle**, hervorragendes Essen. Dazu genießt man fantastische Aussichten auf Zitrus- und Bananenhaine, die sich bis zum Meer ziehen. Seit 1989 begrüßt der Besitzer Savvas Symeou hier Gäste und verköstigt hungrige Wanderer. Für 12 € gibt's herrliches gegrilltes *kleftiko* mit Salat und einer gebackenen Kartoffel. Gegessen wird an schweren Steintischen unter Weinreben, umgeben von „Skulpturen" aus versteinertem Holz, liebevoll gehegten Topfpflanzen und einem Garten. Das Lokal ist an der Küstenstraße ausgeschildert.

AKAMAS-HALBINSEL

Zyperns westlicher Zipfel ragt fast trotzig ins Mittelmeer hinaus und ist eines der letzten wilden Gebiete der Insel. Die Akamas-Halbinsel lässt sich zu Fuß, mit dem Mountainbike oder in einem robusten Allradfahrzeug überqueren. Weniger Mutige können auch in eines der Tourboote steigen, die von Latsi, westlich von Polis, an der Küste entlangschippern. Man erreicht die Halbinsel von zwei Seiten: von Osten über Polis oder von Süden über das Dörfchen Agios Georgios. Die Verbindungswege zwischen diesen beiden Zugangspunkten sind wirklich sehr schlecht – vielleicht absichtlich, um Fahrzeuge abzuschrecken.

Größte Attraktion der Halbinsel ist ihre vielfältige Tier- und Pflanzenwelt. Diese verdankt sie ihrer besonderen Lage am östlichsten Punkt der drei großen Vegetationszonen Europas. Fast 600 Pflanzenarten wachsen hier, davon 35 endemische, die nur auf Zypern vorkommen. Außerdem leben in der Gegend 68 Vogel-, zwölf Säugetier- und 20 Reptilienarten sowie viele Schmetterlinge, darunter der einheimische *Glaucopsyche pafos*, das Symbol der Region.

Die einzige öffentliche Verkehrsverbindung in die Region ist der Bus von Polis zu den Bädern der Aphrodite.

Wandern

Die meisten Besucher schaffen sich einen Eindruck von der Akamas-Halbinsel, indem sie ein paar Stunden auf einer der folgenden Routen durch den nordöstlichen Teil wandern. Als Start- und Endpunkte dienen entweder die Bäder der Aphrodite oder der Picknickplatz Smigies, den man über eine unbefestigte Straße 2,5 km westlich von Neo Chorio erreicht.

An den Bädern der Aphrodite beginnen und enden die beiden beliebtesten Strecken. Sie sind länger als die von Smigies aus und bieten schönere Aussichten. Die erste ist der **Aphrodite-Wanderweg**, eine 7,5 km lange Rundtour von drei bis vier Stunden. Er führt zunächst von der Küste weg und bergab, was an einem heißen Tag sehr ermüdend sein kann, deshalb lohnt es sich, früh zu starten. Auf halber Strecke sieht man die Ruinen des **Pyrgos tis Rigainas** (Turm der Königin), der Teil eines byzantinischen Klosters war. Ganz in der Nähe steht eine riesige 100 Jahre alte Eiche. Danach geht's hinauf zum Gipfel des **Mouti tis Sotiras** (370 m). Von dort verläuft die Route Richtung Osten und hinunter auf den Küstenweg, der schließlich wieder am Parkplatz ankommt.

Die zweite, 3½ Stunden dauernde Strecke, der 7,5 km lange **Adonis-Wanderweg**, folgt der Aphrodite-Route bis zum Turm der Königin, wendet sich dann nach links (Richtung Süden) und verläuft in einer Schleife zurück zum Parkplatz. Am Ende muss man 400 m auf der Hauptstraße zwischen den Bädern der Aphrodite und Polis zurücklegen. Alternativ biegt man direkt hinter dem Dorf Kefalovrysi rechts (gen Süden) ab und geht zum Picknickplatz Smigies, muss aber dafür sorgen, dass man dort abgeholt wird.

Wasser gibt's sowohl am Turm der Königin als auch auf dem Adonis-Pfad in Kefalovrysi, im Hochsommer sollte man sich aber nicht darauf verlassen. Am schönsten sind die Wanderungen ohnehin im Frühling oder Herbst. Wer sie im auf Zypern extrem heißen Sommer vorhat, sollte bei Sonnenaufgang losgehen.

In der CTO-Broschüre *European Long Distance Path E4 and other Cyprus Nature Trails* werden beide Routen Schritt für Schritt und Pflanze für Pflanze beschrieben. Sie ist in den meisten Fremdenverkehrsbüros erhältlich. Zwei andere Rundwege (ebenfalls in der Broschüre aufgeführt) – der 2,5 oder 5 km lange **Smigies-Wanderweg** und der 3 km lange **Pissouromouttis-Wanderweg**, für den man 1½ Stunden benötigt – beginnen und enden am Picknickplatz Smigies. Beide bieten herrliche Aussichten auf die Chrysochou-Bucht im Nordwesten und die Küste der Akamas-Halbinsel im Westen.

Polis

1890 EW.

In ihren Augustferien kommen vor allem Zyprer nach Polis, denn das reizvolle Örtchen verfügt über einen Strand, einen guten Campingplatz sowie einige ordentliche Hotels und Restaurants. Es ist die ideale Ausgangsbasis, um in der Region zu wandern, Mountainbike zu fahren oder die Weindörfer auf den Akamas-Höhen zu besuchen. Die großen Reiseveranstalter haben das Dorf bisher nicht beachtet, sodass es von der Überentwicklung und Verschandelung, unter der Pafos leidet, verschont geblieben ist. Allerdings wurde in der Nähe des Zentrums ein Feriendorf eröffnet, zudem ist zwischen Pafos und Polis eine neue Schnellstra-

START **PAFOS**
ZIEL **PAFOS**
ENTFERNUNG **86 KM**
DAUER **VIER BIS SECHS STUNDEN**

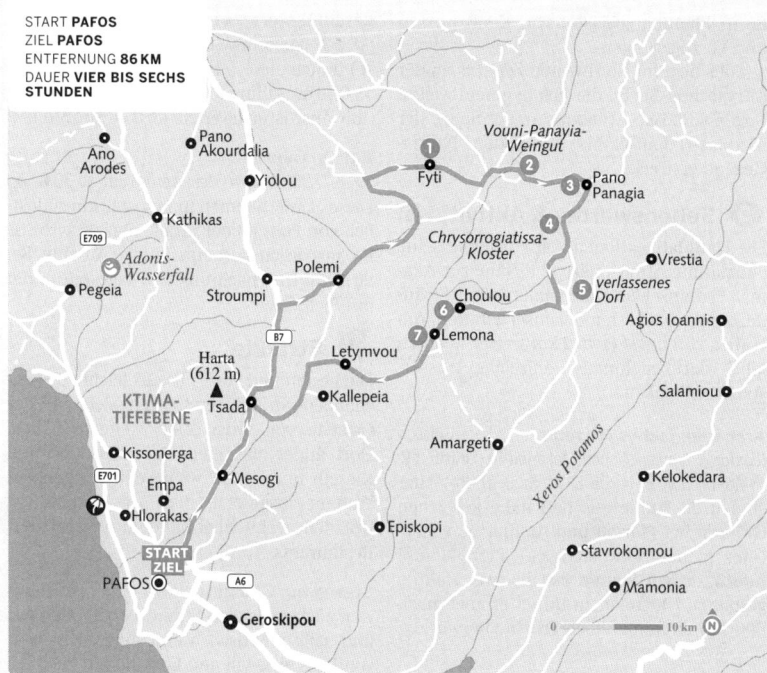

Spritztour
Weingüter, Webkunst & verlassene Dörfer

› Von Pafos nimmt man die B7 nach Norden Richtung Polis. Nach etwa 17 km zweigt die hübsche Landstraße E703 nach Fyti ab, die an Weinbergen und Äckern vorbeiführt. Wenn man Polemi und Psathi passiert hat, geht's an einer beschilderten Kreuzung nach links Richtung Milia und Fyti (F725). Im Zentrum von ❶ **Fyti** kann man bei der Kirche parken und nach einer Pause in der Dorftaverne, auch als Maria's Place bekannt, sowie einem Besuch im Museum für Volkskunst und Weberei auf der F725 über Kritou Marottous und Asprogia weiter nach Pano Panagia fahren. Die Gegend mit ihren Weingütern, Zitrushainen und den Bergen in der Ferne ist eine Augenweide.

Unterwegs hält man Ausschau nach dem Schild zum ❷ **Panayia-Weingut** und macht Halt für eine Weinverkostung; wir empfehlen den trockenen, ein Jahr im Eichenfass gereiften Rotwein Barba Yiannis. Anschließend steuert man ❸ **Pano Panagia**, Geburtsort des Erzbischofs Makarios, an. Hier lohnt ein Besuch seines Elternhauses, ein typischer Bauernhof mit nur zwei Räumen (einer diente früher als Stall für Tiere).

Auf der F622 verlässt man den Ort Richtung Süden und besichtigt das gut ausgeschilderte ❹ **Chrysorrogiatissa-Kloster**. Beim Mittagsmahl auf der Terrasse genießt man die herrliche Aussicht auf die ländliche Umgebung. Nach einem Blick in die stimmungsvolle Kapelle aus dem 18. Jh. kann man von den Mönchen eine Flasche Wein erwerben, dann folgt man den Schildern zur E702 und nach Choulou. Nach 5 km taucht ein faszinierendes ❺ **verlassenes Dorf** auf; seit einem Erdbeben im Jahr 1969 leben dort nur noch ein paar Bewohner, ein Esel und einige Ziegen.

In ❻ **Choulou** bewundert man die schlichte, weiß getünchte Moschee (vor 1974 war dies ein türkisches Dorf) und trinkt in der traditionellen Antoyaneta Taverna einen Kaffee. Letzter Halt auf der Rundtour ist das Dorf ❼ **Lemona** mit der hervorragenden Mikrowinzerei Tsangarides. Auf der B7 gelangt man über Letymvou und Tsada zurück nach Pafos.

ße in Planung (belastet von Kontroversen und Verzögerungen).

Polis liegt im Nordwesten Zyperns an der Chrysochou-Bucht, die sich in einem weiten Bogen vom Kap Arnaoutis an der Spitze der Akamas-Halbinsel bis zur wilden Tylliria-Gegend erstreckt.

⊙ Sehenswertes & Aktivitäten

Die Hauptattraktionen von Polis sind seine entspannte Atmosphäre, die Nähe zur Akamas-Halbinsel und die malerischen Strände, die zu den besten der Insel gehören. Am **Hafen von Latsi** etwa 2 km weiter westlich gibt's darüber hinaus zahlreiche Wassersportmöglichkeiten.

Archäologisches Museum MUSEUM
(Leoforos Archiepiskopou Makariou III; Eintritt 1 €; ⊙Mo-Mi & Fr 8-14, Do 8-18, Sa 9-17 Uhr) Hier sind u. a. Funde aus den nahe gelegenen Gräbern bei Marion und Arsinoe zu sehen. Ganz in der Nähe steht ein alter **Olivenbaum**, dessen Stamm fast in zwei Hälften gespalten ist, trotzdem bringt er auch nach 600 Jahren immer noch Früchte hervor.

GRATIS **Agios Andronikos** KIRCHE
(louliou) Früher diente die Kirche aus dem 16. Jh. als Moschee und religiöses Zentrum der türkischen Zyprer. Kürzlich wurden einige schöne byzantinische Fresken freigelegt, die sich unter weißer Farbe verbargen. Das Gebäude liegt im westlichen Teil des Ortes beim Parkplatz und kann nur von Gruppen ab zehn Personen besucht werden. Den Schlüssel bekommt man im Archäologischen Museum.

Latchi Watersports Centre WASSERSPORT
(✆2632 2095; www.latchiwatersportscentre.com; ⓘ) Tauchkurse (ab 65 €), Bootsverleih (ab 45 €), Parasailing (ab 43 €) und Windsurfen (mit Ausrüstungsverleih ab 35 € pro Std.).

Ride in Cyprus REITEN
(✆9977 7624; www.rideincyprus.com; ab 30 €; ⓘ) Dieses Unternehmen in Lysos, 12 km südöstlich von Polis an der Straße nach Stavros tis Psokas, organisiert einstündige Ausritte, Safaris mit Übernachtung und Tagesreittouren mit Picknick.

🏖 Strände

Die besten und von Polis aus leicht zu erreichenden Strände erstrecken sich auf der Ostseite von Latsi, 2 km weiter westlich. Dort findet man einen Mix aus Sand und Kieseln und ist ein wenig den Launen des Wetters ausgesetzt, doch die Gegend ist trotzdem recht beliebt und gut versorgt mit Restaurants.

Strand am Campingplatz STRAND
Der nächstgelegene Strand ist ziemlich gut und sehr praktisch, wenn man nicht weit von Polis weg will und Lust auf ein Picknick oder Zelten hat. Duftende Eukalyptusbäume beschatten den Sandstreifen. Vor Ort gibt's ein Restaurant und Rettungsschwimmer.

Strand am Aphrodite Beach Hotel STRAND
Dieser hübsche, friedliche Strand ist auf dem Weg zu den Bädern der Aphrodite deutlich ausgeschildert. Mit seinem zum Schwimmen geeigneten, klaren Wasser und den angenehm kleinen Kieseln eignet er sich wunderbar für Kinder.

DAS VIEL GESCHMÄHTE ZYPERN-MUFFLON

Das Zypern-Mufflon (*Ovis orientalis ophion*), das als stilisiertes Bild die Flugzeughecks von Cyprus Airways ziert, ist das Nationalsymbol der Insel. Es ähnelt einem wilden Schaf und hat enge Verwandte auf Sardinien und Sizilien sowie im Iran. Heute beschränkt sich sein Lebensraum auf den dichten Wald von Pafos an der Westseite des Troodos-Gebirges.

Früher wurden die Tiere als Schädlinge angesehen und waren leichte Beute für schießwütige Jäger – in den 1930er-Jahren lebten nur noch 15 Mufflons auf Zypern. Seither sorgte ein vernünftiges Schutzprogramm dafür, dass ihre Zahl wieder auf etwa 3000 gestiegen ist. Mufflons sind sehr scheu und in der Wildnis nur selten zu sehen, denn bevor man ihnen nahekommt, verschwinden sie in den Wald. Männliche Tiere haben sehr große gekrümmte Hörner, die sie in Paarungskämpfen einsetzen. Menschen greifen sie nicht an.

Die Zahl der Mufflons hat inzwischen ein stabiles Niveau erreicht, trotzdem gelten sie noch immer als bedrohte Art. Von Waldbränden und Wilderern geht die größte Gefahr aus. Mehr Infos zum Zypern-Mufflon gibt's unter www.moa.gov.cy/forest.

Polis

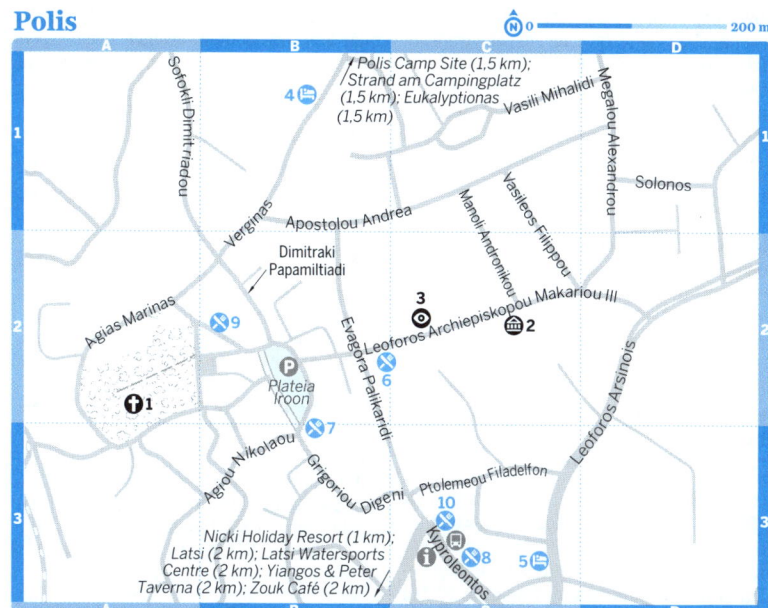

👉 Geführte Touren

Wheelie Cyprus   RADTOUREN
(✆ 9935 0898; www.wheeliecyprus.com; ab 60 €) Organisiert Radtouren auf wenig bekannten Wegen in der ganzen Gegend. Der Preis beinhaltet ein Mietfahrrad, die gesamte Ausrüstung und die Abholung vom Hotel.

Mickys Tours   SIGHTSEEING, BOOTSTOUREN
(✆ 2694 2022; www.mickystours.com; Posidonos, Kato Pafos; 🚌) Ausflüge und Bootsfahrten zur Akamas-Halbinsel.

🎆 Feste & Events

Sommernächte   KONZERTE
Auf der Plateia Iroon (Rathausplatz) finden im Sommer verschiedene kostenlose Konzerte statt, die von traditionellen Tanz-, Musik- und Folkloreveranstaltungen bis zu klassischer Musik und Jazz reichen.

🍴 Essen & Ausgehen

In Polis gibt's jede Menge Restaurants und Bars.

Old Town Restaurant   MODERN ZYPRISCH €€€
(✆ 9963 2781; Kyproleontos 9; Hauptgerichte 16 €; ☾ abends) Dieses intime, entspannte Restaurant hat einen abgeschiedenen grünen Garten und einen Speiseraum mit freigelegtem Mauerwerk, frischen weißen Tischtüchern und Regalen voller Wein und Pflanzen. Die Karte ändert sich je nach Jahreszeit, doch meist locken Gerichte wie Kaninchen-*stifado* mit Wildpilzen und Wacholderbeeren, knusprige Entenfrühlingsrollen mit Honig und Chili oder Garnelenpasta. Vorab reservieren.

Mosfilo's Tavern   ZYPRISCH €€
(Kyproleontos; Hauptgerichte 8 €) Mit ihren hohen Decken, originalen Fliesen und Säulen

Polis

⊙ Sehenswertes
1 Agios Andronikos A2
2 Archäologisches Museum C2
3 Olivenbaum C2

🛏 Schlafen
4 Bougainvillea Hotel Apartments B1
5 Stephanos Hotel Apartments C3

🍴 Essen
6 Archontariki Restaurant-Tavern B2
7 Arsinoe Fish Tavern B3
8 Mosfilo's Tavern C3
9 Nave B2
10 Old Town Restaurant C3

sowie der Galerie historischer Fotos von Polis verströmt diese Taverne ein sehr traditionelles Ambiente. Auf der Karte stehen Klassiker wie Spinat mit Lammfleisch und Brathühnchen. Leider ist die Lage gegenüber der Tankstelle an der Hauptstraße B7 nach Pafos ästhetisch weniger ansprechend.

Archontariki Restaurant-Tavern
ZYPRISCH €€

(☎2632 1328; www.archontariki.com.cy; Leoforos Archiepiskopou Makariou III 14; Hauptgerichte 11 €; ◉abends) In der beliebten, stimmungsvollen renovierten Taverne kommt man in den Genuss eines aufmerksamen Services und erstklassiger Speisen. Für ein Abendessen empfehlen wir z. B. das mit Halloumi und Pilzen gefüllte Hühnchen oder *kathisto* (Tintenfisch in Wein und Oregano gekocht). Freitags gibt's Livemusik. Vorab reservieren.

Zouk Café
FUSIONSKÜCHE €€

(Hafen von Latsi; Hauptgerichte 10 €) Rattanstühle und großzügige Sofas mit Blick aufs Meer und den Hafen (und ein Stück Parkplatz) laden zum Entspannen ein. Das Café ist bei Einwohnern, Auswanderern und Besuchern gleichermaßen beliebt und wartet mit Musik- sowie Modevideos, Snacks, Sushi (nur freitags) und Cocktails auf.

Nave
FUSION €€€

(Plateia Iroon; Hauptgerichte 8 –20 €; ✈) Zwischen all den kulinarischen Oldtimern wirkt das Nave ein kleines bisschen deplatziert. Auf der Karte stehen italienische Gerichte, Fusionsküche und Hausmannskost sowie vegetarische Speisen, darunter frischer Ricotta mit Avocado und süßem Gorgonzola. Man kann auch draußen sitzen und im Hintergrund erklingt romantische Swing- und Jazzmusik.

Yiangos & Peter Taverna
FISCH & MEERESFRÜCHTE €€€

(Leoforos Latsi; Hauptgerichte ab 12 €) Die meisten der in diesem Terrassenlokal gegenüber dem Hafen präsentierten Fische (aber nicht alle) werden am selben Tag frisch gefangen.

Arsinoe Fish Tavern
FISCH & MEERESFRÜCHTE €€€

(Grigoriou Digeni; Fisch-Meze 14 €; ◉abends) Eine stimmungsvolle Taverne mit richtig leckerem Fisch-Meze.

☆ Unterhaltung

Die CTO informiert über Veranstaltungen. Im Eukalyptionas (Eukalyptushain) am Campingplatz finden oft Konzerte mit namhaften griechischen Künstlern statt. An warmen Sommerabenden können diese Open-Air-Veranstaltungen geradezu magisch sein. Karten kosten zwischen 10 und 20 €.

❶ Praktische Informationen

CTO (www.visitcyprus.org.cy; Vasileos Stasioikou 2; ◉So–Di, Do & Fr 9–13 & 14.30–17.30, Sa 9–13 Uhr) Büro in sehr zentraler Lage.

❶ Anreise & Unterwegs vor Ort

Pafos Buses (www.pafosbuses.com) bietet tägliche Verbindungen vom Karavella-Busbahnhof in Ktima nach Polis und zurück. Vom Osypa-Busbahnhof in Polis verkehren außerdem Busse zu folgenden Zielen:

Bäder der Aphrodite Bus 622; 30 Min., 1 €. An Wochentagen von 8 bis 17 Uhr stdl., am Wochenende 5-mal tgl.

Latsi Bus 623; 20 Min., 1 €. 2-mal tgl.

Pafos Bus 645; 1 Std., 3 €. Bis zu 11-mal tgl. an Wochentagen, 5-mal tgl. am Wochenende.

Pomos Bus 643A; 1 Std., 1 €. 3-mal tgl. an Wochentagen, 2-mal tgl. am Wochenende.

Bäder der Aphrodite

Der Mythos um diese kühle Höhle mit den Bädern der Aphrodite (Loutra tis Afroditis) ist eine tolle Werbung. Die Göttin der Liebe und Schutzpatronin Zyperns entstieg auf der Insel nackt dem Schaum und hat einen Kult ausgelöst, der bis heute anhält. Laut der Legende kam sie an diesen abgeschiedenen Ort, um ein Bad zu nehmen, nachdem sie ihre Liebhaber unterhalten hatte.

Zu den Bädern strömt ein steter Besucherstrom, allerdings erwarten wahrscheinlich viele Traveller mehr, als sie vorfinden. Obwohl die von Feigenbäumen umringte Grotte, aus der das Plätschern fließenden Wassers klingt, ein schönes, kühles Fleckchen ist, kommt die Umgebung nicht annähernd so luxuriös daher, wie man sich das bei einer Göttin mit derart amouröser Macht vorstellt. Immerhin gibt's einen hübschen botanischen Garten um die Grotte mit beschilderten Pflanzen und Bäumen, darunter Johannisbrotbäume, Roter Eukalyptus und nicht ganz so exotischer Löwenzahn.

Die Bäder liegen 11 km westlich von Polis an einer Asphaltstraße. Vom Parkplatz und dem benachbarten Souvenirladen führt ein 200 m langer markierter Pfad zur Höhle. Schwimmen ist verboten.

An der Grotte beginnen mehrere Wanderwege (s. S. 98).

DER APHRODITE-KULT

Zypern ist unauslöschlich verbunden mit der antiken Verehrung von Aphrodite (in der römischen Mythologie Venus). Diese war vor allem als griechische Göttin der Liebe, sinnlichen Begierde und Schönheit bekannt, wurde aber auch als Kriegsgöttin angebetet, besonders in Sparta und Theben. Viele Prostituierte betrachteten sie als ihre Schutzgöttin, doch der öffentliche Kult war in der Regel feierlich und ernst.

Vermutlich leitet sich der Name Aphrodite vom griechischen Wort *afros* ab, das Schaum bedeutet. Einer zyprischen Legende nach stieg die Göttin vor der Südküste Zyperns aus dem Meer. Geboren wurde sie aus weißem Schaum, der aus den abgetrennten Genitalien von Uranus (Himmel) entstand, nachdem sein Sohn Kronos (der Vater von Zeus, dem König der griechischen Götter) diese ins Meer geworfen hatte. Auf der griechischen Insel Kythira gibt's eine ähnliche Legende: Dort glauben die Bewohner, dass ein riesiger Stein vor dem Hafen Kapsali an der Südküste die Stelle markiert, an der Aphrodite erschien.

Obwohl eine Göttin, hatte Aphrodite ein Faible für sterbliche Liebhaber. Als berühmteste gelten Anchises (der Vater von Aphrodites Sohn Aeneas) und Adonis (der von einem Eber getötet wurde und dessen Tod beim Fest des Adonis von den Frauen beklagt wurde).

Wichtigste Zentren des Aphrodite-Kults auf Zypern waren Pafos und Amathus. Zu ihren Symbolen gehörten die Taube, der Schwan, Granatäpfel und Myrte.

In der griechischen Kunst wird Aphrodite als nackte Göttin dargestellt. Der antike griechische Bildhauer Praxiteles schuf eine berühmte Skulptur, die später als Modell für die hellenistische Statue diente und als *Venus von Milo* Bekanntheit erlangte.

TYLLIRIA

Wer unberührte, friedliche Natur liebt, sollte nach Tylliria kommen. In der dünn besiedelten, bewaldeten Gegend gibt's ein paar vereinzelte Strandresorts zwischen der Chrysochou- und Morfou-Bucht. Es lohnt sich auf jeden Fall, das hiesige Wildnis zu erleben, und sei es auch nur für ein paar Tage.

Die einzige öffentliche Verkehrsverbindung in diesem Gebiet ist der Bus, der von Pomos nach Polis und Pafos fährt.

Pomos

570 EW.

Nach und nach wird die Küstenstraße von Polis in Richtung Tylliria immer malerischer, doch ihre ganze Schönheit entfaltet die Gegend hinter Pomos, nach 19 km das erste Dorf auf der Strecke. Dies ist fruchtbares Ackerland mit Olivenbäumen, Zitrushainen und ganz wenig Bebauung.

Sehenswertes & Aktivitäten

GRATIS **Naturkundemuseum** MUSEUM
(Mo–Fr 7.30–14.30, Mi 7.30–16, Sa 8–13 Uhr;) Das an der Hauptstraße ausgeschilderte Museum ist eine ganz unerwartete Attraktion. In zwei großen Galerien zeigt es endemische Tiere und Pflanzen Zyperns sowie eine kleine Ausstellung von Steinen und Mineralien. Tierpräparatoren mögen von einigen der mottenzerfressenen Exponate wenig beeindruckt sein, doch die umfangreiche Sammlung bietet auch manche Überraschungen, z. B. Pelikane, ein Mufflon, eine große Karettschildkröte und einen urtümlich wirkenden Geier der Spezies *gyps fulvos* – sie alle sind in Zypern heimisch. Interessant ist auch das Foto eines Flusspferdskeletts, das in Höhlen bei Akrotiri zusammen mit dem Skelett eines Zwergelefanten gefunden wurde; beide stammen aus der Jungsteinzeit.

 Feste & Events

Paradise Jazz Festival JAZZFESTIVAL
(www.paradiseplaceproductions.com) Pomos ist zwar recht klein, doch das Jazzfestival schlägt jedes Jahr wieder große musikalische Wellen. Es findet im Juli im Restaurant Paradise Place statt.

Essen

Paradise Place INTERNATIONAL €€
(2624 2537; Hauptgerichte ab 8 €; April–Dez. mittags & abends;) Außerhalb des Jazzfestivals im Juli ist das am Dorfeingang auf der rechten Seite gelegene Paradise Place ein Bar-Restaurant unter freiem Himmel mit

einer spürbar dekadenten Lounge-Atmosphäre (im positiven Sinn). Es wartet mit einer Hängematte hier, ein paar Holzstühlen da, Ausstellungen mit Bildern einheimischer Fotografen, Hühnchencurry, frittierten Zucchini mit Käse und tollen Sonnenuntergängen auf – da ist der Name wirklich passend gewählt.

Kanali Fish Restaurant
FISCH & MEERESFRÜCHTE €€€
(Hafen von Pomos; Hauptgerichte ab 12 €) Das Beste am Kanali, das neben dem Hafen liegt und leicht zu finden ist, sind die fantastischen Bilderbuchaussichten von der Terrasse auf die steilen, bewaldeten Hänge, die zur türkisblauen Bucht hin abfallen. Romantiker sollten sich den Sonnenuntergang hier nicht entgehen lassen. Die Küche hat sich auf frischen Fisch spezialisiert, darunter Wolfsbarsch, Brasse, Red Snapper und Rotbarbe.

Sea Cave FISCH & MEERESFRÜCHTE €€
(Hauptgerichte ab 8 €) 500 m weiter die Küste hoch kann man auf der Terrasse unter Granatapfelbäumen angenehm legere klassische Fischgerichte genießen.

Pachyammos

Pachyammos liegt 5 km östlich von Pomos an einem hübschen, von bunten Oleanderbüschen gesäumten Straßenabschnitt. Sein Name bedeutet „breiter Sand" – und tatsächlich ist der Strand breit und zieht sich um eine weite Bucht bis zu den Wachtürmen der Uno am Ortseingang von Kokkina, einer türkisch-zyprischen Enklave.

Der Uferstreifen besteht aus dunklem Sand und hat keinen Schatten, doch man kann hier gut schwimmen. Vor Ort gibt's keinerlei Einrichtungen, aber dafür findet man im Dorf ein, zwei Lokale an der Hauptdurchgangsstraße.

Kokkina (Erenköy)

Tylliria hatte sehr darunter zu leiden, dass nach der türkischen Invasion 1974 ein Teil der Region vom restlichen Zypern abgetrennt wurde. Seitdem ist die kleine türkisch-zyprische Enklave, die auf Griechisch Kokkina und auf Türkisch Erenköy heißt, von griechisch-zyprischem Gebiet umgeben. Auf keinen Fall sollte man von der Straße abfahren und versuchen, einen Blick auf den Ort zu werfen, denn er versteckt sich hinter Bergen und wird von mehreren Wachtürmen der Uno sowie der griechisch-zyprischen Armee bewacht. Schilder verbieten das Fotografieren.

Kato Pyrgos

1135 EW.

Dieser abgeschiedene Strand erstreckt sich so weit abseits vom Weg, wie es in der Republik Zypern nur möglich ist. Trotzdem kommen im Sommer regelmäßig Zyprer her, um die entspannte Atmosphäre zu genießen. Von Palmen gesäumte Promenaden und weißen Sand gibt's nicht, Kato Pyrgos wirkt eher ein bisschen schäbig und altmodisch. Doch gerade das zieht viele Einheimische an, die der grassierenden Kommerzialisierung in den beliebteren Strandorten entfliehen wollen. Seit vor Ort 2010 die Grenze geöffnet wurde, strömen noch mehr Besucher herbei, die auf dem Weg in den Norden eine Pause einlegen.

Das lebhafte Dorf zieht sich um eine breite Bucht, die von der Kokkino-Spitze bis zu der Stelle verläuft, wo die Grüne Linie auf das Meer trifft. Das regelmäßige Brummen der Uno-Helikopter, die vom bzw. zum nahe gelegenen Stützpunkt fliegen, ist ein Indiz für die Nähe der Grenze. An einigen Stellen der Bucht kann man baden. Der beliebteste Fleck scheint am östlichen Ende nahe der Grünen Linie zu sein; hier befindet sich auch der hübscheste Teil des Weilers mit einer belaubten Hauptstraße und einigen traditionellen Kaffeehäusern.

Kato Pyrgos wartet mit mehreren Bars und Tavernen auf. **La Sera** (Ayaniou 20; Snacks ab 6 €; ☺10.30–24 Uhr) wirkt mit ihren riesigen Bildschirmen und den Cocktails, Kaffees, Salaten und Crêpes recht modern. Im Sommer ist dort auch Livemusik oder ein DJ zu hören. Ganz im Osten des Orts weisen unten am Meer Schilder den Weg zur **La Mare Beach Bar** (☺Sommer) mit bester Strandatmosphäre, und ordentlichem, aber eher gewöhnlichem Essen.

Stavros tis Psokas

Kato Pyrgos und Pachyammos sind gute Ausgangspunkte für Ausflüge ins Hinterland von Tylliria, z. B. ins bewaldete Naturschutzgebiet **Stavros tis Psokas**, das man auch von Pafos (51 km) aus über eine malerische, großenteils unasphaltierte Straße erreicht. Der riesige Picknickplatz ist eine

Forststation und sorgt für den Brandschutz im Wald von Pafos. Zyprische Naturfreunde kommen her, um zu wandern und den Frieden zu genießen. Leider wird es hier im Sommer oft ziemlich voll. In einem kleinen Gehege, das vom Hauptparkplatz ausgeschildert ist, erhaschen Besucher vielleicht einen Blick auf das seltene und bedrohte Zypern-Mufflon (s. Kasten S. 100). Weil die Tiere ziemlich scheu reagieren, wenn sich Menschen nähern, sollte man sich aber ruhig verhalten und langsam bewegen.

An der Forststation beginnen mehrere Rundrouten. Der 5 km lange **Horteri-Wanderweg**, für den man drei Stunden benötigt, führt um die Ostseite des Stavros-Tals. Er beginnt am Platanoudkia-Brunnen, etwa auf halber Strecke auf der Zufahrtsstraße zur Forststation, die bei Selladi tou Stavrou (Stavros-Sattel) von der Hauptstraße abzweigt. Es geht häufig bergauf, was bei sommerlicher Hitze ziemlich anstrengend werden kann, deshalb empfiehlt sich ein früher Aufbruch.

Der **Selladi tou Stavrou**, ein 2,5 km langer, anderthalbstündiger Rundweg, verläuft um die Nordseite des Stavros-Tals. Am Stavros-Sattel (an der Kreuzung der Zufahrtsstraße zur Forststation mit der Hauptstraße), dem deutlich markierten Startpunkt, geht's los. Eine längere Variante (7 km, 2½ Std.) folgt dieser Strecke entgegen dem Uhrzeigersinn und zweigt dann Richtung Süden zum Hubschrauberlandeplatz ab. Von dort kann man über einen Waldweg zurück zur Forststation wandern.

Mehr Infos zu den Wegen gibt's bei der CTO. Eine gute Quelle im Netz ist www.visitpafos.org.cy.

Um herzukommen, braucht man ein eigenes Fahrzeug. Bei Stavros tis Psokas erstreckt sich ein kleiner Campingplatz für maximal 60 Personen.

Kampos
430 EW.

Nur wenige Touristen besuchen Kampos, die einzige nennenswerte Ortschaft in Tylliria. Die Landschaft ist herrlich und man erntet vermutlich neugierige Blicke von den Einwohnern, die nur selten Ausländer zu Gesicht bekommen.

Offiziell gehört Kampos zum Bereich des Kykkos-Klosters in Troodos, doch eigentlich liegt es am südlichen Rand der Tylliria-Wildnis. Bislang führt nur eine Straße aus dem Ort hinaus. Sie beginnt nördlich vom Dorf und endet nach nur 12 km an der Grünen Linie. Dennoch ist dieser Teil von Tylliria dank der kürzlich fertiggestellten guten Asphaltstraße durch das Hinterland Tyllirias und den nördlichen Teil des riesigen Waldes von Pafos nicht mehr so isoliert wie früher. Sie verbindet das Kykkos-Kloster mit Pachyammos. Beim Fahren sollte man sich Zeit lassen, denn die Strecke ist zwar gut, aber sehr kurvenreich und ermüdend. In den

---

ABSTECHER

WEBKUNST IN FYTI

Das recht autarke Dorf **Fyti**, das man von Pano Panagia oder Pafos leicht erreicht, ist für seinen charakteristischen Webstil bekannt, der über Generationen weitergegeben wurde. Am besten parkt man vor der Kirche und startet mit einem Snack oder Mittagessen in der einladenden Dorftaverne, dem beliebtesten Treffpunkt der Einwohner (inklusive des örtlichen Priesters). Zu den hier servierten Leckerbissen zählen Zucchini mit Eiern, Couscous mit Joghurt und ein ausgezeichnetes Meze für 12 €. Im Speiseraum dominieren Holzbalken und Steinbogen, außerdem schmücken Muster lokalen handgewebten Tuches die Wände. Am schönsten ist es aber auf der schattigen Terrasse.

Anschließend schlendert man über den Platz zum **Museum für Volkskunst und Weberei** (☉ 8–13 & 14–17 Uhr), wo einem der ehemalige Lehrer Charalambo die Ausstellungsstücke erklärt, die von lebenden Seidenwürmern in ihrem Bett aus Maulbeerblättern bis zu jahrhundertealten Eselssatteln und bäuerlichen Werkzeugen reichen. Seine fröhliche Frau Theano kreiert derweil am Webstuhl kunstvoll gemusterte Seiden- und Baumwollstoffe. Auch interessante historische Fotos sind zu sehen, darunter einige von Kamelen, die bis in die späten 1950er-Jahre als Packtiere genutzt wurden. Die handgewebten Stücke wie Kissenbezüge, Läufer und Taschen kann man erwerben – als Souvenir sollte man wenigstens ein besticktes Lesezeichen für 2 € mitnehmen. Wenn man nichts kauft, ist eine Spende gern gesehen.

meisten Karten wird sie noch als unbefestigt verzeichnet. Sie ist viel kürzer, aber auch schwieriger als die traditionelle Route von Südosten über Polis.

WESTLICHES TROODOS-GEBIRGE

Hauptattraktion der dünn besiedelten westlichen Ausläufer des Troodos-Massivs sind einige charmante Dörfer, in denen die alten Traditionen noch lebendig und der örtliche zyprische Dialekt noch ein bisschen schwerer zu verstehen ist. Wer von der Westküste ins Herz des Troodos-Gebirges will, kann inzwischen problemlos einer Mischung aus guten asphaltierten und unbefestigten Straßen in die Berge folgen. Die beste führt über das Dorf Pano Panagia zum Kykkos-Kloster.

Pano Panagia

560 EW.

Dieses Dorf ist der Geburtsort von Makarios III., dem berühmten Erzbischof und Präsidenten der Insel (mehr über sein Leben siehe Kasten S. 75). Ein Besuch des Makarios-Kulturzentrums (Eintritt 0,50 €; ◷9–13 & 14–17 Uhr) lohnt sich für hartgesottene Fans. Es besteht aus nur einem Raum und zeigt Erinnerungsstücke aus dem politischen Leben von Makarios, darunter viele Fotos, aber auch sein Überzieher, seine Hausschuhe und sein Morgenmantel (aus dem berühmten Londoner Warenhaus Selfridges).

In seinem Elternhaus (Eintritt frei; ◷10–13 & 14–18 Uhr), einem recht großen Bauernhof, geht's ähnlich weiter. Hier sind weitere Fotos und Andenken an den jungen Makarios zu sehen. Wenn das Gebäude geschlossen ist, kann man den Schlüssel im nahe gelegenen Kulturzentrum abholen.

Ein paar Tavernen und Cafés auf der Hauptstraße versorgen Tagesausflügler mit ziemlich durchschnittlichen sowie überteuerten Snacks und Mahlzeiten.

Zederntal

In diesem kühlen Tal, dem Highlight des westlichen Troodos-Gebirges, gedeiht die ungewöhnliche endemische Zypern-Zeder (*Cedrus brevifolia*), eng verwandt mit der besser bekannten Libanon-Zeder. Man erreicht die Gegend über eine kurvenreiche, unbefestigte Forststraße von Pano Panagia auf der Pafos-Seite des Troodos-Gebirges oder über eine ausgeschilderte, ebenfalls unasphaltierte Straße von Kykkos her. Im Tal gibt's einen Picknickplatz und man kann den 2,5 km langen Weg zum Gipfel des Tripylos hochwandern.

Öffentliche Verkehrsmittel fahren selten bis gar nicht, darum benötigen Besucher entweder ein eigenes Fahrzeug, oder sie schließen sich in Polis oder Pafos einer geführten Tour hierher an.

Larnaka & der Osten

Inhalt »

Larnaka.......................... 109
Rund um Larnaka........... 116
Kamares-Aquädukt 117
Kiti & Umgebung............ 118
Stavrovouni-Kloster...... 118
Choirokoitia................... 118
Lefkara.......................... 120
Agia Napa 120
Rund um Agia Napa 126
Deryneia 126
Kokkinochoria 127
Protaras........................ 127
Pernera......................... 128

Gut essen

» Voreas (S. 113)
» Zephyros (S. 113)
» Militzis (S. 113)
» Karousos Beach (S. 124)
» La Cultura Del Gusto (S. 128)

Schön schlafen

» E-Hotel (S. 213)
» Alkisti City (S. 214)
» Eleonora (S. 214)
» Aeneas (S. 215)
» Brilliant (S. 215)

Auf nach Larnaka und in den Osten

Das stille Larnaka ist entspannter als die lebhaften Nachbarregionen. In seinem ruhigen Charakter spiegelt sich die langsame Gangart des alten Zypern wider. Dank der renovierten Promenade und eines extravaganten Jachthafens, der gerade gebaut wird, erlangt es den Status einer richtigen Küstenstadt und gilt aufgrund seiner zentralen Lage zudem als idealer Ausgangspunkt zur Erkundung der Insel.

Vor Ort treffen authentische Tavernen, traditionelles Kunsthandwerk und seichte Strände auf die Reste uralter Stadtkönigtümer, historische Kirchen, Flamingos, Salzseen und Aquädukte.

Im Umland reizen Agrotourismus und bedeutende neolithische Stätten. Küstenstraßen winden sich zum berühmten Urlaubsort Agia Napa mit seinen weißen Sandstränden sowie Hunderten Clubs und Bars. Ein Stück weiter die Küste hoch stößt man auf Meereshöhlen, natürliche Steinformationen und Grabstätten aus der hellenistischen Zeit. Rund um das Kap erstrecken sich noch schönere, besonders familiengeeignete Strände an der Bucht von Protaras.

Reisezeit

Zugvögel wie Flamingos, Wildenten und Wasservögel machen zwischen Februar und April am Salzsee Station.

Von Mai bis September kann man sich tagsüber stundenlang am Strand aalen und abends mit Wassermelone sowie Halloumi abkühlen.

In Agia Napa erreicht die Feierlaune von Juni bis August auf Strandpartys und in durchgehend geöffneten Clubs ihren Höhepunkt.

Highlights

1 An **Larnakas** (S. 109) Strandpromenade die Seele baumeln lassen oder durch das malerische türkische Viertel bummeln

2 Auf der Suche nach der perfekten handgefertigten Spitze die entzückenden Straßen von **Lefkara** (S. 120) durchkämmen

3 An den wunderschönen **Stränden von Nissi** ((S. 121) und **Protaras** (S. 128) relaxen und baden

4 Die spektakulären natürlichen Meereshöhlen der östlichen Halbinsel und den Aussichtspunkt am **Kap Greco** (S. 126) besuchen

5 Das Grab des hl. Lazarus unter der ihm geweihten **Agios-Lazaros-Kirche** (S. 109) besichtigen

6 Zum **Wrack der Zenobia** (S. 123) tauchen, einem der zehn besten Spots weltweit

7 In der herrlich erfrischenden **Water World** (S. 122) mit den Kindern in der Sonne planschen und die Rutschen stürmen

8 Eine der ältesten Siedlungen der Welt, die neolithische Stätte **Choirokoitia** (S. 118), erkunden

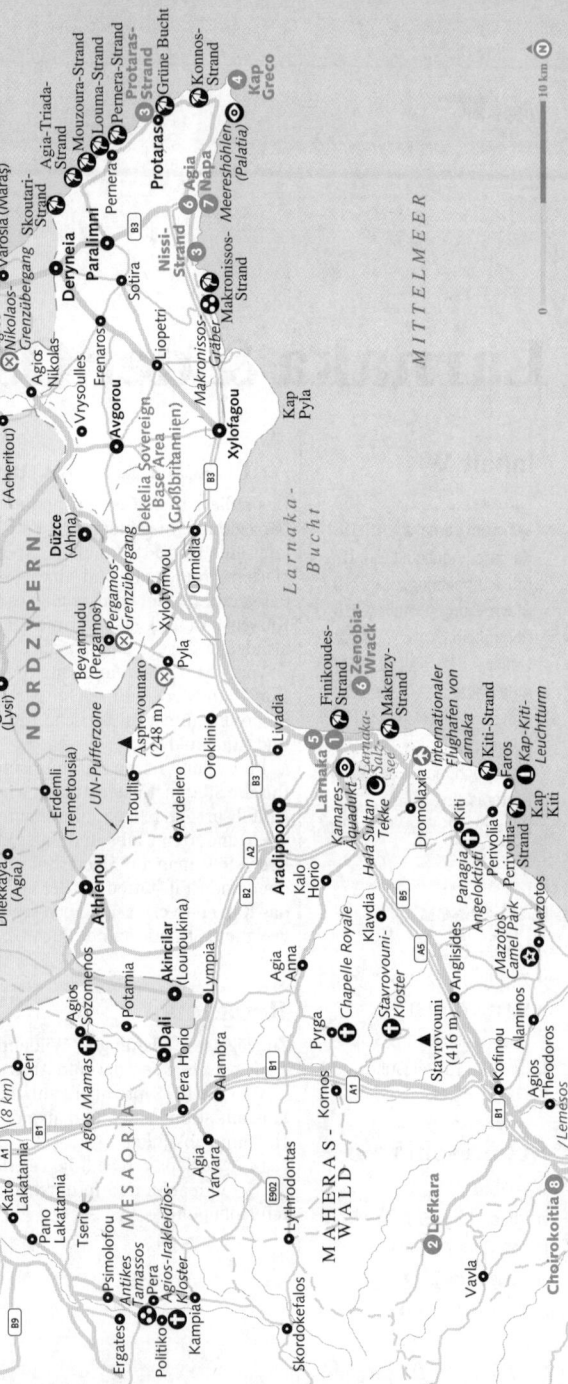

LARNAKA

46 700 EW.

Larnaka wird von seiner Verbindung zum Meer geprägt. Dementsprechend ist die Hauptpromenade am Ufer, Finikoudes („kleine Palmen", die den Strand säumen) genannt, die wichtigste Anlaufstelle der Stadt. Besser als andere Orte hat sie Familienunternehmen vor der Übernahme durch Großketten geschützt. Larnaka gilt als echte Arbeiterstadt, deren Bewohner sich kennen und die Gemeinschaft hochhalten.

In dieser Atmosphäre wurde das traditionelle Kunsthandwerk vor allem im alten türkischen Viertel bewahrt. Im übrigen Ort reihen sich wie üblich alte und neue Geschäfte aneinander. Zwischen altehrwürdigen Häusern werden neue Gebäude im alten Stil hochgezogen. Sie warten auf die nächste Welle von Europäern, die nach einem ausgewogenerem Verhältnis zwischen Berufs- und Privatleben streben.

ENTFERNUNGEN (KM)

	Lefkara	Agia Napa	Protaras	Makenzy
Agia Napa	61			
Protaras	70	9		
Makenzy	29	32	41	
Pernera	73	12	3	44

Geschichte

Larnaka hieß einst Kition und wurde im Zuge der mykenischen Expansion im 14. Jh. v. Chr. gegründet. Das in der späten Bronzezeit bedeutende griechische Stadtkönigtum florierte als Handelshafen durch den Export von Kupfer. Es überdauerte die Herrschaft der Phönizier und danach der Perser, blühte in der hellenistischen Zeit auf und übernahm sogar die phönizische Fruchtbarkeitsgöttin Astarte, die vielleicht eine Vorgängerin der zyprischen Schutzheiligen Aphrodite war.

In den Perserkriegen versuchte der Athener General Kimon 450 v. Chr., die Stadt von der persischen Herrschaft zu befreien. Er starb während der Belagerung, beschwor aber seine Kapitäne, sein Schicksal sowohl seinen Feinden als auch den Verbündeten zu verschweigen. Diese berühmte Begebenheit kennt man als „*Kai Nekros enika*" (Sogar beim Sterben war er noch siegreich!). Auf der Finikoudes ehrt ihn heute eine Statue.

Unter osmanischer Herrschaft zwischen dem 16. und 19. Jh. zog Larnaka Kaufleute, Würdenträger und ausländische Konsuln an. Viele von ihnen nahmen an der Amateurarchäologie der damaligen Zeit teil und ließen einen Großteil der hiesigen Artefakte verschwinden. Während der 88-jährigen britischen Verwaltung verlor der Ort an Bedeutung, da sich der Handel auf den Hafen in Lemesos verlagerte.

1974 zwang der Angriff der Türken auf Nordzypern Tausende griechischer Zyprer gen Süden, wodurch Larnakas Bevölkerung drastisch stieg. Heute leben hier neben Armeniern, Libanesen, Pontos-Griechen und Palästinensern Zyprer und Europäer verschiedener Ethnien. Die wichtigste Einnahmequelle der Stadt ist der Tourismus.

Sehenswertes & Aktivitäten

GRATIS Agios Lazaros   KIRCHE
(Agiou Lazarou; ☼April–Aug. 8–12.30 & 15.30–18.30 Uhr, Sept.–März 8–12.30 & 14.30–17.30 Uhr) Diese Kirche aus dem 9. Jh. ist Lazarus von Bethanien gewidmet, den Jesus vier Tage nach seinem Tod wiederauferstehen ließ. Kurz darauf musste Lazarus aus seiner Heimat fliehen. Sein Boot landete in Kition, wo er von den Aposteln Barnabas und Paulus zum Bischof geweiht wurde. Jenes Amt versah er 30 Jahre lang, und als er zum zweiten Mal starb, wurde er in einem versteckten Grab beigesetzt.

Im Jahr 890 entdeckte man seinen Sarkophag. Er trug die Inschrift „Lazarus, Freund von Christus". Der byzantinische Herrscher Leo VI. ließ Lazarus' sterbliche Überreste nach Konstantinopel bringen und errichtete die Kirche in ihrer heutigen Form über der Gruft, um die Christen zu besänftigen. 1204 wurden seine Gebeine erneut verschifft, diesmal nach Marseille.

Die Kirche ist ein beeindruckendes Beispiel byzantinischer Architektur und wurde im 17. Jh. weiter restauriert. Sie verbindet latinisierte und orthodoxe Elemente, die vor allem im Glockenturm zu erkennen sind. Diesen hatte man ersetzt, nachdem das ursprüngliche Gebäude von den Osmanen zerstört worden war. 1589 ging die Kirche wieder in die Hände der Christen über. In der Säulenhalle findet man Inschriften auf Latein, Französisch und Griechisch. Das Innere zieren einzigartige katholische Holzschnitzereien und fein gearbeitete vergoldete orthodoxe Ikonen.

Larnaka

Sehenswertes
1 Agios Lazaros B4
   Byzantinisches Museum .... (siehe 1)
2 Große Moschee (Büyük
   Camii) C4
3 Archäologisches
   Museum B1
4 Fort & Mittelalter-
   museum C4
5 Mousio Theasis A1
6 Städtisches
   Kulturzentrum C2
7 Pierides-Museum C2
   Lazarusgrab .... (siehe 1)

Aktivitäten, Kurse & Touren
8 CTO C2
9 Larnaka-City-Cruisers-
   Abfahrtsort C2
10 Yoga Room C3

Schlafen
11 Alkisti City B4
12 Easy B1
13 Eleonora B2
14 Livadhiotis City B4

15 Petrou Bros. B2
16 Sun Hall C2

Essen
17 Chris' Kebab C5
18 Flavours C3
19 Militzis C5
20 Zephyros C5

Ausgehen
21 Brewery C3
22 Savino's Rock Bar C4
23 Times C3

Unterhaltung
24 Club Deep C3
25 Geometry B3
   Savino Live .... (siehe 22)

Shoppen
26 Academic & General B2
27 Emira Pottery B5
28 Fotinis Pottery C6
29 Handworks Handmade C4
30 Stavros Pottery C6
31 Studio Ceramics C6

Lazarusgrab GRAB
Die Grabstätte unter der Apsis der Kirche enthält nur wenige der Sarkophage, die in den Katakomben gefunden wurden. Rechter Hand führen Steinstufen dort hinab.

1972 entdeckte man unter dem Altar menschliche Überreste. Manche glauben, dabei handele es sich um die Gebeine des hl. Lazarus, die vielleicht von Priestern versteckt wurden, um einem Diebstahl vorzubeugen.

Byzantinisches Museum MUSEUM
(Eintritt 1 €; ⊙ Mo, Di, Do, Fr & So 8.30–13 & 15–17.30, Mi & Sa 8.30–13 Uhr) Ursprünglich wartete das auf dem Gelände der Agios Lazaros gelegene Museum mit zahlreichen unbezahlbaren Exponaten auf. Leider wurde die Sammlung auf Befehl der türkischen Rebellen zwischen 1964 und 1974 zur Verwahrung ins Fort verlegt. Später fand man heraus, dass die gesamte Kollektion verschwunden war. Nur der Katalog der Originalstücke ist geblieben. Über die Jahre versuchte das Museum, seinen Bestand mit vielfältigen byzantinischen Artefakten, Ikonen und kirchlichen Gerätschaften wieder aufzubauen. Zahlreiche Ausstellungsstücke wurden von russisch-orthodoxen Klerikern gespendet.

Pierides-Museum MUSEUM
(Zinonos Kitieos 4; Eintritt 1,70 €; ⊙ Mo–Do 9–16, Fr & Sa bis 13 Uhr) 1839 gründete Demetrios Pierides dieses Museum, um die Grabräuberei in der Region und den illegalen Handel mit wertvollen Artefakten aus der Gegend zu unterbinden. Die Sammlung, die seine Nachkommen noch erweiterten, ist in der Familienvilla von 1825 untergebracht. Sie enthält Exponate aus ganz Zypern mit englischen Erläuterungen. Die sechs Räume sind chronologisch angeordnet und führen durch die Landesgeschichte, von der mykenischen und achäischen Periode über die Eisenzeit, die römische Besetzung und die Zeit der byzantinischen Kreuzritter bis zu den Lusignan und der venezianischen und osmanischen Epoche. Hier kann man z. B. neolithische Ausstellungsstücke wie die berühmte hohle **Terrakottafigur** von ca. 5500 v. Chr. bewundern. Gießt man Wasser in den Mund des sitzenden Mannes, kommt es durch seinen Penis wieder heraus. Archäologen sind sich nicht einig, ob die Figur eine religiöse Bedeutung hatte oder nicht.

Außerdem gehören zur Sammlung fein gearbeitete griechische und römische Glaswaren und exquisite Webarbeiten, Stickerei-

Larnaka

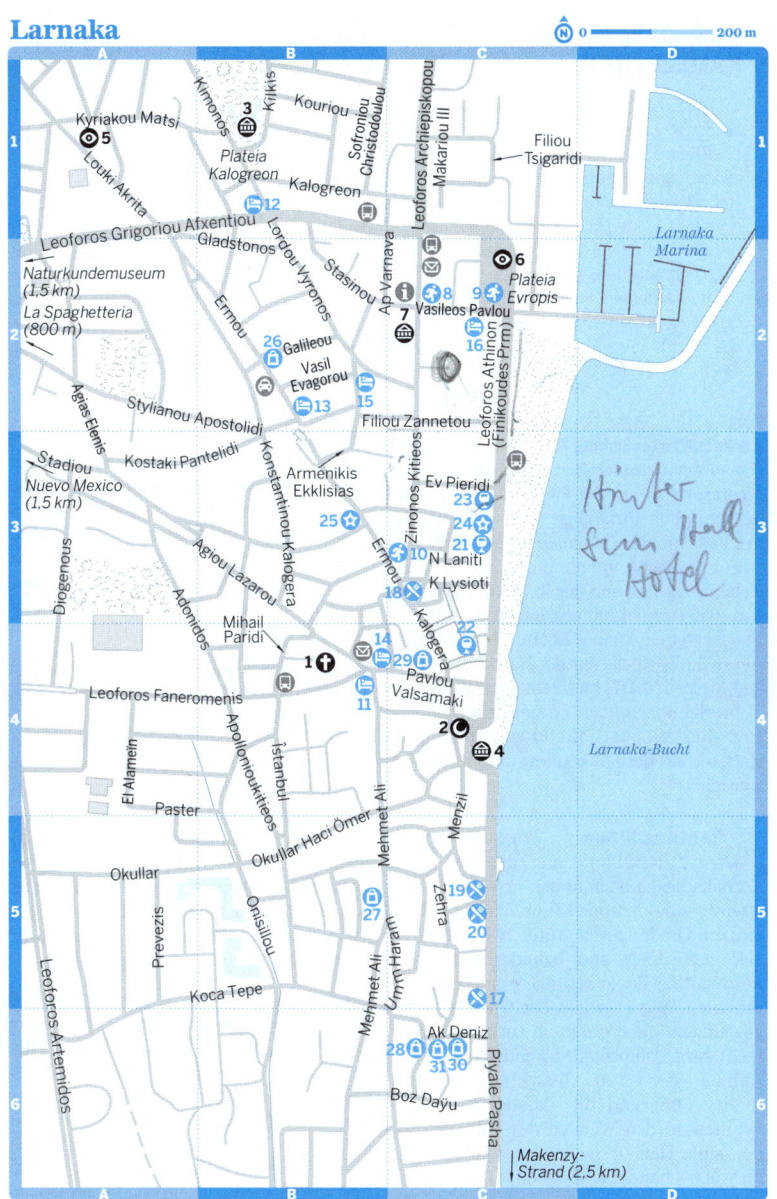

en, Holzschnitzereien und traditionelle volkstümliche Trachten.

Archäologisches Museum MUSEUM
(Plateia Kalogreon; Eintritt 1,70 €; ◎ Mo–Fr 9–14.30 & Do 15–17 Uhr) Larnakas zweites Museum liegt an der Aphrodite-Kulturroute und präsentiert eine umfangreiche Keramiksammlung aus der Zeit des alten Kition sowie ein rekonstruiertes **neolithisches Grab** aus Choirokoitia. Das Highlight der über fünf Räume verteilten Ausstellung sind die Votivfiguren aus Terrakotta.

> ### ZYPERN FÜR KINDER: KAMELREITEN
>
> Im **Mazotos Camel Park** (☎ 2499 1243; www.camel-park.com; Mazotos; Ritt Erw./Kind 9/6 €) kann man für 15 Minuten auf einem der gut dressierten, freundlichen Wüstentiere reiten. Außerdem gibt's einen Pool, einen Spielebereich und ein Restaurant, so dass man auch länger verweilen kann.
>
> Der Kamelpark liegt etwa 20 Autominuten von Larnaka entfernt und kostet 3 € Eintritt.

Fort — HISTORISCHE STÄTTE, MUSEUM
(Leoforos Athinon; Eintritt 1,70 €; ⊗Mo–Fr 9–19 Uhr) Das in der Lusignan-Zeit errichtete Fort am Meeresufer trennt die Finikoudes-Promenade vom alten türkischen Viertel. Es wurde um 1605 von den Osmanen umgestaltet.

Für Besucher sind nur die Architektur des Gebäudes selbst und der Blick auf die Küste von den Türmen interessant. In der oberen Etage zeigt ein kleines **Mittelaltermuseum** Ausstellungsstücke aus der Hala-Sultan-Tekke-Moschee (S. 117) und dem alten Kition.

Im Sommer finden im beeindruckenden Hof Konzerte und Kulturveranstaltungen statt, die auf der Finikoudes stark beworben werden.

GRATIS **Antikes Kition** — AUSGRABUNGSSTÄTTE
(⊗Mo–Fr 9–14.30 Uhr) Unter dem heutigen Larnaka liegen noch immer große Teile des alten Stadtkönigtums Kition. Was von dem antiken Ort freigelegt wurde, wird als Areal II bezeichnet und befindet sich 1 km nordwestlich des Zentrums. Wenn man den erhöhten Weg oberhalb der Überreste der gewaltigen Mauern nimmt, wirkt die Stätte recht karg. Am beeindruckendsten sind die Ruinen der fünf Tempel (aus dem 13. Jh. v. Chr.) und die Darstellungen von Schiffen an den Wänden des nahe gelegenen alten Hafens. Sie bestätigen, dass Kition von Seehandel treibenden Mykenern gegründet wurde.

Städtisches Kulturzentrum — MUSEUM
(Leoforos Athinon, Plateia Evropis) Das Kulturzentrum besteht aus fünf benachbarten Warenhäusern aus der Kolonialzeit, die 1881 von den Briten errichtet wurden. Es befindet sich an der Finikoudes-Promenade gegenüber dem Jachthafen.

Städtisches Kunstmuseum
(Eintritt frei; ⊗Di–Fr 9–14, Sa & So bis 12 Uhr) Hier kann man alte und zeitgenössische Werke lokaler Künstler bewundern. Monatlich wechselnd werden auch internationale Ausstellungsstücke aus europäischen Galerien gezeigt.

Paläontologisches Museum
(Eintritt 1,70 €; ⊗Di–Fr 9–14, Sa & So bis 12 Uhr) In dem Museum ist eine einzigartige Sammlung von Fossilien aus 500 Mio. Jahren zu sehen. Am spannendsten sind die Knochen, darunter Schädel, von heute ausgestorbenen Zwergflusspferden und -elefanten, die 10 000 v. Chr. auf Zypern lebten.

Städtisches Geschichtsarchiv
(Eintritt 1,70 €; ⊗Di–Fr 9–14, Sa & So bis 12 Uhr) Gleich neben dem Paläontologischen Museum beherbergt die restaurierte Residenz des ersten Hafenmeisters der Kolonialzeit das Städtische Geschichtsarchiv. Im Erdgeschoss werden alte Münzen aus Kition aus dem 6. Jh. präsentiert. Interessant sind auch die Fotos des alten Larnaka. Die ältesten datieren ins Jahr 1850.

Naturkundemuseum — MUSEUM
(Leoforos Grigoriou Afxentiou; Eintritt 0,85 €; ⊗Juni–Sept. Di–So 10–13 & 16–18 Uhr, Okt.–Mai Di–So 10–13 & 15–17 Uhr) In diesem Museum bekommt man eine tolle Einführung in die Naturgeschichte der Insel. Die Ausstellungsstücke stammen aus der Fauna und Flora, der Geologie, dem Unterwasserleben und der Insektenwelt. Vor Ort trifft man oft Schulgruppen. Kinder haben ihren Spaß, vor allem bei den Pelikanen, Flamingos, Pfauen und Makaken im Außenbereich des Museums. Im Garten gibt's auch einen kleinen Spielplatz.

Große Moschee — MOSCHEE
(Büyük Camii; Agias Faneromenis) Die Moschee am Eingang zu Larnakas **türkischem Viertel** mit seinem Labyrinth aus verschlafenen weiß getünchten Häuserzeilen ist der spirituelle Anlaufpunkt für die muslimische Gemeinde der Stadt. Sie blieb unberührt, als sich die türkische Gemeinde 1974 auflöste, und wird heute vor allem von Muslimen aus Nordafrika besucht.

Ursprünglich im 16. Jh. als lateinische Heilig-Kreuz-Kirche errichtet, ist das Gebäude später zu einer Moschee umgewandelt worden. Ende des 19. Jhs. wurde das Bauwerk restauriert. Der zugehörige kleine Friedhof mit gotisch aussehenden Grabsteinen ist interessanter.

Mousio Theasis AUSSTELLUNGSHAUS
(2465 8752; www.mousiotheasis.com; Louki Akrita 8; Museen 3 €; 10–17 Uhr) In dem schicken neuen Ausstellungshaus finden Veranstaltungen wie Open-Air-Konzerte und Kinovorstellungen statt. Außerdem gibt's eine Kunstgalerie und zwei Museen. Im einen wird Besuchern die byzantinische Periode durch Ikonografie nahegebracht, im anderen sind über 5000 interessante Eulenbildnisse zu sehen. Infos zu aktuellen Ausstellungen und Kulturveranstaltungen findet man auf der Website.

Yoga Room YOGA
(9764 8173; Ermou 169; 10–30 € pro Stunde) In dem kleinen zentral gelegenen Yogastudio werden Matten verkauft und gemütliche Kurse für maximal vier Personen abgehalten. Alternativ kann man seine Mitte auch in Einzelstunden finden.

Geführte Touren

Die **Cyprus Tourism Organisation** (CTO; 2465 4322; Plateia Vasileos Pavlou; Mo, Di, Do & Fr 8.15–14.30 & 15–18.15, Sa 8.15–13.30 Uhr) bietet kostenlose Führungen an, die einen tollen Einblick in die Anlage der Stadt und ihre ereignisreiche Geschichte geben. „Larnaka – Its Past & Present" beginnt jeden Mittwoch um 10 Uhr an der Fremdenverkehrszentrale und führt u. a. zur Finikoudes-Promenade sowie zur Agios Lazaros und zum Pierides-Museum.

„Skala – Its Craftsmen" startet jeden Freitag um 10 Uhr am Fort. Sie führt durch die Altstadt mit ihren traditionellen getünchten Häusern, Balkonen und Bogen, außerdem in Töpfereien und Werkstätten in den Seitenstraßen. Inklusive Pausen dauern die Rundgänge etwa zwei Stunden.

Feste & Events

Kataklysmos-Fest RELIGIÖSES FEST
Jedes Jahr im Juni findet 50 Tage nach dem orthodoxen Osterfest das Kataklysmos-Fest statt, das für die Hafenstadt Larnaka eine besondere Bedeutung hat. Kataklysmos heißt auf Griechisch „Flut" oder „Überschwemmung", gefeiert wird die Rettung Noahs aus der Sintflut.

An diesem Tag gibt's jede Menge fröhliche Wasserschlachten und auch an der Finikoudes geht's ziemlich lebhaft zu: Windsurfen, Kajakwettrennen und Schwimmwettbewerbe sind an der Tagesordnung. Abends locken auf der Promenade Freiluftkonzerte und an Basarständen wird alles Mögliche von Mais am Stiel bis hin zu kitschigem Klimbim verkauft.

Grüner Montag RELIGIÖSER FEIERTAG
50 Tage vor dem orthodoxen Osterfest läutet dieser offizielle Feiertag den Beginn der Fasten- und Bußzeit ein. Der Brauch sieht vor, dass man den Tag auf dem Land verbringt und mit Gemüse, Meeresfrüchten sowie Wein picknickt.

Musiksonntage MUSIKFEST
(Jan.–Mai & Nov.–Dez. So ab 11 Uhr) Auf der Seebühne an der Finikoudes gibt's an den Musiksonntagen Rock- und Jazzkonzerte, traditionelle Musik oder Tanzveranstaltungen. Wer auftritt, entnimmt man der kostenlosen im Buchhandel erhältlichen Broschüre namens *Larnaka this month*.

Essen

Larnaka beherbergt zahlreiche Lokale, deren Bandbreite von Souvlakibars bis zu Gourmetrestaurants reicht. Viele liegen direkt an der Promenade oder nahebei, vereinzelte Geheimtipps in den Seitenstraßen. Die Zyprer essen reichlich zu Mittag und halten spät Siesta. Abendessen bekommt man meist ab 19 Uhr, doch oft ist in den guten Läden vor 22 Uhr nicht viel los.

LP TIPP Voreas ZYPRISCH €€€
(2464 7177; Agiou Demetriou 3, Oroklini; Hauptgerichte 9–17 €; Mo–Sa abends, So mittags & abends) Zehn Minuten außerhalb der Stadt besticht dieses im Ort Oroklini gelegene traditionelle Haus mit Innenhof durch traditionelle Speisen, Gastfreundschaft und ein schönes Umfeld. Das saftige Fleisch und die Meze-Gerichte mit wildem Gemüse sind aromatisch gewürzt und werden in üppigen Portionen serviert.

Zephyros FISCHTAVERNE €€€
(Piyale Pasha 37; Hauptgerichte 9–18 €) Der hervorragende Service in der modernen Taverne unweit des Hafens und das fantastische Fisch-Meze sprechen für sich. Besonders lecker sind die Calamari und die silbrigen Sardinen. Wer einmal hier gegessen hat, kommt mit Sicherheit wieder.

Militzis ZYPRISCH €€
(Piyale Pasha 42; Hauptgerichte 9–12 €) Das Militzis am Meer hat einen klassischen Innen- und Außenhof mit Blick auf überkuppelte *fourno* (traditionelle Öfen), in denen den ganzen Tag über unglaublich zartes Lammfleisch und Hühnchen schmoren. Auf der

ZU HEISS ZUM GEHEN?

In dem Fall sind die neuen **Larnaka City Cruisers** (7000 5960; Leoforos Athinon) eine gute Alternative. Die modernen Dreiräder werden von einem freundlichen Reiseveranstalter gestellt, der thematische **Radtouren** durch das Stadtzentrum sowie zu den Themen Kunsthandwerk und Geschichte anbietet (Letztere ist die beste). Auf jedem Ausflug hält man 20- bis 30-mal an und man kann sich umschauen. Die Guides versorgen einen eifrig mit Informationen. Jede Tour kostet 12 € und dauert etwa eine Stunde. Eine tolle Art, die Stadt kennenzulernen. Los geht's an der Plateia Evropis auf der Finikoudes.

Karte stehen schlichte zyprische Meze-Gerichte mit Halloumi, Riesenbohnen und *bourgouri* (Weizenschrot).

Flavours GRILLFLEISCH €€€
(25 Kosma Lysioti; www.stonegrillflavors.com; Hauptgerichte 18 €) Am Ende der Ermou kommen Fleischliebhaber in den Genuss einmaliger Gerichte vom „Steingrill". Das Filet kommt roh auf einem heißen Vulkanstein auf den Tisch und kann nach Belieben gebraten werden.

La Spaghetteria ITALIENISCH €€
(Stylianou 1; Hauptgerichte 7–12 €;) In diesem kleinen Lokal gibt's zahlreiche günstige, schmackhafte Gerichte. Ob traditionelle Spaghetti Bolognese oder hauchdünne köstliche Pizzen – alle Speisen sind hübsch angerichtet und ebenso lecker. Dazu trinkt man italienische Importbiere (Peroni) ab 3 € sowie hervorragende Weine.

Nuevo Mexico MEXIKANISCH €€€
(Leoforos Artemidos 10; www.nuevomexico.com.cy; Hauptgerichte 8–15 €) Im Obergeschoss des neuen Restaurants bereiten mexikanische Köche leckere Gerichte wie Quesadillas und Enchiladas zu. Helle Farben, gemütliche Stühle und freundliches Personal machen das Nuevo Mexico zu einem tollen Treffpunkt für Familien. Zwischendurch überraschen das Thekenpersonal und die Kellnerinnen ihre Gäste gern mit spontanen Salsa-Shows.

Zakos Beach FISCH & MEERESFRÜCHTE €€€
(Makenzy-Strand; www.zakosbeach.com; Hauptgerichte 8–18 €; 9–23.30 Uhr) Mit Blick auf den schönsten Strand der Stadt wird an traditionellen langen Tischen frisches Fisch-Meze serviert. Der saftige Tintenfisch in Zitrone und Gewürzen schmeckt am besten zu einem Glas Aphrodite-Wein.

Chris' Kebab FAST FOOD €
(Piyale Pasha; Hauptgerichte 6 €; 12–22 Uhr) Die winzige Souvlakibar hat nur wenige Tische im Freien. Wir empfehlen die zarte Hühnchen-Pita mit hausgemachter Tahinasoße. An windigen Tagen kann Gischt spritzen.

Ausgehen

Larnakas Kneipenszene konzentriert sich auf die Finikoudes, in der sich Bars und Cafés verschiedenster Couleur aneinanderreihen. Kleinere und in der Regel günstigere Pubs sowie *kafeneia* (Cafés) liegen in den vom Meer wegführenden Nebenstraßen. Die meisten haben bis nach Mitternacht geöffnet.

LP TIPP Ammos BAR
(www.ammos.eu; Makenzy-Strand; 9 Uhr–open end) Das Ammos („Sand") ist ein blendend weißer Schuppen in perfekter Strandlage, der täglich bis spätnachts geöffnet hat. In der stilvollen Bar kann man essen, trinken, entspannen oder auf der offenen Dachterrasse zu einem Mix aus urbanem House und lässigem Funk tanzen. Hier darf man ruhig die Schuhe ausziehen und auf dem weichen weißen Sand durch den Innenraum laufen.

Savino's Rock Bar BAR
(9 Ouotkins, Laiki Geitonia; 19 Uhr–open end) Die winzige einladende Kneipe mit einem Hartholztresen und Bildern von Rocklegenden an den Wänden versteckt sich direkt neben der Hauptpromenade. Im Hintergrund laufen Classic Rock, Jazz und Blues. Der Laden platzt schnell aus allen Nähten, doch glücklicherweise kann man auf das gegenüberliegende, dazugehörige Savino Live ausweichen, wenn es zu eng zum Tanzen wird.

Times BAR
(Leoforos Athinon 73; 10–1 Uhr) In der schicken Café-Bar am Meer sorgen coole weiße Sofas an der Wand für moderne Stimmung. Sie eignet sich toll zum Chillen und Cocktailtrinken. Sonntags gibt's Livejazz, freitags Funky House und mittwochs Rock. Anschließend ziehen die schick gekleideten Gäste weiter in den benachbarten Club Deep.

Brewery BRAUEREI
(Leoforos Athinon 77; 10–1 Uhr) Hier kann man sein Bier aus Minizapfanlagen direkt am

Tisch einfüllen. Die Auswahl an exklusiven Lager-Bieren, Ales sowie Sorten mit Kirsch-, Limetten- und Passionsfruchtgeschmack ist groß. Zu den Snacks gehören leckere, aber nicht ganz günstige Burger.

☆ Unterhaltung

Viele Touristen und Partysuchende zieht es nach Agia Napa mit seiner erstklassigen Club- und Barszene, aber auch in Larnaka gibt's ein paar entspannte Läden. Am Meeresufer und in den umliegenden Straßen befinden sich einige gute Clubs, doch bei unserem Besuch war die Gegend rund um den Makenzy-Strand total angesagt.

Im Sommer steigen regelmäßig Strandfeten mit Gast-DJs aus der ganzen Welt, außerdem kann man in den Beach Bars den ganzen Tag lang trinken und tanzen. Musikveranstaltungen werden überall in der Stadt auf Plakaten angekündigt.

Savino Live LIVEMUSIK
(9 Ouotkins, Laiki Geitonia; ⊙Mi–Fr & Sa) Diese Liverock-Location bietet Platz für bis zu 300 Gäste und ist meist voll. Musik schallt von der Bühne und auf der offenen Tanzfläche lässt es sich prima die Nacht durchtanzen. Bands aus ganz Zypern spielen hier klassischen Blues, Jazz und Rock.

Geometry NACHTCLUB
(Karaoli & Demetriou 8; ⊙Fr–So) Der Eingang, eine beleuchtete Spiegelrampe, sieht aus wie die Kombination aus einem Retro-Raumschiff und dem Videoclip zu „Billy Jean". Im Inneren ist das Geometry ein dekadenter Schuppen mit geometrischen Lichtmustern und -prismen, der sich an ein schickes Publikum richtet. Die DJs legen eine gute Mischung aus Trance, Club und griechischer Musik auf. Wer die Location besuchen möchte, sollte es den Einheimischen nachmachen und sich angemessen kleiden.

Club Deep NACHTCLUB
(Leoforos Athinon 76; ⊙Mo–So) Auf den zwei Dancefloors dieses Ladens am Meer wird die ganze Nacht über getanzt. Im unteren Teil läuft entspannter Trance und Progressive House. Der Hauptclub (Deep) hat eine riesige Tanzfläche mit Old School, R&B und Mainstream Dance. Nach Mitternacht trudelt das junge Publikum in Scharen ein.

K Cineplex KINO
(☎Ticketverkauf 2436 2167; www.kcineplex.com; Peloponisou 1; ⊙Ticketschalter Mo–Fr 17–22.30 Uhr) Cineplex-Kino mit sechs Sälen, Stereo-Surround-Sound, geräumigen Liegesitzen und den üblichen Hollywood-Blockbustern im Programm. Alle Filme werden im Original mit griechischen Untertiteln gezeigt. Nur bei Animationsstreifen gibt's entweder griechische oder englische Untertitel. Im Gebäude befinden sich auch die Kmax-Bowlingbahn (☎7777 8373) mit zwanzig Bahnen, ein Billardlokal und ein irisches Pub-Restaurant namens Finnegan's. Der Komplex liegt zehn Autominuten westlich des Stadtzentrums in der Nähe des Kamares-Aquädukts.

🛍 Shoppen

Töpferware spielt in Larnaka eine bedeutende Rolle. Aus diesem Grund gibt's im alten türkischen Viertel zahlreiche hochwertige Keramikwerkstätten.

Stavros Pottery KERAMIK
(www.stavrosceramics.com; Ak Deniz 8) Schwungvolle Raku-Keramik mit Elementen des kreativen Künstlers Stavros.

Studio Ceramics KERAMIK, KUNSTHANDWERK
(www.studioceramicscyprus.com; Ak Deniz 18) Von alter zyprischer Kunst inspirierte mittelalterliche Töpferei. Die Repliken der Stücke aus dem Pierides-Museum sind herausragend.

Fotinis Pottery KERAMIK
(Bozkourt 28) Schöne Schüsseln und Teller für den Alltag, verziert mit Granatäpfeln, die während der heidnischen Zeit der Insel als Fruchtbarkeitssymbol galten.

Emira Pottery KERAMIK
(www.emirapottery.com; Mehmet Ali 13) Hier werden u. a. einzigartige, fein gemusterte Teller und traditionelle zyprische Kochtöpfe verkauft. Wer möchte, kann sich auch selbst am Töpfern versuchen.

Handworks Handmade SCHMUCK, ACCESSORIES
(www.handworkshandmade.com; Pavlou Valsamaki 22) 50 m von der Agios-Lazaros-Kirche entfernt werden in dem vielseitigen Laden in Richtung des Meeres unzählige Anhänger, Steine, Reifen, Ringe und Armbänder in allen Materialien von Holz bis Silber feilgeboten. Eine günstige Adresse für Geschenke und Erinnerungsstücke.

📌 LP TIPP Academic & General BÜCHER
(☎2462 8401; Ermou 41) Im Academic & General kann man problemlos einen ganzen Tag verbringen. Zum Angebot gehören Tausende englische Bücher, darunter Klassiker, Geschichts- und Philosophiewerke und Lektüre

zu Zypern. Außerdem gibt's eine riesige Secondhandabteilung mit Romanen, die sich perfekt als Strandlektüre eignen. Das freundliche Personal ist auf seltene, schwer zu findende Bücher spezialisiert. Im Sommer werden außerdem Kulturevents organisiert. Besucher sind eingeladen, sich einen Kaffee zu holen und es sich auf einem der Sofas in der Lounge oben bequem zu machen.

Praktische Informationen

GELD Bank of Cyprus (2414 4141; Zinonos Kitieos) Gegenüber der CTO.
Marfin Laiki Bank (2481 4422; Lord Byron 33)
INTERNETZUGANG WLAN gibt's überall entlang der Finikoudes.
Amalfi Café (Lord Byron 35; 1,90 € pro Std.; 10–1 Uhr) Im Stadtzentrum. Mit Billardtischen und Spielen.
Replay (Leoforos Athinon; 2,50 € pro Std.; 10–1 Uhr) An der Hauptpromenade.
MEDIZINISCHE VERSORGUNG Krankenhaus (2480 0500; Leoforos Grigoriou Afxentiou)
Apotheke mit Nachtdienst (1414)
POLIZEI Wache (2480 4040; Ecke Leoforos Grigoriou Afxentiou u. Leoforos Archiepiskopou Makariou III) Am Haupteingang zur Finikoudes.
POST Ein **Postamt** (Plateia Vasileos Pavlou) liegt nahe der CTO, eine weitere kleinere Filiale unweit der Agios-Lazaros-Kirche.
TOURISTENINFORMATION CTO Flughafen (2464 3576; 8.15–23 Uhr); Larnaka (2465 4322; Plateia Vasileos Pavlou; Mo, Di, Do & Fr 8.15–14.30 & 15–18.15, Sa 8.15–13.30 Uhr)

An- & Weiterreise

BUS InterCity (2464 3492; www.intercitybuses.com; einfache Fahrt/Tages- bzw. Hin- & Rückfahrticket 3/5 €) Die Busse fahren an der Haltestelle Finikoudes an der Strandseite in der Mitte der Hauptpromenade ab.
Ihre Ziele:
Agia Napa und Paralimni Werktags zwischen 6 und 19.30 Uhr mindestens stdl., am Wochenende zwischen 8 und 16.30 Uhr.
Lefkosia Werktags zwischen 6 und 19.30 Uhr mindestens stdl., am Wochenende zwischen 6.30 und 16 Uhr.
Lemesos Werktags zwischen 6 und 19 Uhr mindestens stdl., am Wochenende zwischen 8.30 und 17.30 Uhr.
FLUGZEUG Larnakas neuer internationaler **Flughafen** (Fluginformation 2464 3000) liegt 7 km südwestlich des Stadtzentrums. Dort landen Direktflieger aus allen größeren europäischen Städten und Nordafrika.

SCHIFF/FÄHRE Larnaka Marina (2465 3110; larnaca.marina@cytanet.com.cy), ein offizieller Einreisehafen nach Zypern, bietet zahlreiche Liegeplätze und ist stark frequentiert. Aus diesem Grund muss man Liegeplätze im Voraus reservieren.
SERVICETAXI Travel & Express (2466 1010; www.travelexpress.com.cy; Kimonos 2) betreibt (Gemeinschafts-)Taxis zu allen wichtigen Zielen außer zum Flughafen:
Agia Napa–Paralimni–Protaras Eine Fahrt zu einem dieser drei Ziele kostet 9 €.
Lefkosia 9 €, 40 Min.
Lemesos 11 €, 1 Std.
Pafos 21 €, 1 Std. 40 Min.
TAXI Ausgewählte Preise und Fahrtdauer:
Agia Napa 35–43 €, 30 Min.
Lefkosia 42–50 €, 35 Min.
Lemesos 50–60 €, 1 Std.
Pafos 105 €, 1 Std. 40 Min.
Troodos 80–90 €, 1 Std.

Unterwegs vor Ort

AUTO & MOTORRAD Am Flughafen gibt's zahlreiche Autovermietungen.
Andreas Petsas Rent-a-car (2464 3350; Flughafen)
Anemayia Car, Motorbike & Bicycle Rentals (9962 4726) Vermietet auch Motorjachten, Mopeds und Buggys.
Thames Car Rentals Larnaka (2465 6333; Vasileos Pavlou 13); Flughafen (2400 8700).
BUS Blaue **Regionalbusse** (2466 5531; www.zinonasbuses.com) fahren zur und von der Haltestelle gegenüber der Polizeiwache. Alle Bezirke werden fünf- bis sechsmal täglich angesteuert. Tagestickets kosten 2 €, Fahrpläne findet man auf der Website.
FAHRRAD Anemayia (2465 8333; 19 Leoforos Archiepiskopou Makariou III; 10 € pro Tag) verleiht Fahrräder und liefert sie kostenlos an.
VOM/ZUM FLUGHAFEN Die Busse 417 und 431 verkehren von der zentralen Polizeiwache und der Finikoudes zum Flughafen (1 €, 30 Min.). Der erste Bus startet um 6.20, der letzte (431) um 21 Uhr (im Winter um 17.45 Uhr).

Für die zehnminütige Taxifahrt zahlt man 15 bis 20 €. Das **Stavrakis Taxi Office** (2465 5988; Ermou 64) befindet sich im Stadtzentrum.

RUND UM LARNAKA

Unterwegs vor Ort

Am besten erkundet man das Umland von Larnaka (und auch den Rest von Zypern) mit einem eigenen Verkehrsmittel. Alternativ kann man aber auch eine Sightseeingtour mit **Love Buses**

(☎ 9776 1761; Leoforos Athinon, Larnaka; 10 €
pro Pers.; ⓘ 11–17.30, Abendfahrten im Sommer
20.30 & 22 Uhr) unternehmen, einem knallroten,
oben offenen Bus, der direkt aus London stammen könnte. Dieser hält u. a. am Salzsee von
Larnaka, an der Hala Sultan Tekke und am Kamares-Aquädukt. Samstags gibt's eine Fahrt zur
Panagia Angeloktisti in Kiti und in den kinderfreundlichen Mazotos Camel Park. Auf dem
Oberdeck des Busses wird es heiß, deshalb sollte
man Wasser und einen Sonnenhut mitbringen.

🏖 Strände

Im Vergleich zu denen in Agia Napa und an
der Ostküste sind Larnakas Strände ein wenig langweilig. Bei den meisten handelt es
sich um festgetretene, graue Sandstreifen
und gelegentlich auch Kieselstrände. Das
Wasser ist in der Regel sehr flach und eignet
sich deshalb wunderbar für Kids.

Makenzy STRAND
Der wohl schönste Strand der Stadt erstreckt sich 2 km südlich von Larnaka hinter
der Piyale Pasha.

Finikoudes STRAND
Sauberer, flacher Strand mit Sonnenliegen
und allen möglichen Annehmlichkeiten.

Stadtstrand der CTO STRAND
Dieser Strand mit zahlreichen Tavernen, Restaurants und Hotels befindet sich an der
Straße nach Dekelia, östlich von Larnaka
und ist beliebt bei den Einheimischen.

Kap Kiti & Perivolia STRAND
Südwestlich von Larnaka erreicht man diese
beiden abgelegenen, schmalen Strände mit
großen weißen Steinen und flachem Wasser.
An der Seite des Kaps Richtung Perivolia
herrscht oft eine steife Brise, sodass man
hier Kite- und windsurfen kann. Eine eigene
Ausrüstung ist erforderlich.

Kamares-Aquädukt

Das vom osmanischen Gouverneur Bekir Pasha 1746 bewilligte und im klassisch römischen Stil gebaute Aquädukt – einige Historiker nehmen an, dass es tatsächlich von den
Römern errichtet und von den Osmanen
nur instand gesetzt wurde – sollte Larnakas
Trinkwasserprobleme beheben. Ursprünglich beförderte es Wasser aus einer 10 km
weiter südlich gelegenen Quelle über unterirdische Tunnel, Hunderte Schächte und
zahlreiche überirdische Bogen, deren Überreste von der Autobahn nach Lemesos aus
noch zu erkennen sind. Das Aquädukt wurde bis in die 1950er-Jahre hinein genutzt.
Heute wird es „der Kamares" oder „die Bogen" genannt. Die Gemeinde Larnaka veranstaltet Konzerte auf dem Gelände vor dem
Aquädukt, das nachts prächtig angestrahlt
ist. Es befindet sich nahe dem K Cineplex an
der alten Straße nach Lemesos.

Hala Sultan Tekke (Tekkesi)

Inmitten von Dattelpalmen, Zypressen und
Olivenbäumen stehen Moschee und **Tekke**
(Schrein; Eintritt frei, Spende erwünscht; ⓘ Mai–
Sept. 9–19.30 Uhr, Okt.–April 9–17 Uhr) am Rand
des Salzsees von Larnaka. Manche erachten
sie als drittheiligste muslimische Stätte der
Welt. Der Schrein wurde 674 während arabischer Angriffe auf Zypern errichtet. Es heißt,
Umm Haram, die verehrte Amme des Propheten Mohammed, sei genau an dieser
Stelle von ihrem Maultier gestürzt und gestorben. Die Anlage besteht aus ihrem Grab
samt Mausoleum und Schrein (1760), einer
Moschee, einem Minarett und einem Kloster
(alle aus dem späten 18. Jh.). Das freigelegte
Grab und der Sarkophag von Hala Sultan
(Umm Haram), was auf Türkisch „hochgeachtete Mutter" bedeutet, ist links vom Eingang in einer Art Höhle zu sehen.

Die Moschee selbst wird noch genutzt. Ihren Boden bedecken Gebetsmatten; vor dem
Betreten muss man die Schuhe ausziehen.

Die Hala Sultan Tekke befindet sich 1 km
abseits der Hauptstraße zwischen Larnaka
und dem Flughafen.

Larnaka-Salzsee

Im Winter füllt sich das Schutzgebiet mit
Regenwasser und bildet einen wichtigen Lebensraum für Zugvögel, Flamingos, Wildenten und Wasservögel. Wenn es Sommer
wird, trocknet der See langsam aus und die
Vögel ziehen weiter. Dann überzieht ihn eine
verkrustete Salzschicht, die unter den Hitzewellen weiß schimmert.

Archäologen fanden heraus, dass der zentral gelegene See (von den Einheimischen
Aliki genannt) in prähistorischen Zeiten ein
natürlicher Hafen war, der wichtigen Handel mit der Insel ermöglichte. In der späten
Bronzezeit befand sich eine recht große
Stadt nahe der Stelle, wo heute die Hala Sultan Tekke steht. 1050 v. Chr. wurde sie von
ihren Bewohnern verlassen und kurz darauf
fiel der Wasserweg trocken und der Salzsee

entstand. Jahrhundertelang wurde das Salz abgebaut und bildete ein wichtiges Exportgut Zyperns. Für die Ernte zog man temporär genutzte Häuser hoch und setzte Esel ein, die das Salz in großen geflochtenen Körben abtransportierten. In den 1980er-Jahren verlangsamte sich die Produktion und die Kosten stiegen, weshalb der Salzabbau eingestellt wurde.

Selbst mit einem Allradfahrzeug sollte man nicht über den See fahren, da man hier stecken bleibt. Es wird auch nicht empfohlen, ihn zu Fuß zu überqueren, aber entlang der Ufer erstrecken sich tolle Naturpfade.

Kiti & Umgebung

3140 EW.

In Kiti, einem Dorf 9 km südwestlich von Larnaka, steht die Kreuzkuppelkirche **Panagia Angeloktistos** (Eintritt frei, Spenden willkommen; ⊙ Juni–Sept. Mo–Sa 9.30–12 & 14–16 Uhr) aus dem 11. Jh. Das Bauwerk, dessen Name „von den Engeln erbaut" bedeutet, beherbergt ein außergewöhnliches **Mosaik der Jungfrau Maria** aus dem 6. Jh. Dieses wurde erst 1952 in den Ruinen der ursprünglichen Apsis aus dem 5. Jh. entdeckt, die in das heutige Gebäude integriert wurde. Das wundervoll erhaltene Bildwerk zeigt Maria auf einem juwelenbesetzten Podest mit dem Jesuskind im Arm, rechts und links von ihr befinden sich die Erzengel Gabriel und Michael. In der Kirche werden noch immer regelmäßig Gottesdienste abgehalten.

Reist man weiter an der Küste entlang, erreicht man das Dorf **Perivolia** und das **Kap Kiti**. Neben Steilklippen und einem Leuchtturm gibt's dort ein paar herrlich ruhige Hotels und einfache Eisdielen.

Stavrovouni-Kloster

Dieses **Kloster** (⊙ April–Aug. 8–12 & 15–18 Uhr, Sept.–März 8–12 & 14–17 Uhr) thront abgeschieden auf dem 668 m hohen Gipfel des Stavrovouni, wörtlich übersetzt „Kreuzberg". Es soll das älteste Bauwerk seiner Art auf der Insel sein und einen Teil des Heiligen Kreuzes beherbergen, das Helena, die Mutter des Herrschers Konstantin des Großen, bei ihrer Rückkehr aus Jerusalem 327 hierherbrachte. Nachdem sie den Mönchen die Reliquie übergeben hatte, wurde das Kloster errichtet. Inzwischen wird das kostbare Stück in einem verzierten 1,2 m hohen Silberkreuz in der Kirche aufbewahrt.

Heute bekäme es allerdings selbst die hl. Helena nicht mehr zu Gesicht, da Frauen der Zugang zur Anlage verwehrt ist. Dennoch lohnt die Stätte allein wegen des unverbauten Blicks auf die Ebene von Mesaoria einen Abstecher. An klaren Tagen sieht man Famagusta im Osten, das Troodos-Gebirge im Nordwesten, Larnaka und den Salzsee und in der Ferne das blaue Mittelmeer.

Besucher lassen sich am besten im sonnigen Hof vor der Kirche nieder, bestaunen den Glockenturm und sinnen über das Leben der Mönche nach. Während männliche Traveller die vielen Ikonen und Kreuzgänge bewundern können, dürfen Frauen nur die kleine Allerheiligenkirche außerhalb des Klostergeländes besichtigen. Zu dem Souvenir- und Buchladen mit einer großen Auswahl an Bibeln, Gesangsbüchern und religiösen Objekten haben aber wieder alle Touristen Zutritt. Für 4 € bekommt man handgemachte Gebetsarmbänder, die sich toll als Souvenirs eignen.

Stavrovouni ist noch immer eine aktive religiöse Gemeinde mit zahlreichen Mönchen, die sich einem asketischen Leben verschrieben haben. Besucher sind willkommen und können auf Wunsch die Beichte ablegen, sollten aber nur während der Öffnungszeiten kommen. Fotografieren ist im Kloster verboten. Passionierte (männliche) Pilger werden vielleicht von den Brüdern eingeladen, über Nacht zu bleiben, mit ihnen zu meditieren und ihr Mahl aus selbst angebautem Obst und Gemüse zu teilen.

Das Kloster liegt 17 km von Larnaka entfernt an der Autobahn zwischen Lefkosia und Lemesos (A1).

Choirokoitia

Die gut erhaltene **Ausgrabungsstätte aus neolithischer Zeit** (Eintritt 1,70 €; ⊙ Mai–Sept. Mo–Fr 9–19.30, Sa & So bis 17 Uhr, Okt.–April tgl. bis 17 Uhr) datiert auf etwa 7000 v. Chr. Als älteste menschliche Siedlung Zyperns gehört sie seit 1998 zum Unesco-Welterbe. Sie soll von Einwohnern Anatoliens und Kleinasiens gegründet worden sein, erstreckt sich auf einem gut zu verteidigenden Hügel und ist von einer langen Befestigungsmauer umgeben. Vor Ort hat man über 50 Rundhäuser aus Stein und Lehm sowie prähistorische Utensilien gefunden, die darauf hindeuten, dass Choirokoitias Siedler einen gehobenen Lebensstil mit fortschrittlicher Jagd und Ackerbau pflegten. Ihre Toten bestatteten sie unter ihren Behausungen, wie Überreste

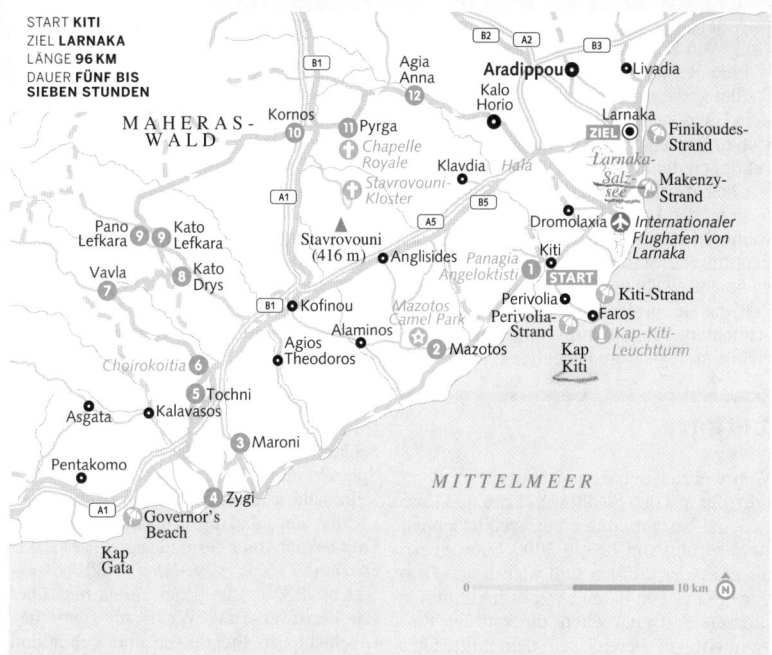

START **KITI**
ZIEL **LARNAKA**
LÄNGE **96 KM**
DAUER **FÜNF BIS SIEBEN STUNDEN**

Spritztour
Kunsthandwerk aus traditionellen Dörfern

› Von der ❶ **Panagia-Angeloktisti-Kirche** in Kiti nimmt man die 403 Richtung Westen zum Dorf ❷ **Mazotos**. Toll für Kinder ist der dortige Kamelpark. Dann geht's westlich auf der alten Küstenstraße über Felder und karges Land. Nach 17 km Fahrt mit Blick aufs Meer erreicht man den hübschen Weiler ❸ **Maroni**, wo man Gurken aus der Region kaufen und einen griechischen Kaffee trinken kann. Von hier führt eine kurze Straße Richtung Südwesten nach ❹ **Zygi**, ein winziges Dorf mit einigen der besten Fischtavernen der Insel. Wenn man sich gestärkt hat, fährt man 1 km nach Westen, dann landeinwärts und rechts auf die B1, die unter der Autobahn A1 durchführt. Nach 6 km biegt man links ins Tal und ins lieblich gelegene ❺ **Tochni** ab. Die nördliche Straße aus dem Ort heraus verläuft 4 km zur beeindruckenden prähistorischen Siedlung ❻ **Choirokoitia**. Von dieser neolithischen Stätte klettert der Weg stetig bergan Richtung Inland und ❼ **Vavla** mit seinen wunderbar restaurierten Häusern. Als Nächstes kommt man ins schöne, gut ausgeschilderte Steindorf ❽ **Kato Drys** mit idyllischen Balkonen. Nach vier weiteren Kilometern erreicht man die für ihre Spitzen und Silberschmiedekunst bekannten Örtchen ❾ **Pano und Kato Lefkara**, in denen man durch die abschüssige Altstadt bummelt oder um Waren feilscht. Von Pano Lefkara fährt man 7 km auf einem guten Straßenabschnitt Richtung Norden, bis man linker Hand den Damm von Lefkara sieht. Anschließend folgt man der abschüssigen Strecke weiter ins 16 km entfernte Töpferdorf ❿ **Kornos**. Hat man ein paar Souvenirs erstanden, geht's der Straße und den Schildern Richtung Osten nach durch die Unterführung (erneut unter der Autobahn hindurch) in das Dorf ⓫ **Pyrga** mit seiner von den Lusignan erbauten **Chapelle Royale** (ausgeschildert als „Medieval Chapel") aus dem 14. Jh. Die Kirche ist der hl. Katharina geweiht und beherbergt schöne Fresken. 4 km nördlich des Ortes biegt man rechts (Richtung Osten) auf die 104 ab, gönnt sich in ⓬ **Agia Anna** ein paar Meze-Gerichte und macht sich auf den Rückweg nach Larnaka.

von mehr als 20 Skeletten, darunter auch einige von Kindern, belegen.

Eine Reihe Pfade führen rund um die Siedlung, deren schönste Befunde oben auf dem Hügel zu sehen sind. Am Fuß der Stätte stoßen Besucher auf anschauliche Rekonstruktionen der ursprünglichen Häuser.

Choirokoitia liegt 32 km von Larnaka entfernt an der Autobahn nach Lemesos. 10 km weiter Richtung Lemesos erreicht man die neolithische Stätte in **Tenta (Kalavasos)**, zu erkennen an dem riesigen kegelförmigen Zelt, das sie vor der Witterung schützt. Diese schlichtere Version von Choirokoitia ist archäologisch genauso bedeutend.

Lefkara

1100 EW.

Während der Renaissance galt dieses Bergdorf, das aus den Siedlungen Pano und Kato Lefkara besteht, mit einer wohlhabenden Bevölkerung von knapp 5000 Einwohnern als einer der größten und wichtigsten Orte der Insel. Schon damals war es berühmt für filigrane Spitzenarbeiten, die von den Einwohnerinnen bereits seit dem Mittelalter gefertigt werden, und für die feinen Silberschmiedearbeiten der Männer, die Sticktechniken in Edelmetall umsetzten.

Da viele reiche Siedler und Reisende hierherkamen, rüstete sich Lefkara, eine angesehene Stadt zu werden. Obwohl es dies nicht ganz schaffte, wartet es noch immer mit einer hübschen Lage inmitten von steilen Tälern voller Pinien und wilder Johannisbrotbäume auf. Enge Kopfsteingassen und traditionelle Häuser spiegeln charmant einen eindeutig venezianischen Einfluss wider.

1481 soll Leonardo da Vinci den Ort besucht und ein schönes Stück Spitze für den Altar der Kathedrale von Mailand erworben haben. Noch immer strömen Spitze- und Silberliebhaber aus aller Welt herbei und werden nicht enttäuscht. Ladenbesitzer sitzen vor ihren Geschäften, sticken und fordern Besucher auf, „unverbindlich" ihre Arbeit anzuschauen oder einen Blick auf ihre Waren zu werfen. Manche sind übereifrig, die meisten jedoch freundlich. Die Spitze ist von einmaliger Qualität, kann aber sehr teuer sein, sodass man feilschen sollte. Im Dorf selbst findet man die beste Qualität und größte Auswahl. In der Regel verbergen sich die schönsten Stücke in den Geschäften und werden nicht draußen ausgestellt.

Nach der Souvenirjagd kann man sich eine Tüte getrockneter Früchte der Saison kaufen, durch die Gassen bummeln und die wunderschönen alten Türen, Eingänge sowie versteckten Höfe erkunden. Schilder in den Nebenstraßen weisen den Weg zum **Museum für traditionelle Stickerei & Silberschmiedekunst** (Eintritt 1,70 €; ⊙ Mo–Do 9.30–16, Fr & Sa 10–16 Uhr), das im ehemaligen Wohnhaus einer der reichsten Familien Lefkaras untergebracht ist. Das Gebäude umschließt einen großen Innenhof mit einem restaurierten Ofen im Freien sowie Granatapfel- und Zitronenbäumen. Im Erdgeschoss befinden sich Kühlkammer, Wohnzimmer und Speiseraum. Zur Dekoration gehören riesige Tontöpfe, traditionelle Utensilien, Werkzeug, Möbel, originale Spitze und Silberarbeiten. Im Obergeschoss stößt man auf eine prächtige Halle, eine Werkstatt und Schlafzimmer mit antiken Toilettentischen, Spiegeln und Betten.

Im nahe gelegenen Skarinou zieht das verrückte, von Madame Tussauds inspirierte **Fatsa-Wachsmuseum** (Georgiou Papandreou; Erw./Kind 5/3,50 €; ⊙ Okt.–März 9–17.30 Uhr, April–Sept. bis 18.30 Uhr) Besucher an. Es zeigt über 120 Kunstwerke aus Wachs zur zyprischen Geschichte, zu Ereignissen und Kultur und Darstellungen prominenter Bürger wie Präsidenten, Kriegshelden und religiöser Anführer. Im Café-Restaurant werden Snacks verkauft.

Das beste Mittagessen der Stadt bekommt man im **Lefkara Hotel & Restaurant** (www.lefkarahotels.com; 42 Timiou Stavrou Pano Lefkara; Hauptgerichte 12 €), dessen alte Mauern die winzige **St.-Mamas-Kirche** (ca. 974) einschließen. An schummrig beleuchteten Tischen werden Köstlichkeiten wie selbst angebautes, frisches Gemüse, zart geräuchertes Schweinefilet mit Halloumi, getrocknete Tomaten und warmer *bourgouri* serviert.

Man erreicht Lefkara über die Autobahnstrecke zwischen Lefkosia und Lemesos (A1) oder über die reizvolle Straße von Choirokoitia über Vavla. Täglich verkehrt ein Bus (1 €, Mo–Sa) zwischen Lefkara und Larnaka, der um 7 Uhr in Lefkara startet und um 13 Uhr aus Larnaka zurückkommt.

AGIA NAPA

2680 EW.

Phänomenales Wetter und perfekte Strände haben dieses unauffällige Fischerdorf in das beste Partyziel Europas verwandelt. Dank seiner prächtigen weißen Sandstrände und Hunderter Clubs und Bars ist Agia Napa eine Art Disneyland für Feierfreudige aus der ganzen Welt geworden.

Am neu gestalteten Platz gibt's Clubs aller erdenklicher Stilrichtungen, u. a. mit den Mottos Familie Feuerstein, Artuslegende, Polizeisendungen der 70er-Jahre etc. Jeden Sommer legen hier weltberühmte DJs auf.

In der Hauptsaison zwischen Juni und August kann es schwirig werden, am Strand einen Liegeplatz zu finden, von einer Unterkunft ganz zu schweigen. Trotz des Chaos lohnt es sich aber auf jeden Fall, den Ort zu besuchen.

Inzwischen setzt sich die Gemeinde stark für mehr Familientourismus ein, der auch deutlich zugenommen hat, dennoch ist Napa (wie es genannt wird) die Partyhochburg schlechthin.

Der zentrale Platz, die Plateia Seferi, wird meistens als „the Square" bezeichnet. Fast alle Straßen rundum sind verkehrsberuhigt. Busse kommen am südlichen Ende der Leoforos Archiepiskopou Makariou III an, Servicetaxis starten und enden nahe dem Platz.

⊙ Sehenswertes

GRATIS **Agia-Napa-Kloster** HISTORISCHE STÄTTE
(Plateia Seferi; ⊙9–18 Uhr) Dieses schöne, an eine mittelalterliche Burg erinnernde Kloster bildet einen starken Kontrast zu den Kneipen am angrenzenden Platz. Am besten besichtigt man es morgens. Es ist ein perfektes Beispiel dafür, was Agia Napa neben seiner Vergnügungsszene an toller Geschichte zu bieten hat.

Die 1500 von den Venezianern errichtete Anlage erstreckt sich über einer Höhle, in der während des Bildersturms im 7. und 8. Jh. eine Ikone der Jungfrau Maria versteckt wurde. Das bemerkenswert gut erhaltene Bauwerk überstand die Herrschaft der Osmanen unbeschadet und beherbergte in verschiedenen Epochen mal Nonnen, mal Mönche, bis es 1758 verlassen wurde.

Hinter seiner dicken Schutzmauer, die einst räuberische Piraten fernhalten sollte, liegen ein großer Hof und eine schlichte höhlenähnliche Kirche. Das Schönste im Hof ist der Marmorspringbrunnen von 1530 mit einem steinernen Kuppelbau. Ebenfalls von Interesse ist der gewaltige 600 Jahre alte Maulbeerfeigenbaum vor dem Südtor. Eine moderne Stahlkonstruktion stützt seine riesigen Äste.

Thalassa-Meeresmuseum MUSEUM
(Leoforos Kryou Nerou 14; Erw./Kind 3/1 €; ⊙Mai–Okt. Mi–So 9–13 & 18–22, Di 18–22 Uhr, Nov.–April Mi–So 9–17, Di 13–17 Uhr; Mo geschl.) In dem 2005 eröffneten modernen Museum findet man alles rund ums Meer – *thalassa* ist das griechische Wort für „Meer". Hier wird der große Einfluss der See auf das Leben und die Kultur Zyperns verdeutlicht. Zu den Exponaten gehören u. a. Fischfossilien, Korallen und Muscheln sowie alle Arten von Seeigeln und Meerespflanzen.

Darüber hinaus ist die exakte Replik eines alten Schiffes ausgestellt, das im 3. Jh. vor der Küste von Kyrenia sank. Der *Kyrenia II* getaufte Nachbau wurde mit traditionellen Methoden und Materialien von Wissenschaftlern rekonstruiert. Die Überreste des eigentlichen Wracks, das 1967 entdeckt wurde, sind in der Festung Kyrenia im Norden zu sehen.

Insgesamt deckt das Museum über 700 Jahre Meeresgeschichte ab, neben den Ausstellungsstücken sind auch die Lernprogramme interessant. Die untere Etage beherbergt das Meereskundemuseum. Es präsentiert u. a. Muscheln, mediterrane Fische, Haie, Schildkröten und Seevögel.

Makronissos-Gräber ARCHÄOLOGISCHE STÄTTE
Die antike Nekropole mit 19 in den Fels gehauenen Gräbern und Blick auf das Meer wird der hellenistischen und römischen Zeit zugeschrieben. Ihre Kammern sind praktisch identisch. Breite Stufen führen hinab zu schlichten Grotten mit Steinbänken, auf denen einst die Sarkophage standen. Die Anlage wurde in den 1870er-Jahren massiv geplündert. Ausgrabungen brachten die Überreste eines Steinbruchs, Spuren der Verbrennungsplätze im Boden nahe der Straße sowie Nachweise alter griechischer Beisetzungen zutage. Die Stätte liegt westlich von Napa.

Strände

Nissi STRAND
Nissi, Agia Napas Hauptattraktion, wartet mit kristallklarem, flachem Wasser, weichem weißen Sand und einer malerischen Felseninsel 60 m vor der Küste auf. Im Sommer wird es hier extrem voll, dann prägen Sonnenbadende, Schirme und Strandliegen das Bild. Der gut mit Bars, Wassersportmöglichkeiten und Duschen ausgestattete Strand befindet sich 3 km vom Platz im Zentrum entfernt. Viele Gäste kommen mit dem Roller oder Fahrrad.

Kermia STRAND
Goldener Sandstrand mit einem Felsbrocken für alle, die es etwas ruhiger mögen. Er

Agia Napa

liegt wunderbar einsam 2 km östlich von Napa Richtung Kap Greco. Toll für Familien.

Konnos STRAND

2 km hinter Kermia und an Paralimni angrenzend erstreckt sich dieser schöne weiße Sandstrand im Schutz einer Bucht und dahinter thronenden Hügeln. Hier wird jede Menge Wassersport angeboten, perfekt für die sanften Wellen.

Aktivitäten

In Agia Napas umgestaltetem Hafen legen zahlreiche große Schiffe, Glasbodenboote und Schnellboote ab. Sie machen z. B. Rundfahrten zum Kap Greco, zur Konnos-Bucht, nach Protaras oder nach Pernera.

Zwischen Nissi-Bucht, Kap Greco und Konnos-Bucht bis hoch nach Protaras eignet sich das Meer hervorragend zum Tauchen: Es ist ruhig, warm und klar und eine Vielzahl von Einbuchtungen und natürlichen Höhlen lädt zum Erkunden ein.

Water World WASSERPARK

(www.waterworldwaterpark.com; Agias Theklis 18; Erw./Kind 33/19 €; April–Okt. 10–17 Uhr) Das Water World westlich von Napa hat sich die griechische Mythologie zum Thema gemacht und ist der beste Wasserpark Zy-

Agia Napa

Sehenswertes
1. Agia-Napa-Kloster C2
   Meereskundemuseum .... (siehe 2)
2. Thalassa-Meeres-
   museum D2

Aktivitäten, Kurse & Touren
3. Black Pearl Pirate Boat D5
   Fantasy Boat Party .... (siehe 3)
4. Parko Paliasto B3
5. Sunfish C4

Schlafen
6. Diomylos C4
7. Green Bungalows A2
8. Limanaki Beach D4
9. Okeanos Beach D4

Essen
10. Fiji C2
11. Karousos Beach D4
12. Limelight C2
13. Quadro C2
14. Sage C2

Ausgehen
15. Golden Arrow C2
16. Havana B1
17. Jello Bar C3
18. Marinella C1

Unterhaltung
19. Bedrock Inn B1
20. Black & White B2
21. Castle B2
22. River Reggae Club C1
23. Starsky's B2

perns. Man lässt zwar einiges an Geld liegen, vor allem an den Snackbars, doch dafür ist ein spaßiger Tag garantiert. Über 18 Attraktionen warten, darunter auch die Klassiker: ein Strömungskanal, auf dem man in Reifen dahingleitet, Whirlpools, Wellenpools und Kamikazerutschen, auf denen es 75 m steil in die Tiefe geht. Toll für kleine Kinder und Familien sind der Atlantis-Activitypool und das Troja-Abenteuer. Sie machen Kinder aller Altersgruppen Spaß.

Parko Paliasto FREIZEITPARK
(www.parkopaliatsocy.com; Leoforos Nisiou; ⊙ April–Okt. 16–24 Uhr; 🅿) Highlight dieses Parks ist der angeblich höchste und schnellste Slingshot im Mittelmeerraum. Er katapultiert Wagemutige in einem runden Käfig innerhalb von anderthalb Sekunden 100 m gen Himmel. Dabei werden Fotos geschossen, sodass man ein Andenken an sein verzerrtes, versteinertes Gesicht hat. Im Park gibt's auch ruhigere Fahrgeschäfte wie Autoscooter, Karussells und einen Geisterzug.

Napa Bungee BUNGEE-JUMPING
(Sprung inkl. Foto, DVD & Freigetränk 70–80 €; ⊙ Mai–Sept. 10–18 Uhr) Am felsigen Kap der Nissi-Strandes westlich von Napa springt man über 60 m in die Tiefe in Richtung des blauen Meeres. Es werden Einzel- und Tandemsprünge angeboten, auch Hochzeitssprünge und Nacktsprünge hat man hier schon gesehen. Die Jungs sind gut vorbereitet und für vieles zu haben. Adrenalinjunkies werden sich wohlfühlen.

Black Pearl Pirate Boat BOOTSTOUREN
(📞9940 8132; blackpearlayianapa.com; Hafen von Napa; Erw./Kind 35/15 €; ⊙ Mai–Sept. Abfahrt 11.30–15.30 Uhr) Eine Fahrt mit diesem Kreuzer im Piratenlook inklusive Live-Freibeutern und Schatzsuche ist toll für Kids. Das Schiff hält an zwei malerischen Badeplätzen in den Buchten beim Kap Greco. Anschließend wird an Deck ein komplettes Mittagessen mit griechischem Salat serviert. An Bord gibt's auch eine Bar (natürlich mit Rum!), aber Getränke kosten extra.

Fantasy Boat Party BOOTSTOUREN
(📞9940 8132; www.fantasyboatparty.com; Hafen von Napa; Erw. 20 €, Getränke extra; ⊙ Abfahrt April–Juni, Sept. & Okt. Di & Sa 17.30–21 Uhr, Juli & Aug. tgl.) In diesem schwimmenden Nachtclub sorgen DJs für Musik, während die Massen auf See tanzen und trinken. Unterwegs werden tolle Schwimmstopps eingelegt und das Publikum zu Tauchspielen und Anfeuern animiert. Ebenfalls im Programm sind tagsüber sowie nachts stattfindende **Booze Cruises** (Sauftouren) die, wie der Name schon sagt, nicht für schwache Herzen taugen. Für Frauen ist der Spaß generell kostenlos, außerdem muss man immer mit Hardcore-Zechern rechnen.

Sunfish TAUCHEN
(📞2372 1300; www.sunfishdivers.com; Leoforos Archiepiskopou Makariou III 26) Dieser zuverlässige Veranstalter hat über zehn Tauchspots im Programm, darunter Riffe, Höhlen, Schluchten und das berühmte **Zenobia-Wrack**. Er

richtet sich gleichermaßen an Neulinge und Erfahrene. Auch Zertifikate verschiedener Schwierigkeitsgrade (Discover Scuba Diving bis Master Scuba Diver) können erworben werden. Schnorcheln in eine Tiefe bis 2 m wird ebenfalls angeboten und eignet sich für Kinder ab 8 Jahren. Vor Ort nach Dena fragen. (Weitere Infos zum Tauchen auf Zypern siehe S. 25.)

Essen

Viele Lokale in Agia Napa sind gewöhnlich und unkultiviert, doch zwischen all den Fast-Food-Ketten und Burgerrestaurants verstecken sich auch ein paar anständige Restaurants. Die Preise sind nicht exorbitant hoch, man merkt jedoch, dass dies eine Touristengegend ist.

[LP TIPP] Sage INTERNATIONAL €€€
(www.sagerest.com; Leoforos Kryou Nerou 10; Hauptgerichte 25 €) Dank seines modernen Dekors wie den Schieferwänden wirkt dieses Restaurant sehr elegant. Auf der Speisekarte steht u. a. Filetsteak mit verschiedenen Soßen. Das Essen ist teuer, aber seinen Preis wert. Während des Sommers kann man wunderbar im Hof mit den Sonnenschirmen relaxen.

Karousos Beach FISCH & MEERESFRÜCHTE €€€
(www.karousosbeach.com; Oktovriou 1; Hauptgerichte 22 €) Köstlich frisches Fisch-Meze (die Ouzo-Muscheln probieren) und lokale Weine werden an gemütlichen Tischen direkt am Meeresufer serviert. Der Service ist makellos und persönlich. Darüber hinaus ist das Restaurant eine tolle Hochzeitslocation.

Fiji POLYNESISCH €€€
(www.polynesian-ayianapa.com; Leoforos Archiepiskopou Makariou III 23; Hauptgerichte 17 €; ⊙17.30–23 Uhr;) Zwischen Bananenbäumen, übergroßen Blumen und gemütlichen Korbmöbeln herrscht eine schöne Atmosphäre wie auf einer Pazifikinsel. Die Gerichte werden großzügig in weißen Muscheln und aromatischen Blütenblättern serviert. Wir empfehlen das Rindfleisch mit Mango und den Lachs mit Teriyaki-Soße.

Quadro ITALIENISCH €€
(Leoforos Kryou Nerou 7; Hauptgerichte 16 €; ⊙10–24 Uhr) Dieses moderne italienische Restaurant wartet mit einer offenen Terrasse, gemütlichen Sitzgelegenheiten und bezahlbarem, leckerem Essen auf. Es gibt eine große Auswahl an Pizzas und Pasta sowie Gerichte zum Mitnehmen.

Limelight ZYPRISCH €€€
(www.limelighttaverna.com; D Liperti; Hauptgerichte 17 €) Die Spezialität des traditionellen, fest etablierten Hauses, auf dem Holzkohlegrill zubereitete Speisen, ist unübertroffen. Zum Angebot gehören Steak, Hummer und Fischgerichte, noch besser schmecken aber das zarte Rindfleisch, Lamm und *stifado* (Eintopf aus Rind- oder Kaninchenfleisch).

Ausgehen

Vom Platz aus reihen sich in alle Richtungen unzählige Kneipen und Bars aneinander. Es ist ein unglaublicher Anblick, wenn hier im Juli Tausende Touristen durch die Hitze taumeln. Ein echtes Spektakel!

Marinella BAR
(Plateia Seferi; ⊙21–2 Uhr) Eine Designerbar mitten am Platz und im Geschehen und die perfekte Adresse zum Vorglühen mit je einer Bar im Innen- sowie Außenbereich. Der Haus-DJ legt entspannten R&B auf und man kann entweder tanzen oder einfach chillen.

Golden Arrow KNEIPE
(Leoforos Archiepiskopou Makariou III 21; ⊙9–2.30 Uhr) Einen Katzensprung vom Platz entfernt stößt man auf diese wunderbare Familienbar mit extrem freundlichen Angestellten und einem hervorragenden Unterhaltungsprogramm. Entweder sucht man sich draußen einen Platz und beobachtet die vorbeiziehenden Menschen, macht es sich an der Bar gemütlich oder schaut auf den großen Bildschirmen Fußball.

Jello Bar BAR
(Leoforos Archiepiskopou Makariou III 43; Cocktails 3–6 €; ⊙9–2 Uhr) Die angesagte Bar mit schicken pinkfarbenen und weißen Sitzgelegenheiten bietet alles von Bier bis Cocktails, von Burgern bis zu supersüßen Desserts und wilden Milchshakes wie Galaxy Chocolate. Uns hat auch das LED-Display in den Toiletten beeindruckt. Ab 20 Uhr ist Happy Hour.

Havana BAR
(Xylouri; ⊙im Sommer 19–2 Uhr) Dank seiner relaxten Atmosphäre erfreut sich das wie eine Freiluft-Hacienda eingerichtete Havana großer Beliebtheit. Hier wird kubanische Musik mit Funk und Garage gemischt, zu der man wunderbar tanzen kann. Zum Unterhaltungsprogramm gehören Wettbewerbe im Elfmeterschießen.

Unterhaltung

Zwischen 22 und 2 Uhr trinken und tanzen Nachtschwärmer auf dem Platz und in den umliegenden Kneipen. Anschließend geht's in einen der unzähligen Clubs. Fast alle öffnen nach 1 Uhr und werden erst um 3 Uhr richtig voll. Normal ist ein Eintrittspreis von 10 bis 15 €. Die besten Angebote machen Ticketverkäufer auf dem Platz.

Castle
NACHTCLUB

(www.thecastleclub.com; Grigoriou Afxentiou) Dieser Club ist schwer zu übersehen, denn er fasst in seinen drei Räumen mit unterschiedlicher Musik über 2000 Personen. Im Sommer legen hier einige der besten DJs der Welt auf. Fans von Dance, House und Garage kommen voll auf ihre Kosten.

Black & White
NACHTCLUB

(Louka Louka 6) Im Black & White wird seit den 1990er-Jahren zu Hip-Hop, Swing und Soul getanzt. Der dunkle Schuppen besteht aus mehreren Bars und einer kleinen Tanzfläche. Er platzt schnell aus allen Nähten, wenn die Horden nach dem Vorglühen im Havana herbeiströmen.

Starsky's
NACHTCLUB

(www.starskysayianapa.com; Grigoriou Afxentiou) Das ausgesprochen kommerziellen Dance und House spezialisierte Starsky's hat eine achteckige Bar mit Stangen zum Tanzen und Retro-Discokugeln. An diesem Club kommt keiner vorbei, wie schon das Schild besagt: „All roads lead to Starsky's".

Bedrock Inn
KARAOKEBAR

(www.bedrockinn.com; Louka Louka) Bauchige Steine, Raubtierzähne und Personal in Leopardenfell-Togas – willkommen im Bedrock. Hier werden die lebhaften Gäste mit Hunderten Karaokesongs und Trinkspielen unterhalten.

River Reggae Club
NACHTCLUB

(Misiaouli & Kavazoglou; Eintritt frei) Open-Air-Club mit Palmen, einer Tanzfläche aus Holz, einem kurvigen Pool und Reggae-Musik. Am lustigsten wird's nach 4 Uhr morgens, wenn die Partymeute verrückt spielt, nackt badet und tanzt. Freiwillige vor!

❶ Praktische Informationen

GELD Geldautomaten findet man an den meisten Straßen.

Alpha Bank (2372 2353; Leoforos Nisiou 34) Hauptfiliale.

Hellenic Bank (2372 1588; Leoforos Archiepiskopou Makariou III 18) Unmittelbar südlich des Platzes.

INTERNETZUGANG 3W Internet Café (2372 3032; Leoforos Nisiou 27; 3 € pro Std.; 10–24 Uhr) Internetzugang, Ausdrucke, Foto-Download.

Backstage Internet Centre (2381 6097; Ari Velouchioti 7; 3 € pro Std.; 10–24 Uhr) Internetzugang, Spiele und Billardtisch.

MEDIZINISCHE VERSORGUNG Apothekennotdienst nach Geschäftsschluss (192)

Napa Olympic Polyclinic (2372 3222; Chavares 24) Privatklinik.

Paralimni-Krankenhaus (2382 1211; Paralimni) 15 Autominuten entfernt in Paralimni.

POLIZEI Polizeiwache (2472 1553; Ecke Ayia-Napa-Abzweig & Kavo Greko) Nördlich vom Zentrum Agia Napas am großen Kreisel.

POST Postfiliale (2472 2141; D Liperti 3) Unmittelbar östlich des Platzes.

TOURISTENINFORMATION CTO (2372 1796; Leoforos Kryou Nerou 12; Mo, Di, Do & Fr 8.15–14.30 & 15–18.30, Mi & Sa 8.15–14.30 Uhr) Südöstlich des Platzes.

❶ An- & Weiterreise

BUS Busse von **InterCity** (2381 9090; www.intercity-buses.com; einfache Fahrt/Tagesticket bzw. Hin- & Rückfahrtticket 3/5 €) starten von Leoforos Kryou Nerou (Marina Hotel), Parko Paliasto und Water World zu folgenden Reisezielen:

Larnaka Werktags stdl. von 6 bis 18.30, an Wochenenden von 8 bis 16.30 Uhr.

Lefkosia Werktags mindestens stdl. von 6 bis 15.30, an Wochenenden von 6.30 bis 15 Uhr.

FLUGZEUG Der 48 km entfernte **Flughafen Larnaka** (Fluginformation 2464 3000) ist der nächstgelegene Airport.

SERVICETAXI Travel & Express (2382 6061; www.travelexpress.com.cy; Paralimni) betreibt Gemeinschaftstaxis zu wichtigen Zielorten außer zum Flughafen Larnaka:

Larnaka 9 €, 45 Min.

Lefkosia 18 €, 1 Std.

Lemesos 20 €, 1 Std..

Pafos 30 €, 2 Std.

TAXI Standard-**Taxis** (2372 1111) findet man am Rand des Platzes. Preise und Fahrzeiten:

Larnaka 35–43 €, 30 Min.

Lefkosia 45–52 €, 35 Min.

Lemesos 60–70 €, 1 Std.

Pafos 120 €, 1 Std. 40 Min.

Troodos 90–100 €, 1 Std.

❶ Unterwegs vor Ort

Entweder nimmt man ein Taxi oder tut es den meisten anderen gleich und mietet einen Roller, Buggy oder ein Motorrad.

Easyriders (2372 2438; www.easyriders.com.cy; Gianni Ritsou 1) Roller mit 50 ccm gibt's ab 20 € pro Tag, Quads und 800-ccm-

Maschinen von Kawasaki oder Suzuki ab 55 €. In der Dimokratias 17 befindet sich eine Zweigstelle.

V&L Tsokkos (9968 4785; Leoforos Nisiou 58) Vermietet Autos, Quads, Buggys und Roller zu vernünftigen Preisen.

RUND UM AGIA NAPA

ⓘ Unterwegs vor Ort

Sofern man nicht mit einem InterCity-Bus (Paralimni–Agia Napa–Larnaka) reist, mietet man am besten einen Roller oder Buggy in Agia Napa oder Protaras, wo die Preise anständig sind.

Eine Fahrt durch die Paralimni-Region ist traumhaft, allerdings braucht man ein leistungsstarkes Fahrzeug. Für Strandhopping am Küstenabschnitt zwischen Pernera und Protaras reicht ein Scooter, Buggy oder Quad. Die Gegend eignet sich auch prima zum Radeln. Zwischen Agia Napa und dem Kap Greco erstrecken sich ausgewiesene Radwege.

Wer das weitere Umland erkunden möchte, sollte auf ein Auto oder ein kleines Allradfahrzeug zurückgreifen.

Paläste & Meereshöhlen

In der Einbuchtung zwischen dem Limnara-Strand und dem Kap Greco liegen einzigartige, **Paläste** genannte Felsformationen, die über die Jahrhunderte von den an die Küste gischtenden Wellen in den Stein gegraben wurden und wie Gucklöcher aussehen. Sie sind ein tolles Revier für Taucher und nur per Boot zu erreichen.

Weiter östlich durchziehen spektakuläre **Meereshöhlen** die Küste. Von Aussichtssitzen direkt darüber kann man dem Echo der hinein- und herausströmenden Brandung lauschen. Bei ruhiger See gelangt man zu Fuß zu einigen der Höhlen, doch bei rauem und windigem Wetter spritzt die Gischt bis zu 10 m hoch, sodass die Wangen brennen und man das Salz auf der Zunge schmeckt. Den besten Blick genießt man vom Meer aus. Deshalb lohnt es sich, eines der vielen Charterboote vom Hafen von Napa aus zu nehmen.

Kap Greco

Von diesem Nationalpark aus genießt man einen umwerfenden Blick auf das Meer und die Küste und findet tolle Wander- und Reitmöglichkeiten. Ein Küstenpfad beginnt in der Kryou Nerou in Agia Napa und windet sich empor bis zum Leuchtturm an der Spitze des Kaps. Dieser Spaziergang dauert rund 3½ Stunden. Die Region bietet keinen Schutz, also Hüte, Wasser und Sonnenschutz mitbringen. Es gibt schöne Picknickplätze auf dem teilweise holprigen Weg. Ist man mit dem Rad unterwegs, empfiehlt sich ein Mountainbike. 15 km Wanderwege mit interessanter lokaler Flora wie der Weißen Meerzwiebel, wilden Orchideen und Dünen-Trichternarzissen, die im hochgradig salzigen Boden gedeihen, durchziehen die Region. Kommt man zum Kap Greco selbst, kann man gen Norden in Richtung der kleinen Bucht laufen und zu den Felsplattformen hinabsteigen. Von hier aus springen Schwimmer ins idyllische Meer.

Paralimni

11 100 EW. (EINSCHLIESSLICH PROTARAS & PERNERA)

Paralimni liegt im Inland nahe dem je nach Saison existierenden See, der ihm seinen Namen gibt. Der inoffizielle Hauptort des Famagusta-Bezirks ist dank Einwanderern aus dem besetzten Norden und den nahe gelegenen boomenden Strandorten Agia Napa und Protaras gewachsen. Viele der Bewohner besitzen Unternehmen in der Gegend und arbeiten dort.

Die Stadt selbst hat wenig zu bieten: Es gibt einen einfachen asphaltierten Platz, eine Kirche (Agios Georgios) und eine wachsende Promenade mit Restaurants und Geschäften.

Deryneia

7500 EW.

Deryneia ist vor allem für seine Lage am östlichen Ende der geschlossenen „Grenze" bekannt, die den besetzten Norden von der Republik trennt. Von hier kann man ins Niemandsland von Famagusta blicken und die Geisterstadt Varosia sehen. Einst war sie ein florierendes Ferienziel und Wirtschaftsstandort, doch ihre Einwohner wurden zur Flucht gezwungen, als die türkischen Truppen im August 1974 einfielen. Heute ist sie Sperrgebiet des türkischen Militärs.

Im **Kulturzentrum des besetzten Ammochostos (Famagusta)** (Evagorou 35; Eintritt frei; ☻Mo–Fr 7.30–16.30, Sa 9.30–16.30 Uhr) und im eher empfehlenswerten **Annita's** (Eintritt 1 €) gibt's Aussichtsplattformen. Beide stellen Ferngläser und bieten Sicht auf die UN-Pufferzone, Militärposten sowie das verlassene Varosia. Das Thema ist noch immer quälend und politisch aufgeladen, da der Schock bis heute in der kollektiven Erinnerung der ansässigen griechischen Zyprer nachhallt.

Deryneia selbst ist ein sehr warmherziges, traditionelles Dorf mit mehreren byzantinischen Kirchen aus dem 12. Jh. und einem wirklich lohnenswerten **Volkskunstmuseum** (Demetris Lipertis 2; Eintritt 1,70 €; ⊙ Mo–Sa 9–13 & 16–18 Uhr).

Dekelia Sovereign Base Area

Als in den 1960er-Jahren Unabhängigkeitsverhandlungen zwischen der entstehenden Republik Zypern und der britischen Regierung stattfanden, wurden die Rechte der zwei großen Militärbasen unter britischer Oberhoheit ausgehandelt. Dekelia ist eine davon. Die Gegend nimmt einen Großteil Ostzyperns von der Bucht von Larnaka bis zur Grenze zum Norden ein. Traveller können den Stützpunkt passieren und sogar eine Rast mit Fisch 'n' Chips in der nichtmilitärischen Zone einlegen. Hier gibt's einen kleinen Strand mit Geschäften im britischen Stil und einen Kinderspielplatz.

Das Militärgebiet selbst darf man nicht betreten. Noch immer ist der Stützpunkt ein entscheidendes Zentrum für Informationserfassung und Überwachung des Mittleren Ostens. Die britische Regierung erklärte, einen Teil des Gebiets zurückzugeben, wenn sich Zypern wiedervereinigt.

Kokkinochoria

16 300 EW.

Die Kokkinochoria („Rote Dörfer") verdanken ihren Namen der tiefroten, mineralhaltigen Erde dieser Gegend. Dazu gehören die Orte **Xylofagou**, **Avgorou**, **Frenaros**, **Liopetri** und **Sotira** im Inland. Fast alle leben von der Landwirtschaft und sind berühmt für ihre Kartoffeln sowie *kolokasi* (Taro, ein stärkehaltiges Wurzelgemüse). Windbetriebene Wasserpumpen sprenkeln die Äcker und drei- bis viermal pro Jahr wird geerntet.

Die Region ist ein Paradebeispiel des ländlichen Zyperns: Hier findet man hervorragende Landtavernen mit einfachen Gerichten aus frischem Obst- und Gemüse. Wer das Gebiet besucht, muss eine gute Karte mitnehmen, da die Beschilderung schlecht ist.

Pyla

1370 EW.

Pyla (Pıle) ist das einzige Dorf, in dem noch immer griechische und türkische Zyprer zusammenleben. UN-Blauhelme überwachen symbolisch den Frieden, doch die Einwohner haben sich arrangiert und gehen ihrem Alltag nach. Der Ort selbst befindet sich in der UN-Pufferzone. Auf dem Platz liegt ein rot-weißer türkisch-zyprischer Kaffeeladen friedlich gegenüber einem blau-weißen griechisch-zyprischen *kafeneio*.

Einzig in den lokalen Steuern und Kosten für Einrichtungen zeigen sich Unterschiede. Sie werden nur von Griechen erhoben, wohingegen die Türken als Bürger des Nordens nichts zahlen. Politik steht jedoch im Hintergrund. Wichtig ist, dass sich alle Einwohner als Zyprer verstehen.

In der nahe gelegenen Stadt Pergamos gibt's einen Grenzübergang für Fahrzeuge in den Norden.

Protaras

11 100 EW. (EINSCHLIESSLICH PARALIMNI & PERNERA)

Protaras ist der beliebteste Strandort am Mittelmeer. Er wächst immer weiter und bietet modernisierte Hotels mit weitläufigen Gärten und Pools sowie eine aufgemotzte Strandpromenade mit Fußgänger- und Radweg. Seine sicheren Strände, hochwertigen Tavernen und die generell langsamere Gangart machen ihn zu einem idealen Urlaubsziel für Paare und Familien. Das Zentrum liegt an der großen gepflasterten Straße mit vielen Geschäften, Restaurants, Bars und Hotels.

⊙ Sehenswertes & Aktivitäten

Magic Dancing Water   WASSERSHOW
(Protaras Ave; Erw./Kind 15/8 €; ⊙ 21 Uhr) Jüngere Kinder lieben diese Show, bei der Wasser zu Musik, Laserlicht und Hologrammen tanzt und sich zu drehen scheint.

Ayios Elias   KIRCHE
Die 1980 wiedererrichtete Kirche thront auf einem Felssporn an der Straße zwischen Protaras und Pernera. Eine lange Treppe verläuft zum Gipfel, von dem man traumhafte Ausblicke auf Protaras und die Bucht genießt. Schilder führen hierhin.

Moonshine Ranch   REITEN
(☏ 9960 5042; Kap Greco; Ausritte 40 €; ⊙ 8–19 Uhr) Ranch im Tex-Mex-Stil mit einem einmaligen Blick auf das Kap Greco. Zum Ange-

ZYPERN FÜR KINDER: UNTERWASSERWELTEN

Bei **Under Sea Adventures** (📞9956 3506; www.underseawalkers.com; De-Costa-Bucht, Protaras) können abenteuerlustige Kids ab acht Jahren mit Helm ausgestattet im Flachwasser tauchen (Erw. 45 €, Kinder zwischen 8 und 16 Jahren 35 €) und Ältere alternativ eine BOB (Breathing Observation Bubble, verglaster Scooter mit Sauerstoffbehälter; Kinder ab 13 Jahren 55 €) nehmen. Beides verspricht eine Menge Spaß und erlaubt eine sichere Erkundung des Unterwasserlebens. Die „Spaziergänge" finden in einer Tiefe von 3 m statt. Hier kann man wunderbar trocken unter seinem Helm Steinformationen und Meeresbewohner bestaunen. Dem Helm wird Luft zugeführt und man braucht keine weiteren Atemgeräte. Die 30-minütige BOB-Tour führt ein professioneller Lehrer. Auf einem Unterwasserroller gleitet man durch die beeindruckende Meereswelt, während man gemütlich in seinem Luftblasenhelm sitzt.

bot gehören Ausflüge aller Schwierigkeitsstufen zur Konnos-Bucht, zum Kap und in das umliegende bergige Tal. Der Reiterhof liegt an der Küstenstraße zwischen Agia Napa und Protaras.

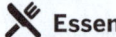 Strände

Protaras STRAND
Protaras' Hauptstrand besteht aus weichem goldenen Sand, eine paar flachen Felshöhlen und einem Spazierweg entlang der grünen Gärten der Resorthotels. Hier bekommt man alles, was man braucht, außerdem eignet sich der Sandstreifen toll zum Sonnenbaden und Schwimmen. Auch zahlreiche Wassersportarten werden angeboten.

Feigenbaumbucht STRAND
Die Feigenbaumbucht am Südende des Hauptstrandes erfreut sich großer Beliebtheit. Zu ihr gehört eine kleine vorgelagerte Insel, an der man schnorcheln und viele Fische sehen kann. Da es zahlreiche Hotels und Restaurants gibt, kann man hier gut essen, schwimmen, trinken und entspannen.

Essen

Fast alle Restaurants liegen an der Hauptmeile.

Kyklos Restaurant ZYPRISCH €€
(Protaras Ave; Hauptgerichte ab 12 €) In dem Lokal am Südende der Hauptstraße von Protaras bekommt man gut zubereitete authentische Gerichte wie langsam gegartes Meze (Genuss pur verspricht das zarte Lamm-*souvla* mit Knoblauch und Zitrone).

Nikolas Tavern ZYPRISCH €€
(Fig Tree Bay, Protaras; Hauptgerichte ab 11 €) Das Essen ist hervorragend, das Personal sehr freundlich und die Preise sind angemessen. Wir empfehlen *stifado* oder *kleftiko* (im Ofen gegartes Lamm) mit einem Wein aus der Gegend.

Pernera

Dieser Strandort nördlich von Protaras liegt so dicht an der Stadt, dass die beiden praktisch verschmelzen. Das versteckte Juwel lockt mit schönen Stränden und winzigen Buchten und ist eine Oase der Ruhe. Im Ort selbst gibt's ein paar hervorragende Restaurants und Wassersportgeschäfte.

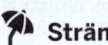 Strände

Louma STRAND
Kleiner gebogener Strand mit flachem Meerwasser, der von einer künstlichen Bucht geschützt wird. Der Sand ist fein und das Wasser klar. Bäume am nördlichen Ende spenden Schatten.

Pernera STRAND
Diese Miniaturversion von Louma ist ein sichelförmiger weicher Sandstrand mit flachem Wasser und einem Restaurant.

Agia Triada STRAND
Der niedliche Strand mit niedrigem Wasserspiegel und gröberem Sand eignet sich wunderbar als Anlegestelle für Boote.

Skoutari STRAND
Abgelegene Bucht vor einer Klippe mit festgetretenem Sand und Felsen. Ideal zum Schnorcheln.

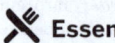 Essen

LP TIPP La Cultura Del Gusto MEDITERRAN €€€
(Ifaistou Skarou Markou 9; Hauptgerichte ab 18 €) Auf der einfallsreichen Speisekarte dieses schicken Lokals stehen vor allem Gerichte im italienischen Stil. Das zuvorkommende Personal und Spezialitäten wie Lammskinkel und saftiges Hähnchen runden den schönen Aufenthalt ab.

Lefkosia (Nikosia)

213 500 EW.

Inhalt »

Lefkosia (Nikosia)	130
Antikes Tamassos	149
Agios-Irakleidios-Kloster	150
Agios-Mamas-Kirche in Agios Sozomenos	150
Maheras-Kloster	150
Mesaoria-Dörfer	151

Gut essen

- » Mattheos (S. 141)
- » Christakis (S. 141)
- » Syrian Arab Friendship Club (S. 143)
- » Zanettos Taverna (S. 141)

Schön schlafen

- » Classic Hotel (S. 216)
- » Royiatiko (S. 215)
- » Sky Hotel (S. 216)
- » Centrum (S. 216)

Auf nach Lefkosia

Egal ob man ein wenig Abwechslung von der Küste und vom Sonnenbaden braucht oder nicht – zu einem Urlaub auf dieser Insel gehört unbedingt auch ein Abstecher in die Hauptstadt. Lefkosia (Nikosia), wie es von Griechen und auch offiziell genannt wird, bietet wunderbare Einblicke in das moderne Zypern. Antike Mauern, traditionelle Restaurants und wachsende multikulturelle Einflüsse sind die Grundpfeiler des verführerischen Ortes. Fast alle Attraktionen befinden sich innerhalb der historischen Mauer, wo sich Kirchen, Moscheen und faszinierende, oft bröckelnde Kolonialbauten zu einem Labyrinth schmaler Gassen vereinen. Darüber hinaus gibt's hier das beste Museum des Landes mit einer umfassenden archäologischen Sammlung.

Lefkosia ist die letzte geteilte Hauptstadt der Welt. Obwohl die Spaltung spürbar ist, sorgen mittlerweile rund um die Uhr geöffnete Grenzübergänge dafür, dass man jederzeit den türkischen Nordteil Lefkoşa (Nord-Nikosia) besuchen kann.

Reisezeit

Die besten Jahreszeiten für einen Besuch sind der Frühling und der Herbst mit angenehm warmen Temperaturen und wenig Regen. Auch die Osterwoche sorgt mit ihren traditionellen Umzügen und festlicher Stimmung für ein besonderes Urlaubserlebnis.

Der Hochsommer ist nicht zu empfehlen, denn dann zählt die Hauptstadt mit rund 36 °C zu den heißesten Orten der Insel, auch wenn es sich um eine trockene Hitze handelt. Außerdem schließen im August viele Restaurants und Hotels, damit sich die Angestellten an der kühleren Küste erholen können.

LEFKOSIA (NIKOSIA)

Geschichte

Lefkosia war schon immer die Hauptstadt des Landes, vor allem weil die wenig gesicherten Küstenstädte leichte Angriffsziele boten. Seine Lage inmitten einer Ebene versprach zumindest etwas Schutz vor marodierenden Eindringlingen. In der byzantinischen Epoche erlebte der Ort seine Blütezeit. Den Byzantinern folgten die Venezianer; sie brachten die Stadt 1489 unter ihre Kontrolle, hatten den Osmanen jedoch nichts entgegenzusetzen, die 1570 an die Macht kamen. Bis zur Ankunft der Briten 1878, mit der auch jenseits der Stadtmauern die Zeichen auf Fortschritt gestellt wurden, stagnierte Lefkosia.

Highlights

① Die wunderbar erhaltene **venezianische Festungsmauer** (S. 134) rund um die Altstadt erkunden

② Beim Überqueren des **Grenzübergangs für Fußgänger in der Ledrastraße** (S. 134) beide Seiten von Europas letzter geteilter Hauptstadt kennenlernen

③ An einem der schattigen **Picknickplätze** (S. 151) in der Nähe von Kapoura grillen

④ Sich im stilvollen **Omeriye-Hamam** (S. 138) verwöhnen lassen

⑤ Auf der Terrasse eines der vielen Cafés in der **Ledrastraße** den bunten Trubel beobachten

⑥ An einer der hervorragenden, von der Touristeninformation angebotenen **kostenlosen Führungen** (S. 139) durch die Altstadt teilnehmen

⑦ Durch die gepflasterten Gassen der malerischen Mesaoria-Dörfer wie **Pera** (S. 151) streifen

In den 1950er-Jahren eskalierte der Kampf der Ethniki Organosi tou Kypriakou Agona (EOKA; Nationale Organisation Zyprischer Kämpfer) gegen die Briten und auf den Straßen der Hauptstadt kam es zu blutigen Aufständen.

Weitere Gewaltausbrüche in Form von Zusammenstößen zwischen griechischen und türkischen Zyprern im Jahr 1963 führten zur faktischen Teilung Lefkosias. Die sogenannte „Grüne Linie" entstand, als die Briten die Grenze zwischen dem griechischen und türkischen Teil mit einem einfachen grünen Stift auf einer Militärkarte einzeichneten. Der Name blieb erhalten.

1974 zementierte der türkische Einmarsch die Teilung der Stadt, die noch bis heute anhält und von den wachsamen, aber zunehmend müden Augen der UN-Friedenstruppe beaufsichtigt wird. Seit 2003 dürfen alle Bürger die Grüne Linie überqueren. Nun arbeiten etliche türkische Zyprer im Südteil Lefkosias, während die griechischen Zyprer die zahlreichen Kasinos im Norden sowie die wilde Nordostküste besuchen. Die Eröffnung des Grenzübergangs für Fußgänger in der Ledrastraße im April 2008 erleichtert nun den Verkehr in beide Richtungen.

Weitere Informationen zur Teilung der Stadt siehe S. 232.

◉ Sehenswertes & Aktivitäten

Der interessanteste Stadtteil für Besucher ist die von der venezianischen Festungsmauer aus dem 16. Jh. begrenzte Altstadt. Aufgrund umfassender Umbauarbeiten wurde ein Großteil von Lefkosias Plateia Eleftherias bei der Südmauer gesperrt. Dort sollen ein Park und ein von Palmen sowie den alten Mauern gesäumter Fußgängerweg mit Parkplätzen und einer städtischen Gartenanlage entstehen.

ENTFERNUNGEN (KM)

	Lefkosia	Fikardou	Tamassos	Pera
Fikardou	37			
Tamassos	21	34		
Pera	79	51	62	
Kato Pafos	76	80	75	95

Die Neustadt erstreckt sich südwärts. Ihre Hauptverkehrsader, die moderne Leoforos Archiepiskopou Makariou III (Makarios-Allee), säumen Dutzende Cafés, Bars, Restaurants und Geschäfte.

Neben dem Grenzübergang in der Ledrastraße gibt's einen weiteren beim Ledra Palace Hotel im äußersten Westen der Altstadt; beide dürfen nur von Fußgängern genutzt werden. Der Agios-Dometios-Grenzübergang nordwestlich der Neustadt ist nur für Fahrzeuge. Weitere Infos siehe S. 232.

Zypern-Museum MUSEUM
(Karte S. 132; Leoforos Mouseiou 1; Eintritt 4 €; ⊘Di, Do & Fr 8–16, Mi 8–17, Sa 9–16, So 10–13 Uhr) Dieses ausgezeichnete Museum beherbergt die beste Sammlung archäologischer Funde in Zypern. Es wurde 1883 errichtet und liegt gegenüber dem Stadtpark, zehn Gehminuten westlich der Plateia Eleftherias.

Zu den Highlights gehört die bemerkenswerte Kollektion von **Votivfiguren aus Terrakotta** in Saal 4. Sie ist 1929 von einem schwedisch-zyprischen Archäologenteam bei Agia Irini nördlich von Morfou (Güzelyurt) in Nordzypern entdeckt worden. Die 2000 Figuren gehen auf das 7. und 6. Jh. v. Chr. zurück und wurden nach ihrem Fund halbkreisförmig angeordnet. Mit Ausnahme zweier weiblicher Vertreter sind alle männlich, viele davon Krieger. Ein weiterer Höhepunkt ist die Gruppe von drei **Kalksteinlöwen** und zwei **Sphinxen**, die erst 1997 in der Nekropole Tamassos südlich von Lefkosia entdeckt wurden. Sie gehen auf die zweite zypro-archaische Periode (475–400 v. Chr.) zurück und lassen ägyptische Einflüsse erkennen.

In Saal 5 erblickt man die Statue der **Aphrodite von Soli**, Zyperns berühmte Göttin, die auf vielen Touristenplakaten zu sehen ist. Eine gewaltige, beeindruckende Bronzestatue des **Kaisers Septimus Severus**,

WO GEHT'S LANG?

Den kostenlosen guten Stadtplan von Lefkosias Zentrum samt Karte des Umlandes auf der Rückseite gibt's in allen Büros der Cyprus Tourism Organisation (CTO). In der *Street & Tourist Map of Nicosia* sind die Außenbezirke allerdings detaillierter dargestellt, zudem enthält sie einen Straßenindex. Man bekommt sie in den meisten Buchläden und Schreibwarengeschäften der Stadt.

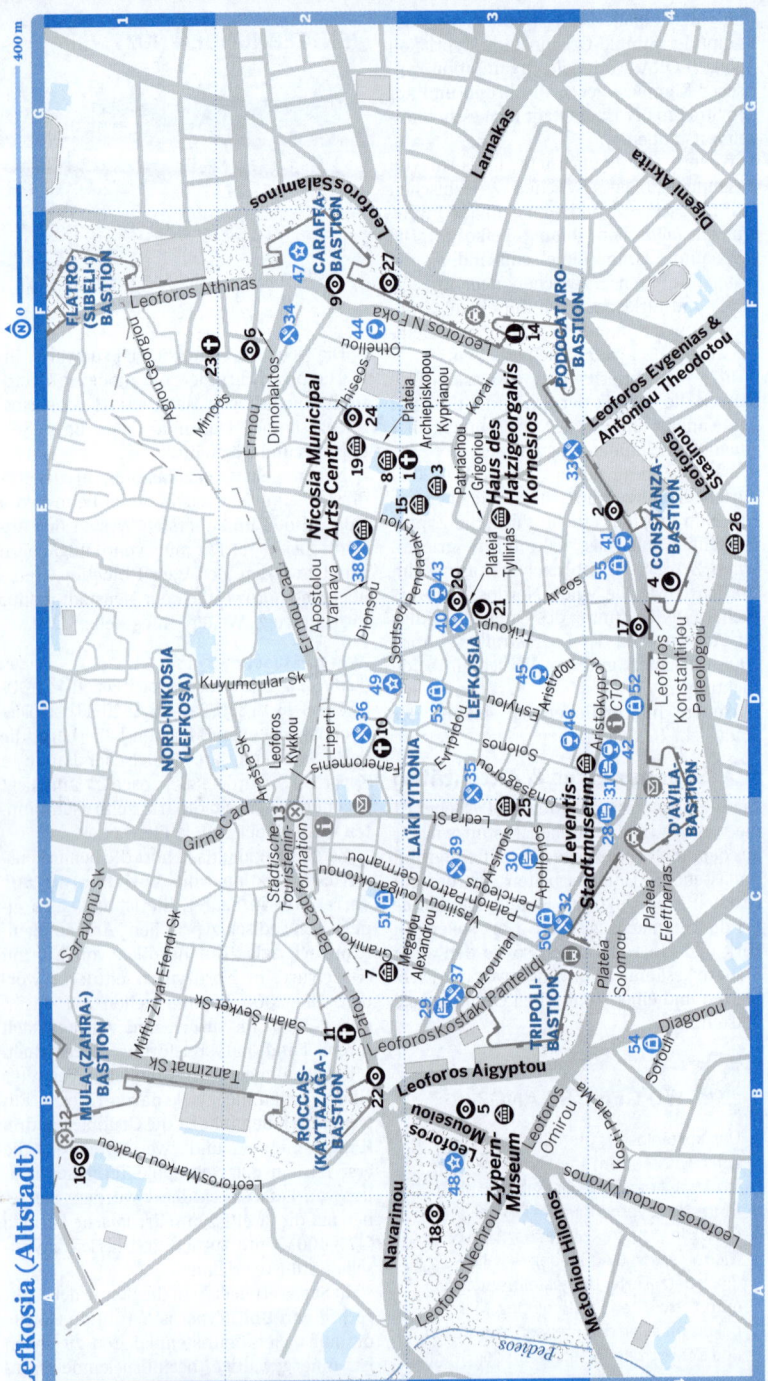

Lefkosia (Altstadt)

⊙ Highlights

Zypern-Museum B3
Haus des Hatzigeorgakis
  Kornesios E3
Leventis-Stadtmuseum D4
Nicosia Municipal Arts
  Centre E2

⊙ Sehenswertes

1 Agios-Ioannis-Kirche E3
2 Ahilleios-Bibliothek E4
3 Erzbischöflicher Palast E3
4 Bayraktar-Moschee E4
5 Britisches Konsulat B3
6 Chrysaliniotissa-Kunsthandwerkszentrum F2
7 Zyprisches Museum für
   Motorrad-Oldtimer C2
8 Ethnografisches Museum E2
9 Famagusta-Tor F2
10 Faneromeni-Kirche D2
11 Katholische Heilig-Kreuz-Kirche B2
12 Ledra-Palace-Hotel-Grenzübergang .. B1
13 Grenzübergang in der Ledrastraße .. C2
14 Freiheitsdenkmal F3
15 Makarios-Kulturstiftung E3
16 Master-Plan-Büro B1
17 Bibliothek des Bildungsministeriums ... D4
18 Stadtpark A3
19 Museum des Nationalen Kampfes ... E2
20 Omeriye-Hamam E3
21 Omeriye-Moschee D3
22 Pafos-Tor B2
23 Panagia Chrysaliniotissa F1
24 Museen im Panzyprischen Gymnasium .. E2
25 Shacolas-Tower-Observatorium C3
26 Staatliche Galerie für Zeitgenössische
    Zyprische Kunst E4
27 Venezianische Mauer F2

⊙ Schlafen

28 Centrum C4
29 Classic Hotel B3
30 Royiatiko C3
31 Sky Hotel D4

⊗ Essen

32 Christakis C3
33 Da Paolo E3
34 Egeon F2
35 Habana D3
   Inga's Veggie Heaven .... (siehe 6)
36 Mattheos D2
37 Pago Pago C3
38 Power House E2
39 Shiantris C3
40 Zanettos Taverna D3

⊙ Ausgehen

41 Academy 32 .... E4
42 Brew D4
43 Hammam E3
44 Ithaki F2
45 Oktana D3
46 Plato's D3
   Uqbar .... (siehe 45)

⊙ Unterhaltung

47 La Casa de Cuba F2
48 Stadttheater B3
49 Weaving Mill D2

⊙ Shoppen

50 Andreas Papaeracleous
   Photostore C3
51 Antiques C2
52 Staatliches Kunsthandwerkszentrum .. D4
   Debenhams .... (siehe 25)
53 Messa D3
54 Moufflon B4
55 Utopia E4

ein 1928 in Değirmenlik (Kythrea) gemachter Fund, steht im Mittelpunkt von Saal 6.

In Saal 7B sind einige schöne Mosaike wie **Leda mit dem Schwan** aus Palea Pafos sowie verschiedene Goldfunde aus Gräbern ausgestellt.

GRATIS Nicosia Municipal Arts Centre
MUSEUM

(Karte S.132; Pierides Foundation; www.nimac.org.cy; Apostolou Varnava 19; Eintritt frei; ⊙Di–Sa 10–15 & 17–23, So 10–16 Uhr) Wer etwas Abwechslung von den historischen Museen sucht, biegt in den kleinen Bogengang rechts vom Museum des Nationalen Kampfes ein und folgt der Apostolou Varnava einen Block weit. Hier stößt man auf das in einem ehemaligen Elektrizitätswerk untergebrachte Museum für zeitgenössische Kunst, das zyprische Pendant zum Londoner Tate Modern. Die dramatische Industriekulisse mit hohen Decken und einigen originalen Gerätschaften wie Flaschenzügen setzt die innovativen Installationen wunderbar in Szene. Zur Dauerausstellung gehören Gemälde, Fotografien, Videos, Skulpturen und andere Werke aus dem Dimitris-Pierides-Museum für zeitgenössische Kunst in Griechenland.

Seit 1968 organisiert das Zentrum die Teilnahme aufstrebender zyprischer Künstler bei der renommierten Biennale di Venezia. Die Ausstellungen wechseln jeden Monat; ein Highlight der letzten Zeit war eine Juan-Miró-Ausstellung, die von Königin Sofia von Spanien besucht wurde. Vor Ort gibt's außerdem ein schickes Restaurant, einen Souvenirladen und eine umfassende Kunstbibliothek.

GRATIS Leventis-Stadtmuseum   MUSEUM

(Karte S.132; Ippokratous 17; Di–Sa 10–16.30 Uhr) Nach umfassenden Renovierungsarbeiten wurde das Stadtmuseum 2010 wiedereröffnet. Es widmet sich der Geschichte Zyperns, insbesondere der Lefkosias, und hat als ehemaliges „Europäisches Museum des Jahres" einiges zu bieten. Die Dauerausstellung zeigt traditionelle Kleider, Gemälde, archäologische Funde sowie eine faszinierende historische Postkartensammlung und ist ganz stilgemäß in einer hübschen alten Villa untergebracht.

Haus des Hatzigeorgakis Kornesios
MUSEUM

(Karte S.132; Patriarchou Grigoriou 20; Eintritt 1,70 €; Mo–Fr 8–14, Sa 9–13 Uhr) Kornesios, der von 1779 bis 1809 das Amt des Dragoman (auf Türkisch *tercüman*) – Dolmetscher bzw. Vermittler zwischen den osmanischen und den orthodoxen Behörden – von Zypern innehatte, war der Besitzer dieses gut erhaltenen Hauses. Er stammte aus dem Dorf Kritou Terra, sammelte durch seine Ländereien und Steuerbefreiungen ein erhebliches Vermögen an und stieg in jener Zeit zum mächtigsten Mann Zyperns auf. Seine Extravaganz war jedoch zugleich sein Verderben. Ein Bauernaufstand im Jahr 1804, der sich gegen die gesamte herrschende Klasse richtete, zwang Kornesios zur Flucht nach Istanbul. Als er fünf Jahre später aus dem Exil zurückkehrte, klagte man ihn des Landesverrats an. Seine Besitztümer wurden konfisziert, er selbst ohne viel Federlesens enthauptet. Das Haus an sich ist schöner als die Ausstellungsstücke im Inneren. Ein Raum wurde mit edlen Sitzkissen und *nargileh* (Wasserpfeifen) einem Wohnbereich nachempfunden, in den übrigen Zimmern werden Antiquitäten und osmanische Exponate präsentiert.

Venezianische Festungsmauer
HISTORISCHE STÄTTE

(Karte S.132) Die venezianische Festungsmauer umringt die Altstadt in einer ungewöhnlichen Form. Nach einem Blick auf den Stadtplan fragt man sich: Ähnelt sie einer Schneeflocke? Einem Stern? Einer Handgranate? Oder doch einer waagerecht durchgeschnittenen Artischocke?

Trotz ihres denkwürdigen Verlaufs konnte die Mauer, die sowohl den nördlichen als auch den südlichen Teil der Altstadt säumt, ihren Zweck nicht erfüllen. Die Venezianer errichteten sie von 1567 bis 1570, um die gefürchteten osmanischen Angreifer fernzuhalten. Elf gleichmäßig um die Mauer angeordnete Bastionen sollten für zusätzlichen Schutz sorgen, außerdem legte man einen Wallgraben an, der allerdings nicht mit Wasser gefüllt wurde. Im Juli 1570 gingen die Osmanen in Larnaka an Land. Drei Monate später stürmten sie Lefkosias Festungsanlage und töteten rund 50 000 Bewohner.

Seither hat sich die Mauer kaum verändert. Fünf der Bastionen, Tripoli, D'Avila, Constanza, Podokataro und Caraffa, befinden sich im südlichen Teil Lefkosias. Flatro (Sibeli) im Ostteil der Altstadt ist von türkisch-zyprischen, griechisch-zyprischen und UN-Truppen besetzt. Die übrigen Bollwerke, Loredano (Cevizli), Barbaro (Musalla), Quirini (Cephane), Mula (Zahra) und Roccas (Kaytazağa), liegen in Nord-Nikosia (Lefkoşa).

Ursprünglich war die Mauer mit drei Stadttoren versehen: dem Famagusta-Tor im Osten, dem Pafos-Tor im Westen und dem Kyrenia-(Girne-)Tor im Norden.

Die venezianische Festungsmauer und der Graben rund um Lefkosia (Süd-Nikosia) sind in exzellentem Zustand. Heute werden sie als Parkplätze, Veranstaltungsorte für Freiluftkonzerte oder einfach zum Spazieren und Erholen genutzt. In Nord-Nikosia ist die Anlage weniger gut erhalten und teils überwuchert sowie verfallen.

An mehreren Stellen gibt's Durchbrüche für den Verkehr, sodass auch Fahrzeuge Zugang zur Altstadt haben.

Grenzübergänge in der Ledrastraße & beim Ledra Palace Hotel   GRENZÜBERGANG

(Karte S.132) Diese beiden Kontrollpunkte sind die einzigen auf der Insel, über die man ausschließlich zu Fuß oder mit dem Fahrrad zwischen den beiden Landesteilen reisen kann. Unzählige Touristen und Einheimische nutzen diese Möglichkeit, viele auch zu später Stunde nach einer durchfeierten

INSIDERWISSEN

YIANNIS TOUMAZIS: DIREKTOR DES NICOSIA MUNICIPAL ARTS CENTRE (PIERIDES FOUNDATION)

In den letzten 30 Jahren schufen bedeutende Künstler der Insel ein facettenreiches Mosaik, das für meine Begriffe unsere gegenwärtige Identität in der Kunst ausmacht. Viele junge Künstler haben im Ausland studiert; ihre Erfahrungen und die politische Situation beeinflussten ihre Werke.

Die besten Adressen für zyprische Kunst

In Lefkosia gibt's neben dem Nicosia Municipal Arts Centre (S. 133) die Staatliche Galerie für Zeitgenössische Zyprische Kunst (S. 136), die Artos Foundation (www.artosfoundation.org), den Pharos Trust (www.thepharostrust.org) und mehrere private Kunstmuseen, in Lemesos wiederum die Lanitis Art Foundation (S. 51) in der Old Carob Mill unweit der Burg.

Die beste Art, zyprische Kultur zu erleben

Abseits der ausgetretenen Touristenpfade reisen und die Berge erkunden. In kleinen Restaurants in abgeschiedenen Dörfern traditionelle Küche probieren und die wunderschönen byzantinischen Kirchen mit ihren faszinierenden Fresken besichtigen.

Der beste Geheimtipp

Von Lefkosia nach Polis durch die Berge fahren und einen Stopp in einer vollkommen anderen Welt, dem Zederntal (S. 106), einlegen.

Nacht. Wer seinen Pass vergisst, darf die Grenze nicht passieren.

Am Übergang in der Ledrastraße kommt man an einem kleinen Büro mit Soldaten und Polizeibeamten aus der Republik vorbei. Sie führen ihre Kontrollen nur bei der Rückkehr aus dem Norden durch und durchsuchen meist gründlich die Taschen. In der Regel sind sie freundlich, allerdings sollte man darauf achten, nicht die erlaubten Mengen an Zigaretten und Alkohol, die man aus dem Norden einführen darf, zu überschreiten.

Danach gelang man zu den Grenzposten der Türkischen Republik Nordzypern, wo man gebeten wird, auf einem weißen Visumsformular Namen und Passnummer einzutragen. Ein Formular gilt für mehrere Grenzübergänge in den Norden. Dann kann man sich frei bewegen.

Am Grenzübergang beim Ledra Palace Hotel erfolgt das gleiche Prozedere. Auf dem Weg in Richtung Norden liegt linker Hand das ehemalige Ledra Palace Hotel, das mittlerweile renoviert wurde und von den Vereinten Nationen besetzt ist. Sein Umbau ist Teil des von der EU gesponserten Projektes „Nikosia Master Plan" (s. Kasten S. 137). Rechts neben dem Gebäude befinden sich verlassene Geschäfte. Ein weißes Eisentor markiert den Beginn des von Nordzypern kontrollierten Gebiets mit einem recht harmlosen Grenzposten.

Shacolas-Tower-Observatorium

OBSERVATORIUM

(Karte S. 132; 11. OG, Shacolas Tower, Ecke Ledra & Arsinois; Eintritt 0,90 €; ⊙10–18.30 Uhr; ♿) Das Observatorium im Shacolas Tower, eine Aussichtsplattform über dem Debenhams-Kaufhaus, bietet einen tollen Blick über die Stadt. Besucher können durch Ferngläser ganz Lefkosia, die Grüne Linie und das Gebirge in der Ferne betrachten, auf dessen Berghang eine gewaltige (und umstrittene) türkische Flagge gemalt ist. Über die verschiedenen Gebäude und Stadtviertel informieren Erklärungen auf Deutsch, Englisch und Französisch.

GRATIS Museen im Panzyprischen Gymnasium

MUSEEN

(Karte S. 132; www.pancypriangymnasium.ac.cy; Agiou Ioannou & Thiseos; ⊙Mo, Di, Do, Fr 9–15.30, Mi 9–17, Sa 9–13 Uhr) Zyperns älteste noch genutzte Schule, ein 1812 errichtetes Gymnasium, verfügt über einen faszinierenden, zwölf Räume umfassenden Ausstellungsbereich mit mehreren Museen. Zu den Highlights gehören eine umfangreiche naturhistorische Sammlung, zahlreiche gotische Skulpturen und eine Kunstgalerie mit Werken lokaler Maler, darunter ehemalige Lehrer und Schü-

DIE PLATEIA IN NEUEM GLANZ

Aufgrund umfassender Umbauarbeiten wurde ein Großteil der **Plateia Eleftherias** (Karte S. 132) in Lefkosia gesperrt. Verantwortlich dafür ist Zaha Hadid, eine der besten Architektinnen der Welt und für Arbeiten mit sozialem Anspruch bekannt. Zu ihrem eindrucksvollen Portfolio zählen eine Straßenbahnhaltestelle in Straßburg, ein Wohnungsbauprojekt für IBA-Block 2 in Berlin und die Mind Zone im Londoner Millennium Dome. Zusammen mit ihrem zyprischen Kollegen Christos Passos plant Hadid, entlang des Grabens neben der venezianischen Festungsmauer einen Grüngürtel zu schaffen und den Innenbereich in einen Stadtpark zu verwandeln. Das Ganze soll dann von einer Fußgängerzone mit Palmen eingerahmt werden. In der Mitte der Grünfläche wollen die beiden einen betonierten Platz errichten, der zum Spazieren und Verweilen einlädt und dem Viertel ein neues Zentrum gibt. Hadid bezeichnet ihren Entwurf als „urbanen Eingriff".

Wie jedes andere große architektonische Werk wird natürlich auch dieses Projekt kritisiert. Gegner bemängeln eine zu geringe Einbeziehung der Bürger und den eingeschränkten Zugang zur Altstadt, zudem halten sie die weitläufige Betonstruktur neben der alten Festungsmauer für unpassend. Die Arbeiten begannen 2008 und dauern voraussichtlich bis Ende 2013.

ler. Lawrence Durrell, der Autor von *Bittere Limonen*, unterrichtete hier in den 1950er-Jahren Englisch.

Famagusta-Tor HISTORISCHE STÄTTE
(Karte S.132; Caraffa-Bastion; ⊙Mo–Fr 10–13 & 17–20 Uhr) Das östliche Tor ist das am meisten fotografierte und am besten erhaltene der drei Originalbauten, die in die Altstadt führten. Nachdem es über 100 Jahre lang sich selbst überlassen worden war, wurde es schließlich 1981 renoviert und dient heute als Veranstaltungsort für Konzerte sowie als Kulturzentrum, in dem regelmäßig Ausstellungen zu lokalen Themen stattfinden. Hinter der eindrucksvollen Holztür und abfallenden Fassade erstreckt sich ein Tunnel zu einer Befestigungsmauer. Rechts hinter dem Gang liegt eine kleine Open-Air-Arena, wo im Sommer Konzerte veranstaltet werden. In der Gegend gibt's einige beliebte Restaurants und Bars.

Freiheitsdenkmal DENKMAL
(Karte S.132) Unweit der Moschee auf der Podokataro-Bastion stößt man auf dieses zum Nachdenken anregende Monument. Es symbolisiert die 1959 erfolgte Befreiung der griechischen Zyprer von der britischen Kolonialmacht in Form von 14 EOKA-Kämpfern sowie Bauern und Priestern, die aus dem Gefängnis entlassen werden und die verschiedenen Schichten der griechisch-zyprischen Gesellschaft repräsentieren. Über der Szenerie thront eine Freiheitsstatue. Das 1973 errichtete Denkmal zeigt keine türkischen Zyprer und spiegelt somit die Spaltung beider Gemeinschaften wider.

GRATIS **Staatliche Galerie für Zeitgenössische Zyprische Kunst** MUSEUM
(Karte S.132; Ecke Stasinou & Kritis; ⊙Mo–Fr 10–16.45, Sa 10–12.45 Uhr) Leider bleibt dieses großartige Museum von Touristen oftmals unbeachtet, dabei beherbergt es eine umfassende Sammlung hochwertiger Kunstwerke aus der Mitte des 19. Jhs. bis zum Ende des 20. Jhs., darunter einige schöne Skulpturen. Die hübsch gestalteten Galerien sind in einem historischen Kolonialbau untergebracht und erstrecken sich über drei Stockwerke. Zu den Highlights gehört ein postimpressionistisches Gemälde über das Leben der Bauern des bekannten zyprischen Künstlers Adamantios Diamantis (1900–1994), dessen Stil stark von kubistischen und byzantinischen Elementen geprägt war.

DRESSCODE FÜR MOSCHEEN & KLÖSTER

Für Besucher von Moscheen oder Klöstern ist angemessene Kleidung Pflicht. Beide Geschlechter sollten weder kurze Hosen noch Oberteile mit kurzen Ärmeln tragen, vor allem Frauen müssen sich so gut wie möglich bedecken. Praktischerweise gibt's in immer mehr Einrichtungen dieser Art Umhänge, teils kostenlos, teils gegen eine Leihgebühr – ein echtes Gottesgeschenk an einem heißen Tag ...

Pafos-Tor HISTORISCHE STÄTTE
(Karte S.132) Das westliche Stadttor, von den Venezianern Porta San Domenico genannt, gehört zu den drei traditionellen Zugängen in die Altstadt. Seit 1963 ist es Standort einer Art trotzigen Flaggenwettkampfs, denn hier wehen die Fahnen der Republik, Nordzyperns, Griechenlands und der Türkei nebeneinander. Es diente den Osmanen als Waffenlager und den Briten als Polizeihauptstelle und wacht heute über eine schmale Fußgängerzone. Der benachbarte Mauerdurchbruch, der den Verkehrsfluss in die Altstadt ermöglicht, wurde erst sehr viel später durchgeführt.

Katholische Heilig-Kreuz-Kirche KIRCHE
(Karte S.132) Östlich des Pafos-Tors auf der anderen Straßenseite befindet sich diese Kirche in denkbar heikler Lage mit dem Rücken zum türkischen Sektor in der Sicherheitszone der Uno. Hier werden zwar Messen abgehalten, allerdings muss die Hintertür, die in türkisch kontrolliertes Terrain führt, stets geschlossen bleiben. Die Gottesdienstzeiten sind im Vestibül an der Eingangstür angegeben.

Roccas-(Kaytazağa-)Bastion
HISTORISCHE STÄTTE
(Karte S.132) Bis 2003 war die Roccas-Bastion einzigartig auf der Insel, da sich nur hier griechische und türkische Zyprer quasi direkt in die Augen blicken konnten. Mittlerweile gilt sie aber nicht mehr als Attraktion, weil das Passieren der Grenze nun ohne Probleme möglich ist. Trotzdem behält das Bollwerk einen gewissen historischen Wert, da es an die rund 30 Jahre lange Kontaktsperre zwischen beiden Gemeinschaften erinnert.

Es liegt etwa 200 m südlich des Grenzübergangs beim Ledra Palace Hotel und ist leicht an den Parkverbotsschildern an der Festungsmauer zu erkennen. Die UN-Sicherheitszone, die beide Seiten durch einen Grenzstreifen trennt, verschwindet hier auf einem 200 m langen Abschnitt. Genau am Rand der Bastion endet die Grenze des türkisch kontrollierten Nordzyperns.

Die türkisch kontrollierte Seite des Gebäudes ist über Nord-Nikosia zugänglich.

Faneromeni-Kirche KIRCHE
(Karte S.132; Plateia Faneromenis) Bevor die Plateia Eleftherias 1974 ihre Rolle einnahm, war die Plateia Faneromenis das Zentrum der Stadt. Vor Ort ist es so still, dass man, obgleich nur ein paar Meter von der geschäftigen Ledrastraße entfernt, die Vögel zwitschern hört. In der Mitte erhebt sich die eindrucksvolle Faneromeni-Kirche, die 1872 auf dem Gelände eines alten orthodoxen Frauenklosters errichtet wurde. Sie ist das größte Gotteshaus der Stadt und von einer Mischung aus neoklassizistischen, byzantinischen sowie lateinischen Stilen geprägt. Das **Marmor-Mausoleum** an der Ostseite des Bauwerks wurde zum Gedenken an vier Geistliche errichtet, die vom osmanischen Statthalter 1821 zu Beginn des Griechischen Unabhängigkeitskriegs hingerichtet worden waren.

Laïki Geitonia STADTVIERTEL
(Karte S.132) Nachdem es viele Jahre leichten Damen und zwielichtigen Händlern als Revier gedient hatte, wurde Laïki Geitonia (wörtlich: „beliebtes Stadtviertel") restauriert. Der winzige Südteil der Altstadt ist Lefkosias touristisches Zentrum, d. h. es gibt jede Menge schlechte Restaurants mit kitschigen Wasserfontänen, Kellnern, die ihre Kundschaft mit billigen Sprüchen umwerben, und meist übertuertem Essen. Dennoch lädt das hübsche Viertel zu einem kurzen Spaziergang ein. Wer Hunger hat, sollte allerdings den vielen guten Lokalen und Kneipen in anderen Teilen der Stadt den Vorzug geben.

In der Gegend gibt's ein Büro der Cyprus Tourism Organisation (CTO), das verschie-

---

STADTPLANUNG

Im Sinne einer Annäherung zwischen dem Norden und der Republik sind mit Geldern der UN und der EU rund 100 osmanische, fränkische und byzantinische Gebäude auf beiden Seiten der Grenze sorgsam restauriert worden. Seit 1979 wurden im Rahmen des **Nicosia Master Plan** Kirchen, Moscheen, Hamams (türkische Bäder), Gräber, Herrenhäuser, Denkmäler, Museen und Kulturzentren renoviert, um das Verständnis der gemeinsamen Geschichte auf beiden Seiten zu fördern. Direkt beim Grenzübergang am Ledra Palace Hotel zeigt das **Master-Plan-Büro** (Karte S.132; www.lefkosia.org.cy; ⊙Mo–Fr 8–18, Sa & So 9–17 Uhr) Exponate zu allen fertiggestellten und geplanten Bauten und hält Infoblätter zu den Projekten sowie die lohnenswerte kostenlose Broschüre *Walled Nicosia: A Guide to Its Historical and Cultural Sites* bereit.

NICHT VERSÄUMEN

OMERIYE-HAMAM

(☎ 2275 0550; www.hammambaths.com; Plateia Tyllirias 8; Eintritt für 2 Std. & türkisches Bad 20 €, 20-minütige Körperbehandlung 20 €, Massage 40–50 €; ⊙9–21 Uhr, Di, Do & Sa nur Männer, Mi, Fr & So nur Frauen, Mo Paare) Handy aus, Kappe auf, ins Adams- bzw. Evakostüm geschlüpft – und einem wunderbar entspannenden türkischen Badeerlebnis in diesem geschmackvoll restaurierten Gebäude steht nichts mehr im Weg. In der kuppelförmigen Rezeption hängt ein gewaltiger Kronleuchter über dem kreisförmigen Barbereich und die nach frischer Minze duftenden Räume schmücken Kerzen und Spiegel. Der Hamam wurde bereits im 16. Jh. errichtet und ist sicher, beliebt sowie erholsam. Es gibt Männer- und Frauentage sowie Massagen von Frauen für Frauen bzw. von Männern für Männer. Am Eingang erhalten die Gäste kostenlos eine Flasche Wasser, Handtücher (ein großes und ein kleines) und später eine Tasse Kräutertee zur Entspannung. Neben dem einfachen Dampfbad gehören Verwöhnbehandlungen für den Körper sowie chinesische oder aromatherapeutische Massagen zum Programm. Wer sich nur das Gebäude ansehen möchte, kann montags an einer Führung teilnehmen.

dene kostenlose Karten und Broschüren auf Lager hat.

Omeriye-Moschee   MOSCHEE

(Karte S. 132; Ecke Trikoupi & Plateia Tyllirias; ⊙außerhalb der Gebetszeiten) Die Omeriye-Moschee, ursprünglich die Augustinerkirche der hl. Maria, stammt aus dem 14. Jh. Von den Osmanen bei der Besetzung Lefkosias 1570 zerstört, wurde das Gebäude als Moschee wieder errichtet, denn man glaubte, dass hier im 7. Jh. der muslimische Prophet Omer begraben worden sei. Schon von Weitem ist das hohe Minarett auszumachen, den Eingang zur Moschee erreicht man etwa auf halbem Weg entlang der Trikoupi. Heute wird das Gotteshaus in erster Linie von muslimischen Urlaubern aus nahe gelegenen arabischen Ländern genutzt. Auch Nichtmuslime dürfen es besuchen, wenn sie sich an die entsprechenden Regeln halten, also keine freizügige Kleidung tragen, die Schuhe an der Tür stehen lassen und die offiziellen Gebetszeiten meiden.

Makarios-Kulturstiftung   MUSEUM

(Karte S. 132; Plateia Archiepiskopou Kyprianou; Eintritt 1,70 €; ⊙Mo–Fr 9–16.30, Sa bis 13 Uhr) Highlight der Stiftung ist das wunderbare **Byzantinische Kunstmuseum** mit der größten Sammlung zyprischer Ikonen der Insel. Hier werden rund 220 Stücke präsentiert, die aus dem 5. bis 19. Jh. stammen. Zu den interessantesten gehören die Kunstwerke von **Jesus & der Jungfrau Maria** (12. Jh.) aus der Kirche der Jungfrau Maria Arakas in Lagoudera sowie die **Auferstehung** (13. Jh.) aus der Kirche im Kloster des hl. Johannes Lambadistis in Kalopanayiotis. Ebenfalls bemerkenswert sind die sechs Beispiele großartiger **Kanakaria-Mosaiken**, die nach dem türkischen Einmarsch 1974 aus der Panagia Kanakaria (Kanakaria-Kirche) in Nordzypern gestohlen und nach einem langen Rechtsstreit 1991 wieder zurückgegeben wurden.

Ethnografisches Museum   MUSEUM

(Karte S. 132; Plateia Archiepiskopou Kyprianou; Eintritt 2 €; ⊙Mo–Fr 9–17, Sa 10–13 Uhr) Ganz in der Nähe der Makarios-Kulturstiftung wartet das Ethnografische Museum mit Zyperns umfangreichster Sammlung an Kunsthandwerk und Ethnografie auf, darunter exquisite Beispiele von Stickereien, Spitzenarbeiten, Kostümen, Töpferei, Metallarbeiten, Korbwaren, gemalter Volkskunst, gravierten Kalebassen, Lederwaren und Holzschnitzereien, beispielsweise wunderschöne, kunstvoll verzierte Truhen. Das Gebäude stammt aus dem 15. Jh. und wurde später erweitert.

Museum des Nationalen Kampfes   MUSEUM

(Karte S. 132; Agiou Ioannou; Eintritt 0,80 €; ⊙Mo–Mi & Fr 8–14, Do 8–14 & 15–19 Uhr) Dieses Museum eignet sich wirklich nur für Geschichtsfanatiker und blutdürstige Kinder. Es zeigt Dokumente, Fotos und andere Exponate zum oftmals gewalttätigen zyprischen Befreiungskampf (1955–59) gegen die Briten, z. B. eine grauenvolle Nachbildung der Galgen.

Panagia Chrysaliniotissa   KIRCHE

(Karte S. 132; Archiepiskopou Filotheou; ⊙außerhalb der Gottesdienste) Der griechische Name dieser der Jungfrau Maria geweihten Kirche bedeutet „Unsere Muttergottes des goldenen Flachses". Sie gilt als ältestes byzantinisches Gotteshaus Lefkosias und wurde 1450 im Auftrag von Königin Helena Paleologos errichtet. Hier wird eine eindrucksvolle Sammlung alter, seltener Ikonen aufbewahrt.

Bayraktar-Moschee MOSCHEE
(Karte S.132) Südwestlich des Famagusta-Tors auf der Constanza-Bastion kennzeichnet die kleine Moschee die Stelle, wo die Osmanen 1570 die venezianische Festungsmauer durchbrachen. Der osmanische *bayraktar* (türkisch für Fahnenträger; nach ihm ist die Moschee benannt) wurde von den Verteidigern getötet, seine Leiche jedoch später gefunden und hier begraben. Im Lauf der Zeit war die Moschee Ziel terroristischer Angriffe. Anfang der 1960er-Jahre wurden das Gebäude sowie das nahe gelegene Grab des Fahnenträgers von EOKA-nahen Kräften beschädigt. Nach den Reparaturarbeiten schloss man die Moschee für die Öffentlichkeit.

Chrysaliniotissa-Kunsthandwerkszentrum KUNSTHANDWERK
(Karte S.132; Dimonaktos 2; Mo–Fr 10–13 & 15–18, Sa 10–13 Uhr) Wegen seiner interessanten Exponate zu Kunst und Kunsthandwerk aus Zypern lohnt das kleine Zentrum einen Besuch. In einem Gebäude, das nach dem Vorbild eines traditionellen Gasthofs errichtet wurde, reihen sich acht Ateliers und ein vegetarisches Restaurant um einen Innenhof.

 Geführte Touren

Die **Cyprus Tourism Organisation** (CTO; Karte S. 132; 2244 4264; Aristokyprou 11; Mo–Fr 8.30–16, Sa bis 14 Uhr) bietet montags und donnerstags um 10 Uhr kostenlose Führungen vom CTO-Büro in die Altstadt an.

 AUDIOGUIDES

Die Cyprus Tourism Organisation (CTO) bietet verschiedene Audioguides an, die man in sechs Sprachen als MP3 oder auf sein Handy herunterladen kann. Zu den kommentierten Sehenswürdigkeiten gehören das Zypern-Museum (Lefkosia), zehn byzantinische Kirchen im Troodos-Gebirge, die archäologische Stätte von Kourion (Lemesos), der Archäologische Park und die Königsgräber (beide in Pafos). Weitere Infos siehe unter www.visitcyprus.com.

Montags steht eine Tour namens „Chrysaliniotissa & Kaimakli: the Past Restored" auf dem Programm, bei der man sowohl mit dem Bus als auch zu Fuß unterwegs ist, während man donnerstags einen Rundgang durch die Altstadt unternehmen kann. Die Führungen dauern zwei Stunden und 45 Minuten und beinhalten eine 30-minütige Pause zur Halbzeit.

Alternativ besorgt man sich die CTO-Broschüre mit Stadtspaziergängen oder lässt sich von unserem Vorschlag auf der nächsten Seite inspirieren.

 Essen

Restaurants findet man in der Altstadt, der Neustadt und den expandierenden Vororten im Westen bzw. Süden. Unsere Empfehlungen konzentrieren sich hauptsächlich auf die Alt- und Neustadt, allerdings sind die Außenbezirke wie Engomi im Westen und Strovolos im Süden durchaus für kulinarische Überraschungen gut.

KULTURZENTREN

Interessiert an Zyperns außergewöhnlicher Geschichte und Kultur? Dann sollte man die Bibliotheken der verschiedenen Kulturzentren besuchen, die eine große Auswahl an Zeitschriften und Fachbüchern auf Lager haben:

British Council (Karte S.132; 2266 5152; www.britishcouncil.org/Cyprus.htm; Leoforos Mouseiou 3)

Makarios-Kulturstiftung (Karte S.132; 2243 0008; Plateia Archiepiskopou Kyprianou)

Ahilleios-Bibliothek (Karte S.132; 2276 3033; Leoforos Konstantinou Paleologou 30)

Nicosia Municipal Arts Centre (Karte S.132; 2243 2577; www.nimac.com.cy; Apostolou Varnava 19)

Bibliothek des Bildungsministeriums (Karte S.132; 2230 3180; www.moec.gov.cy (auf Griechisch); Leoforos Konstantinou Paleologou)

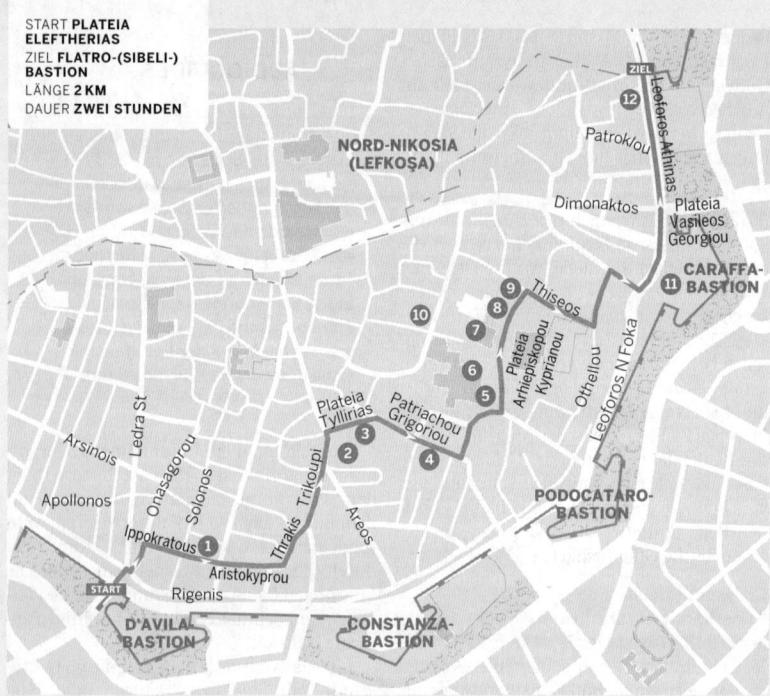

START **PLATEIA ELEFTHERIAS**
ZIEL **FLATRO-(SIBELI-) BASTION**
LÄNGE **2 KM**
DAUER **ZWEI STUNDEN**

Stadtspaziergang
Reise in die Vergangenheit

› Diese Tour führt durch die Hauptstraßen der Altstadt, vorbei an vielen Museen. Zunächst folgt man von der Plateia Eleftherias aus der Ledrastraße und biegt rechts auf die Ippokratous ab. Hinter der Hausnummer 17 verbirgt sich das ❶ **Leventis-Stadtmuseum**, das Lefkosias Geschichte von prähistorischer Zeit bis heute dokumentiert.

Danach geht's der Ippokratous (die zur Aristokyprou wird) nach, links auf die Thrakis und über eine scharfe Biegung auf die Trikoupi. Bald taucht rechts die ❷ **Omeriye-Moschee** auf. Hier lohnt ein Abstecher zum nahe gelegenen ❸ **Omeriye-Hamam** für eine erholsame Verwöhnmassage. Anschließend biegt man rechts auf die Plateia Tyllirias ab und gelangt nach einem kurzen Fußmarsch auf die Patriarchou Grigoriou. Dieser folgt man 125 m, bis man rechts das im 18. Jh. errichtete ❹ **Haus des Hatzigeorgakis Kornesios** erreicht, das inzwischen ein Museum beherbergt.

Die nächste Straße nach links führt zur Plateia Archiepiskopou Kyprianou mit dem ❺ **Erzbischöflichen Palast**. Darin ist die ❻ **Makarios-Kulturstiftung** mit einem interessanten Museum für Byzantinische Kunst untergebracht. Zum Gelände der Stiftung gehört auch die ❼ **Agios-Ioannis-Kirche** von 1662. Direkt daneben befindet sich das ❽ **Ethnografische Museum**, außerdem stößt man in der Nähe auf das ❾ **Museum des Nationalen Kampfes** und das ❿ **Nicosia Municipal Arts Centre**.

Nun geht's weiter Richtung Norden und rechts auf die Thiseos, dann links und erneut rechts auf die Leoforos N Foka. Nach einer weiteren Linkskurve taucht vor einem das imposante ⓫ **Famagusta-Tor** auf, in dem Ausstellungen und kulturelle Veranstaltungen abgehalten werden. Von hier erkundet man die Leoforos Athinas mit ihren angesagten Restaurants und Bars, bis die Straße nach 400 m vor dem Stacheldrahtzaun und den UN-Wachttürmen der ⓬ **Flatro-(Sibeli-)Bastion** endet. Die direkteste Route zurück zum Laïki Geitonia führt über die Leoforos N Foka; einfach den Schildern zur Cyprus Tourism Organisation (CTO) folgen und unterwegs die venezianische Festungsmauer bestaunen.

Gastronomisch gesehen hat Lefkosia einiges zu bieten. Da es kein eigentliches Urlaubserziel ist, gibt's nur wenige schlechte und überteuerte Touristenlokale und stattdessen zahlreiche ausgezeichnete, recht einfache Läden, die traditionelle zyprische Gerichte wie Hülsenfrüchte, frisches saisonales Gemüse und Fleischeintöpfe servieren. Zunehmende multikulturelle Einflüsse ebnen darüber hinaus den Weg für eine raffiniertere, internationalere Küche.

Während der mehrwöchigen Ferien im August sind viele Restaurants geschlossen.

ALTSTADT

Die gastronomische Szene der Altstadt konzentriert sich auf zwei Bereiche mit verschiedenen günstigen, einfachen Lokalen. Laïki Geitonia erfreut sich vor allem zur Mittagszeit bei Tagesausflüglern großer Beliebtheit, während die verlässlich guten Bars und Restaurants rund um das Famagusta-Tor abends zahlreiche ortskundige Einheimische anlocken.

AUFGEPASST!

Lefkosia ist eine bemerkenswert sichere Stadt. Dennoch wirken die Straßen der Altstadt, insbesondere in der Nähe der Grünen Linie, bei Nacht oft verlassen und bedrohlich, deswegen sollten sie von Frauen ohne Begleitung gemieden werden. Die Einreise nach Nordzypern ist ausschließlich an den offiziellen Grenzübergängen erlaubt. Daran muss sich jeder Besucher halten, denn wer woanders die Grenze passiert, handelt sich großen Ärger ein. Zudem sollte man darauf achten, weder die Grüne Linie noch die Sicherheitszone zu fotografieren, da dies zur Beschlagnahmung der Kamera und eventuell zu einem unangenehmen Verhör führt.

LP TIPP Mattheos ZYPRISCH €
(Karte S. 132; Plateia 28 Oktovriou 6; Hauptgerichte ab 6 €; ⏱mittags) In dem atmosphärischen Lokal neben der Faneromeni-Kirche können Gäste an den Tischen mit bunten karierten Decken speisen. Die zyprische Hausmannskost wie herzhaftes *kleftiko* (Lammbraten), *stifado* (Rindfleisch- oder Kanincheneintopf) und gefülltes Gemüse zieht viele Büroangestellte in ihrer Mittagspause an. Weil das Mattheos zu den beliebtesten Restaurants der Stadt gehört, ist hier ein leerer Stuhl ebenso ungewöhnlich wie ein mittelmäßiges Essen.

Zanettos Taverna ZYPRISCH €€
(Karte S. 132; Trikoupi 65; Hauptgerichte ab 8 €) Das 1938 eröffnete Lokal zählt zu den ältesten traditionellen Tavernen Lefkosias. Einheimische schwören zu Recht auf die saftigen griechisch-zyprischen Meze-Gerichte. Wer diese genießen möchte, muss das in einer Seitengasse versteckte Restaurant allerdings erst mal finden.

Christakis ZYPRISCH €
(Karte S. 132; Leoforos Kostaki Pantelidi 28; Hauptgerichte 6 €) Laut den Stadtbewohnern ser-

ÜBER DIE GRÜNE LINIE

Obwohl das Passieren der Grenze nach Nord-Nikosia mittlerweile problemlos möglich ist, verströmen die Grüne Linie und die Pufferzone mit ihren verlassenen, zerfallenen Häusern noch immer eine gewisse Faszination. Mit Ausnahme von kreativer Graffiti-Kunst gibt's wenig zu sehen, trotzdem verleiht das Grenzgebiet Lefkosia eine Art Kick. Hier blickt man auf die zwei Minarette der Selimiye-Moschee, dem Wahrzeichen von Nord-Nikosia, zwischen denen die türkische und die türkisch-zyprische Flagge weht. Die Grüne Linie verkörpert die Beklommenheit, die der Teilung der Hauptstadt und des Landes innewohnt, insbesondere angesichts der düsteren Ereignisse des Jahres 1974.

Den **Bunkern** der Uno und der Republik an der Grenze darf man nicht zu nahe kommen. Der von der CTO ausgeschilderte Stadtspaziergang führt zur Grenzlinie im äußersten Osten der Stadt, unweit der vom Militär bewachten **Flatro-(Sibeli-)Bastion**. Biegt man an der letzten Abzweigung links von der Leoforos Athinas ab und folgt der Agiou Georgiou, stößt man rechts bald auf eine kleine Straße namens Axiothea. An ihrem Ende quetscht man sich durch die schmale Öffnung auf die nächste Straße, dem ausgeschilderten Stadtspaziergang folgend. Wenn die **Pendadaktylou** auf die **Ermout** trifft, die einst die Altstadt teilte, erstreckt sich eine besonders verlassene, baufällige Gegend vor einem.

Lefkosia (Neustadt)

🟠 Aktivitäten, Kurse & Touren
1. Eleon-Swimmingpool A3

🟠 Essen
2. Akakiko E2
3. Mediterranean F2
4. Mondo E2
5. Sawa F3
6. Syrian Arab Friendship Club A1
   Zebra's ....(siehe 3)

🟠 Ausgehen
7. Finbarr's F3
8. Sfinakia D4

🟠 Unterhaltung
   Sfinakia ....(siehe 8)
9. Zoo E2

---

viert das schlichte Lokal gegenüber dem Busbahnhof das beste *souvlaki*. Salate, Gemüsebeilagen, traditionelle Bohnengerichte und eine gesellig-familiäre Atmosphäre runden das Gesamtpaket ab. Am besten kommt man früh, denn es gibt nur wenige Tische.

Da Paolo ITALIENISCH €€
(Karte S.132; Leoforos Konstantinou Paleologou 52; Pizza ab 11 €, Pasta ab 9 €) Das kleine italienische Restaurant mit einem Sitzbereich auf der Terrasse neben der venezianischen Festungsmauer, einem Holzofen sowie traditionellem Dekor in Form von Knoblauchketten bietet eine große Auswahl an Pizzas und Pasta und einige nahöstliche Klassiker wie Muscheln in Ouzo und Knoblauch. Der Besitzer ist Libanese.

Inga's Veggie Heaven VEGETARISCH €€
(Karte S.132; Chrysaliniotissa-Kunsthandwerkszentrum, Dimonaktos 2; Hauptgerichte ab 10 €; ⊙mittags; 🖉) Inga, die freundliche isländische Küchenchefin, bereitet verschiedene rustikale vegetarische Tagesmenüs zu, darunter gefüllte Paprika oder Linsenburger, die jeweils mit Salat und hausgemachtem Brot serviert werden. Darüber hinaus sind die mit Liebe gebackenen Kuchen ein nahrhaftes Highlight. Nach dem Essen kann man die angrenzenden Kunstateliers erkunden.

Shiantris ZYPRISCH €€
(Karte S.132; Pericleous 21; Hauptgerichte ab 7 €; ⊙mittags) Eines von Lefkosias versteckten kulinarischen Schätzen. Das Lokal ist nach seinem herzlichen Besitzer benannt, der eine fantastische Auswahl an saisonalen Bohnengerichten mit Zitrone, Petersilie und Olivenöl sowie einige Fleischspeisen wie *afelia* (in Wein geschmortes Schweinefleisch) oder Lammbraten kredenzt.

Egeon ZYPRISCH €€
(Karte S.132; Ektoros 40; Meze ab 17 €; ⊙abends) Das unprätentiöse, überaus beliebte Egeon zieht eine treue, hauptsächlich einheimische Stammklientel an. Hier gibt's großartiges Essen, vor allem Meze-Gerichte, die man im Sommer im Innenhof und im Winter in einem atmosphärischen alten Haus verspeisen kann. Unbedingt reservieren!

Pago Pago POLYNESISCH €€
(Karte S.132; Ouzounian 38; Hauptgerichte ab 12 €) Innerhalb des Castelli Hotel lockt das Pago Pago mit leckerer tahitischer Ente und mitreißender kubanischer Livemusik.

Power House INTERNATIONAL €€
(Karte S.132; Apostolou Varnava 19; Hauptgerichte ab 10 €; ⊙So & Mo geschl.) Passenderweise ist das kultivierte Restaurant des Nicosia Municipal Arts Centre mit beeindruckenden Gemälden und Skulpturen dekoriert.

Habana KUBANISCH €€
(Karte S.132; Lykourgou 1; Hauptgerichte ab 8 €; ⊙11–1 Uhr) Kubanisches Dekor mit gemütlichen freigelegten Backsteinwänden sowie eine umfangreiche Speisekarte, auf der u. a. Fajitas und würzige Burger stehen.

NEUSTADT
An der Leoforos Archiepiskopou Makariou III gibt's jede Menge Cafés und Bars. Auch in den Straßen in den umliegenden Wohnvierteln findet man gute Lokale, z. B. an der belaubten, prächtigen Klimentos.

LP TIPP ➤ **Syrian Arab Friendship Club**
NAHÖSTLICH €€
(SAFC; Karte S.142; Vassilisa Amalia 17; Meze ab 15 €; 🖉) Vegetarier und Familien werden sich in diesem wunderbaren Restaurant besonders wohlfühlen. In dem großen Garten können Kinder spielen, außerdem wartet das Lokal mit einer großen Auswahl an Meze, jeder Menge leckerer Dips, etwa mit Roter Bete und Aubergine, schmackhaften Falafel, saftigem Tabouleé samt Petersilie und Tomaten und verschiedenen Fleischgerichten auf.

Zebra's INTERNATIONAL €€
(Karte S.142; Klimentos Towers, Klimentos 43; Hauptgerichte ab 10 €) Das von einem Südafrikaner geführte Zebra's ist für seine großartigen Steaks und Fischplatten bekannt. Gegen

den großen Hunger helfen der King's Platter (acht Riesengarnelen, Muscheln, Tintenfisch und Fischfilet) oder der nur wenig kleinere Queen's Platter. Montags kommen Fans von Schweinerippchen auf ihre Kosten, denn dann lockt ein All-you-can-eat-Angebot.

Sawa NAHÖSTLICH €€
(Karte S. 142; ☏ 2276 6777; www.abbarahbrothers.com; Klimentos 31; Meze ab 12 €) Überzeugt mit seiner syrischen Küche und einem großartigen Dekor, das mit seinen kunstvollen Steinmeißelarbeiten, blubbernden Springbrunnen und dem eleganten Speisesaal an einen Sultanspalast erinnert. Zum leckeren Meze-Angebot passt eine Flasche libanesischer Ksara-Riesling. Vorab reservieren!

Mediterranean FISCH & MEERESFRÜCHTE €€
(Karte S. 142; www.mediterraneancy.com; Klimentos Towers, Klimentos 43; Hauptgerichte ab 10 €) In dem 2011 eröffneten Restaurant erwartet Gäste Preisgünstiges aus dem Meer. Eine Fischplatte kostet akzeptable 10 €, Spaghetti mit einem kompletten Hummer 18 €.

Akakiko JAPANISCH €€
(Karte S. 142; Leoforos Archiepiskopou Makariou III 9b; Hauptgerichte ab 12 €) Hier werden im passenden minimalistischen Ambiente mit Blick auf die geschäftige Einkaufsstraße klassische japanische Speisen wie Misosuppe, Tempura, gefüllte Teigtaschen und Sushi serviert.

Mondo ZYPRISCH €€
(Karte S. 142; Leoforos Archiepiskopou Makariou III 9a; Menü 12 €; 🕐) In dem weitläufigen Café mit Bar und Terrasse im Obergeschoss kommen erschwingliche Tagesmenüs auf den Tisch. Für Naschkatzen gibt's u. a. leckere Haselnuss-Schoko-Muffins.

🍷 Ausgehen

Sowohl in der Gegend rund um das Famagusta-Tor in der Altstadt als auch entlang der Leoforos Archiepiskopou Makariou III gibt's zahlreiche atmosphärische und einladende Bars, die zum ein oder anderen abendlichen Drink einladen.

ALTSTADT
Stimmungsvolle Adressen findet man auch in der Altstadt. In der Bohème-Szene sind sie beliebter als jene in der Neustadt.

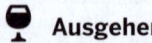

Oktana BAR
(Karte S. 132; Aristidou 6) In der atmosphärischen Bar mit innovativen Art-déco-Postern und einem gemütlichen Senkgarten im hinteren Teil geben sich Künstler, Schauspieler und Akademiker ein Stelldichein. Der weitläufige Innenbereich beherbergt einen Buchladen und mehrere Räume, darunter einen im Keller für *nargileh*-Liebhaber. Hier werden regelmäßig Kunstausstellungen und Dichterlesungen veranstaltet.

Hammam BAR
(Karte S. 132; Soutsou Pendadaktylou 9) Gleich hinter dem Omeriye-Hamam lädt das hübsche alte Kolonialhaus mit imposanter Bogentür, Deckenfries und gekacheltem Boden zu einem gemütlichen Cocktailabend im grünen Innenhof bei guter Musik und entspannter Atmosphäre ein.

Brew BAR
(Karte S. 132; Ippokratous 30) Das luftige geräumige Brew ist in einem alten Herrenhaus untergebracht und punktet mit guter Musik, weiß bemalten Holzmöbeln, Tee, Cocktails sowie gesunden Snacks.

Academy 32 BAR
(Karte S. 132; Leoforos Konstantino Paleologou 32; ⊙Mo geschl.) Der Besitzer, ein Musiker, hat sich eine Bar mit intimem Künstlerambiente, regelmäßigen Ausstellungen, Livejazz und romantischen Eckchen geschaffen.

Plato's BAR
(Karte S. 132; Platonas 8) Jazzcafé im Montmartre-Stil mit hübscher Terrasse.

Ithaki BAR
(Karte S. 132; Leoforos N Foka 33) In der Freiluftbar wird gelegentlich Livemusik gespielt.

Uqbar BAR
(Karte S. 132; Aristidou 6) Die gegenüber dem Oktana gelegene Bar hat dieselben Besitzer und verströmt eine ähnliche Atmosphäre.

NEUSTADT
Wer in der Neustadt auf die Piste gehen möchte, sollte Jeans und Turnschuhe im Schrank lassen, denn in Lefkosia wirft man sich gern in Schale.

Sfinakia BAR
(Karte S. 142; Ecke Sypros Kyprianou & Themistokli Dervi) In der belebten Bar, die zum Sfinakia-Club gehört, ist Sehen und Gesehen werden das Gebot der Stunde.

Finbarr's BAR
(Karte S. 142; Leoforos Archiepiskopou Makariou III 52b) Guinness vom Fass und gesellige Atmosphäre ziehen jede Menge Einheimische

ZYPERN FÜR KINDER: LEFKOSIA

Im Gegensatz zu den Küstenstädten hat Lefkosia Familienurlaubern auf den ersten Blick eher wenig zu bieten, obwohl die Bewohner wie die meisten Zyprer kinderfreundlich sind. Leider gibt's vor Ort keine professionellen Babysitteragenturen.

Die Cyprus Tourism Organisation (CTO) informiert über kindgerechte Veranstaltungen und mit ein wenig Glück fällt ein Besuch mit einer Aufführung des traditionellen zyprischen Schattentheaters zusammen.

Wenn es in den Straßen zu heiß wird, sorgt der große, von Olivenbäumen gesäumte **Eleon-Swimmingpool** (Karte S. 132; 2266 7833; www.eleonpark.com; Ploutarhou 3; Erw./Kind 9,50/6 €; 8–21 Uhr) in Engomi mit seinem attraktiven Kinderspielplatz für Erfrischung.

Der **Ostrich Wonderland Theme Park** (2299 1008/9; Agios Ioannis Maloundas; Eintritt 1,70 €; Mai–Okt. 9–19, Nov.–April bis 17 Uhr), angeblich Europas größter Straußenpark (mit Farm), liegt eine 25-minütige Fahrt von Lefkosia entfernt. Kids können hier alles lernen, was man über die leistungsfähigen Laufvögel und ihre Eier wissen muss, und den – recht bescheidenen – Spielplatz des Parks nutzen. Um dorthin zu gelangen, fährt man über die Autobahn durchs Troodos-Gebirge, nimmt die Ausfahrt nach Palehori und folgt den Schildern nach Agios Ioannis Maloundas.

Als tolles Ausflugsziel für Familien, wo die Kids Homer Simpsons Lieblingshobby nachgehen können, gilt das **Kykko Bowling Centre** (2235 0085; Archimidous 15–19, Engomi; Mo-Fr 14–1, Sa & So 13–1 Uhr). Die Anlage mit 16 Bowlingbahnen befindet sich direkt hinter dem Hilton Park. Auch das Café ist mit seinen Snacks und Getränken ganz nach dem Geschmack der lieben Kleinen – und von Homer.

Das **Zyprische Museum für Motorrad-Oldtimer** (Karte S. 132; 2268 0222; www.agrino.org/motormuseum; Granikou 44; Eintritt 1,70 €; Mo-Fr 9–13 & 15.30–19, Sa 9–13 Uhr) eignet sich für Kinder aller Altersgruppen, aber besonders für die Kleineren, schließlich lassen sie sich meist für alle möglichen Fahrzeuge begeistern. Der Besitzer des Privatmuseums plaudert gern über seine mehr als 150 Modelle umfassende Sammlung und weckt damit sogar den Rocker-Spirit der Eltern!

An einem heißen Sommertag lädt der **Stadtpark** (Karte S. 132; Leoforos Mouseiou) mit seinem Spielplatz zu einem Spaziergang und erholsamen Stunden ein. Noch mehr Spaß und Spannung verspricht der **Extreme Park** (2242 4681; www.extremepark.com.cy; 149 Strovolos Ave) südwestlich des Zentrums. Dort ist der Name Programm: Riesige Innen- und Außenanlagen mit Kletterwand, aufblasbaren Rutschen, Bungee-Trampolinen, Seilgarten, Minigolf, Fußball, Bowling, einem Kinderkino und drei Cafeterias wollen erobert werden.

---

und ortsansässige Ausländer an. Die Happy Hour dauert von 16.30 bis 20 Uhr.

⭐ Unterhaltung

Über das Unterhaltungsangebot, insbesondere über klassische Konzerte sowie Theatervorstellungen, informieren die bei der CTO erhältlichen Broschüren *Nicosia This Month* und *Diary of Events*.

Weaving Mill   KULTURZENTRUM
(Karte S. 132; 2276 2275; www.ifantourgio.org.cy; Lefkonos 69;) Leontios, der Besitzer, gründete den gemeinnützigen Bildungs- und Kulturverein, um Kinder von Einwanderern zu fördern. Heute begreift sich die Weaving Mill als multikultureller Treffpunkt, zeigt Filme, richtet gelegentliche Konzerte aus und bietet einen großen gemütlichen Bereich mit WLAN, Brettspielen und einer umfangreichen Bibliothek samt Leseecke. In der einfachen Bar erhält man kleine Snacks und Getränke.

Zoo   NACHTCLUB
(Karte S. 142; Leoforos Stasinou 15) Ein Club mit tollem Stil und Raffinesse. Die Musik reicht von internationalen Songs bis hin zu griechischem Pop.

Sfinakia   NACHTCLUB
(Karte S. 142; Ecke Sypros Kyprianou & Themistokli Dervi) Bei Mädels mit halsbrecherischen High Heels und geleckten, partyfreudigen Jungs erfreut sich dieser Schuppen in der angesagten Themistokli Dervi großer Beliebtheit.

La Casa de Cuba NACHTCLUB
(Karte S.132; www.shakallis.com; Leoforos Athinas 7; Eintritt 12 €) Latinomusik wie Salsa und Tango. Im Eintritt ist ein Getränk inbegriffen.

K-Cineplex KINO
(www.kcineplex.com; Makedonitissis 8; ⊙17–22.30 Uhr; ▣) Lefkosias bestes Kino liegt 2,5 km vom Zentrum entfernt in Strovolos und verfügt über sechs Vorführräume, in denen die neuesten Filme gezeigt werden, sowie einen großen Parkbereich, eine Cafeteria und höchsten technischen Standard.

Neben diesem gibt's in der Stadt noch weitere Kinos, die eine Auswahl an aktuellen und gelegentlich auch älteren englischsprachigen Filmen bieten.

Theater & Livemusik
Leider werden fast alle Stücke der aufstrebenden Theaterszene Lefkosias nur auf Griechisch aufgeführt. Wer sich für traditionelle Musik interessiert, sollte die Restaurants in Laïki Geitonia ansteuern, in denen Livemusik gespielt wird. Im Sommer lohnt es sich außerdem, nach Plakatwerbung griechischer Gastmusiker Ausschau zu halten.

Stadttheater THEATER
(Karte S.132; ☎2246 3028; Leoforos Mouseiou 4) Das Theater gegenüber dem Zypern-Museum wurde erst kürzlich geschmackvoll renoviert, was das Dach allerdings nicht davon abhielt, nach der Fertigstellung einzustürzen (wenigstens gab es gerade keine Aufführung!). Zu Redaktionsschluss waren die Reparaturen und rechtlichen Auseinandersetzungen voll im Gange. Nach der Wiedereröffnung sollen erneut Konzerte (auch klassischer Musik) und Theaterstücke auf dem Programm stehen. Erstere finden darüber hinaus auch im Open-Air-Veranstaltungsort **Skali Aglantzias** (www.aglantzia.org.cy; Agiou Georgiou 15) in Aglantzia und im Freilufttheater der Scholi Tyflon (Blindenschule) unweit des südlichen Vororts Dasoupolis statt.

Sport
Fußball ist in Lefkosia sehr beliebt. Die Saison dauert von September bis Mai, Infos zu den Teams liefert **Takis-on-Line** (http://takisonline.com). Seit vielen Jahren ist der 16-fache Meister APOEL Nicosia das Maß aller Dinge, zudem sind in der Stadt die Vereine Omonia und Olympiakos ansässig.

 ## Shoppen

Angesichts der vielen modebewussten Girlies verwundert es kaum, dass Lefkosia in Sachen Kleidung ein kleines Einkaufsparadies ist. Sogenannte Rabattläden bieten um 30 bis 80 % reduzierte Klamotten und Schuhe, und viele Einheimische kämpfen mit Ellbogeneinsatz um das beste Schnäppchen.

Grundsätzlich gibt's zwei Shoppingreviere. Die Ledrastraße in der Altstadt säumen zahlreiche altmodische sowie moderne Boutiquen und Geschäfte und ein Debenhams-Kaufhaus, während die Leoforos Archiepiskopou Makariou III in der Neustadt das Mekka internationaler Ketten wie Mango und Zara ist. Gucci-Fans werden auf der Arnaldas-Straße fündig, an der sich verschiedene Designerläden aneinanderreihen. Die Touristenshops in Laïki Geitonia in der Altstadt haben u. a. Backgammonspiele und Spitzenarbeit im Angebot – Feilschen lohnt sich!

Staatliches Kunsthandwerkszentrum KUNSTHANDWERK
(Karte S.132; Leoforos Athalassis 186; ⊙Mo–Mi & Fr 7.30–14.30, Do 7.30–14.30 & 15–18 Uhr) Spitzen- und Stickarbeiten zu vernünftigen Preisen sowie Lederware, Mosaiken, Keramik und Töpferhandwerk. In der staatlich finanzierten Stiftung, die sich der Bewahrung zyprischen Kunsthandwerks verschrieben hat, können Besucher außerdem einen Blick in die Produktionswerkstätten werfen.

Antiques ANTIQUITÄTEN
(Karte S.132; ☎9966 4722; Vasiliou Voulgaroktonou 5 & 6) Die beiden staubigen, aber faszinierenden Antiquitätengeschäfte liegen einander direkt gegenüber. Eventuell muss man beim Besitzer klingeln, um durch die tolle Auswahl stöbern zu können, die von altem Krimskrams bis hin zu hübscher Keramik, Gemälden und Ornamenten reicht.

Utopia ESSEN & TRINKEN
(Karte S.132; www.utopia-cyp.com; Areos 48) Für bewusste Selbstversorger ist das von einem Biobauern betriebene Geschäft die ideale Adresse. Freitags werden hier Mittagsmenüs serviert, zudem gibt's die ganze Woche über Tees und Getränke.

Andreas Papaeracleous Photostore FOTOGRAFIE
(Karte S.132; ☎2266 6101; Rigenis 48) Ein gut sortierter Laden in der Altstadt mit einer großen Auswahl an Fotozubehör.

Messa BAKLAVA
(Karte S.132; Aischylou 73) Elegant verpackt, lecker-klebriges syrisches Baklava zum Verschenken oder Genießen.

Moufflon BÜCHER
(Karte S. 132; Sofouli 1) Englische Schmöker.

Praktische Informationen

Internetzugang
Die meisten Hotels der Mittel- und Spitzenklasse sowie viele Cafés bieten zahlenden Gästen WLAN-Zugang. In der Stadt gibt's auch ein paar Internetcafés, entsprechende Adressen hält die Touristeninformation bereit.

Medizinische Versorgung
Wer einen Arzt oder eine Apotheke sucht, wählt die ☎9090 1432. Sprechstunden dauern in der Regel von 9 bis 13 und von 16 bis 19 Uhr. In lokalen Zeitungen sind Apotheken aufgelistet, die nachts sowie am Wochenende und an Feiertagen geöffnet sind, außerdem die Namen von Ärzten, die Notdienst haben. Adressen liefert auch die Webseite www.cytayellowpages.com.cy.
Krankenhaus (☎2280 1400; Leoforos Nechrou) Westlich der Altstadt.

Notfall
Im Notfall wählt man die ☎199 (Polizei) oder die ☎112 (Ambulanz).
Polizei (☎2247 7434) In der Altstadt am nördlichen Ende der Ledrastraße bei der Grenzlinie.

Touristeninformation
Cyprus Tourism Organisation (CTO; www.visitcyprus.org.cy; ⊙Mo–Fr 8.30–16, Sa bis 14 Uhr) Neustadt (☎2233 7715; Leoforos Lemesou 19); Altstadt (Karte S. 132; ☎2244 4264; Aristokyprou 11) Das Hauptbüro der Fremdenverkehrszentrale befindet sich in der Neustadt, ist allerdings nicht auf Publikumsverkehr eingestellt.
Städtische Touristeninformation (Karte S. 132; Ledrastraße; ⊙tgl. 7.30–14.30 & Mi 15–18 Uhr) Das neue Büro beim Grenzübergang an der Ledrastraße hat mehrsprachige Broschüren zur Stadt auf Lager; einfach nach dem großen Friedenssymbol links kurz vor der Grenze Ausschau halten. Hier finden regelmäßig Fotoausstellungen statt, meist zu provokanten, zum Nachdenken anregenden Themen.

An- & Weiterreise

Auto & Motorrad
Die meistbefahrenen Zugangsstraßen nach Lefkosia sind die aus dem Troodos-Gebirge im Westen sowie aus Larnaka und Lemesos im Süden. Am Stadtrand Lefkosias, rund 6 km südlich der Altstadt, endet recht abrupt die Autobahn zwischen Larnaka und Lemesos. Folgt man hier der Anschlussstraße bis ins Stadtzentrum, gelangt man zur Leoforos Archiepiskopou Makariou III, der Hauptverkehrsader in der Neustadt. Wer aus Richtung Troodos-Gebirge kommt, erreicht Lefkosia über die Leoforos Georgiou Griva Digeni.

Die besten Parkmöglichkeiten bieten die großen Parkplätze bei den Bastionen rechts der Leoforos Archiepiskopou Makariou III bzw. linker Hand, wenn man vom Troodos-Gebirge kommt. Am praktischsten für Neuankömmlinge ist der weitläufige Parkplatz zwischen den Bastionen D'Avila und Constanza an der Leoforos Stasinou. Pro Tag zahlt man etwa 10 €.

Den Weg aus der Stadt heraus zeigen die vielen Schilder entlang der Leoforos Stasinou. Vorsicht: Es gibt eine Menge Einbahnstraßen und Parkverbotszonen. Die Hauptverkehrszeit an Wochentagen zwischen 11 und 13 Uhr sollte man meiden, denn dann geht's nur sehr langsam voran.

Bus
Fast alle Stadtbusse fahren vom Busbahnhof auf der Plateia Solomou bei der Tripoli-Bastion ab.
InterCity Buses Co. (www.intercity-buses.com; Plateia Solomou) bietet einige regelmäßige

NEUES BUSSYSTEM
Mitte 2010 wurde das für seine Unzuverlässigkeit berüchtigte Bussystem der Republik grundlegend reformiert. Jeder der fünf Distrikte betreibt nun sein eigenes Unternehmen. Die Tarife werden staatlich subventioniert und betragen 1 € pro Fahrt, 2 € pro Tag, 10 € pro Woche und 30 € pro Monat für unbegrenzte Fahrten innerhalb der jeweiligen Bezirke, ländliche Gegenden eingeschlossen. Alle fünf Unternehmen, **Osel Buses** (www.osel.com.cy) im Distrikt Lefkosia, **Emel** (www.limassolbuses.com) im Distrikt Lemesos, **Pafos Buses** (www.pafosbuses.com) im Distrikt Pafos, **Zinonas Buses** (www.zinonasbuses.com) im Distrikt Famagusta und **Osea Buses** (www.oseabuses.com) im Distrikt Larnaka, haben informative Websites. Für die Verbindungen zwischen den Städten ist **InterCity Bus Company** (www.intercity-buses.com) zuständig. Auch hier sind die Tarife staatlich subventioniert und deswegen für die Distanzen günstig. Auf jeder Route gibt's außerdem ermäßigte Preise für mehrere Fahrten pro Tag, Woche, Monat oder Jahr. Tickets kann man im Bus kaufen.

Verbindungen zu größeren Städten und Urlaubsorten, u. a. zu folgenden Zielen:

AGIA NAPA & PARALIMNI Mo–Fr 6-mal tgl., Sa 3-mal tgl. (4 €, 1 Std.).
LARNAKA Mo–Fr 12-mal tgl., Sa 6-mal tgl. (3 €, 45 Min.).
LEMESOS Mo–Fr 4-mal tgl., Sa 2-mal tgl. (5 €, 1 Std.).
PAFOS Mo–Fr 4-mal tgl., Sa 2-mal tgl. (5 €, 1¾ Std.).

Flugzeug

Lefkosias Flughafen befindet sich in der UN-Sicherheitszone und ist mittlerweile stillgelegt. Besucher der Stadt landen auf dem schicken neuen Flughafen Larnaka im Süden.

Die meisten Airlines mit Verbindungen in die Republik, haben in Lefkosia Filialen:

Alitalia (2267 4500; www.alitalia.com; Leoforos Evagorou I 54–8)
British Airways (2276 1166; www.britishairways.com; Leoforos Archiepiskopou Makariou III 52a)
Cyprus Airways (2275 1996; www.cyprusairways.com; Leoforos Archiepiskopou Makariou III 50)
KLM (2267 1616; www.klm.com; Zings Anther 12)
Lufthansa (2287 3330; www.lufthansa.com; Ecke Leoforos Archiepiskopou Makariou III & Leoforos Evagorou I)
Olympic Air (2267 2101; www.olympic.com; Leoforos Omirou 17)

Servicetaxi

Travel & Express (Karte S. 132; 7777 7474; www.travelexpress.com.cy; städtischer Parkplatz, Leoforos Salaminos) bedient mehrere beliebte Orte wie Lemesos (11 €, 1½ Std.), Pafos (mit Umstieg in Lemesos, 22 €, 1½ Std.), Larnaka (9 €, 1 Std.) und Agia Napa (18 €, 1 Std.).

Außerdem holt das Unternehmen Passagiere zu einer vereinbarten Zeit an einem beliebigen Ort in der Innenstadt ab, allerdings sind Verspätungen von bis zu 30 Minuten die Regel. Wer bei der Podokataro-Bastion zusteigt, muss erst die die rund 30-minütige Abholtour über sich ergehen lassen, bevor es tatsächlich losgeht. Am besten plant man einen Zeitpuffer von etwa einer Stunde ein.

Taxi nach Nordzypern

Nach Nordzypern einzureisen ist heute fast problemlos möglich, allerdings sollte man dies nicht mit einem Mietwagen tun (s. Kasten S. 264). Wer Gepäck dabeihat und die Grenze nicht zu Fuß passieren möchte, nimmt am besten ein Taxi, das einen zu einem beliebigen Ziel im Norden fährt. Die meisten Fahrer machen das gern; weigert sich einer, fragt man einfach einen anderen. Fast alle haben auch schon das nötige Visumsformular bei sich. Die Fahrt von Lefkosia nach Nordzypern kostet in der Regel zwischen 25 und 40 €. Alternativ passiert man die Grenze zu Fuß und mietet dann in Nord-Nikosia ein Auto; das ist die billigere und flexiblere Variante.

Weitere Infos zur Überquerung der Grünen Linie siehe Kasten S. 263.

ⓘ Unterwegs vor Ort

Auto & Motorrad

Das Mietwagenunternehmen **A. Petsas & Sons** (2246 2650; www.petsas.com.cy) befindet sich an der Plateia Solomou. Eine Alternative ist **Hertz** (2220 8888; www.hertz.com.cy; 16 Aikaterinis Kornaro, abseits der Leoforos Athalassis) in Strovolos mit guten Online-Angeboten. Wer ein Auto in Lefkosia mietet und es in einer anderen Stadt abgibt, zahlt eine Gebühr von etwa 35 €.

In der bzw. rund um die Altstadt kann man keine Motorräder mieten.

Parkplätze sind entlang der Festungsmauer zu finden.

Bus

Osel Buses (www.osel.com.cy) Das Unternehmen betreibt die Stadtbusrouten in Lefkosia und den Vororten. Weitere Informationen siehe Website.

Vom/zum Flughafen

Zwischen Lefkosia und den Flughäfen von Larnaka und Pafos gibt's weder öffentliche noch von den Fluglinien betriebene Verkehrsmittel. Am besten nimmt man deshalb ein Servicetaxi (Sammeltaxi), wobei ein Zeitpuffer von mindestens einer Stunde einzuplanen ist, da auf dem Weg andere Passagiere ein- oder aussteigen. Das gilt insbesondere für alle, die zum Flughafen Pafos möchten, denn wer mit dem Servicetaxi von Lefkosia nach Pafos fährt, muss in Lemesos umsteigen und somit eine rund 30-minütige Wartezeit in Kauf nehmen.

Ein Servicetaxi zum Flughafen Larnaka kostet etwa 12 € und zum Flughafen Pafos ca. 25 €. Man kommt damit zwar zum Flughafen, allerdings wird man dort nicht abgeholt. Stattdessen gelangt man mit einem Mietwagen oder einem herkömmlichen Taxi nach Lefkosia, was recht teuer ist. Vielleicht bietet auch das jeweilige Hotel einen Abholservice.

Taxi

An der Plateia Eleftherias befindet sich ein großer Taxistand. Zu den Anbietern vor Ort gehören:

Apostrati (2266 3358; Plateia Eleftherias)
Elpis (2276 4966; Leoforos Archiepiskopou Makariou III 63c)
Ethniko (2266 0880; Plateia Solomou)

RUND UM LEFKOSIA

Während der Sommermonate, wenn die Sonne unnachgiebig auf die Insel brennt, ist die weite Ebene von Mesaoria (bedeutet „zwischen zwei Bergen") eine ausgedörrte Landschaft. Im Frühling und Winter hingegen verwandelt sie sich wie der Großteil Zyperns in grünes, fruchtbares Terrain. Die Mesaoria wird im Norden von der Gebirgskette Kyrenia (Girne) und im Westen sowie Südwesten vom Troodos-Gebirge gesäumt. Besucher finden hier verschiedene archäologische Stätten sowie Kirchen und Klöster, von denen manche nur von Gruppen besichtigt werden können, da sie sonst gar nicht erst aufgeschlossen werden.

❶ Anreise & Unterwegs vor Ort
Für einige der hier aufgelisteten Sehenswürdigkeiten ist ein Auto vonnöten. Öffentliche Busse, die meisten davon bunte alte Modelle, verbinden fast alle Mesaoria-Dörfer mit Lefkosia. Weil ihre Fahrpläne jedoch auf Arbeiter und Schulkinder ausgerichtet sind, haben sie für unternehmungslustige Besucher nur geringen Nutzen.

Aufgrund des größtenteils sanften Gefälles eignet sich die Region gut für Radtouren, allerdings wird es im Sommer oft sehr heiß, außerdem können die stark befahrenen Hauptstraßen gefährlich sein.

Antikes Tamassos

Homer bezog sich vermutlich auf das **antike Tamassos** (Eintritt 1,70 €; ☺Di–Fr 9–15, Sa & So 10–15 Uhr), als er in seiner *Odyssee* Temesa erwähnte. Die Göttin Athene sagt dort zu Odysseus' Sohn Telemachos: „Jetzt schiff't ich hier an, denn ich steuere mit meinen Genossen über das dunkle Meer zu unverständlichen Völkern, mir in Temesa Kupfer für blinkendes Eisen zu tauschen." Das ansonsten wenig bekannte Stadtkönigtum thront auf einem kleinen Hügel 17 km südwestlich von Lefkosia neben dem Dorf Politiko.

Rund um Lefkosia

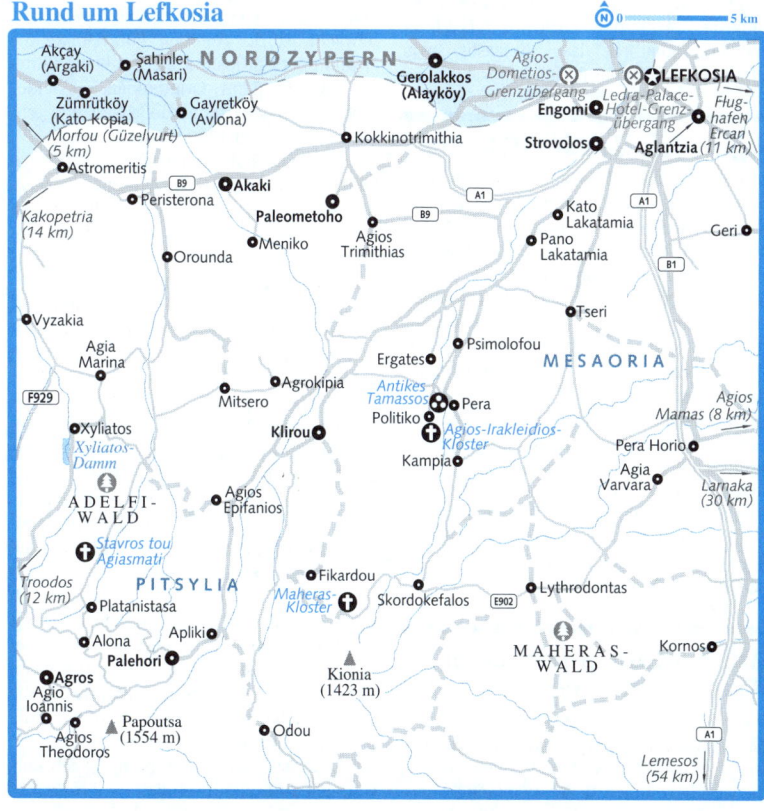

Tamassos' Bedeutsamkeit gründete auf seinen schier endlosen Vorräten an Kupfer, dem Mineral, das Zypern seinen Namen gab (auf Griechisch Kypros, auf Türkisch Kıbrıs). Bereits im 7. Jh. v. Chr. entstand hier eine Siedlung, die vom Kupferabbau lebte. Der Industriezweig blühte bis weit in die hellenistische Epoche hinein. 1889 begann man damit, die Überreste der Zitadelle auszugraben. Kurz darauf entdeckte man zwei Gräber, die in das 6. Jh. v. Chr. datieren. Heute sind diese die Hauptattraktion der Stätte, denn von der Zitadelle blieben nur ein paar verstreute, undefinierbare Fundamente übrig.

Vermutlich fanden in den Gräbern einst die Könige der Zitadelle ihre letzte Ruhe. Die wertvollen Grabschätze, die ihnen wohl Gesellschaft leisteten, sind längst in die Hände von Plünderern gefallen. Ein Loch im Dach der größeren Stätte zeigt, wo die Grabräuber einstiegen. Die ungewöhnlich bearbeiteten Wände erinnern an eine Holzoberfläche, ein Merkmal, das Archäologen auf mögliche anatolische Einflüsse während der Blütezeit der Zitadelle zurückführen. Einige Fachleute glauben, dass Tamassos sogar zum hethitischen Großreich gehörte.

Agios-Irakleidios-Kloster

Ein Ausflug nach Tamassos lässt sich wunderbar mit der Besichtigung dieses nahe gelegenen **Klosters** (⊙Besuchergruppen Mo, Di & Do 9–12 Uhr) verbinden. Der hl. Herakleidios stammte aus Tamassos und führte Paulus und Barnabas durch Zypern. Später wurde er von Barnabas zu einem der ersten Bischöfe Zyperns ernannt. Man schreibt ihm verschiedene Wunder zu, darunter auch Exorzismen.

Die Originalkirche wurde ihm 5. Jh. nach Chr. errichtet, die heutige Klosteranlage stammt jedoch aus dem späten 18. Jh. Inzwischen schmücken den Bau die üblichen Fresken und Ikonen. Auf einem Tisch im östlichen Teil der Kirche beherbergt ein Reliquienschrein einen Knochen und den Schädels des hl. Herakleidios.

Agios-Mamas-Kirche in Agios Sozomenos

Weil das Gewölbe der etwas in Vergessenheit geratenen gotischen Kirche aus dem 16. Jh. zunächst unvollendet blieb, umgibt die wunderschönen Bogen wohl eine gewisse Nostalgie. Obwohl das Gebäude im Lusignan-Stil nicht zugänglich ist, kann man die Bogen, das Hauptschiff und die Seitenschiffe wunderbar von außen betrachten. Die abgeschiedene Ruine befindet sich in dem Geisterdorf Agios Sozomenos, das seit den Konflikten im Jahr 1964 verlassen ist.

Kirche und Dorf sind ab Lefkosia über die A1 zu erreichen. Man nimmt die Ausfahrt 6 Richtung Potamia und folgt dann rund 2 km vor Potamia einer befestigten Nebenstraße sowie dem Schild nach Agios Sozomenos.

Maheras-Kloster

Ein ordentlicher Fußmarsch führt zu dem weitläufigen **Kloster** (⊙Mo, Di & Do 9–12 Uhr), das sich am Fuße des östlichen Troodos-Ausläufers unter der riesigen Radaranlage auf dem Berg Kionia (1423 m) im Süden befindet. Seine Gründungsgeschichte ähnelt der des Kykkos-Klosters. 1148 entdeckte ein Eremit namens Neophytos in einer Höhle unweit der heutigen Anlage eine Ikone, die von einem Messer (auf Griechisch *maheras*) bewacht wurde. Auf den Fund folgte die Gründung des Klosters, das bald eine Blütezeit erlebte. Vom Originalbau ist leider nichts geblieben; das aktuelle Gebäude geht etwa auf das Jahr 1900 zurück.

Inzwischen hat sich das Kloster zu einem beliebten Ausflugsziel der Zyprer entwickelt, die ebenso das kühle Klima schätzen als auch auf der Suche nach Spiritualität sind. Zu dem Komplex gehört eine kleine Cafeteria, außerdem können Pilger vor Ort übernachten. Einen weniger spirituell motivierten Aufenthalt verlebte Grigoris Afxentiou während des EOKA-Aufstands (1955–1959) in der Nähe. Der unerschrockene Anführer der Gruppierung versteckte sich in einer Höhle unterhalb des Klosters, wurde jedoch 1957 von britischen Soldaten entdeckt und getötet. Heute thront eine schwarze Statue des Helden über einem Erinnerungsschrein.

Weil das Kloster nur von Gruppen und nur zu bestimmten Zeiten besichtigt werden kann, fragt man am besten in der Gegend oder beim CTO-Büro in Lefkosia nach, ob und wie man sich diesen Gruppen, die meist aus zyprischen Pilgern bestehen, anschließen kann. Besucher sollten den nötigen Ernst und Respekt zeigen. Man erreicht die Anlage am besten über Klirou und Fikardou, denn die alternative Route über Pera und die E902 ist zwar sehr hübsch, jedoch kurvenreich und zeitaufwendig.

AUTHENTISCHE ZYPRISCHE KÜCHE

Wer Lust auf authentische zyprische Küche hat, sollte nach einer Taverne mit Vakhis-Symbol Ausschau halten – zu Redaktionsschluss gab es davon allerdings erst zehn in der gesamten Republik. Das Vakhis-Zertifikat wurde von der Cyprus Tourism Organisation in Zusammenarbeit mit Eurotoques International, einer europäischen Vereinigung von Köchen, entwickelt und ist Teil eines von der EU finanzierten landesweiten Projekts zur Förderung des ländlichen Tourismus. Benannt ist es nach Vakhis, einer Art zyprischem Jamie Oliver der Antike, der in der Stadt Kition rund 300 n. Chr. lebte und vor allem kochte.

Zu typischen Zutaten klassischer zyprischer Gerichte zählen wilder Spargel, Artischocken, mancherlei Blattgemüse, kaltgepresstes Olivenöl und frische Kräuter. Im Vakhiszertifizierten **Kiniras Garden** (S. 91) bereitet der Besitzer Georgios die Marinade für sein geschmortes Lamm aus mindestens zehn verschiedenen Kräutern zu.

Neben dem Kiniras findet man einige weitere Vakhis-Restaurants in den malerischen Dörfern des Weinanbaugebiets in den Ausläufern des Troodos-Gebirges südwestlich von Lefkosia. Dazu gehören das **Loufou-Agrovino** (2547 0202; www.lofou-agrovino.com), das **Kamares** (2547 0719) und das **Kazani** (2547 0243) in der malerischen Ortschaft Lofou sowie das **Takis** (2594 3631) im nahe gelegenen Vouni. Rein optisch zeichnen sich Vakhis-Restaurants durch hübsches traditionelles Dekor mit karierten Tischtüchern, Holztischen, Korbstühlen etc. aus.

Mesaoria-Dörfer

Bei einer Tour mit dem Mietwagen durch die Mesaoria kann man wunderbar die Dörfer der Region erkunden. Hier enden die engen, kurvenreichen Straßen oft willkürlich in schlecht beschilderten Senken und Schluchten und winden sich von Tal zu Tal, sodass man nur langsam vorankommt. Jeeptouren durch Zypern beinhalten oft auch Ausflüge zu den Orten der Gegend.

Zu den beliebteren Weilern gehört **Pera** (1020 Ew.), ein paar Kilometer von Tamassos entfernt. Es gibt hier zwar keine spezifischen Sehenswürdigkeiten, doch das Dorf an sich ist hübsch. Bei der ausgeschilderten Kirche Arghaggelou Michail kann man parken und dann über die umliegenden gepflasterten Seitenstraßen spazieren. Wer gern fotografiert, findet hier schöne Motive, wie von Bougainvilleen bedeckte alte Häuser, antike Steinkrüge, schmucke Türen und auf Mauern balancierende Katzen. Für eine kleine Stärkung sorgt das *kafeneio* (Café), in dem Einheimische und oft auch der Dorfpriester bei einem Kaffee gemütlich ein Schwätzchen halten.

In **Orounda** (660 Ew.) und **Peristerona** (2100 Ew.) westlich von Lefkosia sind interessante, hübsche Kirchen zu sehen. Mitten in **Lythrodontas** (2620 Ew.) 25 km südlich von Lefkosia gibt's einen reizvollen großen Platz mit ein paar atmosphärischen traditionellen Cafés.

Das malerische Dorf **Fikardou** (16 Ew.) liegt ganz in der Nähe des Maheras-Klosters, deswegen lässt sich ein Besuch gut miteinander verbinden. Fikardou ist der „offizielle" Hauptort einer Reihe gut erhaltener Weiler im östlichen Troodos-Gebirge. Nach und nach werden die Häuser aus der osmanischen Epoche mit Holzbalkonen restauriert – sie stellen einen angenehmen Gegensatz zu den Betonbauten in vielen modernen Dörfern des Troodos-Massivs dar. Ansonsten gibt's in Fikardou mit seiner Handvoll Einwohner nur wenig zu sehen.

An der Hauptstraße, die nur ein paar Hundert Meter lang ist, steht die Kirche der Apostel Petrus & Paulus. Gegenüber zeigen einige grauenvolle Fotos vier Soldaten zwischen 22 und 24 Jahren aus dem Ort, die beim türkischen Einmarsch 1974 getötet wurden. Die meisten Besucher stärken sich im Dorfcafé mit angeschlossenem Restaurant, bevor es weitergeht – viel mehr kann man hier nämlich nicht tun. Bei einer Reise durch die Region lohnt ein Besuch des Ortes dennoch, da er zu den wenigen zählt, die Einblicke in die zyprische Kultur und Lebensweise der jüngeren Vergangenheit bieten.

Unmittelbar südlich im hübschen **Lazanias** lädt das **Magic Lazania** (9653 0129), dessen Terrasse mit Ausblicken auf die Berge und das Kloster lockt, zum Verweilen ein. Luis, der Besitzer, ist ausgebildeter Koch und zaubert exzellent zubereitete regionale Gerichte wie *kleftiko*, Zucchini mit Eiern und saftige Hühnchen-Kebabs auf den Tisch. Große Gruppen sollten telefonisch reservieren.

Von den Dörfern winden sich verschiedene malerische Straßen über die Pitsylia-Region in die höheren Lagen des Troodos-Gebirges. Diese Routen sind insbesondere am Wochenende zu bevorzugen, wenn die Einwohner Lefkosias zu Hunderten über die B9 (über Astromeritis und Kakopetria) ins Troodos-Gebirge einfallen, um dort zu picknicken und sich von der Hitze in der Stadt zu erholen.

In den meisten Dörfern und selbst in abgeschiedenen Gegenden am Wegesrand entdeckt man Kneipen oder ein Restaurant. Viele Bewohner der zyprischen Hauptstadt fahren am Wochenende aufs Land, um in ihren Lieblingslokalen zu essen.

In **Agia Marina** (630 Ew.) sieht man jede Menge Werbung für das **Katoï** (☏2285 2576; Agia Marina Xyliatou; Hauptgerichte ab 8 €), das über dem Dorf thront und dessen Lichter nachts schon aus der Ferne zu sehen sind. Das Restaurant wartet mit einer tollen Aussicht auf die Ausläufer des Troodos bzw. die Mesaoria auf und serviert solide zyprische Klassiker sowie eine fantasievolle Auswahl an Meze.

In der Gegend erstrecken sich mehrere meist kühle und grüne Picknickplätze, darunter der **Xyliatos-Damm** in der Nähe des gleichnamigen Dorfes oder **Kapoura** an einer malerischen Nebenstraße (F929), die Vyzakia mit der B9 verbindet. In höheren Lagen im Maheras-Wald südlich von Pera lockt außerdem **Skordokefalos** entlang der E902, die zum Maheras-Kloster führt. Alle Picknickplätze in der Gegend verfügen über Grillstellen, Tische, Stühle und vor allem Schatten.

Nord-Nikosia (Lefkoşa)

39 000 EW.

Inhalt »

Sehenswertes &
Aktivitäten.....................155
Stadtspaziergang..........159
Essen 160
Ausgehen &
Unterhaltung.................162
Shoppen........................162
Praktische
Informationen 163
An- & Weiterreise 163
Unterwegs vor Ort........ 164

Gut essen

» Bay Kahkaha (S. 160)
» Boghjalian (S. 160)
» Passport Cadde (S. 161)
» Califorian Gold (S. 161)

Schön übernachten

» City Royal (S. 217)
» Golden Tulip (S. 217)
» Saray (S. 217)

Auf nach Nord-Nikosia

Lefkosias nördliche Hälfte, in der rund ein Drittel der Bevölkerung Nordzyperns wohnt, ist eine Welt für sich. Von den schicken Boutiquen in der Ledrastraße kommend, verwandelt sich die Hauptstraße in einen medinaähnlichen Markt mit Buden und Kebabhäusern. Dank des Nicosia Master Plan werden viele der historischen Gebäude restauriert, besonders die Gegend rund um die Selimiye-Moschee ist beeindruckend. Die staubigen Straßen sind gesäumt von alten Moscheen sowie fränkischen Ruinen und das Leben geht alles in allem einen langsamen Gang.

Weil tagsüber am meisten los ist, besteht der größte Reiz darin, die Einwohner zu beobachten und die Gassen des historischen Zentrums zu erkunden. Aufgrund gelockerter Grenzbestimmungen unternehmen viele Menschen über die Checkpoints am Ledra Palace Hotel oder in der Ledrastraße Tagesausflüge hierher bzw. in die Republik. Am besten bleibt man bis zur Dämmerung, wenn die Minarette beleuchtet werden, der Muezzin zum Abendgebet ruft und der Rauch von Kebabgrills in der Luft hängt.

Reisezeit

Im Juli und August kann es in Nord-Nikosia unangenehm heiß und staubig werden. Zu dieser Zeit fliehen viele Einwohner an die kühlere Küste. Besucher sollten darauf achten, wann Ramadan ist, wobei die Fastenzeit nicht so strikt eingehalten wird wie auf dem türkischen Festland. Im September hält man es hier besser aus, dann ist viel los, vor allem zum International Cyprus Theatre Festival. Die Frühjahrs- und Herbstmonate sind angenehm warm. Im Dezember und Januar regnet es am meisten und mit durchschnittlich 15 Grad ist es nun am kältesten.

Highlights

① Die **Büyük Han** (Große Herberge; S. 154), ein prächtiges osmanisches Bauwerk mit reizvollen Kunsthandwerksläden, besuchen

② Durch das bunte Straßenlabyrinth der **Altstadt** (S. 159) spazieren

③ In einem **traditionellen Lokal oder Imbiss** (S. 160)

Kebab, Pide oder *lahmacun* (türkische Pizza) essen

④ Die Schlichtheit und Stille der **Selimiye-Moschee** (S. 155) auf sich wirken lassen

⑤ Zwischen Bergen von Wassermelonen den **Belediye Pazarı** (Städtischer Markt; S. 160) durchkämmen

⑥ Die Broschüre zum **Nikosia-Wanderweg** (S. 155) besorgen und die Renovierungsarbeiten an historischen Gebäuden in der Altstadt begutachten

⑦ Das **Mevlevi-Schrein-Museum** (S. 157) erkunden – in dem Gebäude lebten einst tanzende Derwische

Geschichte

Bis 1963 verlief die Geschichte Nord-Nikosias nahezu parallel zu der ihres abgetrennten Südteils (mehr dazu siehe S. 130).

Als es 1963 zu Gewalttaten durch die Rebellen der Ethniki Organosi tou Kypriakou Agona (EOKA; Nationale Organisation Zyprischer Kämpfer) gegen türkische Zyprer kam und sich diese in sichere Enklaven sowie Ghettos zurückziehen mussten, wurde die Hauptstadt in einen griechischen und einen türkischen Sektor unterteilt. Die „Grüne Linie", wie die Grenze genannt wird, entstand, als sie ein britischer Militärkommandeur Lefkosia auf einem Stadtplan mit einem grünen Stift einzeichnete. Der Name ist seither geblieben.

1974 zementierte die türkische Militärinvasion, die fast alle türkischen Zyprer als Rettungsoperation betrachteten, die Trennung. UN-Blauhelme, die seit konfessionellen Unruhen 1963 über die Grüne Linie wachten, handelten einen misstrauischen Waffenstillstand aus. Heute können Besucher und Bürger problemlos die Grenze überqueren. Dennoch ist die Stadt noch immer geteilt und von einer Wiedervereinigung kann keine Rede sein.

Sehenswertes & Aktivitäten

Um die Renovierungsarbeiten an historischen Gebäuden nachvollziehen zu können, schnappt man sich am besten die *Nicosia-Trail*-Broschüre in der Touristeninformation oder stattet dem Nicosia-Master-Plan-Büro im Ledra Palace Hotel einen Besuch ab. Die wichtigsten Sehenswürdigkeiten sind auf dem Stadtplan von Nord-Nikosia markiert. Wer sich verirrt, orientiert sich an der venezianischen Mauer, der man folgt, um zu einem Orientierungspunkt zu gelangen. Vom Kyrenia-Tor Richtung Süden verläuft die Girne Caddesi, die später zum Hauptplatz Atatürk Meydanı voller Banken und Geschäfte führt.

GRATIS Büyük Han & Kumarcılar Han
HISTORISCHE GEBÄUDE

(Große Herberge; Araşta Sokak) Die **Büyük Han** ist ein tolles Beispiel osmanischer Architektur und eine der wenigen noch existierenden mittelalterlichen Karawansereien. In der Zeit der Osmanen im Mittelalter kamen Reisende und Händler in *hans* (Herbergen) unter, stellten ihre Pferde in den Stall, handelten und traten mit anderen Besuchern in Kontakt.

Der Gebäudekomplex wurde 1572 von Musafer Pasha, dem ersten osmanischen Gouverneur von Zypern, errichtet. Seit seiner Renovierung in den frühen 1990er-Jahren ist er wieder zum Zentrum der lebendigen Altstadt geworden. Er beherbergt Cafés, Geschäfte und traditionelle Kunsthandwerkswerkstätten in kleinen Zellen, die einst als Schlafräume dienten. Mitten im zentralen Hof steht eine *mescit* (Islamisch für „Kapelle") auf sechs Säulen über einem *şadrvan* (Brunnen für rituelle Waschungen). Diese Bauweise findet man nur hier sowie in zwei anderen Herbergen der Türkei.

Richtung Norden stößt man an der Agah Efendi Sokak auf die **Kumarcılar Han** (Hof der Glücksspieler), eine Karawanserei aus dem späten 17. Jh., die der Büyük Han ähnelt. Bei unserem Besuch war sie wegen Sanierung geschlossen, die wohl noch ein Weilchen andauern wird. Gerüchten zufolge könnte das Gebäude nach der Renovierung wieder ein Treffpunkt für Spieler werden. Angesichts der Begeisterung für das Glücksspiel im Norden wäre dies keine Überraschung.

GRATIS Selimiye-Moschee
MOSCHEE

(Selimiye Camii; Selimiye Meydanı) Nord-Nikosias auffälligstes Wahrzeichen ist auch von der Südhälfte der Stadt aus deutlich zu erkennen. Das seltsam anmutende Gebäude wirkt wie eine Mischung aus einer französischen Gotikkirche und einer Moschee und blickt auf eine interessante Geschichte zurück. 1209 begann man mit dem Bau, der

---

ℹ️ GRENZÜBERGÄNGE

Im Dezember 2003 wurden die Grenzbestimmungen für Zypern gelockert, sodass die Grüne Linie mittlerweile auch nachts überschritten werden darf. Übergänge für Fußgänger findet man an der Ledrastraße und am Ledra Palace Hotel in Lefkosia. Von Letzterem sind es zehn Gehminuten bis zum Kyrenia-Tor. Sieben Stellen verbinden die griechisch-zyprische mit der türkisch-zyprischen Hälfte. Die neueste ist der Limnitis-Yeşilırmak-Grenzposten im Nordwesten der Insel, der im Oktober 2010 eröffnet wurde. Weitere Informationen zur Grenzüberquerung siehe S. 264.

Mit Mietwagen darf man nur vom Süden in den Norden fahren, nicht andersrum. Autoversicherungen und Tipps gibt's auf S. 264.

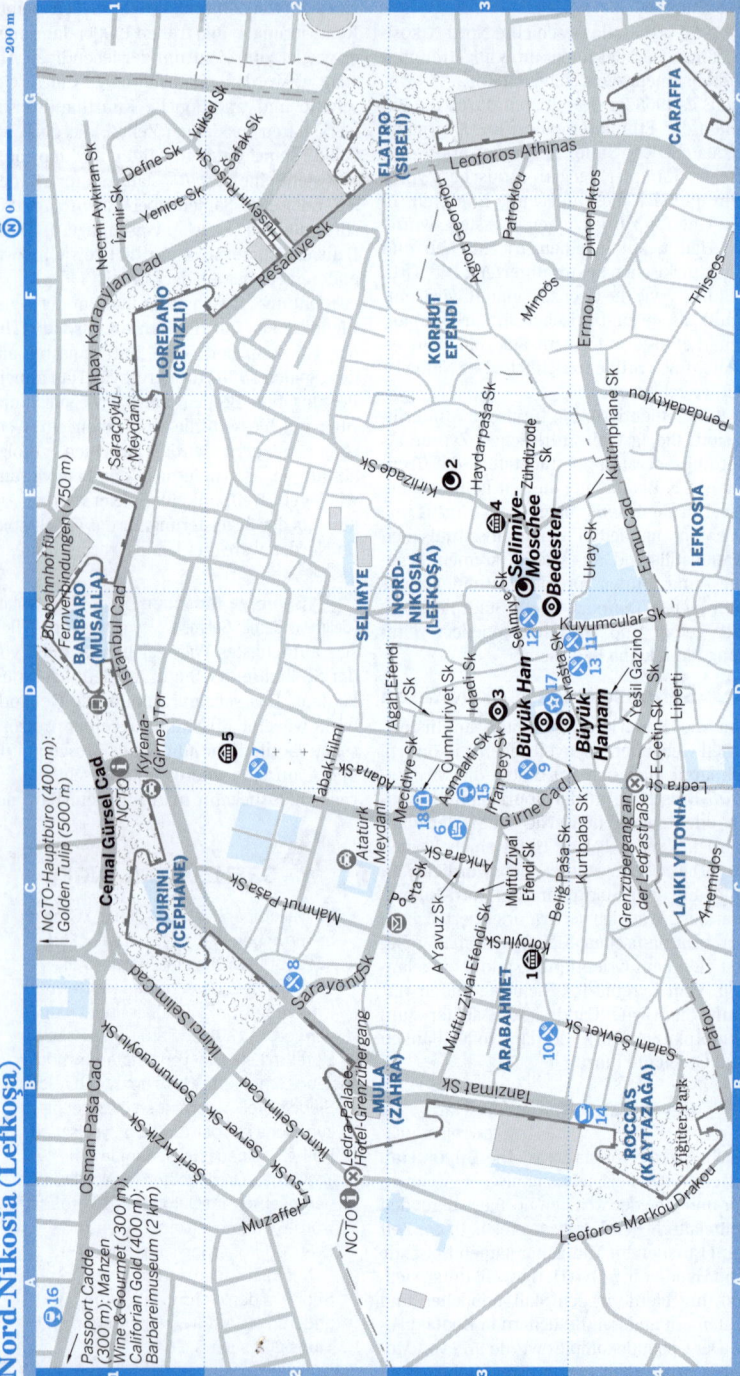

Nord-Nikosia (Lefkoşa)

Highlights
- Bedesten D3
- Büyük-Hamam D3
- Büyük Han D3
- Selimiye-Moschee E3

Sehenswertes
1. Derwisch-Pascha-Museum C3
2. Haydarpasha-Moschee E3
3. Kumarcîlar Han D3
4. Lapidarium E3
5. Mevlevi-Schrein-Museum D2

Schlafen
6. Saray C3

Essen
7. Amasyali D2
8. Bay Kahkaha C2
9. Bereket D3
10. Boghjalian B3
11. Özerlat D4
12. Sabor D3
   - Saray Roof .... (siehe 6)
   - Sedirhan Café .... (siehe 17)
13. Yumurtacioglu D4

Ausgehen
14. Atoyle Cadi Kazani Café B4
15. St. Georges Café & Bar C3
16. Street Corner Pub A1

Unterhaltung
17. Cyprus Turkish Shadow Theatre D3

Shoppen
- Koza .... (siehe 17)
- Mosaic Art Gallery .... (siehe 17)
18. Rüstem Kitabevi C3
   - Shiffa Home .... (siehe 17)

---

nur langsam voranging. Ludwig IX. von Frankreich kam auf seinem Weg zum Kreuzzug 1248 durch Nikosia und gab dem Ganzen den dringend benötigten Anschub, indem er die Dienste seines Gefolges von Handwerkern und Baumeistern anbot. Dennoch dauerte es weitere 78 Jahre, bis das Gebäude endlich fertig war und 1326 schließlich als **Agia-Sofia-Kathedrale** geweiht wurde.

Bis 1570 verwüsteten Genuesen und Mamelucken das Gebäude, außerdem litt es unter den Folgen von Erdbeben in den Jahren 1491 und 1547. Als die Osmanen 1571 nach Nikosia kamen, entfernten sie die christlichen Elemente und fügten der Kirche zwei Minarette zu, zwischen denen heute die türkisch-zyprische und die türkische Flagge wehen.

Trotz islamischer Verkleidungen wie getünchten Wänden und Säulen und der Ausrichtung des Grundrisses Richtung Mekka ist die gotische Bauweise im Inneren noch sichtbar. Zu den interessantesten Details gehören die verzierte Westfront mit drei Eingängen in verschiedenen Stilen und die vier **Marmorsäulen**. Letztere stammen aus dem antiken Salamis und wurden in der Apsis neben den Hauptschiffen platziert.

Die Selimiye-Moschee ist ein aktiv genutztes Gotteshaus. Wer sie besuchen möchte, kommt am besten direkt vor oder nach den fünf muslimischen Gebetsstunden.

GRATIS Bedesten — KIRCHE

(Arasta Sk; www.undp-pff.org; tgl. 10–13, Mi 14–17 Uhr) Im 6. Jh. wurde der im Rahmen des Nicosia Master Plan (s. S. 137) renovierte beeindruckende Bedesten (Hl. Nikolaus der Engländer) als kleine byzantinische Kirche errichtet. Mit ihrer prächtigen Umgestaltung im 14. Jh. wandelte man sie in ein katholisches Gotteshaus um, doch nach der Ankunft der Osmanen 1571 diente sie als Kornkammer und Markt und zerfiel letztendlich.

Seit das prächtige Gebäude für 2 Mio. Euro aus EU-Finanzmitteln renoviert wurde, erstrahlt es wieder in seinem alten Glanz. 2009 erhielt der Bedesten als bedeutendes Kulturerbe den renommierten Europa-Nostra-Preis.

Am Nordeingang erkennt man prächtige **Wappen**, die einst noblen venezianischen Familien gehörten. Vermutlich unterstützten Letztere die orthodoxe Kirche, die trotz der katholischen Dominanz in Zypern fortbestehen durfte.

Tafeln erläutern die Restaurierungsarbeiten und die Geschichte des Bauwerks. Derzeit wird der Bedesten vor allem als Kulturzentrum genutzt.

Mevlevi-Schrein-Museum — MUSEUM

(Mevlevi Tekke Müzesi; Girne Caddesi; Erw./Kind 5/3 TRY; Juni–Mitte Sept. 9–12.30 & 13.30–16.45 Uhr, Mitte Sept.–Mai 9–14 Uhr) Diese ehe-

DIE TANZENDEN DERWISCHE UND DER MEVLEVI-ORDEN

Gründer des Mevlevi-Ordens war der im 13. Jh. geborene Dichter Jelaluddin Mevlana, im Westen als Rumi bekannt. Sein berühmtestes Werk *Mathnawi*, ein langes Gedicht, erklärt seine Lehren und sein Weltverständnis. Es unterstreicht den Glauben, dass die Seele eines Individuums während seines Lebens auf Erden vom Göttlichen getrennt ist und nur die Liebe Gottes die Kraft hat, es zurück zu seiner Quelle zu führen. Rumis Lehren basierten auf der Überzeugung, dass alles von Gott geschaffen wurde und deshalb jede Kreatur geliebt und respektiert werden musste. Der Orden verschrieb sich in hohem Maße der Geduld, Bescheidenheit, unbegrenzter Toleranz, Nächstenliebe und positivem Denken. Den Ausdruck oder das Kultivieren von Ärger, Heuchelei und Lügen verbot Rumi.

Das Wichtigste jedoch und ein Schock für die orthodoxen Muslime der damaligen Zeit war seine Behauptung, Musik sei der einzige Weg, die mondänen Sorgen des Lebens zu überwinden, und dass man durchs Tanzen mit dem Göttlichen in Verbindung treten könne.

Der langsame, wirbelnde und tranceartige Tanz der Derwische heißt *sema*. Er wird begleitet von einer *nay* (Längsflöte), die bei Rumis Konzept der Sehnsucht nach dem Göttlichen eine zentrale Rolle spielt. Der Klang der *nay*, deren tonale Bandbreite jener der menschlichen Stimme ähnelt, soll den Schrei der Seele nach Gott symbolisieren. Begleitet wird der *sema* von einer *oud* (Kurzhalslaute) und *kudum* (paarigen Trommeln). Während sie tanzten, hielten die Derwische eine Handfläche nach oben und die andere nach unten, um die Position der Menschheit als Brücke zwischen dem Himmel und der Erde zu symbolisieren. Der *sema* diente ausschließlich als spirituelle Übung. Den Tanz für Geld oder des Vorzeigens wegen aufzuführen galt als Blasphemie.

700 Jahre lang florierte der Mevlevi-Orden im türkischen Leben und verbreitete sich von Konya in der Türkei über den Balkan und Südosteuropa, bis er 1950 durch Atatürk aus der Türkei verbannt wurde. Heute treten die Derwische in Theatern auf der ganzen Welt auf und man kann ihren schönen Tanz in den meisten westlichen Ländern bewundern.

---

malige *tekke* (muslimischer Schrein) aus dem 17. Jh. gehörte einer mystischen islamischen Sekte, die als Mevlevi-Orden bzw. Gruppe tanzender Derwische bekannt ist. Deren spirituelle Philosophie, die ihren Ursprung in der türkischen Stadt Konya hat, basiert auf dem Sufismus, einer mystischen Abzweigung des Islams.

Unter den Darstellungen der Derwische befinden sich interessante Fotos ihrer Tänze in Nikosia aus dem Jahr 1954. Am faszinierendsten ist die ehemalige Küche der *tekke*, das Zentrum der hierarchischen Ordnung, wo die Mönche lebten und von „Praktikanten" zu echten Derwischen wurden. Jeder Anwärter musste sich als würdig erweisen, indem er mehrere Jahre lang die Rolle des Küchendieners übernahm. Bei den Mahlzeiten hatte er still in der Ecke zu stehen und auf dezente Hinweise zu warten, dass die Derwische etwas brauchten. Hielt einer von ihnen ein Stück Brot in die Höhe, bedeutet dies, dass er durstig war und mehr Wasser wollte.

In einem Raum des Museums stehen die Särge von 16 Mevlevi-Scheichen und draußen im Hof befinden sich muslimische Grabsteine.

Derwisch-Pascha-Museum   MUSEUM

(Derviş Paşa Konaği; Beliğ Paşa Sokak; Erw./Kind 5/3 TRY; ⏲Juni–Mitte Sept. 9–12.30 & 13.30–16.45 Uhr, Mitte Sept.–Mai 9–14 Uhr) Das kleine 1988 eröffnete ethnografische Museum ist in einer Villa untergebracht, die 1807 vom wohlhabenden türkischen Zyprer Derviş Paşa errichtet wurde. Der ehemalige Besitzer gab die erste türkischsprachige zyprische Zeitung heraus. Heute sind in den früheren Zimmern der Bediensteten im Erdgeschoss Haushaltswaren wie ein alter Webstuhl, Glasware und Keramik ausgestellt. Im Obergeschoss werden reich bestickte türkische Gewänder und, in der äußeren Ecke, eine luxuriöse *selamlık* (Rückzugsraum für den Besitzer der Villa und seine Gäste) mit Sofas sowie *nargileh* (nahöstliche Wasserpfeifen) präsentiert. Es gibt sogar ein paar „Gäste" in Form von gruseligen, schick angezogenen Schaufensterpuppen.

Büyük-Hamam   DAMPFBAD

(www.grandhamam.com; Tarihi Büyük Hamam, Große Bäder; Irfan Bey Sokak 9; Anwendungen 60–100 TRY; ⏲9–21 Uhr) Durch eine niedrige verzierte Tür, die auf 2 m unter Straßenniveau abgesackt ist, betritt man den nach Jahren

START **HAYDARPASHA-MOSCHEE**
ZIEL **GRENZÜBERGANG IN DER LEDRASTRASSE**
LÄNGE **4 KM**
DAUER **ETWA ZWEI STUNDEN**

Stadtspaziergang
Die Vergangenheit entdecken

› Der Spaziergang beginnt an der ❶ **Haydarpasha-Moschee**, die im 14. Jh. noch eine katholische Kirche war. Als Nächstes geht's zum ❷ **Lapidarium**. Ganz in der Nähe befindet sich die einstige Lusignan-Kirche Agia Sofia und heutige ❸ **Selimiye-Moschee** mit hoch emporragenden Minaretten, die durch die Osmanen hinzugefügt wurden.

Nach der Besichtigung schlendert man über die Araşta Sokak zur sorgsam renovierten ehemaligen Kirche ❹ **Bedesten** gegenüber dem trubeligen Markt ❺ **Belediye Pazarı**. Anschließend bummelt man die Araşta Sokak hinab zum ❻ **Büyük-Hamam** und dann Richtung Norden zur prächtigen türkischen Karawanserei ❼ **Büyük Han** sowie zur unvollendeten ❽ **Kumarcılar Han**.

Gen Westen gelangt man über die Idadi und Mecidiye Sokak zum Hauptplatz ❾ **Atatürk Meydanı**. Von hier führt ein kurzer Spaziergang auf der Girne Caddesi Richtung Norden zur Mevlevi Tekke, in der einst die tanzenden Derwische lebten. Heute ist dort das ❿ **Mevlevi-Schrein-Museum** untergebracht. Am Nordende der Girne Caddesi sieht man das ⓫ **Kyrenia-(Girne-)Tor**, das aus den schützenden Stadtmauern herausgebrochen wurde, als die Briten eine Verkehrsdurchgangsstraße schufen.

Nun geht man über die Girne Caddesi zurück und biegt rechts in die Beliğ Paşa Sokak im schönen arabischen Viertel ab. Hier stößt man auf das ⓬ **Derwisch-Pascha-Museum** in einer alten türkischen Villa. Man bleibt auf der Beliğ Paşa Sokak, biegt links in die Salahi Şevket Sokak ab und lässt das Straßenleben sowie die renovierten und zerfallenden alten Häuser auf sich wirken.

Am Ende der Salahi Şevket Sokak kommt man zum kleinen Yiğitler-Park auf der ⓭ **Roccas-(Kaytazağa-)Bastion**. Während die Grenzüberquerung inzwischen kein Problem mehr ist und die „andere Seite" nur noch wenige Mysterien birgt, war dieser Punkt über 30 Jahre die einzige Stelle an der Grünen Linie, wo sich die türkischen und griechischen Zyprer von Nahem sehen konnten.

Von hier folgt man der Baf Caddesi an der Grenze entlang, bis man den ⓮ **Grenzübergang in der Ledrastraße** erreicht.

der Restaurierung wiedereröffneten Hamam. Ursprünglich war die Tür Teil der Kirche des hl. Georg der Lateiner aus dem 14. Jh. Drinnen markiert ein Nagel die Höhe, die 1330 der Hochstand des Flusses Pedieos (Kanlı Dere) erreichte und 3000 Einwohner Lefkosias das Leben kostete.

Im Hamam kann man aus einer der vielen Anwendungen wie Schlammbäder, Kaffeepeeling und Aromatherapiemassage auswählen. Freitags ist das Bad nur für Frauen geöffnet.

GRATIS Belediye Pazarı (Stadtmarkt)
MARKT

(Mo–Sa 6–15 Uhr) Anfang 2011 wurde dieser tolle Markt nach einer umfassenden Renovierung wiedereröffnet. Hier kann man wunderbar Obst und Gemüse aus der Region kaufen und die quirlige Atmosphäre genießen. Entweder schreien die Verkäufer der Kundschaft ihre Angebote entgegen oder dösen auf den Theken zwischen Bergen von Obst und Gemüse. Es gibt auch eine Ecke mit Souvenirs. Feilschen nicht vergessen (für fast alle Waren üblich)!

GRATIS Haydarpasha-Moschee
MOSCHEE

(Camii Haydarpaşa; Kirlizade Sokak; Mo–Fr 9–13 & 14.30–17, Sa 9–13 Uhr) Heute dient die im 14. Jh. als Kirche der hl. Katharina errichtete Moschee als Kunstmuseum. Nach der Selimiye-Moschee ist sie das zweitwichtigste gotische Bauwerk in Nord-Nikosia. In und an dem Gebäude sieht man verzierte Skulpturen wie Wasserspeier, Drachen, Schilder und menschliche Köpfe.

GRATIS Barbareimuseum
MUSEUM

(Barbarlık Müzesi; Irhan Sokak 2; Juni–Sept. 9–12.30 & 13.30–16.45 Uhr) Mittlerweile sind die grausamen Poster und Fotos, die Neuankömmlinge am Grenzübergang am Ledra Palace Hotel begrüßten, entfernt worden. In diesem Museum werden teilweise ähnlich erschütternde Dinge gezeigt, z. B. Fotodokumentationen, vor allem von türkischen Zyprern, die in den Dörfern Agios Sozomenos und Agios Vasilios ermordet wurden.

Das Barbareimuseum liegt etwas versteckt in einem ruhigen Viertel 3 km westlich der Altstadt

GRATIS Lapidarium
MUSEUM

(Taş Eserler Müzesi; Kirlizade Sokak; Mo–Mi & Fr 9–15.30, Do 9–17 Uhr) Zu den Ausstellungsstücken dieses schönen Gebäudes aus dem 15. Jh. gehören eine vielseitige Sammlung aus Sarkophagen, Schildern, Stelen und Säulen sowie ein gotisches Fenster aus dem Lusignan-Palast, der einst in der Nähe des Atatürk Meydanı stand.

Essen

Nord-Nikosias gastronomische Szene wartet mit einer relativ großen Vielfalt auf: Es gibt kleine Kebabhäuser, *meyhane* (Tavernen) sowie traditionelle und moderne Restaurants. Dank der vielen kleinen Kebabimbisse ist die Auswahl mittags besser als abends, wenn es in der Altstadt ruhig und dunkel wird. Abgesehen von den hier empfohlenen Lokalen hat man nicht viele Optionen. Im Nordwesten der Altstadt gibt's einige Adressen, die auch abends geöffnet haben. Sie sind meist schwer zu finden, deshalb lässt man sich am besten mit dem Taxi dorthinfahren.

ALTSTADT

LP TIPP Bay Kahkaha
TÜRKISCH €€

(Tanzimat Sk 166; Hauptgerichte 18 TRY) Mehmet, der türkisch-zyprische Besitzer, kehrte kürzlich nach mehreren Jahren Aufenthalt in Australien zurück und eröffnete daraufhin sein außergewöhnliches Restaurant. Das atmosphärische Gebäude mit Originalkacheln aus dem Jahr 1928 verfügt über mehrere kleine Speiseräume und einen Essbereich im Garten mit Palmen und Olivenbäumen. In der traditionellen Küche werden Spezialitäten wie *kahkah tavuk dolma* (mit Pilzen gefülltes Hühnchen) zubereitet. Als das Restaurant im Mai 2011 eröffnet wurde, ließ sich sogar der Premierminister zum Mittagessen blicken. Zum Unterhaltungsprogramm gehört regelmäßige Livemusik.

Boghjalian
TÜRKISCH €

(228 0700; Salahi Şevket Sokak; Meze ca. 10 TRY; So geschl.) In der ehemaligen Villa eines wohlhabenden Armeniers gibt's ein festgelegtes Menü aus Meze oder gemischtem Kebab. Das leckere Essen wird im grünen Hof oder in einem der beiden eleganten Speisezimmer serviert. Wir empfehlen das grandiose *ceviz macunu* (grüne Walnüsse und Mandeln mit Zitrone, Zucker und Nelken). Vorab reservieren!

Sabor
MEDITERRAN €€

(Selimiye Meydanı 29; Hauptgerichte ca. 15 TRY) Nord-Nikosias bestes Restaurant, wenn man kein Kebab mehr sehen kann, ist das neben der Selimiye-Moschee gelegene Sabor. Auf der Karte stehen vorwiegend italienische und spanische Speisen sowie einige asiatische Nudelgerichte. Die Portionen sind großzügig, die Preise niedrig und die Angestellten (sowie die ansässige Katzenschar) freundlich.

Sedirhan Café   TÜRKISCH €
(Büyük Han; Hauptgerichte 7 TRY; Mo, Mi & Fr 9–17, Di & Do bis 1, Sa bis 13 Uhr) Wer türkische Ravioli mag, trifft mit dem Sedhiran Café eine gute Wahl. Beim Essen blickt man direkt auf die schöne Büyük Han, denn das Lokal liegt in ihrem Hof. Zum Angebot zählen z. B. Kaffee, Bier und *börek* (Fleisch oder Käse in einer dünnen Blätterteigrolle).

Bereket   FAST FOOD €
(Irfan Bey Sokak; Pide & Lahmacun 7–10 TRY; 4–13.30 Uhr) Schlichter Essensstand wenige Meter von der prächtigen Büyük Han entfernt. Der Besitzer Ilker macht in seinem Steinofen die leckersten Pide und *lahmacun* (türkische Pizza mit Lammhack und Petersilie) der Stadt. Es gibt Stühle im Freien und Gerichte zum Mitnehmen.

Saray Roof   TÜRKISCH €
(Atatürk Meydanı; Mahlzeiten 12 TRY) Vom Dach des Hotels Saray hat man einen einmaligen Blick über Nord-Nikosia, vor allem abends, wenn die Lichter in der Stadt funkeln und man das Ganze mit einem Cocktail in der Hand genießen kann. Leider ist das türkische und „europäische" Essen nur durchschnittlich.

Amasyali   KEBABS €
(Girne Caddesi 186; Kebabs 1,50 TRY; 9–23 Uhr) Schlichte, aber leckere Döner, auch zum Mitnehmen.

Yumurtacioglu   SÜSSIGKEITEN €
(Araşta Sokak) Reichhaltige hausgemachte türkische Köstlichkeiten und Halva.

Özerlat   CAFÉ €
(Araşta Sokak 73; Kaffee 2,50 TRY) Hier gibt's nur erdenklichen Tee- und Kaffeesorten, außerdem backt die freundliche Besitzerin selbst.

NEUSTADT

An der wichtigsten Restaurant- und Einkaufsstraße im neuen Teil der Stadt, der Mehmet Akif Caddesi, liegen schicke Restaurants und man hat die Auswahl aus mindestens einem Dutzend Optionen mit vorwiegend moderner zyprischer bzw. internationaler Küche. Darüber hinaus gibt's entspannte Bars mit attraktiven Terrassen und mindestens eine mit irischem Bier vom Fass. Parkplätze findet man in den Wohngebieten in den Seitenstraßen. Das Californian Gold hat eigene Stellplätze.

LP TIPP ▸ Passport Cadde   INTERNATIONAL €€
(www.caddepassport.com; Mehmet Akif Caddesi 88; Hauptgerichte 16 TRY) Einer der vollsten und zu Recht angesagtesten Läden der Restaurantmeile. Rund um die Uhr legt ein DJ auf, der Innen- und der Sitzbereich auf der Terrasse sind riesig und auf der Speisekarte stehen u. a. asiatisch inspirierte Gerichte, italienische Spezialitäten, Currys, Fajitas sowie schmackhafte Salate.

Californian Gold   INTERNATIONAL €€
(www.californiangold.com; Mehmet Akif Caddesi 74; Hauptgerichte 14 TRY; P) Dieses ebenfalls an der Restaurantmeile gelegene beliebte Lokal verfügt über eine weitläufige Terrasse sowie

---

ZYPERN FÜR KINDER: SCHATTENTHEATER & GO-KARTS

Bedenkt man die illustre Rolle des Schattentheaters in der Geschichte Zyperns, überrascht es, dass das **Cyprus Turkish Shadow Theatre** (0542 850 3514; Büyük Han, Araşta Sokak) in der Büyük Han die einzige Einrichtung ihrer Art auf der gesamten Insel ist. Informationen zu den Aufführungen gibt's vor Ort oder telefonisch beim Puppenspieler Mehmet Ertuğ.

Geschwindigkeitsfans können auf den langen Parcours von **Zet Karting** (0533 866 6173; www.zetkarting.com; Lefkoşa-Güzelyurt Anayolu; 20–40 TRY pro 10 Min.; Juni-Mitte Sept. Di–So 16–24 Uhr, Mitte Sept.–Mai Di–So 12–20 Uhr) ein paar Runden drehen. Auf der 300-m-Bahn für Kinder kostet ein Kart für zehn Minuten 20 TRY, auf der 900-m-Bahn 30 TRY und auf der professionellen 1200-m-Bahn 40 TRY. Anschließend bietet sich ein Besuch der Z1 Bar oder der Z1 Cafeteria an. Die Kartbahn befindet sich am Hauptkreisel der Straße, die Richtung Norden aus Nord-Nikosia herausführt, wo man die Abfahrt Richtung Morfou (Güzelyurt) nehmen muss. Nach der Abzweigung nach Alakoy liegt sie auf der linken Seite.

Tische auf zwei Etagen und platzt zumeist aus allen Nähten. Mit seiner internationalen Küche zieht es ein jugendliches, wohlhabendes Publikum an. Zum Angebot gehören Fajitas, Pasta, Steak, Kebab und interessante Salate wie eine leckere vegetarische Variante mit Linsen, roten Paprika und Ziegenkäse.

Mahzen Wine & Gourmet INTERNATIONAL €€
(Mehmet Akif Caddesi 75; Hauptgerichte 14 TRY) In dem historischen Gebäude, das zum alten Bahnhof von 1905 hinausgeht (1951 wurde der Betrieb eingestellt), kann man z. B. Pasta- und Hühnchengerichte mit verschiedenen Soßen bestellen. Die hervorragende Weinkarte bietet eine Auswahl an edlen Tropfen aus Südafrika, Frankreich und Italien.

☆ Ausgehen & Unterhaltung

Die Einwohner geben selbst zu, dass das hiesige Nachtleben niemanden vom Hocker haut, zumindest nicht in der Altstadt. Wenigstens ist auf der Mehmet Akif Caddesi in der Neustadt ein bisschen was los. Wer mehr Action möchte, fährt am besten ins 25 km entfernte Kyrenia.

Eine beliebte Kneipenecke in der Altstadt liegt hinter dem Belediye Pazarı im restaurierten alten Marktgebäude. Mit seinen hohen Decken und tief hängenden Lampen sieht es zwar aus wie ein Kaufhaus, ist aber fröhlich und modern. Es beherbergt mehrere Bars und bietet viele Möglichkeiten, eine *nargileh* (Wasserpfeife) zu rauchen.

Im zentralen Hof der Büyük Han gibt's dienstag- und donnerstagabends Livemusik.

Nostalgia Music Bar NACHTCLUB
(227 7901; Kurtuluş Meydanı; 22 Uhr–open end) In dem beliebten Club an der Nordseite der Stadt wird feuriger Salsa getanzt. Mit einer 90-minütigen Aufwärmstunde geht's los, danach spielt eine Liveband Latin, Reggae und Pop.

St. George's Café & Bar BAR
(Iplik Pazari 2B) Diese Bar an einer ziemlich ruhigen Ecke hat eine warme Holzeinrichtung und Tische im Freien. An Wochenenden wartet der Schuppen mit traditioneller Livemusik auf.

Street Corner Pub BAR
(Osman Paşa Cad; 22 Uhr–open end) Nettes Irish Pub.

Atolye Cadi Kazani Café CAFÉ
(Tanzimat Sokak 77) Eine viel gelobte, von einem Künstler geführte kleine Café-Bar in einer Nebenstraße. Die Kunstwerke des Besitzers zieren die Wände.

ℹ SHOPPINGFANS AUSGEPASST!

Achtung: Wer vom Süden aus den Norden besucht oder umgekehrt shoppen will, muss auf die griechisch-zyprischen Zollbedingungen achten. Besucher dürfen 200 Zigaretten, 1 l Alkohol oder Wein und dazu andere Waren im Wert von bis zu 100 € über die Nord-Süd-Grenze bringen. Also Finger weg von teuren Teppichen!

🛍 Shoppen

In der Büyük Han gibt's tolle Souvenirs, darunter echtes Kunsthandwerk. Die folgenden drei Adressen sind einen Besuch wert:

Koza SEIDENDEKORATION
(9–18 Uhr) Im Koza lebt die zyprische Tradition weiter, mit Seidenraupen Seide zu produzieren, zudem wird einem der einst allgegenwärtige Maulbeerbaum wieder ins Gedächtnis gerufen. Hier spinnen die Besitzerin Munise und ihre betagte Mutter Seidenmuster per Hand. Diese wurden traditionell zum Einrahmen von Bildern oder einfach als Wanddekoration genutzt.

Mosaic Art Gallery KUNSTHANDWERK
(www.buyukhan-art.com; 9–18 Uhr) Günstiger, aber exquisiter handgefertigter Schmuck mit Blumenmuster und bunte Mosaiken.

Shiffa Home BIOPRODUKTE
Die Besitzerin des Shiffa stellt die Seifen, Marmeladen und Konserven selbst her. Außerdem berät sie zu lokalen Kräuter- und Aromatherapiemitteln und verkauft diese auch gleich.

Rüstem Kitabevi BÜCHER
(228 3506; Girne Caddesi 22) Früher war diese Buchhandlung nahezu legendär für ihr organisiertes Chaos, aber mittlerweile ist Ordnung in den Laden gekommen und alle Schmöker sind sauber in Regale einsortiert. Die Auswahl an alten und neuen Werken, darunter viele englische, ist groß. Darüber hinaus gibt's allerlei Zeitschriften. Vor Ort ist auch eine Filiale von Gloria Jeans Coffee untergebracht. Zur Auswahl stehen 14 verschiedene Kaffeesorten, die man im Hof mit Obstbäumen und Schirmen trinken kann.

ⓘ Praktische Informationen

GELD In allen Wechselstuben gleich hinter der Passkontrolle am Ledra Palace Hotel und auch am Grenzübergang in der Ledrastraße kann man sein Geld in türkische Lira eintauschen. Geldautomaten findet man in der **TC Ziraat Bankası** (Girne Caddesi) am Nordende der Straße sowie in der **Kıbrıs Vakıflar Bankası** (Atatürk Meydanı). Beide tauschen ebenso wie die nahe gelegenen privaten Wechselbüros Fremdwährungen ein.

INTERNETZUGANG In den Cafés im Norden gibt's zumeist kein WLAN, deshalb muss man sich mit Internetcafés behelfen, in denen viel los ist. Es kommen zwar nur wenige Frauen dorthin, doch das sollte kein Problem sein.
Orbit Internet Café (Girne Caddesi 180; 2 TRY pro Std.; ⊙rund um die Uhr) Gut besuchter, zentral gelegener Laden.

MEDIZINISCHE VERSORGUNG Burhan Nalbatanoğlu Devlet Hastahanesi (⌕228 5441) Nord-Nikosias größtes Krankenhaus.
Poliklinik (⌕227 3996; Gazeteci Kemal Aşık Caddesi) In dieser Klinik werden Ausländer behandelt.

NOTFALL Telefonisch unter ⌕155 erreichbar.
Polizeiwache (⌕228 3311; Atatürk Meydanı)

SICHERHEIT

Nord-Nikosia ist zu jeder Tages- und Nachtzeit sicher, deshalb kann man unbedenklich durch die Straßen bummeln. Abends wird es in der Altstadt jedoch sehr ruhig, sodass sich manche Besucher nicht wohl dabei fühlen, allein durch die schummrigen, oft engen Straßen zu streifen. In dem Fall meidet man diese am besten einfach. Wegen ihrer großen schwarz-roten Schilder, die ausdrücklich das Fotografieren und Betreten der Pufferzone verbieten, wirken die Gegenden rund um die Grüne Linie bedrohlich.

An der Roccas-(Kaytazağa-)Bastion am westlichen Ende der Altstadt kann man noch immer ins griechische Lefkosia hinüberblicken und darf keine Fotos machen. Zwar wurden die Gesetze zur Grenzüberquerung gelockert, das Gebiet ist aber noch immer unter der Kontrolle des Militärs. Vor Ort sind wachsame Soldaten stationiert, die man nicht auf den ersten Blick sieht. Sie stellen Besucher eventuell zur Rede und konfiszieren Kameras.

REISEBÜROS Birinci Turizm (⌕228 3200; Girne Caddesi 158a) Fährtickets in die Türkei, Flugverbindungen und zahlreiche andere Dienstleistungen rund ums Reisen.

TOURISTENINFORMATION North Cyprus Tourism Organisation (NCTO; ⌕227 2994; www.tourism.trnc.net) Kyrenia-Tor (⊙Mo–Fr 9–17, Sa & So bis 14 Uhr); Grenzübergang am Ledra Palace Hotel (⊙Mo–Sa 9–17, So bis 14 Uhr); Hauptfiliale (Bedrettin Demirel Caddesi; ⊙Mo–Fr 9–17, Sa bis 14 Uhr) Es gibt zwei günstig gelegene Filialen im Stadtzentrum mit Karten und Broschüren zu Nordzypern. Wer hier nicht bekommt, was er sucht, kann zum 2 km entfernten Hauptbüro spazieren. Wenn man sich lieber fahren lässt, nimmt man am Kyrenia-Tor ein Taxi (2 TRY).

ⓘ An- & Weiterreise

Auto & Motorrad

Auto- und Motorradfahrer erreichen Nord-Nikosia über eine der beiden Hauptstraßen, die direkt in die Altstadt führen. Wer vom Flughafen Famagusta oder Ercan kommt, gelangt über die Mustafa Ahmet Ruso Caddesi und dann die Gazeteci Kemal Aşık Caddesi nach Nord-Nikosia. Letztere verläuft direkt zum Kyrenia-Tor. Wer von Kyrenia anreist, nimmt die Tekin Yurdabay Caddesi und die Bedrettin Demirel Caddesi, die ebenfalls zum Kyrenia-Tor führt.

Autofahrer aus der Republik überqueren die Grenze in Agios Dometios westlich der Stadt. Am einfachsten erreicht man die Altstadt, indem man direkt hinter dem Ledra Palace Hotel rechts abbiegt und über die Memduh Asar Sokak weiterfährt. Nachdem man den Stadtgraben passiert hat, biegt man links auf die Tanzimat Sokak und kommt nach rund 200 m zum Kyrenia-Tor.

Parken ist kein Problem. Wer allerdings werktags am späten Vormittag einen Platz in der Altstadt sucht, könnte es schwer haben. Fährt man frühmorgens her, stellt man sein Auto an der Girne Caddesi ab.

Bus

Der Busbahnhof für Fernverbindungen liegt an der Ecke Atatürk Caddesi und Gazeteci Kemal Aşık Caddesi in der Neustadt. Hier gibt's auch Verbindungen in die größeren Städte. Mit dem Bus reist man in der Regel stressfreier als mit den haarsträubenden Servicetaxis oder *dolmuş* (Minibussen).

Flugzeug

Der **Flughafen Ercan** (Tymvou; ⌕231 4703) befindet sich 14 km nordöstlich von Nord-Nikosia. Ein Stadtbus fährt über die Schnellstraße hierher. Viele Traveller, die in den Norden reisen möchten, fliegen nach Larnaka, da es dorthin Direktverbindungen gibt und es zu weniger Verzögerungen kommt. Vom Flughafen Ercan geht's regelmäßig nach London und zu Reisezielen in der Türkei. Alle Charterflüge starten hier. Wenn der Airport gewartet wird, werden die Flüge zum Militärflughafen in **Geçitkale** (Lefkoniko; 227 9420) umgeleitet, das dichter an Famagusta liegt.

In Nord-Nikosia gibt's zwei Airlines mit Verbindungen innerhalb Nordzyperns:

Cyprus Turkish Airlines (Kıbrıs Türk Hava Yolları, KTHY; 227 0084; www.kthy.net/kthyen/index.html; Bedrettin Demirel Caddesi)

Turkish Airlines (Türk Hava Yolları, THY; 227 1061; www.turkishairlines.com; Mehmet Akif Caddesi 32)

Servicetaxi & Minibus

Minibusse zu Zielen in der Gegend und weiter weg starten an mehreren Stellen außerhalb der venezianischen Mauer und am Itimat-Busbahnhof beim Kyrenia-Tor. Die beste Haltestelle für Servicetaxis nach Kyrenia liegt unmittelbar südöstlich des Mevlevi-Schrein-Museums. Die Taxis steuern u. a. Famagusta (8 TRY, 1 Std.) und Kyrenia (5 TRY, 30 Min.) an. Sie fahren ebenfalls am Itimat-Busbahnhof ab.

Unterwegs vor Ort

Auto

Zu den besten Autovermietern gehören **Bicen Rent a Car** (227 1680; Bedreddin Demirel Caddesi 61) und **Sun Rent a Car** (227 2303; www.sunrentacar.com; Abdi Ipekçi Caddesi 10). Wer aus dem Süden anreist, kann vorher anrufen und sich eventuell am Kyrenia-Tor abholen lassen. Die Tagessätze beginnen bei 65 TRY. In der Hauptsaison muss man bei manchen Anbietern mindestens drei Tage buchen.

Bus

Es gibt zwar öffentliche Busse in Nord-Nikosia, allerdings steuern diese vor allem Viertel außerhalb der Altstadt an. Sie sind nur dann praktisch, wenn man zum Büro von Cyprus Turkish Airlines oder zum Hauptsitz des Fremdenverkehrsamts von Nordzypern muss (beide liegen an der Bedrettin Demirel Caddesi). Die Busse starten in der Nähe des Kyrenia-Tors.

Taxi

In Nord-Nikosia herrscht kein Mangel an Taxiständen. Die am Atatürk Meydanı und am Kyrenia-Tor sind besonders einfach zu erreichen. Eine Fahrt im Stadtgebiet sollte nicht mehr als 2 TRY kosten, außerdem stellen die meisten Fahrer den Taxameter an.

Zu den verlässlicheren Unternehmen gehören **Ankara Taxi** (227 1788), **Özner Taxi** (227 4012), **Terminal Taxi** (228 4909) und **Yılmaz Taxi** (227 3036).

Vom/Zum Flughafen

Busse zum Flughafen Ercan starten zwei Stunden vor allen Abflügen am Büro von **Cyprus Turkish Airlines** (227 0084; Bedrettin Demirel Caddesi) und kosten 2 TRY. Für ein Taxi vom Kyrenia-Tor zum Flughafen zahlt man rund 20 TRY.

Kyrenia (Girne) & die Nordküste

Inhalt »

Kyrenia (Girne) 167
Rund um Kyrenia
& das Kyrenia-Gebirge .. 173
St.-Hilarion-Burg 175
Bellapais (Beylerbeyi) ... 176
Lapta (Lapithos) 178
Der Nordwesten 178
Koruçam-(Kormakitis-)
Halbinsel 180
Morfou (Güzelyurt) 181
Lefke (Lefka) 182
Antikes Soloi 182
Antikes Vouni 183

Gut essen

» Kyrenia Tavern (S. 170)

» Anı (S. 171)

» Kybele (S. 176)

» Stone Arch (S. 170)

» No. 14 (S. 171)

Schön übernachten

» White Pearl Hotel (S. 217)

» Club Z (S. 217)

» Lapida (S. 218)

» Sempati (S. 218)

» Bellapais Monastery Village (S. 218)

Auf nach Kyrenia & an die Nordküste

Mit ihrem herrlichen Blick auf den alten Hafen, den mit Wildblumen übersäten Hängen und der imposanten Bergkette im Hintergrund ist Kyrenia eine der reizvollsten Städte der Insel. Die Ruinen einer hiesigen Abtei aus dem 12. Jh. und der umliegenden gotischen Burgen sollen sogar schon als Motive für Märchen gedient haben.

Dass Kyrenia seine Besucher verzaubert, ist allseits bekannt. Einst war es ein beliebter Rückzugsort für Kolonialbeamte, die sich hier nach ihrem Dienst für das britische Königreich zur Ruhe setzten. Lawrence Durrell, der in der Region heimisch wurde, schuf ihr mit seinem Roman *Bittere Limonen* ein bleibendes Denkmal.

Derzeit verändert sich die Nordküste in rasantem Tempo. Weite Olivenfelder, alte Dorfhäuser und unberührte Biotope weichen neuen Bau- und Infrastrukturmaßnahmen in Form von Touristenorten und Straßen. Doch auch wenn dies seine Spuren in der Natur hinterlässt, gibt's in der Gegend immer noch genügend schöne Flecken zu entdecken.

Reisezeit

Leuchtende Wildblumen und seltene Orchideen entlang Kyrenias Bergkette bilden im Februar und März einen Kontrast zu den gotischen Ruinen.

Im Mai findet in der Abtei von Bellapais mit ihren prächtigen Bogen ein tolles Musikfestival statt.

Bevor man ans Meer reist und an Kyrenias Sandstränden relaxt, laden im Juni und Juli die historischen Burgen des Nordens zu Erkundungstouren ein.

Im September und Oktober frischt der Wind auf, sodass man mit einem Gleitschirm vom Kyrenia-Gebirge aus einen unvergesslichen Blick auf die Küste erhaschen kann.

Highlights

❶ In Kyrenias charmantem **altem Hafen** (S. 167) durch die Cafés, Restaurants und Bars ziehen

❷ Die **byzantinische Burg** (S. 167) und das **Schiffswrackmuseum** (S. 168) besichtigen

❸ Auf den ausgedehnten **nördlichen Wanderrouten** (S. 173) über Berge und Küstenwege streifen

❹ Die **Bellapais-Abtei** (S. 176) besuchen und die spektakuläre Aussicht genießen

❺ Zu den märchenhaften Ruinen der **St.-Hilarion-Burg** (S. 175) hinaufsteigen

❻ An den Südhängen des Kyrenia-Gebirges **wilde Orchideen** (S. 170) entdecken

❼ Von der **Buffavento-Burg** (S. 177) die Küste aus der Vogelperspektive bewundern

❽ Den **Palast von Vouni** (S. 173) und das **antike Soloi** (S. 182) an der Nordwestküste erkunden

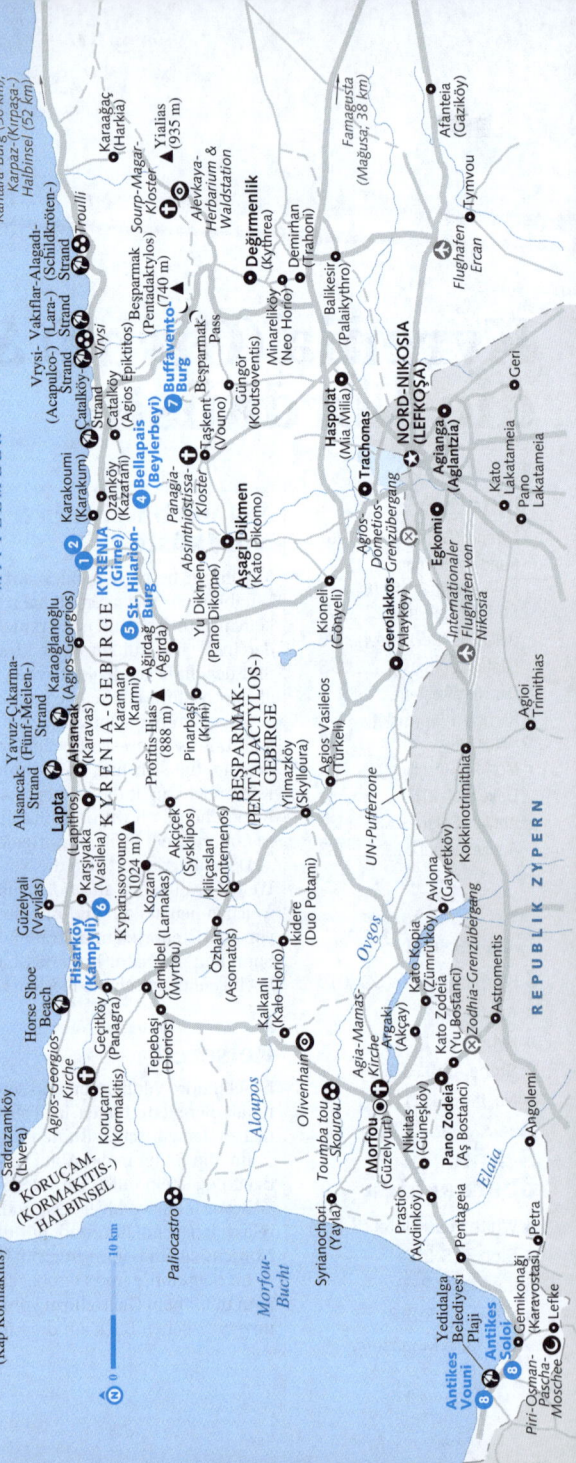

KYRENIA (GIRNE)

22 000 EW.

Das malerische Kyrenia mit seiner beeindruckenden byzantinischen Burg und seinem hufeisenförmigen alten Hafen, plätschernden Wellen, Fischerbooten und hohen Gebäuden (ehemaligen Johannisbrotlagerhäusern) ist zu Recht der Touristenmagnet des Nordens. Wer auf barfüßige Fischer hofft, die vor der Kulisse der Festung fröhlich ihre Netze in Holzboote ziehen, wird allerdings enttäuscht.

Heute sind im belebten Hafengebiet Bars, Restaurants und Cafés angesiedelt. Lautstark werden Bootsausflüge angeboten, und Kellner versuchen in gebrochenem Englisch Gäste in ihre Lokale zu locken. Weil Kyrenia nur eine 30-minütige Autofahrt von der Hauptstadt Lefkosia/Nord-Nikosia entfernt ist, kommen die Bewohner Nord-Nikosias gern hierher, um die guten Restaurants und das hiesige Nachtleben zu genießen. Außerdem beherbergt die Stadt zahlreiche britische Einwanderer mitsamt eigener Kirche und Gemeindezentrum. Und an der belebten Küste findet man mehr Hotels, Lokale und Bars (auf einem Fleck) als irgendwo sonst im Norden.

ENTFERNUNGEN (KM)

	Morfou (Güzelyurt)	Bellapais (Beylerbey)	Lapta (Lapithos)	Koruçam (Kormakitis)
Bellapais (Beylerbeyi)	83			
Lapta (Lapithos)	51	32		
Koruçam (Kormakitis)	77	6	26	
Lefke (Lefka)	26	109	77	103

Geschichte

Kyrenia wurde ca. 1200 v. Chr. von mykenischen Griechen gegründet und war eines der alten Stadtkönigtümer der Insel. Was über die frühe Entwicklung der Stadt bekannt ist, deckt sich praktisch mit der Geschichte ihrer Burg – man weiß nur sehr wenig, bis zu dem Moment, als die Byzantiner im 7. Jh. die Festung erbauten, um die häufigen Angriffe der Araber abzuwehren.

1191 eroberte Richard Löwenherz das Bauwerk auf dem Weg nach Jerusalem zu seinem dritten Kreuzzug. Von nun an diente es als Wohnsitz und Gefängnis. Es wurde an den Templerorden verkauft und dann Guy de Lusignan zum Geschenk gemacht, als er König von Zypern wurde.

Im 14. Jh. erweiterten die Venezianer die Burg und errichteten die trutzigen Türme zum Meer hin, die bis heute erhalten blieben. Unter den Osmanen wurde die Anlage erneut verändert, während Kyrenia vor allem als einziger Hafen im Norden der Insel fungierte. Diese Rolle hat die Stadt jedoch schon lange aufgegeben. Größe und Tiefe des alten Hafens erlauben kaum Verkehr mehr außer von Ausflugsschiffen, Fischerbooten und kleinen Jachten. 2 km östlich von Kyrenia ist mittlerweile ein neuer Hafen entstanden, den Frachter und Passagierschiffe aus der Türkei anlaufen.

Unter der britischen Herrschaft entwickelte sich Kyrenia zu einem beliebten Altersruhesitz für pensionierte (Kolonial-)beamte. Als die Türken 1974 auf Zypern einfielen, landeten ihre Truppen hauptsächlich an den Stränden westlich von Kyrenia. Nahezu alle griechischen Zyprer und viele britische Rentner flohen.

Heute, 38 Jahre später, gedeiht die Tourismusindustrie. Besucher kommen hauptsächlich aus Großbritannien, Deutschland und der Türkei.

✪ Sehenswertes

Während sich Kyrenia über ein weites Areal ausdehnt, ist die zentrale Altstadt (Touristengebiet) recht kompakt. Taxis und Minibusse starten bzw. enden auf der Ecevit Caddesi und halten in der Nähe des Hauptplatzes **Belediye Meydanı** 200 m südlich des alten Hafens. Westlich der Belediye Meydanı verläuft die Ziya Rızkı Caddesi mit Geschäften und Banken. Die Mustafa Çağatay Caddesi führt vom Belediye Meydanı Richtung Südosten zum neuen Hafen, an dem Fähren aus der Türkei vor Anker gehen.

Burg   HISTORISCHE STÄTTE, MUSEUM
(Girne Kalesi; Erw./Kind 12/3 TRY; ⊙ Juni–Mitte Sept. 9–19 Uhr, Mitte Sept.–Mai 9–16 Uhr) Aufgrund ihrer komplexen Geschichte präsentiert sich die Burg am charmanten alten Hafen als interessanter Mix architektonischer und kultureller Einflüsse.

Errichtet wurde sie von den Byzantinern, möglicherweise auf den Überresten eines früheren römischen Forts. Sie hat viele Angriffe abgewehrt, darunter eine Invasion der Osmanen 1570 – zumindest bis ihre venezianischen Besetzer die Festung aufgaben, nachdem Nikosia (Lefkosia) gefallen war.

Die große rechteckige Anlage umfasst eine Zisterne, einen Kerker, eine Kapelle, eine

Kyrenia (Girne)

Galerie sowie ein Museum und wird an allen vier Ecken durch befestigte Bastionen geschützt.

Man betritt sie über eine Steinbrücke, die über den ehemaligen Burggraben und zur kleinen byzantinischen **Kapelle des hl. Georg** aus dem 12. Jh. führt. Diese befand sich ursprünglich außerhalb der Wälle, bis die Venezianer ihre Mosaiken und korinthischen Säulen in den Bau einbanden.

Im venezianischen Turm in der nordöstlichen Bastion sind Dioramen mit Kampfszenen zu sehen. Puppen in Rüstungen und Militäruniformen stellen die Geschichte der Burg von der byzantinischen bis zur britischen Zeit dar.

An der Nordseite liegt die berüchtigte **Folterkammer**, wo die (schwangere) Geliebte von König Peter I., Joanna L'Aleman, auf Geheiß seiner eifersüchtigen Gemahlin Eleonore gefoltert wurde.

Auf den mit einem Geländer gesicherten Wällen kann man zwischen den vier Türmen umherschlendern. Dabei sollte man auf den markierten Routen bleiben und kleinere Kinder an die Hand nehmen, da manche Abschnitte nicht ungefährlich sind. Von dort oben genießt man einen umwerfenden Blick auf den alten Hafen, besonders am Morgen.

Im Ticket zur Burg ist der Eintritt zur Galerie mit archäologischen Funden und zum Schiffswrackmuseum innerhalb der Festung inbegriffen.

Galerie archäologischer Fundstücke

Mit ihren Fundstücken, die vom Neolithikum über die Bronzezeit bis zur hellenistischen und byzantinischen Epoche reichen, zählt diese Ausstellung zu den interessantesten Sammlungen im Burgkomplex. Hier werden Amphoren, Goldschmuck und alte Münzen gezeigt sowie Rekonstruktionen jungsteinzeitlicher Rundhäuser (4500–3900 v. Chr.) aus Lehm und Stein präsentiert, die in der Ausgrabungsstätte **Ayios Epiktitos – Vrysi** bei Çatalköy entdeckt wurden.

Schiffswrackmuseum

Ein Highlight der Burg ist die Kammer mit dem **Schiff von Kyrenia**, dem ältesten Wrack, das je aus zyprischen Gewässern geborgen wurde. Es handelt sich um ein griechisches Segelschiff, gebaut aus dem Holz der Aleppo-Kiefer, das ca. 300 v. Chr. vor Kyrenia sank und 1967 von einem einheimischen Taucher gefunden wurde. Es hatte Amphoren, Mandeln, Getreide, Wein und Mühlsteine von den griechischen Inseln Samos, Rhodos und Kos geladen. Vermutlich trieb die Besatzung Handel entlang der anatolischen Küste bis zu den Dodekanes-Inseln in Griechenland.

Kyrenia (Girne)

Sehenswertes
1 Archangelos-Ikonen B1
2 Belediye Meydanı C2
3 Volkskunstmuseum (Halk Sanatlari Müzesi B1
  Galerie archäologischer Fundstücke .... (siehe 4)
4 Burg C1
  Schiffswrackmuseum .... (siehe 4)

Aktivitäten, Kurse & Touren
5 Aphrodite Boat Fishing B1
  Blue Dolphin Scuba (Infostand) .... (siehe 5)
6 Highline Tandem Paragliding C1

Schlafen
7 Club Z D3
8 Dome Hotel A1
9 Harbour Scene B1
10 Nostalgia B1
11 White Pearl Hotel B1
  Bar im White Pearl Hotel .... (siehe 11)

Essen
12 Baragadi Bar & Restaurant C2
13 Kyrenia Tavern C3
14 Niazi's Restaurant & Bar A2
15 No. 14 .... C2
16 Öz-Vip C2
17 Padişah C3
18 Six Brothers Restaurant B1
19 Stone Arch C2

Ausgehen
20 Café 34 .... C1
21 Ego Bar C1

Shoppen
22 Round Tower B2

Neuere Untersuchungen lassen vermuten, dass das damals etwa 80 Jahre alte Boot bei einem Piratenangriff und nicht aufgrund seines Alters sank. Ein Großteil der Ladung scheint geplündert worden zu sein und der Rumpf weist Löcher auf, die wahrscheinlich von Speeren stammen. Darüber hinaus wurde im Wrack eine Fluchtafel entdeckt. Damals glaubten Piraten, das Anbringen einer solchen Tafel an einem sinkenden Schiff würde dessen Schicksal besiegeln und seine Reste für immer auf dem Grund des Meeres festhalten.

Eine hervorragende moderne Rekonstruktion des Schiffs aus denselben Materialien ist im Thalassa-Meeresmuseum in Agia Napa (S. 121) zu sehen.

Volkskunstmuseum MUSEUM
(Halk Sanatlari Müzesi; Eintritt 3 TRY; ⊙Juni–Mitte Sept. 9–18 Uhr, Mitte Sept.–Mai 9–12.30 & 13.30–16.45 Uhr) In einem venezianischen Gebäude am Hafen wird eine kleine, aber interessante Sammlung traditioneller Möbel, Stoffe und Utensilien präsentiert. Außerdem kann man hier eine alte Olivenpresse aus Holz bewundern.

Archangelos-Ikonen MUSEUM
(Canbulat; Eintritt 4 TRY; ⊙Juni–Mitte Sept. tgl. 9–14 & Mo 15.30–18 Uhr, Mitte Sept.–Mai 9–13 & 14–16.45 Uhr) Westlich vom alten Hafen steht die Kirche des Erzengels Michael, die man leicht an ihrem markanten Glockenturm erkennt. Sie beherbergt auf drei Etagen eine Ausstellung von Ikonen aus dem 17. und 18. Jh., die vor Plünderungen der orthodoxen Kirchen in der Region gerettet werden konnten. Bemerkenswert sind die Darstellungen des hl. Georg mit dem Drachen und der Enthauptung des Täufers Johannes sowie ein Bildnis der Jungfrau mit dem Kind.

Altstadt HISTORISCHE STÄTTE
Die winzige Altstadt südlich des alten Hafens zwischen Canbulat Sokak und Kale Sokak wird von den Überresten der Stadtmauern eingerahmt. Sie beeindruckt mit verlassenen, verwitterten (griechischen) Häusern sowie Bauten mit eindeutig osmanischen Einflüssen. In den verwinkelten Gassen stößt man auf versteckte Treppen und Mauerruinen, ein altes griechisch-römisches Grab und die verfallene Khryssopolítissa-Kirche aus dem 14. Jh.

Aktivitäten

Wer tauchen möchte, hat in Kyrenia viele gute Möglichkeiten. Mehr dazu siehe S. 25.

Scuba Cyprus TAUCHEN
(☎865 2317; www.scubacyprus.com; Karaoğlanoğlu; ⊙9–17 Uhr) An dieser Tauchbasis am Camelot-Strand in Alsancak 8 km westlich von Kyrenia finden regelmäßig PADI- und BSAC-Tauchkurse statt. Das Boot des Veranstalters ankert oft im alten Hafen. Schnuppertauchen gibt's ab 30 €.

NAMEN SIND NUR SCHALL UND RAUCH

Nach 1974 wurden alle ursprünglich griechischen Ortsnamen durch türkische Bezeichnungen ersetzt. Wer nur die Namen aus der Zeit vor der Teilung kennt, hat möglicherweise Probleme, sich mit einer türkischsprachigen Karte zurechtzufinden. Griechische Straßenschilder und Hinweistafeln an Mauern sind verschwunden und viele der Fernstraßen tragen weder Nummern noch Benennung. Am besten fragt man nach dem Namen des Ortes, in den man reisen will. Manchmal fühlt sich ein Aufenthalt im Norden so an, als wäre man in einem abgelegenen Teil der Türkei unterwegs …

Blue Dolphin Scuba TAUCHEN
(0542 851 5113; www.bluedolphincyprus.com; 9–17 Uhr) Der Anbieter im Jasmine Court Hotel an der Naci Talat Caddesi betreibt auch einen Stand im alten Hafen. Er startet mit zwei Booten vom Escape Beach in Alsancak und bietet PADI-Kurse im offenen Meer ab 150 € an.

Bootstouren BOOTSTOUREN
Im alten Hafen tummeln sich zahlreiche Betreiber von Ausflugsbooten, die alle mit ähnlichen Angeboten um Kundschaft werben. Für 50 bis 60 TRY kann man an einem Tagesausflug auf einem türkischen Gulet (traditionelles Holzschiff mit erhöhtem Bug) teilnehmen. In der Regel gibt's zwei Stopps zum Baden und Schnorcheln, anschließend wird an Bord gegrillt (Getränke kosten extra). Die Boote legen um 10.30 Uhr ab und kehren um 17 Uhr zum Hafen zurück. Sie bieten bis zu 20 Passagieren Platz.

Aphrodite Boat Fishing BOOTSTOUREN
(0533 868 0943; musaaksoy@superonline.com; Girne Limanı; Ausflüge 25 €) Auf dem Gulet dieses Veranstalters werden Fahrten durch die Bucht, Angelausflüge und Tiefseefischen angeboten. Kapitän Musa Aksoy grillt den frischen Fang, nachdem man eine Runde schwimmen war und geruhsame Stopps an Escape Beach und anderen schönen Stellen eingelegt hat.

Highline Tandem Paragliding PARAGLIDING
(0542 855 5672; www.highlineparagliding.com; Erw. inkl. Transport, Flug & Versicherung 70 €) Ein neuseeländisch-zyprisches Pärchen betreibt diesen Laden am alten Hafen. Highline Tandem verhalf einer 100-jährigen Schottin dazu, dass sie als älteste Frau, die diesen Abenteuersport jemals gewagt hat, ins Guinness-Buch der Rekorde eingetragen wurde. Viermal täglich starten Flüge aus einer Höhe von 750 m.

Walks and Wild Orchids STADTSPAZIERGANG
(0542 854 4329; www.walksnorchidsnorthcyprus.com; Mitte Feb.–Mai inkl. Mittagessen 18 €) Der Streifzug beginnt in Hisarköy, einem traditionellen Dorf an den Südhängen des Kyrenia-Gebirges. Die Gegend ist für Wildpflanzen-, Orchideen- und Vogelliebhaber gleichermaßen interessant. Normalerweise dauern die Spaziergänge mindestens zwei Stunden und führen über leichtes Terrain zu malerischen Lichtungen mit Orchideen und schwarzen Tulpen. Mehr als 20 Orchideenarten sind hier zu entdecken, darunter die äußerst seltene *Orchis punctulata* (Punktiertes Knabenkraut). Diese Pflanze gedeiht nur in Teilen Zyperns, der Krim, der Türkei und des Irans. Außerdem sieht man viele weitere interessante endemische Wildpflanzen.

Essen

Am alten Hafen von Kyrenia liegen zahlreiche Restaurants, die man aber am besten nur für einen Kaffee oder einen abendlichen Drink aufsucht. Meistens punkten sie nämlich eher mit ihrer tollen Lage und Sicht als mit einer guten Küche.

Weiter landeinwärts, im alten türkischen Viertel und in der Stadt, findet man dagegen einige hervorragende Lokale.

ALTER HAFEN & TÜRKISCHES VIERTEL

LP TIPP Kyrenia Tavern TÜRKISCH €€€
(Bag Sokak; Hauptgerichte 30–40 TRY; abends) Das schlichte Gartenlokal in einer Nebenstraße nahe der kleinen Feuerwache lohnt die Mühe, die man bei der Suche danach hat. Hier wird einfache, schmackhafte türkisch-zyprische Küche serviert: Meze, Moussaka und zartes Lamm mit frischesten Zutaten. Es gibt keine Speisekarte. Wer es authentisch und rustikal mag, ist hier genau richtig.

Stone Arch INTERNATIONAL €€€
(Efeler Sokak 13; Hauptgerichte 30–40 TRY; abends;) Kaum fünf Gehminuten vom alten Hafen entfernt wartet das Stone Arch mit

einem schönen Hof und einer angenehmen Atmosphäre auf. Die leckeren Gerichte wie Riesengarnelen und Steaks sind teuer, aber sehr lecker. Ein hervorragender Service und eine gute Auswahl an Weinen runden das Erlebnis ab.

No. 14　　　　　　　　　　INTERNATIONAL €€€
(Yazıcızade Sokak; Hauptgerichte 18–28 TRY; abends) Hinter der Tür des „Yazade-Hauses" im alten türkischen Viertel verbirgt sich ein nettes Gartenrestaurant mit Pool und einem tollen Service. Zum Speiseangebot gehören schlichte türkische Köstlichkeiten wie gepfeffertes Schweinefleisch, Filetsteaks und gefüllter Tintenfisch. Hinterher kann man einen der wunderbar saftigen Kuchen mit Karamellsoße bestellen.

Niazi's Restaurant & Bar　　　GRILLFLEISCH €€
(www.niazis.com; Kordon Boyu Sokak; Full Kebab 25 TRY; 11–24 Uhr) Hier werden verschiedene Kebabs vom Holzkohlengrill und natürlich traditionelle Meze-Gerichte zubereitet. Einheimische lieben das Restaurant und kommen vor allem wegen des „full kebab", einer Mischung aus türkischen und zyprischen Spezialitäten mit *sheftelia*, Köfte und *shish*.

Six Brothers Restaurant　　　　TÜRKISCH €€€
(Kordon Boyu Sokak; Hauptgerichte 35 TRY) In dem Lokal gleich vor dem alten Hafen gibt's günstige Meze-Gerichte, Kebab und Fisch. Am besten setzt man sich an einen der Tische im Freien mit Blick auf die Bucht.

Baragadi Bar & Restaurant　　　TÜRKISCH €€
(Doğan Türk; Hauptgerichte 20–25 TRY; abends) Dieses Restaurant mit alter Kolonialeinrichtung hat sich auf türkische Gerichte und Fisch spezialisiert, der täglich frisch gefangen und in den alten Hafen geliefert wird. Zum Haus gehört ein kühler, luftiger Garten mit Bar – ein herrlicher Platz an heißen Sommerabenden.

Padişah　　　　　　　　　　　ZYPRISCH €
(Ecevit Caddesi; Kleftiko 11 TRY) Das schlichte Lokal gegenüber dem Colony Hotel verfügt über einen ummauerten schattigen Hof und bietet traditionelle Gerichte wie *kleftiko* (im Ofen gegartes Lamm) und Meze.

Öz-Vip　　　　　　　　　　　SUPERMARKT
(Efeler Sokak; 9–18 Uhr) Ideal für Selbstversorger und Leute, die ein Picknick oder eine Wanderung in den Bergen planen. Hier bekommt man alles Wesentliche sowie ein paar Extras zu vernünftigen Preisen.

AUSSERHALB DER STADT

Anı　　　　　　　　　FISCH & MEERESFRÜCHTE €€
(Zeka Adil Caddesi, Çatalköy; Fischgerichte 10–20 TRY; abends) Erstklassige, günstige Taverne mit Sitzgelegenheiten im Garten. Wir empfehlen den „gesalzenen Fisch" mit Gemüse aus eigenem Anbau. Das Restaurant 2,5 km östlich von Ozanköy ist eines der besten Fischlokale auf der ganzen Insel.

Erol's Bar & Restaurant　　　　ZYPRISCH €€
(Ozanköy; Kleftiko 12 TRY; abends) Östlich der Stadt auf dem Weg nach Bellapais lockt Erol's Bar & Restaurant mit einem tollen Blick auf das Dorf Ozanköy sowie leckeren Meze-, Grill- und Fischgerichten. Im Winter werden auch herzhafte hausgemachte Suppen serviert.

Address Restaurant & Brasserie
　　　　　　　　　　　　　　　　MEDITERRAN €€
(Ali Aktaş Sokak 13; Hauptgerichte 11–16 TRY; abends) Das Address liegt an der Hauptstraße gen Westen Richtung Karaoğlanoğlu auf einer kleinen Landzunge, von der man direkt aufs Meer blickt. Auf der Speisekarte stehen u. a. Fisch, Pasta und Steaks. Wir empfehlen das Hühnchen in Orangen-Estragon-Soße.

Ambiance　　　　　　　　INTERNATIONAL €€€
(www.ambiancecyprus.com; Parasut Sokak 20, Karaoğlanoğlu; Hauptgerichte 35–45 TRY) Dieses schicke neue Restaurant samt Strandclub an der Küste westlich von Kyrenia serviert eine breite Palette von Hühnchen-, Fisch- und Steakgerichten. Außerdem kann man sich an den Tischen am Pool leckere Desserts und Weine schmecken lassen.

Altınkaya I　　　　　　　　　TÜRKISCH €
(Yavuz Çıkarma Plaj; Hauptgerichte 10 TRY; abends) In dem nach dem nahe gelegenen Strand benannten Lokal 10 km westlich der Stadt auf dem Weg nach Lapta (Lapithos) gibt's großartiges Essen zu kleinen Preisen: Meze und Hauptspeisen mit frischem Fisch.

Ausgehen & Unterhaltung

Die Bars und Cafés am Wasser sind nicht sonderlich abwechslungsreich, doch den folgenden Läden kann man durchaus einen Besuch abstatten.

Ego Bar　　　　　　　　　　　　　　BAR
(Doğan Türk; im Sommer 21–2 Uhr) Dank ihrer entspannten Atmosphäre ist die Ego Bar eine tolle Adresse für einen abendlichen Drink im Innenraum mit Steinwänden oder im Hof. Im Sommer spielen Livebands Jazz, Rock, Blues und Soul.

Café 34 BAR, CAFE
(Girne Limanı; ⊙16–2 Uhr) An der Promenade am alten Hafen liegt das Café 34, in dem man wunderbar ein kaltes Bier oder Kaffee und Kuchen genießen kann. Abends zieht es mit seiner tollen Musik und Stimmung viele einheimische Jugendliche an.

Five Mile BAR, RESTAURANT
(Yavuz Cikarma Plaji, Alsancak; Hauptgerichte 10–30 TRY; ⊙abends) Nach 22 Uhr wird aus dem Restaurant mit seiner Holzdeckterrasse ein Allround-Freiluftbereich zum Trinken, Tanzen und Entspannen auf runden Ledersofas.

Escape Beach CLUB
(www.escapebeachclub.com; Yavuz Cikarma Plaji, Alsancak) Das jetzt zum Five Mile gehörige Escape füllt sich mit Clubbern, die zur vielseitigen Mischung aus R'n'B, Hip-Hop und türkischer Musik tanzen. Es liegt am Meer, rund 20 Autominuten von Kyrenia entfernt an der westlichen Küstenstraße bei Alsancak.

Ice Lounge BAR
(www.icecyprus.com; Yavuz Cikartma Plaji, Alsancak; ⊙21–2 Uhr) Dieser Club oberhalb des Cikarma-Plaji-Strands im Stadtteil Alsancak ist einer der beliebtesten Nachtclubs Kyrenias. Bunte schillernde Lichter beleuchten die Open-Air-Bars und die Bühne. Im Sommer legen hier internationale DJs auf.

🛍 Shoppen

An der Ziya Rızkı Caddesi gibt's ein kleines Einkaufszentrum mit Boutiquen und importierter Markenware. Dort findet man außerdem viele Touristenläden, deren Angebot von Schnorchelausrüstung bis zu Lederwaren reicht.

Round Tower KUNSTHANDWERK
(Ziya Rızkı Caddesi; ⊙10–17.30 Uhr) In dem zentral gelegenen restaurierten Rundturm aus der Lusignan-Zeit ist ein kleiner Kunsthandwerksladen mit interessanten Töpferarbeiten, Teppichen und Bildern untergebracht.

Green Jacket BÜCHER
(Temmuz Caddesi 20) Die beste Adresse für ausländische Bücher liegt westlich des Stadtzentrums nicht weit vom Astro-Supermarkt entfernt.

ℹ Praktische Informationen

GELD An der Ziya Rızkı Caddesi befinden sich zahlreiche **Geldautomaten**.
Türk Bankası (Ziya Rızkı Caddesi) In der Nähe des Belediye Meydanı.
İş Bankası (Ecke Ziya Rızkı Caddesi & Atatürk Caddesi)
GELDWECHSELSTUBEN Yazgın Döviz (☎228 6673; Ziya Rızkı Caddesi)
Gesfi Exchange (Kordon Boyu Sokak 40) Gegenüber dem Dome Hotel.
INTERNETZUGANG Café Net (Efeler Sokak; 3 TRY pro Std.; ⊙10–24 Uhr) Kyrenias bestes Internetcafé verfügt über zwölf Terminals. Der Besitzer Mehmet Çavuş spricht Englisch und serviert heiße sowie kalte Getränke und Ofenkartoffeln. Zum Laden gehört auch ein kleiner Büchertauschservice.
Bati Net Café (Ziya Rızkı Caddesi; 3 TRY pro Std.; ⊙10–23 Uhr) Westlich des Belediye Meydanı gelegenes Café mit 14 Terminals.
MEDIZINISCHE VERSORGUNG Akçiçek Hastahanesi (☎815 2254; Mustafa Çağatay Caddesi) Kyrenias Krankenhaus liegt 300 m südöstlich der Post.
POST Postfiliale (Mustafa Çağatay Caddesi) 150 m südöstlich der Belediye Meydanı.
REISEBÜROS Fähren in die Türkei legen am **neuen Hafen** (2,5 km östlich) ab. Tickets gibt's hier:
Fergün Denizcilik Şirketi (☎815 3866; Mustafa Çağatay Caddesi 6/2c)
Ertürk Turizm (☎815 2308; Fax 815 1808; İskenderum Caddesi) Nahe dem neuen Hafen.
TELEFON Das Büro für Telekommunikation liegt gegenüber der Post.
TOILETTEN Öffentliche Toiletten findet man an der Mole an der Westseite des alten Hafens.
TOURISTENINFORMATION North Cyprus Tourism Organisation (NCTO; Girne Limanı; ⊙8–18 Uhr) In dem Büro am westlichen Ende des alten Hafens bekommt man einen kostenlosen Stadtplan auf Englisch.
Kyrenia Society (Mersin Caddesi; ⊙10–12 Uhr) Hinter der Hauptpost gibt's Aushänge zu Veranstaltungen und Ausflügen (vor allem im Sommer) sowie ein schwarzes Brett mit weiteren Infos.

An- & Weiterreise

BUSSE & KLEINBUSSE Die Haltestelle für Fernbusse liegt an der Bedrettin Demirel in der Neustadt. Kleinbusse (dolmuş) starten an der Belediye Meydanı und fahren nach Famagusta (Mağusa, 5 TRY, 1¼ Std., alle 30 Min. zwischen 7 und 18.30 Uhr) sowie Nord-Nikosia (Lefkoşa, 3 TRY, 20 Min., alle 30 Min. zwischen 7 und 18.30 Uhr).
FLUGZEUG Cyprus Turkish Airlines (Kıbrıs Türk Hava Yolları, KTHY; ☎815 2513; www.kthy.net/kthyen/html; Philecia Ct., Suite 3, Kordon Boyu Sokak) hat ein Büro westlich des alten Hafens.
SCHIFF/FÄHRE Im neuen Hafen östlich der Stadt legen täglich um 9.30 Uhr Expressboote

> **GEHT DIE REISE NOCH WEITER?**
>
> Tipps, Empfehlungen und Berichte zum Nachbarland gibt's im Lonely Planet Reiseführer *Türkei*.

nach Taşucu in der Türkei (55 TRY, 3 Std.) ab, außerdem verkehrt pro Tag eine langsame Fähre (40 TRY, 7 Std.). Tickets erhält man in der Fergün-Denizcilik-Şirketi-Passagierlounge am Hafen. Im Sommer starten zweimal wöchentlich Expressfähren nach Alanya in der Türkei (35 €, 4½ Std.).

Unterwegs vor Ort

AUTOVERMIETUNG Kyrenia lässt sich am besten zu Fuß erkunden. Wer ins Umland reisen möchte, kann bei einer der vielen Autovermietungen einen Wagen leihen.

Die Preise sind mit durchschnittlich 40 bis 50 € pro Tag auf der ganzen Insel ähnlich. **Oscar Car Rentals** (815 2272; Kordon Boyu Sokak) liegt gegenüber dem Dome Hotel.

TAXIS Servicetaxis steuern von Kyrenia aus viele Fahrziele an, darunter den Flughafen Ercan (30 TRY, 1 Std.), Bellapais (12 TRY, 20 Min.) und St. Hilarion (7 TRY, 25 Min.).

RUND UM KYRENIA & DAS KYRENIA-GEBIRGE

Kyrenia verfügt über eine günstige Lage für Ausflüge in andere Teile des Nordens, wo Strände, Wanderwege, Berge und natürliche Wildnis sowie beeindruckende mittelalterliche Burgen und antike Fundstätten locken. Alle Ziele befinden sich dicht beieinander und die Anfahrtswege sind kurz. Die meisten Straßen können mit einem regulären PKW befahren werden.

Wandern

Der 240 km lange hervorragende **Kyrenia-Bergwanderweg** durchzieht Nordzypern von Ost nach West, von **Koruçam Burnu** (Kap Kormakitis) bis nach **Zafer Burnu** (Kap Apostolos Andreas). Entweder sucht man sich einen Abschnitt aus oder – für ganz Ambitionierte – nimmt sich gleich die gesamte wunderschöne Route vor.

Zur besten Wanderzeit im Frühjahr bekommt man unterwegs viele der beeindruckenden 1600 Pflanzen-, 350 Vogel- und 26 Reptilienarten der Karpas-(Kırpaşa-)Halbinsel zu Gesicht. An den Hängen entdeckt man z. B. blühende Orchideen (S. 170) oder wilde Esel. Außerdem sieht man alte Kirchen und menschenleere Bergzüge.

Die NCTO gibt die Broschüre *Mountain Trails* mit einer Karte heraus, die man im Büro in Kyrenia erhält. Sie deckt zwei Hauptabschnitte im Kyrenia-Gebirge ab, die sich prima für den Anfang eignen. Vor dem Start sollte man sich aber noch vollständigere Pläne der Gegend in der Buchhandlung Green Jacket in Kyrenia besorgen.

Die Route von **Ağırdağ** (Agirda) nach **Geçitköy** (Panagra) ist toll für erfahrene Wanderer. Am besten nimmt man sich für den Weg, der an der Südflanke des Kyrenia-Gebirges gen Westen verläuft, ein paar Tage Zeit. Los geht's in Ağırdağ an der Straße zwischen Kyrenia und Nord-Nikosia, Ziel ist Geçitköy zwischen Kyrenia und Morfou (Güzelyurt). Die Strecke führt durch **Lapta** (Lapithos; S. 178), das sich für einen Zwischenstopp anbietet. Für die meisten Abschnitte braucht man zwei bis drei Stunden.

Eine 40 km lange Route verbindet **Alevkaya** mit **Kantara**. Sie verläuft von der Waldstation des Alevkaya-Herbariums (S. 178) zur Kantara-Burg.

Der Weg über den Rücken des **Beşparmak-(Pentadaktylos-)Gebirges** schlängelt sich über Waldwege und durch zahlreiche Dörfer. Ihn teilt man ebenfalls am besten in Etappen ein und übernachtet in einem der Dörfer. Hilfreich bei der Planung ist die Website www.kyreniamountaintrail.org.

Strände

In Nordzypern sind viele Strände in gebührenpflichtige und öffentliche Abschnitte *(halk plajlari)* aufgeteilt. Die meisten touristischen Einrichtungen findet man an den gebührenpflichtigen Sandstreifen rund um Kyrenia, die ca. 6 bis 10 TRY kosten. Öffentliche Strände werden vor allem von Einheimischen besucht, die dort schwimmen und picknicken. Manche sind traumhaft schön, haben in der Regel aber wenig bis keine Serviceangebote.

Yavuz Çıkarma (Fünf Meilen) ist mit Abstand einer der schönsten Badestrände Kyrenias. Er liegt westlich der Stadt. Hier befindet sich auch das Bar-Restaurant Five Mile (S. 172). Der Sandstreifen ist unter drei Namen bekannt: Altınkaya, nach dem benachbarten Felsen, Beşinci Mil („fünf Meilen") und Yavuz Çıkarma („entschlossener Ausbruch"). Er war einer der Orte, an denen die türkischen Truppen 1974 bei ihrer Invasion landeten. An der Straße oberhalb des Meeres erinnert heute ein phallusähnliches

SCHILDKRÖTEN

Schildkröten leben bereits seit mehr als 200 Mio. Jahren auf der Erde, also sehr viel länger als Menschen. Weltweit gibt's acht Arten, von denen zwei im östlichen Mittelmeerraum heimisch sind.

Die Grüne Meeresschildkröte *(Chelonia mydas)* und die Unechte Karettschildkröte *(Caretta caretta)* findet man seit Langem im Mittelmeer und insbesondere auf Zypern. Vermutlich ist auf der Insel die größte Population der inzwischen vom Aussterben bedrohten Grünen Meeresschildkröte beheimatet. Zu ihren bevorzugten Nistplätzen gehören die Strände der Nordküste und die Karpas-(Kırpaşa-)Halbinsel. Auch die heute von Tierschützern als „gefährdet" eingestufte Unechte Karettschildkröte nistet an der unberührten Küste.

Der sukzessive menschliche Eingriff in das Habitat der Schildkröten hat die Überlebenschancen der wunderbaren Meerestiere verringert und ihren Bestand über die Jahre drastisch reduziert.

Einer der wichtigsten Schildkröten-Nistplätze ist der Alagadı-Strand 19 km östlich von Kyrenia (Girne) in Nordzypern. Auch der Golden Beach (Nangomi-Bucht) und große Teile der Famagusta-Bucht sind beliebte Legeplätze, ebenso der größtenteils unberührte nördliche Abschnitt der Karpas-(Kırpaşa-)Halbinsel.

Zypernbesucher mögen bedenken, dass ihre Anwesenheit in der Brutzeit (vor allem nachts) den Fortpflanzungszyklus stört.

Einem Schildkrötenstrand sollte man sich nur umsichtig und vorsichtig nähern. Einige wie der Alagadı-Strand sind zwischen Abend- und Morgendämmerung geschlossen und besitzen gekennzeichnete Brutbereiche mit Schutzkäfigen. An anderen helfen oft Kleinigkeiten, um die Eier im weichen Sand nicht zu beschädigen, etwa seinen Schirm dicht am Wasser aufzustellen.

Wer unbedingt Schildkröten sehen möchte, kann sich einer professionellen Gruppe Freiwilliger wie dem **Cyprus Turtle Project** (www.seaturtle.org) anschließen.

Denkmal an das Ereignis – von den Einheimischen wird es als „türkische Erektion" bezeichnet.

Weil sich der Strand großer Beliebtheit erfreut, muss man im Sommer früh genug kommen, um noch einen Platz zu ergattern. Schatten gibt's keinen, aber man kann einen Liegestuhl und einen Schirm leihen. Rund um die kleine felsige Insel, die den Yavuz Çıkarma vor der offenen Meer schützt, werden zahlreiche Wassersportmöglichkeiten angeboten. Schwimmer sollten den starken Wind nicht unterschätzen, der häufig vom offenen Meer hereinweht und sich wunderbar zum Wasserski-, Kiteboard- und Jetskifahren eignet.

Der schmale **Çatalköy-Strand** etwa 7 km östlich von Kyrenia ist ruhiger und hat weniger Infrastruktur. Er erstreckt sich in einer reizvollen kleinen Bucht 1,5 km rechts von der Hauptstraße. Hier kann man Sonnenliegen leihen und von einem Ponton ins Wasser hüpfen.

Weiter östlich wird der private **Vrysi-(Acapulco-)Strand** vom **Acapulco Holiday Village** (✆824 4110) verwaltet, wo vor allem Pauschaltouristen absteigen. Für 5 TRY dürfen auch Nichtgäste den Sandstreifen und all seine Einrichtungen nutzen.

Einwanderer bevorzugen den 3 km langen **Lara-(Vakıflar-)Strand** mit festem grauem Sand und sauberem Wasser. Darüber hinaus gibt's eine gute Toilette und Umkleidemöglichkeiten nahe der kleinen Snackbar.

Am **Alagadı-(Schildkröten-)Strand** etwa 19 km östlich von Kyrenia betreibt ein Schildkrötenschutzprojekt (Society for the Protection of Turtles, SPOT) eine kleine Beobachtungsstation namens „Goat Shed" („Ziegenstall"). Dies ist kein Badestrand, aber ein interessanter Lebensraum für Schildkröten. An beiden Buchten wurde daher bewusst auf Infrastruktur verzichtet. Leider grillen am Wochenende manche gedankenlose Nachtschwärmer am Meer und lassen ihren Müll liegen. Zwischen Mai und Oktober ist der Strand von 20 bis 8 Uhr geschlossen. Wer hungrig wird, bekommt im **St. Kathleen's Restaurant** (✆0533 861 7640) an der nahe gelegenen Hauptstraße hervorragende, günstige Meze, Grill- und Fischgerichte wie *tsipura* (Brasse).

Golf

Korineum GOLF
(6001500; www.korineumgolf.com; Mersin 10 Esentepe) In der Region Esentepe zehn Minuten östlich des Alagadı-(Schildkröten-)Strands erstreckt sich dieser 18-Loch-Golfplatz mit einem Pro-Shop, einer Driving Range, einem Hotel und einem Clubhaus. Die Platzgebühr kann man im Club entrichten. Während der Hauptsaison im Sommer kosten 18 Löcher 68 € und neun Löcher 35 € pro Tag. Golfcarts gibt's ab 25 € pro Tag.

ⓘ Unterwegs vor Ort

BUSSE & KLEINBUSSE Kyrenias öffentliches Verkehrsnetz wird von Bussen und Kleinbusses bedient, die tagsüber zwischen den größeren Städten und Dörfern pendeln. Die Tickets sind günstig (ca. 3 TRY), allerdings haben die Fahrzeuge teilweise Verspätungen und sind unregelmäßig unterwegs.

PRIVATTAXIS Am alten Hafen gecharterte Taxis fahren einen überallhin.

RADFAHREN Bei schönem Wetter eine gute Alternative. In der Gegend gibt's einige der besten Fahrradrouten Nordzyperns. Die Strecken von Ost nach West sind meist eben sowie gut an Unterkünfte, Restaurants und Strände angebunden.

SERVICETAXIS *Dolmuş* (Servicetaxis) verkehren ebenfalls zwischen den Städten und kleineren Orten der Region. Sie kosten nicht viel (4–6 TRY). Weil sich die Taxifahrer auf der Straße recht aggressiv verhalten, sollten nervöse Menschen besser ein eigenes Auto mieten.

St.-Hilarion-Burg

Die Silhouette dieser **Burg** (0533 161 276; Erw./Kind 7/3 TRY; Juni–Mitte Sept. 9–18.30 Uhr, Mitte Sept.–Mai 9–12.30 & 13.30–16.45 Uhr) und ihre märchenschlossartigen Überreste springen einem erst ins Auge, wenn man direkt darunter steht. Beinahe nahtlos fügen sich die Steinmauern und Ruinen in die felsige Kulisse ein. Die Festung *(kalesi* auf Türkisch) mit ihren versteckten Zimmern, Tunneln, überwucherten Gärten, steilen Treppen und Pfaden ist wirklich atemberaubend und ein echtes Highlight für Kinder.

Gerüchten zufolge inspirierten die zerklüfteten Konturen von St. Hilarion Disney zu seinem Film *Schneewittchen*. Eine lokale Legende besagt, dass die Burg einst 101 Zimmer hatte und das letzte einen geheimen innenliegenden Garten barg, der einer Feenkönigin gehörte. Diese Zauberin betörte Jäger, Hirten und Reisende und beraubte diese, nachdem sie sie in einen tiefen Schlaf versetzt hatte.

Die tatsächliche Geschichte der Festung ist weniger fantastisch, denn das noch aufragende Fort wurde nach dem Mönch Hilarion benannt, der vor seiner Verfolgung im Heiligen Land hierher geflohen war. Er lebte (und starb) in einer Berghöhle mit Blick über die Ebene von Kyrenia sowie den Pass zwischen der Küste und Nikosia (Lefkosia).

Im 10. Jh. errichteten die Byzantiner über dem Grab des Mönchs eine Kirche und ein Kloster. Aufgrund der strategisch günstigen Lage wurde die Anlage während der arabischen Angriffe im 7. und 8. Jh. als Aussichtspunkt und Signalstation genutzt. Sie war ein wichtiges Verbindungsglied in der Kommunikation zwischen der weiter östlich gelegenen Burgen Buffavento und Kantara.

1191 schlug Guy de Lusignan den selbst ernannten (byzantinischen) Herrscher von Zypern, Isaak Komnios, und errang so die Kontrolle über St. Hilarion. Nun wurde die Festung großflächig erweitert und als Militärposten sowie als Sommerresidenz für den Hof der Lusignans genutzt. Unter den Venezianern gab man sie dann auf, sodass sie verfiel.

1964 übernahm die türkische nationalistische Untergrundgruppe TMT (Turk Müdafaa Teskilati) die Burg, wiederum wegen ihrer strategisch günstigen Position. Seither ist sie in türkisch-zyprischen Händen. Auf dem unterhalb gelegenen Bergzug befindet sich eine geschützte türkische Militärbasis.

Die Anlage besteht aus drei Hauptteilen, die sich einem nicht sofort erschließen. Besucher betreten sie durch den Zwinger und gelangen so in die **Vorburg**, die einst als Hauptgarnison und Stallbereich diente. Dann folgt man dem gewundenen Pfad zur **Unterburg**, die früher durch eine Zugbrücke geschützt wurde. Dort sind die Überreste der Kirche, Stuben der Soldaten, königliche Gemächer und eine große Zisterne zu sehen.

Ein steiler, gewundener (heute asphaltierter) Weg führt hinauf zum Lusignan-Tor, über dem ein byzantinischer Turm aufragt. Dahinter öffnet sich der Haupthof der **Oberburg**, um den sich weitere königliche Gemächer sowie Küchen und Kammern für die Bediensteten reihen.

Zum Schluss kann man zum **Prinz-Jean-Turm** hochkraxeln. Angeblich befürchtete der Königssohn von Antiochia, dass seine bulgarischen Leibwächter ihn umbringen wollten, und ließ sie von dieser Klippe in den Tod stürzen.

Der anstrengende Aufstieg zum Turm lohnt wegen der tollen Aussicht, der einen erwartet. An klaren Tagen erkennt man sogar das 100 km entfernte Taurusgebirge in der Türkei. Im Sommer kommt man am besten früh her und vermeidet so die Kletterpartie in der Mittagshitze.

Bellapais (Beylerbeyi)

Über eine schwindelerregende Straße gelangt man zu diesem Bergdorf und seiner spektakulären **Abtei**, von der sich ein atemberaubender Fernblick öffnet. Bellapais selbst ist ein traumhaft grüner Ort und ein schönes Ziel für einen Tagesausflug von Kyrenia aus. Direkt hinter dem Kloster liegt linker Hand ein großer Parkplatz, sodass man nicht auf der Hauptstraße halten muss.

Unsterblich wurde das Dorf durch den britischen Autoren Lawrence Durrell, der hier während der Aufstände der Ethniki Organosi tou Kypriakou Agona (EOKA; Nationale Organisation Zyprischer Kämpfer) gegen die britische Herrschaft lebte. Seine andauernde Liebe für das Dorf (und für Zypern) hielt er in seinen unterhaltsamen Memoiren *Bittere Limonen* fest.

⊙ Sehenswertes

Abtei HISTORISCHE STÄTTE
(Erw./Kind am Ticketschalter 9/3 TRY; ⊙Juni–Mitte Sept. 9–20 Uhr, Mitte Sept.–Mai 9–12.30 & 13.30–16.45 Uhr) Die prächtigen Ruinen des Augustinerklosters sind Grund genug für eine Fahrt in die Berge. Erbaut wurde die Abtei im 12. Jh. von Mönchen, die 1187 nach der Eroberung Jerusalems durch den Sarazenenführer Saladin (Selahaddin Eyyubi) aus Palästina hatten fliehen müssen. Sie nannten sie Abbaye de la Paix (Abtei des Friedens), woraus sich der verstümmelte Name „Bellapais" entwickelte.

Hugo III. erweiterte das zwischen 1198 und 1205 errichtete Originalgebäude zwischen 1267 und 1284. Die Kreuzgänge und das große Refektorium fügte Hugo IV. (1324–59) hinzu. Das, was von den Bauten heute noch übrig ist, stammt größtenteils aus dieser letzten Phase.

Heute sieht man auf dem Gelände eine interessante Mischung aus gut erhaltenen Teilen und Ruinen. Das **Refektorium** an der Nordseite des Kreuzgangs wird regelmäßig für Zusammenkünfte, Veranstaltungen und als Kulisse für Hochzeitsfotos genutzt. Von hier hat man einen unglaublich schönen Blick auf das Meer und die Ebene. An der Westseite liegt der **Wirtschaftshof**, der nur noch aus wenigen Mauern besteht. Wer sich traut, kann auf einen bröckelnden Abschnitt klettern, um eine noch bessere Sicht zu haben.

Die dämmrige **Kirche** ist in einem recht ordentlichen Zustand und blieb weitgehend unverändert, seitdem die letzten standhaften Orthodoxen sie im Jahr 1976 verlassen mussten.

Abgesehen von seiner Westseite, an der die Wände eingestürzt sind oder zerstört wurden, wirkt der von Zypressen gesäumte beeindruckende **Kreuzgang** aus dem 14. Jh. nahezu intakt. Von dort erblickt man das atmosphärische Restaurant **Kybele** mit einem offenen Hof, in dem leckere Meze-Gerichte kredenzt werden.

Haus von Lawrence Durrell
BEDEUTENDES GEBÄUDE
(Eintritt 13 TRY; ⊙Sept. 11.30–13 Uhr) Anfang der 1950er-Jahre lebte hier Bellapais' genialer Schriftsteller. Die Idylle des Lebens in der gemischten Gemeinde schildert Durrell in seinem Bericht *Bittere Limonen*. Obwohl diese Zeiten lange vorbei sind, gilt das Buch nach wie vor als Pflichtlektüre für Zypernreisende.

Im Ort steht noch immer der **Baum des Müßiggangs**, unter dem Durrells Charaktere viele faule Stunden verbringen. Das Heim des Autors (mit einer gelben Plakette über der Eingangstür) ist heute in Privatbesitz und nur im September zugänglich. Man erreicht es, indem man die Straße rechts vom Restaurant Huzur Ağaç Richtung Inland nimmt und der schmalen Gasse links 200 m folgt.

🎉 Feste & Events

Musikfestival MUSIK
(www.bellapaisfestival.com) Jedes Jahr im Mai und im Juni findet dieses Fest in der Abtei statt. Im Refektorium werden Konzerte, Lesungen und Auftritte von Blechmusikkapellen veranstaltet. Details dazu gibt's in und um Kyrenia.

🍴 Essen

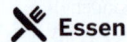**Kybele** ZYPRISCH €€
(Abteigelände; Hauptgerichte 30 TRY; ⊙abends) Von üppigem Grün umgeben, bietet das Kybele einen einmaligen Blick auf die benachbarte Abtei. Die günstigen traditionellen Gerichte, der hervorragende Service und der im Sommer angenehm kühle Garten machen es zu einer empfehlenswerten Adresse.

BAUM DES MÜSSIGGANGS

Als der Schriftsteller Lawrence Durrell zwischen 1953 und 1956 in Bellapais (Beylerbeyi) lebte, ahnte er nichts von der kleinen Kontroverse, die knapp 50 Jahre später ausbrechen sollte. In seinem berühmten Buch *Bittere Limonen* beschreibt er das Leben in der damals idyllischen ländlichen Gemeinde, ihre Intrigen und den Dorfklatsch sowie seine Versuche, ein Haus zu kaufen und zu renovieren.

Zu den Lieblingsbeschäftigungen der Dorfbewohner gehörte es, viele Stunden träge unter dem sogenannten „Baum des Müßiggangs" zu plaudern, der auf dem Hauptplatz stand. Im ganzen Buch erwähnt Durrell allerdings nicht einmal, um welchen Baum es sich handelte. War es eine Platane, ein Maulbeerbaum oder gar eine Eiche?

Heute wetteifern zwei Bäume um diesen Titel. Einer ist ein grüner Maulbeerbaum am Kaffeeladen und Ticketbüro des Klosters, der andere eine kaum 20 m entfernte Robinie, die ihren Schatten über das Restaurant Huzur Ağaç (Baum des Müßiggangs) wirft. Beide sind für die Rolle qualifiziert und haben ihre Fangemeinde in Form von trägen Betrachtern, die Kaffee oder ein kaltes Bier trinken wie einst die Dorfbewohner zu Durrells Zeiten. Also wählt man einfach einen der beiden aus, um darunter etwas zu faulenzen und sinnieren.

Guthrie's Bistro Bar INTERNATIONAL €€€
(815 2820; Hauptgerichte 45 TRY; abends, Getränke den ganzen Tag über) In diesem kleinen Restaurant mit einem prächtigen Garten wird frisch zubereitetes Essen serviert. Auf der Speisekarte stehen Vorspeisen wie Gazpacho (kalte Tomatensuppe) und Halloumi (*helimi*) mit Tomaten, Hauptgerichte wie *kleftiko*, Knoblauchhühnchen und Schweinefleisch süß-sauer sowie Desserts wie Eis und Obstkompott. Vorab reservieren!

Huzur Ağaç (Baum des Müßiggangs) Restaurant MEDITERRAN €€€
(815 3380; Hauptgerichte 35 TRY) Einer der beiden Anwärter auf Durrells berühmten Titel „Baum des Müßiggangs", eine 200-jährige Robinie, sorgt hier für Atmosphäre. Am Abend stehen unzählige Vorspeisen und Häppchen sowie ein Hauptgericht zur Wahl. Tagsüber gibt's Snacks.

Paşa TÜRKISCH €
(Mahlzeiten 12 TRY) In dem schlichten Lokal am Ende der Hauptstraße bekommt man gute Hausmannskost wie *lahmacun* (türkische Pizza) und türkische Ravioli mit einer ordentlichen Portion Salat.

Buffavento-Burg

Zwischen der Kantara-Burg und St. Hilarion thront hoch oben auf 940 m die **Buffavento-Festung** (Buffavento Kalesi; Eintritt frei; Sonnenaufgang–Sonnenuntergang) über der Mesaoria-(Mesarya-)Ebene. Dass sie ständig dem Wind ausgesetzt ist, verlieh dem Bauwerk seinen Namen, der auf Italienisch „Windstoß" bedeutet.

Über die frühe Geschichte der Anlage ist wenig bekannt. Im Mittelalter hieß sie Löwenburg, nachdem Richard Löwenherz sie 1191 von der Tochter des byzantinischen Herrschers Isaak Komninos erobert hatte. Später nutzten die Lusignans sie als Gefängnis und Signalposten. Sie war das Verbindungsglied zwischen Kantara im Osten und St. Hilarion im Westen.

Heute besticht das Gebäude vor allem mit seiner Abgelegenheit und der atemberaubenden Aussicht. Es ist stärker verfallen als andere Burgen, doch die geschützten Wege und der Blick sind unschlagbar.

Das Bauwerk ist unterteilt in **Unter-** und **Oberburg**, die einen kleineren Bereich auf dem felsigen Gipfel einnimmt. Es wurde so angelegt, dass es außer den Außenwänden keine weiteren Verteidigungsmauern benötigte. Dank seiner natürlich geschützten Lage gibt's nur einen einzigen Weg hinein, nämlich durch den Haupteingang.

Hinaufzuwandern ist schon der halbe Spaß. Vom Beşparmak-(Pentadaktylos-)Pass aus ist die „Buffavento Kalesi" deutlich ausgeschildert. Mit dem Auto sind es 15 Minuten bis zum Parkplatz unterhalb der Burg. Von dort führt ein stetig ansteigender 40-minütiger Pfad hinauf. Festes Schuhwerk wird dringend empfohlen.

Panagia-Absinthiotissa-Kloster

An der Flanke des Beşparmak-Gebirges liegt dieses Kloster idyllisch zwischen Wacholdersträuchern mit Blick auf die Mesaoria-(Mesarya-)Ebene.

Den spätbyzantinischen Bau krönt eine mächtige Kuppel mit zwölf Fenstern. Im 15. Jh. lebten hier katholische Mönche, die dem Gebäude gotische Wölbungen und einen ungewöhnlichen Narthex (Vorhalle) mit Doppelapsiden zufügten. An der Nordseite des Hofes befindet sich das Refektorium mit seinem flachen Tonnengewölbe und auffälligen Lanzettfenstern.

Die in den 1960er-Jahren aufwendig restaurierte Anlage wurde leider nach 1974 schwer verwüstet. Viele ihrer Fresken sind entweder gestohlen oder auch verschandelt worden.

Von der Buffavento-Burg bis zum Kloster sind es rund 15 Minuten. Um es zu besuchen, folgt man vom Parkplatz der asphaltierten Straße.

Alevkaya-Herbarium

An einer Nebenstraße ins Beşparmak-(Pentadaktylos-)Gebirge findet man zwischen den beiden Orten Esentepe (Agios Amvrosios) und Değirmenlik (Kythrea) die Forststation. Ein **Herbarium** (Eintritt frei; 8–16 Uhr) präsentiert die endemische Flora mit 1250 zyprischen Pflanzenarten. Hier sind zahlreiche konservierte und lebende Spezies aus der Sammlung des englischen Botanikers Deryck Viney ausgestellt, dessen Buch *Illustrated Flora of North Cyprus* die herrliche botanische Vielfalt der Insel dokumentiert.

Das Herbarium liegt an der ausgeschilderten Waldstraße, die von der Südseite des Pentadaktylos-Passes abgeht. Kommt man von der nördlichen Küstenstraße, folgt man der Straße mit der Ausschilderung Karaağaç (Harkia) bzw. Esentepe.

ZYPERN FÜR KINDER: OCTOPUS AQUA PARK

Die vor allem zur Sommerzeit angesagten Wasserparks sind in Zypern der letzte Schrei und besonders toll für Kids. Im **Octopus Aqua Park** (853 9674; Beşparmak Caddesi, Çatalköy; im Sommer 8–17 Uhr) 8 km östlich von Kyrenia, einer echten Oase, können die Kleinen klettern, schaukeln, rutschen und im Nassen sowie im Trockenen herumtollen, während ihre Eltern an der Poolbar und im Restaurant entspannen.

WEST-KYRENIA

Lapta (Lapithos)

Lapta, eines der früheren Stadtkönigtümer auf Zypern und unter römischer Herrschaft Hauptstadt der Region, war dank seiner üppigen Wasservorräte und der geschützten Lage jahrhundertelang das Lieblingsziel ausländischer Herrscher und Siedler.

Vor 1974 lebten hier griechische und türkische Zyprer friedlich zusammen, bis in den 1960er-Jahren zu Beginn der Streitigkeiten der Glockenturm einer Moschee zerstört wurde. Mitte der 1990er-Jahre vernichteten Waldbrände große Teile der Region, doch Lapta blieb glücklicherweise verschont.

Aufgrund ihrer Nähe zu Kyrenia ist die Stadt ein beliebtes Ziel für Tagesausflüge. Am besten erkundet man den weitläufigen Ort mit den belaubten Gassen und traditionellem Charme zu Fuß. Heute wohnen in Lapta Einwanderer, Türken vom Festland und türkische Zyprer.

Im **Başpınar Restaurant** (821 8661; Hauptgerichte 20 TRY) oberhalb des Dorfes auf einem Hügel gibt's das leckerste Essen: Kanincheneintopf und Meze. Das Lokal liegt rund um ein altes römisches Aquädukt und bietet einen tollen Ausblick. Tische müssen vorab reserviert werden.

Für mehr Action fährt man an die Küste von Lapta, wo sich Fünf-Sterne-Hotels und Kasinos wie das riesige **Lapethos Resort Hotel Casino & Spa** (821 8669) mit Pools, Wasserrutschen und einem Wasserpark befinden. An den Spieltischen sitzen zahlreiche Wochenendbesucher vom türkischen Festland und griechische Zyprer aus dem Süden, wo Glücksspiele noch immer illegal sind.

DER NORDWESTEN

Die nordwestliche Region des Kyrenia-Gebirges schließt die Koruçam-(Kormakitis-)Halbinsel ein. Im Süden erstreckt sich die landwirtschaftlich geprägte Stadt Morfou an der Güzelyurt-Körfezi-Bucht. Das schöne Dorf Lefke (Lefka) auf einem Hügel und die einstige Minenstadt Gemikonağı (Karavostasi) liegen im Westen. Ein Stück weiter entfernt befinden sich die bedeutende Ausgrabungsstätte Soloi und der Palast von Vouni.

Weil die Entfernungen hier relativ kurz sind, kann man eine Rundtour über die Halbinsel und Kyrenia oder umgekehrt nach

START **OZANKÖY (KAZAFANI)**
ZIEL **KAPLICA (DAVLOS)**
LÄNGE **115 KM**
DAUER **SECHS BIS ACHT STUNDEN**

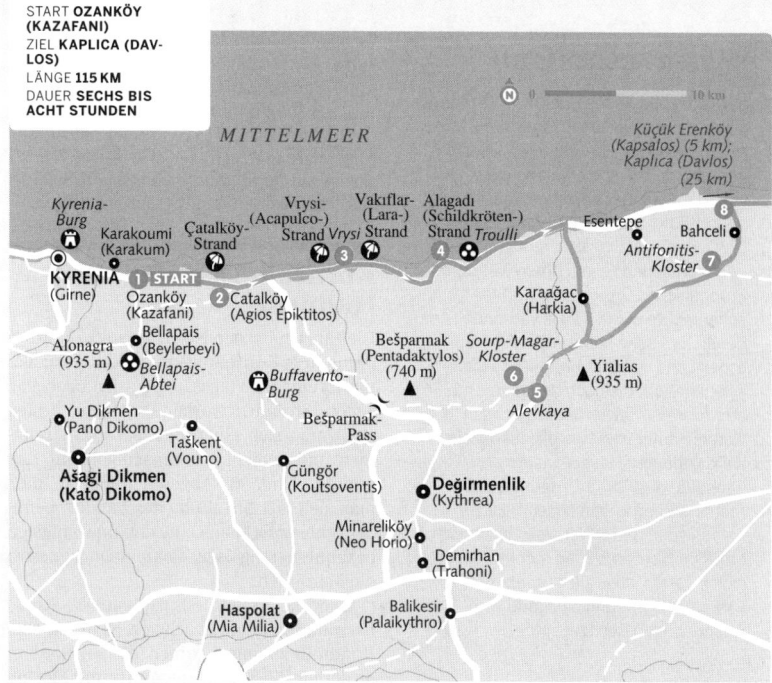

Spritztour
Über den nordöstlichen Kamm & entlang der Küste

› 4 km östlich von Kyrenia liegt das schöne ❶ **Ozanköy**, berühmt für Olivenöl und Johannisbrotsirup. Nachdem man einen Blick in die mittelalterliche Kirche geworfen hat, geht's gen Osten nach ❷ **Çatalköy** (über die gleichnamige Straße). Die Höhlen vor Ort boten dem Eremiten Epiktitos im 13. Jh. eine Heimat. Nun folgt man der als „Uğur Mumcu Bulvan" ausgeschilderten Straße Richtung Nordosten bis zur Gabelung und biegt links ab. Wenn man die Küstenstraße erreicht hat, folgt man ihr und hält an der neolithischen Stätte ❸ **Vrysi** sowie ihrer erodierten Landzunge. Anschließend geht's 10 km nach Osten zum ❹ **Alagadı-(Schildkröten-)Strand** (am Schild „Alagadı Beach" nach links), wo man toll schwimmen und in der richtigen Jahreszeit Schildkröten beobachten kann. Zurück auf der Küstenstraße, biegt man bei der Ausschilderung „Karaağaç" scharf rechts ab. Die Berglandschaft ist einmalig. Wieder rechts sind Forststation und Picknickplatz von ❺ **Alevkaya** (Halevga) ausgeschildert. Naturfreunde können das Herbarium besuchen. 2,5 km weiter gen Westen auf der Hauptstraße gelangt man zu den zerfallenen Ruinen des koptisch-armenischen ❻ **Sourp-Magar-Klosters** aus dem 11. Jh., das sich rechts unter Pinien erstreckt. Zur Kirche biegt man an der Picknickstelle rechts ab und folgt dem Waldweg hinunter. Wieder zurück, fährt man eine reizvollen Straße 17 km am Berggrat entlang Richtung Osten (über die Ausläufer von Esentepe hinweg) zum byzantinischen ❼ **Antifonitis-Kloster**.

An der folgenden Bergkreuzung nimmt man die (gepflasterte) Hauptstraße nach Südosten und durchquert das schlichte Dorf Bahceli (Kalogaia), bevor man aufs Meer blickt und rechts zurück auf die Küstenstraße biegt. Hat man Küçük Erenköy (Kapsalos) mit seinem im Bau befindlichen Jachthafen passiert, folgt ein 40 km langer nackter Küstenabschnitt mit verlassenen Johannisbrotlagerhäusern. Die Straße windet sich an der Küste entlang bis in das umgesiedelte Städtchen ❽ **Kaplıca** (Davlos). Hier kann man am kleinen Strand den Sonnenuntergang anschauen und im Kaplica, dem besten Restaurant der Stadt, ein *shish*-Kebab verspeisen.

KÄUFER AUSGEPASST!

In Nordzypern leben über 4000 Briten. Dank ihrer malerischen Lage und der relativ niedrigen Grundstücks- und Eigentumspreise ist die Region ein reizvoller Ort für ein mediterranes Sommerhaus. Käufer aus dem Ausland sollten sich jedoch vor illegalen Verkäufen und den rechtlichen Folgen hüten. Vor dem Europäischen Gerichtshof für Menschenrechte wurden Fälle verhandelt, in denen türkische Landbesitzer griechisches Land verkauft hatten, das Menschen gehört, die nach der Invasion 1974 aus ihrer Heimat vertrieben worden waren. Käufer mussten die auf diesem Land gebauten Häuser wieder abreißen, nachdem das Gericht zugunsten der rechtmäßigen griechischen Besitzer entschieden hatte. Wer also ein Grundstück im Norden kaufen möchte, sollte sicher gehen, dass alles gesetzmäßig vonstatten geht und das Land vom rechtmäßigen Besitzer erworben wird.

Nord-Nikosia unternehmen. In Zodhia bei Morfou gibt's einen Grenzübergang an der Grünen Linie in die Republik.

🌂 Strände

Der 12 km lange Küstenabschnitt westlich von Gemikonağı besteht aus Sand- und Kieselstränden und endet an der Grenze zum Süden.

Am gut ausgeschilderten Kieselstrand **Yedidalga Belediyesi Plaji** findet man einige Abschnitte mit importiertem Sand, einen hölzernen Pier, von dem Taucher und Schwimmer ins Meer springen können, eine kleine Bar, ein Restaurant, Umkleidemöglichkeiten und Toiletten.

Auch der **Asmalı-Strand** vor dem Grenzort Yeşilirmak (Limnitis) ist eine gute Anlaufstelle. An dem sauberen Kieselstrand liegen ein paar Restaurants. Wenn man schon einmal hier ist, lohnt ein Blick auf die riesige Weinrebe, die 1947 angepflanzt wurde und den kompletten Open-Air-Essbereich des Asmalı Beach Restaurant im Westen überwuchert.

ⓘ Unterwegs vor Ort

BUSSE Von Nord-Nikosia (Lefkoşa) fahren täglich Busse zu folgenden Zielen:
Morfou 3 TRY, alle 30 Min.
Gemikonağı Über Morfou; 5 TRY, alle 30 Min.
Lefke Über Morfou; 5 TRY, alle 30 Min.
SERVICETAXIS Auf ihren Rundfahrten kommen Taxis aus Nord-Nikosia (Lefkoşa) und Kyrenia in die Gegend. Dennoch ist das Vorankommen mit einem eigenen Wagen deutlich einfacher, vor allem wenn man die Ausgrabungsstätte Soloi und den Palast von Vouni besuchen möchte.

Koruçam-(Kormakitis-) Halbinsel

Die Fahrt zur rauen Nordwestspitze Nordzyperns, dem **Koruçam Burnu** (Kap Kormakitis), ist ein toller Tagesausflug, der an abgelegenen Stränden vorbeiführt. Am besten stellt man sich einen Picknickkorb zusammen und genießt die Einsamkeit am Kap und im Umland. Abgesehen davon, dass man sich hier am „Ende des Landes" befindet, lebt vor Ort auch eine der am wenigsten bekannten religiösen Gemeinden Zyperns: die Maroniten.

Über die größtenteils asphaltierte Straße herzufinden ist nicht schwer. Es lohnt, eine Rundtour zu unternehmen, die am Norden der Straße zwischen Kyrenia und Morfou an der Kreuzung gleich hinter dem Dorf **Karşıyaka** (Vasileia) beginnt. Schilder weisen den Weg zur türkischen Siedlung **Sadrazamköy** (Livera).

Auf dem Weg sieht man rechter Hand den kleinen **Horse Shoe Beach** und das **Horseshoe Beach Restaurant** (✆851 6664; Grillgerichte & Fisch 8 TRY), wo man hervorragend zu Mittag essen und schwimmen kann.

Um zum Kap zu gelangen, folgt man der gewundenen Straße 10 km, bis kurz hinter Sadrazamköy ein 3,5 km langer ungepflasterter Weg abgeht, den man problemlos mit jedem Auto meistert. Besucher erwarten nackte Felsen, ein solarbetriebener Signalposten für Schiffe und eine kleine Felsinsel vor der Küste. An diesem Punkt ist man am dichtesten an der Türkei – übers Meer sind es nur 60 km.

Eine interessante Alternativroute zurück ist die malerische Inlandstraße durch das Dorf Koruçam und vorbei an der massiven maronitischen **Agios-Georgios-Kirche**. Sie wurde 1940 mithilfe von Mitteln erbaut, die von den Dorfbewohnern zusammengetragen worden waren.

Koruçams Maroniten sprechen seit Jahrhunderten eine Variante des Aramäischen (die vergessene Sprache Jesu), angereichert mit griechischen, türkischen, französischen und italienischen Wörtern. Die meisten kommunizieren in diesem Dialekt oder auf Türkisch, manche Einheimische in dem kleinen Kaffeeladen im Dorf verständigen sich aber auch auf Griechisch. **Yorgo's Restaurant** (festes Menü 15 TRY) auf dem Platz gegenüber der Kirche ist eine tolle Adresse für eine Mittagspause. In den Öfen im Freien werden täglich saftiges *kleftiko* und Meze-Gerichte zubereitet.

Kurz bevor man die Straße von Kyrenia nach Morfou erreicht, durchquert man türkisches Militärgebiet, an dessen Checkpoints man eventuell angehalten wird. Hat man sie passiert, geht's bei Çamlibel (Myrtou) auf die Schnellstraße zurück nach Kyrenia. Von dort kann man auch Richtung Süden nach Morfou oder nach Südosten Richtung Nord-Nikosia (Lefkoşa) weiterfahren.

Morfou (Güzelyurt)

15000 EW.

Einst war das ruhige Städtchen Morfou (von den türkischen Zyprern in Güzelyurt umbenannt) das Zentrum von Zyperns lukrativer Zitrusindustrie.

Der türkisch-zyprische Geschäftsmann Asil Nadir betrieb hier das Unternehmen Sunzest, das große Mengen Orangensaft für den Export herstellte. Inzwischen ist die Firma insolvent, Nadir wartet auf einen Prozess in England und mit der potenziell lukrativen Zitrusindustrie ging es steil bergab. Ein Großteil der Zitronenhaine gehört noch immer griechischen Zyprern. Seit 1974 ist das Gebiet ein besonderer Zankapfel in den Wiedervereinigungsdebatten.

Die riesigen Haine beginnen kurz vor dem Ort Şahinler (Masari) und erstrecken sich bis ans Meer. Sie werden durch eine Reihe unterirdischer Systeme bewässert, aber leider sind die Wasservorräte massiv geschrumpft. In Kombination mit einer steigenden Versalzung des Grundwassers und dem Mangel an Pflege und Wartung führte dies dazu, dass sich die ehemals äußerst fruchtbaren Haine heute in einem schlechten Zustand befinden.

Anfang des 20. Jhs., in besseren Zeiten, wurden die prächtigen Orangen von Morfou mit dem Zug über die Mesaoria-(Mesarya-)Ebene nach Famagusta transportiert und von dort nach Übersee verschifft. Zwar hat man den Passagierverkehr auf dieser alten Bahnlinie 1932 eingestellt, Waren sind allerdings noch bis 1951 befördert worden. Mittlerweile liegt die Strecke schon so lange still, dass sie komplett verfallen ist. Eine der zwei noch existierenden Lokomotiven, eine Baldwin Baujahr 1924 aus Philadelphia, kann man im **Belediye-Parki** gleich außerhalb der Stadt bewundern.

Morfou selbst besteht aus ein paar engen gewundenen Straßen, kleinen Geschäften und einer lebendigen Landwirtschaft.

DIE MARONITEN VON KORUÇAM (KORMAKITIS)

Im 4. Jh. lösten sich die Maroniten von der vorherrschenden orthodoxen Theologie des Christentums, die besagte, Jesus sei sowohl Mensch als auch Gott gewesen. Stattdessen näherten sie sich der monophysitischen Linie an, nach der Jesus nur als eine göttliche Person gesehen werden kann.

Von den orthodoxen Christen wegen ihres Glaubens verfolgt, flohen die Maroniten erst in den Libanon und nach Syrien und erreichten im 12. Jh. Zypern im Gefolge der Kreuzritter, die sie als Hilfstruppen im Heiligen Land unterstützt hatten.

Nach 1974 blieben nur wenige zyprische Maroniten im Dorf Koruçam, wo sie noch eine eigene Kirche haben. Über die Jahre sind große Teile der einst mächtigen Gemeinde abgewandert. Heute erhalten kaum mehr 100 Anhänger die alten Traditionen und die Religion am Leben. Wie die Armenier und die katholischen Religionsgemeinden mussten auch die Maroniten in den 1960er-Jahren entscheiden, ob sie sich mit den Griechen oder den Türken verbündeten. Sie wählten Erstere, und seit 1974 wanderte die Jugend aus dem Dorf nach und nach in den Süden ab, um an griechischen Schulen zu lernen. Die wenigen, die im Norden blieben, haben den schmalen Grat zwischen politischer und religiöser Loyalität recht erfolgreich gemeistert. Vor 2003 durften ihre Verwandten aus dem Süden sie am Wochenende besuchen, aber seit die Grenze wieder geöffnet ist, können die südlichen Maroniten wieder für längere Zeit in den Norden kommen. Viele hoffen, dass ein Teil der jüngeren Generation ins Dorf zurückkehrt und den Ort samt seiner Traditionen am Leben hält.

Auf dem Dorfplatz stehen sich eine beeindruckende **Moschee** und die **orthodoxe Agios-Mamas-Kirche** gegenüber. Letztere ist dem geliebten Schutzheiligen der Insel geweiht, der sich weigerte, Steuern zu zahlen. Dort, wo sich die Kirche befindet, war einst ein heidnischer Tempel. Vor 1974 pilgerten Gläubige zum alten Marmorgrab des hl. Mamas, aus dem früher eine mysteriöse Flüssigkeit ausgetreten sein soll, als die Osmanen es auf der Suche nach Schätzen durchbohrten. Der Flüssigkeit, die in unregelmäßigen Abständen aus dem Grab floss, wurden Heilkräfte gegen Ohrleiden zugeschrieben; daher sieht man bis heute ohrförmige Opfergaben rund um das Grab. Meistens ist das Gebäude verschlossen. Einlass gewährt der Kurator im nahe gelegenen **Archäologischen und Naturhistorischen Museum** (Eintritt 6 TRY; ⊙ 9–18 Uhr). Letzteres ist nicht spektakulär, lohnt aber einen kurzen Blick. Es verfügt über eine Sammlung schlichter ausgestopfter Tiere, Artefakte sowie alter Keramiken aus Toumba tou Skourou und Soli.

Darüber hinaus wartet Morfou mit einem der besten Meze-Restaurants des Nordens auf: Das **Nayazi Şah** (☏714 3064; Meze 25 TRY) liegt südlich des nördlichen Kreisels und lockt an Wochenenden mit regelmäßigen Livekonzerten. Hier gibt's leckere Fleischplatten mit Wachteln und Lammwürstchen.

Gemikonaği (Karavostasi)

Von diesem ruhigen, abgelegenen Kieselstrand aus kann man die gesamte Küste überblicken, die sich Richtung Nordosten um die Bucht von Morfou erstreckt. Obwohl die Strände weniger ansprechend sind als ihre weicheren Pendants an der Nordküste, trifft man auch hier Schwimmer.

Vor 1974 kamen viele Menschen von den Troodos-Ausläufern zum Relaxen in die Bucht. Heute, da die Grenze wieder geöffnet ist, sind einige zu dieser Gewohnheit zurückgekehrt.

Die Bucht dominiert der einst florierende Hafen, dessen Pier zusehends vermodert.

Östlich des Ortes fällt das vernarbte Hinterland auf, in dem ein riesiger Konzern massiven Bergbau betrieb. Nachdem die Minen 1974 stillgelegt worden waren, versank Gemikonaği in der Bedeutungslosigkeit, dennoch zieht es dank einiger guter Restaurants und der Strände Touristen an. Besucher, die es ländlicher und menschenleerer mögen, werden sich hier wohlfühlen.

Das nahe gelegene **Mardin Restaurant** (☏727 7527; Hauptgerichte 35 TRY) hat eine Terrasse mit Meerblick und serviert köstliche Fischgerichte, Meze sowie Adana-Kebab. Nach dem Essen kann man sich am benachbarten künstlichen Strand abkühlen.

Lefke (Lefka)

CA. 9000 EW.

Ein paar Kilometer von Gemikonaği entfernt knickt die Straße im rechten Winkel zum Bergdorf Lefke ab, das wegen seiner Lage inmitten endlosen Grüns und sanfter Hügelketten reizvoll und kühl ist.

Der Name des Städtchens kommt vom griechischen Wort *lefka* („Pappel"). Inzwischen sieht man in der Umgebung allerdings mehr Orangenhaine und Palmen als Pappeln und der Ort ist für seine hervorragenden Zitrusfrüchte bekannt.

In Lefke gibt's eine große Gemeinde britischer Einwanderer, außerdem ist die Stadt eine Hochburg des islamischen Glaubens. Hier befindet sich der Hauptsitz des sufistischen Naqschbandi-Ordens und ihres charismatischen Anführers Şeyh Nazım Kıbrısi. Seine Anhänger folgen treu den Prinzipien des Islams und fordern von weniger strikten türkischen Zyprern, es ihnen gleichzutun.

Im Ort selbst hat man kaum Zerstreuungsmöglichkeiten. Besucher können die **Piri-Osman-Pascha-Moschee** und ihren Hof besichtigen, durch die gewundenen Straßen bummeln, köstliche Orangen essen und die Ruinen eines Aquädukts erkunden.

Den Grenzübergang Zodhia erreicht man von Morfou aus über die Hauptstraße gen Süden. Dank ihm hat die Gegend wieder Anschluss an die nur 3 km entfernte Region Tylliria und den Pafos-Wald. Auf der Straße durch die Berge weht ein kräftiger Wind, doch die Fahrt lohnt sich. Es gibt einen weiteren (neuen) Grenzübergang in der Nähe des Palasts von Vouni bei Limnitis-Yeşilirmak nahe Kato Pyrgos, der die Region noch besser zugänglich macht.

Antikes Soloi

Soloi (Soli Harabeleri; Erw./Kind 7/3 TRY; ⊙ Juni-Mitte Sept. 9–19 Uhr, Mitte Sept.–Mai 9–12.30 & 13.30–16.45 Uhr), ein weiteres altes Stadtkönigtum, war ursprünglich als Si-il-lu bekannt, wie eine assyrische Tributliste von 700 v. Chr. belegt.

580 v. Chr. verlegte König Philokyprios auf Anraten seines Mentors, des Athener Philo-

SCHUTZ DER KÜSTE

Einst war der Küstenabschnitt zwischen Kyrenia (Girne) und Yenierenköy (Yiallousa) eines der unberührtesten Habitate der Region, aber inzwischen hat sich viel verändert. Neue Straßen erstrecken sich als breite asphaltierte Schneisen an der Küste entlang, zudem wurden große Teile unberührten Gebietes massiv und schnell mit Ferienresorts bebaut.

Mit diesem Trend ging es los, als 2004 der Annan-Plan ausgearbeitet wurde. Er diente als Rahmenrichtlinie für die Wiedervereinigung der Insel und sah vor, dass alles unbebaute griechische Land im Norden Zyperns an seine Besitzer vor 1974 zurückgegeben werden sollte. Für bereits bebautes Land waren Entschädigungen vorgesehen. In einem Mehrheitsentscheid lehnte der Süden den Annan-Plan zwar ab, doch die Bauunternehmer aus dem Norden machten trotzdem munter weiter für den Fall, dass man zu einer Einigung kommen würde.

In der türkisch-zyprischen Zeitung *Yeni Duzen* las man 2000, dass auf einer Fläche von 607 000 m² neue Gebäude standen, und 2005 waren es schon 4,4 km². Die Bauvorhaben beeinträchtigen große Gebiete natürlichen Lebensraums, die Wildtiere der Region und viele alte Olivenhaine. Auch Kulturbestätten sind bedroht. 2004 geriet die türkisch-zyprische Altertumsverwaltung in hellen Aufruhr, nachdem die Nekropole von Vounos bei Kyrenia Schaden davontrug: 140 antike Gräber waren von einem privaten Bauunternehmen für Luxuswohnkomplexe zerstört und komplett eingeebnet worden. Selbst nach dieser Entdeckung fuhr die Firma fort und verteidigte ihr Baurecht mit staatlichen Genehmigungen. Auf politischer Ebene trugen diese Vorfälle nur zu stärkeren Bedenken der griechischen Zyprer hinsichtlich ihrer Rechte und des Landbesitzes bei und verschärften damit den kritischsten Aspekt einer Einigung zwischen dem Norden und dem Süden. Umweltschützer auf beiden Seiten setzen sich für eine maßvolle, nachhaltige und umweltfreundliche Bebauung ein, die bestimmte Gebiete zu Tabuzonen erklären würde, während weiter Verhandlungen über die Zukunft der Insel stattfinden.

---

sophen Solon, die Hauptstadt von Aepia hierher und benannte die Zitadelle ihm zu Ehren in Soloi um.

498 v. Chr. kämpfte der Ort im Ionischen Aufstand unter Onesilos, König von Salamis, gegen die persische Vorherrschaft, die sich auch auf Zypern erstreckte. Onesilos hatte alle Stadtkönigtümer Zyperns (außer Amathous) hinter sich vereint, um das Reich zu stürzen, wurde aber am Ende geschlagen.

Danach stagnierte Solois Entwicklung bis zur Römerzeit, wo es dank seiner ergiebigen Kupferminen neu erblühte. Wie andere Teile Zyperns litt auch dieser reiche Ort unter den Raubzügen und Plünderungen der Araber im 7. Jh. n. Chr.

Heute besteht die Stätte aus zwei Hauptteilen: der (nun überdachten) **Basilika** nahe dem Eingang zur Anlage und dem **Theater** auf dem Hügel südlich davon. Auf der **Akropolis** neben dem Theater sind die Überreste eines Königspalasts zu sehen, der aber vermutlich später errichtet wurde.

Hier ist der hl. Markus vom hl. Auxibius getauft worden. Die ursprüngliche **Kirche** soll aus dem 4. Jh. stammen. Angesichts der Überreste ist es schwierig, sich Größe und Ausmaße des Gotteshauses vorzustellen, das allen Berichten nach beeindruckend war. Am auffälligsten sind die noch intakten verzierten Böden, darunter ein Schwanenmosaik mit verschlungene Blumenmustern und kleinen Delfinen.

Das **römische Theater** wurde teilweise restauriert, nachdem die Briten einen Großteil der Steine entfernt und damit den Kai am Port Said wiederaufgebaut hatten. Einst bot es wahrscheinlich bis zu 4000 Zuschauern Platz. In der Nähe entdeckte man die berühmte römische Statuette der Aphrodite von Soli, die nun im Zypern-Museum in Lefkosia (Nikosia; S. 131) ausgestellt ist.

Antikes Vouni

Diese **antike Stätte** (Vouni Sarayı Kalıntıları; Erw./Kind 6/3 TRY; ⊙ Juni–Mitte Sept. 9–17, Mitte Sept.–Mai 9–12.30 & 13.30–16.45 Uhr) umfasst die Reste eines Palasts und eines weitläufigen Gebäudekomplexes aus dem 4. Jh. v. Chr.

Ursprung und Geschichte sind kompliziert. Es gibt Annahmen, dass der Prachtbau im Auftrag eines persischen Herrschers aus dem Stadtkönigtum Marion (das heutige Polis) errichtet wurde. Vielleicht sollte er dazu dienen, die nahe gelegene, mit den Griechen verbündete Stadt Soloi zu überwachen. Dies lässt sich jedoch kaum untermauern und basiert lediglich auf knappen Eintragungen Herodots im Buch V. seiner *Historien*. Sicher ist jedoch, dass die Festung persische Palastarchitektur aufweist und später unter hellenistischer Herrschaft erweitert und ausgeschmückt wurde.

Die Anlage besteht aus einem **Megaron** (dreiteiliger rechteckiger Bau mit zentraler Kochstelle und Thron) und Privaträumen. Treppen führen in einen Hof hinab, unter dem die **Zisterne** liegt. Außerdem sieht man einen birnenförmigen Stein, der zu einer Ladewinde gehört haben soll.

Der Palast wurde 380 v. Chr. niedergebrannt (warum und von wem ist unbekannt) und nicht wieder aufgebaut. Heute liegt er verlassen auf seinem Hügel und bietet einen traumhaften Blick auf die Region. Man erreicht die Stätte über die enge Straße, die Richtung Norden von der Hauptstraße abgeht (Vouni Sarayı ist ausgeschildert) und zu einem Parkplatz führt. Das Eintrittsticket bekommt man im Kartenbüro auf der Spitze des Hügels.

Famagusta (Mağusa) & die Karpaz-(Kırpaşa-) Halbinsel

Inhalt »

Famagusta (Mağusa)... 188
Antikes Salamis 195
Antikes Enkomi (Alasia)........................197
İskele (Trikomo) 198
Boğaz (Bogazi)............. 198
Karpaz-(Kırpaşa-) Halbinsel...................... 198
Kantara-Burg................ 201
Yenierenköy (Yiallousa)....................202
Sipahi (Agia Triada)......202
Agios Philon & Afendrika......................202
Apostolos-Andreas-Kloster 203

Gut essen

» Aspava Restaurant (S. 193)
» Ginkgo (S. 192)
» Cyprus House Restaurant (S. 193)
» Petek Confectioner (S. 193)

Schön übernachten

» Crystal Rocks (S. 219)
» Salamis Bay Conti (S. 219)
» Nitovikla Garden (S. 219)
» Karpaz Arch Houses (S. 220)
» Club Malibu (S. 220)

Auf nach Famagusta (Mağusa) & zur Karpaz-(Kırpaşa-)Halbinsel

Dank ihres reichen Schatzes an historischen Gebäuden, alten Ruinen und archäologischen Juwelen von unglaublicher Schönheit sind Famagusta und die Halbinsel die wohl faszinierendste Region Zyperns. Individualreisende werden sich hier sehr wohlfühlen, da sie unzählige Entdeckungsmöglichkeiten bietet.

Die antike Stadt Salamis gewährt eindrucksvolle Einblicke in das hellenische Zypern. Darüber hinaus geht von der langgezogenen ursprünglichen Küste der Karpaz-(Kırpaşa-) Halbinsel, die dem asiatischen Festland zugewandt ist, eine große Faszination aus. Trotz wiederholter Bemühungen, die Gegend zu bebauen, gehört sie mit ihren fantastischen Stränden und der wilden Natur auch weiterhin zu den ruhigsten, erholsamsten Gebieten des Landes.

Am äußersten Zipfel der Halbinsel erhebt sich das orthodoxe Apostolos-Andreas-Kloster, eine der wenigen Kirchen im Norden, die den türkischen Einmarsch überstand. Noch heute pilgern griechische Zyprer zweimal im Jahr dorthin.

Reisezeit

Von März bis Mai tummeln sich an den Stränden im Norden zahlreiche Vögel wie Wiedehopfe, Racken und Pirole. Im September und Oktober locken die wilden Sandstreifen der Halbinsel seltene Schildkrötenarten des Mittelmeerraums an, die hier ihre Eier ablegen und ausbrüten.

Anlässlich des internationalen Kunst- und Kulturfestivals von Famagusta im Juni und Juli füllen sich abends die Straßen der Altstadt sowie die antiken Ruinen von Salamis mit Musik, Tanz und Theater.

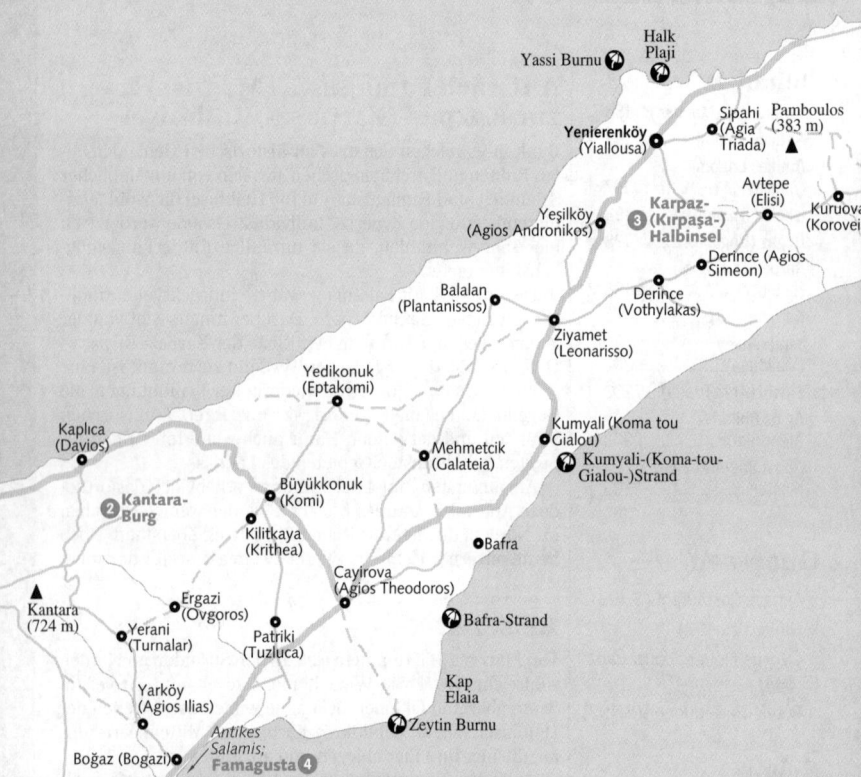

Highlights

① Eine der bedeutendsten Städte des zyprischen Altertums, das **antike Salamis** (S. 195), erkunden

② Die Befestigungsmauern der **Kantara-Burg** (S. 201) erklimmen und die spektakuläre Aussicht auf die malerische Küste und die Halbinsel auskosten

③ Auf der **Karpaz-(Kırpaşa-)Halbinsel** (S. 198) die Einsamkeit und Ruhe der herrlich wilden Landschaft genießen

④ Von der imposanten venezianischen Mauer und den gebieterischen Bastionen auf

die befestigte Stadt **Famagusta** (S. 188) hinabblicken

5 Am **Golden Beach** (Nangomi-Bucht; S. 200), einem der schönsten einsamsten Strände der Insel, relaxen

6 Die Mosaiken, die archäologische Stätte und die Traumstrände von **Agios Philon** (S. 202) entdecken

7 Eine der wenigen verbliebenen orthodoxen Kirchen der Karpaz-Halbinsel, das **Apostolos-Andreas-Kloster** (S. 203), besuchen

FAMAGUSTA (MAĞUSA)
30 000 EW.

Geschichte

Famagusta und das Umland blicken auf eine bewegte und ziemlich komplexe Geschichte zurück. In der hiesigen ausladenden Bucht und der weitläufigen Mesaoria-(Mesarya-)Ebene wurden im Laufe der Zeit drei größere Siedlungen gegründet: das bronzezeitliche Enkomi (Alasia) im 17. Jh. v. Chr., ein mykenischer Ort mit Gräbern im 9. Jh. v. Chr., der in Homers *Ilias* als florierende Kultur beschrieben wird, und das glanzvolle Königreich Salamis, das im 6. Jh. v. Chr. seine Blütezeit erlebte.

Schließlich entstand im 3 Jh. v. Chr. unter Ptolemaios II. Philadelphos Famagusta, das ursprünglich unter dem griechischen Namen Ammochostos („versteckt im Sand") bekannt war und viele Jahre im Schatten des berühmten Stadtkönigreichs Salamis im Norden verbrachte. Nachdem Letzteres aufgegeben worden war, wuchs Famagustas Bevölkerung beträchtlich an. Ihre eigentliche Blüte erlebte die Stadt aber erst nach dem Fall Akkons 1291.

Damals flüchteten Christen aus dem Heiligen Land und ließen sich hier nieder. Im späten 13. Jh. avancierte Famagusta zum wichtigsten Knotenpunkt des Schiffhandels in der Region und gelangte quasi über Nacht zu großem Reichtum. Ein verschwenderischer, dekadenter Lebensstil hielt Einzug – so soll es in der Stadt damals mehr Juwelen und Gold gegeben haben als an allen europäischen Königshöfen zusammen. Dies erregte den Zorn der Gläubigen, die daraufhin den Mangel an Moral kritisierten. Um dem entgegenzuwirken, wurden in kurzer Zeit zahlreiche Kirchen gebaut.

Der Verfall der Stadt begann mit der Machtergreifung der Genuesen im 14. Jh., die mit der Abwanderung ihrer reichsten und berühmtesten Bewohner einherging. Obwohl Famagusta 117 Jahre später von den Venezianern zurückerobert werden konnte, fand es nie zu altem Reichtum und früherer Pracht zurück. Damals entstanden die große Befestigungsmauer und die Bastionen, doch diese Maßnahmen richteten nicht viel gegen den Angriff der Osmanen 1571 aus. Es folgte eine zehnmonatige Belagerung, in der schätzungsweise 100 000 Kanonenkugeln abgefeuert wurden.

Unter den Osmanen zerfiel Famagusta zusehends. Die verwitterten Gebäude sind nie restauriert worden und verleihen dem Ort ein fast gotisches Antlitz. Die Altstadt, Kaleici, wurde zur Festung der türkischen Zyprer.

Anfang der 1960er-Jahre erlebte die Region einen erneuten Aufschwung, als der griechisch geprägte Urlaubsort Varosia (Maraş) im Süden der Stadt mit seinen Traumstränden jährlich Tausende sonnenhungrige Touristen anlockte.

1964 sorgten Konflikte zwischen der griechischen und türkischen Bevölkerung zu vermehrten Zusammenstößen in der Gegend. Daraufhin verbarrikadierten sich die Türken in der Altstadt und die Griechen wurden nach Varosia zurückgedrängt.

Während der türkischen Invasion 1974 wurden Famagusta und insbesondere der Vorort Varosia zur militärischen Sperrzone erklärt. Die griechischen Bewohner flohen daraufhin vor den herannahenden türkischen Truppen. Auch heute noch gehört Varosia zur weitläufigen unbewohnten Sicherheitszone und ist inzwischen eine Geisterstadt. Mit seinen unheimlichen dunklen Fenstern und verlassenen Wohnblocks, die eine Barrikade aus Ölfässern und Stacheldrahtzaun umgibt, hat sich der Ort mit Ausnahme von ein paar Militärposten und gelegentlichen UN-Patrouillen seit 1974 kaum verändert.

ENTFERNUNGEN (KM)

	Maraş (Varosia)	İskele Trikomo	Boğaz (Bogazi)	Agios Philon & Afendrika
İskele Trikomo	25			
Boğaz (Bogazi)	28	9		
Agios Philon & Afendrika	69	47	38	
Yenierenköy (Yiallousa)	64	45	36	15

Famagusta (Mağusa)

Sehenswertes
- 1 Andruzzi-Bastion..............C4
- 2 Camposanto-Bastion..........C3
- 3 Canbulat-Bastion...............D3
- 4 Canbulat-Museum..............D3
- 5 Del-Mezzo-Bastion..............A1
- 6 Diamante-Bastion................B1
- 7 Diocare-Bastion..................A3
- 8 Lala Mustafa Paşa..............C2
- 9 Landtor.............................B4
- 10 Moratto-Bastion................A3
- 11 Namık-Kemal-Gefängnis......B2
- 12 Othelloturm.....................C1
- 13 Palazzo del Provveditore....B2
- 14 Pulacazara-Bastion............A2
- 15 Ravelin-(Rivettina-)Bastion..B3
- 16 San-Luca-Bastion...............A2
- 17 Santa-Napa-Bastion............B4
- 18 Seetor.............................C2
- 19 Signoria-Bastion.................B1

Schlafen
- 20 Portofino.........................D4

Essen
- 21 Aspava Restaurant.............C2
- 22 Cyprus House Restaurant....C5
- 23 Desdemona Bar & Restaurant..D3
- 24 Ginkgo............................B2
- 25 Petek Confectioner............C2

Ausgehen
- 26 D&B...............................B2
- 27 Monks Inn.......................C2

Shoppen
- 28 Hoşgör...........................C2

Orientierung

Famagusta lässt sich problemlos erkunden, da man sich während eines Besuchs größtenteils in oder nahe der Altstadt aufhält.

Über dem großen Platz in der Neustadt, Yirmisekiz Ocak Meydanı, thront eine riesige schwarze Statue von Atatürk, ein guter, nicht zu verfehlender Orientierungspunkt. Gleich gegenüber liegt das Landtor, der Hauptzugang in die Altstadt. Unmittelbar rechts neben dem Eingang erstreckt sich ein Parkplatz.

Die Hauptverkehrsstraße İstiklal Caddesi führt durch die Altstadt zum Namık Kemal Meydanı, dem Platz vor der Lala-Mustafa-Paşa-Moschee. Östlich der Altstadt befindet sich der Hafen, wo Fähren aus der bzw. in die Türkei an- und ablegen.

Im Süden sieht man die verlassene Stadt Varosia. Wer will, kann sich dem Stacheldrahtzaun nähern, den man allerdings nicht passieren darf. Schilder weisen auf beschränkt zugängliche Straßen hin.

Karten & Stadtpläne

Die North Cyprus Tourism Organisation (NCTO) gibt den kostenlosen Stadtplan *City Plan of Gazimağusa* auf Englisch und Türkisch heraus. Obwohl die Altstadt wenig detailreich dargestellt ist, bekommt man einen guten Gesamtüberblick über die Stadt, außerdem enthält die Karte einen Großteil der regionalen Attraktionen.

◉ Sehenswertes & Aktivitäten

Von der Spitze des Othelloturms in der nordöstlichen Ecke der venezianischen Mauer blickt man auf Famagustas weit verstreute Kirchen und gotischen Bauten. Verwinkelte Straßen mit niedrigen, baufälligen Häusern prägen die einst prächtigste und bedeutendste Stadt Zyperns. Den facettenreichen Mix aus von Bogen überspannten Gassen, Kapellenruinen, türkischen Bädern, byzantinischen Kirchen und mittelalterlichen Vierteln kann man wunderbar zu Fuß erkunden. Für eine umfangreiche Besichtigungstour sollte man einen kompletten Tag einplanen.

Die Infrastruktur lässt ein wenig zu wünschen übrig, auch wenn die Gegend aufgrund ihrer bewegten Geschichte recht viele Besucher anlockt. Aus diesem Grund übernachten die meisten Urlauber andernorts.

Venezianische Festungsmauer
HISTORISCHE STÄTTE

Colin Thubron verglich die imposante weitläufige Befestigungsanlage, die einst die Altstadt schützte und heute ihre Grenze bildet, in seinem Buch *Zypern* mit denen in Jerusalem und Istanbul.

Das über 15 m hohe und bis zu 8 m dicke Bauwerk mit einem früher von Wasser gefluteten Graben wurde Anfang des 16. Jhs. von den Venezianern errichtet. Trotz ihres imposanten Äußeren konnte die Anlage die Osmanen 1571 nicht in Schach halten, überstand jedoch die folgenden Verwüstungen in der Stadt.

Wie ihr Pendant in Lefkosia ist die Mauer um die Altstadt mit 14 Bastionen und fünf Toren versehen. Man kann fast die gesamte, quasi rechteckige Anlage entlanglaufen und dabei eine exzellente Sicht auf Famagusta genießen. An einigen Stellen befinden sich türkische Militärposten.

Möglicher Ausgangspunkt für einen Spaziergang ist die am südliche Ende in der Nähe des **Landtors** gelegene **Ravelin-(Rivettina-)Bastion** (Eintritt 5 TRY; ◉Mo–Fr 9–18 Uhr), die auch „Akkule" oder „weißer Turm" genannt wird. Dort durchbrachen die Osmanen die Festungsmauer und wurden von weißen Fahnen schwenkenden Venezianern erwartet.

Von diesem Bollwerk führt die Mauer nordwärts an vier kleineren Bastionen namens **Diocare**, **Moratto**, **Pulacazara**, **San Luca** und **Martinengo** vorbei. Letztere sticht durch ihre Größe besonders hervor. Danach folgen die **Bastionen Del Mezzo**, **Diamante** und **Signoria**, bis man schließlich den Othelloturm, eine eindrucksvolle Zitadelle, erreicht.

Ursprünglich ging das **Seetor** direkt aufs Meer hinaus. Heute ist die Landbrücke durch die Piere des modernen Hafens beträchtlich erweitert.

Am südöstlichen Rand erhebt sich die **Canbulat-Bastion**, wo General Canbulat Bey während der blutigen Besatzungszeit einen heldenhaften Tod starb, als er die befestigte Anlage auf dem Pferd attackierte. Ab hier verläuft die Mauer über die **Bastionen Camposanto**, **Andruzzi** und **Santa Napa** zurück zum Landtor.

Othelloturm (Zitadelle)
HISTORISCHE STÄTTE

(Othello Kalesi; Erw./Kind 7/3 TRY; ◉Juni–Mitte Sept. 9–20 Uhr, Mitte Sept.–Mai 9–12.30 & 13.30–16.45 Uhr) Der Turm an der nordöstlichen, dem Meer zugewandten Seite ist eine Erweiterung der Festungsanlage und wurde im 12. Jh. während der Lusignan-Herrschaft errichtet, um den Hafen und das Seetor weiter südlich zu schützen. 1492 verstärkten die Venezianer ihn und verwandelten ihn in ein Bollwerk der Artillerie.

Seinen Namen verdankt der Turm Shakespeares Theaterstück *Othello*, in dem von einem „Seehafen in Zypern" die Rede ist. Über dem eindrucksvollen Eingang des Gebäudes wacht ein **venezianischer Löwe**, dessen Inschrift auf den Architekten Nicolò Foscarini hinweist. Auf Famagustas illustrer Gästeliste steht angeblich auch Leonardo da Vinci. Er soll bei seinem Besuch auf Zypern 1481 Ratschläge für die Renovierung des Bauwerks erteilt haben.

Die Zitadelle selbst besteht aus mehreren Türmen und Gängen, die zu Geschützräumen, einem großen, von einem Speisesaal begrenzten Innenhof und zu den Wohnbereichen führen. Sowohl der Speisesaal als auch die Wohneinheiten entstanden während der Lusignan-Zeit.

An den Innenhof, auf dessen Bühne Folkloreshows gezeigt werden, grenzt eine große Halle mit einem wunderschönen Gewölbe und korrodierten Sandsteinwänden im hinteren Bereich. Belüftungsschächte an den Mauern verlaufen zu Korridoren im Lusignan-Stil und versiegelten Räumen. Der Legende nach liegen hier immer noch Schätze vergraben, die venezianische Händler vor den vorrückenden Osmanen versteckt haben sollen.

Die Befestigungsmauer bietet die beste Aussicht auf die Stadt, besonders am frühen Morgen oder Abend.

Lala Mustafa Paşa MOSCHEE
(Erenler Sokak; Erw./Kind 7/3 TRY; ☺außerhalb der Gebetszeiten) Diese Moschee gehört zu den schönsten Beispielen für gotische Lusignan-Architektur auf Zypern und wurde zwischen 1298 und 1326 errichtet.

Während der Lusignan-Herrschaft war die ursprüngliche Agios-Nikolaos-Kathedrale das Herzstück Famagustas, deshalb bestattete man hier die letzten Lusignan-Könige der Insel, Jakob II. und seinen Sohn Jakob III.

VAROSIA (MARAŞ)

Bis 1974 war Varosia (auf Türkisch Maraş) eine florierende griechisch-zyprische Gemeinde. Sie galt als Famagustas Riviera und viele ihrer Einwohner betrieben große Resorthotels an den vielleicht schönsten Stränden der Insel.

Im August desselben Jahres veranlassten Bombenangriffe und die in den Norden einmarschierende türkische Armee die Bewohner jedoch zur Flucht. Sie wurden praktisch am Frühstückstisch von den Entwicklungen überrascht und nahmen nicht viel mehr mit als die Kleider, die sie trugen. Viele dachten, sie könnten in ein paar Tagen zurückkehren, sobald die unmittelbare Gefahr gebannt und wieder relative Normalität eingekehrt sei. Aber dazu kam es nicht. Die türkische Armee konnte die Stadt ungestört erobern und hat sie bis heute nicht freigegeben.

Die in Varosia errichteten Barrikaden, die an jene dunklen Tage erinnern, gehören zu den eindringlichsten Anblicken auf der Insel. Wohnblocks, Geschäfte und Häuser sind seit 37 Jahren unberührt und von Schutt und Staub bedeckt. Im Verkaufsraum eines geplünderten Autohauses überdauerte ein einzelnes Modell die vergangenen Jahrzehnte. Die stattlichen Hotels des einst blühenden Urlaubsortes mit ihren klaffenden Fenstern und Waffenlagern wurden dem Verfall überlassen und wachen wie seelenlose Riesen über der Küste.

Einst gab es in der Stadt ein prächtiges archäologisches Museum, doch niemand weiß, was mit seiner riesigen Sammlung während der Plünderungen geschah. Wegen der Isolierung Varosias ist eine Aufklärung leider unmöglich. Historiker befürchten, dass bedeutende Stücke woanders hingebracht oder auf dem Schwarzmarkt verkauft wurden.

Varosia und das restliche Sperrgebiet sind von Stacheldrahtzaun umgeben und die Straßen durch Metallfässer gesperrt. Besucher dürfen das Gebiet mit Ausnahme der **Agios-Ioannis-Kirche** (Eintritt 4 TRY; ☺Mo–Fr 9–13 Uhr), die 120 m innerhalb des Sperrgebiets liegt, nicht betreten. Zunächst muss man allerdings einen Kontrollpunkt passieren, an dem man nicht selten abgewiesen wird.

Ein sehr kleiner Teil des Ortes 200 m abseits der Hauptstraße Polat Paşa ist noch immer bewohnt. Dort kann man am Zaun entlangfahren und einen Blick hineinwerfen; das Fotografieren ist aber nicht erlaubt.

Das Gebäude ist der Kathedrale von Reims in Frankreich nachempfunden und überstrahlt seine Schwesterkirche Agia Sofia (die heutige Selimiye-Moschee) im nördlichen Nikosia (Lefkoşa). Nach der osmanischen Invasion 1571 verwandelte man es in eine Moschee bzw. *camii* (auf Türkisch), die heute über den Dächern der Altstadt thront.

Während der osmanischen Besetzung Famagustas nahm das Bauwerk starken Schaden und die Zwillingstürme wurden zerstört. Die Osmanen fügten das Minarett hinzu, entfernten das christliche Interieur und leerten die Gräber.

Am eindrucksvollsten ist die Fassade auf der Westseite, neben der heute eine Fußgängerzone verläuft: Drei prächtige Portale zeigen auf ein sechsgliedriges, mit einer runden Rose verziertes Fenster.

Die Wände im Inneren wurden im muslimischen Stil weiß getüncht, der eindrucksvolle gotische Grundriss ist aber noch leicht nachzuvollziehen. Besichtigungen sind nur außerhalb der Gebetszeiten möglich und Besucher müssen sich angemessen kleiden.

Namık-Kemal-Gefängnis MUSEUM
(Palastgelände; Erw./Kind 5/3 TRY; ⊙ Juni–Mitte Sept. 9–14 Uhr, Mitte Sept.–Mai 9–12.30 & 13.30–16.45 Uhr) In dem ehemaligen Gefängnis saß fast vier Jahre lang der türkische Dichter, Dramatiker und Dissident Namık Kemal (1840–88) ein, weil der Sultan sich von seinen Schriften beleidigt fühlte. Der Platz zwischen dem Gefängnis und der Lala-Mustafa-Paşa-Moschee ist nach dem Schriftsteller benannt.

Unmittelbar westlich befinden sich die Überreste des venezianischen **Palazzo del Provveditore**. Inzwischen sind nur noch ein paar vereinzelte Kanonenkugeln, verfallene Bogen und Stützsäulen aus Salamis zu sehen.

Canbulat-Museum MUSEUM
(Canbulat Yolu; Erw./Kind 5/3 TRY; ⊙ Juni–Mitte Sept. 9–19 Uhr, Mitte Sept.–Mai 9–12.30 & 13.30–16.45 Uhr) Während der Besetzung Famagustas soll der osmanische Held Canbulat Bey auf seinem Pferd in ein grausames mittelalterliches Verteidigungsinstrument, ein mit Messern versehenes Wagenrad, gestürmt sein. Er und das Tier ließen dabei zwar ihr Leben, zerstörten jedoch die Apparatur und ermöglichten es den Osmanen, die von Venezianern besetzte Stadt zu erobern.

Beys Grabstätte an der südöstlichen Ecke der venezianischen Mauer beherbergt ein kleines Museum mit einer einfachen Sammlung von Keramiken und Porträts, die Sultan Suleyman und Lala Mustafa Paşa zeigen. Eine historische Ausstellung ist der türkischen Invasion 1974 gewidmet und präsentiert die Enklaven in der Altstadt.

🏖 Strände

Palm Beach STRAND
Famagustas bester Strand liegt vor dem Palm Beach Hotel & Casino und ist auch für Besucher zugänglich, die hier nicht übernachten. Das Serviceangebot kann sich sehen lassen, kostet aber einiges. Einfach den Schildern „To the Beach Club" südlich des Hotels folgen.

Glapsides STRAND
Dank seines seichten Wassers und der durch die Bucht geschützten Lage erfreut sich der öffentliche Sandsteifen 4 km nördlich von Famagusta bei den Einheimischen großer Beliebtheit, außerdem eignet er sich wunderbar für Kinder.

Vor Ort gibt's eine Strandbar und ein Restaurant. Besucher können Liegen und Sonnenschirme leihen, Duschen und Toiletten benutzen sowie Jetskis, Räder und Kanus mieten. Auch die Schnorchelbedingungen gelten als hervorragend. Wenn Zugvögel unterwegs sind, ist Glapsides darüber hinaus ein toller Beobachtungsposten.

Man erreicht den Strand über den Weg neben dem Golden-Terrace-Restaurant an der Hauptstraße.

🎇 Feste & Events

Internationales Kunst- & Kulturfest
KULTURFEST
(www.magusa.org/festival) Die musikalische Bandbreite des jährlich vom 20. Juni bis zum 12. Juli stattfindenden Festivals reicht von klassischer Musik über Hip-Hop bis zu Reggae. Zu diesem Anlass geben sich sowohl internationale als auch lokale Künstler die Ehre. Theaterstücke werden auf der Namık Kemal Meydanı, beim Othelloturm und im Amphitheater von Salamis aufgeführt.

🍴 Essen

In der bzw. rund um die Altstadt locken ein paar gute Restaurants und Imbissstuben.

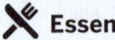
Ginkgo FUSIONSKÜCHE €€€
(Liman Yolu Sokak 1; Hauptgerichte 15–25 TRY; ⊙ Mo–Sa 10.30–23.30 Uhr) Das hippe Café-Restaurant direkt neben der Lala-Mustafa-Paşa-Moschee ist in einer alten Medrese (islamische Religionsschule) und einem gewölbten

christlichen Gebäude untergebracht. Die tolle Atmosphäre wird von einer großen Menüauswahl komplettiert, darunter mächtige hausgemachte Burger, Salate, klassische Pastagerichte sowie Fisch und Fleisch.

LP TIPP Petek Confectioner BÄCKEREI €
(366 7104; Yeşil Deniz Sokak 1; Süßwaren ab 4 TRY; 10–23 Uhr) Ein echtes Süßwarenparadies und die ideale Adresse für eine Kaffeepause! Zur Auswahl stehen in allen Farben und Formen präsentiertes *lokum* („Turkish Delight", eine Art Konfekt), hausgemachte Honig-, Nuss- und Schokoladenkekse, *simit* (rundes Brot mit Sesam) und *baklava*. Die teils recht hohen Preisen werden echte Naschkatzen wenig stören.

Aspava Restaurant TÜRKISCH €€
(Liman Yolu Sokak 19; Kebabs 11 TRY; mittags & abends) In einem Garten mit Weinranken und Blick auf den Platz sowie die Moschee kommt man in den Genuss saftiger Grillspieße, Grillteller (15 TRY) und Meze-Gerichte.

Desdemona Bar & Restaurant TÜRKISCH €€
(Canbulat Yolu Sokak 3; Hauptgerichte 17 TRY) In seinem fensterlosen Turm bietet das Lokal großzügige, günstige Meze-Portionen und traditionelles Flair. Während der Wintermonate verwandelt es sich in eine Musikbar.

Hurma MEDITERRAN €€€
(Kemal Server Sokak 17; Hauptgerichte 25 TRY; abends) Das schicke Restaurant im Hacienda-Stil liegt gleich neben dem Palm Beach Hotel. Zwischen Palmen und auf einer ruhigen Terrasse mit Meerblick gibt's gehobene internationale Spezialitäten wie Schnecken und frische Fischgerichte mit Zitrone, Knoblauch und Kräutern.

Cyprus House Restaurant TÜRKISCH €€
(Fazıl Polat Paşa Bulvarı; Hauptgerichte 15 TRY; abends) 400 m südöstlich des Yirmisekiz Ocak Meydanı werden in dieser angenehm kühlen alten Villa in der Neustadt Kebab- und Grillspeisen kredenzt. Am Wochenende sorgen oft Bauchtänzerinnen für Unterhaltung.

Eyva Restaurant ZYPRISCH €€
(Salamis Yolu; Hauptgerichte 15 TRY; abends) Im Eyva erwartet Gäste frisch zubereitetes *kleftiko* (Lammbraten) und am Wochenende traditionelle griechische oder türkische Livemusik und Tänze. Essen und Show kosten 25 TRY. Das Restaurant liegt links an der Abzweigung nach Salamis an der Hauptstraße, die in die antike Stadt führt.

🍷 Ausgehen
Das Unterhaltungsprogramm ist recht überschaubar. Am besten hält man sich an die Straße, die an der Universität vorbei nach Salamis verläuft und mit ein paar Bars sowie Cafés aufwartet.

D&B CAFÉ
(Namık Kemal Meydanı; Mo-Sa 10-23.30 Uhr) In dem Café inmitten von Ruinen direkt gegenüber der Hauptmoschee kann man gut etwas trinken. Das D&B zieht vor allem Einheimische und Studenten an.

Monks Inn BAR, BISTRO
(Namık Kemal Meydanı; Mo-Do 18-23.30, Fr & Sa 12-23.30 Uhr) Die in einem mittelalterlichen Haus untergebrachte Bar lädt zum Entspannen, zu Cocktails, einem Bier oder Snacks ein.

🛍 Shoppen
Famagustas Shoppingangebot ist sehr begrenzt. Vorsicht: Bei vielen Artikeln wie Uhren, Turnschuhen und Kleidung handelt es sich um Fälschungen aus der Türkei.

LP TIPP Hoşgör ANTIQUITÄTEN
(Mahmut Celalettin Sokak 24/1; Mo-Sa 10-14 Uhr) Ein interessanter Antiquitätenladen mit traditioneller zyprischer Keramik, Gravurarbeiten, Stickereien und anderen hübschen Souvenirs.

ℹ Praktische Informationen
Am Hauptplatz gegenüber der Lala-Mustafa-Paşa-Moschee gibt's einen Geldautomaten. Kartentelefone findet man in der Liman Yolu Sokak neben der Moschee.
Krankenhaus (366 2876; Fazıl Polat Paşa Bulvarı) Fünf Gehminuten südlich der Altstadt.
North Cyprus Tourism Organisation (NCTO; 366 2864; İstiklal Caddesi; Mo-Sa 8-17 Uhr) Touristeninformation am Landtor mit englischsprachigem Personal.
Polizei (366 5310; İlker Sokak Körler)
Post (366 2250; Fazıl Polat Paşa Bulvarı)
Telefonzentrum (366 5332; İlker Sokak Körler)
Wechselbüro (İstiklal Caddesi; Mo–Fr 8-17.30 Uhr, Juni & Juli bis 18.30 Uhr)

ℹ An- & Weiterreise
BUS Otobüs Terminali (366 6347; www.gocmentransport.com; Gazi Mustafa Kemal Bulvarı), der zentrale Busbahnhof der Stadt, liegt im Westen der Altstadt. Von hier aus werden folgende Ziele angesteuert:
Nord-Nikosia 5 TRY, 45 Min., 6-19 Uhr alle 15-30 Min.

Rund um Famagusta (Mağusa)

Kyrenia (Girne) 6 TRY, 1¼ Std., 7–18.30 Uhr stdl.
Yenierenköy 5 TRY, 1¼ Std.; über Kyrenia.
KLEINBUS Kleinbusse verkehren regelmäßig vom **İtimat-Busbahnhof** (366 6666; Yirmisekiz Ocak) in folgende Orte:
Nord-Nikosia 6 TRY, 45 Min.
Kyrenia 5 TRY, 1 Std.; über **Nord-Nikosia**.
SCHIFF/FÄHRE Fähren nach Mersin (Türkei) legen dienstags, donnerstags und sonntags (einfache Fahrt pro Erw./Student inkl. Steuer 80/50 TRY, 10 Std., 21 Uhr) am Hafen östlich der Altstadt ab. Tickets bekommt man am Terminal für Passagiere und bei **Cyprus Turkish Shipping** (366 4557; cypship@superonline.com; Bulent Ecevit Bulvarı).

Unterwegs vor Ort

Der Taxistand befindet sich in der Altstadt nahe dem Seetor. **Ulaş Taksi** (366 8988/1276) bedient sowohl Famagusta als auch das weitere Umland. In der Regel gelten Fixpreise, trotzdem sollte man vor Antritt der Fahrt nachfragen.

Innerhalb der Stadt verkehren keine öffentlichen Busse, da man fast alle wichtigen Ziele zu Fuß erreicht.

RUND UM FAMAGUSTA

Die wichtigsten Attraktionen und Strände der Region liegen 9 bis 10 km nördlich von Famagusta rund um die Bucht.

Besucher können in einem der Hotels an der Küste oder in dem kleinen Urlaubsort Boğaz (Bogazi) übernachten. Wer mit dem Auto unterwegs ist, sollte einige der weniger touristischen Dörfer im Landesinneren wie Geçitkale (Lefkoniko) und İskele (Trikomo) in der Mesaoria-(Mesarya-)Ebene erkunden.

Strände

Rund um das antike Salamis nördlich von Famagusta erstrecken sich herrliche Strände. Noch 70 m vor der Küste ist das Meer knietief. An windigen Tagen kann der Seegang recht stark sein.

Silver Beach   STRAND
Der Sandstrand nördlich von Famagusta vor Salamis mit seichtem Wasser und dem versunkenen Hafen der antiken Stadt eignet sich wunderbar zum Baden und Schnorcheln.

Bediz-Strand   STRAND
Gleich hinter Salamis bietet dieser weiche Sandstrand Annehmlichkeiten wie Liegen, Sonnenschirme, Duschen und eine Restaurant-Bar. An einem heißen Tag sorgt nach der Besichtigung der Ruinen ein Bad für Erfrischung.

Bafra-Strand   STRAND
10 km hinter Boğaz lockt der ausgeschilderte öffentliche Sandstreifen mit klarem Wasser

und einfachen Anlagen Besucher an. Man erreicht ihn, indem man rechts in Richtung Bafra-Bucht abbiegt.

ⓘ Unterwegs vor Ort

Am besten erkundet man die Gegend mit einem Auto, wobei die meisten Attraktionen nahe genug beieinander liegen, um sie alternativ mit dem Taxi zu besuchen. (Eine Fahrt von Famagusta ins antike Salamis und zurück kostet rund 14 €.)

Auch das Fahrrad ist eine gute Option, allerdings benötigt man sein eigenes, da es in Famagusta keine guten Verleihstellen gibt.

Zwischen Famagusta und Yenierenköy verkehren Stadtbusse, die in Boğaz und in der Nähe von Salamis halten. Leider sind die Verbindungen unregelmäßig und der letzte Bus fährt bereits um 17.30 Uhr.

Antikes Salamis

Salamis ist das bedeutendste der zehn antiken Stadtkönigtümer (Salamis Harabeleri; Erw./Kind 9/5 TRY; ⊗ Juni–Mitte Sept. 9–20 Uhr, Mitte Sept.–Mai 9–12.30 & 13.30–16.45 Uhr) Zyperns. Es soll etwa 1180 v. Chr. von Teucer (Teukros), Sohn des griechischen Königs Telamon von Salamina, gegründet worden sein. Als Bruder des griechischen Helden Ajax konnte er nach dem Trojanischen Krieg nicht nach Hause zurückkehren, da er es nicht geschafft hatte, den Tod seines Bruders zu rächen.

Später herrschten die Assyrer über Salamis. Die erste schriftliche Erwähnung stammt von einer assyrischen Stele aus dem Jahr 709 v. Chr.

Nach einer Land- und Seeschlacht im Jahr 450 v. Chr. gingen Stadt und Insel von den Griechen an die Perser über. Salamis blieb unter persischer Kontrolle, bis der Kampf des großen patriotischen Königs Evagoras für Freiheit Früchte trug. Während seiner Herrschaft erlebte der Ort seine Blütezeit. Die Einwohner druckten ihr eigenes Geld, und berühmte Dichter und Denker sorgten für eine florierende Philosophie- und Literaturszene.

Nachdem Alexander der Große der persischen Herrschaft über die Insel ein Ende gesetzt hatte, erlebte die Stadt eine kurze Zeit des Friedens. Nach Alexanders Tod war sie von 294 bis 58 v. Chr. unter ptolemäischer Kontrolle. Ptolemäus setzte Nikokreon, den letzten König von Salamis, als militärischen Herrscher über den Ort und die Insel ein. Aus ungeklärten Gründen beging er Selbstmord. Daraufhin verfiel die Stadt und wurde von Pafos an Bedeutung eingeholt.

Erst als Zypern römische Kolonie war, sorgten Bauprojekte für einen neuen Aufschwung. Nach zwei Erdbeben und einer Flutwelle wurden große Teile unter Kaiser Konstantin II. neu aufgebaut. 350 n. Chr. benannte man die Stadt in Constantia um und erklärte sie zum Bischofssitz. Der Ort durchlebte jedoch ähnliche Probleme wie sein Vorgänger und musste im 7. und 8. Jh. Angriffe von Sarazenen abwehren. Darüber hinaus wurde der im Sand versinkende Hafen unbrauchbar und die Stadt geriet in Vergessenheit. Für die Errichtung von Famagusta verwendeten die Baumeister viele ihrer Steine.

Heute gehört Salamis zu den wichtigsten archäologischen Stätten der Insel und die Ausgrabungen halten noch immer an.

⊙ Sehenswertes

Wer die Anlage besuchen möchte, sollte dafür einen halben Tag einplanen, an dem man rund 7 km zu Fuß zurücklegt. Nachdem der Haupteingang passiert ist, hält man sich am besten an den Übersichtsplan der Stätte, um Umwege zu vermeiden.

An heißen Tagen sind Sonnenschutz und Wasser vonnöten, da es keinen Schatten gibt. Insbesondere in den überwucherten Teilen der Anlage muss man sich vor Schlangen in Acht nehmen. Nach der Besichtigungstour sorgt der benachbarte Strand für Abkühlung, zudem lädt ein Restaurant am Eingang zum Mittagessen ein.

Salamis liegt 9 km nördlich von Famagusta an der dem Meer zugewandten Seite der Autobahn zwischen Famagusta und Boğaz.

Gymnasium   HISTORISCHE STÄTTE

Mit dem Säulenhof und den angrenzenden Wasserbecken, die sowohl zum Trainieren als auch zur Entspannung dienten, tragen die Ruinen dieser Sportanlage zur verblassten Pracht von Salamis bei. Die Säulenhalle im Nordteil wird von Statuen ohne Kopf gesäumt. Christliche Fanatiker entfernten diese als Symbole des heidnischen Glaubens. 1974 sind viele Statuen verschwunden, die die Plünderungen überlebten, doch ein paar haben es als gefeierte Exponate in Lefkosias Zypern-Museum geschafft.

Bäder   HISTORISCHE STÄTTE

Östlich der Säulenhalle liegen die hellenistischen und römischen Bäder mit einer Bodenheizungsanlage. Den Südeingang schmückt ein Fresko mit zwei Gesichtern und in der südlichen Halle sind zwei der

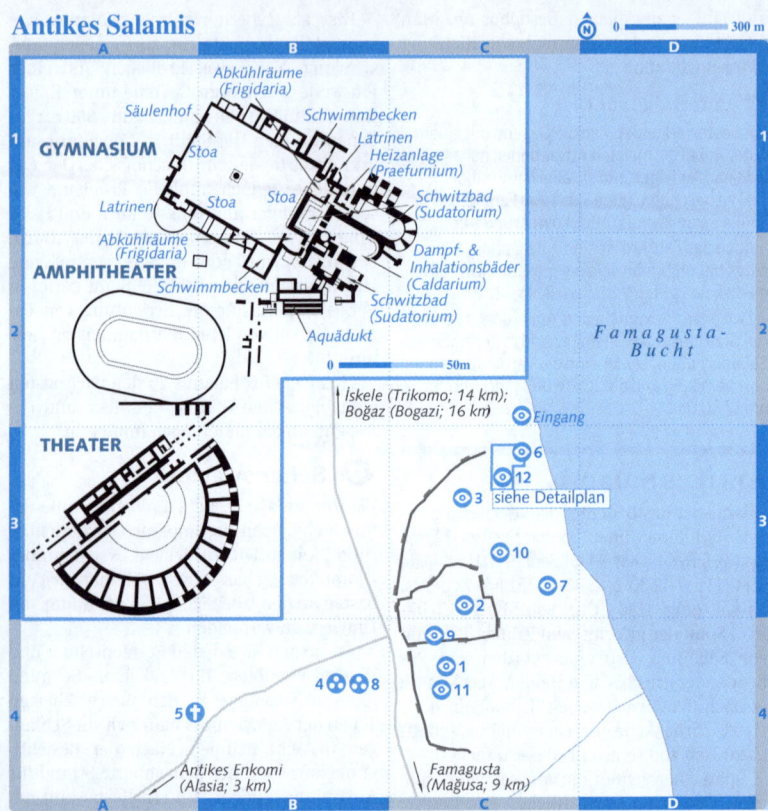

Antikes Salamis

⊚ Sehenswertes

1 Agora	C4
2 Agios-Epifanios-Basilika	C3
3 Bäder	C3
4 Cellarka-Gräber	B4
5 Apostolos-Varnavas-Kirche	A4
6 Gymnasium	C3
7 Kambanopetra-Basilika	C3
8 Nekropole von Salamis (Königsgräber)	B4
9 Wasserspeicher	C4
10 Römische Villa	C3
11 Zeustempel	C4
12 Theater	C3

schönsten Mosaiken der Stätte zu sehen. Sie stammen aus dem 3. und 4. Jh. Eines zeigt Leda und den Schwan und das andere Apollo und Artemis beim Kampf gegen die Niobids. Einige Forscher halten die zweite Darstellung für eine Schlacht zwischen Kriegern und Amazonen.

Theater HISTORISCHE STÄTTE
In dem Theater, das aus der Zeit von Augustus (31 v. Chr.–14 n. Chr.) stammt, fanden einst 15 000 Zuschauer Platz. Große Teile wurden durch Erdbeben zerstört und viele Steine für andere Bauten genutzt. Heute ist das Bauwerk teils renoviert und dient als Veranstaltungsort für gelegentliche Open-Air-Events (Werbung für das Programm findet man in Famagusta).

Römische Villa HISTORISCHE STÄTTE
Früher war die Villa südlich des Theaters ein zweistöckiges Gebäude mit Empfangshalle und einem Innenhof samt Portikus.

Kambanopetra-Basilika HISTORISCHE STÄTTE
Die Basilika aus dem 4. Jh. wartet mit einem kunstvollen Bodenmosaik und einem Innenhof voller Säulen auf.

Agios-Epifanios-Basilika HISTORISCHE STÄTTE
Zyperns ehemals größte Basilika befindet sich im Zentrum der Anlage und wurde während der bischöflichen Herrschaft von Epifanios (386–403 n. Chr.) errichtet.

Wasserspeicher HISTORISCHE STÄTTE
Weiter südlich stößt man auf die Überreste des Wasserspeichers.

Agora HISTORISCHE STÄTTE
Hierbei handelt es sich um die Ruinen des Versammlungsplatzes.

Zeustempel HISTORISCHE STÄTTE
Dieser Tempel liegt ebenfalls südlich der Agios-Epifanios-Basilika.

Nekropole von Salamis HISTORISCHE STÄTTE
(Königsgräber, Salamis Mezarlık Alanı; 378 8331; Erw./Kind 7/3 TRY; Juni–Mitte Sept. 9–20 Uhr, Mitte Sept.–Mai 9–12.30 & 13.30–16.45 Uhr) Der weitläufige, 150 Gräber umfassende antike Friedhof datiert ins 7. und 8. Jh. v. Chr. und die Anordnung der Grabkammern ähnelt Beschreibungen von mykenischen Grabstätten in Homers *Ilias*. Hier wurden Könige und Adlige mit ihren bevorzugten weltlichen Gütern, Essen, Getränken sowie geopferten Sklaven begraben. An den grausamen Brauch erinnern die Skelette zweier unglückseliger Pferde, die getötet wurden, nachdem sie einen König zu seinem Grab transportiert hatten (Nr. 79). Viele Gräber sind über die Jahre geplündert worden, doch man kann die Schätze und antiken Objekte dreier Stätten in Lefkosias Zypern-Museum bewundern.

Weiter südlich bei einem einsamen Eukalyptusbaum liegen die kleinen **Cellarka-Gräber**. In ihnen fanden weniger bedeutende Mitglieder der königlichen Gemeinschaft ihre letzte Ruhe. Die steil abfallenden Treppen der Gräber führen zu unterirdischen Kammern mit Steinurnen. War deren Inhalt zerfallen, wurden die sterblichen Überreste entfernt und die Kammern neu gebraucht.

Die Gräber sind gut ausgeschildert und erstrecken sich südlich von Salamis entlang der Straße zur Apostolos-Varnavas-Kirche.

Apostolos-Varnavas-Kirche KIRCHE
(378 8331; Erw./Kind 7/3 TRY; Juni–Mitte Sept. 9–20 Uhr, Mitte Sept.–Mai 9–12.30 & 13.30–16.45 Uhr) Weil die bedeutende orthodoxe Kirche von den türkischen Behörden in ein Museum verwandelt wurde, ist sie nicht wie andere christliche Bauten im Norden geplündert und zerstört worden. Obwohl sich viele griechische Zyprer dagegen aussprachen, mit der Stätte Geld zu verdienen, anstatt sie als Gotteshaus zu nutzen, waren sie froh, dass sie überlebt hatte.

Drei Mönche (und Brüder) namens Barnabas, Stefanos und Khariton führten das Kloster ab 1917. Sie überstanden das Jahr 1974, verließen die Anlage aber 1976, nachdem diese mehrfach durchsucht worden war und ihnen die türkischen Behörden Reisebeschränkungen auferlegt hatten. Ihren Lebensabend verbrachten sie im Stavrovouni-Kloster.

Die Kirche ist Varnavas (Barnabas), einem Freund des Apostels Paulus, geweiht, der aus Zypern stammt und hier als Missionar tätig war. Obwohl sein Name und Werk in der Apostelgeschichte des Lukas auftauchen, gehörte er nie offiziell zu den Jüngern Jesu.

Die Originalkirche wurde 477 n. Chr. an der Stelle von Varnavas' Grab errichtet und nach einem Traum von Anthemios, Bischof von Constantia (Salamis) entdeckt. 1756 entstand unter dem Erzbischof Philotheos das heutige Bauwerk, das dem Originalgebäude sehr ähnelt. Mittlerweile beherbergt es ein **Ikonenmuseum** mit einer umfassenden Sammlung orthodoxer Heiligenbilder.

Im Innenhof zeigt das kleine **archäologische Museum** Funde aus Salamis und dem nahe gelegenen Enkomi. Vermutlich stammen einige der Exponate aus Varosias geschlossenem archäologischem Museum.

Weder die Ausstellungsstücke noch die Räume sind gut ausgeschildert. Vom Eingang im Uhrzeigersinn beherbergt der erste Raum Objekte aus der Bronzezeit, der nächste Stücke aus der venezianischen Periode und der letzte eine Mischung von Funden aus der osmanischen und klassischen Epoche. Das interessanteste Exponat ist die Statue einer Frau mit einer Mohnblume; sie soll die Göttin Demeter darstellen.

Die Kirche liegt 9 km nordwestlich von Famagusta in der Nähe von Salamis. Einfach der Abzweigung gegenüber dem antiken Salamis folgen, ab dort ist sie ausgeschildert.

Antikes Enkomi (Alasia)

Diese **Stadt** (Enkomi Ören Yeni; Erw./Kind 5/3 TRY; Juni–Mitte Sept. 9–19 Uhr, Mitte Sept.–Mai 9–12.30 & 13.30–16.45 Uhr) geht auf das Jahr 1800 v. Chr. zurück und gewann in der späten Bronzezeit (1650–1050 v. Chr.) als Kupferzentrum an Bedeutung.

Auf akkadischen keilförmigen Tafeln, die man im ägyptischen Tell el-Amarna entdeckte, ist von Kupfer die Rede, das dem Pharao vom König von Alasia im Tausch gegen Silber und Luxusgüter versprochen wurde. Bis heute weiß man nicht, ob sich der Name Alasia auf ganz Zypern oder nur auf Enkomi bezog.

Die Überreste der Stätte datieren etwa ins Jahr 1200 v. Chr. Damals wurde der rechtwinklige Grundriss angelegt und es entstanden prächtige öffentliche Gebäude. Enkomi war einst für einen hohen Lebensstandard und wohlhabende Kaufleute bekannt, die für die Mykener Handel betrieben. Ein Brand, mindestens zwei Erdbeben und das Versinken des Binnenhafens führten zu seinem Niedergang. Manche Forscher vermuten, dass die letzten Bewohner zur Küste zogen und Salamis gründeten.

Im Laufe der Jahre wurde die Anlage größtenteils geplündert – in vielen Gräbern sollen sich Gold, Elfenbein und kunstvolle mykenische Töpferkunst versteckt haben.

Um die weitläufige Stätte zu erkunden, muss man große Strecken zurücklegen. Beim Ticketbüro gibt's ein Infoblatt mit Lageplan.

Zu den Highlights gehören das **Haus der Bronzen**, in dem 1934 Bronzegegenstände ausgegraben wurden, das **Haus der Säulen**, ein öffentliches Gebäude, das **Heiligtum des gehörnten Gottes**, in dem eine 60 cm hohe Bronzestatue gefunden wurde, die nun im Zypern-Museum ausgestellt ist, und **Grab 18**, wo ein Großteil der Schätze Enkomis vergraben lag.

Bemerkenswert sind auch die **Befestigungsmauer** und ein **Kenotaph** auf einem felsigen Außenposten. Sein Inhalt war durch die Bauweise und den Scheiterhaufen vor Plünderern geschützt und so stieß man hier auf Kalksteinstatuen, Amphoren aus Rhodos, ein archaisches Bronzeschild und Tonplastiken. Archäologen gehen davon aus, dass dieses mutmaßliche Grab Nikokreon gehörte und die Ebene zwischen Enkomi und Salamis ehemals als bedeutende Verbindung zwischen den zwei Straßen diente.

Die antike Stätte erstreckt sich westlich der Nekropole von Salamis.

İskele (Trikomo)

Im Geburtsort von Georgios Grivas, Anführer der Ethniki Organosi tou Kypriakou Agona (EOKA; Nationale Organisation Zyprischer Kämpfer), steht die aus dem 12. Jh. stammende **Panagia-Theotokos-Kirche** (Kirche der seligen Jungfrau Maria). Den kuppelförmigen Bau mit gewölbten Einbuchtungen an den Seitenwänden schmücken kunstvolle Gemälde, auf denen Mariä Verkündigung und das Gebet von Joachim und Anna zu sehen sind. Hinter dem sich umarmenden Pärchen späht ein kleines Mädchen durchs Fenster. Die Marmorintarsien der originalen Ikonenwand befinden sich im Glockenturm.

Heute beherbergt die Kirche ein **Ikonenmuseum** (İskele İkon Müzesi; Erw./Kind 5/3 TRY; ⊙ Juni–Mitte Sept. 9–12.30 & 13.30–16.45 Uhr, Mitte Sept.–Mai 9–14 Uhr) mit einer kleinen Sammlung von Wandmalereien aus dem 12. bis 15. Jh. sowie Ikonen aus den 1950er- und 1960er-Jahren.

Sie liegt am westlichen Ortsrand.

Boğaz (Bogazi)

Dieses kleine Fischerdorf 24 km nördlich von Famagusta ist der letzte Strandort, bevor die Straße ins Landesinnere zur Karpaz-Halbinsel führt. Südlich des kleinen Hafens erstreckt sich ein Strandabschnitt mit Strohschirmen und Sonnenliegen. In den hiesigen kleinen Hotels (s. S. 219) übernachten viele Pauschaltouristen, darunter vor allem deutsche und russische Urlauber. An der Küste befinden sich einige teurere Fischlokale, aber an der Strandpromenade bietet das **Kiyi** (Hauptgerichte 25–30 TRY) eine tolle Aussicht sowie fangfrischen Fisch mit Pommes frites zu vernünftigen Preisen.

KARPAZ-(KIRPAŞA-) HALBINSEL

Weit weg vom Stadttrubel wartet die Karpaz-Halbinsel (auf Türkisch auch Karpasia oder Kırpaşa genannt) mit ausladenden hügeligen Feldern, wilden Tieren, Olivenhainen, Johannisbrotbäumen, schier unendlichen Badestränden, vergessenen archäologischen Stätten und den Überresten zerstörter christlicher Kirchen auf. Dank der wunderschönen Wildblumen, die im Frühling in allen Farben strahlen (s. S. 241), eignet sich die Gegend wunderbar für Wander- und Radtouren.

Die Halbinsel konnte sich ihre Ursprünglichkeit größtenteils bewahren und in ihren vereinzelten Dörfern scheint die Zeit stehen geblieben zu sein. Von den Ereignissen des Jahres 1974 blieb die Region quasi unberührt, weil die hier in Abgeschiedenheit wohnenden Türken und Griechen die Tei-

START **İSKELE (TRIKOMO)**
ZIEL **KALEBURNU GALINOPORNI**
LÄNGE **85 KM**
DAUER **FÜNF BIS SECHS STUNDEN**

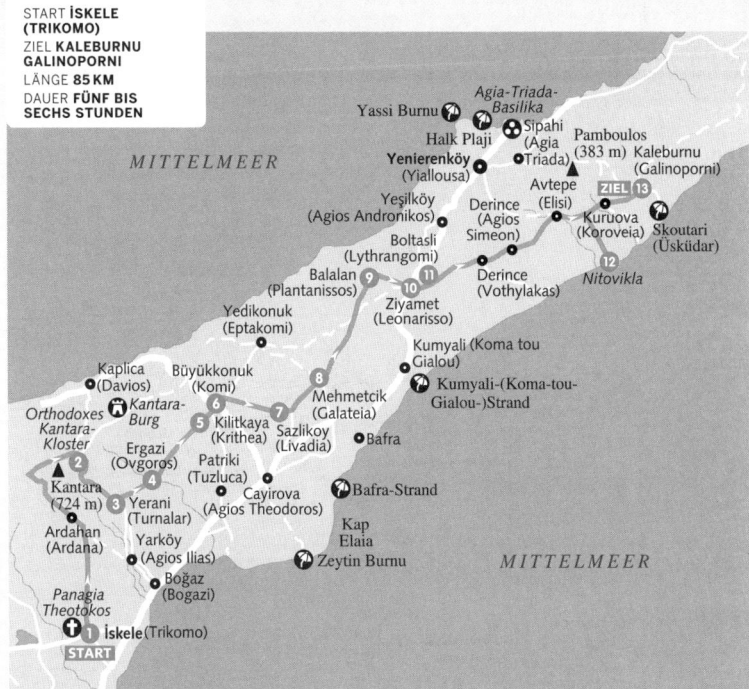

Spritztour:
Abgeschiedene ländliche Dörfer auf der Karpaz-Halbinsel

❯ Nach Besichtigung der Kirche und des Museums von ❶ **İskele** fährt man nordwärts an Ardahan (Ardana) vorbei und nimmt die 12 km lange Straße Richtung Osten bis zum orthodoxen ❷ **Kantara-Kloster** aus dem Mittelalter. Von hier folgt man der Hauptstraße gen Süden zum Dorf ❸ **Yerani** (Turnalar), wo die Panagia-Evangelistria-Kirche 1 km westlich des Orts zu einem Besuch einlädt. Anschließend geht's ostwärts über Kutulus Turnalar Yolu durch das traditionelle Dorf ❹ **Ergazi** (Ovgoros) und weitere 9 km nordöstlich hinunter nach ❺ **Kilitkaya** (Krithea). 2,5 km weiter erreicht man ❻ **Büyükkonuk** (Komi), Zyperns erstes Ökodorf mit restaurierten alten Gebäuden und einer Olivenmühle. Nach dem Genuss einiger Mandeln und Feigen folgt man der alten Straße ostwärts nach ❼ **Sazlikoy** (Livadia) und zu den aus dem 6. Jh. stammenden Ruinen der Panagias-tis-Kryas-Kirche. Über die Straße Richtung Nordosten gelangt man zu den Weinbergen von ❽ **Mehmetcik** (Galateia), wo man in den Genuss des rund 45-prozentigen *zivania* kommt. Danach geht's über die Hauptstraße im Nordosten (nicht die Stadionstraße) ins Zentrum der Karpaz-Halbinsel und über 16 km durch Felder und Haine nach ❾ **Balalan** (Plantanissos). Nach weiteren 3 km in südwestlicher Richtung stößt man inmitten bergiger Landschaft auf ❿ **Ziyamet** (Leonarisso). Hinter der Kreuzung in Karpas Anayolu lässt man Gelincik (Vasili) hinter sich und gelangt nach ⓫ **Boltasli** (Lythrangomi) mit der mittlerweile geschlossenen Panagia-Kanakaria-Kirche aus dem 6. Jh. Von dort verläuft eine gute, schmale Straße durch die kleinen Orte Derince, Avtepe und Kuruova, von denen mehrere nicht beschilderte Wege zu alten Felsengräbern und der bronzezeitlichen Festung ⓬ **Nitovikla** (3 km entfernt) an der Südküste führen. Am besten fragt man in den Dörfern nach den schönsten Wanderrouten. Nach dem kurzen Abstecher geht's zurück ins Auto und ostwärts nach ⓭ **Kaleburnu** (Galinoporni), dem größten Weiler auf dieser Route. Wenn man sich gestärkt hat, folgt man dem Strandweg nach Skoutari (Üsküdar), wo ein erfrischendes Bad lockt.

Karpaz-(Kırpaşa-)Halbinsel

lung einfach ignorierten und weiterhin Seite an Seite lebten.

Im Dorf Dipkarpaz (Rizokarpaso) gibt's noch immer ein paar ältere griechische Zyprer, doch mittlerweile sind in den meisten Ortschaften, vor allem Richtung Norden, Türken vom Festland ansässig.

Yenierenköy (Yiallousa) mit einem kleinen Platz und Zentrum ist das größte Dorf. Hier befindet sich eine gute Touristeninformation, die das Interesse an der Gegend wecken soll. Da man heute problemlos die Grenze zwischen der Republik und dem Norden passieren kann, kommen vermehrt Besucher zur Karpaz-Halbinsel, was sich allmählich in den Preisen widerspiegelt.

Viele griechische Zyprer pilgern zweimal im Jahr vom Süden zum Apostolos-Andreas-Kloster am äußersten Zipfel.

Die touristische Entwicklung macht auch vor der Halbinsel nicht Halt und so entstehen mancherorts ziemlich protzige, deplatziert wirkende Betonbunker (s. Kasten S. 203). Glücklicherweise wurde das komplette Kap ab Dipkarpaz zum Nationalpark erklärt, der Flora und Fauna in Zukunft hoffentlich schützen kann.

Strände

Kumyali-(Koma-Tou-Gialou-)Strand STRAND
Bevor es in den Westteil der Halbinsel und zu den hübscheren Stränden geht, bietet sich der kleine Sandstreifen mit Fischerhafen vor den Toren des Dorfes Kumyali für einen letzten Badestopp an.

Golden Beach (Nangomi-Bucht) STRAND
Der wohl schönste Strand der Insel lohnt schon für sich allein genommen einen Ausflug zur Karpaz-Halbinsel. Hier treffen weiße Dünen und eine sanft geschwungene Küste auf das ruhige, klare Meer, während Wildesel in aller Ruhe auf den umliegenden Hügeln grasen.

Tollerweise bewahrte sich der mehrere Kilometer lange idyllische Sandstreifen sei-

ne Ursprünglichkeit weitgehend. Er gehört zum Nationalpark und wird von Schildkröten zur Eiablage genutzt (s. Kasten S. 174). Im September kann man sich mit freiwilligen Helfern in Verbindung setzen, die über die Entwicklung der Tiere wachen, und mit etwas Glück ein paar Schildkrötenbabys schlüpfen sehen.

Der Strand 5 km vor Zafer Burnu (Apostolos-Andreas-Kap) wird von einer buschigen Landzunge gesäumt und ist über sandige und unbefestigte Straßen zu erreichen. Vor Ort gibt's einfache Strandhütten (s. S. 219) und ein paar Restaurants.

Agios-Philon-Strand STRAND

Mit seinem feinen Sand und den großen flachen Meeresfelsen ist dieser Strand in der Nähe des Hotels und Restaurants Oasis at Ayfilon (S. 220) eine fantastische Option. Auch hier legen Schildkröten ihre Eier ab, außerdem erlebt man herrliche Sonnenuntergänge.

Unterwegs vor Ort

Weil der zwischen Famagusta und Yenierenköy pendelnde Bus (6 TRY, 1¼ Std.) das einzige öffentliche Verkehrsmittel der Gegend ist, braucht man für die Erkundung der Region einen eigenen fahrbaren Untersatz. Taxis können vor Ort organisiert werden.

Die Hauptstraße zur Halbinsel ist in einem sehr guten Zustand, allerdings lässt die Beschilderung zu wünschen übrig, sodass man eine gute Karte dabeihaben sollte.

Kantara-Burg

Kantara (Kantara Kalesi; Erw./Kind 6/3 TRY; Juni–Mitte Sept. 9–17 Uhr, Mitte Sept.–Mai 9–12.30 & 13.30–16.45 Uhr), die östlichste der drei gotischen Lusignan-Burgen, ist mit einer Höhe von 690 m zugleich die am niedrigsten gelegene. Sie bietet einen 360-Grad-Blick auf die gesamte Region und das Meer zu beiden Seiten der Halbinsel. An einem klaren Tag erkennt man von hier die Küste der Türkei und sogar Syriens.

Nachdem Richard Löwenherz 1191 Isaak Komninos, den byzantinischen Kaiser Zyperns, besiegte, ging die bedeutende Bergfestung in seinen Besitz über. Sie wurde genutzt, um mit der Buffavento-Burg im Westen zu kommunizieren.

Im 16. Jh. vertrauten die venezianischen Verteidigungsstrategen eher auf Feuerkraft als auf Höhe und so liefen die Häfen von Famagusta, Larnaka und Kyrenia Kantara den Rang ab. 1525 verließ die venezianische Garnison das Bauwerk und überließ es Plünderern, die nach den legendären Schätzen der Burg suchten.

Heute sind noch der gut erhaltene Nordteil der Festung sowie die Türme und Mauern zu sehen. Der Außeneingang führt zu dem recht überwucherten Wachtturm. Nord- und Südturm thronen neben dem inneren Eingang, durch den man zur eigentlichen Burg mit der Garnison, Latrinen und einer Zisterne gelangt.

Der höchste Punkt der Anlage ist der Aussichtsturm, auf dem einst Flaggen vor drohender Gefahr warnten. Am südwestlichen Ende befinden sich weitere Garnisonen und der hintere Eingang, durch den einst Soldaten marschierten und Angreifer abfingen. Das schmale Dach des Nordturms ohne Geländer ist nichts für schwache Nerven, lockt jedoch mit Traumblicken.

Besucher bekommen vor Ort eine kostenlose Karte und benötigen rund eine Stunde für die Besichtigung. Kinder sollten nie ohne Begleitung eines Erwachsenen durch die Gegend stromern, denn es gibt einige nicht umzäunte Abhänge, unebene Wege und ungeschützte Löcher.

Am besten erreicht man Kantara über das 45 Autominuten entfernte Boğaz. Ab Kaplıca führt eine enge, aber gute Straße hierher. Von Kyrenia benötigt man rund zwei Stunden, öffentliche Verkehrsmittel sind nicht unterwegs.

Yenierenköy (Yiallousa)

In dem ehemals vorwiegend griechischen Weiler siedelten sich türkische Zyprer aus Erenköy (Kokkina) im Süden an. Derzeit wird in dem zweitgrößten Ort der Halbinsel gerade ein 15 Mio. € teurer Jachthafen mit über 500 Ankerplätzen gebaut. Nach Fertigstellung soll dieser einen großen Wandel für Yenierenköy und Karpaz bewirken.

Das Personal der **Touristeninformation** (✆ 374 4984; ⊙ Juni-Mitte Sept. 10–18 Uhr, Mitte Sept.–Mai 9–13 & 14–17 Uhr) spricht Englisch und verfügt über jede Menge Infos zur Umgebung. Zu den Attraktionen der Region gehören die riesigen **Höhlengräber** von Derince (Vothylakas) sowie ihre kleineren Pendants zwischen Avtepe (Elisi) und Kuruova (Koroveia). Die Gegend ist größtenteils unberührt und viele Wege führen südwärts in Richtung Meer zu den Ruinen der bronzezeitlichen Festung **Nitovikla**.

Weiter ostwärts entlang der Küste in der Nähe von Kaleburnu (Galinoporni) stößt man auf einige **Sandsteingräber**. Die Wege sollten nur mit dem Geländewagen befahren werden, zudem braucht man eine gute Karte. Am besten fragt man in der Touristeninformation oder in einem Dorf in der Nähe nach, wie die nicht ausgeschilderten Gräber zu finden sind.

Sipahi (Agia Triada)

In diesem kleinen Dorf leben viele Bulgarien-Türken vom Festland sowie eine kleine griechische Gemeinschaft. Wie ihre in ähnlich kleiner Zahl in Dipkarpaz vertretenen Landsleute weigern sie sich, ihre Heimat im Norden zu verlassen, und bleiben trotz der politischen Situation weiterhin auf der Halbinsel.

Vor Ort warten die Ruinen der **Agia-Triada-Basilika** (Erw./Kind 5/3 TRY; ⊙ 9–17 Uhr) aus dem 5. Jh. mit einigen großartigen Mosaiken auf. Von dem eigentlichen Bauwerk ist wenig geblieben, dafür kann man aber den weitläufigen, kunstvoll mit geometrischen und abstrakten Mustern verzierten Boden bewundern. Griechischen Inschriften am nördlichen und südlichen Ende des ehemaligen Kirchenschiffs ist zu entnehmen, dass die Kirche teilweise von Diakon Iraklios, der ein entsprechendes Gelübde abgelegt hatte, finanziert wurde. Sie befindet sich an der östlichen Grenze Sipahis und ist am besten vom Dorfrand bei Dipkarpaz aus zu erreichen. Eintrittskarten bekommt man im kleinen Kiosk gegenüber.

Dipkarpaz (Rizokarpaso)

3500 EW.

Im größten und abgeschiedensten Dorf der Halbinsel befinden sich eine große moderne Moschee und eine alte orthodoxe Kirche, deren Glocken nicht mehr läuten, obwohl in Dipkarpaz eine kleine griechische Gemeinschaft wohnt. Heute sind in dem einst aufstrebenden Städtchen größtenteils Türken und Kurden vom Festland ansässig. Sie führen ein entbehrungsreiches, von der Landwirtschaft geprägtes Leben.

Ein paar Läden und eine Tankstelle bieten die letzte Möglichkeit, Reisevorräte aufzufüllen. Das beste Lokal des Ortes, das **Manolyam Restaurant** (Hauptgerichte 20–30 TRY), liegt 500 m vom Zentrum gleich neben den Karpaz Arch Houses (S. 220). Es serviert eine kleine, aber sättigende Auswahl an traditionellen türkischen Meze-Gerichten.

Agios Philon & Afendrika

5 km nördlich von Dipkarpaz steht die **Agios-Philon-Kirche** aus dem 12. Jh. einsam an der kargen Küste neben dem Hotel Oasis at Ayfilon (S. 220). Ihre gut erhaltenen Außenwände wurden auf dem Gelände einer christlichen Basilika aus dem 5. Jh. errichtet und außerhalb ihrer Mauern sind konzeptionelle Mosaiken zu sehen. Auf dem Gelände erstreckte sich einst der antike Ort **Karpasia**, der in der hellenischen Periode und im Mittelalter seine Blütezeit erlebte. Darüber hinaus gab es hier früher einen römischen Hafen; im Meer erkennt man noch immer die Überreste seines Damms.

Am Wasser erstreckt sich der idyllische Agios-Philon-Strand (S. 201), zudem lädt das **Oasis Restaurant** (Oasis at Ayfilon; Hauptgerichte 20–30 TRY; ✆) mit Grillgerichten und

UMWELTSCHUTZ

1983 erklärte die türkisch-zyprische Seite 150 km² der Karpaz-Region von der Gemeinde Dipkarpaz bis zum Kap Apostolos Andreas zum Nationalpark. Seitdem wurden im Zuge der fortschreitenden Erschließung und des Baubooms 2004 – beides Folgen der erhofften Wiedervereinigung der Insel – in nahe gelegenen Orten wie Bafra und Yenierenköy (Yiallousa) neue Hotels und Resorts errichtet. Diese Entwicklung lässt Umweltschützer zunehmend aufhorchen, die sich um das Umland, insbesondere um die einzigartige Tier- und Pflanzenwelt, sowie um unentdeckte archäologische Stätten und zerklüftete Strände sorgen. Inzwischen kämpfen sie gemeinsam mit Lobbygruppen und Biologen für eine Ausdehnung des Parks bis zur Ronas-Bucht nördlich von Dipkarpaz. Sie wollen strengere Richtlinien bezüglich der Nutzung der Insel und ihrer zukünftigen Entwicklung durchsetzen. Aktuell gehören der Bau neuer Straßen und von Elektrizitätswerken in abgelegenen Gegenden des Kaps zu ihren größten Sorgen. Das Gebiet ebenfalls zum Nationalpark zu erklären wäre ein Schritt in die richtige Richtung, allerdings sind noch weitere Anstrengungen nötig, um eine der letzten unberührten Regionen der Insel zu bewahren.

dem fangfrischsten Fisch der Halbinsel zu einer Pause ein.

7 km ostwärts liegt **Afendrika**, im 2. Jh. vor Chr. eine recht bedeutende Stadt. Heute ist hier eine Ruinenstätte mit drei Kirchen zu sehen: **Agios Georgios** aus dem 6. Jh. sowie **Panagia Khrysiotissa** und **Panagia Asomatos** aus dem 10. Jh. Ganz in der Nähe befinden sich eine Nekropole und die Überreste einer Zitadelle.

Apostolos-Andreas-Kloster

Jedes Jahr ziehen am 15. August und 30. November griechisch-zyprische Pilger gen Norden zu diesem **Kloster** (Spenden willkommen) nahe der Spitze der Karpaz-Halbinsel. Ihnen ist es seit 1996 erlaubt, im Rahmen organisierter Ausflüge an diesen beiden Tagen in den Norden einzureisen.

Heute, nach der Öffnung bestimmter Grenzübergänge, sind derartige Touren sehr viel einfacher - nun dürfen die Gläubigen die Stätte ohne Begleitung besuchen.

Die Kirche stammt aus dem Jahr 1740, allerdings wurde die gesamte Klosteranlage später erweitert. Sie verdankt ihren Ruf als Wunderstätte dem hl. Andreas, dem Schutzheiligen der Seeleute, der hier bei seiner Ankunft aus Palästina einem Schiffskapitän sein Augenlicht wiedergegeben haben soll.

Seitdem reicht die Bandbreite der angeblichen Wunder von der Heilung weiterer Blinder, Epilepsiekranker und Gehbehinderter bis zur Erfüllung besonderer Wünsche. Dank der Förderung vieler Gläubiger und Pilger erstrahlte das Kloster bis 1974 in voller Pracht.

Getrennt von seinen Fürsprechern und mit nur einer Handvoll griechisch-zyprischer Verwalter, hat sich sein Zustand inzwischen jedoch merklich verschlechtert. Bald soll ein lange geplantes 5 Mio. € teures Restaurierungsprogramm Abhilfe schaffen, das von UN- und EU-Geldern finanziert wird.

Besucher können die Anlage das ganze Jahr über besichtigen. Die Verwalter machen gerne kleine Führungen – vorausgesetzt man findet einen. Spenden sind willkommen und fließen in die Instandhaltung der Kirche. Draußen werden an einem kleinen Stand Souvenirs wie Gebetsarmbänder verkauft.

Zafer Burnu (Kap Apostolos Andreas)

Ein 3 km langer, unbefestigter Weg führt vom Apostolos-Andreas-Kloster zum östlichsten Zipfel Zyperns. Hier sieht man ein paar felsige Inseln, die **Kleides** (Schlüssel) genannt werden.

Einst befand sich vor Ort die neolithische Siedlung **Kastros**. Später errichteten die alten Griechen einen Aphrodite geweihten Tempel, von dem nichts geblieben ist. Wer mit einem Geländewagen anreist, kann für den Rückweg nach Dipkarpaz die holprigere Straßen im Norden nehmen, was jedoch vor allem bei Regen kein einfaches Unterfangen ist.

Unterkunft

Inhalt »

Lemesos & die Südküste 206
Troodos-Gebirge 208
Pafos & der Westen 210
Larnaka & der Osten 213
Lefkosia (Nikosia) 215
Nord-Nikosia (Lefkoşa) 216
Kyrenia (Girne) & die Nordküste 217
Famagusta (Magusa) & die Karpaz-(Kırpaşa-) Halbinsel 219

Schön übernachten

- » Lapida (S. 218)
- » Aeneas (S. 215)
- » Elyssia (S. 209)

Top-Budgethotels

- » Crystallo Apartments (S. 211)
- » Petrou Bros (S. 214)
- » Luxor Guest House (S. 206)

Top-Agrotourismus-Unterkünfte

- » Amarakos Inn (S. 212)
- » Apokryfo (S. 207)
- » Archontiko Rousias (S. 210)

Wo übernachten?

Jede Region hat ihren ganz eigenen Charakter, deshalb sollte man zuerst entscheiden, was man von seinem Urlaub eigentlich erwartet. Larnaka im Süden ist das Zentrum der touristischsten Gegend der Insel, das nahe gelegene Agia Napa ist die Hochburg für Clubber. Das kultivierte Lemesos im Westen gilt dagegen als Gourmet-Mekka sowie als perfekte Basis für Ausflüge ins Inland und darüber hinaus. Noch weiter westlich liegt das bei Familien beliebte Pafos. Von hier aus hat man Zugang zu den unberührten Stränden an der Westküste und zum Troodos-Gebirge. Einen ganz anderen Charme verströmt die Hauptstadt, das kultivierte Lefkosia/Nord-Nikosia mit seinen tollen Museen und historischen Sehenswürdigkeiten. Im Norden der Insel wartet Kyrenia mit ein paar erstklassigen Hotels samt Hafenblick auf, während die Karpaz-(Kırpaşa-) Halbinsel weiter westlich mit einer traumhaften Landschaft, ursprünglichen Stränden und Buchten bezaubert.

Preise

Bei den Preissymbolen haben wir uns an den Kosten für ein Doppelzimmer mit eigenem Bad, aber ohne Frühstück orientiert und nennen die Tarife für die Neben- (Wintermonate) sowie für die Hauptsaison (Sommermonate).

In der günstigen Kategorie werden Bäder häufig gemeinschaftlich genutzt, zudem sind Einrichtungen und Services begrenzt. Bei den mittelpreisigen Unterkünften gehören oft TV, Balkone und WLAN zum Standard. Die teuersten Hotels sind recht luxuriös und in opulenten historischen oder supermodernen Gebäuden untergebracht.

KATEGORIE	PREIS
€ Günstig	<60 € (Republik Zypern) <40 € (Nordzypern)
€€ Mittelteuer	60–90 € (Republik Zypern) 40–70 € (Nordzypern)
€€€ Teuer	>90 € (Republik Zypern) >70 € (Nordzypern)

Unterkunftsarten

In Zypern gibt's alle möglichen Arten von Unterkünften, die von Strandhütten bis zu umwerfend luxuriösen Hotels reichen. Die Tarife im kostenlosen *Cyprus Hotel Guide,* der von der Cyprus Tourism Organisation (CTO) herausgegeben wird, sind die höchsten zulässigen Preise: So viel muss man normalerweise nur im Sommer zahlen.

AGROTOURISMUS

Im Süden kann man zwischen zahlreichen Agrotourismus-Optionen wählen. Großfamilien oder Gruppen von Freunden bevorzugen vermutlich Häuser mit Gärten, während Pärchen vielleicht lieber Apartments in alten Steingebäuden buchen. Die Unterkünfte sind voll ausgestattet und warten häufig mit Extras wie einem Swimmingpool und WLAN auf.

Der Agrotourismus ist eine tolle, oftmals sehr preiswerte Möglichkeit für Individualreisende, die Zypern von einer anderen Seite kennenlernen möchten. Für ein Einzelzimmer werden etwa 35 €, für ein Doppelzimmer 50 bis 70 € und für ein Luxusstudio 100 € berechnet.

Viele Grundstücke liegen abseits der dichter besiedelten Gebiete und die öffentlichen Verkehrsmittel fahren z. T. sehr selten, deshalb braucht man einen Wagen, um von A nach B zu gelangen.

CAMPING

Im Süden gibt's nur vier offizielle Campingplätze mit saisonal unterschiedlichen Öffnungszeiten. Alle verfügen über Warmwasserduschen, kleine Supermärkte und eine Snackbar. Im Norden werden noch weniger Zeltplätze betrieben. Ihre Einrichtungen sind nicht so gut wie im Süden, trotzdem kosten sie ähnlich viel.

PRIVATZIMMER

Domatia (Gästezimmer), die mit dem Wort *camere* beworben werden, sind in Zypern unüblich und die CTO rät sogar von dieser Art der Unterbringung ab. Dennoch entdeckt man in Agia Napa sowie den beliebteren Ferienorten in den Bergen (z. B. im Troodos-Gebirge) und der Gegend rund um Pafos *camere*-Schilder. Die Zimmer sind sehr günstig (15–20 €) und häufig werden auch Mahlzeiten angeboten. Wenn man kein Schild findet, fragt man am besten in einer Taverne oder Bar nach Unterkünften.

HOTELS

Viele Hotels in den Hauptferienorten im Süden ziehen vor allem Pauschaltouristen an, aber gewöhnlich gibt's in den Resorts immer noch Platz für ein paar Individualreisende. Die Qualität schwankt, doch die Preise werden von der CTO streng kontrolliert. Meistens haben die Unterkünfte gute Einrichtungen, hauptsächlich für Familien, außerdem ist das Frühstück im Preis inbegriffen.

Im oberen Preisspektrum gilt die Qualität der Bleiben im Norden generell als gut. Bei einem Großteil des Publikums handelt es sich um Pauschalurlauber, doch wie im Sü-

---

UNTERKUNFT ONLINE BUCHEN

Weitere Hotelbeschreibungen von Lonely Planet Autoren gibt's unter hotels.lonelyplanet.com/Cyprus. Dort findet man unabhängige Kritiken und Empfehlungen zu den besten Unterkünften, außerdem kann man sie gleich online buchen.

DIE URSPRÜNGE DES AGROTOURISMUS

Der Agrotourismus, also Schlafmöglichkeiten in historischen Gasthöfen u. Ä. auf dem Lande, wurde in den 1990er-Jahren „geboren", als die Cyprus Agrotourism Company (CAC) begann, den Umbau traditioneller Wohnhäuser in atmosphärische Unterkünfte für Touristen finanziell zu unterstützen. Damals hatte die Landflucht zugenommen und man befürchtete, ein Stück Kulturerbe zu verlieren. Aufgrund ihrer Lage laden die Bleiben zum Wandern sowie Rad- und Skifahren ein, doch es werden auch andere Aktivitäten angeboten (Halloumi-Käse-Herstellung, Olivenernte, Reiten, Exkursionen zu byzantinischen Kirchen etc.). Es gibt etwa 100 Anwesen, vor allem in den Ausläufern des Troodos-Gebirges, aber auch in der Umgebung von Lefkosia, Larnaka, Lemesos und Pafos. Die **Cyprus Agrotourism Company** (2233 7715; www.agrotourism.com.cy; PO Box 4535, CY-1390 Lefkosia) verfügt über eine exzellente Broschüre mit Adressen und Fotos der Unterkünfte, zudem kann man sich online informieren.

VILLEN MIETEN

Wer eine Villa für eine Woche oder länger mietet, zahlt weniger als für ein Hotelzimmer. Wunderbare Herrenhäuser, mit oder ohne Pool, findet man sowohl in den touristischen Gegenden als auch mitten in der Pampa. Immobilienmakler sind bei der Suche behilflich. Alternativ kann man sich aber auch den Anzeigenteil in den lokalen englischsprachigen Zeitungen ansehen. Eine Nacht kostet mindestens 40 € pro Person. Oft wird erwartet, dass man das Haus für mindestens zwei Wochen bucht.

den sind üblicherweise auch für spontane Übernachtungsgäste Zimmer frei. Mehr Infos bietet der bei der North Cyprus Tourism Organisation (NCTO) und den Touristenbüros in größeren Städten vorrätige *North Cyprus Hotel Guide*.

Wenn man online bucht, kann man oft Geld sparen.

APARTMENTHOTELS

Apartmenthotels sind auf dem Vormarsch, besonders in den Ferienhochburgen im Süden (Pafos, Lemesos und Larnaka) sowie in und rund um Kyrenia in Nordzypern. Fast alle verfügen über gut ausgestattete Küchen.

Ein Studioapartment mit einem Zimmer ist ab 35 € zu haben, ein Doppelzimmer ab 40 € (jeweils inklusive Küchenzeile).

LEMESOS & DIE SÜDKÜSTE

Lemesos (Limassol)

In Lemesos gibt's jede Menge Hotels, allerdings reihen sich die meisten entlang einer 9 km langen „Touristenmeile" nordöstlich der Altstadt aneinander und sind häufig überlaufen und übertreuert. Leider befinden sich in der Altstadt nur wenige gute Unterkünfte, doch in dieser Gegend sind die Leute eher mit dem „Phänomen Individualreisender" vertraut, deshalb haben Traveller bessere Chancen auf ein freies Zimmer.

Die günstigsten Hotels liegen östlich der Burg und die luxuriöseren Bleiben am nordöstlichen Ende des Touristenzentrums.

Chrielka APARTMENTS €€
(2535 8366; www.chrielka.com.cy; Olympion 7; Neben-/Hauptsaison 1-Zi.-Studios 60–70 €, 2-Pers.-Apt. 85–110 €; ❄️🏊) Hier hat man immer den Eindruck, bei einem weitgereisten Verwandten zu übernachten. Der Besitzer, Herr Nikitas, brachte von seinen Urlauben ein paar wunderschöne asiatische Porzellanwaren und verschiedene andere Gegenstände mit und wartet mit einem exquisiten Weinkeller inklusive Bar auf. Alle 33 Apartments sind geschmackvoll eingerichtet und umfassen einen Balkon, eine Küchenzeile sowie Satelliten-TV. Manche gewähren einen Blick auf den Stadtpark. Der kleine Pool ist ein unerwartetes und willkommenes Extra.

Curium Palace HOTEL €€€
(2536 3121; www.curiumpalace.com; Vyronos 2; EZ/DZ 90/115 €; P❄️@🛜🏊) Dieses alteingesessene Hotel gegenüber dem Stadtpark, ein strahlend weißer Marmorpalast, gilt als stilvollste und beste Unterkunft in Lemesos. Gäste dürfen sich auf einen komfortablen Aufenthalt mit exzellenten Restaurants und Bars, Pools, einem Fitnessstudio, einer Sauna und einem Tennisplatz samt Trainer freuen, der einem den ultimativen Killer-Aufschlag beibringt.

Luxor Guest House GASTHAUS €
(2536 2265; www.luxorlimassol.com; Agiou Andreou 101; B 12 €, DZ 35 €; @) Das Luxor ist die einzige Bleibe in der Stadt – und möglicherwei-

---

REISEZEIT

Im Juli und August haben die Zyprer Ferien. Dann ist es wegen der einheimischen Urlauber vor allem in den Badeorten erheblich voller und die Übernachtungspreise schießen in die Höhe. Weil nun auch in den übrigen Ländern Europas Schulferien sind, sorgt das für eine zusätzliche Touristenflut. Im August herrschen in Lefkosia und Nord-Nikosia unangenehm heiße Temperaturen, zudem bleiben viele Geschäfte und Restaurants etwa eine Woche lang geschlossen. Als ideale Reisezeit gelten die Monate März bis Juni und September bis Oktober, wenn es vernünftige Hoteltarife gibt und das Wetter angenehm warm ist. In der Nebensaison von November bis Februar kann man tolle Schnäppchen machen.

INFOS IM INTERNET

» Cyprus Agrotourism Company (www.agrotourism.com.cy) B&Bs und Mietshäuser, vornehmlich in ländlichen Gegenden.

» Rent Cyprus Villas (www.rentcyp rusvillas.com) Luxusvillen.

» Cyprus Apartments (www.cyprus-apartments.net) Apartments für Selbstversorger in den wichtigsten Ferienorten im Süden.

» North Cyprus Hotels (www.northcyprushotels.co.uk) Umfassender Hotelguide für Nordzypern.

se auf der gesamten Insel – mit echtem Backpackerflair. Die luftigen Zimmer haben mit Holz verkleidete Decken und kleine Balkone mit Blick auf die belebte Fußgängerstraße (manchmal geht's also ziemlich laut zu). Es gibt ein Doppelzimmer mit eigenem Bad und die Gäste können umsonst ins Internet.

Londa · BOUTIQUE-HOTEL €€€
(2586 5555; www.londahotel.com; George A 72, Potamos Yermasoyias, Yermasoyia; Neben-/Hauptsaison Zi. inkl. Frühstück 114–170 €; P❄☎) Zyperns erstes Edelhotel in italienischem Besitz besticht durch maßgeschneidertes Mobiliar, das von handgeschnitzten Kopfenden der Betten bis zu Cavallino-Teppichen reicht. Die Zimmer sind geräumig und in kühlen Erdfarben gestaltet, die sich vom Weiß der Bettwäsche abheben. Zu den umfangreichen Einrichtungen zählen ein Spa, ein langer Pool und die Caprice Bar, die sich abends in einen kuscheligen Club verwandelt, sobald der hauseigene DJ ans Werk geht. Das Hotel liegt 550 m östlich des historischen Zentrums.

Aquarius Hotel · HOTEL €€
(2532 6666; www.aquarius-cy.com; Amathus 11; Neben-/Hauptsaison EZ 40–50 €, DZ 50–70 €; P❄☎) Eine gute Option nur einen Katzensprung vom Strand und 5 km vom historischen Zentrum entfernt. Das Aquarius ist genau das Richtige für all jene, die lieber schwimmen gehen als Sightseeing machen und qualitativ hochwertige Einrichtungen zu bodenständigen Preisen schätzen. Alle Zimmer (meist mit Meerblick) sind geräumig und geschmackvoll eingerichtet. Zu den netten Extras gehören ein beheizter Innenpool, eine Sauna sowie ein Wellness- und Fitnesszentrum, in dem verschiedene Schönheitsbehandlungen angeboten werden. Darüber hinaus kann man Tangounterricht nehmen, im Aqua-Gym trainieren und kostenlos Räder ausleihen.

Lordos Hotel Apts · APARTMENTS €
(2558 2850; www.lordoshotelapts.com; Andrea Zaimi 13; 2-Pers.-Apt. ab 55 €; ❄☎) Das moderne Apartmenthotel bietet ein super Preis-Leistungs-Verhältnis, großzügige Apartments mit separatem Wohnzimmer und Küche, Satelliten-TV und kleinem Balkon. Für Selbstversorger ist die Lage günstig, denn das Debenhams (dient auch als gutes Orientierungspunkt) befindet sich nur eine Querstraße entfernt. Bis ins historische Viertel sind es 2 km, aber es gibt auch in der direkten Umgebung jede Menge Restaurants und Geschäfte.

Metropole · HOTEL €
(2536 2330; www.metropolehotel.com.cy; Ifigenias 6; EZ/DZ 45/55 €; ❄) Gute Budgetunterkunft im Herzen der Altstadt mit blassen Pfirsich- und Cremetönen sowie netten Drucken mit lokalen Motiven. Einige Zimmer sind mit Kühlschränken ausgestattet. Den Betreibern gehört auch der beliebte Retro Music Club (nur am Wochenende, 23–4 Uhr) gleich nebenan. Dort kann man auf der Tanzfläche zu den Hits der 1960er- bis 1980er-Jahre überschüssige Energie loswerden.

Le Meridien Limassol · HOTEL €€€
(2586 2000; www.lemeridien-cyprus.com; Neben-/Hauptsaison EZ 101–170 €, DZ 120–292 €; P❄@☎) Folgt man der Küstenstraße vom Stadtpark aus 13 km nach Norden, gelangt man zu einem luxuriösen Resort mit Grotten und Springbrunnen, deren Wasser in große Becken gespieen wird. Es gibt verschiedene Zimmerkategorien von einfachen Standardräumen über geradezu königliche Suiten mit einem Übermaß an Pomp bis zu „Zitrusgartenvillen" mit zwei Schlafzimmern, in denen bis zu sieben Mann Platz haben. Außerdem verfügt das Meridien über besondere Nobelzimmer für Reisende mit Behinderungen und ein Restaurant speziell für Kinder. Familien können von besonderen Pauschalangeboten profitieren.

Rund um Lemesos

Apokryfo · AGROTOURISMUS €€€
LP TIPP
(2581 3777; www.apokryfo.com; Lofou; Zi. inkl. Frühstück ab 150 €; P❄☎) Auf Griechisch bedeutet der Name so viel wie „versteckt"

und das trifft den Nagel auf den Kopf, denn das hübsche Grundstück liegt am Rande des malerischen Dorfes Lofou. Die Steinhäuschen wurden von einem griechisch-zyprischen Architekten und seiner Frau, einer Innenausstatterin, renoviert – mit einem exquisiten Ergebnis! Feinster Marmor, gekalktes Holz, natürliche Farben und gewebte Stoffe aus lokaler Herstellung prägen das Dekor. Auf Wunsch werden Babywannen, Kinderbettchen und Hochstühle bereitgestellt. Auch das hoteleigene Restaurant Agrino ist erstklassig.

Art by Praxis APARTMENTS €€
(9989 4737; www.praxis-designs.com; Governor's Beach; 4-/8-Pers.-Apt. pro Woche 240 €; ❄☀) Neue, ultramoderne Apartments mit auffälliger moderner Kunst und einem schicken, minimalistischen Look, die man mindestens für eine Woche buchen muss. Der Governor's Beach und verschiedene gute Fischrestaurants sind gut zu Fuß zu erreichen. Praxis ist ein Architektur- und Designunternehmen mit Sitz in Lemesos, dessen Fokus auf bioklimatischem Design liegt, dementsprechend bestehen die Apartments aus wiederverwertbaren Materialien. Darüber hinaus wird die Energie ausschließlich aus Solarzellen gewonnen und zum Bewässern wird aufbereitetes Wasser benutzt.

Bunch of Grapes Inn AGROTOURISMUS €
(2522 1275; Ioannou Erotokritou 9, Pissouri; EZ/DZ 30/50 €) Dieses atmosphärische Herrenhaus hat 200 Jahre auf dem Buckel und gehört zu einem beliebten Restaurant (S. 60). Es befindet sich im Zentrum des Dorfes Pissouri und ist gut ausgeschildert. Vor etwa 30 Jahren wurde das Gebäude, das einst im Besitz eines wohlhabenden Mannes war, „wiederentdeckt" und renoviert. Seither dient es als Unterkunft. Durch die Buntglasfenster der neun einfachen, nur mit Ventilatoren ausgestatteten Doppelzimmer blickt man auf einen zentralen Hof, in dem es nach Jasmin und Geißblatt durftet.

Vouni Lodge AGROTOURISMUS €€
(9968 5395; www.agrotourism.cy.com; Vouni; 2-/4-Pers.-Apt. 65–85 €; P❄☀) An der Hauptstraße im Dorf steht dieses 200 Jahre alte Gebäude mit drei Apartments im rustikal-traditionellen Stil und Tischen unter Olivenbäumen. Die Zimmer weisen Balkendecken, schmiedeeiserne Möbel und Spitzentagesdecken auf. Vom Apartment im Obergeschoss erspäht man in der Ferne das Meer. Gäste müssen mindestens drei Nächte buchen.

TROODOS-GEBIRGE

Troodos

Im Troodos-Waldpark erstrecken sich vier Zeltplätze. Für einen längeren Aufenthalt sollte man den Troodos-Platz (siehe unten) ansteuern, denn die anderen drei, Platania (s. S. 68), Kampi tou Kalogyrou und Prodromos Dam, sind zwar ebenfalls gut, haben aber einfachere Einrichtungen und eignen sich deshalb eher für Kurzbesuche.

LP TIPP Jubilee HOTEL €€
(2542 0107; jubilee@cytanet.com.cy; Zi. 40–70 €; DZ 60–98 €; P❄@) 350 m vom Dorf entfernt liegt an der Straße nach Prodromos ein altes, elegantes Hotel. Die gemütlichen, komfortablen Zimmer besitzen eine Zentralheizung für die Wintermonate und sind mit dunklem Holz sowie großen Sesseln ausgestattet. Dies ist die beste Adresse während der Skisaison, weil das Jubilee mit einem Zugang zu den Pisten punktet.

Troodos CAMPINGPLATZ €
(2242 1624; Stellplätze pro Zelt 6 €; ☉Mai–Okt.; P) Der Campingplatz 500 m östlich von Troodos' Zentrum verfügt über eine Küche, Duschen, Toiletten und fließendes Wasser.

Platres

In den Berghotels sind noch deutliche Spuren aus der britischen Kolonialzeit zu erkennen. Sie haben häufig jede Menge Charakter und verströmen das Flair der Alten Welt. Da der Agrotourismus in sämtlichen Dörfern auf dem Vormarsch ist, gibt's mittlerweile ein paar exzellente Übernachtungsmöglichkeiten.

LP TIPP Semiramis HOTEL €€
(2542 2777; www.semiramishotelcyprus.com; Spyrou Kyprianou 55; Zi. 45–75 €; P❄) Ein supernetter kleiner Familienbetrieb zwischen Kiefern mit gemütlichen Zimmern und einer charmanten Jahrhundertwende-Atmosphäre. Wer hier übernachtet, kann wunderbar abschalten. Es gibt Frühstück, die Atmosphäre ist entspannt und das Personal sehr freundlich.

Pendeli HOTEL €€
(2542 1736; www.pendelihotel.com; Makariou 12; Zi. April, Mai & Sept. 38 €, Juni–Aug. 75 €; ☉Okt.–März geschl.; P❄@☀🐾) Fast alle Zimmer

dieser bescheidenen, sauberen und adretten Bleibe gewähren einen spektakulären Blick auf das unterhalb gelegene Tal, außerdem herrscht am Pool im Zwischengeschoss nur selten übermäßiger Betrieb. Falls man Lust auf ein Verwöhnprogramm hat, sollte man im Wellnessclub inklusive Fitnessstudio, Sauna, Whirlpool und Spabehandlungen vorbeischauen, allerdings sind die Serviceleistungen nicht im Übernachtungspreis inbegriffen.

Forest Park   HOTEL €€€
(2542 1751; www.forestparkhotel.com.cy; Spyrou Kyprianou 62; Zi. 90–150 €; P✱@✱♨) In diesem großen Gebäude gingen schon Griechen, Ägypter und Briten von königlichem Geblüt ein und aus. Über die Jahre ist der Glanz des Bauwerks ein wenig verblasst, wobei man den Glamour längst vergangener Zeiten in der üppigen Bar immer noch durchaus spüren kann. Die Anlage umfasst zwei Swimmingpools, ein Fitnessstudio, einen Massagesalon, eine Sauna und vollständig ausgestattete Zimmer. Hier tummeln sich viele betuchte Zyprer.

Minotel New Helvetia   HOTEL €€€
(2542 1348; www.minotel.com; Elvetias 6; Zi. pro Pers. Neben-/Hauptsaison 75–90 €; P✱@✱) In entlegener und herrlich friedlicher Lage am nordöstlichen Ende des Dorfs, nicht weit von der Schnellstraße entfernt, bietet das Minotel New Helvetia Doppelzimmer mit Fernsehern, Telefonen und kleinen Balkonen. Die dunkle, aber stimmungsvolle Bar wartet mit einer tollen, von Kiefern umstandenen Terrasse auf, zudem kann man Wagen und Fahrräder mieten.

Rund um Platres

To Spitiko tou Arhonta
AGROTOURISMUS €€
(2546 2120; www.spitiko3elies; 2-/4-Pers.-Apt. 75/130 €; P✱✱♨) Am oberen Ende des Dorfes Treis Elies stößt man auf eine Bleibe mit schattigem Garten und drei komplett ausgestatteten, herrlich rustikalen Apartments (zwei mit je einem und eines mit zwei Schlafzimmern). Androulla, die nette Besitzerin, bereitet auf Wunsch Mahlzeiten zu und bringt ihren Gästen vielleicht sogar bei, wie man *kleftiko* (im Ofen gebackenes Lamm) macht. Wenn man Ausflüge auf dem E4-Fernwanderweg unternehmen will, ist diese Unterkunft die ideale Ausgangsbasis.

To Spiti tou Xeni   AGROTOURISMUS €
(9941 9251; 1-Zi.-Apt. 40–50 €; P✱) Das gepflegte, traditionelle Haus im Dorf Galata hat alles, was man als Selbstversorger braucht. Die Betten besitzen eine vernünftige Größe, es gibt einen Kamin und Lehmöfen und der Blick auf die Hügel und das Tal ist wunderbar. Insgesamt strahlt dieser Ort eine wunderbare Gelassenheit aus. Einfach Frau Vathoulla anrufen und nach einer Wegbeschreibung und Gruppentarifen fragen.

Marathasa-Tal

Die Übernachtungsmöglichkeiten in Pedoulas sind respektabel und bieten meist ein schlichtes Dekor sowie einfachen Komfort.

Elyssia   HOTEL €
(9975 3573; Filoxenias 47, Pedoulas; Zi. 40–60 €; P✱✱) Geräumige, hübsche Zimmer mit Balkonen inklusive Aussicht auf das Tal. Dass sich der freundliche Besitzer gut um das Anwesen kümmert, ist ganz offensichtlich. Zu den Einrichtungen des Hotels gehören ein Swimmingpool, eine Dachterrasse und ein kleines Restaurant im Erdgeschoss, wo das Frühstück und traditionelle zyprische Gerichte kredenzt werden.

Two Flowers   HOTEL €
(2295 2372; Filoxenias 26, Pedoulas; Vollpension pro Pers. Sept.–Juli 25 €, Aug. 40 €; P✱) Ansprechendes kleines B&B mit individuell gestalteten Zimmern. In einem hängen z. B. rote Vorhänge passend zur roten Steppdecke, ein anderes ist schlicht und rustikal in Weiß gehalten. Teilweise genießt man auch einen Blick aufs Tal. Sehr familienfreundlich mit exzellentem Preis-Leistungs-Verhältnis.

Health Habitat   HOTEL €€
(2295 2283; www.healthhabitat.com; Pedoulas; Zi. 56–90 €; P✱) In dem zwischen Kiefern versteckten Hotel werden gesunde Küche und Entspannungsprogramme geboten. Vor Ort hilft der ausgebildete Ernährungsberater bei Diätvorhaben und Stressbekämpfung. Von den schlichten, ruhigen Zimmern mit eigenen Balkonen sieht man die Berge oder das Tal. Es gibt keine Fernseher, aber dafür eine Sauna und ein Fitnessstudio.

Olga's Katoï   AGROTOURISMUS €€
(2235 0283; Kalopanayiotis; DZ 70 €; P✱@✱✱♨) Dieses zweigeschossige traditionelle Steinhaus wird schon seit mehr als 300 Jahren hingebungsvoll instand gehalten. Es be-

steht aus einem Haupthaus mit Wohnzimmer, Küche und zwei Zimmern oben, während die übrigen zehn Unterkünfte separat in einer Reihe stehen. Sie alle bieten eine herrliche Aussicht auf das Tal. Das Frühstück wird auf der Terrasse serviert.

To Spiti tis Polyxenis AGROTOURISMUS €€
(2249 7509; 2-/4-Pers.-Haus 100/175 €; P※) Das Haus mit zwei Schlafzimmern befindet sich auf der Richtung Lefkosia gelegenen Seite des Dorfs Kalopanayiotis. Es ist mit traditionellen Möbeln ausgestattet, und große Holztüren gehen auf den friedlichen, sonnendurchfluteten Hof hinaus. Zur Anlage gehören auch eine Küchenzeile und ein großes Bad.

Solea-Tal

Kakopetria ist der einzige Ort in den Bergen mit zwei erstklassigen Hotels, die einander gegenüberliegen.

LP TIPP Linos Inn HOTEL €€€
(2292 3161; www.linos-inn.com.cy; Palea Kakopetria 34, Kakopetria; DZ 95–135 €; P※@) Die beeindruckende Originalarchitektur des Hotels ist weitestgehend erhalten, außerdem punktet das Linos Inn mit antiken Möbeln, rustikalen Zimmern samt Himmelbetten, weißer Bettwäsche und Kaminen. Die Luxussuiten und -studios sind mit Flachbildfernsehern und Jacuzzis ausgestattet und es gibt eine separate Sauna. Wer hier am Wochenende übernachten möchte, muss vorab reservieren. Im Restaurant werden die Gäste mit hochwertiger traditioneller Küche verwöhnt.

Mill HOTEL €€
(2292 2536; www.cymillhotel.com; Mylou 8, Kakopetria; Zi. 45–70 €; 20. Nov.–20. Dez. geschl.; P※) Da, wo die alte Mühle steht, auf der dem Hügel zugewandten Seite des Flusses, befindet sich dieses historische Hotel mit verschieden eingerichteten, ausreichend großen, komfortablen Zimmern und edlem neokolonialem Dekor. Das Mill ist hell und luftig, die Bäder (manche mit Sprudelbad) sind groß und man braucht nur zwei Minuten bis zum Hauptplatz.

Ekali HOTEL €
(2292 2501; www.ekali-hotel.com; Grigoriou Digeni 22, Kakopetria; Zi. 40–55 €; P※※) Eine ordentliche, saubere Option ohne viel Schnickschnack. Die Zimmer sind in dunklen Rottönen gehalten und mit Laminatböden ausgestattet. Das Ekali eignet sich hervorragend für Familien mit kleinen Kindern, denn zur Zimmerausstattung gehören Babyfone. Ohne Reservierung muss man allerdings mit z. T. überzogenen Preisen rechnen.

Agros

Archontiko Rousias AGROTOURISMUS €€
(2275 0605; 2-/4-Pers.-Häuser 100/175 €; P※※) Agrotourismus vom Feinsten bietet dieses überladene alte Gebäude im Dorf Palichori, gleich hinter Agros. Die luxuriösen Zimmer sind modern mit Geschirrspülmaschinen und Klimaanlagen eingerichtet, ohne den Originalcharakter eingebüßt zu haben, und besitzen Balkone, die eine herrliche Aussicht auf die Umgebung gewähren. Eine tolle Option für Selbstversorgerfamilien oder verliebte Pärchen, die einen Rückzugsort in den Bergen suchen.

Rodon HOTEL €€
(2552 1201; www.rodonhotel.com; Agros; EZ/DZ 65–95 €; P※@※※) Das riesige, schicke Hotel, das mit seinen tollen Einrichtungen (Restaurant, Bar, zwei Pools, Tennisplätzen) an sich schon einen Besuch lohnt, gilt als ideale Bleibe für größere Gruppen und Pauschalurlauber. Wer die zahlreichen Wanderwege ringsum erkunden will, hat hier eine gute Ausgangsbasis.

PAFOS & DER WESTEN

Pafos

Die Unterkünfte in Pafos richten sich in erster Linie an Reisegruppen, deshalb gibt's nur wenige gute Budgethotels. In den meisten Standardunterkünften trifft man kaum Individualreisende, aber wenn Zimmer frei sind – mit Ausnahme von Juli und August dürfte das kein Problem sein –, wird einem natürlich Obdach gewährt. Wer die Kosten niedrig halten möchte und mehr Platz bevorzugt, sollte sich für ein Apartmenthotel entscheiden. Die meisten Unterkünfte findet man in Kato Pafos.

Kiniras HOTEL €€
(Karte S. 91; 2694 1604; www.kiniras.cy.net; Leoforos Archiepiskopou Makariou III 91; Neben-/Hauptsaison EZ 40–60 €, DZ 65–80 €; ※※) Mitten im Zentrum von Ktima liegt das Kiniras. Es hat einen charismatischen, enthusiasti-

schen Besitzer, Georgios, auf dessen Konto die bunten Fresken und Gemälde gehen, die man im gesamten Hotel und Restaurant entdeckt. Die heimeligen Zimmer mit historischem Charme verfügen über hohe Decken, sind in gedeckten Farben gehalten und bieten Extras wie Telefone, Radios, Fernseher, Kühlschränke und Safes. In den gemeinschaftlich genutzten Bereichen sind noch Originalkacheln aus den 1920er-Jahren zu sehen. Gut essen kann man im hauseigenen Restaurant Kiniras Garden.

Axiothea Hotel HOTEL €€
(Karte S. 91; 2693 2866; www.axiotheahotel.com; Ivis Malliotis 2; Neben-/Hauptsaison EZ 40–60 €, DZ 52–75 €; P❄🛜) Das pinkfarbene Hotel gleich südwestlich des CTO-Büros in Ktima trumpft mit einem riesigen Empfangs- und Loungebereich samt Originalsteinfußböden sowie bequemen Sofas auf. Wer dort Platz nimmt, genießt einen Panoramablick auf die Stadt und das Meer. Dies ist ein Familienbetrieb mit einem sympathischen, schon etwas älteren Inhaber. Die mit Teppichböden ausgestatteten Zimmer sind komfortabel und unterschiedlich groß (die hinten sind kleiner).

Agapinor Hotel HOTEL €€
(Karte S. 91; 2693 3926; www.agapinorhotel.com.cy; Nikodimou Mylona 24–25; Neben-/Hauptsaison EZ 45–65 €, DZ 65–90 €; P❄🏊) Ein bei Reisegruppen beliebtes Hotel in Ktima mit erstklassigen Einrichtungen: zwei Pools, eine Sonnenterrasse, luftige Zimmer und ein abends geöffnetes Restaurant, das kürzlich renoviert wurde. Das Lokal hat sich auf die zyprische Küche spezialisiert, allerdings gibt's sonntags ein englisches Mittagessen mit Roastbeef und Yorkshire-Pudding.

LP TIPP Crystallo Apartments APARTMENTS €
(Karte S. 88; 2695 4233; crystallo@cytanet.com.cy; Ikarou 2; 2-Pers.-Studios Neben-/Hauptsaison 35–40 €; @🏊) Die geräumigen Studioapartments in Kato Pafos warten mit einer guten Ausstattung (Küchenzeile inklusive ausreichend Töpfen und Tellern, Esstisch und Stühlen, Sofa, TV etc.) und kleinen Terrassen auf. Fast alle gehen auf die angrenzende Ayia-Marina-Kirche hinaus. Zwar sind die Möbel und das Dekor relativ verschlissen bzw. eintönig, doch angesichts der Lage trifft man mit dieser Bleibe eine gute und günstige Wahl. In der Lobby stehen ein paar Computer mit Internetzugang bereit und nebenan befindet sich ein Bar-Café. Besitzer George bereitet seinen Gästen einen herzlichen Empfang.

Annabelle HOTEL €€€
(Karte S. 88; 2693 8333; www.annabelle.com.cy; Posidonos; Neben-/Hauptsaison Zi. inkl. Frühstück 200–250 €; P❄🛜🏊🐾) Ein paar der luxuriösen Zimmer des erstklassigen Hotels in Kato Pafos besitzen einen eigenen Pool, außerdem gibt's ein riesiges Schwimmbecken für alle, das sich quer über das Grundstück windet. Die Sonnenliegen an seinem Rand stehen im Schatten hoher Palmen. Neben einigen Restaurants und Bars gehören ein Spa und Yogaunterricht zum Angebot. Das Annabelle ist sehr familienfreundlich und verfügt über einen „Kinderclub", Spielplätze drinnen und draußen, einen Babysitterservice und Kinderteller.

Dionysos HOTEL €€
(Karte S. 88; 2693 3414; www.dionysoshotelpafos.com; Dionysou 1; Neben-/Hauptsaison EZ 55–60 €, DZ 60–70 €; ❄@🛜🏊) Über die große Posidonos Ave in Kato Pafos gelangt man zu diesem soliden Mittelklassehotel mit einem schattigen Hof, einem kleinen Pool und einem Solarium. Warme Farben, Naturholz und Kalkstein prägen das Ambiente. Die Zimmer reißen einen nicht vom Hocker, sind aber nett und wurden erst vor Kurzem renoviert. Manche haben Fliesen, andere Teppichboden. Zu den weiteren Extras zählen private Balkone und Satelliten-TV sowie kostenloses WLAN am Empfang. Für die Aussicht auf den Pool muss man etwas mehr zahlen.

Pyramos Hotel HOTEL €
(Karte S. 88; 2693 0222; www.pyramos-hotel.com; Agias Anastasias 4; Neben-/Hauptsaison inkl. Frühstück EZ 35–40 €, DZ 45–50 €; ❄) Im Pyramos, einem der besseren kleinen Unterkünfte in Kato Pafos, genießt man einen ganz besonderen Ausblick, nämlich auf die faszinierende archäologische Stätte der Hrysopolitissa-Basilika. Cremefarbene Wände, orangefarbene Überwürfe und Mosaikbäder schaffen eine herrlich beruhigende Atmosphäre. Vor dem Gebäude befindet sich eine kleine Bar mit kostenloser WLAN-Nutzung für die Hotelgäste.

Daphne APARTMENTS €€
(Karte S. 88; 2693 3500; www.daphne-hotel.com; Alkminis 3; Neben-/Hauptsaison EZ 33–60 €, DZ 50–73 €; ❄🏊🐾) Dank seiner adretten, komplett ausgestatteten Apartments gilt der Komplex abseits der Touristenmeile als gute Wahl für Selbstversorger. Der Pool kann von

der Straße her eingesehen werden. Es gibt einen Bereich für Kinder, kostenlose Gitterbettchen und Ermäßigungen für die Kleinen. Die Lage in Kato Pafos ist sehr zentral und der Service nett.

Alexander the Great — HOTEL €€€
(Karte S. 88; ☎2696 5000; www.kanikahotels.com; Posidonos; Neben-/Hauptsaison Zi. inkl. Frühstück 105–150 €; P❄@🌐🏊) Stilvolle Unterkunft in Kato Pafos, die vor allem von gut betuchten Pauschaltouristen gebucht wird. Die noblen Zimmer mit Teppichböden sind sehr elegant in Blau und Gold gehalten und die Wände zieren geschmackvolle Kunstwerke. Keine Lust, das Hotel zu verlassen? Das ist auch gar nicht nötig: Zur Anlage gehören ein Fitness- und ein Kinderbereich, ein Restaurant, eine Bar, ein Innen- und ein Außenpool sowie ein Tennisplatz, außerdem liegt das Alexander direkt am Strand. In der Nebensaison zahlt man 40 % weniger.

Rund um Pafos

Camping Feggari — ZELTPLATZ €
(☎2662 1534; Stellplatz pro Erw./Kind/Zelt 3/1/3 €; ⊙April–Okt.) Dieser hübsche, von Zypressen umringte Campingplatz mit guten Einrichtungen (u. a. einem Imbiss) ist nur wenige Gehminuten vom Strand der Korallenbucht entfernt. Bis zu Geschäften und Restaurants hat man es nicht weit.

Akamas-Höhen

LP TIPP Amarakos Inn — AGROTOURISMUS €€
(☎2663 3117; www.amarakos.com; Kato Akourdalia; Neben-/Hauptsaison Studios 60–68 €, Apt. mit 1 Schlafzimmer 77/94 €; ❄@🌐🏊) Eine hervorragende Unterkunft mit geräumigen, klimatisierten Apartments in einem Gebäudekomplex aus Holz und Stein und einem Innenhof voller Blumen (z. B. Geißblatt und Jasmin) sowie einer originalen Traubenpresse. In zwei Apartments gibt's einen Kamin. Die Inhaberfamilie organisiert kulturelle Ausflüge im Minibus und Ausritte, zudem betätigt sich die Oma als Köchin. Weitere Extras sind ein Pool, Einrichtungen für Kinder und ein exzellentes Restaurant.

Sapho Manor House — AGROTOURISMUS €€
(☎2633 2650; www.agrotourism.com.cy; Dhrousia; Studios ab 50 €, Apt. mit 2 Schlafzimmern 70 €; ⊙Mai–Okt.; 🏊) Von der geschmackvoll restaurierten Villa aus dem Jahr 1912 ist es nicht weit bis zur hübschen Dorfkirche, falls man spontan etwas beichten muss. Das Haus beherbergt mehrere traditionell gestaltete Einzimmerstudios und Apartments. Türen und Fenster bestehen aus zyprischem Kiefernholz. Wer eine private Terrasse möchte, muss nur 10 € drauflegen. Der Garten wird gemeinschaftlich genutzt. Zu den Annehmlichkeiten gehören ein Pool und eine Waschküche (5 € pro Maschine).

Kostaris — AGROTOURISMUS €€
(☎2962 6672; www.agrino.org/eleonora; Goudi; 2-Pers.-Häuser 130 €; 🏊) Am oberen Ende des hübschen Dorfes Goudi stehen fünf wunderschöne Gebäude aus Holz und Stein. Das Haus für zwei Personen ist besonders nett. Es wartet mit einem Kamin und Höfen, Palmen, schattenspendenden Kletterpflanzen und leuchtend roten Topfgeranien auf. Der Pool ist für alle Gäste.

Ayii Anargyri Natural Healing Spa Resort — HOTEL €€€
(☎2681 4000; www.aasparesort.com; Miliou; Zi. ab 150 €; ❄🌐🏊) Gleich außerhalb des urtümlichen Dorfes Miliou, in einem Tal umgeben von dicht bewaldeten Hängen, bietet dieses ehemalige Kloster 18 frühere Mönchsquartiere als Gästezimmer an. Das angrenzende Luxusspa ist dagegen durch und durch weltlich. In dem Hochglanz-Marmortempel werden traditionelle Behandlungen wie Schwefelschlammbäder (45 €) oder das hautstraffende Gesichtsprogramm „Timeless Youth" (75 €) in Verbindung mit den aktuellsten therapeutischen Techniken angeboten. Das mineralstoffreiche Spa-Wasser sprudelt fröhlich aus den Ayi Anargyri-Quellen aus dem 17. Jh.

Makriniari — AGROTOURISMUS €
(☎2693 2931; www.agrotourism.com.cy; Kritou Terra; 2-Pers.-Apt. ab 40 €) Für ein paar entspannte Tage ist das eingeschossige Landhaus mit der Steinfassade genau das Richtige. Die Apartments mit einem Schlafzimmer gruppieren sich um einen zentralen Hof und Garten, in dem ein traditioneller Ofen steht. Von ihnen blickt man auf eine grüne Schlucht.

Akamas-Halbinsel

Bougainvillea Hotel Apartments — APARTMENTS €
(Karte S. 101; ☎2681 2250; www.bougainvillea.com; Verginas 13; Studios/Apt. mit 1 Schlafzimmer 50/65 €; ⊙April–Okt.; ❄🏊🍴) Polis' beste Unterkunft besteht aus Apartments, die jeweils

über ein Schlafzimmer, ein Wohnzimmer und einen Balkon mit Blick auf die Olivenhaine verfügen. Ein mit Blumen begrünter Pfad führt an ihnen vorbei. Die Anlage verströmt eine vertraute, heimelige Atmosphäre und umfasst einen Swimmingpool, eine Rasenfläche sowie einen kleinen Spielplatz.

Polis Camp Site CAMPINGPLATZ € (außerhalb der Karte S. 101; 2681 5080; Stellplätze pro Erw./Kind/Zelt 2,50/1/3 €; April–Okt.) Umgeben von duftenden, schattenspendenden Eukalyptusbäumen erstreckt sich dieser hübsche Zeltplatz mit einem tollen Privatstrand ca. 2 km nördlich von Polis. Hier kann man sich richtig ausbreiten, zudem sind die Einrichtungen erstklassig. Schilder weisen einem bereits im Dorfzentrum den Weg. In den Sommermonaten finden vor Ort regelmäßig Konzerte statt.

Stephanos Hotel Apartments APARTMENTS € (Karte S. 101; 2632 2411; www.stephanos-hotel.com; Leoforos Arsinois; 2-Pers.-Apt. 50 €; P) Bei britischen und deutschen Wanderern erfreut sich die gepflegte Anlage in Polis großer Beliebtheit. Zwei Apartmentkomplexe mit einem hellen Kiefernholz- und cremefarbenem Dekor umgeben einen zentralen Pool. Zur Ausstattung gehören Küchenzeilen und private Balkone. Im großen Restaurant unten wird ordentliches, wenn auch nicht gerade umwerfendes zyprisches Essen serviert.

Nicki Holiday Resort APARTMENTS €€ (außerhalb der Karte S. 101; 2632 2226; www.nickiresort.com; Polis; Neben-/Hauptsaison Studio-Apt. 40–70 €; P) Ansprechendes familienbetriebenes Apartmenthotel ein Stück außerhalb der Stadt (Richtung Latsi). Die niedrigen Gebäude befinden sich in einem gepflegten Garten mit drei Swimmingpools, darunter ein Planschbecken für die ganz Kleinen. Darüber hinaus gibt's auf dem Gelände ein Restaurant, einen Imbiss, Tennisplätze und ein Fitnessstudio. Und wenn dann Schlafenszeit ist, darf man sich auf sein nettes Zimmer mit Küchenzeile und Satelliten-TV freuen (damit man auch ja keine Folge seiner Lieblingsserie verpasst).

Tylliria

Tylos Beach Hotel HOTEL € (2652 2348; www.tyloshotel.com.cy; Nikolaou Papageorgiou 40, Kato Pyrgos; Zi. inkl. Frühstück 30 € pro Pers.;) Ordentliche kleine Zimmer in modernem Stil mit Marmorböden, Kiefernholz, blassblauer Farbe und kleinen Balkonen, die zumeist einen Hafenblick bieten. Das Restaurant unten ist sehr groß und scheint eher für Reisegruppen als „normale" Abendgesellschaften gemacht zu sein.

Westliches Troodos-Gebirge

Stelios House AGROTOURISMUS € (2672 2343; www.agrotourism.com.cy; Pano Panagia; 2-Pers.-Apt. ab 48 €) Eines von mehreren traditionellen Steinhäusern, die in Touristenapartments umgewandelt wurden. Die Unterschiede zwischen den Häusern sind gering, denn alle warten mit einem warmen, rustikalen Farbschema, Fensterläden aus Holz und privaten Balkonen auf. Das Stelios hat jedoch einen entscheidenden Vorteil: einen hübschen, geräumigen Hof.

LARNAKA & DER OSTEN

Larnaka

Larnaka verfügt über exzellente kleine Mittelklassehotels, preiswerte Ferienwohnungen, Zimmer in restaurierten Gebäuden und neue Hotels. Viele eignen sich bestens als Basis für Individualreisende, die den Süden erkunden wollen, ohne sich jeden Abend eine neue Unterkunft zu suchen. Natürlich wären da auch noch die vornehmen Hotels entlang des Strands von Dekelia östlich der Stadt. In den Sommermonaten ist es sinnvoll, vorab zu buchen.

E-Hotel HOTEL €€€ (2474 7000; www.hotel-e.com; Faros dromo 1; EZ/DZ 70/140 €; P@) 20 Autominuten westlich der Stadt stößt man auf dieses schicke neue Hotel und Spa mit Blick auf die Klippen des Faros-Strands. Die luxuriösen, modernen Zimmer besitzen eine tolle Einrichtung mit Plasmafernsehern, blitzsauberen Bädern und neutralen Farben. Das E-Hotel wird höchsten Ansprüchen gerecht und verströmt dank der Lage etwas außerhalb der Stadt eine herrlich entspannte Atmosphäre. Im Eden-Spa wurden keine Kosten gescheut. Es umfasst einen traditionellen Hamam, eine Sauna, ein Dampfbad und einen mit Sauerstoff angereicherten Pool. Außerdem kann man zahlreiche Gesichts- und Ganzkörperbehandlungen buchen.

Petrou Bros
APARTMENTS €

(Karte S. 111; 2465 0600; www.petrou.com.cy; Armenikis Eklisias; Apt. mit 2 Schlafzimmern 45–60 €; P ❄ @ 🛜) Gutes Preis-Leistungs-Verhältnis, eine zentrale Lage und große, etwas spärlich beleuchtete Küchenzeilen mit Kühlschrank, zwei Kochplatten sowie ausreichend Töpfen und Pfannen. Die Schlafzimmer sind vergleichsweise klein, aber nett eingerichtet, und bieten Zugang zu privaten Terrassen.

Easy
HOTEL €€

(Karte S. 111; 2410 2703; www.easyhotel.com; Kimonos 1; Zi. 60 €; P ❄) Im Herzen der Stadt wartet das Easy mit allen Basics auf: Komfort, tolle Lage und teilweise auch eine tolle Aussicht. Die winzigen Plastik-Retrozimmer sind sauber und zweckmäßig ausgestattet.

Alkisti City
HOTEL €

(Karte S. 111; 2481 5140; www.cityalkisti.com; Agiou Lazarou; DZ 45 €; P ❄) Seit seiner Generalüberholung 2006 präsentiert sich das traditionelle Steinhaus im charmanten neuen Look. Die acht Zimmer (alle mit eigenem Bad) sind modern und kompakt. Unten lädt ein netter kleiner Hof zum Sonnenbaden ein, außerdem findet man dort auch den Empfang und ein Restaurant. Die Lage gegenüber der Agios-Lazarus-Kirche und nur 100 m von der Finikoudes-Promenade entfernt ist perfekt.

Livadhiotis City
HOTEL €€

(Karte S. 111; 2462 6222; www.livadhiotis.com; Nikolaou Rossou 50; Zi. 60–115 €; P ❄ @ 🛜) Das frisch renovierte, zentral gelegene Hotel befindet sich nur einen Steinwurf von der Agios-Lazarus-Kirche und dem Strand entfernt. Es verfügt über komfortable, saubere, kompakte Zimmer im Retro-Look. Im Sommer herrscht hier jede Menge Andrang, weil sich ringsum einige coole Cafés verteilen.

Eleonora
APARTMENTS €€

(Karte S. 111; 2462 6222; www.eleonorahotelapts.com; Ermou 55; Zi. 55–85 €; P ❄ 🛜 🐾) Mitten im Herzen der Stadt punktet das Eleonora mit großen, einfach gestalteten Zimmern und Studios samt Balkonen, von denen man den belebten kleinen Ermou Square im Blick hat. Das Preis-Leistungs-Verhältnis ist super. Es gibt Apartments mit zwei Zimmern, Öfen, Bügelbrettern und -eisen sowie Ermäßigungen für die Sonnenliegen am Wasser.

Sun Hall
HOTEL €€€

(Karte S. 111; 2465 3341; www.aquasolhotels.com; Leoforos Athinon 6; EZ 100–110 €, DZ 145–180 €; P ❄ @ 🛜 🐾) In den Zimmern bzw. auf den Balkonen dieser direkt am Meer gelegenen noblen Bleibe genießt man teilweise einen super Ausblick auf die Promenade und das Wasser. Das Hotel wurde erst kürzlich nach umfassenden Umbauarbeiten wiedereröffnet: Jetzt ist alles neu und glänzt und wartet nur darauf, von den Gästen benutzt zu werden. Für ein Zimmer muss man recht tief in die Tasche greifen, aber das Geld ist gut angelegt, denn man bekommt die volle Dosis Küstenstadt mit Finikoudes-Promenaden-Flair.

Golden Bay
HOTEL €€€

(2464 5444; www.goldenbay.com.cy; EZ 135–175 €, DZ 195–240 €; P ❄ @ 🛜 🐾) Larnakas Luxusgigant, der Spitzenreiter unter den Strandhotels an der Straße von Dekelia, bietet alles, was man von einer solchen Bleibe erwartet: geräumige, toll ausgestattete Zimmer, offene Hallen, elegante Flure, einen großen Swimmingpool, ein Fitnessstudio, einen Schönheitssalon und ein stilvolles Restaurant.

Agia Napa

Von Mitte Juni bis Mitte August geht in diesem Ferienort ohne Reservierung gar nichts. Hier besteht ein riesiges Angebot an Unterkünften, das von (nicht offiziellen) Privatzimmern bis zu Luxushotels reicht. Dabei sieht man den Zimmern generell an, dass viele Besucher sie nur zum Schlafen aufsuchen bzw. um dort ihren Rausch auszuschlafen. In der Regel sind sie zwar sauber, aber nichtssagend und manchmal auch schon recht betagt. Die Preise sind durch die Bank ein wenig überzogen. Individualreisende werden gern willkommen geheißen, wenn die Hotels noch freie Quartiere haben, und ansonsten zum nächsten Schwesterhotel geschickt, allerdings müssen „Überraschungsgäste" für ihre Spontaneität häufig ein bisschen mehr zahlen. Viele Bleiben entlang der Küste öffnen nur von März bis Oktober.

LP TIPP Okeanos Beach
HOTEL €€

(Karte S. 122; 2372 4440; www.okeanoshotel.com.cy; 1 Oktoviriou; Zi. 60–100 €; P ❄ @ 🛜 🐾) Enge Räume mit Doppelbetten, einfacher Einrichtung und netten kleinen Balkonen mit Blick auf den Pool und den Strand – und das zu vernünftigen Preisen. Die Lage ist super, denn alles Wichtige und Sehenswerte ist zu Fuß zu erreichen.

Limanaki Beach
HOTEL €€

(Karte S.122; 2372 1600; 1 Oktovriou 18; Zi. 70-120 €; P ❄ @ ≋) Dieses wunderbar familienfreundliche Hotel befindet sich in der Nähe des Hafens und nur ein paar Gehminuten vom Square entfernt. Die Zimmer sind zwar eher klein, aber dafür sauber und haben Balkone mit Blick auf den Pool und das Meer.

Diomylos
APARTMENTS €€

(Karte S.122; 2372 2219; Leoforos Archiepiskopou Makariou III 35; Zi. 40-70 €; P ❄ ≋) Schicker Apartmentkomplex mit Sonnenterrassen und Swimmingpool. Das nette Personal macht das zentral gelegene Diomylos zu einer unkomplizierten, angenehmen Unterkunft. Gleich vor der Tür befindet sich eine Bushaltestelle, sodass man Ausflüge in die nähere Umgebung machen kann. Die Klimaanlage kostet pro Tag 7 € extra, deshalb schnappt man sich am besten ein Eckzimmer mit kühlender Brise.

Napa Prince
APARTMENTS €€

(außerhalb Karte S.122; 2372 1483; www.napaprince.com; Tefkrou Anthiou 65; Zi. 40-70 €; P ❄ ≋) Kürzlich renovierter Familienbetrieb mit freundlichem Flair. Die geräumigen, gut eingerichteten Zimmer sind sauber und gut in Schuss. Es gibt einen tollen Pool mit Bar und das Personal ist unheimlich fürsorglich und sehr hilfsbereit. Bis zum Square braucht man gerade mal drei Gehminuten. Für die Klimaanlage werden 6 € pro Tag verlangt.

Aeneas
HOTEL €€€

(2372 4000; www.aeneas.com.cy; Leoforos Nisiou 100; EZ 220 €, DZ 450 €; P ❄ @ 🛜 ≋) Wer es gern ein wenig exquisiter hätte, ist hier an der richtigen Adresse. Das Aeneas bietet moderne „Inlandzimmer", die auf einen der größten Pools im gesamten Mittelmeerraum hinausgehen. In dem opulenten Hotel dreht sich alles ums Wasser, zudem verfügt es natürlich über alle Extras. Auch die Lage ist genial: Gleich gegenüber erstreckt sich der Nissi-Strand.

Green Bungalows
APARTMENTS €

(Karte S.122; 2372 1511; www.greenbungalows.com; Katalymata 19; Zi. 45-65 €; ☉April-Okt.; P ❄ @ ≋) Angenehme Studios mit Fliesenböden, schlichtem Mobiliar, offenen Lounge-Bereichen, Balkonen und kleinen Küchenzeilen. Manchmal quartieren sich hier Nachtschwärmer ein. Die Bleibe ist auch für größere Gruppen eine gute Option.

Rund um Agia Napa

Fast alle Hotels drängen sich an der Straße zwischen Protaras und Pernera und richten sich vornehmlich an Pauschaltouristen. Budgetunterkünfte sind spärlich gesät, ansonsten hat man aber eine riesige Auswahl. In der Hauptsaison sollte man besser vorab reservieren.

Brilliant
APARTMENTS €€

(2383 2211; www.brillianthotelapts.com; Kavo Greco, Protaras; Zi. 60-120 €; P ❄ @ 🛜 ♿) Saubere, helle Apartments mit Küchenzeilen und Terrassen. Der Pool ist einfach toll, außerdem gibt's eine Bar und ein erstklassiges Restaurant.

Cavo Maris Beach
HOTEL €€€

(2383 2043; www.cavomaris.com; Protaras; Zi. 80-150 €; P ❄ ≋ ♿) Das luxuriöse Hotel hat seinen eigenen Strandabschnitt und wartet überdies mit Pools, Restaurants, Bars und Abendprogramm sowie einem guten Preis für das alles auf. Die großen Zimmer besitzen Balkone.

Seagull
APARTMENTS €€

(2383 1270; www.seagullhotelapts.com; Hifastios 2; Zi. 55-110 €; P ❄ ≋) In der Nähe des Strands in Pernera (von Protaras der Küste 2 km weiter folgen) trumpft das Seagull mit frischen, hellen, geräumigen Apartments inklusive Balkonen auf. Der Pool hat eine hervorragende Größe und eignet sich wunderbar für Familien. Frühstück ist ab etwa 6 € zu haben.

LEFKOSIA (NIKOSIA)

Lefkosia verfügt nur über wenige günstige Bleiben. Die meisten ehemaligen Budgetunterkünfte gibt's nicht mehr bzw. wurden umgebaut und zu Mittelklassehotels aufgewertet. Unter den Luxushotels findet man all die üblichen Verdächtigen mit edlem Design und jeder Menge Komfort. Abgesehen von ein paar Ausnahmen fehlt es der Stadt jedoch an Unterkünften mit origineller Aufmachung.

Lefkosia (Nikosia)

 **Royiatiko**
HOTEL €€€

(Karte S.132; 2244 5445; www.royiatikohotel.com.cy; Apollonos 27; EZ/DZ inkl. Frühstück 85/110 €; P ❄ 🛜 ≋) Das Anfang 2010 eröffnete

Royiatiko ist ein willkommener Neuzugang in der hiesigen Hotelszene. Alle Zimmer sind in eleganten Braun- und Cremetönen gehalten und die riesigen Kopfkissen weich wie Marshmallows. Außer Kühlschränken, Wasserkochern, Schnittblumen und schicken, grau gefliesten Bädern gehören auch ein Fitnessstudio und ein im Winter beheizter Pool zur Ausstattung. Die Lage im Herzen des historischen Zentrums überzeugt auf ganzer Linie.

Classic Hotel   HOTEL €€

(Karte S.132; 2266 4006; www.classic.com.cy; Rigenis 94; EZ/DZ 80/97 €; P❄🛜) Dieses Hotel in der Nähe des Pafos-Tors ist Mitglied der Gruppe „Small Luxury Hotels of the World" (SLH). Seit seiner umfassenden Renovierung 2010 herrschen überall Cremefarben und Holz sowie ein minimalistisches Design und eleganter Stil vor. Das Restaurant 59 Knives hat sich auf feine Küche spezialisiert und trägt ebenfalls zum luxuriösen Flair des Classic bei, genauso wie das Fitnessstudio auf dem Dach.

Centrum   HOTEL €€

(Karte S.132; 2245 6444; www.centrumhotel.net; Pasikratous 15; Neben-/Hauptsaison inkl. Frühstück EZ 70–90 €, DZ 90–110 €; ❄@🛜) Manche der großen, in Rot- und Lachsfarben gehaltenen Zimmer- und Geschäftshotels besitzen Balkone und einige haben En-suite-Bäder. Wer hier unterkommt, muss bis zur Plateia Eleftherias nur wenige Schritte zurücklegen. Es gibt hervorragende Businesseinrichtungen, ein zyprisches Restaurant und seit Anfang 2012 auch ein Fitnesszentrum. Die Zimmer im neuen byzantinischen Flügel sind mit traditionelleren Möbeln ausgestattet.

Sky Hotel   HOTEL €

(Karte S.132; 2266 6880; www.skyhotel.ws; Solonos 7c; EZ/DZ 49/60 €; ❄) Lefkosias beste Budgetbleibe befindet sich mitten in der Altstadt und ist von Souvenirläden sowie Cafés umgeben. Die großen Zimmer verfügen über Teppichböden, in Pastellfarben gestrichene Wände sowie Kiefernmöbel und warten häufig auch mit Balkonen samt Blick über das Dächermeer der Stadt auf.

Averof   HOTEL €

(außerhalb der Karte S.142; 2277 3447; www.averof.com.cy; Averof 19; EZ/DZ inkl. Frühstück 50/65 €; ❄🛜) In einem ruhigen Wohnviertel unweit des historischen Zentrums und des britischen Hochkommissariats stellt das Averof sein kitschig-rustikales Dekor stolz zur Schau. Das Personal ist sehr aufmerksam und die auf traditionell gemachten Zimmer sind sauber und hell. Bei längeren Aufenthalten kann man sich über großzügige Rabatte freuen.

Cyprus Hilton   HOTEL €€€

(außerhalb der Karte S.142; 2237 7777; www.hilton.com; Leoforos Archiepiskopou Makariou III; Neben-/Hauptsaison inkl. Frühstück EZ 173–218 €, DZ 207–252 €; P@🛜🏊) Anscheinend diente das wunderbare Hotel während des Kalten Kriegs als Sammelpunkt für Spione aus dem Osten und Westen – damals war Zyperns strategisch günstige Position von unschätzbarem Wert. Wer weiß, welche Ränke in den luxuriösen Zimmern geschmiedet wurden? Vielleicht aber auch an den Innen- und Außenpools, auf den Tennis- und Squashplätzen oder in den hauseigenen Restaurants? Am besten durchforstet man die Website nach ermäßigten Tarifen.

Rund um Lefkosia

LP TIPP Avli House   AGROTOURISMUS €

(2254 3236; www.agrotourism.com.cy; Markou Drakou 3; DZ Neben-/Hauptsaison 45–52 €, Fam.-Suite 60 €, Haus 268 €) In den voll ausgestatteten Zimmern dieser tollen ländlichen Unterkunft im Dorf Lythrodontas nahe dem Maheras-Wald können bis zu 14 Personen übernachten. Die Apartments und das Haus liegen um einen hübschen, begrünten Innenhof. Man merkt, dass der Besitzer ein versierter Künstler ist: An den Wänden hängen Bilder und geschmackvolle Radierungen, Holzelemente sorgen für Gemütlichkeit, Stoffe und Teppiche sind in bunten Farben gehalten und es gibt ein paar beeindruckende traditionelle architektonische Kniffe. Mindestaufenthalt: zwei Nächte.

NORD-NIKOSIA (LEFKOŞA)

Leider ist die Auswahl an Unterkünften in Nord-Nikosia ziemlich trostlos. Die günstigsten Absteigen befinden sich im Selimiye-Moschee-Bezirk und in den Straßen östlich der Girne Caddesi. Sie verfügen über Mehrbettzimmer, in denen man ca. 7 € zahlt, empfehlen können wir diese Schlafmöglichkeiten aber nicht. Abgesehen davon gibt's eine Handvoll mittelteurer und luxuriöser Hotels, die trotz angeschlossener Kasinos seriös sind.

City Royal
HOTEL €€

(228 7621; www.city-royal.com; Gazeteci Kemal Aşik Caddesi; EZ/DZ 50/70 €; ❄️🛜🏊) Beliebt bei Geschäftsreisenden und Kasino-Liebhabern. Die geräumigen Zimmer verfügen über Teppichböden, Minibars, Telefone (sogar im Bad) und Satelliten-TV. Darüber hinaus gehören ein Swimmingpool und ein Fitnessstudio zur Anlage. Wer hier unterkommen möchte, geht vom Kyrenia-Tor ca. 300 m Richtung Nordosten.

Golden Tulip
HOTEL €€€

(außerhalb Karte S. 156; 610 5050; www.goldentulipnicosia.com; Dereboyu 1; EZ/DZ 85/135 €; P❄️🛜🏊) Eines der neuesten Hotels in der Gegend, dessen Form weniger an eine „Goldene Tulpe" als vielmehr an einen umgestülpten Glaseimer erinnert. Drinnen erwarten einen außer dem typischen Hochglanz-Corporate-Stil Extras wie ein Fitnessstudio und ein Spa, eine Kinderkrippe und ein Kasino. Der Standard ist hoch, der Service hervorragend und die Atmosphäre international, aber auch anonym.

Saray
HOTEL €€

(Karte S. 156; 228 3115; saray@northcyprus.net; Atatürk Meydanı; EZ/DZ 50/75 €; ❄️) Bei unserem Besuch stand die Neueröffnung dieses Hotels im Altstadtzentrum nach dringend notwendiger Rundumsanierung kurz bevor. Das Saray ist ein Orientierungspunkt, den man nicht übersehen kann. Die Dachbar mit Panoramablick auf die Stadt lohnt einen Besuch.

KYRENIA (GIRNE) & DIE NORDKÜSTE

Kyrenia (Girne)

Im Stadtzentrum gibt's kleine Pensionen und etwas betagtere Hotels, während man die großen Luxushotels und -resorts mit Kasinos an Kyrenias Ausläufern findet. Die nachfolgend genannten Optionen haben eine zentrale Lage.

White Pearl Hotel
BOUTIQUE-HOTEL €€

LP TIPP

(Karte S. 168; 815 4677; www.whitepearlhotel.com; Girne Limanı; Zi. 40–60 €; ❄️) Renoviertes Hotel mit gutem Preis-Leistungs-Verhältnis. Die neun individuell gestalteten, dezenten Zimmer sind sauber und warten teilweise mit Balkonen samt Hafenblick auf. Zu vorgerückter Stunde kann man auf der Dachterrasse einen Cocktail oder Drink genießen, auch wenn man nicht im Haus übernachtet.

Club Z
HOTEL €€

(Karte S. 168; 815 1549; www.hotelclubz.com; Mustafa Çağatay Caddesi; Zi. 45–60 €; P❄️@🛜🏊) In Stadt- und Hafennähe wartet diese Bleibe mit schnörkellosen, geräumigen, voll ausgestatteten Apartment-Studios und Villenzimmern auf. Das Dekor wirkt schlicht, vielleicht auch ein bisschen veraltet, doch angesichts der Lage ist der Preis absolut fair. Im Sommer sollte man versuchen, eines der Zimmer mit Aussicht auf den angrenzenden Poolbereich zu bekommen.

Nostalgia
HOTEL €€

(Karte S. 168; 815 3079; Fax 815 1376; Cafer Paşa Sokak 7; Zi. 35–55 €; ❄️) Ein netter Mix aus Retro-Radios, -Büchern und -Schreibmaschinen dient als Dekor für den Empfangsbereich des hübschen alten Stadthaushotels nur zwei Gehminuten vom Hafen entfernt. Die Zimmer sind rustikal, altmodisch und sauber. Mehr Luxus bietet die Suite mit dem fantastischen Himmelbett.

Dome Hotel
HOTEL €€€

(Karte S. 168; 815 2453; www.dome-cyprus.com; Kordon Boyu Sokak; EZ/DZ 80–110 €; P❄️@🏊🍴) Wie schon in Durrells *Bittere Limonen* beschrieben, steht das Dome Hotel unerschütterlich wie ein Fels in der Brandung direkt am Wasser. Es gilt nach wie vor als *die* Topadresse in der Stadt. Die komfortablen, gemütlichen Zimmer sind mit allen modernen Schikanen ausgestattet, außerdem gibt's einen großen Salzwasserpool und ein Planschbecken für Kinder.

Rocks Hotel & Casino
HOTEL €€€

(außerhalb Karte S. 168; 650 0400; www.rockshotel.com; Kordon Boyu Sokak; EZ/DZ 105–140 €; P❄️@🛜🏊🍴) Dieser Hotel-Kasino-Riese besitzt stilvolle, moderne Zimmer, von denen man entweder aufs Meer oder auf die Berge blickt. Die Zimmer sind mit allem erdenklichen Elektro-Schnickschnack ausgerüstet und der Service ist ähnlich allumfassend. Wer gerade nicht am Pool entspannt oder eine Runde zockt, könnte die exzellenten, extravaganten Spas, Saunen und türkischen Bäder aufsuchen oder sich massieren lassen.

Harbour Scene
HOTEL €

(Karte S. 168; 815 6855; Canbulat Sokak 32; Zi. 35 €; ❄️) Saubere Budgetunterkunft mit gemütlichen Zimmern samt Meer- oder Bergblick. In keiner anderen Bar auf der Welt wird man derart viel Holz zu sehen bekommen! Darüber hinaus liegen Restaurants und Nachtleben sprichwörtlich vor der Tür, was allerdings auch bedeutet, dass es mal etwas lauter werden kann.

Rund um Kyrenia & und das Kyrenia-Gebirge

In Bellapais gibt's ein paar hervorragende alternative Schlafgelegenheiten. Kyrenia ist von hier aus problemlos zu erreichen, aber zugleich weit genug entfernt und ausreichend hoch gelegen, um einem das Gefühl zu vermitteln, die Welt hinter sich lassen zu können.

Lapida HOTEL €€
(862 1500; www.lapidahotel.com; Ibrahim Nidai Cad, Lapta; Zi. ab 40 €; P✱☀♨) Familienbetrieb mit herrlich üppigem Garten und einem Pool. In den hellen, sauberen, geräumigen Zimmern wird man sich sofort wie zu Hause fühlen und auf den friedlichen Terrassen kann man die heiter-gelassene Atmosphäre sowie den Duft der Zitrusbäume im Tal genießen.

Hideaway Club HOTEL €€€
(822 2620; www.hideawayclub.com; Zi. ab 70 €; P✱@☎♨) Ganz in Weiß und vor einer grandiosen Bergkulisse lockt der Hideaway Club mit opulenten Pools und Terrassen. Die sauberen Häuschen mit Meerblick warten mit frischen Blumen und Spitze auf und gelten als das perfekte Nest für Pärchen und Romantiker. Kinder sind auf dem Gelände nicht erlaubt. Die Unterkunft liegt 4 km westlich von Kyrenia (Richtung Lapta) im Dorf Karaoğlanoğlu (Agios Georgios).

Sempati HOTEL €
(821 2770; www.hotelsempati.com; Ali Ocak Sokak 7; Zi. ab 30 €; P✱@☎♨) Von der Küste bei Lapta sind es 100 m landeinwärts bis zum Sempati bzw. 9 km bis zum Hafen von Kyrenia. Das Hotel punktet mit einem hervorragenden Preis-Leistungs-Verhältnis sowie gemütlichen, schlicht eingerichteten Zimmern inklusive Balkonen und geräumigen Bungalows für Selbstversorger, die sich um einen großen sonnenverwöhnten Pool gruppieren.

Dedeman Olive Tree HOTEL €€
(824 4200; Onar, Çatalköy; Zi. 60–80 €; P✱@☎♨) Eine entspannte, familienfreundliche Bleibe mit Bungalows und Villen in einem gepflegten Garten. Die sauberen, komfortablen Zimmer kommen in coolen Rot- und Retro-Orange-Tönen daher, außerdem gibt's einen Pool samt genialer Bar: Wer mag, kann sich einen Drink im Wasser genehmigen.

Bellapais Monastery Village HOTEL €€
(815 9171; www.bellapaismonasteryvillage.com; Bellapais; Zi. 50–70 €; P✱☀♨) Das Resort in der Nähe des Klosters verfügt über tolle Studiovillen mit Schlafzimmern im Zwischengeschoss sowie Hotelzimmer und einen Pool. Von der Terrasse genießt man eine herrliche Aussicht auf Kyrenia und den Hafen. Morgens kann man im Restaurant frühstücken und später Essen à la carte bestellen. Kinder müssen mindestens zwölf Jahre alt sein, um sich in der Anlage aufhalten zu dürfen.

Bellapais Gardens HOTEL €€€
(815 6066; www.bellapaisgardens.com; Bellapais; Zi. Neben-/Hauptsaison 70–90 €; P✱@☎♨) Das luxuriöse Resort besitzt komplett ausgestattete Studios und Apartments mit einem oder zwei Schlafzimmern, alle mit Blick aufs Meer. Das Herz der Anlage ist ein üppiger, beinahe tropischer Garten mit einem Swimmingpool und einer Bar zum Entspannen. Während man sich am Becken einen Brandy Sour genehmigt, kann man die Architektur der unterhalb gelegenen Abtei bewundern.

Gardens of Irini HOTEL, COTTAGES €€
(815 2820; www.gardensofirini.com; Bellapais; EZ/DZ ab 40 €, DZ 300 € pro Woche) Am oberen Ende des Dorfes stößt man inmitten buschigen Strauchwerks auf das Gardens of Irini. Es grenzt an ein traditionelles Gebäude und umfasst Cottages für Selbstversorger mit privaten Höfen, Läufern und rustikalen Küchen. Eines hat sogar einen Kamin. Die Besitzerin Deirdre bereitet ein ordentliches Frühstück (und auf Wunsch auch Abendessen) zu, das zwischen Bäumen serviert wird. Wer hier übernachtet, muss Tiere mögen, denn der Garten ist so etwas wie ein Hort für Katzen und Straßenhunde.

Der Nordwesten

Güzelyurt Otel HOTEL €€
(714 3412; Bahçelievler Bulvarı; EZ/DZ 30–50 €; ✱♨) Am Rande von Morfou befindet sich die einzige akzeptable Unterkunft in der Umgebung. Wenn man auf der Straße plötzlich das Gefühl hat, nicht mehr weiterfahren zu wol-

len, kann man hier einkehren. Die Zimmer sind einfach und es gibt einen Swimmingpool, eine Bar und einen Wäscheservice.

Soli Inn   HOTEL €€
(727 7575; soliinn@northcyprus.net; EZ/DZ 30–50 €; P ≋) Mittlerweile dient die frühere Karawanserei in Gemikonağı westlich von Morfou als komfortables Budgethotel. Es liegt am Wasser, beherbergt einfache Doppelzimmer und (besser aufgemachte) Suiten und besitzt einen Pool. In der Nähe erstreckt sich ein Golfplatz. Das Frühstück ist inbegriffen.

FAMAGUSTA (MAĞUSA) & DIE KARPAZ-(KIRPAŞA-) HALBINSEL

Famagusta (Mağusa)

Die Hotels in Famagusta sind entweder superschick oder bescheiden, dazwischen gibt's so gut wie nichts.

LP TIPP Crystal Rocks   BUNGALOWS €€
(378 9400; www.cypruscrystalrocks.com; Yolu Salamis; Zi. 57–70 €; P ❄ @ 🛜 ≋ 🍽) Nicht weit von Salamis reihen sich in der Nähe des Strands mehr als 60 hübsche kleine Bungalows aneinander. Sie sind modern, hell und geschmackvoll gestaltet und liegen in einem herrlich duftenden Garten. Der Pool hat die Form eines Regenbogens und es gibt ein Planschbecken für die Kleinen. Eine tolle Adresse für Pärchen und Familien.

Salamis Bay Conti   HOTEL €€€
(378 8201; www.salamisbay-conti.com; Gazi; Zi. 60–90 €; ≋ 🍽) 8 km nördlich von Famagusta thront dieses preiswerte Riesenhotel mit dem bombastisch großen Außenpool und einem Hallenbad an einem weitläufigen privaten Sandstrand. Die protzigen Zimmer passen ins Bild, das durch Massagesalons, funkelnde Kasinos und türkische Bäder abgerundet wird. Wenn man von einem langen Urlaub in der Sonne träumt, ist man hier richtig. Die Zimmer ohne Meerblick sind erwartungsgemäß günstiger.

Portofino   HOTEL €
(Karte S.188; 366 4392; www.portofinohotelcyprus.com; Feyzi Çakmak Bulvarı 9; Zi. 25–40 €; P ❄ ≋) Die geräumigen Zimmer dieser Budgetbleibe in praktischer Lage am ehemaligen Hafen wirken zwar nicht mehr ganz taufrisch, aber dafür ist das Hotel sauber und unkompliziert. Auch der Pool kann sich sehen lassen. Wer also einfach nur nach einer günstigen Bleibe zum Übernachten sucht, trifft mit dem Portofino eine gute Wahl.

Rund um Famagusta

Boğaz   HOTEL €€
(371 2559; www.bogazhotel.com; Gazi Mustafa Kemal Bulvarı, Boğaz; Zi. 37–50 €; P ❄ ≋) Komfortables Budgethotel mit neutralen, ausreichend großen Zimmern inklusive großer Sofas. Drinnen gibt's ein kleines Schwimmbecken und einen Whirlpool, während sich der bessere Außenpool auf der anderen Straßenseite befindet. Frühstück ist inbegriffen.

Exotic   HOTEL €€
(371 2885; www.cyprusexotic.com; Boğaz; Zi. 35–50 €; P ❄ ≋ 🍽) Liegt zwar nicht am Strand, verfügt jedoch über adrette, saubere Zimmer zu günstigen Preisen. Die Pools für Erwachsene und Kinder sind mit Rutschen ausgerüstet. Frühstück ist inbegriffen.

Karpaz-(Kırpaşa-) Halbinsel

Die Halbinsel besticht durch ein paar bemerkenswerte alternative Unterkünfte, die man in dieser Art nirgendwo sonst auf der Insel findet.

LP TIPP Nitovikla Garden   AGROTOURISMUS €
(375 5980; www.nitovikla.com; Mehmetcik Kumyali; Zi. 25–37 €; P ❄ ≋) Eine geniale Agrotourismus-Unterkunft im Küstenort Kumyali. Besitzer Zekai hat sich viel Mühe gegeben, um seine Kompetenz, seine Liebe zum Essen und seine Leidenschaft für das süße Leben in das Hotel und Restaurant einfließen zu lassen. Das Nitovikla Garden verfügt über zehn im traditionell-zyprischen Stil aufgemachte Zimmer mit geschnitzten Holzmöbeln und bestickter Seide. Von den Balkonen genießt man einen Blick aufs Meer. Zur Anlage gehört auch ein netter Pool, außerdem ist es nicht weit bis zum Strand.

Theresa   HOTEL €
(374 4266; www.theresahotel.com; Yenierenköy; Zi. 25–37 €; P ❄) 7 km östlich von Yenierenköy besitzt das kleine Hotel am Meer einfache, gepflegte Zimmer mit großzügigen Bädern und Balkonen samt Meerblick. Vor Ort gibt's

ein Restaurant und draußen lockt ein Sandstrand mit Sonnenschirmen und -liegen.

Club Malibu HOTEL, BUNGALOWS €€
(372 4264; www.clubmalibucy.com; Yenierenköy; Zi. 45–65 €; P) Schlichte, schicke, helle Zimmer mit Balkonen und Aussicht auf den Strand. Am Wasser stehen auch ein paar Bungalows. Eine gute Adresse für Familien, die Outdoor-Spaß zu günstigen Preisen möchten.

Karpaz Arch Houses AGROTOURISMUS €
(372 2009; www.karpazarchhouses.com; Dipkarpaz; Zi. 30–40 €; P) 500 m vom Zentrum des Dorfes Dipkarpaz entfernt beherbergt diese Bleibe zwölf traditionelle Zimmer. Rund um die Selbstversorger-Unterkünfte erstreckt sich ein großer Garten mit Hof. Die Anlage verströmt ein geselliges Flair, denn die Gäste können z. B. draußen grillen.

Oasis at Ayfilon HOTEL €
(840 5082; www.oasishotelkarpas.com; Agios-Philon-Strand; Zi. 30–45 €; P) Topadresse für Naturliebhaber. Die sieben sauberen, minimalistischen Zimmer (vier mit Gemeinschafts-, drei mit En-suite-Bädern) sind mit bequemen Doppelbetten, Moskitonetzen und Öllampen ausgestattet und gehen direkt auf den kleinen Strand hinaus. Im Preis ist ein fantastisches Frühstück mit frischem Brot und Grünzeug enthalten.

Blue Sea HOTEL €
(372 2393; www.blueseahotelkarpaz.com; Dipkarpaz; Zi. ab 25 €; P) Ruhiger, einfacher Familienbetrieb unweit des Alagadi-(Schildkröten-)Strands. Das Blue Sea steht auf einer Felsnase an der Südseite der Halbinsel, im Schatten der Bäume entlang der Küstenlinie. Hier kommt man jeden Tag in den Genuss frisch gefangenen Fisches, den der Hotelbesitzer persönlich serviert.

Seabird BUNGALOWS €
(372 2012; Zi. ab 25 €; P) 1 km hinter dem Apostolos-Andreas-Kloster vermietet das saisonal geöffnete Restaurant Seabird eine Handvoll einfacher Hütten aus Holz und Stein direkt am Strand. Vor Ort kann man ein Stück simples Inselleben kosten, denn es gibt Betten und Moskitonetze, aber kein warmes Wasser. Eine gute Bleibe für Camper und Taucher.

Zypern verstehen

ZYPERN AKTUELL **222**
Obwohl die Bevölkerung die Wiedervereinigung in Referenden ablehnte, geht's aufwärts – doch ist Wohlstand wichtiger als die Teilung?

GESCHICHTE **224**
Von den alten Stadtkönigtümern bis zur heutigen Zeit war und ist die Insel umkämpftes Terrain.

DIE ZYPRISCHE LEBENSART................. **238**
Die durch historische und aktuelle Geschehnisse verkomplizierte nationale Identität verbindet die Menschen im Alltag.

NATUR & UMWELT.......................... **241**
Berge, Ebenen, Sand und Meer: Zypern lockt mit einzigartiger Flora, Fauna, Geografie und Geologie.

KUNST & KULTUR **245**
Die Insel beeindruckt mit exquisiten modernen Ikonen, unterhaltsamen Puppentheatern und feinster Spitzenarbeit.

Bevölkerung pro km²

ZYPERN DEUTSCHLAND GRIECHENLAND

≈ 86 Personen

Zypern aktuell

Friedensgespräche – kein Ende in Sicht?

Seit der Teilung 1974 gab es sporadische, wenig erfolgreiche Friedensgespräche. 2008 versprach der Präsident der Republik Demetris Christofias, mit dem türkisch-zyprischen Staatsoberhaupt Mehmet Ali Talat zusammenzuarbeiten, und so kam es zu über 100 Treffen. Die versöhnlichen Töne, die ein „Klima des Friedens" zum Ziel hatten, waren türkischen Offiziellen ein Dorn im Auge. 2010 änderte sich das Blatt erneut, als der pro-türkische Dervis Eroglu an die Macht gelangte.

Seitdem gehen die üblichen, von rhetorischem Geschick geprägten Gespräche mit UN-Vermittlern weiter. Ihre Dauer ist unklar, da die Zeitvorgaben großzügig sind und oft missachtet werden. Meist einigt man sich lediglich auf eine neue Diskussionsrunde.

Über andere Probleme, insbesondere wirtschaftlicher Art, wird hinweggesehen, während sich die besten Köpfe des Landes auf die schwierigen, beständigen Themen wie die Machtfrage und Landbesitz konzentrieren. Aufgrund der ideologischen Unterschiede der aktuellen Regierungen rückt eine friedliche Lösung in weite Ferne.

Die meisten Zyprer glauben nicht an eine Lösung in naher Zukunft. Manche hofften, die EU-Mitgliedschaft würde die Chancen auf eine Wiedervereinigung erhöhen, doch leider scheint die Lage mit der Einmischung großer europäischer Staaten noch komplizierter.

Die EU & die Wirtschaft

Der 2004 erfolgte EU-Beitritt brachte verschiedene Änderungen mit sich. Gesetzliche Regelungen und Strafen bezüglich Angelegenheiten wie dem Falschparken, dem Tragen von Motorradhelmen oder der Anschnallpflicht werden nun ernster genommen, während früher ein einfaches *„dembirasi"* („macht nichts") reichte.

» **Bevölkerung:** 1 120 489 (geschätzte 285 000 in Nordzypern)

» **Fläche:** 9251 km² (Nordzypern: 3355 km²)

» **BIP:** Republik Zypern 22,18 Mrd. US$; Nordzypern 4,4 Mrd. US$

Dos & Don'ts

» Zyprer telefonieren gerne beim Autofahren und blinken nur selten. Am besten sucht man an Kreuzungen Augenkontakt, bevor man losfährt.

» Bei Diskussionen über Politik, die Teilung und die Grüne Linie taktvoll vorgehen.

» Wird man zum Essen eingeladen, zahlt der andere. Auch wenn es für Spott sorgt, sollte man seine Beteiligung anbieten.

» Besitztümer oder Glück nicht zu sehr loben, denn viele Zyprer glauben, dies ziehe Neid und den „bösen Blick" an.

Top-Bücher

Zypern: Insel der Liebe – Friedhof der Diplomatie (Halil Gülbeyaz) Beschreibt Zyperns wechselvolle Geschichte.

Kurze Geschichte des modernen Zypern (1878–2009) (Heinz A. Richter) Geschichtlicher Überblick.

Religiöse Gruppen
(% der Bevölkerung)

Gäbe es nur 100 Zyprer, würden ...

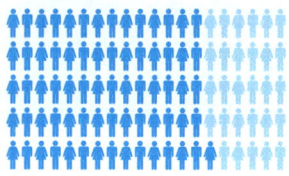

71 in Städten leben
29 auf dem Land leben

Gebühren und Steuern für Hauskäufe oder das Bebauen von Grundstücken sind gestiegen, Wasser- und Strompreise regelrecht explodiert. Auch die Lebensmittelpreise zogen an, was dem traditionellen Sprichwort „Zypern verlässt niemand hungrig" einen zynischen Beiklang verleiht.

Darüber hinaus spürt man demografische Veränderungen. Arbeitskräfte aus Osteuropa, Asien, Afrika und Indien drängen auf den Markt, was zu niedrigeren Löhnen führt und Sorgen über gesellschaftliche Konflikte und mehr Kriminalität auslöst. In Restaurants und Geschäften arbeiten vornehmlich Osteuropäer und viele Familien haben Hausangestellte oder Kindermädchen aus Sri Lanka oder von den Philippinen.

Die Regierung möchte sich nicht mehr nur auf den Tourismus verlassen, deshalb laufen aktuell Verhandlungen über die Förderung großer Rohöl- und Naturgasvorräte, die auf dem Meeresgrund zwischen dem Libanon, Israel und Zypern liegen sollen.

Der Norden in Zahlen

Die soziokulturelle Dimension des Status und der Zukunft der Türken, die sich seit 1974 auf der Insel angesiedelt haben, gehört zu den umstrittensten und politisiertesten Themen Zyperns. Griechische Zyprer sprechen von über 150 000 „Türkiyeli" im Norden, während unabhängige Experten die Zahl auf rund 90 000 beziffern und einige Fachleute sogar 250 000 im Land vermuten.

Die Anzahl türkischer Soldaten beträgt etwa 40 000. Von der türkischzyprischen Bevölkerung sind 50 % in der Landwirtschaft tätige Einwanderer aus der Türkei.

Eine Volkszählung unter UN-Aufsicht zur Ermittlung der Anzahl der Einwohner mit türkisch-zyprischer „Staatsbürgerschaft" lehnte der Norden kürzlich ab.

WÄHRUNG

Am 1. Januar 2008 löste der Euro in der Republik Zypern das traditionell sehr starke Zypern-Pfund ab, das seit Ende des 19. Jhs. offizielle Währung war.

Top-Websites

» **Talk Cyprus** (www.talkcyprus.org/forum) Politisches Forum.
» **Laika-Musik** (wn.com/laika_(music)) Zyprische Musik.
» **Zyprische Küche** (www.flavoursofcyprus.com) Klassische und moderne Rezepte authentischer Gerichte.

Kypriaka

» *Kypriaka*, die Sprache der Zyprer und inseleigener Dialekt mit Elementen aus dem Altfranzösischen, Italienischen, Provenzalischen und Arabischen leitet sich vom Altgriechischen ab.
» Für viele andere Griechen ist *kypriaka* schwer verständlich..

Sicherheit

» Die hiesige Kriminalitätsrate beträgt nur 17 % des europäischen Durchschnitts.
» Bei den 6,4 Verbrechen pro 1000 Einwohner handelt es sich vorwiegend um Bagatelldelikte.
» Zypern zählt zu den sichersten Ländern Europas und der Welt.

Geschichte

Zypern liegt am Schnittpunkt antiker Seewege im östlichen Mittelmeerraum, und seine Geschichte ist so interessant und abwechslungsreich wie die 6000 Jahre alten Mosaiken, die hier gefunden wurden.

Zahlreiche Siedler, Eindringlinge und Einwanderer landeten im Laufe der Jahrhunderte auf der Insel oder versuchten, sie zu besetzen. Zypern war Teil des griechischen, phönizischen, ägyptischen sowie des Byzantinischen und des Römischen Reiches und stand unter der Herrschaft des Hauses Lusignan, der Genuesen, Venezianer, Osmanen und der britischen Krone. Sie alle prägten die hiesige Geschichte und Kultur in hohem Maß. Ihre erstaunlichen Zeugnisse sind in den vielen großen Tempeln, Gräbern, Toren, Kirchen, Basiliken, Aquädukten und Burgen, aber auch in Kapellen, Bollwerken, Festungen und alten Stadtmauern zu sehen.

Diese Kombination verschiedener kontrastreicher Einflüsse macht das heutige Zypern so einzigartig.

Frühgeschichte

Stadtkönigtümer in Zypern

Griechische Siedler errichteten in Kourion, Pafos, Marion (heute Polis), Soloi, Lapithos, Tamassos und Salamis eine Reihe von Stadtkönigtümern, später kamen noch zwei weitere in Kition und Amathous dazu. Etwa zur selben Zeit ließen sich in Kition (Larnaka) die Phönizier nieder, die große Seehändler waren.

Zwischen 1400 und 1200 v. Chr. strömten mykenische und achäische Griechen scharenweise auf die Insel und brachten ihre Sprache, Kunst und Kultur und ihre Götter mit. Die Einheimischen übernahmen insbesondere deren Fruchtbarkeitsgöttin Aphrodite.

Unter der Herrschaft der Stadtkönigtümer erlebte Zypern von 750 bis 475 v. Chr. eine Zeit des Fortschritts und des zunehmenden Wohlstands,

ZEITACHSE

Vor Millionen von Jahren	10 000–8000 v. Chr.	6000 v. Chr.
Die Insel wird vom Grund des Mittelmeers emporgehoben, Troodos-Massiv, Kyrenia-Gebirge und Mesaoria-Ebene tauchen auf. Heute untersuchen hier Wissenschaftler den Meeresboden.	Jäger und Sammler gründen erste Siedlungen. Die ältesten Brunnen und Haustiere erscheinen auf der Bildfläche.	In kleinen ummauerten Dörfern wie Choirokoitia werden Steinhäuser gebaut. Die Einwohner beginnen, Getreideanbau, Steinarbeiten und Haustierzucht zu organisieren.

von der die spektakulären Königsgräber bei Salamis (S. 197) zeugen. Sie enthielten außergewöhnlich kostbare Beigaben und entsprechen ziemlich genau Homers Beschreibungen der mykenischen Begräbnisse in der *Ilias*.

Nun dehnte sich der griechische Einfluss über die ganze Insel aus und Zypern sah eine Reihe ausländischer Herrscher, darunter die Assyrer, die Ägypter und schließlich die Perser, die ihre Macht alle mehr durch Tributforderungen als durch Besetzung ausübten und die Stadtkönigtümer im Wesentlichen der Selbstregierung überließen.

498 v. Chr. schlossen sich die Stadtreiche unter König Onesilos von Salamis dem Ionischen Aufstand gegen die persische Herrschaft an, mit Ausnahme von Amathous, das sich mit den Phöniziern verbündete. Das persische Heer landete in der Nähe von Salamis und es kam zu einem blutigen Krieg. Schließlich verriet der König von Kourion, Stesenor, die Griechen; Onesilos wurde getötet und der Aufstand niedergeschlagen.

Trotz der persischen Vorherrschaft blieb die starke Verbundenheit der Insel mit dem Hellenismus erhalten. 381 v. Chr. versuchte König Euagoras von Salamis erneut, die Perser zu vertreiben und die Stadtkönigtümer mit den griechischen Stadtstaaten zu vereinen. Er wurde geschlagen und sieben Jahre später ermordet. Damit endete im Grunde die klassische Periode des griechischen Einflusses.

> Zypern ist eine der kupferreichsten Gegenden der Welt. Der griechische Name der Insel lautet „Kypros", wovon vielleicht der lateinische Begriff für Kupfer, *cuprum*, abstammt.

STEINHÄUSER

Die menschliche Besiedlung Zyperns begann um 10 000 v. Chr., als Jäger und Sammler durch die Küstenhöhlen von Akrotiri Aetokremnou (Geierklippen) und über die Halbinsel im Süden streiften. Im Westen wurden einige der ältesten Wasserbrunnen weltweit gefunden.

Etwa ab 6000 v. Chr. errichteten die Nomaden schließlich Steindörfer wie die akeramische neolithische Siedlung von Choirokoitia. An einem Hang über dem Flussufer lebten hier mehr als 300 Menschen in runden *tholoi* (Hütten) aus Stein und Lehm mit flachen Dächern. Diese ähneln Bauten aus der gleichen Zeit, die auf Kreta und in Mesopotamien gefunden wurden. Die Hütten standen innerhalb einer Schutzmauer um einen zentralen Hof und hatten verschiedene Kammern, die zum Kochen und Essen sowie zum Schlafen und als Lagerräume dienten.

Funde zeigen, dass die Einwohner Steinwerkzeuge, Waffen, Behälter und Schmuck herstellten. Sie sammelten Früchte, fingen Fische, hielten Schafe, Ziegen und sogar Haustiere. Hier wurde die erste Verbindung zwischen Katze und Mensch entdeckt: eine domestizierte Katze, die man mit ihrem Besitzer bestattet hatte. Das Grab ist viel älter als ähnliche Funde in Ägypten.

2500 v. Chr.	2300–1950 v. Chr.	1950–1650 v. Chr.	1650–1050 v. Chr.
Einwanderer aus der Levante bringen neue Technologien und Stile mit. Zu den künstlerischen Neuheiten zählen kreuzförmige menschliche Figuren aus Pikrolith, einem zyprischen Gestein.	Frühe Bronzezeit. Mit importiertem Zinn werden Objekte gegossen und fantasievoll dekorierte Keramik, inspiriert von Motiven aus dem Dorfleben, erlebt eine Blütezeit.	Mittlere Bronzezeit. Andauernder Kupferabbau und Beginn der Handelsbeziehungen mit der Ägäis. Gesiedelt wird in den Gebirgsausläufern und Ebenen in hauptsächlich agrarisch geprägten Gemeinschaften.	Aus Kreta wird die kypro-minoische Schrift, eine Linearschrift, adaptiert. Umfangreicher Handel mit dem Ausland trifft auf die Produktion von kunstvollem Schmuck, Schnitzarbeiten und Keramik.

KUPFERINSEL

Nach der Entdeckung von Kupfer auf Zypern um 2600 v. Chr. ersetzte man nach und nach das alte Steinrepertoire und fing an, die reichen Metalllagerstätten im Troodos-Massiv abzubauen.

Gewinnung und Export des Rohstoffs waren auf der Insel bald hochorganisiert und es begann ein ernsthafter Handel mit anderen Mittelmeerinseln und Ägypten. Dadurch gewann Zypern große wirtschaftliche Bedeutung im Mittelmeerraum.

Um 2000 v. Chr., am Übergang zur Bronzezeit, brachten Einwanderer wie die Hethiter eine Reihe neuer Technologien und Stile ins Land. In dieser Periode entstanden entlang der Küste auch neue Städte, zudem dehnte sich der Auslandshandel mit Tonbehältern und Kupferbarren (in Form einer gespannten Ochsenhaut) aus.

Zypern erlebte einen nie da gewesenen Wohlstand, ausländische Waren und Menschen strömten auf die Insel. Dank ihrer Lage und ihres natürlichen Reichtums wurde die Insel zum Treffpunkt der östlichen und westlichen Kulturen.

Griechische Epoche

Der Sieg Alexanders des Großen über den persischen König Dareios III. bei Issos im Jahr 333 v. Chr. befreite die Insel von den Persern. Doch Alexanders Herrschaft über Zypern währte nur kurz. Er gewährte den Stadtkönigtümern Autonomie, verweigerte ihnen aber das Recht, eigene Münzen zu prägen. Nach seinem Tod 323 v. Chr. übernahm Ptolemaios I. die Insel als Teil des hellenistischen Ägyptens und unterwarf sich die Stadtreiche.

Zyperns Hauptstadt wurde von Salamis nach Pafos verlegt, das näher an Ägypten lag. Nikokreon, der letzte König von Salamis, unterstützte Ptolemaios dabei, die Macht zu zentralisieren und von den Städten an einen Generalgouverneur in Pafos zu übertragen. Später wurde er des Verrats verdächtigt und brannte Salamis bis auf die Grundmauern ab, ehe er sich das Leben nahm.

Auf der Insel, die für weitere 200 Jahre eine Kolonie des Ptolemäerreiches blieb, wurde ein *demos* genanntes Parlament (Repräsentantenhaus und Senat) geschaffen.

> Die griechischen Zyprer sind überwiegend Nachkommen mykenischer und achäischer Einwanderer, die sich um 1100 v. Chr. mit den Ureinwohnern mischten, sowie der bis ins 16. Jh. nachfolgenden Siedler.

Römische Herrschaft & Ausbreitung des Christentums

58 v. Chr. annektierte das sich ausbreitende Römische Reich auch Zypern. Einer seiner ersten römischen Statthalter war der Schriftsteller Cicero. 40 v. Chr. schenkte General Marcus Antonius die Insel seiner Geliebten, Königin Kleopatra von Ägypten. Nach dem Tod der beiden zehn Jahre später fiel sie zurück an Rom.

1200 v. Chr.
Die Insel erlebt ein bisher unerreichtes Niveau des Wohlstands und der Einwanderung. Nun lassen sich die ersten Griechen nieder und bringen ihre Sprache, Kunst, Kultur und ihre Götter mit.

1200–1100 v. Chr.
Städte werden nach einem rechteckigen Raster gebaut oder erweitert. Stadttore und wichtige Gebäude korrespondieren mit dem Straßennetz. Eine stärkere soziale Hierarchie bildet sich aus.

1200–1000 v. Chr.
Die großen griechischen Stadtkönigtümer Salamis, Kourion, Pafos, Marion, Soloi, Lapithos und Tamassos florieren. Zypern erlebt eine Zeit rasanten Fortschritts und wachsenden Reichtums.

11. Jh. v. Chr.
Klassische Schriftsteller schreiben griechischen Helden, die aus dem Trojanischen Krieg zurückkehren, die Gründung einflussreicher Städte zu: Teukros habe Salamis gegründet und Agapenor Pafos.

Unter Roms Herrschaft erlebte Zypern sechs Jahrhunderte relativen Friedens und Wohlstands; viele öffentliche Gebäude, Aquädukte und Straßen stammen aus dieser Zeit.

Salamis wurde zu einem Zentrum des Handels, der Bildung und Kultur, bis ein Erdbeben 15 v. Chr. große Teile der Stadt zerstörte. Darauf ließ Kaiser Augustus sie im prächtigen römischen Stil wieder aufbauen. Zu den von ihm in Auftrag gegebenen Gebäuden gehören das Theater in Kourion, das mit Kolonnaden geschmückte Gymnasium in Salamis und das Apollon-Ylatis-Heiligtum. Vieler der Ruinen können noch heute besichtigt werden, ebenso wie die zahlreichen Mosaikböden mit Szenen aus der griechischen Mythologie.

Insel der Heiligen

Das Christentum tauchte erstmals 45 n. Chr. auf Zypern auf. Zu dieser Zeit begann der Apostel Paulus, hier die neue Religion zu verbreiten. Ihn begleitete Barnabas, ein in Salamis geborener griechischer Jude, der später heiliggesprochen wurde und auf Griechisch als Agios Varnavas genannt wird. Die Missionare bereisten die Insel, verkündeten das Wort Gottes und bekehrten viele Einwohner. In Pafos gewährte ihnen der römische Statthalter Sergius Paulus eine Audienz. Ein Hofzauberer verspottete ihre Reden und verärgerte Paulus, der den Magier daraufhin wegen seiner Ungläubigkeit zeitweilig geblendet haben soll. Der Statthalter war davon derart überwältigt, dass er als einer der Ersten zum Christentum konvertierte. Zypern wurde das erste von einem Christen regierte Land der Welt und der Glaube florierte dort.

Die Apostel gründeten die Kirche von Zypern, eine der ältesten unabhängigen Kirchen der Welt, und das Land erlangte schnell als „Insel der Heiligen" Bekanntheit.

Einige Persönlichkeiten, die an der frühen Ausbreitung des Christentums beteiligt waren, werden als Heilige verehrt, etwa Lazarus, den Jesus vom Tode auferweckte und der Erzbischof von Kition wurde. Auch die hl. Helena besuchte die Insel. Sie brachte Stücke des „Heiligen Kreuzes" mit und ließ sie in der Obhut des Klosters Stavrovouni und in Tochni, wo sie sich noch heute befinden.

Zur Zeit Konstantins des Großen hatte das Christentum das Heidentum fast völlig verdrängt.

Byzantinisches Zypern

Konstantinopel meldet sich zu Wort

Bei der Teilung des Römischen Reiches 395 fiel Zypern an die östliche Hälfte, das Byzantinische Reich mit der Hauptstadt Konstantinopel, und neue Verwalter wurden nach Zypern entsendet.

> Wer die antiken zyprischen Keramiken und Skulpturen liebt, die in den Museen gezeigt und oft von örtlichen Künstlern nachgebildet werden, findet unter www.thebritishmuseum.ac.uk weitere Informationen.

> Die beste Seite für archäologisch Interessierte ist www.ancientcyprus.ac.uk. Sowohl Laien als auch Experten können hier einen spannenden Streifzug durch die zyprische Geschichte unternehmen.

8.–3. Jh. v. Chr.
Die Assyrer sind die ersten einer Reihe von Eroberern, die Zypern kontrollieren. Ihnen folgen die Ägypter unter Pharao Amasis (568–525 v. Chr.) und die Perser unter König Kyros (525–333 v. Chr.).

560–525 v. Chr.
Der König von Salamis lässt die ersten zyprischen Münzen prägen. Sie bestehen aus Edelmetallen und folgen dem persischen Gewichtssystem.

499–450 v. Chr.
Zyperns Stadtkönigtümer schließen sich dem Ionischen Aufstand gegen die Perser an. Nach der Niederschlagung wird Salamis bestraft. Kition entwickelt sich zum wichtigen Handelsposten der Phönizier.

» Antike Statue, Salamis

> Im 1. Jh. v. Chr. wurde Zinn nach Zypern importiert. Mit Kupfer gemischt, entsteht daraus Bronze. Diese Legierung war härter und dauerhafter und diente zur Herstellung besserer Werkzeuge und Waffen.

Die Insel konnte sich eine beträchtliche kirchliche Autonomie bewahren, nachdem der zyprische Erzbischof den byzantinischen Kaiser davon überzeugt hatte, dass die hiesige Kirche von den Aposteln gegründet worden war. 448 erhielt der Erzbischof das Recht, ein Zepter anstelle des Hirtenstabs zu tragen. Außerdem durfte er mit Tinte in kaiserlichem Purpur unterschreiben – ein Brauch, der noch heute so gepflegt wird.

In dieser Periode entstanden auf der Insel viele beeindruckende Gotteshäuser mit von Fresken geschmückten Wänden, Mosaiken und Kuppeldächern, darunter die St.-Barnabas-Kirche in Famagusta (S. 197), die über dem Grab des hl. Barnabas errichtet wurde.

Die relative Stabilität währte allerdings nicht lange: Bald sollte sich die Insel im Konflikt zwischen den Byzantinern und dem wachsenden islamischen Reich an vorderster Front befinden.

Arabische Angriffe

Die islamische Expansion im 7. Jh. hatte tiefgreifende Folgen für Zypern, denn nun mussten die Länder des Byzantinischen Reiches Angriffe abwehren. 647 starteten Schiffsflotten eine Reihe blutiger Überfälle, bei denen es viele Tote gab und Küstenstädte zerstört wurden. Salamis (Constantia) trug schwere Verwüstungen davon und wurde geplündert – es erholte sich nie wieder ganz. Das Stadtkönigtum Kourion erlebte einen dramatischen Niedergang und viele Küstenbewohner zogen ins Inland.

Als Reaktion auf diese Angriffe errichteten die Inselherren Festungen und Burgen, darunter die drei größten, St. Hilarion, Buffavento und Kantaro im Kyrenia-Gebirge zur Verteidigung der Nordküste.

Während eines Angriffs in Kition fiel Umm Haram, die Frau eines arabischen Kommandeurs und Tante des Propheten Mohammed, vom Pferd und starb. An der Stelle ihres Sturzes am Rand des Salzsees von Larnaka wurde die Moschee Hala Sultan Tekke gebaut. Sie zählt zu den heiligsten muslimischen Stätten der Welt.

688 kam es zum Waffenstillstand, als sich Justinian II. und der arabische Kalif Abd-al-Malik über die gemeinsame Herrschaft über Zypern einigten. Ihre Vereinbarung hatte bis 965 Bestand. Dann schickte Kaiser Nikephoros Phokas ein Heer auf die Insel, um sie wieder unter vollständige Kontrolle der Byzantiner zu bringen.

Die neuen Statthalter hatten den Rang von Fürsten. Weil die Küstenstädte zerstört waren, wurde Lefkosia im Landesinneren zur Hauptstadt erwählt, sie entstand auf den Überresten der alten Stadt Ledra.

Kreuzzüge

Die Herrschaft der Byzantiner hätte vermutlich fortgedauert, wenn sich der abtrünnige Statthalter Isaak Komnenos nicht 1184 zum Kaiser von Zypern erklärt hätte.

411–325 v. Chr.	323 v. Chr.	323–58 v. Chr.	300 v. Chr.
Klassisches Zeitalter. Alexander der Große befreit Zypern von den Persern (351 v. Chr.) und die zyprische Kunst entwickelt sich, stark beeinflusst von Attika. Auf Zypern wird der Philosoph Zenon geboren (334 v. Chr.).	Nach dem Tod Alexanders verbünden sich die zyprischen Könige mit Ptolemaios I. gegen Antigonos. Ptolemaios wird Herrscher von Ägypten, Syrien, Pentapolis (Libyen) und Zypern (323–283 v. Chr.).	Enge Handelsbeziehungen mit Athen und Alexandria sorgen dafür, dass der hellenistische Einfluss auf Zypern stark bleibt. Ptolemaios regiert die Insel mittels ägyptischer Verwalter bis 58 v. Chr.	Zenons philosophische Schule der Stoa setzt sich in Athen durch. Sie beruht auf Logik und Ethik und floriert von der hellenistischen bis zur römischen Epoche.

Während seines dritten Kreuzzugs musste die Flotte von König Richard Löwenherz auf dem Weg ins Heilige Land wegen schlechten Wetters in Lemesos anlegen. Das erste Schiff, das den Hafen erreichte, war das der frisch verwitweten sizilianischen Königin Johanna von England, Richards Schwester, und seiner Verlobten Berengaria von Navarra.

Komnenos plante, die königlichen Besucher in Geiselhaft zu nehmen. Als Richard von dem Plan erfuhr, geriet er vor Wut außer sich, marschierte in Lemesos ein, stürzte seinen Widersacher und errang die Kontrolle über die Insel. Dies bedeutete schließlich das Ende der byzantinischen Herrschaft.

Nach seiner Niederlage floh Komnenos auf die Kantara-Burg im Norden, und Richard heiratete 1191 in der Agios-Georgios-Kirche auf der Burg von Lemesos seine Verlobte.

Wegen einer Erkrankung musste Richard auf Zypern bleiben und seinen Kreuzzug ins Heilige Land verschieben. Er eroberte die ganze Insel, bis er nach einem Jahr gesund genug war, um weiterzureisen. Vorher verkaufte er Zypern an die Tempelritter, um seine Staatskasse zu füllen. Diese konnten sich den Unterhalt der Insel jedoch nicht leisten und gaben sie 1192 an Guy de Lusignan weiter. Der vertriebene König von Jerusalem hatte Richard im Kampf gegen Komnenos unterstützt.

Herrschaft der Lusignans

Der französischsprachige Herrscher von Zypern, Guy de Lusignan, begründete eine langjährige Familiendynastie, die für die Insel Vor- und Nachteile hatte. Er starb 1194 und wurde in der Templerkirche von Lefkosia beigesetzt. Ihm folgte sein Bruder Amalric auf den Thron.

Guy hatte christliche Familien, die ihr Hab und Gut im Heiligen Land verloren hatten, eingeladen, sich auf Zypern niederzulassen. Viele davon waren noch in Besitzstreitigkeiten in Jerusalem verwickelt. Bis zum Fall von Akkon 1291 stellte dies eine große wirtschaftliche Belastung für die Insel dar.

In den folgenden 100 Jahren genoss Zypern eine Periode voll Reichtum und Wohlergehen. Unangefochtenes Zentrum des Handels war das heutige Famagusta (Mağusa). Viele byzantinische Burgen wurden in großem Stil erweitert und prachtvolle Gebäude und Kirchen entstanden, darunter die Agia-Sofia-Kathedrale in Nord-Nikosia (Lefkoşa), das Bellapais-Kloster in Kyrenia (Girne) und die Kolossi-Burg bei Lemesos.

Abkömmlinge der Lusignans setzten ihre Herrschaft über das Königreich von Zypern bis 1474 fort. Seinen Zenit erreichte der Wohlstand der Insel unter König Peter I. (reg. 1359–1369), der einen großen Teil seiner Regierungszeit im Ausland im Krieg verbrachte. Er schlug viele türkische Piratenangriffe zurück, bis er 1365 zum Gegenangriff überging. Bei seinem erfolglosen Kreuzzug gelang es ihm nur, die Stadt Alexandria zu

289 v. Chr.	60 v. Chr.	58 v. Chr.– 395 n. Chr.	45 n. Chr.
Ptolemaios II. ist Mitregent von Ägypten, Zypern und den Außengebieten. Während seiner Regierungszeit (285–247 v. Chr.) wird der wichtige Handelshafen Famagusta (bei Salamis) gegründet.	Der zyprische Arzt Apollonios von Kition wird geboren. Er schreibt wichtige medizinische Bücher der Antike. Als einziges erhalten blieb Peri Arthron (Über die Gelenke) mit handgezeichneten Illustrationen.	Die Römer übernehmen die Herrschaft. Bedeutende Gebäude wie Theater und Gymnasien werden gebaut. Straßen und lebenswichtige Aquädukte, die Wasser in die Orte bringen, entstehen.	Die Apostel Paulus und Barnabas tragen das Christentum auf die Insel. Die Kirche von Zypern wird gegründet. Zypern ist das erste Land, das von einem Christen regiert wird.

plündern. Als der König schließlich von seinen eigenen Adligen ermordet wurde, wendete sich das Glück der Lusignans.

Nun warfen Genuesen und Venezianer ein Auge auf Zyperns Reichtum und seine strategische Lage als Handelsstützpunkt. Erstere eroberten Famagusta und beherrschten es für 100 Jahre – als Resultat ging es sowohl mit Famagusta als auch mit der Insel bergab. Der letzte König der Lusignans, Jakob II. (reg. 1460–1473), konnte die Genuesen schließlich aus Famagusta vertreiben. Er heiratete die venezianische Adlige Caterina Cornaro, die seine Nachfolge antrat. Sie war die letzte Königin von Zypern und letzte Regentin der Lusignan-Familie. Unter Druck gesetzt, trat sie Zypern an Venedig ab.

> *The Stones of Famagusta* ist ein Dokumentarfilm aus dem Jahr 2008, der den historischen Spuren und Ruinen der einst herrlichen Architektur Famagustas auf den Grund geht. Die Einheimischen lieben dieses Werk zweier engagierter Briten, die nach Zypern ausgewandert sind.

Venezianische Festungen

Von 1489 bis 1571 blieb Zypern unter venezianischer Herrschaft. Diese zeichnete sich durch Gleichgültigkeit gegenüber der griechischen Bevölkerung aus, der es unter den neuen Herren nicht besser erging als unter den Genuesen.

Die Venezianer, die exzellente Händler waren, wollten vor allem ihr maritimes Reich erweitern. Sie schätzten die Lage der Insel an der lebenswichtigen „Seidenroute" nach China und nutzten Zypern zur Verteidigung gegen die wachsende osmanische Bedrohung.

Weil sie in Lefkosia und Famagusta mit Angriffen rechneten, ließen sie mächtige Festungen um die Städte errichten, trotzdem fielen die Osmanen hier ein. Sie eroberten zuerst Lefkosia und metzelten die Garnison nieder. Dann schickten sie den abgetrennten Kopf des Statthalters als makabre Botschaft an den Generalkapitän Marcantonio Bragadino in Famagusta, der sofort 8000 Mann für den Angriff in Bereitschaft setzte.

Bald belagerte ein osmanisches Herr mit mehr als 200 000 Soldaten und 2000 Kanonen die Stadt und in der Bucht von Famagusta lagen ihre Schiffe dicht an dicht. Fast ein Jahr lang hielt Bragadino die eingeschlossene Festung. Bei seiner Gefangennahme wurde er zur Strafe für den Widerstand bestialisch gefoltert.

Mit dem Fall von Famagusta endete die westliche Präsenz und christliche Vorhut in der Levante für die nächsten 300 Jahre.

> Die Bürger von Famagusta (Mağusa) waren so reich, dass ein Händler einst vor all seinen Gästen einen Diamanten zermahlte, um damit das Essen zu würzen.

Osmanische Herrschaft

Nach der Niederlage der Venezianer 1571 ließen sich 20 000 Türken auf Zypern nieder, doch für die Osmanen besaß die Insel keine hohe Priorität. Der herrschende Sultan entsandte türkische Gouverneure, die umgehend die Macht der katholischen Kirche beschnitten, die Leibeigenschaft abschafften und die orthodoxe Hierarchie sowie die Kirche von Zypern wiederherstellten, um die Bevölkerung zu beschwichtigen und kontrollieren zu können.

115–116
Ein jüdischer Aufstand in Mesopotamien springt auf Zypern über und hinterlässt Tausende Tote. Der römische Kaiser Trajan interveniert, stellt den Frieden wieder her und vertreibt die Juden aus Zypern.

4. Jh.
Starke Erdbeben erschüttern die Insel, viele Küstenstädte werden beschädigt oder zerstört, darunter das bedeutende Salamis. Es folgen Dürren und Hungersnöte.

350
Constantius II., ein Sohn Konstantins des Großen, baut Salamis als prachtvolle Stadt wieder auf und benennt sie in Constantia um.

395–647
Nach der Teilung des Römischen Reiches kommt die Insel unter byzantinische Herrschaft. Die Kirche von Zypern erhält eine nie da gewesene Autonomie von Konstantinopel; diese Praxis währt bis heute.

Von nun an wurden die Steuern für griechische Einwohner willkürlich erhöht und der orthodoxe Erzbischof für deren Eintreibung verantwortlich gemacht. Angesichts dieser hohen Lasten konvertierten einige Griechen zum Islam, um sich der Unterdrückung zu entziehen.

In jeder Stadt wurde ein sogenannter Dragoman des *serai* (Gouverneurspalast) eingesetzt. Diese residierten in prächtigen Steinhäusern und fungierten als Vermittler für alle Angelegenheiten, die die griechischen Zyprer betrafen.

Die Herrschaft der Osmanen war geprägt von Trägheit und Korruption, gelegentlicher Widerstand wurde unterdrückt. 1764 und 1833 kam es zu blutigen Revolten.

1821 begann auf dem Festland der griechische Freiheitskampf gegen die Osmanen. Zyperns orthodoxer Erzbischof schickte Geld und unterstützte die Griechen in der Hoffnung, damit zur Befreiung der Insel beizutragen. Als der *paşa* (Statthalter), Mehmed Silashor, dies herausfand, ließ er den Erzbischof auf dem öffentlichen Platz vor dem *serai* hängen. Jede Unterstützung für die griechische Revolution sollte nun im Keim erstickt werden. Drei weitere Bischöfe wurden wegen eines ähnlichen Verdachts geköpft und mehrere Priester, darunter der Abt des Klosters Kykkos, hingerichtet.

Die Osmanen herrschten bis 1878 über die Insel, dann griffen die Briten in der Region nach der Macht.

> Die türkischen Zyprer stammen von den osmanischen Siedlern ab, die 1570 nach der Eroberung der Insel in Zypern eintrafen.

Modernes Zypern

Kampf um Unabhängigkeit

1878 unterzeichneten die Türkei und Großbritannien eine Vereinbarung, nach der die Türken die formelle Souveränität über die daniederliegende Kolonie behalten, deren Verwaltung aber an die Briten abtreten würden. Großbritanniens Ziel war es, sich einen strategischen Außenposten im Nahen Osten zu sichern, von dem es die militärischen Bewegungen und Handelsaktivitäten im östlichen Mittelmeer und im Kaukasus beobachten konnte. Als Teil der Vereinbarung gewährten die Briten den asiatischen Gebieten der Türkei militärischen Schutz vor der Bedrohung durch Russland. Doch mit Beginn des Ersten Weltkriegs 1914 befanden sich beide Länder im Krieg gegeneinander. Großbritannien annektierte Zypern, doch die Türkei weigerte sich, dies anzuerkennen, bis es 1923 zum Vertrag von Lausanne kam. Dieser schloss auch die Gebietsansprüche des neuen unabhängigen Staates Griechenlands ein.

Zunächst begrüßten fast alle griechischen Zyprer die britische Herrschaft über die Insel, da sie hofften, dass Großbritannien mit den Griechen kooperieren und die Enosis (Einheit) Zyperns mit Griechenland

> Colin Thubrons Buch *Zypern* ist eine klassische Reisegeschichte. Der Autor bereiste die Insel 1974, kurz vor der Invasion der Türken, legte fast 1000 km zu Fuß zurück und verwob Mythen und Historie mit persönlichen Erlebnissen.

647
Erste arabische Angriffe bringen Verwüstungen und Leid. Salamis wird zerstört, Kourions Niedergang setzt ein. Die Küstenbewohner flüchten vor den ständigen Plünderungen und Überfällen ins Inland.

» Byzantinische Fresken

688–965
Justinian II. und der arabische Kalif Abd-al-Malik einigen sich, Zypern gemeinsam zu regieren. 965 wird diese Vereinbarung gebrochen und die Byzantiner übernehmen erneut die gesamte Insel.

1191
Richard Löwenherz erleidet auf seinem Weg nach Akkon bei Lemesos Schiffbruch; er erobert Zypern und heiratet Prinzessin Berengaria in der Agios-Georgios-Kapelle.

anstreben würde. Die türkischen Zyprer, die nur 17 % der Inselbevölkerung ausmachten, waren dagegen alles andere als begeistert und fürchteten die Verbannung.

Zwischen 1955 und 1958 gründete ein zyprischer Oberstleutnant, Georgios „Digenis" Grivas, die Ethniki Organosi tou Kypriakou Agona (EOKA; Nationale Organisation Zyprischer Kämpfer), die eine Reihe von Anschlägen auf Militär und britische Verwaltung verübte. Damit verlieh sie ihrer Unzufriedenheit über den mangelnden britischen Einsatz für die Enosis Ausdruck.

Großbritannien äußerte zwar verschiedene Vorschläge für eine begrenzte Autonomie, doch die türkischen Zyprer forderten nun eine Teilung *(taksim)* der Insel zwischen Griechenland und der Türkei.

1959 traf sich der griechisch-zyprische Ethnarch und Erzbischof von Zypern, Makarios III., in Zürich mit Faisal Küçük, dem Führer der türkischen Zyprer. Hier ratifizierten die beiden einen zuvor ausgehandelten Vertrag, der Zypern zu Bedingungen, die alle Seiten zufriedenstellten, die Unabhängigkeit gewährte.

Die Briten behielten als Teil dieser Vereinbarung zwei Militärbasen und eine Reihe weiterer Standorte. Zypern erklärte sich bereit, auf politische oder wirtschaftliche Bündnisse mit der Türkei bzw. Griechenland ebenso wie auf eine Teilung zu verzichten. Die politische Macht wurde im Verhältnis von 70 % für die griechischen sowie 30 % für die türkischen Zyprer aufgeteilt und Großbritannien, die Türkei und Griechenland als Garantiemächte für die Insel benannt.

> Zahlreiche Türken vom Festland haben türkische Zyprer geheiratet. Von türkisch-zyprischen Bürgerlichen, die darauf Wert legen, dass sie anders sind als die Festlandtürken, werden diese Beziehungen manchmal missbilligt.

Unabhängige Republik Zypern

Am 16. August 1960 wurde Zypern unabhängig. Der Übergang von der Kolonie zur Republik gestaltete sich schwierig und wurde von sporadischen Gewaltausbrüchen und Protesten begleitet, da Extremisten auf beiden Seiten ganz widersprüchliche Pläne verfolgten.

1963 brach ein Bürgerkrieg aus und die Kluft zwischen griechischen und türkischen Zyprern wuchs. Mit dem Vorwurf, dass der Präsident, Erzbischof Makarios (s. Kasten S. 75), für die Enosis sei und nicht genug gegen die radikalen Kräfte unternehme, zogen sich die türkischen Zyprer aus der Regierung zurück.

1964 entsandte die Uno eine Friedenstruppe unter Leitung von Generalmajor Peter Young auf die Insel. Young zog auf der Karte von Lefkosia mit einem grünen Stift die berühmte „Grüne Linie" zwischen den griechischen und türkischen Stadtteilen, die bald ganz Zypern teilen sollte. Viele türkische Zyprer siedelten in Enklaven um und grenzten sich von den Griechen ab.

Da sich der Kalte Krieg auf seinem Höhepunkt befand, war die Insel für die Briten und Amerikaner von enormer strategischer Bedeutung,

1191–1192	1192	1194	1478
Richard erkrankt und ihn plagen Geldsorgen. Nachdem er den Gouverneur von Lemesos, Isaak Komnenos, besiegt hat, verkauft er Zypern an die Tempelritter, um Geld für seinen dritten Kreuzzug zu beschaffen.	Guy de Lusignan übernimmt Zypern von den Tempelrittern. Prächtige Kirchen und Burgen werden gebaut.	Nach dem Tod seines jüngeren Bruders Guy führt Amalric Lusignan das Feudalsystem ein und wird als Amalric I. König von Zypern.	Der letzte Lusignan-König, Jakob II., heiratet die venezianische Adlige Caterina Cornaro; sie wird die letzte Königin von Zypern. 1489 tritt sie die Insel an Venedig ab.

um die sowjetischen Bewegungen zu beobachten. Makarios strebte die politische Neutralität an und wurde als Kommunist verdächtigt. Die USA und Großbritannien befürchteten eine weitere Kubakrise, diesmal aber im Mittelmeer, was ihrer Einmischung überaus große Dringlichkeit verlieh.

Obwohl Zypern politisch weiterhin instabil blieb, beruhigte sich die Lage zwischen 1964 und 1967, als sich die türkischen Zyprer in eigene Viertel zurückzogen. In diesem Zusammenhang bildeten sie eine provisorische Regierung im Nordteil Lefkosias (Nord-Nikosia).

Staatsstreich & Invasion

1967 gab es wieder verstärkte Diskussionen über eine Teilung der griechisch- und türkisch-zyprischen Gemeinschaft. Nach einem Militärputsch in Griechenland gelangte dort eine rechte Militärjunta an die Macht und die Beziehungen zwischen Griechenland und Zypern kühlten sich ab. Makarios hatte mehrere diplomatische Treffen mit den Sowjets, blieb aber bei seiner Politik der Blockfreiheit. Das machte sowohl die griechische Junta als auch die Amerikaner misstrauisch, die befürchteten, dass Zypern dem Kommunismus zuneigte.

Im Juli 1974 unterstützte die CIA einen von der griechischen Junta organisierten Staatsstreich in Zypern mit dem Ziel, eine prowestlichere Regierung einzusetzen.

Am 15. Juli versuchte eine abtrünnige, von Offizieren aus Griechenland angeführte Einheit der zyprischen Nationalgarde von nur 180 Mann Makarios zu ermorden und die Enosis zu erreichen. Während der Präsidentenpalast in Flammen aufging, gelang Makarios in letzter Minute die Flucht. Danach wurde der Zyprer Nikos Sampson, ein früheres EOKA-Mitglied mit engen Verbindungen zur griechischen Militärjunta, zum Präsidenten Zyperns ausgerufen.

Fünf Tage später landeten türkische Truppen in der Nähe von Kyrenia (Girne), unter dem Vorwand, dass sie zur Wiederherstellung der rechtmäßigen Regierung intervenieren dürften.

Die reguläre griechisch-zyprische Armee bekämpfte die vordringenden Türken, doch nachdem diese rund um Kyrenia einen Brückenkopf errichtet hatten, konnten sie schnell die Verbindung mit dem türkischen Sektor in Nord-Nikosia herstellen. Von diesem Moment an war die griechisch-zyprische Armee in der Unterzahl und nicht mehr in der Lage, den türkischen Ansturm aufzuhalten.

Am 23. Juli 1974 brach in Griechenland die Militärdiktatur zusammen und eine demokratische Regierung unter Konstantinos Karamanlis wurde gebildet. Zur selben Zeit ersetzten die Zyprer Sampson durch Glafkos Klerides, den Präsidenten des Repräsentantenhauses und ein Mitglied der Demokraten.

Nach der Teilung 1974 sind viele orthodoxe Kirchen im Norden von den Türken zerstört worden. Die verbliebenen wurden bis auf einige wenige in Moscheen umgewandelt, verschlossen oder als Scheunen für die Tierhaltung genutzt.

Cyprus: A Modern History von William Mallinson beleuchtet die zyprische Geschichte mit Schwerpunkt auf der Zeit nach 1974. Der Autor untersucht die große Bedeutung einer EU-Mitgliedschaft sowohl für Zypern als auch für die Türkei.

1571	1625–1700	1821	1878–1923
Die Osmanen besiegen die Venezianer und übernehmen Zypern. Um die Steuereintreibung zu erleichtern, wird die orthodoxe Hierarchie wiederhergestellt. 20 000 Türken lassen sich auf der Insel nieder.	Die Pest dezimiert die Inselbevölkerung um mehr als die Hälfte und endet erst 1700. Eine Reihe blutiger Aufstände gegen die osmanische Unterdrückung wird brutal niedergeschlagen.	Griechische Zyprer stellen sich in einem Aufstand gegen die türkische Herrschaft an die Seite Griechenlands. Führende orthodoxe Geistliche werden hingerichtet, mehr als 20 000 Christen fliehen von der Insel.	Großbritannien pachtet Zypern von der Türkei und wird zum Verwalter der Insel. 1914 annektieren die Briten Zypern. Die Türkei erkennt dies bis 1923 nicht an.

RAUF DENKTAŞ: PORTRÄT EINES HARDLINERS

Für die Griechen ist er der Fluch der zyprischen Gesellschaft, für viele Türken ihr Erlöser: Rauf Denktaş ruft bei den Zyprern noch immer starke Gefühle hervor. Bevor der einstige Anwalt 2005 als Präsident seiner selbst ernannten unabhängigen Republik zurücktrat, konnten ihm nur wenige Politiker im Nahen Osten in Sachen Unverwüstlichkeit und politischer Langlebigkeit das Wasser reichen. Mit Charme und Beharrlichkeit führte er die türkischen Zyprer schon vor der erzwungenen Teilung Zyperns 1974 an. Als Mehmet Ali Talat 2005 die Wahl gewann, blickte Denktaş auf 31 Jahre als politischer Führer zurück.

Denktaş, eine lebhafte Persönlichkeit, wurde an der Südküste der Insel in der Nähe von Pafos geboren und machte zunächst in London eine Ausbildung als Anwalt. Seit 1960 war er Vorsitzender des türkischen Kommunalparlaments und stand immer wieder im Rampenlicht, bis er nach der Teilung 1974 schließlich Führer der türkisch-zyprischen Gemeinschaft wurde.

Denktaş war bekannt für seine Ausdauer und Unnachgiebigkeit während der Suche nach einer Lösung für die Wiedervereinigung Zyperns. Seine Entschlossenheit, einen für beide Seiten akzeptablen Ausweg aus der politischen Sackgasse zu finden, wurde dadurch beeinträchtigt, dass er hartnäckig an der alten Parteilinie festhielt. Während der Gespräche, die im Frühling und Sommer 2002 dreimal wöchentlich in der UN-Pufferzone stattfanden, weigerte sich Denktaş, von der Position seiner Unterstützer vom türkischen Festland auch nur im Geringsten abzurücken. Diese bestanden auf einem Zweizonenstaat mit einem hohen Grad an Autonomie und Separation für beide Volksgruppen. Die Gespräche kamen 2003 ohne jegliche Fortschritte zum Erliegen.

Im gleichen Jahr kündigte Denktaş überraschend Erleichterungen im Grenzverkehr an; Zyprer aus beiden Landesteilen durften ab sofort die Grenze überqueren. Diese Entscheidung war ein Meilenstein in der jüngeren Geschichte der Insel und ein wichtiger Schritt nach vorn.

Die drei Garantiemächte Großbritannien, Griechenland und die Türkei trafen sich zu Gesprächen in Genf, wie es der Vertrag verlangte, allerdings erwies es sich als unmöglich, Letztere zum Einhalten zu bewegen. Die Gespräche dauerten mehr als drei Wochen, bis zum 16. August 1974, an. Zu diesem Zeitpunkt kontrollierte die Türkei schon 37% im Norden der Insel. Als Makarios nach Zypern zurückkehrte, um das Präsidentenamt wieder aufzunehmen, war die Insel bereits geteilt.

Insgesamt 190 000 griechische Zyprer, die zuvor im nördlichen Drittel der Insel gelebt hatten, waren vertrieben worden und mussten ihre Häuser, Grundstücke und Unternehmen zurücklassen. Viele von ihnen wurden bei den türkischen Angriffen getötet, die anderen flohen schnellstmöglich in den sicheren Süden. Zur gleichen Zeit wanderten

---

1914–1915
Im Ersten Weltkrieg steht die Türkei an der Seite Deutschlands. Großbritannien bietet Zypern den Griechen an, um ihre Unterstützung zu gewinnen. Um neutral zu bleiben, lehnt König Konstantin das Angebot ab.

1923–1925
Großbritannien entschädigt die Türkei für den Verlust der Insel. Zypern wird Kronkolonie (1925) und vom britischen Hochkommissar regiert.

1955–1960
Die EOKA (Nationale Organisation Zyprischer Kämpfer) wird gegründet. Ihr Guerillakrieg richtet sich gegen die Briten. Makarios wird erster Präsident des unabhängigen Staates Zypern.

1963–1964
Makarios schlägt Verfassungsänderungen vor und es kommt zu Kämpfen zwischen den Volksgruppen. Türkische Zyprer ziehen sich zurück, UN-Friedenstruppen treffen ein. Die Grüne Linie wird gezogen.

etwa 50 000 türkische Zyprer aus dem Süden in die türkisch kontrollierten Gebiete im Norden ab.

Der Preis, den die Insel zahlen musste, war katastrophal. Die nun gestutzte Republik hatte einen Teil ihres besten Landes, zwei große Städte, die lukrative Zitrusindustrie und den Hauptteil ihrer touristischen Infrastruktur verloren.

Die Invasion und die erzwungene Teilung dienten komplizierten politischen und militärischen Zielen. Auch nach Wiedereinsetzung der rechtmäßigen Regierung und der Auflösung der Militärjunta änderten die Türken ihre Haltung nicht. Sie setzte die illegale Okkupation des Nordens fort, und die türkischen Truppen blieben.

Eine UN-Friedenstruppe wacht an der Grünen Linie und der Grenze, die seitdem quer über die Insel verläuft.

1983 wurde die Türkische Republik Nordzypern (TRNZ) durch ihren Präsidenten Rauf Denktaş ausgerufen. Offiziell anerkannt wird sie nur von der Türkei.

> Die türkischen und griechischen Zyprer mögen räumlich getrennt sein, doch die Idee eines einzigen Gottes teilen sie – wenn auch im Rahmen zweier verschiedener Religionen, dem sunnitischen Islam und dem orthodoxen Christentum.

BLUTVERGIESSEN AN DER GRENZE

Am 11. August 1996 endete eine Friedensfahrt von Berlin nach Zypern mit Motorradfahrern aus ganz Europa im griechisch-zyprischen Dorf Deryneia. Es grenzt an die Grüne Linie zwischen Nordzypern und der Republik. Unter den Bikern war auch ein junger griechischer Zyprer aus Protaras namens Tassos Isaak.

Während die Fahrer an der Grenze protestierten, um ihre Wut über die andauernde Besetzung des Nordens durch türkisches Militär auszudrücken, kam es zu einem Handgemenge. In der Uno-Pufferzone, die zwischen den beiden Landesteilen verläuft, prallten griechische und türkische Zyprer aufeinander.

Tassos Isaak wurde in dem Chaos von seinen Mitdemonstranten getrennt und war auf einmal von Türken umringt. Obwohl unbewaffnet, wurde er angegriffen und zu Tode geprügelt. Mitarbeiter der Uno bargen später seinen Leichnam.

Bei Isaaks Begräbnis drei Tage danach versammelte sich am Kontrollpunkt Deryneia erneut eine Menschenmenge, um gegen seinen Tod zu protestieren. Unter den Demonstranten befand sich auch der 26-jährige Solomos Solomou, der außer sich über den Tod seines Freundes war. Trotz Versuchen, ihn zurückzuhalten, umging er die Friedenstruppen der Uno und schlüpfte ins Niemandsland bis zu einem Fahnenmast mit der türkischen Flagge. Er schaffte es, den Mast halb hochzuklettern, dann wurde er von fünf Schüssen getroffen. Die Kugeln kamen aus der Waffe eines türkisch-zyprischen Grenzpostens und höchstwahrscheinlich auch von Soldaten der Armee, die im Gebüsch versteckt waren. Solomos' Tod wurde auf Video festgehalten. Der Film wird heute an den Aussichtspunkten gezeigt, von denen man die Stätte der tragischen Todesfälle von Deryneia überblicken kann.

1974
Die griechische Militärjunta organisiert einen Putsch. Darauf besetzt die türkische Armee ein Drittel der Insel. Der Palast des Erzbischofs wird zum Schauplatz heftiger Kämpfe. Schließlich kommt es zur Teilung Zyperns.

1975
Türkische Zyprer bilden ein unabhängiges Parlament und setzen Rauf Denktaş an ihre Spitze. Danach einigen sich Denktaş und Klerides über einen Bevölkerungsaustausch zwischen Norden und Süden.

1983
Die Türkische Republik Nordzypern wird ausgerufen. Ihre Souveränität erkennt nur die Türkei an. Tausende Festlandtürken lassen sich im Norden nieder.

» Palast des Erzbischofs

Bemühungen um die Wiedervereinigung

Echoes from the Dead Zone: Across the Cyprus Divide von Yiannis Papadakis beschreibt die Reise des Autors von der griechischen auf die türkische Seite der Insel, bei der er Vorurteile überwindet und auf Verständnis trifft.

In den Jahren seit der Teilung gab es nur sporadische und wenig erfolgreiche Gespräche über eine Wiedervereinigung, denn beide Seiten vertreten festgefahrene und kompromisslose Standpunkte.

Im Frühling und Sommer 2002 bemühten sich Zypern und die Türkei um den EU-Beitritt. Führer aus dem Norden und Süden der Insel trafen sich dreimal wöchentlich zu Gesprächen über eine Wiedervereinigung. Doch erneut kamen die Verhandlungen bei den komplizierten Details des Landbesitzes und der tatsächlichen Anzahl zyprischer Siedler vom türkischen Festland ins Stocken.

Im April 2003 verkündete der Präsident der TRNZ Erleichterungen im zyprischen Grenzverkehr. Griechische Zyprer sollten nun täglich den Norden der Insel betreten können. Seitdem wurden sieben Grenzübergänge geöffnet und die Besuchszeiträume von einem Tag auf bis zu drei Monate verlängert.

Während dieser Periode vermittelte der damalige Uno-Generalsekretär Kofi Annan eine Vereinbarung, die getrennte Volksabstimmungen der gesamten zyprischen Bevölkerung über einen Wiedervereinigungsplan vorsah.

Ziel des sogenannten Annan-Plans war es, Zypern zu einer Konföderation zweier selbstständiger Teilstaaten zu machen, die sich die Macht proportional teilen würden. Politiker beider Seiten riefen dazu auf, gegen den Plan zu entscheiden. Im Referendum lehnten die griechischen Zyprer ihn mehrheitlich ab (76%), während die türkischen Zyprer dafür stimmten (65%). Damit war er gescheitert. Als Gründe für ihre Ablehnung nannten die Griechen die geringe Kompensation ihrer Verluste aus der Zeit vor 1974 sowie die Beibehaltung der türkischen Militärpräsenz auf der Insel.

Trotz seines zunehmenden Wirtschaftswachstums ist der Norden finanziell (und politisch) stark von Ankara abhängig, von dem er mehr als 600 Mio. US$ jährlich erhält. Ohne eine Einigung in der Zypernfrage kann die Türkei der EU nicht beitreten, was bedeutet, dass sie die griechisch-zyprische Regierung anerkennen müsste.

Die Schäden reparieren

Viele griechische Zyprer organisierten sich nach 1974 schnell neu und setzten ihre ganze Kraft daran, die zersplitterte Nation wieder aufzubauen. Innerhalb weniger Jahre erholte sich die Wirtschaft und die Republik Zypern wurde international als einziger rechtmäßiger Vertreter der Insel anerkannt. In den 1980er-Jahren ging es stetig aufwärts. Die zyprische Wertpapierbörse, die 1999 eröffnet wurde, absorbierte anfangs gewaltige Summen privater Finanzmittel. In den frühen 2000ern fielen die Kurse jedoch im Sturzflug und viele Zyprer verloren riesige Beträge.

Der Tourismus blieb dagegen lebhaft, auch wenn in der Branche bereits seit 2002 ein konstanter Abwärtstrend verzeichnet wird. 2008 hieß es, dass diese Geschäftssparte in ihrer bisher schwersten Krise

---

1977
Makarios III., der erste Präsident Zyperns, stirbt unerwartet im Alter von 63 Jahren: Bei seiner Beerdigung erweisen ihm 250000 Menschen die letzte Ehre. Spyros Kyprianou wird sein Nachfolger.

1999
In der Republik Zypern beginnt ein Wirtschaftsboom, der Lebensstandard steigt. Nordzypern leidet unter internationalen Sanktionen und wird hauptsächlich von der Türkei unterstützt.

2002
Zypern und die Türkei wollen der EU beitreten. Die Führer aus Nord und Süd treffen sich zu intensiven Gesprächen über eine Wiedervereinigung, doch ohne Erfolg.

2003
Der Führer des Nordens, Rauf Denktaş, kündigt überraschend an, dass Zyprer beider Seiten den anderen Teil der Insel besuchen dürfen. Die ersten Grenzüberquerungen nach 29 Jahren verlaufen friedlich.

stecke, ausgelöst durch Unzufriedenheit mit dem gebotenen Service und stetig steigenden Preisen.

Das Gebiet nördlich der Grünen Linie wird von den meisten Ausländern einfach „Nordzypern" und von den Griechen „Besetzte Gebiete" *(ta katehomena)* genannt. Im Vergleich zum Süden hat es sich im Schneckentempo entwickelt. Der Zustrom von Festlandtürken und internationale wirtschaftliche Sanktionen gegen die Regierung des Nordens erschweren das Wachstum. Nordzypern wird hauptsächlich von der Türkei unterstützt, vor allem wegen seiner Rolle als militärischer Außenposten des Landes, und bekommt deshalb direkte Finanzhilfen.

Die zyprische Lebensart

Die jahrhundertelange Herrschaft verschiedener Nationen hat die Zyprer geformt. Sie vereinen viele Ethnien in sich und sehen daher auch ganz unterschiedlich aus: Manche sind klein und korpulent mit dunklem Teint und dicht gelocktem, fast maurischem Haar, andere wiederum groß, schlank und olivbraun, worin sich phönizische Einflüsse zeigen. Wieder andere haben helle Haut, blondes Haar und blaue Augen, ein Erbe der achäischen sowie venezianischen Siedler und Eroberer. Zyperns spannungsvolle Geschichte erklärt den unverwechselbaren Charakter seiner Einwohner.

Heute gibt's zwar noch eine gewisse Bindung an Griechenland und die Türkei, doch die meisten sehen sich zuerst als Zyprer und nur in zweiter Linie als Griechen oder Türken.

Die große Teilung

Der Alltag der Zyprer ist noch immer geprägt von der Teilung ihrer Insel. Fast zwei Generationen wuchsen in den letzten 37 Jahren damit auf, und viele Menschen haben die permanenten politischen Neuigkeiten sowie Diskussionen auf beiden Seiten der Grünen Linie darüber satt. Ihre Bitterkeit und Sensibilität gegenüber diesem Thema kann gar nicht hoch genug geschätzt werden.

Als 2003 die ersten Grenzübergänge zwischen Nord und Süd geöffnet wurden, wusste niemand, wie die Zyprer reagieren und welche Konsequenzen folgen würden. Musste man mit Krawallen rechnen? Immerhin durfte – von diplomatischen Besuchern abgesehen – 29 Jahre lang keiner die Grüne Linie überqueren. Zahlreiche Einwohner hatten auf der „anderen Seite" jedoch noch immer Freunde, Verwandte und Häuser, die sie vermissten.

Innerhalb von Stunden strömten Tausende zu den neu eröffneten Übergängen und überqueren die Grenze. Viele türkische Zyprer auf Besuch im Süden waren beeindruckt vom Reichtum und den eleganten Geschäften und Restaurants in den Straßen Lefkosias, während griechische Zyprer durch Nord-Nikosia spazierten und staunten, wie wenig sich in 30 Jahren verändert hatte. Alte Bekannte trafen sich, Tränen flossen. Einige Griechen besuchten ihre einstigen Häuser und Grundstücke im Norden, und manche wurden von den neuen Bewohnern herzlich begrüßt, auf einen Kaffee eingeladen und mit Zitrusfrüchten und Blumen beschenkt. Geschätzte 35 % der zyprischen Bevölkerung überquerten in den ersten zwei Wochen die Grenze, und mehr als 25 000 türkische Zyprer beantragten einen Pass der Republik Zypern allein in jenem Jahr.

Die Menschen behandelten einander bewusst höflich und freundlich, und bis heute gab es keine größeren Zwischenfälle. Die Grenze zu überqueren ist zur Normalität geworden. Mehr als 20 Mio. Übertritte wurden

---

Durchschnittliche Lebenserwartung

» Allgemein: 78,2 Jahre

» Männer: 76,3 Jahre

» Frauen: 80,1 Jahre

Kurzinfos

» Die Sonne scheint durchschnittlich an 326 Tagen im Jahr.

» Höchster Punkt ist der Olympos mit 1952 m.

» Vor 20 Mio. Jahren erhob sich Zypern als Ophiolith aus dem Meer.

registriert, davon 70 % von Nord nach Süd. Viele türkische Zyprer kommen inzwischen täglich über die Grenze, um im Südteil der Insel einzukaufen oder zu arbeiten. Die griechischen Zyprer überqueren die Grenze weniger häufig, doch viele reisen an Ostern in den Norden, vor allem, um die Apostolos-Andreas-Kirche (S. 203) zu besuchen, günstig einzukaufen und ins Kasino zu gehen.

Politik wird auf beiden Seiten der Grenze offen diskutiert, doch Traveller sollten bei dem Thema sehr taktvoll sein. Sowohl griechische als auch türkische Zyprer mögen das Problem zwar freimütig besprechen, trotzdem wartet man besser, bis sie es selbst anschneiden.

Multikulturelles

Zyprer sind von Natur aus gastfreundlich, allerdings betrachten manche von ihnen Fremde mit ziemlicher Zurückhaltung und Skepsis – angesichts der langen Besatzungsgeschichte ihrer Insel und ihres Kampfes um Unabhängigkeit ist das verständlich.

Einige Einwohner, vor allem solche, die Zypern nie verlassen haben, sehen Einwanderer der zweiten Generation immer noch als *xeni* (Ausländer) an. Über 90 % der griechischen Zyprer sprechen Englisch, und einige reagieren sichtbar enttäuscht, wenn Besucher dies nicht mit gleichem Eifer erwidern. Einwanderer werden von den Inselbewohnern nur sehr zögerlich akzeptiert, wenn sie sich nicht bemühen, die Sprache zu lernen (und manchmal sogar, obwohl sie sich bemühen). Aus der kolonialen Vergangenheit der Insel hat sich eine andauernde „Britishness" erhalten, die durch den modernen Tourismus weiter gestärkt wird. Daher fühlen sich viele von Ausländern geradezu überlaufen.

Manche spüren, dass sie ihre traditionelle Lebensweise und Kultur verlieren. Dies hat einen gewissen Unmut hervorgebracht, doch viele Zyprer, besonders jene, die gereist sind und im Ausland studiert haben, begrüßen Ausländer und kulturelle Vielfalt.

Ein Großteil akzeptiert allmählich den gesellschaftlichen Trend hin zu mehr Multikulturalität. Dies zeigt sich in der wachsenden Anzahl von Zyprern, die Ausländer heiraten (14 % aller Ehen), vor allem Europäer sowie Russen meist orthodoxen Glaubens. Dadurch ist eine neue mannigfaltige Generation entstanden. Selbst wenn noch hartnäckige kulturelle und ethnische Barrieren bestehen – oder wahrgenommen werden –, verlieren sie an Einfluss.

Tatsache ist, dass fast alle Zyprer erstaunlich warmherzig und entgegenkommend sind, ob sie nun in Städten, Dörfern oder kaum entwickelten Gebieten leben.

Orthodoxe Kirche & Islam

Fast 78 % der Zyprer sind griechisch-orthodox und 18 % Muslime. Die restlichen 4 % gehören den Maroniten, der Armenischen Apostolischen

> Nur Freunde nennen einander beim Vornamen, eine sehr vertrauliche Form der Anrede. Normalerweise grüßt man andere mit dem Titel *kyrie* oder *kyria* (Griechisch für Herr und Frau) und dem Familiennamen. Auf Türkisch folgen dem Namen die entsprechenden Titel *bey* bzw. *hanım*.

> Traditionell braucht ein zyprischer Mann für die vollkommene Entspannung in seinem Hof oder Garten sieben alte Holzstühle: einen für seinen Stock, einen für seinen Kaffee, einen für jeden Arm, einen für jedes Bein und einen, um darauf zu sitzen.

DAS KAFENEIO (DAS KAFFEEHAUS)

In den Dörfern ist der zentrale Treffpunkt das *kafeneio* (Kaffeehaus). Meist gibt's zwei, die sich durch ihre politische Haltung (sozialistisch bzw. nationalistisch) unterscheiden. Gefüllt sind sie mit Männern jeden Alters, die dort sitzen, servieren oder etwas spielen. Viele kommen auf dem Weg von und zur Arbeit vorbei. Die Alten sitzen ruhig auf ihren Stühlen, lassen die Zeit vorüberziehen, verspeisen Halloumi und Oliven oder trinken Kaffee und *zivania* (Schnaps aus Traubentrester). Gute Freunde hocken beisammen, rauchen und spielen im Schatten des Weinlaubs *tavli* (Backgammon). Ihre Würfel klappern, während sie Züge berechnen und flüsternd Strategien entwickeln. Zur Mittagszeit bleiben dicke Rauchschwaden zurück, denn die Männer gehen zum Essen und zur Siesta nach Hause – um am Abend zurückzukommen und genau dasselbe wie zuvor zu tun.

SOMMER-SOUVLA

Eine der liebsten zyprischen Freizeitbeschäftigungen ist der Genuss einer *souvla* (am Spieß gegrilltes Fleisch), die stundenlang über Grillkohle gegart wurde. Besonders viel Spaß macht das am Strand. Man sagt scherzhaft, das Lieblingsfahrzeug der Zyprer sei ein Kleintransporter, denn beim Familienausflug am Wochenende müssen in den Wagen etwa 20 Stühle, ein Tisch und die Grillausrüstung hineinpassen. Viele Einwohner verbringen auch einen Teil ihres Sommerurlaubs beim Camping am Meer. Dort brummen ihre batteriebetriebenen Grillspieße und der Duft von zartem Lamm mit Kräutern weht über den Strand.

Kirche und anderen Denominationen an. Wegen der Teilung der Insel leben die Muslime hauptsächlich im Norden und die griechisch-orthodoxen Zyprer im Süden.

In jüngster Zeit kamen mehr Asylbewerber aus dem Nahen Osten, Afrika sowie Mittel- und Südasien, weshalb die Zahl der praktizierenden Muslime in der Republik Zypern zugenommen hat, vor allem in Larnaka, wo sich eine der wenigen Moscheen des Südens befindet.

Sowohl im politischen Leben als auch im Alltag ist die Präsenz der orthodoxen Kirche fest verankert. Das zyprische Jahr dreht sich um die Feste und Heiligentage des orthodoxen Kalenders. Besonders die Sonntage erfreuen sich großer Beliebtheit, um Klöster und byzantinische Kirchen im Troodos-Gebirge (S. 72) zu besuchen.

Die meisten türkischen Zyprer im Norden sind gemäßigte sunnitische Muslime. In ihrer Kultur spielt der Glaube zwar eine große Rolle, doch von den konservativen und fundamentalistischen Traditionen, die anderswo im Nahen Osten und in der ländlichen Türkei lebendig sind, spürt man wenig. Alkohol ist weithin erhältlich und wird auch regelmäßig von türkischen Zyprern getrunken, und die Frauen tragen viel lässigere Kleidung als die Türkinnen auf dem Festland.

> „Oben ohne" zu baden ist okay, Nacktbaden allerdings nicht. Es gibt in Zypern keine ausgewiesenen FKK-Strände, und da es sich um ein sehr traditionelles Land handelt, sollte man außerhalb des Strandes besser ein T-Shirt tragen.

Neue Rollenmuster

In einigen Bereichen der zyprischen Gesellschaft gelten noch die traditionellen Vorstellungen über die Rolle der Frau: Sie soll kochen, putzen und sich um Haushalt und Familie kümmern. Doch die modernen zyprischen Einwohnerinnen, besonders die in der Stadt, mögen Designerkleider, spazieren im Bikini am Strand entlang, sind berufstätig und gehen gerne aus.

In vielen Bereichen genießen Frauen Freiheit und Unabhängigkeit, doch es bleibt immer noch genügend zu tun, vor allem in der Arbeitswelt. Höhere Positionen sind bis heute überwiegend Männern vorbehalten.

Die Haltung gegenüber Homosexuellen hat sich im Lauf der Jahre gelockert, obwohl Zärtlichkeiten in der Öffentlichkeit weiterhin von vielen missbilligt werden. In Städten wie Lefkosia, Lemesos, Larnaka und Pafos gibt's zahlreiche Schwulenbars und -clubs mit entspannter Atmosphäre. Im türkischen Teil der Insel sieht man manchmal Händchen haltende Männer (ohne sexuellen Hintergrund), trotzdem ist Zurückhaltung angebracht, und sei es nur, um nicht angestarrt zu werden.

Natur & Umwelt

Geografie

Mit seiner scharfen Spitze und den ausgestellten Flanken ähnelt Zypern, die drittgrößte Mittelmeerinsel, einem auftauchenden Schwertfisch.

Das 170 km lange Kyrenia-(Girne-)Gebirge im Norden entstand im Mesozoikum durch nach oben drängende Kalksteinmassen. Es verläuft praktisch parallel zur Nordküste und wird wegen der fünf Erhöhungen seines Gipfels Pentadaktylos („fünf Finger") genannt.

Unmittelbar südlich des Gebirgszuges erstreckt sich die weite Mesaoria-Ebene („zwischen den Bergen") von Morfou (Güzelyurt) im Westen bis nach Famagusta (Mağusa) im Osten und mit der geteilten Hauptstadt Lefkosia/Nord-Nikosia in der Mitte. Das über 1900 km² große Schwemmland ist das wichtigste Getreideanbaugebiet der Insel.

Weiter südlich erhebt sich das riesige Troodos-Gebirge, das vor Millionen von Jahren aus dem tiefen Ozean als geschmolzenes Gestein aufstieg. Neben dem imposanten Olympos wartet es mit niedrigeren Plateaus im Osten auf. Die Region ist reich an Mineralien und Bodenschätzen wie Chromit, Gips, Eisenpyrit, Marmor und Kupfer und die Tausende Jahre andauernde Förderung war in früheren Zeiten entscheidend für die Entwicklung der Insel.

Fans von Schmetterlingen finden im detailreichen Taschenbuchführer *Butterflies of North Cyprus* von Dr. Daniel H. Haines und Dr. Hilary M. Haines einen guten Begleiter.

Reiche Pflanzenwelt

Beim ersten Besuch ist die Vielfalt von Zyperns Flora oft nicht gleich erkennbar. Nach dem faszinierenden Farbenspiel endemischer Pflanzen

NATIONALPARKS & SCHUTZGEBIETE

Immer mehr Naturgebiete werden zu Nationalparks erklärt, darunter der Akamas-Wald in der Pafos-Region, der Troodos-Nationalpark (seit 1992), das Kap Greco (S. 126) sowie die Bucht der Halbinsel im Osten von Agia Napa, der Nationalpark Athalassa-Wald westlich von Lefkosia, der Polemidia-Wald in der Nähe von Lemesos, der Rizoelia-Wald unweit von Larnaka und das Tripylos-Naturreservat östlich von Pafos mit dem wunderschönen Zederntal (S. 106).

Bald sollen auch folgende Gebiete unter Schutz gestellt werden: das Platis-Tal nahe dem Kykkos-Kloster im Troodos-Gebirge, Madari östlich des Troodos-Gebirges in Richtung Larnaka, Mavroi Kremnoi (Teil des staatlichen Waldes bei Pafos) und die Akrotiri-Salzseen auf der Akrotiri-Halbinsel unweit von Lemesos.

Das Lara-Toxeftra-Reservat vor der Westküste nahe Lara in der Pafos-Region ist der einzige Meerespark. Er schützt Schildkröten und ihre Brutstrände.

Dank des Kampfes von Umweltschützern gegen die Bebauung der sensiblen, einzigartigen Region wurden in Nordzypern 150 km² der Karpas-(Kırpaşa-)Halbinsel zum Nationalpark erklärt (S. 203). Man erhofft sich positive Auswirkungen auf die seltenen Meeresschildkröten, die an den Stränden auf beiden Seiten der Halbinsel nisten.

BLUMENPRACHT

Blumenliebhaber müssen sich auf lange Fußmärsche und viel Sucherei einstellen, da zahlreiche Arten nur in bestimmten kleinen Gebieten vorkommen. Man sollte also geduldig sein und Freude am Wandern haben!

Casey-Rittersporn Die spätblühende Art zeichnet sich durch einen dünnen Stängel mit rund einem Dutzend dunkelvioletter, herabhängender Blüten aus. Sie wächst nur in den felsigen Gipfeln 1,5 km südwestlich von St. Hilarion.

Zypern-Krokus Diese bedrohte weiß-gelbe Blume gehört zur Familie der Schwertlilien, steht unter Naturschutz und kommt in den Höhen des Troodos-Gebirges vor.

Zypern-Tulpe Eine empfindliche, dunkelrote, seltene Blume, die ebenfalls geschützt wird und auf der Akamas-Halbinsel, der Koruçam-(Kormakitis-)Halbinsel sowie in abgelegenen Gegenden des Beşparmak-(Pentadaktylos-)Gebirges zu finden ist.

Orchideen Zyperns wohl beliebteste Wildblumen. Die einzige endemische Art ist die bemerkenswerte seltene Kotschys Ragwurz, die in Form und Farbe einer Biene ähnelt. Sie gedeiht in verschiedenen Regionen der Insel. Auf den Abhängen des Olympos blühen außerdem das schlank gewachsene, rosafarbene Anatolische Knabenkraut, die kegelförmige Pyramiden-Hundswurz, die Riesenorchidee und die farbenprächtigen Ragwurzen.

St.-Hilarion-Kohl Diese Schönheit mit dem wenig attraktiven Namen kommt im Norden vor, besonders an Felsvorsprüngen rund um die St.-Hilarion-Burg. Es handelt sich dabei um eine endemische Kohlblume, die bis zu 1 m groß wird und cremefarbene Blüten hat.

Troodos-Lotwurz Die gelbe, glockenförmige, reich beblätterte endemische Blume gehört zu den Raublattgewächsen. Auch sie ist bedroht und wächst nur auf den höchsten Gipfeln des Troodos-Gebirges.

Weitere Infos zur Flora Zyperns bietet George Sfikas' *Die Wildblumen Zyperns*.

---

und Wildblumen im Frühling verleiht der Sommer der Insel ein ausgedörrtes Antlitz mit nur wenigen zähen Blumen und Disteln.

Es gibt rund 1800 Pflanzenarten, von denen etwa 7 % ausschließlich auf Zypern wachsen, und hauptsächlich fünf Biotoptypen: Kiefernwälder, Garigue und Maquis (mediterraner Buschwald), Felslandschaften sowie Küsten- und Sumpfgebiete. Besonders viele endemische Pflanzenarten, nämlich rund 45, findet man im Troodos-Gebirge (s. S. 68).

Auf der Karpaz-(Kırpaşa-)Halbinsel (S. 198) entdeckt man weitere 19 endemische Arten, die nur im Norden vorkommen.

Auf Zypern gedeihen über 40 Orchideenarten, ein Großteil davon – wie das seltene Punktierte Knabenkraut – im Kyrenia-Gebirge (S. 168). Wer Zyperns Wildblumen in ihrer vollen Pracht erleben möchte, sollte die Insel in der Vorfrühlingszeit (Feb.–März) oder im Spätherbst (Okt. & Nov.) besuchen, wenn sie von dem feuchteren Klima profitieren.

> Zypern wartet mit 140 ausschließlich im Troodos-Gebirge wachsenden Blütenpflanzen auf. Außerdem bietet es im Frühling und im Herbst 390 verschiedenen Zugvögeln eine Heimat und verfügt über 80 Brutplätze für seltene, geschützte Schildkröten.

Umweltbewusstsein

Leider hat die wunderschöne Insel mit Umweltproblemen zu kämpfen. Manche davon sind auf den Tourismus zurückzuführen, schwerer wiegen jedoch vermüllte Straßen und Strände und am Straßenland abgeladener Abfall. Industriemüll, Kühlschränke, Schutt und Ähnliches werden oft in Wäldern und in der Nähe natürlicher Salzseen entsorgt.

Die Regierung reagierte mit Werbeaktionen, die dazu aufrufen, Abfall in Mülleimern zu entsorgen und Zigarettenkippen nicht am Strand liegen zu lassen. Darüber hinaus gibt's neue Recyclingstationen. Aufklärungsprogramme in Grundschulen sollen die neue Generation schon früh für das Thema Umweltbewusstsein sowie Abfallverwertung sensibilisieren. Auch die Gemeinderäte ziehen mit und stellen bei natürlichen

Lebensräumen, in denen oft Müll hinterlassen wird, Container auf. Diese Maßnahmen schaffen neue Hoffnung und machen auf das wichtige Thema aufmerksam.

Wasser im Überfluss?

Zyperns anderes großes Problem, die Wasserknappheit, scheint gelöst. Über viele Jahre ließen Dürreperioden und unbeständiger Niederschlag die Vorräte in Hunderten Dämmen sowie unterirdischen Speichern schrumpfen. Staatlich verordnete Beschränkungen, insbesondere im Sommer, und ein steigendes öffentliches Bewusstsein für Umweltschutz und Verantwortung verbesserten die Situation, doch das Bevölkerungswachstum und fast 3 Mio. Touristen im Jahr verlangten nach einer nachhaltigeren Lösung.

Das Wasserministerium scheint diese mit dem geplanten Bau mehrerer innovativer Meerwasserentsalzungsanlagen gefunden zu haben. In den letzten zehn Jahren lieferten die bereits existierenden Anlagen 50 % des zyprischen Wasserverbrauchs. Diese Zahl soll mit dem Bau drei neuer Werke bis 2013 – in Lemesos (2011 fertiggestellt), in Pafos (2012) und in Famagusta (2013) –, die Anlagen in Dekelia und in der Nähe des Flughafens von Larnaka ergänzen, noch steigen. Jedes soll 40 000 m³ Wasser pro Tag produzieren, eine mehr als ausreichende Menge für die Versorgung der Bevölkerung.

Bisher sind Dämme die wichtigste Wasserquelle für die Landwirtschaft, die Regierung plant jedoch auch für diesen Sektor den Bau von Entsalzungsanlagen. Zum Glück für die Zyprer wird das Wasser nun nicht mehr abgestellt, sodass jeder Haushalt in der Republik rund um die Uhr über Trinkwasser verfügt.

> Entsalzung heißt die Antwort auf den Wassermangel. Der Vorgang ist allerdings teuer und verbraucht sehr viel Energie. Aktuelle Infos zum Thema Umwelt siehe unter www.cypenv.info/cyprusee.

Inseltiere

Säugetiere

Das Mufflon ist das bekannteste zyprische Wildtier. Daneben treiben sich auch noch ein paar scheue Wildesel auf der Karpaz-(Kırpaşa-)Halbinsel herum, bei denen es sich wohl um die Nachfahren domestizierter Esel handelt, die 1974 ausgerissen sind oder von ihren Besitzern zurückgelassen wurden.

In den verschiedenen Wäldern der Insel hausen kleinere Tiere wie Füchse, Kaninchen, Hasen, Igel, Eichhörnchen und Flughunde.

> Das Zypern-Mufflon, ein ehemals bedrohtes Wildschaf, ist das Nationalsymbol der Insel. Es lebt in abgelegenen Bergregionen des Troodos und bei Pafos. In der unbewohnten Sicherheitszone zwischen Norden und Süden soll es ein paar Unterarten geben.

BEOBACHTUNGSPOSTEN

Zugvögel, die zwischen Afrika und Europa umherziehen, nutzen Zypern als Zwischenstopp auf ihrer Route, deshalb sieht man neben einheimischen Arten auch exotischere Spezies. Folgende Gebiete eignen sich gut als Beobachtungsposten:

Larnaka-Salzsee In diesem wichtigen Zugvogelrevier tummeln sich von Februar bis Mai Flamingos und Wasservögel. An der Straße zum Flughafen von Larnaka findet man Aussichtsposten mit Sitzen, außerdem erstrecken sich tolle Naturpfade um die Seen hinter der Hala Sultan Tekke (S. 117).

Troodos-Gebirge Entlang der vielen Wanderwege in der Region gibt's exzellente Aussichtspunkte. Mit einem Fernglas im Gepäck kann man Gänsegeier und Falkenarten beobachten. Die Kaledonia-Route bietet mit ihren Schuppen- und Samtkopf-Grasmücken sowie Nachtigallen (S. 73) einige besonders schöne Ausblicke.

Kap-Greco-Halbinsel Das Kap wartet nicht nur mit wunderbaren Meereshöhlen auf, sondern ist mit seinem Buschland und den Felsvorsprüngen auch eines der wichtigsten Reviere für Zugvögel. Die Bandbreite reicht von Chukarhühnern und Brillengrasmücken über Steppenweihen bis zu Rötelschwalben (S. 126).

BEDROHTE ARTEN

Mufflons (zyprische Wildschafe) sind scheu, flink und gute Kletterer. Die Männchen haben riesige geschwungene Hörner. Sie wurden in der Lusignan-Epoche von Adligen und später von Jägern und Bauern gejagt. Anfang des 20. Jhs. galten sie deshalb fast als ausgestorben. Doch dann stieg das Bewusstsein für die bedrohliche Lage des Nationalsymbols, das mittlerweile in Reservaten wie der Waldstation Stavros tis Psokas in Pafos geschützt wird, wo eine kleine Herde lebt (s. S. 100). In freier Wildbahn entdeckt man die Tiere nur sehr selten – und wenn doch, dann ausschließlich in abgeschiedenen Bergregionen.

Seit Jahrhunderten leben und brüten Suppen- und Unechte Karettschildkröten an den Stränden Zyperns, aber der Tourismus und die zunehmende Bebauung bedrohen wichtige Nistplätze wie die weichen Sandstrände im Norden. Diese sind mittlerweile beschildert und nachts (also während der Brutzeit) geschlossen. An der Küste gibt's verschiedene Schutzprojekte. Besucher sollten die vorgeschriebenen Badezeiten einhalten und ihre Sonnenschirme möglichst nah am Wasser aufstellen, um keine Eier zu beschädigen (s. S. 174).

Mönchsrobben sind nur sehr selten vor der Küste zu sehen und galten vor zehn Jahren als ausgestorben. Kürzliche Sichtungen vor der Ostküste und in den Meereshöhlen des Greco-Kaps machen jedoch Hoffnung. Heute glaubt man, dass eine sehr kleine Anzahl in abgeschiedenen Gewässern vor der Küste überlebt hat. Manche Umweltschützer treten dafür ein, ihre Brutplätze geheim zu halten, um ihren natürlichen Lebensraum vor Eingriffen zu schützen. Wenn die Tiere gerettet werden sollen, sind ein erhöhtes Bewusstsein und ein umfassender Schutz der Bruthöhlen vonnöten.

Reptilien

In der trockenen, heißen Sommerlandschaft der Insel fühlen sich Eidechsen, Geckos, Chamäleons und Schlangen wohl, von denen nur die Europäische Eidechsennatter und die Levanteotter giftig sind.

Eidechsen sieht man häufig beim Sonnenbad auf Felsen, Ruinen und Betonwänden. Wer in einem der großartigen Landhotels der Insel übernachtet, entdeckt vor der Tür vielleicht einen Gecko auf Insektenjagd.

Meeresbewohner

In Zyperns warmen, klaren Gewässern leben über 260 Fischarten. Die Buchten und unterirdischen Riffe an der Küste eignen sich mit ihrer reichen Unterwasserwelt aus Korallen, Schwämmen, Muscheln und Seeanemonen hervorragend zum Tauchen und Schnorcheln (s. S. 25).

Naturliebhaber werden sich über die wachsende Anzahl von ländlichen Unterkünften in den Bergen und traditionellen Dörfern freuen. Genaueres erfährt man unter www.agrotourism.com.cy.

Kunst & Kultur

**Traditionelles Kunsthandwerk »
Theater »
Bildende Kunst »
Musik & Tanz »
Literatur »**

Volkstanz in Kissonerga

Traditionelles Kunsthandwerk

Zypern hat sich seine Volkskunst bewahrt, die von Korbflechterei bis zur Spitzenherstellung reicht. Authentische Produkte und faire Preise bieten die Verkaufsstellen des Staatlichen Kunsthandwerkszentrums.

Tonwaren

Ins Auge fallen vor allem die riesigen *pitharia* (Tongefäße), die oft als Blumentöpfe genutzt werden, ursprünglich jedoch zur Aufbewahrung von Wasser, Öl oder Wein dienten. Das zwischen Lemesos und Larnaka gelegene Dorf Kornos sowie Pafos und der Südwesten genießen einen hervorragenden Ruf für ihre Töpferkunst.

Korbflechten

Früher lernte jedes Familienmitglied das Flechten von Körben. Heute werden diese noch immer aus Schilf hergestellt, das neben Bächen wächst. Dörfer auf der Akamas-Halbinsel wie Kritou Terra wiederum sind für ihre kunstvollen Zweigkörbe bekannt. Aus Palmenblättern und Stroh entstehen die charakteristischen farbenfrohen *tsestos* (dekorative Teller mit geometrischem Design). Sie sind typisch für den Norden, besonders für die Karpasia- und Mesaoria-Region. Plastikimitate erkennt man praktischerweise leicht.

Spitze

Zu den bekanntesten Kunsthandwerksexporten zählen die kunstvollen Lefkara-Spitzenarbeiten aus dem gleichnamigen Ort in den südlichen Ausläufern des Troodos-Gebirges. Vorsicht vor nachgeahmten chinesischen Waren! Fyti in der Pafos-Region wartet ebenfalls mit tollen Handarbeiten auf, darunter gewebte und bestickte Seide und Baumwolle. Bisher blieb das Dorf vom Tourismus verschont.

Abbildung unten
Traditionelle Tongefäße

Theater

Theater ist eine wichtige Kunstform mit einer langen Geschichte. Dazu gehören z. B. die traditionellen griechischen Stücke im Süden und die osmanisch inspirierten Schattenpuppentheater im Norden.

Republik Zypern

Dank der florierenden Theaterszene im Süden zeigen der Theater-Workshop der Universität von Zypern (Thepak) und das Staatstheater von Lefkosia zahlreiche verschiedene griechische und zyprische Stücke.

Das halbjährlich stattfindende Kypria-Festival präsentiert Aufführungen verschiedener einheimischer Theatergruppen, während das Eleftheria-Theater in Lefkosia zyprische Interpretationen alter griechischer Stücke bietet.

Nordzypern

Die Theatertradition im Norden soll auf die Ankunft der Osmanen 1570 und auf die Einführung des Karagöz-Puppenschattentheaters aus der Türkei zurückgehen, das bei den Griechen in ähnlicher Form als Karagiozis bekannt ist. Zeitgenössisches Theater hielt auf der Insel 1878 mit den Briten Einzug, hatte jedoch erst nach der Unabhängigkeit 1960 Erfolg, als in den meisten türkisch-zyprischen Gemeinden Amateurgruppen gegründet wurden.

Abbildung oben
Open-Air-Festival in den Ruinen von Salamis

Bildende Kunst

Zyprische Kunst ist traditionell von östlichen und westlichen Einflüssen geprägt. Politische Unruhen und die Teilung hinterließen unverkennbare Spuren.

Hintergrund

Keramiken und Mosaiken aus der neolithischen Epoche zeugen von einem Bedürfnis nach dekorativen Elementen, das sich mit der Christianisierung der Insel 45 n. Chr. und dem Aufkommen byzantinischer Kunst fortsetzte. Die religiöse Kunstform fand in Fresken, Mosaiken und Ikonen ihren Ausdruck. Viele dieser Werke kann man noch heute bewundern, doch aus der fränkischen (1192–1489) und venezianischen (1489–1571) Epoche ist aufgrund wiederholter Plünderungen leider wenig geblieben. Die Situation verbesserte sich auch nicht mit der osmanischen Eroberung 1570, als das Überleben wichtiger war als die Kunst.

Im 19. Jh. widmeten sich Maler und Bildhauer der Volkskunst. Sie waren die Vorläufer zeitgenössischer zyprischer Künstler und bemalten Cafés mit Friesen. Außerdem verzierten sie Glas und Möbel, insbesondere traditionelle Eisenbetten, die mit Pflanzenmotiven und Ähnlichem verschönert wurden.

Malerei & Bildhauerei des 20. & 21. Jhs.

In den 1950er-Jahren kehrten Künstler nach ihrem Studium im Ausland auf die Insel zurück. Zu den wichtigsten zählen Christofors Savva (1924–68), der stark vom Kubismus und Expressionismus geprägt war, sowie die abstrakten Künstler Costas Joachim (geb. 1936), Nicos Kouroussis (geb. 1937) und Andreas Ladommatos (geb. 1940).

Die 1974 erfolgte Teilung der Insel beeinflusste die Kunst entscheidend. Symbolismus und Gegenstandskunst reflektierten die spirituelle Leere jener Zeit. Bedeutende Künstler dieser Epoche sind u. a. Angelos Makrides (geb. 1942), der Zypern bei der Biennale di Venezia

Abbildungen
1. Wandmosaik eines Klosters 2. Byzantinisches Mosaik, Kykkos-Kloster 3. Skulptur am Meer, Lemesos

1988 repräsentierte, und Emin Chizenel (geb. 1949), türkisch-zyprischer Fulbright-Stipendiat, der beide Seiten der Teilung veranschaulicht.

Die aus Lefkosia stammende Künstlerin Haris Epaminonda (geb. 1980) ist für ihre Collagen, Installationen und Videos bekannt. 2007 vertrat sie ihre Heimat mit dem türkischen Zyprer Mustafa Hulusi bei der Biennale di Venezia, 2010 zeigte sie eine Solo-Performance in Londons Tate Modern. Christodoulous Panayiotou (geb. 1978) stellt seine Videos und Installationen auf der internationalen Bühne aus.

Den besten Überblick über die hiesige Kunst bietet die Staatliche Galerie für Zeitgenössische Zyprische Kunst in Lefkosia. Moderne Kunst gibt's im Nicosia Municipal Arts Centre zu sehen.

Ikonen

Einige zyprische Kirchen schmücken noch immer wunderschöne byzantinische Ikonen, viele wurden allerdings geplündert und ihre Schätze verkauft. Oft sind sich die Abnehmer dessen gar nicht bewusst. Über dem Kamin des Sängers Boy George hing jahrzehntelang eine Jesus-Ikone, bis sie bei einem Fernsehinterview zufällig von einem Experten entdeckt wurde. Seit 2011 ist sie wieder im Besitz der St.-Charalambos-Kirche in Chorio Kythrea, aus der sie 1974 gestohlen worden war.

In zahlreichen Klöstern werden noch immer Ikonen hergestellt. Vater Kallinikos Stavrovounis, betagter Priester des Stavrovouni-Klosters zwischen Lefkosia und Lemesos, ist der bekannteste moderne Ikonenmaler und der beste zeitgenössische Künstler der orthodoxen Kirche. Die Erlöse seiner Kunst fließen in den Unterhalt des Stavrovouni-Klosters und anderer Abteien.

DIE BESTEN ZYPRISCHEN BILDHAUER

- » Demetris Constantinou (geb. 1924)
- » Andreas Savvides (geb. 1930)
- » George Sfikas (geb. 1943)
- » Nicos Dymiotis (1930–90)
- » Kypros Perdios (geb. 1942)
- » Leonidas Spanos (geb. 1955)

Musik & Tanz

Zyperns facettenreiche Musik und Tänze wurden von Griechen, Türken und Arabern beeinflusst. Traditionelle Lieder sind auch heute noch beliebt, davon zeugen die aus offenen Autofenstern tönenden Bouzouki-Klänge.

Musik

Griechische Zyprer hören gerne Musik vom griechischen Festland. Außerdem gibt's einige zyprische Musiker, die sowohl in Griechenland als auch in ihrer Heimat Erfolge feiern.

Die auf Zypern allgegenwärtige Bouzouki, ein mandolinenähnliches Instrument, erinnert an die türkische *saz* und *baglama*. Sie zählt zu den Hauptinstrumenten der Rembetiko-Musik, der griechischen Version des Blues. Zyperns heutige Musikszene ist ein Mix aus Alt und Neu bzw. aus Tradition und Moderne. Die griechisch-zyprische Jugend lauscht ebenso Rembetiko oder Folklore wie moderner griechischer Rockmusik.

Evagoras Karageorgis, ein zyprischer Liedermacher, schrieb einige wunderbare Songs wie *Topi se Hroma Loulaki* („Violett bemalte Orte"). Er singt das nostalgische, schmerzvolle Lied über die verlorenen Dörfer Nordzyperns in einer Mischung aus zyprischem Dialekt und Griechisch, begleitet von traditionellen und modernen Instrumenten.

Im Norden ähneln die Musiktrends denen der Türkei, dennoch erfreut sich griechische Musik noch immer großer Beliebtheit. In Bezug auf Instrumente und Musikstile gibt's viele Gemeinsamkeiten zwischen beiden Kulturen.

Tanz

Bei traditionellen zyprischen Tänzen handelt es sich meist um den Tanz zweier Paare oder um energische Soloaufführungen von Männern, bei denen der Tänzer Gegenstände wie eine Sichel, ein Messer, ein Sieb oder ein Glas in der

Abbildungen
1. Bouzoukispieler 2. Handgemachte Musikinstrumente
3. Zyprischer Volkstanz

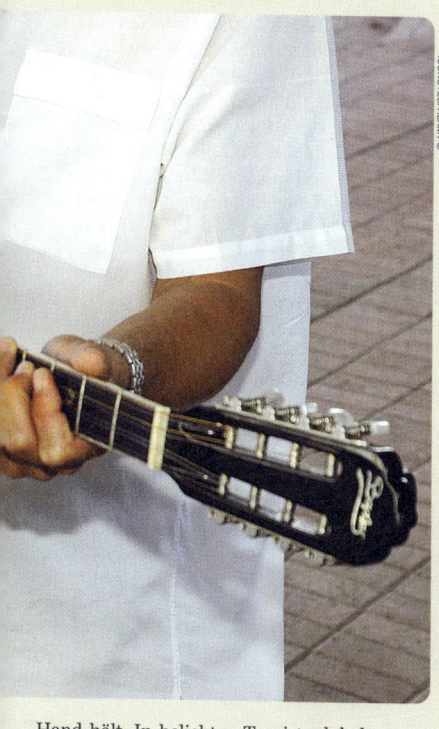 

Hand hält. In beliebten Touristenlokalen wird häufig ein Tanz namens *datsia* gezeigt, bei dem der Tänzer volle Weingläser auf einem Sieb balanciert.

Bezüglich ihrer Entwicklung und Ausführung ähneln die Tänze im Norden sehr denen im Süden. Der einzige richtige Unterschied sind die Namen: Beispielsweise heißt der *tsifteteli* (eine Art Bauchtanz) im Norden *ciftetelli*. Darüber hinaus gibt's die Hochzeitstänze *testi* und *kozan* sowie den *kaşikli oyunlari*, bei dem Holzlöffel zum Einsatz kommen. Die nördlichen Varianten zyprischer Tänze bekommt man am einfachsten bei entsprechenden Aufführungen in Restaurants zu sehen.

Dancecyprus (www.dancecyprus.org), das zyprische Ballettensemble, präsentiert kreative moderne und klassische Werke mit europäischem Standard sowie charakteristischen zyprischen Elementen.

TOP FIVE: MUSIKFESTIVALS

» **Musikfestival**, Bellapais, Nordzypern (Mai)
» **Internationales Kunst- & Kulturfest**, Famagusta, Nordzypern (Juli)
» **Paradise Jazz Festival**, Pomos, Republik Zypern (Juli)
» **Internationales Musikfestival**, Lemesos, Republik Zypern (Juli)
» **Aphroditefest**, Pafos, Republik Zypern (September)

Literatur

Zypern hat einige gute Autoren hervorgebracht und die Literaturszene wird sowohl in der Republik als auch in Nordzypern aktiv gefördert.

Zu den bedeutendsten zyprischen Schriftstellern zählt Loukis Akritas (1932–65), der sich in Griechenland als Journalist und Autor einen Namen machte. Später verteidigte er die zyprische Unabhängigkeit gänzlich gewaltlos mit dem geschriebenen Wort. Zu seinem Werk gehören Romane, Theaterstücke, Kurzgeschichten und Essays.

Theodosis Pierides (1908–67), der 1928 mit dem Schreiben begann, ist einer der angesehensten Dichter der Insel. Seine *Cypriot Symphony* bezeichnete sein Zeitgenosse und Lyrikerkollege Tefkros Anthias (1903–68) als „bestes, einflussreichstes Epos, das je ein griechischer Dichter über Zypern anfertigte". Anthias selbst wurde von der orthodoxen Kirche exkommuniziert und von den Briten 1931 wegen seiner Gedichtsammlung *The Second Coming* unter Hausarrest gestellt. Während des Freiheitskampfes 1955 bis 1959 wurde er verhaftet und inhaftiert. Im Gefängnis verfasste er eine Sammlung von Gedichten namens *The Diary of the CDP*, die 1956 veröffentlicht wurde.

Im Norden gibt's eine kleine, aber feine Literaturszene, die rund 30 Namen umfasst. Nese Yasin (geb. 1959) ist Schriftsteller, Journalist, Dichter und Gründungsmitglied der Bewegung „74 Generation Poetry Movement". Die Autorengruppe ließ sich nach der Teilung Zyperns von der vorherrschenden Atmosphäre inspirieren. Yasins Gedichte wurden übersetzt und in Magazinen, Zeitungen, Anthologien und Büchern in Zypern, der Türkei und Griechenland sowie im ehemaligen Jugoslawien, in Ungarn, den Niederlanden, Großbritannien und Deutschland veröffentlicht.

Abbildung
Heilige Schrift aus Metall in Pareklisia, nahe Lemesos

Praktische > Informationen

ALLGEMEINE INFORMATIONEN...254
Aktivitäten.............. 254
Arbeiten auf Zypern..... 254
Botschaften & Konsulate 254
Ermäßigungen 254
Essen 254
Feiertage & Ferien 254
Fotos & Videos 255
Frauen unterwegs 256
Freiwilligenarbeit 256
Geld 256
Gesundheit 257
Internetzugang......... 257
Klima 257
Öffnungszeiten......... 257
Post.................... 257
Rechtsfragen........... 258
Reisen mit Behinderung........... 258
Schwule & Lesben 258
Sicherheit 258
Strom.................. 258
Telefon 259
Toiletten............... 259
Touristeninformation.... 259
Versicherung........... 260
Visa.................... 260
Zeit 260
Zollbestimmungen...... 260

VERKEHRSMITTEL & -WEGE.............261
AN- & WEITERREISE 261
Einreise 261
Grenzübergänge........ 261
Flugzeug 261
Übers Meer 263
UNTERWEGS VOR ORT ...263
Auto & Motorrad 263
Bus 265
Fahrrad................ 265
Geführte Touren 266
Nahverkehr 266
Schiff/Fähre 267
Trampen............... 267

SPRACHE..........268
Glossar................ 277

Allgemeine Informationen

Aktivitäten

Informationen über das Angebot an Aktivitäten auf Zypern siehe S. 25.

Arbeiten auf Zypern

EU-Bürger und Schweizer können problemlos in der Republik Zypern arbeiten.

Auf dem Meer

Manchmal besteht die Möglichkeit, auf Jachten und Kreuzfahrtschiffen mithelfen, oft handelt es sich jedoch um unbezahlte Arbeit. Einfach an den verschiedenen Häfen nachfragen.

In Urlaubsorten

Im Sommer gibt's in den Küstenorten Jobmöglichkeiten. Wer zu Beginn der Saison kommt und genügend Zeit mitbringt, hat gute Chancen. Ausschreibungen für Kellner, Babysitter, Köche, Putzhilfen etc. findet man in fremdsprachigen Zeitungen.

Sprachunterricht

Deutsch gilt bei vielen Zyprern zwar nicht als allererste Wahl, aber gerade in Tourismusgebieten ist Interesse vorhanden. Wer bereits Deutsch als Fremdsprache unterrichtet hat, sollte also sein Glück versuchen. Wenn man gute Englischkenntnisse mitbringt, kann man ebenfalls unterrichten. Vor allem in Nordzypern, wo die Sprache nicht so weit verbreitet ist, besteht entsprechender Bedarf. Allerdings ist die Konkurrenz recht groß, deswegen sind Qualifikationen wie das TEFL-Zertifikat eine Hilfe.

Eine gute Anlaufstelle für Deutschlehrer ist das Goethe-Institut in Lefkosia (www.goethe.de/zypern). Infos zu Lehrtätigkeiten an Akademien oder über Privatunterricht erhält man außerdem in Universitäten, Läden für fremdsprachige Bücher und Sprachenschulen. Oft hängen dort Schwarze Bretter mit Stellen und Stellengesuchen.

Botschaften & Konsulate

Die folgenden Botschaften befinden sich in Lefkosia in der Republik Zypern:

Deutschland (☏2245 1145; www.nikosia.diplo.de; Nikitara 10)
Österreich (☏22410151; www.aussenministerium.at/nikosia; Dimosthenous Severi 34)
Schweiz (☏22466800; www.eda.admin.ch/eda/de/home/reps/eur/vcyp; Themistokleous Dervi 46)

Deutschland ist mit einem diplomatischen Verbindungsbüro in Nordzypern vertreten, das sich in Nord-Nikosia (Lefkoşa) befindet. Post an Adressen in Nordzypern muss mit der Länderbezeichnung „Mersin 10, Turkey" und nicht mit „Northern Cyprus" versehen werden.

Deutschland (☏227 5161; www.nikosia.diplo.de; Kasim 15)

Ermäßigungen

Senioren In einigen Museen erhalten Senioren über 60 oder 65 Ermäßigungen.

Studenten Der Studentenrabatt beträgt meist die Hälfte des Eintrittspreises. Dafür benötigt man einen Nachweis wie z. B. eine International Student Identity Card (www.isic.org), die allerdings nicht überall gültig ist.

Essen

In diesem Band richtet sich die Reihenfolge der Restaurants nach den Vorlieben der Autoren. Weitere Infos zum Thema Essen und Trinken auf Zypern siehe S. 37. Die in den „Essen"-Abschnitten aufgeführten €-Symbole beziehen sich auf folgende Preisspannen:

	REPUBLIK ZYPERN	NORD-ZYPERN
€	unter 7 €	unter 5 €
€€	7–12 €	5–10 €
€€€	über 12 €	über 10 €

Feiertage & Ferien

Republik Zypern

In der Republik gibt's dieselben Feiertage wie in Griechenland, zusätzlich werden der Griechisch-Zyprische Nationalfeiertag (1. April) und der Unabhängigkeitstag des

PRAKTISCH & KONKRET

Lokalzeitungen & Magazine

» In der Republik Zypern gibt's die englischsprachigen Zeitungen *Cyprus Mail* und *Cyprus Weekly,* während man in Nordzypern nach den *Turkish Daily News* und *Cyprus Today* Ausschau halten kann.

» Im Süden und Norden sind auch deutsche Zeitungen erhältlich.

Radio

» Die Cyprus Broadcasting Corporation (CyBC), die öffentlich-rechtliche Rundfunkanstalt der Republik Zypern, bietet englischsprachige Programme und Nachrichten auf Radio 2 (91,1 MHz). British Forces Broadcasting Services (BFBS) 1 sendet rund um die Uhr auf Englisch auf 89,7 MHz (Lefkosia), 92,1 MHz (Westzypern) und 99,6 MHz (Ostzypern). BFBS 2 ist unter 89,9 MHz (Lefkosia), 91,7 MHz (Lemesos) und 95,3 MHz (Larnaka) zu empfangen. BBC World Service sendet 24 Stunden auf 1323 AM.

» Bayrak International ist die Stimme des Nordens und bietet unter 87,8 MHz und 105 MHz ein munteres englischsprachiges Programm.

Fernsehen

» Viele Hotels empfangen über Satellit Deutsche Welle TV. Um 20 Uhr sendet CyBC TV englischsprachige Nachrichten auf Kanal 2.

Gewichte & Maßeinheiten

» Auf Zypern gilt das metrische System.

Rauchen

» In allen Bars und Restaurants verboten.

Landes (1. Oktober) gefeiert. Schulferien sind im August und über Neujahr. Griechische Feiertage:

Neujahr 1. Januar
Heilige drei Könige 6. Januar
1. Fastensonntag Februar
Griechischer Nationalfeiertag 25. März
(Orthodoxer) Karfreitag März/April
(Orthodoxer) Ostersonntag März/April
Tag der Arbeit 1. Mai
Kataklysmos Juni
Mariä Himmelfahrt 15. August
Ochi-Tag 28. Oktober
1. Weihnachtsfeiertag 25. Dezember
2. Weihnachtsfeiertag 26. Dezember

Nordzypern

Nordzyperns islamische Feiertage richten sich nach dem Mondkalender und ändern sich deswegen jedes Jahr. Die beiden wichtigsten Termine sind Kurban Bayramı und Şeker Bayramı, die auf den einmonatigen Ramadan (auf Türkisch Ramazan) folgen. Der Fastenmonat wird nicht strikt eingehalten, daher sind Restaurants und Cafés geöffnet. Ebenso wie im Süden gibt's auch in Nordzypern im August und über Neujahr Schulferien. Zu den weiteren Feiertagen gehören:

Neujahr 1. Januar
Tag des Friedens & der Freiheit 20. Juli
Tag des Sieges 30. August
Türkischer Nationalfeiertag 29. Oktober
Gründungstag der Türkischen Republik Zypern 15. November

Fotos & Videos

In Fotoläden werden verschiedene Speicherkarten verkauft. Fotofilme bekommt man auch, sie sind jedoch teuer. Sonstige Ausrüstung führen Fachgeschäfte in Lefkosia/Nord-Nikosia und in anderen großen Städten.

Tipps für tolle Reisefotos bietet der Lonely Planet Band *Travel Photography.*

Einschränkungen

Auf Zypern darf man fast alles fotografieren, es gibt allerdings ein paar Ausnahmen. Rund um die Grüne Linie ist es verboten, Fotos zu schießen, was allerdings auf beiden Seiten der Grenze kaum kontrolliert wird. Nur in Lefkosia/Nord-Nikosia reagiert man sehr sensibel. An die gut sichtbaren Warnschilder (meist eine durchgestrichene Kamera) muss man sich also unbedingt halten.

Auch Militäranlagen – im Norden sind sie auffälliger als in der Republik – darf man nicht ablichten. Wer ein Warnschild sieht, sollte seine Kamera nicht einmal aus der Tasche nehmen. Flughäfen, Häfen und Regierungsgebäude sind ebenfalls mit Vorsicht zu genießen.

In Museen ist das Fotografieren von Exponaten verboten, es sei denn, man hat eine schriftliche Genehmigung.

In Kirchen mit Ikonen darf man nur ohne Blitz fotografieren. Je nach Handelswert der Bilder ist das Knipsen manchmal sogar ganz untersagt.

Personen fotografieren

Die meisten Zyprer lassen sich gern fotografieren, allerdings ist es unhöflich, ohne Vorwarnung abzudrücken. Ein Gruß – *kalimera* (im Süden) oder *merhaba* (im Norden) – oder ein einfaches Lächeln lassen schnell das Eis schmelzen und einem schönen Motiv steht nichts mehr im Weg.

Es ist unangemessen, in Moscheen Fotos zu machen, während gebetet oder ein Gottesdienst gehalten wird, ansonsten spricht nichts dagegen. Allerdings sollte man möglichst auf den störenden, auffälligen Blitz verzichten.

Frauen unterwegs

Sexuelle Belästigung ist selten, allerdings wird man quasi ständig von zyprischen Männern mit „Komplimenten" überschüttet. Das gilt sowohl für ausländische als auch für einheimische Frauen, wobei Erstere besonders beliebte Opfer sind. Dies kann ermüdend und manchmal auch sehr störend sein. Am besten ignoriert man die Avancen einfach.

In Partyhochburgen wie Agia Napa werden alleinreisende Frauen gelegentlich von alkoholisierten Urlaubern bedrängt.

Freiwilligenarbeit

Wer sich für ehrenamtliche Projekte interessiert, kann sich u. a. an folgende Adressen wenden:
Transitions Abroad (www.transitionsabroad.com) Ein guter Start für jede Suche.
Earthwatch Institute (www.earthwatch.org) Manchmal hat die Organisation Umweltschutzprojekte auf Zypern im Programm.
Go Abroad (www.goabroad.com) Verschiedene Projekte auf Zypern.
Any Work Anywhere (www.anyworkanywhere.com) Schreibt oft ehrenamtliche Jobs in Schutzprogrammen für Schildkröten in Nordzypern und der Republik aus.

Deutsche Staatsbürger bis maximal 26 Jahre können außerdem ein **Freiwilliges Soziales Jahr** oder ein **Freiwilliges Ökologisches Jahr** auf Zypern ableisten. Infos hierzu bieten die Seiten des Bundesfamilienministeriums (www.bmfsfj.de).

Geld

Die Währung Nordzyperns ist die neue türkische Lira (TRY oder auch YTL). Aufgrund einer hohen Inflationsrate unterliegt der Wechselkurs Schwankungen und wird sich nach Erscheinen des Reiseführers sicherlich ändern. In diesem Band sind die Preise in Nordzypern für Unterkünfte und Touren in Euro, für Restaurants, Museen und andere Ausgaben in türkischer Lira angegeben.

Seit Januar 2008 gilt in der Republik Zypern der Euro (€). Der Wechselkurs wurde auf 1 € zu 0,58 Zypern-Pfund (C£) festgelegt.

Fast alle Geschäfte und Hotels in Nordzypern akzeptieren den Euro.

Bargeld

In der Republik leisten verschiedene Banken Barvorschüsse auf Visa, MasterCard, Diners Club, Eurocard und American Express, außerdem gibt's viele Geldautomaten. In Nordzypern gewähren die Banken Vakiflar und Kooperatif in Nord-Nikosia und Kyrenia Barvorschüsse auf Visa-Karten. Größere Geldinstitute wie Iş Bankası in großen Städten haben Geldautomaten, zudem bieten immer mehr Tankstellen einen angeschlossenen Bankautomat. Ein bisschen Bargeld sollte man dennoch bei sich haben, besonders bei Ausflügen auf die Karpaz-(Kırpaşa-)Halbinsel.

Am besten trägt man nur so viel Bares mit sich, wie man für etwa drei Tage braucht. Ein kleiner, im Rucksack oder Koffer versteckter Sicherheitsvorrat von etwa 100 € hilft in Notfällen.

Im Norden wird der Euro als Währung größtenteils akzeptiert.

Geldautomaten

Geldautomaten findet man in den meisten Städten und größeren Ortschaften auf der Insel.

Kreditkarten

Kreditkarten sind ebenso weit verbreitet wie Geldautomaten und werden in Geschäften, Restaurants, Supermärkten und Tankstellen akzeptiert. Letztere verfügen zudem über Zapfsäulen zur Selbstbedienung, an denen man außerhalb der Öffnungszeiten mit der Kreditkarte zahlen kann.

In Nordzypern werden die Karten weniger häufig akzeptiert als in der Republik, aber in größeren Restaurants, Hotels und Autovermietungen kann man ohne Probleme bargeldlos zahlen.

Reiseschecks

Im Zeitalter der bargeldlosen Zahlung geraten Reiseschecks zunehmend aus der Mode. Dabei haben sie durchaus ihre Vorteile, denn sie sind eine gute Notreserve und werden bei Diebstahl ersetzt, wenn man die entsprechenden Nummern separat notiert hat.

Für Euros bieten sich vor allem Schecks von Amex, Visa und Travelex an. Leider erheben Banken vermehrt saftige Gebühren darauf, überdies werden sie in kleineren Städten oft nicht akzeptiert. Zur Einlösung ist ein Ausweis oder Reisepass vonnöten.

Verlorene oder gestohlene Reiseschecks meldet man unter folgenden Telefonnummern: Amex ☏800 91 49 12, MasterCard ☏800 87 08 66, Travelex ☏800 87 20 50, Visa ☏800 87 41 55.

Trinkgeld

Gelegentlich muss man in beiden Teilen der Insel eine

Servicegebühr von 10 % auf Restaurantrechnungen zahlen; ist dies nicht der Fall, wird auf jeden Fall ein ähnlich hohes Trinkgeld erwartet. Taxifahrer und Hotelportiers wissen ein kleines Extra sehr zu schätzen. Bei Shoppingtouren im Norden oder Süden ist es nicht üblich zu handeln.

Gesundheit

Empfohlene Impfungen

Für einen Aufenthalt auf Zypern sind keine Impfungen notwendig. Die Weltgesundheitsorganisation (WHO) empfiehlt Reisenden jedoch allgemein, sich gegen Diphterie, Masern, Mumps, Röteln und Kinderlähmung impfen zu lassen.

Krankenversicherung

» Seit 2004 gilt die Europäische Krankenversicherungskarte in allen EU-Staaten und weiteren Ländern wie der Schweiz. In Deutschland ist sie 2006 bei gesetzlich Versicherten in die übliche Versicherungskarte integriert.

» Die Karte garantiert medizinische Versorgung in der gesamten EU, also auch in der Republik Zypern, allerdings nicht in Nordzypern.

» Wer möchte, kann noch eine zusätzliche Auslandskrankenversicherung abschließen.

Medizinische Versorgung & Kosten

» Die Ambulanz erreicht man in der Republik Zypern unter ☎119 und in Nordzypern unter ☎112.

» Wie in den meisten europäischen Ländern sind viele Medikamente verschreibungspflichtig, bei kleineren Problemen geben Apotheker einem jedoch gerne Ratschläge.

» In staatlichen Krankenhäusern und Einrichtungen ist die medizinische Notfallversorgung kostenlos.

Trinkwasser

Während man im Süden ohne Bedenken Leitungswasser trinken kann, sollte man im Norden auf abgefülltes Wasser zurückgreifen.

Internetzugang

» WLAN ist in den meisten Hotels sowie in manchen Cafés, Restaurants und Flughäfen verfügbar und oftmals kostenlos. Die Geschwindigkeit variiert in Hotels häufig von Zimmer zu Zimmer, deshalb fragt man am besten beim Einchecken nach.

» Unterkünfte mit WLAN-Zugang sind in diesem Band mit dem Symbol 📶 gekennzeichnet. Für ein öffentliches Computerterminal steht das Symbol @.

» Internetcafés gibt's in vielen Orten, besonders im Norden. Allerdings werden die Läden laufend irgendwo neu eröffnet oder gehen pleite; Näheres weiß die örtliche Touristeninformation. Für eine Stunde zahlt man zwischen 1,50 und 3 €.

Öffnungszeiten

In diesem Buch nennen wir nur dann Öffnungszeiten, wenn sie von folgenden Angaben abweichen. Sie gelten für die Hauptsaison (in der Nebensaison sind sie oft kürzer) und, wenn nicht anders angegeben, sowohl für den Norden als auch für den Süden.

Banken Republik Zypern Mo–Fr 8.30–12.30, manche auch Mo 15.15–16.45 Uhr. Nordzypern Mo–Fr 14–17, Sa & So 8–12 Uhr

Geschäfte Mo–Fr 9–19, Mi bis 14, Sa 9–14 Uhr

Restaurants tgl. 11–14 & 19.30–23 Uhr

Touristeninformationen Sa & So 8.30–14.30, Mo–Fr 15–18.30 Uhr

Unterhaltung Do–Sa 21–3 Uhr

Post

Die Post arbeitet in beiden Teilen der Insel zuverlässig. Es gibt in allen größeren Städten und Orten Filialen, die meist auch Briefmarken und Verpackungsmaterial verkaufen. Briefmarken be-

Klima

Lefkosia/Nord-Nikosia

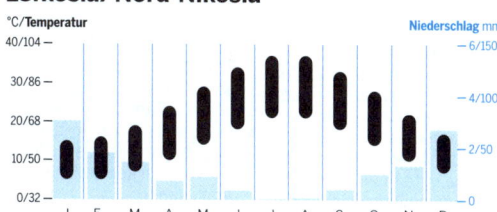

Lemesos

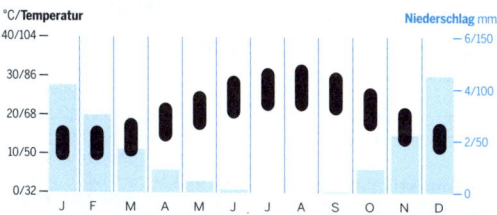

kommt man außerdem in Zeitschriftenläden und an Straßenkiosken. In jedem Ort stehen Briefkästen. Im Süden sind sie gelb, im Norden rot.

Rechtsfragen

Alkohol am Steuer
Alkoholkontrollen sind weit verbreitet. Eine Überschreitung der Promillegrenze kann zu einer empfindlichen Geldstrafe und einer Nacht hinter Gittern führen.

Drogen
Die Behörden in der Republik und in Nordzypern greifen hart gegen Drogen durch. Obwohl nach EU-Gesetz der Besitz einer kleinen Menge Cannabis für den Eigengebrauch im Süden theoretisch erlaubt ist, sollte man es in der Praxis lieber nicht ausprobieren.

Reisen mit Behinderung
Leider ist Zypern nicht sehr gut auf Behinderte eingestellt. Nur sehr wenige Restaurants, Geschäfte und Touristenattraktionen sind rollstuhltauglich. Mittel- und Spitzenklasseunterkünfte verfügen hingegen häufig über Rollstuhlrampen sowie Zimmer mit behindertengerechten Anlagen. Das Thema Transport ist schwierig, doch mit entsprechendem Vorlauf kann man bei einer der internationalen Autovermietungen nach einem entsprechenden Mietwagen fragen.

Eine gute Planung ist hilfreich, deshalb fragt man am besten gleich im Reisebüro nach Tipps.

Organisationen
Accessible Cyprus (www.accessible-cyprus.com) Die von der CTO geleitete Organisation hat eine Liste mit behindertengerechten Anlagen.

rfb-Touristik (02166-618 9020; www.rfb-touristik.de)

STAATLICHE REISEHINWEISE
Auf den folgenden Regierungswebsites sind Reise- und Sicherheitshinweise aufgeführt:

Auswärtiges Amt Deutschland (www.auswaertiges-amt.de)

Außenministerium Österreich (www.bmeia.gv.at)

Eidgenössisches Departement für auswärtige Angelegenheiten der Schweiz (www.eda.admin.ch)

Dieser Veranstalter mit Sitz in Mönchengladbach bietet Reisen für Behinderte an.

Verleih von behindertengerechter Ausrüstung
Disability Cyprus (www.disability-cyprus.com)
Mobility Abroad (www.mobilityabroad.com)
Para-Quip (www.paraquip.com.cy)

Schwule & Lesben
Homosexualität ist in der Republik legal. Weitere Infos zu diesem Thema liefert die **Gay Liberation Movement** (2244 3346; PO Box 1947, Lefkosia). Außerdem findet man unter www.cyprusgayforum.com interessante Diskussionen, Tipps und Kontakte zur hiesigen Schwulenszene.

Im Norden ist Homosexualität erst seit 2010 legal. Die Einstellung zu diesem Thema gilt als konservativ und öffentliche Zuneigungsbekundungen werden oft kritisch beäugt. Bisher gibt's in Nordzypern noch keine offizielle Organisation.

Sicherheit

Abzocke
In den Urlaubsorten, vor allem in Pafos, werden Traveller manchmal mit Ferienwohnrechten, dem sogenannten Timesharing, umworben. Dieses lohnt sich allerdings nur für regelmäßige Zypern-Besucher und auch dann ist auf jeden Fall Vorsicht angesagt. Sämtliche Rechte und Pflichten müssen schriftlich festgelegt sein, besonders wenn der Anbieter verspricht, das Ferienwohnrecht weiterzuverkaufen, falls man sich für ein neues Angebot entscheidet. Bei den versprochenen kostenlosen Sightseeing-Touren handelt es sich meist nur um einen Kurztrip in einen Themenpark, auf den aggressiv geführte Verkaufsverhandlungen folgen. Wer kein Interesse hat, sagt dies einfach offen, so erspart man sich eventuellen Ärger. Ansonsten sollte man sich immer Bedenkzeit erbitten und nichts überstürzt unterschreiben oder bezahlen.

Strom

240 V/50 Hz

Telefon

Infos zu Anrufen zwischen Norden und Süden siehe Kasten unten.

Auf Zypern gibt's keine gesonderten Vorwahlen; sie sind in die Telefonnummern integriert.

Sowohl im Norden als auch im Süden erfreuen sich Mobiltelefone großer Beliebtheit. Wer ein entsprechendes Handy mit GSM-Standard hat, sollte sich bei seinem Anbieter nach den Tarifen erkundigen.

Ferngespräche können von jeder öffentlichen Telefonzelle getätigt werden. Online-Anbieter wie Skype sind in der Regel die billigste Variante.

Handys

Republik Zypern Im Süden beginnen Mobilfunknummern mit ⌀99. Wer einen längeren Aufenthalt plant, kann sich für sein (freigeschaltetes) Handy eine SIM-Karte kaufen. Eine Option ist das Prepaid-Angebot von SoEasy (CYTA). Für rund 27 € bekommt man eine SIM-Karte mit neuer Nummer, eine Anleitung auf Englisch und Griechisch sowie ein Guthaben von 5 €. Details gibt's unter www.cytamobile-vodafone.com. Man kann problemlos online aufladen. Das Guthaben behält ein Jahr lang seine Gültigkeit. MTN hat ein ähnliches Angebot (www.mtn.com.cy).

Nordzypern Im Norden beginnen Handynummern entweder mit ⌀0542 (Telsim) oder mit ⌀0533 (Turkcell). Bei Ortsgesprächen muss die vollständige elfstellige Nummer inklusive der Vorwahl für Nordzypern ⌀0392 gewählt werden.

Der Handyanbieter Telsim hat eine gute Reichweite, allerdings sind die Preise nicht von der EU kontrolliert und deswegen hoch.

Telefonzellen

Republik Zypern Hier gibt's öffentliche Telefonzellen für Telefonkarten und Münzgeld. Erstere sind mit Erklärungen auf Englisch und Griechisch versehen. Karten mit einem Wert von 5, 10 oder 15 € erhält man in Banken, Postämtern, Souvenirläden und Straßenkiosken sowie in allen Filialen der Cyprus Telecommunications Authority (CYTA).

Nordzypern Karten für Telefonzellen (5 TRY für eine Karte mit 100 Einheiten) werden in den Büros von Türk Telekom und in Postfilialen verkauft.

Toiletten

In den meisten Toiletten weisen Schilder darauf hin, Klopapier nicht hinunterzuspülen, da dies zu einer Verstopfung der Rohrleitungen führen kann. Entsprechende Mülleimer stehen bereit. Unterwegs kann sich eine Packung Taschentücher als nützlich erweisen.

Fast alle öffentlichen Toiletten sind kostenlos, manche verlangen allerdings eine kleine Gebühr. Wer die Toiletten in Bars oder Cafés nutzt, sollte dafür einen geringen Betrag zahlen oder ein Getränk kaufen.

Touristeninformation

Republik Zypern

Die staatliche Touristeninformation im Süden heißt **Cyprus Tourism Organisation** (CTO; ⌀2233 7715; www.visitcyprus.org.cy; Leoforos Lemesou 19, Lefkosia), auf Griechisch Kypriakos Organismos Tourismou (KOT). Sie hat hilfreiche Broschüren und kostenlose Karten auf Lager. Ihr Hauptsitz befindet sich in Lefkosias Neustadt an der Straße nach Larnaka und Lemesos. Auf Besucherkontakt ist die Zentrale allerdings nicht wirklich eingestellt. Die CTO betreibt Filialen in den größeren Städten Zyperns (Agia Napa, Lefkosia, Lemesos, Larnaka, Pafos, Polis und Platres), die Broschüren und Besucherinfos bieten. Die Kontaktdaten der örtlichen

---

TELEFONATE ZWISCHEN NORDZYPERN & DER REPUBLIK

Obwohl das Überschreiten der Grenze zwischen Norden und Süden mittlerweile problemlos möglich ist, werden Telefongespräche noch immer über halb Europa und Asien umgeleitet.

» Telefonate nach Nordzypern werden in der Regel über die Türkei geleitet. So muss man zuerst die türkische Ländervorwahl (⌀90), dann die Vorwahl für Nordzypern (⌀392) und schließlich die Telefonnummer wählen.

» Für die Anrufe gelten Tarife für Ferngespräche.

» Wer ein roamingfähiges ausländisches Handy auf Zypern nutzt, kann sich in die GSM-Netze beider Teile der Insel einwählen.

» Eine im Norden oder Süden gekaufte zyprische Prepaidkarte hat in Lefkosia/Nord-Nikosia nur Zugriff auf die eigenen Anbieter. Wer sich von der Grünen Linie entfernt, muss auf die internationale Karte zurückgreifen, da Roaming zwischen den beiden lokalen Mobilfunknetzen nicht unterstützt wird.

» Zwischen Nord und Süd können keine SMS verschickt werden.

CTO-Zweigstellen sind in den Regionalkapiteln aufgelistet.
CTO-Infostellen gibt's in fast allen europäischen Ländern.

Nordzypern

Die **North Cyprus Tourism Organisation** (NCTO; ☎228 1057; www.tourism.trnc.net; Bedrettin Demirel Caddesi) hat ihren Hauptsitz in Nord-Nikosia. Dort befinden sich zusätzliche Filialen am Kyrenia-(Girne-)Tor und am Grenzübergang beim Ledra Palace Hotel. Darüber hinaus betreibt die NCTO Zweigstellen in Famagusta, Kyrenia und Yenierenköy (Yiallousa), die über kostenlose Karten und Stadtpläne sowie eine wachsende Anzahl von Broschüren verfügen.

Da es nur in wenigen Ländern Vertretungen der NCTO gibt, kann man sich stattdessen an türkische Touristeninformationen wenden.

Versicherung

Eine Reiseversicherung, die Diebstahl, Verlust und Arztkosten abdeckt, ist immer eine gute Idee. Dazu kann auch eine Reiserücktrittsversicherung gehören. EU-Bürger und Schweizer haben Anspruch auf komplette medizinische Versorgung in Krankenhäusern, wenn sie ihre Europäische Krankenversicherungskarte (European Health Insurance Card, EHIC) vorlegen. Eine private Krankenversicherung ist allerdings auch nicht schlecht. Traveller sollten vorher klären, ob die Police den Krankenwagentransport oder einen Rückflug im Krankheitsfall abdeckt. Unter www.lonelyplanet.de/travel_services gibt's eine internationale Reiseversicherung. Diese kann man jederzeit online abschließen, erweitern oder in Anspruch nehmen – auch von unterwegs

Visa

» EU-Bürger können problemlos in die Republik einreisen und dort arbeiten. Im Norden haben sie ein Aufenthaltsrecht von 90 Tagen.

» Wer vom Süden in den Norden reist, muss einen Visumsantrag mit persönlichen Angaben wie Namen, Geburtsdatum und Passnummer ausfüllen.

» Der Antrag ist für mehrere Ein- und Ausreisen gültig und wird jedes Mal abgestempelt.

» Wenn man die Grenze überschreitet, muss man seinen Pass bei sich haben.

» Das gleiche Prozedere gilt auch für griechische und türkische Besucher.

Zeit

Zeitzone Auf Zypern gilt wie in Deutschland, Österreich und der Schweiz die Mitteleuropäische Zeit.

Zeitumstellung Am letzten Sonntag im März werden die Uhren eine Stunde vorgestellt und am letzten Sonntag im Oktober wieder zurück.

Zeitansage Ist in der Republik Zypern unter der Telefonnummer ☎193 zu erreichen.

Zollbestimmungen

Republik Zypern Es gelten die Bestimmungen der EU. Waren für den persönlichen Gebrauch dürfen weitgehend zollfrei nach Zypern ein- bzw. aus Zypern ausgeführt werden.

Nordzypern Grenzwerte für die Ein-/Ausreise:
» 200 Zigaretten
» 1 l Spirituosen oder Wein
» Andere Waren im Wert von 100 €

Die Einführung von landwirtschaftlichen Produkten unterliegt strengen Quarantäneauflagen und muss vom Ministerium für Landwirtschaft & Rohstoffe genehmigt werden.

Wer die Grenzübergänge in Pergamos (Larnaka) und Agios Nikolaos (Famagusta) nutzt, für den gelten die Zollbestimmungen der Republik Zypern und Großbritanniens, da diese in britischem Hoheitsgebiet (Dekelia Sovereign Base Area) liegen. Die Regelungen sind dieselben, allerdings dauert es oft länger.

Verkehrsmittel & -wege

AN- & WEITERREISE

Fast alle Zyperntouristen reisen per Flugzeug an, z. B. mit günstigen Charterflügen oder Billigairlines.

Auf dem Seeweg kommt man an Bord eines Kreuzfahrtschiffes in die Republik. Es gibt keine Passagierfähren mehr, Autos werden nur unbegleitet transportiert. Langsamere Passagier- und Autofähren pendeln jedoch vom türkischen Festland aus nach Nordzypern.

Flüge und Touren können online auf der englischsprachigen Website www.lonely planet.com/bookings gebucht werden.

Einreise

Traveller aus EU-Ländern und der Schweiz brauchen für die Einreise in die Republik nur einen Personalausweis. In Nordzypern dürfen sich EU-Bürger bis zu drei Monate aufhalten. Visabestimmungen siehe S. 260.

Reisepässe

Um die Grenze zwischen dem Norden und dem Süden zu passieren, benötigt man einen gültigen Reisepass oder Personalausweis. Diesen muss man auch jedes Mal vorzeigen, wenn man in ein Hotel in Zypern eincheckt oder Banktransaktionen vornimmt.

Grenzübergänge

Zwischen der Republik und Nordzypern zu reisen ist kein Problem mehr, seit die Grenzbestimmungen gelockert wurden. Trotzdem darf man die Grenze nur an ausgewiesenen Übergängen überqueren. Weitere Infos siehe Kasten S. 263.

Flugzeug

Von den meisten europäischen Städten gehen Linienflüge und immer mehr Charter- und Billigflüge nach Zypern. In der Hauptsaison (im Hochsommer) sind sie stark ausgebucht. Tickets für Linienflüge kosten recht viel, doch über die Billiglinien lassen sich oftmals günstigere Tickets ergattern. Wer von Griechenland aus anreist, bekommt günstige Tickets (einfach oder mit Hin- & Rückflug) in den Reisebüros in Athen, Thessaloniki und Heraklion.

Flughäfen & Fuglinien

REPUBLIK ZYPERN

Folgende Flughäfen in der Republik fertigen internationale Flüge ab:

Flughafen Larnaka (LCA; ⌕2481 6130)
Flughafen Pafos (PFO/LCPH; ⌕2624 0506)

In den meisten Flugplänen wird Larnaka als „Larnaca" und Pafos als „Paphos" ausgewiesen, was man vor allem bei Online-Buchungen wissen sollte.

Cyprus Airways ist die nationale Fluglinie der Republik.

NORDZYPERN

Der **Flughafen Ercan** (ECN; ⌕231 4806) liegt etwa 14 km östlich von Nord-Nikosia (Lefkoşa) in Nordzypern und ist international nicht anerkannt, deshalb gibt's keine Direktflüge dorthin. Die Maschinen müssen zuerst in der Türkei zwischenlanden und von dort weiter nach Nordzypern fliegen. Ercan ist kleiner als Pafos und weniger gut mit Gepäckwagen und ähnlichen Annehmlichkeiten ausgestattet. Ein Auto muss im Voraus gemietet werden. Zum bzw. vom Flughafen weg gelangt man nur per Taxi.

Nordzypern steuern vor allem türkische Fluglinien (Türk Hava Yolları; THY) an.

FLUGLINIEN VON & NACH ZYPERN

Aegean Airlines (www.aegeanair.com; Hub-Flughafen Athen-Eleftherios Venizelos, Athen)

Austrian Airlines (www.aua.com; Hub-Flughafen Wien, Wien)

Cyprus Airways (www.cyprusairways.com; Hub-Flughafen Larnaka, Larnaka)

Cyprus Turkish Airlines (www.kthy.net; Hub-Flughafen Ercan, Famagusta)

Helios Airways (www.flyhelios.com; Hub-Flughafen Larnaka, Larnaka)

KLIMAWANDEL & REISEN

Der Klimawandel stellt eine ernste Bedrohung für unsere Ökosysteme dar. Zu diesem Problem tragen Flugreisen immer stärker bei. Lonely Planet sieht im Reisen grundsätzlich einen Gewinn, ist sich aber der Tatsache bewusst, dass jeder seinen Teil dazu beitragen muss, um die globale Erwärmung zu verhindern.

Fliegen & Klimawandel

Fast jede Art der motorisierten Fortbewegung erzeugt CO_2 (die Hauptursache für die globale Erwärmung), doch Flugzeuge sind mit Abstand die schlimmsten Klimakiller – nicht nur wegen der großen Entfernungen und der entsprechend großen CO_2-Mengen, sondern auch weil sie diese Treibhausgase direkt in hohen Schichten der Atmosphäre freisetzen. Die Zahlen sind erschreckend: Zwei Personen, die von Europa in die USA und wieder zurück fliegen, erhöhen den Treibhauseffekt in demselben Maße wie ein durchschnittlicher Haushalt in einem ganzen Jahr.

Emissionsausgleich

Die englische Website www.climatecare.org und die deutsche Internetseite www.atmosfair.de bieten sogenannte CO_2-Rechner. Damit kann jeder ermitteln, wie viel Treibhausgase seine Reise produziert. Das Programm errechnet den zum Ausgleich erforderlichen Betrag, mit dem der Reisende nachhaltige Projekte zur Reduzierung der globalen Erwärmung unterstützen kann, beispielsweise Projekte in Indien, Honduras, Kasachstan und Uganda.

Lonely Planet unterstützt gemeinsam mit Rough Guides und anderen Partnern aus der Reisebranche das CO_2-Ausgleichs-Programm von climatecare.org. Alle Reisen von Mitarbeitern und Autoren von Lonely Planet werden ausgeglichen.

Lufthansa (www.lufthansa.com; Hub-Flughafen Frankfurt, Frankfurt)

Malev (www.malev.hu; Hub-Flughafen Liszt-Ferenc, Budapest)

Olympic Air (www.olympicair.com; Hub-Flughafen Athen-Eleftherios Venizelos, Athen)

Turkish Airlines (www.thy.com; Hub-Flughafen Istanbul-Atatürk, Istanbul)

Flugtickets

Flugtickets nach Zypern sind im August am teuersten. In dieser Zeit sucht man am besten einen Flug ohne Hotel bei einem Pauschalreiseanbieter oder einer Billigairline (die in den Sommermonaten allerdings nicht wirklich günstig sind). Die Preise hängen vor allem von der Saison sowie zu Teilen auch vom Wochentag und der Zeit des Fluges ab.

CHARTERFLÜGE

Plätze an Bord von Chartermaschinen, in denen Pauschalreiseveranstalter ganze Kontingente reservieren, sind günstig, unterliegen aber bestimmten Bedingungen. Zum einen kann man kaum für einen längeren Zeitraum als zwei Wochen reisen, zum anderen ist es schwierig, nach der Buchung Abflugs- und Ankunftszeit zu verändern. Dennoch: Ein gewisses Kontingent an Plätzen auf Pauschalreisen wird für Traveller reserviert, die nur einen Flug buchen, also sollte man sein Glück probieren.

ROUND-THE-WORLD-TICKETS

Weder Cyprus Airways noch Turkish Airlines nehmen am Round-The-World-(RTW)-Programm teil.

Europäisches Festland

Viele europäische Fluggesellschaften fliegen zum Flughafen Larnaka. Manche landen auch in Pafos, dort kommen jedoch vor allem Chartermaschinen an.

DEUTSCHLAND

Zahlreiche Fluglinien verkehren regelmäßig zwischen Deutschland und der Republik Zypern, u. a. folgende:

Air Berlin (www.airberlin.com) Fliegt von Berlin, Düsseldorf, Hannover und Hamburg nach Pafos und Larnaka.

Condor (www.condor.com) Von Berlin, Stuttgart, Düsseldorf und Hamburg nach Larnaka.

TUI Fly (www.tuifly.com) Von Nürnberg nach Larnaka.

Lufthansa (www.lufthansa.com) Fliegt von mehreren Flughäfen nach Larnaka, darunter Frankfurt, Berlin und München.

KLM (www.klm.com) Von Frankfurt nach Larnaka und Pafos.

Lokale Reiseveranstalter:

Alternativ Tours (☎030-881 20 89; www.alternativ-tours.de)

STA Travel (Reiseservice für Studenten; ☎01805-45 64 22; www.statravel.de) Spezielle Angebote für Studenten (bis 34 Jahre) und junge Leute (bis 25 Jahre).

GRIECHENLAND
Griechenland ist mit zahlreichen Flügen nach Larnaka und Pafos sehr gut an die Republik Zypern angebunden. Auf den Websites der größeren Airlines bekommt man genauere Informationen zu Routen:
Olympic Air (www.olympic air.com)
Cyprus Airways (www.cyprusair.com)
Lufthansa (www.lufthansa.com)
Germanwings (www.germanwings.com)

Von Griechenland aus kann man auch nach Nordzypern fliegen. Täglich verkehren Maschinen von **Turkish Airlines** (www.thy.com) zwischen Athen und Istanbul, wo man allabendlich einen Anschlussflug zum Flughafen Ercan bekommt.
Zu den lokalen Touranbietern gehören folgende Veranstalter:

Aktina Travel Services (21-0324 9925; www.aktinatravel.gr; Nikodimou 3, Athen)
STA Travel Athen (21-0321 1188; www.statravelgroup.com; Voulis 31, Athen); Thessaloniki (231-022 1391; Tsimiski 130, Thessaloniki)

ÖSTERREICH
Austrian Airlines (www.aua.com) Von Wien nach Larnaka.
Cyprus Airways (www.cyprusair.com) Von Wien nach Larnaka.

SCHWEIZ
Cyprus Airways (www.cyprusair.com) Von Zürich nach Larnaka.
Swiss (www.swiss.com) Von Zürich nach Larnaka.

Übers Meer

Passagierfähren verkehren derzeit nur von der Türkei nach Kyrenia (Girne) und Famagusta (Mağusa) in Nordzypern; Details siehe S. 172 und S. 194.

UNTERWEGS VOR ORT

Zypern ist so klein, dass man mühelos überall hinkommt. Die Straßen sind in gutem Zustand und gut beschildert, zudem fließt der Verkehr ruhiger und nicht so exzessiv bzw. unvorhersehbar wie in vielen anderen Mittelmeerländern.

Im öffentlichen Verkehr sind nur Busse und Servicetaxis (Mehrsitzer, die auf vorgegebenen Routen verkehren) unterwegs. Weder im Norden noch im Süden gibt's Züge oder Inlandsflüge. Vierspurige Autobahnen verbinden Lefkosia mit Lemesos und Larnaka und verlaufen Richtung Westen bis Pafos sowie Richtung Osten nach Agia Napa. Nordzypern besitzt nur eine Autobahn zwischen Nord-Nikosia und Famagusta (Mağusa).

Auto & Motorrad

Automobilclubs

Im Süden hilft die **Cyprus Automobile Association** (2231 3233; www.caa.com.cy; Hrysostomou Mylona 12, Lefkosia). Die Pannenhilfe erreicht man rund um die Uhr unter der Nummer 2231 3131. In Nordzypern gibt's keine vergleichbare Einrichtung.

Führerschein

Autofahrer müssen folgende Anforderungen erfüllen, um auf Zypern ein Fahrzeug mieten zu können:
» Führerschein.
» Alter über 21 Jahre (Republik) bzw. mindestens 18 Jahre (Nordzypern).
» Die meisten Autovermietungen verlangen eine Kredit- bzw. Debitkarte.
» Manche kleinere Anbieter verlangen keine Kredit- bzw. Debitkarte.
» Für Fahrzeuge über 50 ccm ist ein Führerschein nötig.

ÜBER DIE GRÜNE LINIE

Seit die Grenzbestimmungen 2003 gelockert wurden, kann man unkompliziert zwischen Nord und Süd hin- und hereisen. Inzwischen gibt's sieben Übergänge auf der Insel und Verhandlungen zur Eröffnung weiterer sind im Gange. Bei Redaktionsschluss gelangte man an folgenden Punkten in den jeweils anderen Landesteil: Ledra Palace Hotel, Ledrastraße (beide nur für Fußgänger), Agios Dometios, Pergamos, Agios Nikolaos, Limnitis-Yeşilirmak und Zodhia (für Fahrzeuge). Wer kein eigenes Verkehrsmittel hat, lässt sich von einem Taxi über die Grenze und in jeden beliebigen Ort bringen.

Überquert man die Grenze von Süd nach Nord, muss man Namen, Geburtsdatum und Passnummer auf einem Formular eintragen. Dann bekommt man ein „Visum" (das Papier wird abgestempelt) und kann bis zu drei Monate in Nordzypern bleiben. Auf dieses Papier sollte man gut Acht geben, da man es bei der Ausreise vorzeigen muss. Jeder Besucher darf die Grenze beliebig häufig überqueren. Das Visum benötigt man nur im Norden.

Wer vom Norden ins Land eingereist ist, kann problemlos in die Republik weiterreisen. Alle Grenzen sind rund um die Uhr geöffnet und viele überqueren sie mitten in der Nacht, nachdem sie im Norden feiern oder im Kasino waren. Für den Grenzübertritt von Nord nach Süd benötigt man lediglich einen gültigen Pass (s. S. 260).

Sprit & Ersatzteile

Zypern ist eine autofreundliche Nation und bestens auf die Bedürfnisse von Autofahrern eingestellt. Es gibt viele Tankstellen und Werkstätten, und freundliche Einheimische helfen bei einer Panne gerne weiter. Hat man ein Auto gemietet, haftet der Anbieter bei Reparaturen.

Unterwegs mit dem eigenen Auto

Wer sich nicht auf Zypern niederlassen möchte, braucht sein eigenes Auto nicht mitzubringen. Erst ab einem Aufenthalt von drei Wochen ist es günstiger, mit Auto anzureisen, als vor Ort einen Mietwagen zu nehmen. Man muss das Fahrzeug per Fähre nach Zypern transportieren lassen und selbst mit dem Flugzeug herkommen, sofern man nicht aus der Türkei nach Kyrenia (S. 173) oder Famagusta (S. 194) reist. Die wenigen Besucher, die nicht auf ihr eigenes Auto verzichten wollen, benötigen zur Einfuhr die Fahrzeugpapiere und ein internationales Versicherungszertifikat (die sogenannte Grüne Karte). Diese erhält man bei der heimischen Versicherung.

Verkehrsregeln

Entfernungen In Kilometern angegeben. Straßenschilder in der Republik sind auf Griechisch und in lateinischer Schrift. In Nordzypern gibt's nur Angaben auf Türkisch.
Kreisel Wer sich bereits im Kreisel befindet, hat Vorfahrt.
Mindestalter 21 Jahre (Republik), 18 Jahre (Nordzypern).
Mindestalter für Motorräder und Roller 18 Jahre (ab 80 ccm) bzw. 17 (bis 50 ccm). Führerschein erforderlich.
Motorradfahrer Müssen grundsätzlich mit Licht fahren und auf Motorrädern ab 125 ccm einen Helm tragen.
Promillegrenze Das Limit liegt bei 0,9 Promille. Stichprobenartig werden Kontrollen gemacht. Wer mit mehr Alkohol im Blut erwischt wird, muss mit einer Geldbuße und Führerscheinentzug rechnen.
Sicherheitsgurte Anschnallen ist Pflicht. Kinder unter fünf Jahren dürfen nicht vorne sitzen.
Straßenseite Hier muss man auf der linken Seite fahren.
Tempolimit In bebauten Gebieten 50 km/h, auf großen Straßen 80 km/h und bis zu 100 km/h auf Autobahnen. Im Norden liegt die Geschwindigkeitsbeschränkung bei 100 km/h auf offenen Straßen und bei 50 km/h innerorts.

Vermietung

Autos oder Allradfahrzeuge kann man fast überall mieten. Bei einer Mietdauer von einer Woche zahlt man ca. 20 € pro Tag.

In manchen Städten werden auch Motorräder (ab 10 €) und Mopeds (10 €) vermietet.

Mietwagen sind generell in gutem Zustand. Trotzdem sollte man sie unter die Lupe nehmen, ehe man sich auf den Weg macht.

Beliebt sind Fahrzeuge mit Vierradantrieb und offenem Verdeck (im Troodos-Gebirge wimmelt es an heißen Wochenenden nur so vor ihnen); mit ihnen kann man über Holperpisten fahren, sie sehen nach „Abenteuer" aus und haben eine natürliche

TRÜGERISCHE VERSICHERUNG

Seit sich 2003 die Grenzen geöffnet haben, wurde viel über die Autoversicherung des Nordens diskutiert, die bei der Einreise aus der Republik ausgestellt wird. Trotz all der Diskussionen ist man genauso klug wie vorher. Wer sich nach der Police erkundigt, bekommt vermutlich verschiedenste Reaktionen und widersprüchliche Informationen. Dies liegt daran, dass die „Gesetzeslage" zur Versicherung von Autos und Fahrern aus dem Süden lückenhaft und frei interpretierbar ist (vor allem von den Polizisten im Norden).

Sobald man an einem beliebigen Checkpoint mit einem eigenen oder einem gemieteten Wagen in den Norden einreist, verliert dort die eigene Autoversicherung ihre Gültigkeit und man muss eine türkische Autoversicherung erwerben. Diese deckt nicht selbst verursachte Schäden bis zu 3000 € ab. Wer dagegen selbst einen Unfall baut, trägt den Schaden allein in voller Höhe. Bis man Bargeld vorgelegt hat, darf man den Norden nicht verlassen.

Wenn man mit einem Mietfahrzeug unterwegs ist, darf man den Wagen zwar aus Sicht der Autovermietung mit in den Norden nehmen (gern gesehen wird es allerdings nicht), muss aber für sich entscheiden, ob es das Risiko lohnt. Den Schuldigen im Fall eines Unfalls zu ermitteln kann manchmal länger dauern, als man denkt, und zudem recht kompliziert werden.

Für türkische Autos, mit denen man in den Süden reist, benötigt man eine Standardversicherung, die der in anderen EU-Ländern ähnelt. Bei Redaktionsschluss durfte man nicht mit Autos von Anbietern aus dem Norden in die Republik einreisen.

Klimaanlage. Wer ein Auto ohne Allradantrieb mietet, sollte darauf achten, dass es eine Klimaanlage und genügend PS hat, damit man die Berge hochkommt.

Mietwagen im Norden und Süden tragen schwarz-rote „Z"-Nummernschilder – so genannt wegen ihres Anfangsbuchstabens. Andere Verkehrsteilnehmer zollen Fahrern mit einem „Z"-Auto in der Regel etwas mehr Respekt und die Polizei sieht über kleine Verkehrsverstöße eher hinweg, wobei man sich darauf allerdings nicht verlassen sollte.

Mietet man im Vorfeld ein Auto, stellt der Anbieter es üblicherweise unabgeschlossen am Flughafen ab und legt den Schlüssel unter die Fußmatte. Nicht wundern: Aufgrund der offensichtlichen roten Mietwagen-Schilder und Zyperns Statistik ohne Autodiebstähle ist der Wagen so sicher wie nur möglich.

Versicherung

Mietet man ein Auto, stellt die Republik eine Vollkaskoversicherung aus. Der Norden bietet für im Norden gebuchte Autos ebenfalls Vollkaskoschutz, für Autos aus dem Süden gibt's dagegen eine spezielle Haftpflichtversicherung. Weitere Infos siehe Kasten S. 264.

Bus

Im Süden verkehren Busse von Montag bis Samstag häufig, sonntags gar nicht. 2010 wurden die Busgesellschaften rationalisiert und die Fahrpreise dank Fördermittel der Regierung gesenkt. Fünf Unternehmen decken jeweils eine Region ab und haben ausführliche Websites:

» **Emel** (www.limassolbuses.com) Bezirk Lemesos.

» **Osea Buses** (www.oseabuses.com) Bezirk Larnaka.

» **Osel Buses** (www.osel.com.cy) Bezirk Lefkosia.

» **Pafos Buses** (www.pafosbuses.com) Bezirk Pafos.

REISEN IN DER NEBENSAISON

Alle in diesem Buch angegebenen Busfahrzeiten gelten für die Hauptsaison (Juni bis Oktober). In der Nebensaison sinkt die Nachfrage und die öffentlichen Verkehrsmittel fahren seltener. Dies ist besonders problematisch, wenn das Reiseziel in den Bergen liegt, wohin manchmal gar keine Busse verkehren. Bevor man also in ruhigeren Monaten herkommt, sollte man sich auf der jeweiligen Website des Busunternehmens schlau machen, wann die Fahrzeuge unterwegs sind.

» **Zinonas Buses** (www.zinonasbuses.com) Bezirk Famagusta.

Zusätzlich betreibt die **InterCity Bus Company** (www.intercity-buses.com) Busse, die Städte miteinander verbinden. Bei Mehrfachfahrten bekommt man einen vergünstigten Ticketpreis.

Im Norden verkehren sowohl alte als auch neuere Busse privater Unternehmen, die hier wegen der Menge nicht einzeln aufgelistet werden können. Weitere Details findet man in den jeweiligen Regionenkapiteln.

Preise

Seit 2010 gelten in der Republik feste Ticketpreise: Eine Fahrt kostet 1 €, ein Tagesticket 2 €, eine Wochenkarte 10 € und eine Monatskarte mit unbegrenzten Fahrten innerhalb eines Bezirks inklusive der ländlichen Dörfer 30 €. Auch die InterCity-Busse werden von der Regierung subventioniert und sind überraschend günstig, wenn man die Länge der Strecken bedenkt.

Im Norden kosten Busfahrten 2,50 TRY bzw. 5 oder 6 TRY für Langstrecken.

Häufigkeit und Abfahrtzeiten siehe unter der jeweiligen Ortsbeschreibung.

Reservierungen

Weder im Süden noch im Norden nötig.

Fahrrad

Radfahren ist günstig, bequem, gesund, umweltfreundlich und vor allem eine tolle Form des Reisens. Lange Touren sollte man jedoch nur im Winter, Frühjahr oder Herbst unternehmen, da es im Sommer sehr heiß wird. Bei der Cyprus Tourism Organisation (CTO) in der Republik bekommt man die sehr hilfreiche Broschüre *Cyprus for Cycling* mit 19 Mountainbike-Tourvorschlägen im Süden. Diese variieren von 2,5 km langen Ausflügen bis zu einer 19 km langen Route von der Akamas-Halbinsel im Westen zum Kap Greco im Osten.

Radler sollten folgende Hinweise beachten:

» Am besten nimmt man normale Straßen, von denen viele parallel zu Autobahnen verlaufen (dort ist Radfahren verboten). Die Weg sind in der Regel in gutem Zustand, haben jedoch fast nie gesonderte Radstreifen. Deshalb muss man vorsichtig fahren.

» Für die langen Routen bergab und bergauf rund um das Troodos- und das Kyrenia-Gebirge braucht man ein Rad mit vielen Gängen.

» Die Orte auf Zypern sind deutlich fahrradfreundlicher als andere Städte im Mittelmeerraum. In manchen Touristenhochburgen wie Protaras und Agia Napa gibt's Radwege und Strandboulevards mit Fahrradstreifen.

» Man darf nicht in alle Busse Fahrräder mitnehmen.

Fahrradkauf

In der Republik werden anständige Räder verkauft. Fachgeschäfte findet man in Lefkosia, darunter z. B. **Zanetos Bicycles** (📞 2259 0945; 34 Agiou Dometieu, Strovolos). In Nordzypern ist die Auswahl kleiner und man sollte sich nicht darauf verlassen, hier einen fahrbaren Untersatz zu bekommen.

Verleih

Man kann in den meisten Gebieten Räder leihen. In den lokalen Touristenbüros erhält man eine Liste mit verlässlichen lokalen Anbietern, deren Räder ab 15 € pro Tag zu haben sind. Besonders rund um den Urlaubsort Agia Napa und in der Troodos-Region gibt's viele Verleihstellen.

Geführte Touren

Reisebüros auf ganz Zypern bieten eine große Vielfalt an Pauschaltouren an.

Folgende Agenturen im Süden sind empfehlenswert:

Amathus (📞 2536 9122; www.amathus.com; Plateia Syntagmatos, Lemesos)

Salamis Tours Excursions (📞 2535 5555; www.salamis international.com; Salamis House, 28 Oktovriou, Lemesos)

Landausflüge beginnen generell in den großen Touristenzentren im Süden. Zum Angebot gehören Tagestouren von Pafos ins Troodos-Gebirge und zum Kykkos-Kloster (ab 30 €), Tagesausflüge von Agia Napa oder Larnaka nach Lefkosia (ab 30 €), Bootsfahrten von Agia Napa nach Protaras (ab 25 €) und Halbtagestrips nach Lemesos, zu einem Weingut und in die antike Stadt Kourion (ab 25 €). Im Norden gibt's so etwas nicht.

Nahverkehr

Bus

Stadtbusse verkehren in Lefkosia, Lemesos, Larnaka und Famagusta. Wirklich sinnvoll sind sie jedoch nur in Larnaka, um vom bzw. zum Flughafen zu kommen, und in Lemesos, wo Busse vom bzw. zum Hafen fahren (dort legen die Kreuzfahrtschiffe an und ab). In den meisten Orten hat man es nicht weit, um von einer Sehenswürdigkeit zur nächsten zu gelangen, sodass man nicht auf die Fahrzeuge angewiesen ist. Zwischen dem Lemesos-Fort und Kourion bestehen mehrere Busverbindungen. Meistens handelt es sich dabei um Touristenbusse, die Besucher von Lemesos zu den Attraktionen rund um Kourion bringen. Von Einheimischen werden sie wenig genutzt.

Taxi

Im Süden bekommt man fast überall rund um die Uhr ein Taxi. Entweder hält man eines an der Straße an, geht zu einem Taxistand oder bestellt es telefonisch. In der Regel sind die Fahrzeuge modern und klimatisiert (meist gemütliche Mercedes-Wagen), die in größeren Orten über Kilometerzähler verfügen – die Fahrer müssen diese einschalten.

Es gibt zwei Tarifzeiträume: von 6 bis 20.30 Uhr (Tarif 1) und von 20.30 bis 6 Uhr (Tarif 2). Die Grundgebühr bei Tarif 1 liegt bei 2,40 €, dazu zahlt man 0,60 € pro gefahrenem Kilometer. Tarif 2 kostet eine Grundgebühr von 3 € und 0,65 € pro Kilometer. Für Gepäck über 12 kg sind 0,60 € pro Stück fällig. An den meisten offiziellen Feiertagen wird ein Zuschlag von 1 € auf den Fahrpreis erhoben.

Sich ein Taxi mit anderen Passagieren zu teilen ist in griechischen Städten wie Athen üblich, in Zypern aber nicht erlaubt. Die Fahrer verhalten sich meist höflich und hilfsbereit.

Im Norden haben die Taxis keine Kilometerzähler und man einigt sich im Vorfeld auf einen Preis. Für eine Stadtfahrt muss man mit rund 2,50 TRY rechnen. Die Reise von Nord-Nikosia nach Kyrenia schlägt mit rund 30 TRY zu Buche und eine Tour von Nord-Nikosia nach Famagusta mit 60 TRY.

SERVICETAXI

Servicetaxis bieten bis zu acht Passagieren Platz und sind im Süden ein nützliches Verkehrsmittel. Sie werden von einem Zusammenschluss mehrerer Privatunternehmen namens **Travel & Express** (📞 07 77 477; www.travelexpress.com.cy) mit einer landesweiten Telefonnummer betrieben. Man kann die einzelnen Büros auch direkt kontaktieren: **Lefkosia** (📞 2273 0888), **Lemesos** (📞 2536 4114), **Larnaka** (📞 2466 1010) und **Pafos** (📞 2693 3181).

Von und nach Lefkosia, Lemesos und Larnaka fahren Servicetaxis direkt von oder nach Pafos jedoch meist nicht – stattdessen muss man oftmals in Lemesos umsteigen.

Die Festpreise machen den Bussen Konkurrenz. Entweder startet die Fahrt am Büro der Servicetaxis oder man lässt sich vom Hotel abholen. Bestellte Taxis treffen oftmals bis zu 30 Minuten zu spät ein, deshalb sollte man einen Puffer einrechnen. Ähnlich verhält es sich, wenn man an einem Servicetaxidepot startet: Es dauert bis zu 30 Minuten, bis alle anderen Fahrgäste aufgesammelt sind und es tatsächlich losgeht.

Im Norden verkehren Minibusse (auch *dolmuş* genannt) zwischen Kyrenia, Nord-Nikosia und Famagusta. Sie kosten ca. 6 TRY pro Person.

TOURISTENTAXI

Die „Touristentaxis", die nahe dem türkisch-zyprischen Checkpoint am Ledra Palace Hotel in Nord-Nikosia warten, bringen Passagiere zu allen Zielen in Nordzypern. Eine Rundfahrt über Kyrenia, Famagusta, Bellapais (Beylerbeyi), die Buffavento-Burg und die St.-Hilarion-Burg kostet ca. 30 bis 50 €. (Obwohl Euros im Norden generell nicht gebräuchlich sind, werden sie dennoch meist akzeptiert, wenn man keine andere Währung hat. Die türkischen Taxis an Grenzübergängen geben ihre Preise grundsätzlich in britischen Pfund an.)

Schiff/Fähre

Lemesos ist der wichtigste Ein- und Ausreisehafen im Süden. Er liegt rund 3 km südwestlich des Stadtzentrums. 2013 soll der schicke neue Jachthafen eingeweiht werden (s. S. 56), der sowohl Touristen als auch Geschäftsreisende anziehen wird.

Trampen

Trampen ist in keinem Land der Welt ganz sicher und Lonely Planet empfiehlt es nicht. Reisende, die sich dafür entscheiden, gehen ein kleines, aber möglicherweise ernstes Risiko ein. Etwas sicherer ist es, wenn man zu zweit reist und jemanden von seinen Plänen in Kenntnis setzt.

Auf Zypern ist Trampen relativ einfach, aber nicht verbreitet. In ländlichen Gegenden mit schlechter Busanbindung trampen viele Einheimische zwischen ihrem Dorf und der Stadt. Wer eine Mitfahrgelegenheit sucht, stellt sich am besten an eine gut sichtbare Stelle, an der Fahrer anhalten können, nimmt ein Minimum an Gepäck mit und sieht sauber und gepflegt und vor allem glücklich aus. Mit einem Lächeln kommt man weit.

Trampen im Norden kann daran scheitern, dass es kaum Fernverkehr gibt. Generell sind öffentliche Verkehrsmittel so günstig, dass Trampen auch nicht unbedingt notwendig ist.

NOCH MEHR GRIECHISCH & TÜRKISCH?

Wer sich intensiver mit der Sprache beschäftigen möchte, legt sich am besten das praktische *Greek Phrasebook* und das *Turkish Phrasebook* von Lonely Planet zu, die man unter **shop.lonelyplanet.com** oder im Apple Store als App fürs iPhone kaufen kann.

Sprache

Wer Englisch spricht, wird auf Zypern wahrscheinlich keine größeren Verständigungsschwierigkeiten haben. Weder im Norden noch im Süden erwarten die Einheimischen, dass sich Urlauber auf Griechisch oder Türkisch ausdrücken können, ganz zu schweigen von zyprischen Dialekten. Dennoch kann es nicht schaden, ein paar Wörter zu lernen, um das Eis zu brechen. Vor Ort wird ein etwas anderes Griechisch und Türkisch gesprochen als auf dem Festland. Wenn man jedoch die Festlandvarietäten beherrscht – sie ist die Grundlage für dieses Kapitel –, kann man sich problemlos verständigen.

GRIECHISCH

Griechisch ist die offizielle Sprache in Griechenland und (gemeinsam mit dem Türkischen) auf Zypern.

Das griechische Alphabet wird auf der nächsten Seite erklärt. Neben den Ausdrücken und Phrasen steht die Aussprachehilfe in Blau – einfach sprechen, wie man liest. Ausnahmen: Das dh ist stimmhaft wie das „th" im Englischen „there", das gh ist eine weichere, etwas kehlige Version des Konsonanten „g", das kh ist ein kehliger Laut ähnlich dem Deutschen „ch" in „Buch", das s wird wie „ß" gesprochen und das z wie das weiche „s" in „sein". Bei allen Wörtern mit zwei oder mehr Silben zeigt der Akzent (') an, wo die Betonung liegt. Die betonten Silben sind bei unserer Aussprachehilfe kursiv.

Im Griechischen gibt's wie im Deutschen drei Geschlechter: Maskulinum, Femininum und Neutrum. Da, wo es notwendig ist, haben wir diese Formen mit angegeben („m/f/n").

Grundlagen

Hallo.	Γειά σας.	ya·sas (höfl.)
	Γειά σου.	ya·su (inf.)
Guten Morgen.	Καλή μέρα.	ka·li me·ra
Guten Abend.	Καλή σπέρα.	ka·li spe·ra
Tschüs.	Αντίο.	an·di·o
Ja./Nein.	Ναι./Οχι.	ne/o·hi
Bitte.	Παρακαλώ.	pa·ra·ka·lo
Danke.	Ευχαριστώ.	ef·ha·ri·sto
Gern geschehen.	Παρακαλώ.	pa·ra·ka·lo
Entschuldigung.	Συγγνώμη.	sigh·no·mi

Wie heißen Sie?
Πώς σας λένε; — pos sas *le*·ne

Ich heiße ...
Με λένε ... — me *le*·ne

Sprechen Sie Englisch?
Μιλάτε αγγλικά; — mi·*la*·te an·gli·*ka*

Ich verstehe (nicht).
(Δεν) καταλαβαίνω. — (dhen) ka·ta·la·*ve*·no

Essen & Trinken

Was würden Sie empfehlen?
Τι θα συνιστούσες; — ti tha si·ni·*stu*·ses

Was ist in diesem Gericht?
Τι περιέχει αυτό το φαγητό; — ti pe·ri·e·hi af·*to* to fa·ghi·*to*

Ich bin Vegetarier.
Είμαι χορτοφάγος. — *i*·me khor·to·*fa*·ghos

DAS GRIECHISCHE ALPHABET

Das griechische Alphabet hat 24 Buchstaben. Wir führen erst die Groß- und dann die Kleinbuchstaben auf. Manche sehen aus wie im deutschen Alphabet, werden aber ganz anders ausgesprochen, z. B. das **B** (Beta), das wie ein „w" klingt, oder das **P**, das wie ein „r" gesprochen wird. Die Aussprache eines Lauts hängt auch vom nachfolgenden Buchstaben ab; **ou** wird z. B. wie das „u" in „Schutt" gesprochen, **οι** wie ein „i" (wie in „Tier").

A α	a	wie in „Vater"	**Ξ ξ**	x	wie in „Box"
Β β	v	wie in „Watte"	**O o**	o	wie in „Topf"
Γ γ	gh	weiches, kehliges „g"	**Π π**	p	wie in „Puppe"
	y	wie das „j" in „ja"	**Ρ ρ**	r	wie in „Rasen", leicht gerollt
Δ δ	dh	stimmhaft wie im Engl. „there"			
Ε ε	e	wie in „Pest"	**Σ σ, ς**	s	wie in „Rassel"
Ζ ζ	z	wie das „s" in „Ameise"	**Τ τ**	t	wie in „Topf"
Η η	i	wie in „Tier"	**Υ υ**	i	wie in „Tier"
Θ θ	th	stimmlos wie in „throw"	**Φ φ**	f	wie in „Fund"
Ι ι	i	wie in „Tier"	**Χ χ**	kh	wie in „Tuch" oder
Κ κ	k	wie in „Katze"			
Λ λ	l	wie in „Leine"		h	wie ein raues „h"
Μ μ	m	wie in „Mann"	**Ψ ψ**	ps	wie in „piepsen"
Ν ν	n	wie in „Nase"	**Ω ω**	o	wie in „Topf"

Für den Buchstabe **Σ** (Sigma) gibt es in der Kleinschreibung zwei Formen: **σ** und **ς**. Letztere wird am Ende eines Worts verwendet. Im Griechischen wird statt eines Fragezeichens ein Semikolon gesetzt (;).

Das war lecker.
Ήταν νοστιμότατο! — *i*·tan no·sti·*mo*·ta·to

Prost!
Εις υγείαν! — is i·*yi*·an

Die Rechnung, bitte.
Το λογαριασμό, παρακαλώ. — to lo·*ghar*·ya·*zmo* pa·ra·ka·*lo*

ein Tisch für ... Ένα τραπέζι για ... — *e*·na tra·*pe*·zi ya ...

(zwei) (δύο) — (*dhi*·o)
Personen άτομα — *a*·to·ma
(acht) Uhr τις (οχτώ) — stis (okh·*to*)

Ich esse kein/e/en ... Δεν τρώγω ... — dhen *tro*·gho ...

Erdnüsse φυστίκια — fi·*sti*·kia
Fisch ψάρι — *psa*·ri
(rotes) Fleisch (κόκκινο) κρέας — (*ko*·ki·no) *kre*·as
Geflügel πουλερικά — pu·le·ri·*ka*

Schlüsselbegriffe

Abendessen δείπνο — *dhip*·no
Bar μπαρ — bar
Brot ψωμί — pso·*mi*
Café καφετέρια — ka·fe·*te*·ri·a
Delikatessen ντελικατέσεν — de·li·ka·*te*·sen
Desserts επιδόρπια — e·pi·*dhor*·pi·a
Ei αβγό — aw·*gho*
Essen φαγητό — fa·yi·*to*
Essig ξύδι — *ksi*·dhi
Fisch ψάρι — *psa*·ri
Flasche μπουκάλι — bu·*ka*·li
Frühstück πρόγευμα — *pro*·yew·ma
Gabel πιρούνι — pi·*ru*·ni
Gemüse λαχανικά — la·kha·ni·*ka*
Glas ποτήρι — po·*ti*·ri
Hauptgänge κύρια φαγητά — *ki*·ri·a fa·yi·*ta*
heiß ζεστός — ze·*stos*
Hochstuhl καρέκλα για μωρά — ka·*re*·kla yia mo·*ro*
Hühnchen κοτόπουλο — ko·*to*·pu·lo
kalt κρυωμένος — kri·o·*me*·nos
Käse τυρί — ti·*ri*
Kraut (zum Würzen) βότανο — *wo*·ta·no
Lamm αρνί — ar·*ni*
Löffel κουτάλι — ku·*ta*·li
Markt αγορά — a·gho·*ra*
Messer μαχαίρι — ma·*he*·ri
mit με — me

Deutsch	Griechisch	Aussprache
Mittagessen	μεσημεριανό φαγητό	me·si·me·ria·no fa·yi·to
Nuss	καρύδι	ka·ri·dhi
Obst	φρούτα	fru·ta
Obst- und Gemüseladen	οπωροπωλείο	o·po·ro·po·li·o
ohne	χωρίς	kho·ris
Öl	λάδι	la·dhi
Pfeffer	πιπέρι	pi·pe·ri
Restaurant	εστιατόριο	e·sti·a·to·ri·o
Rindfleisch	βοδινό	wo·dhi·no
Sahne	κρέμα	kre·ma
Salz	αλάτι	a·la·ti
Schüssel	μπωλ	bol
Schweinefleisch	χοιρινό	hi·ri·no
Souvlaki	σουβλάκι	suw·la·ki
Speisekarte	μενού	me·nu
Teller	πιάτο	pia·to
Vegetarier	χορτοφάγος	khor·to·fa·ghos
Vorspeise	ορεκτικά	o·rek·ti·ka
Zucker	ζάχαρη	za·kha·ri

Getränke

alkoholfreies Getränk	αναψυκτικό	a·nap·sik·ti·ko

WICHTIGE SATZBAUSTEINE

Mit den folgenden Satzbausteinen sollte man sich gut verständigen können:

Wann ist/geht (der nächste Bus)?
Πότε είναι (το επόμενο λεωφορείο);
po·te i·ne (to e·po·me·no le·o·fo·ri·o)

Wo ist (der Bahnhof)?
Πού είναι (ο σταθμός);
pu i·ne (o stath·mos)

Ich suche (...).
Ψάχνω για (...).
psakh·no yia (...)

Haben Sie (eine Karte)?
Έχετε οδικό (τοπικό χάρτη);
e·he·te o·dhi·ko (to·pi·ko khar·ti)

Gibt es (einen Aufzug)?
Υπάρχει (ασανσέρ);
i·par·hi (a·san·ser)

Kann ich (es anprobieren)?
Μπορώ να (το προβάρω);
bo·ro na (to pro·wa·ro)

Ich habe (eine Reservierung).
Έχω (κλείσει δωμάτιο).
e·kho (kli·si dho·ma·ti·o)

Ich möchte (einen Wagen mieten).
Θα ήθελα (να ενοικιάσω ένα αυτοκίνητο).
tha i·the·la (na e·ni·ki·a·so e·na af·to·ki·ni·to)

Bier	μπύρα	bi·ra
Kaffee	καφές	ka·fes
Milch	γάλα	gha·la
Saft	χυμός	hi·mos
Tee	τσάι	tsa·i
Wasser	νερό	ne·ro
(roter) Wein	(κόκκινο) κρασί	(ko·ki·no) kra·si
(weißer) Wein	(άσπρο) κρασί	(a·spro) kra·si

Notfall

Hilfe!	Βοήθεια!	wo·i·thya
Verschwinde/ Hau ab!	Φύγε!	fi·ye
Ich habe mich verlaufen.	Έχω χαθεί.	e·kho cha·thi
Ich bin krank.	Είμαι άρρωστος.	i·me a·ro·stos
Es gab einen Unfall.	Έγινε ατύχημα.	ey·i·ne a·ti·hi·ma
Rufen Sie ...!	Φωνάξτε ...!	fo·nak·ste ...
einen Arzt	ένα γιατρό	e·na yi·a·tro
die Polizei	την αστυνομία	tin a·sti·no·mi·a

Shoppen & Service

Ich möchte ... kaufen.
Θέλω ν' αγοράσω ...
the·lo na·gho·ra·so ...

Ich sehe mich nur um.
Απλώς κοιτάζω.
ap·los ki·ta·zo

Ich mag es nicht.
Δεν μου αρέσει.
dhen mu a·re·si

Wie viel kostet das?
Πόσο κάνει;
po·so ka·ni

Es ist zu teuer.
Είναι πολύ ακριβό.
i·ne po·li a·kri·wo

Können Sie mit dem Preis runtergehen?
Μπορείς να κατεβάσεις την τιμή;
bo·ris na ka·te·wa·sis tin ti·mi

Bank	τράπεζα	tra·pe·za
Geldautomat	αυτόματη μηχανή χρημάτων	af·to·ma·ti mi·kha·ni khri·ma·ton
Handy	κινητό	ki·ni·to
Internetcafé	καφενείο διαδικτύου	ka·fe·ni·o dhi·a·dhik·ti·u
Kreditkarte	πιστωτική κάρτα	pi·sto·ti·ki kar·ta
Post	ταχυδρομείο	ta·hi·dhro·mi·o
Toilette	τουαλέτα	tu·a·le·ta
Touristen- information	τουριστικό γραφείο	tu·ri·sti·ko ghra·fi·o

Uhrzeit & Datum

Wie spät ist es?	Τι ώρα είναι;	ti o·ra i·ne
Es ist (2 Uhr).	είναι (δύο η ώρα).	i·ne (dhi·o i o·ra)
Es ist halb (zehn).	(Δέκα) και μισή.	(dhe·ka) ke mi·si
heute	σήμερα	si·me·ra
morgen	αύριο	aw·ri·o
gestern	χθες	hthes
Morgen	πρωί	pro·i
(diesen) Nachmittag	(αυτό το) απόγευμα	(af·to to) a·po·yew·ma
Abend	βράδυ	wra·dhi

Montag	Δευτέρα	dhef·te·ra
Dienstag	Τρίτη	tri·ti
Mittwoch	Τετάρτη	te·tar·ti
Donnerstag	Πέμπτη	pemp·ti
Freitag	Παρασκευή	pa·ras·ke·wi
Samstag	Σάββατο	sa·wa·to
Sonntag	Κυριακή	ky·ri·a·ki

Januar	Ιανουάριος	ia·nu·ar·i·os
Februar	Φεβρουάριος	few·ru·ar·i·os
März	Μάρτιος	mar·ti·os
April	Απρίλιοςq	a·pri·li·os
Mai	Μάιος	mai·os
Juni	Ιούνιος	i·u·ni·os
Juli	Ιούλιος	i·u·li·os
August	Αύγουστος	aw·ghus·tos
September	Σεπτέμβριος	sep·tem·wri·os
Oktober	Οκτώβριος	ok·to·wri·os
November	Νοέμβριος	no·em·wri·os
Dezember	Δεκέμβριος	dhe·kem·wri·os

Unterkunft

Campingplatz	χώρος για κάμπινγκ	kho·ros yia kam·ping
Hotel	ξενοδοχείο	kse·no·dho·khi·o
Jugendherberge	γιουθ χόστελ	yuth kho·stel
ein ... Zimmer	ένα ... δωμάτιο	e·na ... dho·ma·ti·o
Einzel-	μονόκλινο	mo·no·kli·no
Doppel-	δίκλινο	dhi·kli·no
Wie viel kostet es ...?	Πόσο κάνει ...;	po·so ka·ni ...
pro Nacht	τη βραδυά	ti·vra·dhya
pro Person	το άτομο	to a·to·mo

Fragewörter

Wann?	Πότε;	po·te
Warum?	Γιατί;	yi·a·ti
Was?	Τι;	ti
Wer?	Ποιος;/Ποια; Ποιο;	pi·os/pi·a (m/f) pi·o (n)
Wie?	Πώς;	pos
Wo?	Πού;	pu

Bad	μπάνιο	ba·nio
Fenster	παράθυρο	pa·ra·thi·ro
Klimaanlage	έρκοντίσιον	er·kon·di·si·on
TV	τηλεόραση	ti·le·o·ra·si
Ventilator	ανεμιστήρας	a·ne·mi·sti·ras

Verkehrsmittel & -wege

Öffentliche Verkehrsmittel

Boot	πλοίο	pli·o
(Stadt-)Bus	αστικό	a·sti·ko
(Intercity-)Bus	λεωφορείο	le·o·fo·ri·o
Flugzeug	αεροπλάνο	ae·ro·pla·no
Zug	τραίνο	tre·no

Wo kann ich eine Fahrkarte kaufen?
Πού αγοράζω εισιτήριο; pu a·gho·ra·zo i·si·ti·ri·o

Ich möchte nach ...
Θέλω να πάω στο/στη ... the·lo na pao sto/sti ...

Wann ist die Abfahrt?
Τι ώρα φεύγει; ti o·ra few·yi

Muss ich umsteigen?
Χειάζεται να αλλάξω; khri·a·ze·te na a·lak·so

Ist das eine Direkt-/Expressverbindung?
Είναι κατ'ευθείαν/ εξπρές; i·ne ka·tef·thi·an/ eks·pres

Hält er/sie/es in (...)?
Σταματάει στο (...); sta·ma·ta·i sto (...)

Ich möchte in (...) aussteigen.
Θα ήθελα να κατεβώ στο (...). tha i·the·la na ka·te·wo sto (...)

Ich möchte (ein) ...	Θα ήθελα (ένα) ...	tha i·the·la (e·na) ...
Ticket für eine einfache Fahrt	απλό εισιτήριο	a·plo i·si·ti·ri·o
Ticket für Hin- & Rückfahrt	εισιτήριο με επιστροφή	i·si·ti·ri·o me e·pi·stro·fi
1. Klasse	πρώτη θέση	pro·ti the·si
2. Klasse	δεύτερη θέση	def·te·ri the·si
Bahnhof	σταθμός τρένου	stath·mos tre·nu

Bahnsteig	πλατφόρμα f	plat·*for*·ma
Fahrplan	δρομολόγιο	dhro·mo·*lo*·gio
storniert	ακυρώθηκε	a·ki·ro·*thi*·ke
Ticketschalter	εκδοτήριο εισιτηρίων	ek·dho·*ti*·ri·o i·si·ti·*ri*·on
verspätet	καθυστέρησε	ka·thi·*ste*·ri·se

Auto- & Radfahren

Ich möchte ein/en ... mieten	Θα ήθελα να νοικιάσω ...	tha *i*·the·la na ni·ki·*a*·so ...
Allradwagen	ένα τέσσερα επί τέσσερα	*e*·na *tes*·se·ra e·*pi tes*·se·ra
Auto	ένα αυτοκίνητο	*e*·na af·ti·*ki*·ni·to
Fahrrad	ένα ποδήλατο	*e*·na po·*dhi*·la·to
Jeep	ένα τζιπ	*e*·na tzip
Motorrad	μια μοτοσυκλέττα	*mya* mo·to·si·*klet*·ta

Brauche ich einen Helm?
Χρειάζομαι κράνος; — khri·*a*·zo·me *kra*·nos

Haben Sie eine Straßenkarte?
Έχετε οδικό χάρτη; — *e*·he·te o·thi·*ko khar*·ti

Ist das die Straße nach ...?
Αυτός είναι ο δρόμος για ... — af·*tos i*·ne o *dhro*·mos ya ...

Kann ich hier parken?
Μπορώ να παρκάρω εδώ; — bo·*ro* na par·*ka*·ro e·*dho*

Das Auto-/Motorrad ist (in ...) liegen geblieben.
Το αυτοκίνητο/η μοτοσυκλέττα χάλασε στο (...) — to af·to·*ki*·ni·to/ i mo·to·si·*klet*·ta *kha*·la·se sto (...)

Ich habe einen Platten.
Έπαθα λάστιχο. — e·pa·tha *la*·sti·cho

Mir ist das Benzin ausgegangen.
Έμεινα από βενζίνη. — *e*·mi·na a·*po* wen·*zi*·ni

Wo gibt es eine Tankstelle?
Πού είναι ένα πρατήριο βενζίνας; — pu *i*·ne e·na pra·*ti*·ri·o wen·*zi*·nas

Wegweiser

Wo ist ...?
Πού είναι ...; — pu *i*·ne ...

Biegen Sie links ab.
Στρίψτε αριστερά. — *strips*·te a·ri·ste·*ra*

Biegen Sie rechts ab.
Στρίψτε δεξιά. — *strips*·te dhe·*ksia*

an der nächsten Ecke
στην επόμενη γωνία — stin e·*po*·me·ni gho·*ni*·a

an der Ampel
στα φώτα — sta *fo*·ta

Schilder

ΕΙΣΟΔΟΣ	**Eingang**
ΕΞΟΔΟΣ	**Ausgang**
ΠΛΗΡΟΦΟΡΙΕΣ	**Information**
ΑΝΟΙΧΤΟ	**Geöffnet**
ΚΛΕΙΣΤΟ	**Geschlossen**
ΑΠΑΓΟΡΕΥΕΤΑΙ	**Verboten**
ΑΣΤΥΝΟΜΙΑ	**Polizei**
ΑΣΤΥΝΟΜΙΚΟΣ ΣΤΑΘΜΟΣ	**Polizeiwache**
ΓΥΝΑΙΚΩΝ	**Toiletten (Frauen)**
ΑΝΔΡΩΝ	**Toiletten (Männer)**

hinter	πίσω	*pi*·so
vor	μπροστά	bro·*sta*
weit	μακριά	ma·kri·*a*
in der Nähe von	κοντά	kon·*da*
neben	δίπλα	*dhi*·pla
gegenüber	απέναντι	a·*pe*·nan·di
geradeaus	ολο ευθεία	*o*·lo ef·*thi*·a

Zahlen

1	ένας/μία	*e*·nas/*mi*·a (m/f)
	ένα	*e*·na (n)
2	δύο	*dhi*·o
3	τρεις	tris (m & f)
	τρία	*tri*·a (n)
4	τέσσερεις	*te*·se·ris (m & f)
	τέσσερα	*te*·se·ra (n)
5	πέντε	*pen*·de
6	έξη	*e*·xi
7	επτά	ep·*ta*
8	οχτώ	oh·*to*
9	εννέα	e·*ne*·a
10	δέκα	*dhe*·ka
20	είκοσι	*ik*·o·si
30	τριάντα	tri·*an*·da
40	σαράντα	sa·*ran*·da
50	πενήντα	pe·*nin*·da
60	εξήντα	ek·*sin*·da
70	εβδομήντα	ew·dho·*min*·da
80	ογδόντα	ogh·*dhon*·da
90	ενενήντα	e·ne·*nin*·da
100	εκατό	e·ka·*to*
1000	χίλιοι/χίλιες	*hi*·li·i/*hi*·li·ez (m/f)
	χίλια	*hi*·li·a (n)

TÜRKISCH

Türkisch ist die offizielle Sprache in der Türkei und (gemeinsam mit dem Griechischen) auf Zypern. Die meisten Laute kommen auch im Deutschen vor, es gibt nur ein paar Kleinigkeiten, auf die man achten muss: Das „ı" – sowohl in Klein- als auch in Großbuchstaben ohne i-Punkt geschrieben (z. B. in „Isparta" ehs·*par*·ta) – wird eh ausgesprochen, wie das „e" in „alle", während das „i" mit i-Punkt (z. B. „İzmir" *iz*·mir) wie ein normales i ausgesprochen wird. Das „ğ" ist ein stummer Konsonant und verlängert den vorangegangenen Vokal. Das „h" wird immer gesprochen. „C" klingt wie ein weiche s im Engl. „pleasure", das „ç" wie tsch in „rutschen" und „ş" wie das sch in „Schule". Das „z" ist stimmhaft (wie das s in „Sog") und das „y" wird wie das deutsche j ausgesprochen.

Vermutlich kann man sich das nicht alles auf einmal merken, deshalb hält man sich am besten einfach an unsere blauen Aussprachehilfen.

Grundlagen

Hallo.	Merhaba.	mer·ha·ba
Hi.	Selam.	se·*lam*
Guten Morgen.	İyi sabahlar.	i·yi sa·bah·*lar*
Guten Abend.	İyi akşamlar.	i·yi ak·scham·*lar*
Tschüs. (wenn man geht)	Hoşçakal.	hosch·*tscha*·kal (inf.)
	Hoşçakalın.	hosch·*tscha*·ka·lehn (höfl.)
Tschüs. (wenn man bleibt)	Güle güle.	gü·*le* gü·*le*
Ja./Nein.	Evet./Hayır.	e·*wet*/ha·*yehr*
Bitte.	Lütfen.	*lüt*·fen
(Vielen) Dank.	(Çok) Teşekkür ederim.	(tschok) te·schek·*kür* e·*de*·rim
Danke.	Teşekkürler.	te·schek·*kür*·ler
Gern geschehen.	Birşey değil.	bir·*schei* de·*il*
Entschuldigung.	Özür dilerim.	ö·zür di·*le*·rim

Wie heißt du/heißen Sie?
Adınız ne? — a·deh·*nehz* ne (inf.)
Adınız nedir? — a·deh·*nehz* ne·dir (höf.)

Ich heiße ...
Benim adım ... — be·*nim* a·*dehm*

Sprechen Sie (Englisch)?
(İngilizce) konuşuyor musunuz? — (in·gi·*liz*·je) ko·nu·*schu*·yor mu·su·*nuz*

Ich verstehe.
Anlıyorum. — an·*leh*·yo·rum

Ich verstehe nicht.
Anlamıyorum. — an·*la*·meh·yo·rum

Essen & Trinken

Was würden Sie empfehlen?
Ne tavsiye edersiniz? — ne taw·si·ye e·*der*·si·niz

Was ist in diesem Gericht?
Bu yemekte neler var? — bu ye·mek·*te ne*·ler war

Ich bin Vegetarier.
Ben vejeteryanım. — ben ve·zhe·ter·ya·nehm

Das war lecker.
Nefisti! — ne·*fis*·ti

Prost!
Şerefe! — sche·re·*fe*

Könnte ich bitte die Rechnung haben?
Lütfen hesabı getirir misiniz? — *lüt*·fen he·sa·*beh* ge·ti·*rir* mi·si·*niz*

Ich möchte einen Tisch reservieren für ...	... bir masa ayırtmak istiyorum.	... bir ma·*sa* a·yehrt·*mak* ... is·*ti*·yo·rum
(zwei) Personen	(İki) kişilik	(i·*ki*) ki·schi·*lik*
(acht) Uhr	Saat (sekiz) için	sa·*at* (se·*kiz*) i·*tschin*
Ich esse kein/ keine/keinen ...	... yemiyorum.	... ye·mi·yo·rum
Erdnüsse	Fıstığa	fehs·teh·*a*
Fisch	Balık	ba·*lehk*
(rotes) Fleisch	(Kırmızı) Et	kehr·meh·*zeh* et
Geflügel	Tavuk eti	ta·*wuk* e·*ti*

WICHTIGE SATZBAUSTEINE

Mit den folgenden Satzbausteinen sollte man sich gut verständigen können:

Wann ist/geht (der nächste Bus)?
(Sonraki otobüs) ne zaman? — (son·ra·*ki* o·to·*büs*) ne za·*man*

Wo ist (der Markt)?
(Pazar yeri) nerede? — (pa·*zar* ye·*ri*) ne·re·de

Haben Sie (eine Karte)?
(Haritanız) var mı? — (ha·ri·ta·*nehz*) war meh

Gibt es (eine Toilette)?
(Tuvalet) var mı? — (tu·va·*let*) war meh

Ich habe (eine Reservierung).
(Rezervasyonum) var. — (re·zer·vas·yo·*num*) war

Ich möchte (die Speisekarte).
(Menüyü) istiyorum. — (me·nü·*yü*) is·*ti*·yo·rum

Ich brauche (Hilfe).
(Yardıma) ihtiyacım var. — (yar·deh·*ma*) ih·ti·ya·*jehm* war

Schlüsselbegriffe

Abendessen	akşam yemeği	ak·*scham* ye·me·*i*
Bar	bar	bar
Brot	ekmek	ek·*mek*
Café	kafe	ka·*fe*
Delikatessen	şarküteri	schar·kü·te·*ri*
Desserts	tatlılar	tat·leh·*lar*
Ei	yumurta	yu·mur·*ta*
Eiscreme	dondurma	don·dur·*ma*
Essen	yiyecek	yi·ye·*jek*
Essig	sirke	sir·*ke*
Fisch	balık	ba·*lehk*
Flasche	şişe	schi·*sche*
Frühstück	kahvaltı	kah·val·*teh*
Gabel	çatal	tscha·*tal*
Gemüse	sebze	seb·*ze*
Getränke	İçecekler	i·tsche·schek·*ler*
Glas	bardak	bar·*dak*
Hauptgerichte	ana yemekler	a·*na* ye·mek·*ler*
heiß	sıcak	seh·*schak*
Hochstuhl	mama sandalyesi	ma·*ma* san·dal·ye·*si*
Hühnchen	tavuk	ta·*wuk*
kalt	soğuk	so·*uk*
Käse	peynir	pei·*nir*
Kebab	kebab	ke·*bab*
Kraut (zum Würzen)	bitki	bit·*ki*
Lamm	kuzu	ku·*zu*
Löffel	kaşık	ka·*schehk*
Markt	pazar	pa·*zar*
Messer	bıçak	beh·*tschak*
mit	ile	i·*le*
Mittagessen	öğle yemeği	ö·*le* ye·me·*i*
Nuss	çerez	tsche·*rez*
Obst- und Gemüsehändler	manav	ma·*naw*
Obst	meyve	mei·*we*
ohne	-sız/-siz/ -suz/-süz	-sehz/-siz/ -suz/-süz
Öl	yağ	ya
Pfeffer	karabiber	ka·ra bi·*ber*
Restaurant	restoran	res·to·*ran*
Rindfleisch	sığır eti	seh·*ehr* e·*ti*
Sahne	krema	kre·*ma*
Salat	salata	sa·la·*ta*
Salz	tuz	tuz
Schüssel	kase	ka·*se*
Schweinefleisch	domuz eti	do·*muz* e·*ti*
Speisekarte	yemek listesi	ye·*mek* lis·te·*si*
Suppe	çorba	tschor·*ba*
Teller	tabak	ta·*bak*
Vegetarier	vejeteryan	we·je·ter·*yan*
Vorspeise	mezeler	me·ze·*ler*
Zucker	şeker	sche·*ker*

Getränke

alkoholfreie Getränke	meşrubat	mesch·ru·*bat*
Bier	bira	bi·*ra*
Kaffee	kahve	kah·*we*
Milch	süt	süt
Saft	suyu	su·*yu*
Tee	çay	tschai
Wasser	su	su
Wein	şarap	scha·*rap*
rot	kırmızı	kehr·meh·*zeh*
weiß	beyaz	be·*yaz*

Notfall

Hilfe!	İmdat!	im·*dat*
Verschwinde/ Hau ab!	Git burdan!	git bur·*dan*
Ich habe mich verlaufen.	Kayboldum.	kai·bol·*dum*
Ich bin krank.	Hastayım.	has·*ta*·yehm
Es gab einen Unfall.	Bir kaza oldu.	bir ka·*za* ol·*du*
Rufen Sie ...!	... çağırın!	...tscha·*eh*·rehn
einen Arzt	Doktor	dok·*tor*
die Polizei	Polis	po·*lis*

Shoppen & Service

Ich möchte kaufen ...		
... almak istiyorum.		... al·*mak* is·ti·yo·*rum*
Wie viel kostet es?		
Ne kadar?		ne ka·*dar*
Es ist zu teuer.		
Bu çok pahalı.		bu tschok pa·ha·*leh*
Haben Sie etwas Günstigeres?		
Daha ucuz birşey var mı?		da·*ha* u·*juz* bir·*schei* war meh
Bank	banka	ban·*ka*
Geldautomat	bankamatik	ban·ka·ma·*tik*
Handy	cep telefonu	schep te·le·fo·*nu*

Internetcafé	internet kafe	in·ter·net ka·fe
Kreditkarte	kredi kartı	kre·di kar·teh
Post	postane	pos·ta·ne
Toilette	tuvalet	tu·wa·let
Touristen-information	turizm bürosu	tu·rizm bü·ro·su

Uhrzeit & Datum

Wie spät ist es?	Saat kaç?	sa·at katsch
Es ist (zehn) Uhr.	Saat (on).	sa·at (on)
Es ist halb (zehn).	(On) buçuk.	(on) bu·tschuk
heute	bugün	bu·gün
morgen	yarın	ya·rehn
gestern	dün	dün
Morgen	sabah	sa·bah
(diesen)	(bu)	(bu)
Nachmittag	öğleden sonra	ö·le·den son·ra
Abend	akşam	ak·scham
Montag	Pazartesi	pa·zar·te·si
Dienstag	Salı	sa·leh
Mittwoch	Çarşamba	tschar·scham·ba
Donnerstag	Perşembe	per·schem·be
Freitag	Cuma	schu·ma
Samstag	Cumartesi	schu·mar·te·si
Sonntag	Pazar	pa·zar
Januar	Ocak	o·jak
Februar	Şubat	schu·bat
März	Mart	mart
April	Nisan	ni·san
Mai	Mayıs	ma·yehs
Juni	Haziran	ha·zi·ran
Juli	Temmuz	tem·muz
August	Ağustos	a·us·tos
September	Eylül	ei·lül
Oktober	Ekim	e·kim
November	Kasım	ka·sehm
Dezember	Aralık	a·ra·lehk

Fragewörter

Wann?	Ne zaman?	ne za·man
Warum?	Neden?	ne·den
Was?	Ne?	ne
Wer?	Kim?	kim
Wie?	Nasıl?	na·sehl
Wo?	Nerede?	ne·re·de

Unterkunft

Hotel	otel	o·tel
Jugend-herberge	gençlik hosteli	gentsch·lik hos·te·li
Zeltplatz	kamp yeri	kamp ye·ri
Haben Sie ein ... Zimmer?	... odanız var mı?	... o·da·nehz war meh
Einzel-	Tek kişilik	tek ki·schi·lik
Doppel-	İki kişilik	i·ki ki·schi·lik
Wie viel kostet es pro ...?	ne kadar?	... ne ka·dar
Nacht	Geceliği	ge·je·li·i
Person	Kişi başına	ki·schi ba·scheh·na
Bad	banyo	ban·yo
Fenster	pencere	pen·sche·re
Klimaanlage	klima	kli·ma
TV	TV	te·we
Ventilator	fan	fan

Verkehrsmittel & -wege

Öffentliche Verkehrsmittel

Boot	vapur	wa·pur
(Stadt-)Bus	şehir otobüsü	sche·hir o·to·bü·sü
(Intercity-)Bus	şehirlerarası otobüs	sche·hir·ler·a·ra·seh o·to·büs
Flugzeug	uçak	u·tschak
Zug	tren	tren

Wo kann ich eine Fahrkarte kaufen?
Nereden bilet alabilirim? ne·re·den bi·let a·la·bi·li·rim

Wann ist die Abfahrt?
Ne zaman kalkacak? ne za·man kal·ka·schak

Muss ich umsteigen?
Aktarma yapmam gerekli mi? ak·tar·ma yap·mam ge·rek·li mi

Hält er/sie/es in ...?
... durur mu? ... du·rur mu

Was ist der nächste Halt?
Sonraki durak hangisi? son·ra·ki du·rak han·gi·si

Ich möchte in ... aussteigen
... inmek istiyorum. ... in·mek is·ti·yo·rum

Ein Ticket für eine einfache Fahrt, bitte.
Gidiş bileti lütfen. gi·disch bi·le·ti lüt·fen

Ein ... Ticket, bitte.	... bilet lütfen.	bi·let lüt·fen

SPRACHE TÜRKISCH

Schilder

Giriş	gi·risch	Eingang
Çıkış	tscheh·kehsch	Ausgang
Açık	a·tschehk	Geöffnet
Kapalı	ka·pa·leh	Geschlossen
Danışma	da·nehsch·ma	Information
Yasak	ya·sak	Verboten
Tuvaletler	tu·wa·let·ler	Toiletten
Erkek	er·kek	Herren
Kadın	ka·dehn	Damen

1.-Klasse-	Birinci mevki	bi·rin·schi mew·ki
2.-Klasse-	Ikinci mevki	i·kin·schi mew·ki
Hin- & Rückfahrt-	Gidiş-dönüş	gi·disch-dö·nüsch
Bahnhof	tren istasyonu	tren is·tas·yo·nu
Bahnsteig	peron	pe·ron
Fahrplan	tarife	ta·ri·fe
storniert	iptal etmek	ip·tal et·mek
Ticketschalter	bilet gişesi	bi·let gi·sche·si
Verspätung	gecikme	ge·schik·me

Auto- & Fahrradfahren

Ich möchte ein/en ... mieten	Bir ... kiralamak istiyorum.	bir ... ki·ra·la·mak is·ti·yo·rum
Allradwagen	dört çeker	dört tsche·ker
Auto	araba	a·ra·ba
Fahrrad	bisiklet	bi·sik·let
Motorrad	motosiklet	mo·to·sik·let

Brauche ich einen Helm?
Kask takmam gerekli mi?　kask tak·mam ge·rek·li mi

Ist das die Straße nach ...?
... giden yol bu mu?　... gi·den yol bu mu

Wie lange kann ich hier parken?
Buraya ne kadar süre park edebilirim?　bu·ra·ya ne ka·dar sü·re park e·de·bi·li·rim

Der Wagen/das Motorrad ist (in ...) liegen geblieben.
Arabam/ motosikletim (...) bozuldu.　a·ra·bam/ mo·to·sik·le·tim (...) bo·zul·du

Ich habe einen Platten.
Lastiğim patladı.　las·ti·im pat·la·deh

Mir ist das Benzin ausgegangen.
Benzinim bitti.　ben·zi·nim bit·ti

Wegweiser

Wo ist ...?	... nerede?	... ne·re·de
Biegen Sie links ab.	Sola dön.	so·la dön
Biegen Sie rechts ab.	Sağa dön.	sa·a dön

Es ist ...

gegenüber	karşısında.	kar·scheh·sehn·da
hinter	arkasında.	ar·ka·sehn·da
in der Nähe von	yakınında.	ya·keh·nehn·da
neben	yanında.	ya·nehn·da
vor	önünde.	ö·nün·de

Es ist ...

an der Ampel	Trafik ışıklarından.	tra·fik eh·schehk la·rehn·dan
an der Ecke	Köşede.	kö·sche·de
dort	Şurada.	schu·ra·da
geradeaus	Tam karşıda.	tam kar scheh·da
hier	Burada.	bu·ra·da
nah	Yakın.	ya·kehn

Zahlen

0	sıfır	seh·fehr
1	bir	bir
2	iki	i·ki
3	üç	ütsch
4	dört	döt
5	beş	besch
6	altı	al·teh
7	yedi	ye·di
8	sekiz	se·kiz
9	dokuz	do·kuz
10	on	on
20	yirmi	yir·mi
30	otuz	o·tuz
40	kırk	kehrk
50	elli	el·li
60	altmış	alt·mehsch
70	yetmiş	yet·misch
80	seksen	sek·sen
90	doksan	dok·san
100	yüz	yüz
1000	bin	bin

GLOSSAR

Ausdrücke, die mit der zyprischen Küche zu tun haben, siehe S. 268 und 273.

Abkürzungen:
(Fr.) = Französisch;
(Gr.) = Griechisch;
(Tü.) = Türkisch;
(m) = Maskulinum;
(f) = Femininum;
(n) = Neutrum

agios (m), **agia** (f; Gr.) – Heiliger

bedesten (Tü.) – überdachter Markt
belediye (Tü.) – Rathaus
bulvarı (Tü.) – Boulevard, Allee
burnu (Tü.) – Kap
Byzantinisches Reich – hellenistisches, christliches Reich; bestand von 395 bis 1453; das Zentrum war Konstantinopel (heute Istanbul)

caddesi (Tü.) – Straße
camii (Tü.) – Moschee
CTO – Cyprus Tourism Organisation; offizielles Fremdenverkehrsbüro der Republik Zypern

dolmuş (Tü.) – Minibus, Sammeltaxi (wörtlich übersetzt „gefüllt, voll")

Enosis – Union (mit Griechenland); wurde vor 1974 von vielen griechischen Zyprern gefordert
entrepôt (Fr.) – Handelszentrum für Import/Export
EOKA – Ethniki Organosi tou Kypriakou Agona (Nationale Organisation Zyprischer Kämpfer); Guerilla-Bewegung, die für die Unabhängigkeit von Großbritannien kämpfte
EOKA-B – nach der Unabhängigkeit entstandene Reinkarnation der EOKA, die in erster Linie gegen die türkischen Zyprer kämpfte

ethnarch (Gr.) – „Volksfürst"; Anführer einer Nation

garigue (Fr.) – offene Landschaft mit niedriger, immergrüner Strauchvegetation, kleinen Bäumen, aromatischen Kräutern und Gräsern, die typisch für die trockenen Böden der Mittelmeerregion ist
Grüne Linie – die Grenze, die den griechisch-zyprischen Teil Lefkosias (Nikosia) vom türkisch-zyprischen trennt; außerdem die gesamte Demarkationslinie zwischen dem Norden und dem Süden

Hamam – öffentliches türkisches Badehaus mit Dampfbädern

kafeneio (Gr.) – Kaffeeladen
kalesi (Tü.) – Burg
kato (Gr.) – Nieder-, Unter-, z. B. Kato Pafos („Nieder-Pafos")
KKTC (Tü.) – Kuzey Kıbrıs Türk Cumhuriyeti (Türkische Republik Nordzypern)
Kommende – Niederlassungen der Ritterorden
KOT (Gr.) – Kypriakos Organismos Tourismou; offizielle Touristenorganisation der Republik Zypern; siehe CTO

leoforos (Gr.) – Boulevard
Lusignan – zyprische Dynastie (bis 1489), 1187 begründet von dem französischen Edelmann Guy de Lusignan

maquis (Fr.) – dichte Strauchvegetation in Mittelmeerländern, vor allem auf den Inseln Korsika und Zypern
Maroniten – sehr alte christliche Religionsgemeinschaft aus dem Mittleren Osten

Mesaoria (Gr.), **Mesarya** (Tü.) – die große Ebene zwischen dem Kyrenia- (Girne-) und dem Troodos-Gebirge
meydanı (Tü.) – Platz
meze (Sg.), **mezedes** (Pl.) – wörtlich übersetzt Appetitanreger; auf Zypern stellt man sich aus mehreren Meze eine komplette Mahlzeit zusammen
Mufflon – bedrohte indigene Wildschafart auf Zypern

narthex (Gr.) – abgetrennter westlicher Vorhof in frühchristlichen Kirchen, der von Frauen und Büßern genutzt wurde
NCTO – North Cyprus Tourism Organisation; Fremdenverkehrsbüro in Nordzypern
neos (m), **nea** (f), **neo** (n; Gr.) – neu; häufige Vorsilbe bei Ortsnamen

Osmanisches Reich – türkisches Imperium (11. Jh. bis 1922); Zypern gehörte von 1571 bis 1878 dazu

panagia (Gr.) – Kirche
panigyri (Gr.) – Feiertag oder Festival
Pantokrator (Gr.) – der „Allmächtige"; traditionelle Christusikone, die die Kuppeln orthodoxer Kirchen ziert
paşa (Tü.) – Pascha; osmanischer Titel, entspricht etwa „Lord, Herrscher"
pitta (Gr.) – ungesäuertes Fladenbrot
plateia (Gr.) – Platz
Ptolemäer – griechisch-mazedonische Herrscher Ägyptens im 4. Jh. v. Chr.

rembetika (Gr.) – das griechische Äquivalent zum amerikanischen Blues, das während der 1870er-Jahre in „zwielichtigen" Cafés entstanden sein soll

sokak (Tü.) – Straße

Sufi (Tü.) – Anhänger des Sufismus, einer islamischen Glaubensrichtung

taksim (Tü.) – bedeutet teilen; gemeint ist die Teilung Zyperns, die von türkischen Zyprern als Reaktion auf die *enosis* der griechischen Zyprer gefordert wird

Taverne – traditionelles Restaurant, in dem Essen und Wein serviert werden

tekkesi (Tü.) – Versammlungsplatz der Sufis; Moschee

tholos (Gr.) – Kuppel einer orthodoxen Kirche

TRNC (Tü.) – Turkish Republic of Northern Cyprus; siehe *KKTC*

Unesco – United Nations Educational, Scientific and Cultural Organization (Organisation der Vereinten Nationen für Erziehung, Wissenschaft und Kultur)

Hinter den Kulissen

WIR FREUEN UNS ÜBER IHR FEEDBACK

Post von Travellern zu bekommen ist für uns ungemein hilfreich – Kritik und Anregungen halten uns auf dem Laufenden und helfen, unsere Bücher zu verbessern. Unser reiseerfahrenes Team liest alle Zuschriften genau durch, um zu erfahren, was an unseren Reiseführern gut und was schlecht ist. Wir können solche Post zwar nicht individuell beantworten, aber jedes Feedback wird garantiert schnurstracks an die jeweiligen Autoren weitergeleitet, rechtzeitig vor der nächsten Nachauflage.

Wer uns schreiben will, erreicht uns über **www.lonelyplanet.de/kontakt**.

Hinweis: Da wir Beiträge möglicherweise in Lonely Planet Produkten (Reiseführer, Websites, digitale Medien) veröffentlichen, ggf. auch in gekürzter Form, bitten wir um Mitteilung, falls ein Kommentar nicht veröffentlicht oder ein Name nicht genannt werden soll. Wer Näheres über unsere Datenschutzpolitik wissen will, erfährt das unter www.lonelyplanet.com/privacy.

UNSERE LESER

Vielen Dank an folgende Traveller, die uns nach der letzten Auflage hilfreiche Tipps, Ratschläge und spannende Anekdoten geschickt haben:

A Georgina Arrambide **B** Luciano Baracco, Noam Bleicher **C** Paola Cacciari, Venetia Caine, Theodoros Christophides **D** Richard Demeester, Marina Dodigovic **G** Karin Genz, Robert Gerald Bailey **H** Jaclyn Hadjipieris, Sue Heath, Fraser Hocking, Matt Hollingsbee, Mike Hughes **J** Seonaid Joynson **K** Angela Kennedy, David Kolecki, Katja Kriehn, Mike Komo **L** Bertil Linden **M** Jose Mari Barco, Peter Moselund, Jens Müller **R** Anna Raiter, Keith Reid, Elaine Robinson **S** Karien Schilder, Vic Sofras, Robert Soule, Dominik Spoden **T** Martin Taylor, Andy Thompson **W** Candace Weddle, Christian Wehrhahn.

DANK DER AUTOREN

Josephine Quintero

Josephine dankt all den hilfsbereiten Angestellten in den zahlreichen Büros der CTO-Touristeninformationen, vor allem Alexis Christodoulides aus Larnaka, Selin Feza aus Lefkosia und Niki Alitoupoulou aus Lemesos. Außerdem dankt sie Athina Papadoupoulou vom Büro des Nicosia Master Plan für ihre unschätzbare Unterstützung. Dank gebührt auch ihren Koautoren Matt Charles sowie allen, die in den Lonely Planet Büros in London und Melbourne an diesem Band mitgearbeitet haben. Darüber hinaus dankt sie Robin Chapman für die gemeinsamen Gläser Wein nach vielen langen Tagen auf der Straße.

Matthew Charles

Besonders großer Dank geht an Stephanie und Jordan, an Andreas für seine nahezu perfekten Tipps, an Anita und die Familie Christodoulou, an Herrn C. Smilas und Dino Smilas, an Aki und Chris Kyriacou, an Parthenoula Michaels, an Jason Constantine, an die Familie Florent, an Nikos Afxentiou, an Viki Kyriakopoulos, an Cath Lanigan, an Brandon Presser, an Josephine Quintero, an meine Mutter und James Botterill sowie an Amber, Kyri (auf seinem Weg), meinen Vater und den Rest meiner großen Familie. Ich bin Euch vieles schuldig und hoffe, dass ich mich eines Tages revanchieren kann.

QUELLENNACHWEIS

Klimakartendaten von Peel, M. C., Finlayson, B. L. & McMahon, T. A. (2007), „Updated World Map of the Köppen-Geiger Climate Classification", *Hydrology and Earth System Sciences*, 11, 1633-44.

Umschlagfoto: Überreste korinthischer Säulen und einer Basilika im antiken Kourion, Photolibrary/Getty ©. Viele Fotos in diesem Reiseführer können bei Lonely Planet Images unter www.lonelyplanetimages.com lizenziert werden.

ÜBER DIESES BUCH

Dies ist die 1. deutsche Auflage von *Zypern*, basierend auf der 5. englischen Auflage von *Cyprus*. Sie wurde von Josephine Quintero und Matthew Charles verfasst. Die 3. und 4. Auflage stammen aus der Feder von Vesna Marić, die 1. und 2. von Paul Hellander. Dieser Reiseführer wurde vom Lonely Planet Büro in London in Auftrag gegeben, von Cambridge Publishing Management, UK, gestaltet, und von folgenden Personen produziert:

Verantwortliche Redakteure Katie O'Connell, Glenn van der Knijff

Leitende Redakteurinnen Sarah Bailey, Kate Taylor

Leitender Kartograf Marc Milinkovic

Leitender Layoutdesigner Paul Queripel

Redaktion Helen Christinis, Bruce Evans

Chefredakteurin Angela Tinson

Kartografie Shahara Ahmed, Anita Banh

Layoutdesign Jane Hart

Redaktionsassistenz Elisa Arduca, Kathryn Glendenning, Michala Green, Ceinwen Sinclair, Simon Williamson

Layoutassistenz Julie Crane

Umschlag Naomi Parker

Interne Bilderrecherche Aude Vauconsant

Farbdesigner Tim Newton

Register Amanda Jones

Redaktion Sprachführer Annelies Mertens

Dank an Ryan Evans, Chris Girdler, Gerard Walker, Catherine Craddock-Carrillo, Imogen Hall, Sally Schafer, Trent Paton, Lucas Arlidge, Rebecca Skinner

NOTIZEN

NOTIZEN

Register

A
Abzocke 258
Afendrika 203
Agia Marina 152
Agia-Mavri-Weingut 78
Agia Napa 120–126, **122**
   Aktivitäten 122–124
   An- & Weiterreise 125
   Ausgehen 124
   Essen 124
   Kinder 128
   Schlafen 214–215
   Sehenswertes 121
   Strände 121–122
   Touristeninformation 125
   Unterhaltung 124–126
   Unterwegs vor Ort 125–126
Agia-Napa-Kloster 121
Agia Napa, Kulturwinter in 23
Agia Paraskevi 89
Agia Solomoni & christliche Katakombe 88–89
Agia-Triada-Strand 128
Agios Andronikos 100
Agios-Georgios-Kirche 90, 203
Agios-Georgios-Museum 90
Agios-Georgios-Strand 96
Agios-Ioannis-Kirche 191
Agios-Ioannis-Lampadistis-Kloster 73–74
Agios-Irakleidios-Kloster 150
Agios-Lambrianos-Felsengrab 89
Agios Lazaros 109
Agios-Mamas-Kirche (Agios Sozomenos) 150
Agios Nikolaos tis Stegis 79
Agios-Philon-Kirche 202
Agios-Philon-Strand 201
Agros 80–82, 210
Agrotourismus 205, 244
Akamas-Halbinsel 98–102, 212–213, **31**
Akamas-Höhen 10, 95–97, 212–213
Akritas, Loukis 252
Akrotiri-Halbinsel 63–64
Aktivitäten 25–32, siehe auch einzelne Aktivitäten und Orte
Alagadı-(Schildkröten-)Strand 174
Alevkaya-Herbarium 178
Alykes-Strand 92
Amathous 61
Angeln 27, 170
Annan-Plan 183, 236
Anthias, Tefkros 252
Antikes Amathous 61
Antikes Enkomi 197–198
Antikes Kition 112
Antikes Kourion 16, 62–63, **17**
Antikes Salamis 16, 195–197, **196**, **16**, **227**, **247**
Antikes Soloi 182–183
Antikes Tamassos 149–150
Antikes Vouni 183–184
An- & Weiterreise Zypern 261
Apartmenthotels 206
Aphrodite 61, 68, 102, 103
Aphroditefelsen & -strand 13, 61, **2**, **13**
Aphroditefest (Pafos) 24, 90, 251
Aphrodite-Oldtimerrennen 23
Aphrodite Waterpark 93
Apollon-Ylatis-Heiligtum 63
Apostolos-Andreas-Kloster 203
Apostolos-Varnavas-Kirche 197
Arbeiten auf Zypern 254
Archangelos-Ikonen 169
Archangelos Michail 73
Archäologischer Park (Pafos) 6, 85, **7**, **22**
Archäologisches Museum (Larnaka) 111
Archäologisches Museum (Lemesos) 51
Archäologisches Museum (Pafos) 90
Archäologisches Museum (Polis) 100
Archäologische Stätten 21
   Agia Solomoni & christliche Katakombe 88–89
   Agios-Lambrianos-Felsengrab 89
   Antikes Amathous 61
   Antikes Enkomi 197–198
   Antikes Kition 112
   Antikes Kourion 16, 62–63, **17**
   Antikes Salamis 16, 195–197, **196**, **16**, **227**, **247**
   Antikes Soloi 182–183
   Antikes Tamassos 149–150
   Antikes Vouni 183–184
   Apollon-Ylatis-Heiligtum 63
   Archäologischer Park (Pafos) 6, 85, **7**, **22**
   Choirokoitia 13, 118–120, **13**
   Chrysopolitissa-Basilika 88
   Königsgräber (Pafos) 87–88
   Makronissos-Gräber 121
   Nekropole von Salamis 197
   Paulussäule 88
Archäologisches und Naturhistorisches Museum (Morfou) 182
Asmalı-Strand 180
Ausgehen, siehe einzelne Orte
   Alkohol am Steuer 258
   Autofahren 19, 59, 60, 170, 263–265, siehe auch Spritztouren
   Führerschein 263
   Verkehrsregeln 258, 264
   Vermietung 264–265
   Versicherung 264, 265
Avdimou-Strand 60
Avgas-Schlucht 97
Avgorou 127
Ayios Elias 127

B
Bäder der Aphrodite 102
Bafra-Strand 194–195
Barbareimuseum 160
Baum des Müßiggangs 176, 177
Bayraktar-Moschee 139
Bedesten 20, 157
Bediz-Strand 194
Bedrohte Arten 244
Behinderung, Reisen mit 258
Belediye Pazarı 160
Bellapais 176–177
Bellapais, Abtei 176
Bellapais, Musikfestival in 23, 176, 251
Bevölkerung 222, 223
Bibliotheken 139
Bildhauerei 248–249
Blumen 170, 242
Boğaz 198
Bootstouren 22, 90, 101, 123, 170
Botschaften 254
Bouzouki 250, **250–251**
Bücher 222, **252**, siehe auch Literatur
   Geschichte 222, 233, 236
   Pflanzen 242
   Reisen 231
   Tiere 241
Budget 18
Buffavento-Burg 177
Bungee-Jumping 123
Burgen
   Buffavento-Burg 177
   Kantara-Burg 201–202
   Kolossi-Burg 63
   Kyrenia-Burg 167
   Mittelalterliche Burg (Lemesos) 51
   Pafos-Burg 89–90
   St.-Hilarion-Burg 14, 175–176, **14**
Busfahren 20, 265
Büyük-Hamam 158
Büyük Han 155

Byzantinische Kirchen (Troodos) 14, 72, **14**, *siehe auch* Fresken
Byzantinisches Kunstmuseum (Lefkosia) 138
Byzantinisches Museum (Kalopanayiotis) 74
Byzantinisches Museum (Kykkos-Kloster) 75
Byzantinisches Museum (Larnaka) 110
Byzantinisches Museum (Pafos) 90
Byzantinisches Museum (Pedoulas) 73

C
Cafés 39, 239
Camping 205, *siehe auch einzelne Orte*
Canbulat-Museum 192
Casey-Rittersporn 242
Çatalköy-Strand 174
Cellarka-Gräber 197
Chizenel, Emin 249
Choirokoitia 13, 118–120, **13**
Chrysopolitissa-Basilika 88
Commandaria 78
Constantinou, Demetris 249
Curium Beach Equestrian Centre 60
Cyprus Turkish Shadow Theatre 161

D
Dekelia Sovereign Base Area 127
Denktaş, Rauf 234, 235
Derwisch-Pascha-Museum 158
Deryneia 126–127
Dhrousia 96
Dipkarpaz 202
Domane-Valassides-Weingut 78
domatia, *siehe* Privatzimmer
Drogen 258
Durrell, Lawrence 49, 136, 176, 177
Dymiotis, Nicos 249

E
Einreise 261
Elies-Brücke 77
Enkomi 197–198
Enosis 75, 231
EOKA 75, 78, 131, 150, 155, 198, 232
Epaminonda, Haris 249
Episkopi 61–62

000 Verweise auf Karten
000 Verweise auf Fotos

Ermäßigungen 254
Esel 17, 60, 69, 173, 200, 243, **17**
Essen 22, 37–40, *siehe auch einzelne Orte*
 Authentisch zyprische Küche 151
 Desserts 38
 Festessen 40
 Glossar 37–38, 40
 Infos im Internet 39, 223
 lahmacun 14, 38, 154, **15**
 Märkte 160
 Meze 8, 39–40, 96, **3, 8**
 Orangen 181
 Pide 14, 22, 38, 154, **15**
 Preise 254
 Reisezeit 37
 Restaurants 39, 40, 96, 254
 souvla 240
 Sprache 268–270, 273–274
 Vegetarier 37, 38
Ethnografisches Museum (Lefkosia) 138
Ethnografisches Museum (Pafos) 90
Etikette 136, 222, 239, 240
Europäischer Fernwanderweg E4 77
Events, *siehe* Feste & Events

F
Fähren 263
Fahrradfahren, *siehe* Radfahren
Famagusta 45, 185–203, **186–187**, **188**, **194**
 Aktivitäten 192
 An- & Weiterreise 193–194, 195
 Ausgehen 193
 Essen 185, 192–193
 Feste & Events 192
 Geschichte 188–189
 Highlights 186–187, **186–187**
 Klima 185
 Reisezeit 185
 Schlafen 185, 219
 Sehenswertes 190–192
 Shoppen 193
 Strände 192
 Touristeninformation 190, 193
 Unterwegs vor Ort 190, 194
Famagusta, Internationales Kunst- & Kulturfest in 24,
Faneromeni-Kirche 137
Faros-Strand 92
Fasouri Watermania 55
Fatsa-Wachsmuseum 120
Feiertage 254–255, *siehe auch* Feste & Events
Feigenbaumbucht 128
Ferien 254–255

Fernsehen 255
Feste & Events 23–24, *siehe auch einzelne Orte*
 Aphroditefest (Pafos) 24, 90, 251
 Grüner Montag 113
 International Cyprus Theatre Festival 153
 Internationales Kunst- & Kulturfest (Famagusta) 24, 192, 251
 Karneval (Lemesos) 23, 53
 Kataklysmos-Fest 113
 Kypria-Festival 247
 Musikfestival (Bellapais) 23, 176, 251
 Paradise Jazz Festival 24, 251
 Solar Car Challenge 20, 90
 Weinfest (Lemesos) 24, 53
Fikardou 151
Filme
 Filmfest (Lefkosia) 24
 Internationales Dokumentarfilmfest (Nikosia) 23
 Kinos 57, 115, 146
 Ländliches Dokumentar- & Trickfilmfest 24
Filmfest (Lefkosia) 24
Finikoudes-Strand 117
Flugreisen 261–263
 Flughäfen 19, 20, 261–262
Foini 76
Fort & Museum (Larnaka) 112
Fotos 104, 141, 163, 191, 255–256
Frauen in Zypern 240
Frauen unterwegs 256
Freiwilligenarbeit 256
Frenaros 127
Fresken 14, 72, 73, 74, 79, 82, **14**, **231**
Führerschein 263
Fußball 146
Fyti 99

G
Gaia-Oinitechniki-Weingut 78
Galerien, *siehe* Museen
Gefahren, *siehe auch* Notfälle, Sicherheit
 Trampen 267
Geführte Touren 266, *siehe auch einzelne Orte*, Spritztouren, Stadtspaziergänge
 Radfahren 20, 101, 114
 Wein 81, 99, **81, 99**
Geld 18–19, 223, 254, 256–257, *siehe auch* Kosten
Geldautomaten 256
Gemikonaği 182
Geografie 241–242
Geologie 241–242
Geroskipou 96

Geschichte 224–237, *siehe auch einzelne Orte*
  Bücher 222, 233, 236
  Byzantinisches Reich 227–229
  Christentum 227
  Enosis 75, 231
  Frühgeschichte 224–227
  Lusignan-Dynastie 229–230
  Osmanische Herrschaft 230–231
  Republik Zypern 232–233
  Römisches Reich 226–227
  Stadtkönigtümer 224–225
  Teilung 131, 231–235, 238–239
  Venezianische Herrschaft 230
  Wiedervereinigungsbemühungen 234, 236
Gesundheit 257
Getränke 37–40, *siehe auch* Wein
  Kaffee 15, 39, 40, 239, **15**
  Sprache 270, 274
  Wasser 257
Gewichte 255
Glapsides-Strand 192
Gleitschirmfliegen 170
Golden Beach (Nangomi-Bucht) 200–201
Golf 175
Goudi 97
Governor's Beach 58
Gräber 87, 202
  Agios-Lambrianos-Felsengrab 89
  Cellarka-Gräber 197
  Grab des Erzbischofs Makarios III. 75
  Höhlengräber 202
  Königsgräber (Pafos) 87–88
  Lazarusgrab 110
  Makronissos-Gräber 121
  Nekropole von Salamis 197
Grenzübergänge 141, 238–239, 260, 261
  Agios Dometios 131, 163, 263
  Agios Nikolaos 263
  Autoversicherung 265
  Ledra Palace Hotel 131, 134–135, 155, 263
  Ledrastraße 131, 134–135, 155, 263
  Limnitis-Yeşilirmak 155, 182, 263
  Pergamos 263
  Zodhia 180, 182, 263
  Zollbestimmungen 162, 260
Grivas, Georgios 75, 90, 198, 232
Große Moschee (Larnaka) 112
Große Moschee (Lemesos) 51
Grundstückskäufe 180
Grüne Linie 104, 141, 155, 163, 232, 238
  Grenzübergänge 9, 131, 141, 155, 263
Grüner Montag 113

H
Hadid, Zaha 136
Hala Sultan Tekke 117
Hamams 22
  Büyük-Hamam 158–160
  Lemesos 51
  Omeriye-Hamam 10, 138, **11**
Handwerk, *siehe* Kunsthandwerk
Handys 19, 259
Haus des Hatzigeorgakis Kornesios 134
Haydarpasha-Moschee 160
Heiliger-Nikolaos-der-Katzen-Kloster 64
Historische Stätten, *siehe* Archäologische Stätten
Höhlen 126, 202
Hotels 205–206

I
Ikonen 73, 74, 90, 138, 169, 197, 198, 249
Impfungen 257
Ineia 96
Infos im Internet 19, 223
  Essen 39, 223
  Kinder 41
  Musik 223
  Politik 223
  Staatliche Reisehinweise 258
  Unterkunft 205, 207
Inia 97
Insekten 71
International 4-Day Challenge 24
International Cyprus Theatre Festival 153
Internationales Dokumentarfilmfest (Nikosia) 23
Internationales Kunst- & Kulturfest (Famagusta) 24, 192, 251
Internationales Musikfestival (Lemesos) 24, 251
Internetzugang 257, *siehe auch einzelne Orte*
İskele 198

J
Jachthäfen 20, 56
Joachim, Costas 248

K
Kabaretts 57
kafeneia (Kaffeehäuser) 39, 239
Kaffee 15, 39, 40, 239, **15**
Kakopetria 78–79
Kalopanagiotis 73–74
Kamares-Aquädukt 117
Kamelritte 112
Kampos 105–106
Kantara-Burg 201–202
Kap Greco 126, 243
Kap Kiti 117, 118
Kapoura 152
Karageorgis, Evagoras 250
Karneval (Lemesos) 23, 53
Karpaz-Halbinsel 45, 185, 198–201, 199, 219–220, **186–187**, **199**
Kataklysmos-Fest 113
Kathikas 97
Katholische Heilig-Kreuz-Kirche 137
Kato Akourdalia 97
Kato Pafos, *siehe* Pafos
Kato Pyrgos 104
Kelefos-Brücke 77
Kermia-Strand 121–122
Kindern, Reisen mit 41–42
  Agia Napa 128
  Infos im Internet 41
  Kyrenia 178
  Larnaka 112
  Lefkosia 145
  Lemesos 55
  Nord-Nikosia (Lefkoşa) 161
  Pafos 93, 94
  Troodos-Gebirge 69
Kinos 57, 115, 146
Kirchen
  Agia Paraskevi 89
  Agios Andronikos 100
  Agios-Georgios-Kirche 90, 203
  Agios-Ioannis-Kirche 191
  Agios-Ioannis-Lampadistis-Kloster 73–74
  Agios Lazaros 109
  Agios-Mamas-Kirche (Agios Sozomenos) 150
  Agios Nikolaos tis Stegis 79
  Agios-Philon-Kirche 202–203
  Apostolos-Varnavas-Kirche 197
  Archangelos Michail 73
  Ayios Elias 127
  Bedesten 20, 157
  Byzantinische Kirchen 14, 72, **14**
  Chrysopolitissa-Basilika 88
  Faneromeni-Kirche 137
  Katholische Heilig-Kreuz-Kirche 137
  Kirche der Verklärung des Erlösers 83
  Orthodoxe Agios-Mamas-Kirche 182
  Panagia Asomatos Kirche 203
  Panagia Chrysaliniotissa 138–139
  Panagia Forviotissa 79–80
  Panagia Khrysiotissa 203
  Panagia Theotokos 79
  Panagia tis Podithou 79
  Panagia tou Araka 82

Panagia tou Moutalla 74
Stavros tou Agiasmati 82
Timios-Stavros-Kirche 82–83
Kitesurfen 11, 25, 26, 58, 117, 174
Kiti 118
Kition 112
Kissonerga-Bucht 92
Kleides, die 203
Klima 18, 23–24, 257, *siehe auch einzelne Orte*
Klimawechsel 262
Klöster
  Abtei (Bellapais) 176
  Agia-Napa-Kloster 121
  Agios-Ioannis-Lampadistis-Kloster 73–74
  Agios-Irakleidios-Kloster 150
  Apostolos-Andreas-Kloster 203
  Heiliger-Nikolaus-der-Katzen-Kloster 64
  Kykkos-Kloster 74–75
  Maheras-Kloster 150
  Moni Timiou Stavrou 77–78
  Panagia-Absinthiotissa-Kloster 177–178
  Stavrovouni-Kloster 118
  Trooditissa-Kloster 76
Kokkina 104
Kokkinochoria 127
Kolossi-Burg 63
Königsgräber (Pafos) 87–88
Konnos-Strand 122
Konsulate 254
Korallenbucht 95
Korbflechten 246
Koruçam-Halbinsel 180–181
Kosten 18, *siehe auch Geld*
  Essen 254
  Unterkunft 204
Kourdali 83
Kourion 16, 62–63, **17**
Kourion-Museum 61
Kourion-Strand 16, 58
Kouroussis, Nicos 248
Kraken 26
krasohoria 9, 68, 77, **9**
Kreditkarten 256
Kritou Terra 96–97
Ktima, *siehe Pafos*
Küçük, Faisal 232
Kultur 238–240
Kulturwinter (Agia Napa) 23
Kulturzentrum des besetzten Ammochostos (Famagusta) 126

000 Verweise auf Karten
000 Verweise auf Fotos

Kumarcılar Han 155
Kumyali-(Koma-Tou-Gialou-)Strand 200
Kunst 21, 24, 248–249
Kunsthandwerk 21, 119, 139, 146
  Korbflechten 246
  Spitze 120, 246
  Staatliche Kunsthandwerkszentren 12, 57, 246
  Tonwaren 115, 246, **246**
  Weben 105
Kunstmuseen, *siehe Museen*
Kupfer 150, 225, 226
Kykkos-Kloster 74–75
Kypria-Festival 247
kypriaka 223
Kyrenia 45, 165–184, **166**, **168**
  Aktivitäten 169–170
  An- & Weiterreise 172–173
  Ausgehen 171–172
  Essen 165, 170–171
  Highlights 166, **166**
  Kinder 178
  Klima 165
  Reisezeit 165
  Schlafen 165, 217–219
  Sehenswertes 167–169
  Shoppen 172
  Spritztouren 179, **179**
  Stadtspaziergänge 170
  Strände 173–174
  Touristeninformation 172
  Unterhaltung 171–172
  Unterwegs vor Ort 170, 173
Kyrenia, Alter Hafen 6, 167, **6**
Kyrenia-Burg 167
Kyrenia-Gebirge 173–178
Kyrenia, Olivenfest in 24

L

Ladommatos, Andreas 248
Lady's Mile Beach 58
lahmacun 14, 38, 154, **15**
Lala Mustafa Paşa 191–192
Landesvorwahlen 19
Ländliches Dokumentar- & Trickfilmfest 24
Laneia 62
Lanitis Art Foundation 51
Lapidarium 160
Lapta 178
Lara-Strand 10, 96, **10**
Lara-(Vakıflar-)Strand 174
Larnaka 44, 107–128, **108**, **111**
  Aktivitäten 113
  An- & Weiterreise 116
  Ausgehen 114
  Essen 107, 113–114

Feste & Events 113
Geführte Touren 113
Geschichte 109
Highlights 108, **108**
Kinder 112
Klima 107
Radtouren 20, 114
Reisezeit 107
Schlafen 107, 213–214
Sehenswertes 109–113
Shoppen 115–116
Stadtspaziergänge 113
Spritztouren 119, **119**
Strände 117
Touristeninformation 116
Unterhaltung 115
Unterwegs vor Ort 116
Larnaka, Fort & Museum in 112
Larnaka, Musiksonntage in 113
Larnaka-Salzsee 117–118, 243
Latsi 100
Lazanias 151
Ledra-Palace-Hotel-Grenzübergang 131, 134–135, 155, 263
Ledrastraße, Grenzübergang in der 131, 134–135, 155, 263
Lefkara 120
Lefke 182
Lefkoşa, *siehe Nord-Nikosia*
Lefkosia 44, 129–152, **130**, **132**, **140**, **142**, **149**
  An- & Weiterreise 147–148
  Ausgehen 144–145
  Essen 129, 139–144
  Geschichte 130–131
  Highlights 130, **130**
  Kinder 145
  Klima 129
  Reisezeit 129
  Schlafen 129, 215–216
  Sehenswertes 131–139
  Shoppen 146–148
  Stadtspaziergänge 139, 140, **140**
  Touristeninformation 131, 139, 147
  Unterhaltung 145–147
  Unterwegs vor Ort 148
Lefkosia, Filmfest in 24
Leitungswasser 257
Lemesos 20, 43, 48–64, **50**, **52**, **248**
  Aktivitäten 49–51
  An- & Weiterreise 57–58, 58
  Ausgehen 55–56
  Essen 48, 53–55
  Feste & Events 53
  Geführte Touren 51–53
  Geschichte 49
  Highlights 50, **50**
  Kinder 145
  Klima 48

Reisezeit 48
Schlafen 48, 206–208
Sehenswertes 49–51
Shoppen 57
Spritztouren 59, **59**
Stadtspaziergänge 51–53
Strände 58–60
Touristeninformation 57
Unterhaltung 56–57
Unterwegs vor Ort 58
Lemesos, Internationales Musikfestival in 24, 251
Lemesos, Karneval in 23, 53
Lemesos Mini Zoo 55
Lemesos, Weinfest in 24, 53
Lesben 240, 258
Leventis-Stadtmuseum 134
Limassol (Limasol), *siehe* Lemesos
Limassol Marina 56
Limnitis-Yeşilirmak-Grenzübergang 182, 263
Liopetri 127
Literatur 252, *siehe auch* Bücher
Louma-Strand 128
Lythrodontas 151

M

Magic Dancing Water 127
Maheras-Kloster 150
Makarios III., Erzbischof 75–77, 232, 233
Makarios-Kulturstiftung 138
Makarios-Kulturzentrum 106
Makenzy-Strand 117
Makrides, Angelos 248
Makronissos-Gräber 121
Malerei 248–249, *siehe auch* Fresken, Ikonen, Kunst
Marathasa-Tal 72–78, 209–210
Marinas 20, 56
Märkte 160
Maroniten 180–181
Maßeinheiten 255
Mazotos Camel Park 112
Medizinische Versorgung 257, *siehe auch einzelne Orte*
Meereshöhlen 96, 126
Mehmetcik, Weintraubenfest in 24
Melanda-Strand 60
Mesaoria-Dörfer 151–152
Mevlevi-Orden 158
Mevlevi-Schrein-Museum 157–158
Meze 8, 39–40, 96, **3**, **8**
Mittelalterliche Burg (Lemesos) 51
Mittelaltermuseum (Lemesos) 49
Mobiltelefone 19, 259
Mönchsrobben 96, 244
Moni Timiou Stavrou 77–78
Morfou 181–182

Mosaiken 6, 85–87, 118, 138, 202, **7**, **248–249**
Moscheen 136
  Bayraktar-Moschee 139
  Große Moschee (Larnaka) 112
  Große Moschee (Lemesos) 51
  Hala Sultan Tekke 117
  Haydarpasha-Moschee 160
  Lala Mustafa Paşa 191–192
  Omeriye-Moschee 138
  Piri-Osman-Pascha-Moschee 182
  Selimiye-Moschee 155–157
Motorradfahren 263–265
Mountainbiking, *siehe* Radfahren
Mousio Theasis 20, 113
Moutoullas 74
Mufflons 100, 105, 243, 244
Multikulturalismus 239
Museen
  Agios-Georgios-Museum 90
  Archangelos-Ikonen 169
  Archäologisches Museum (Larnaka) 111
  Archäologisches Museum (Lemesos) 51
  Archäologisches Museum (Pafos) 90
  Archäologisches Museum (Polis) 100
  Archäologisches und Naturhistorisches Museum (Morfou) 182
  Barbareimuseum 160
  Byzantinisches Kunstmuseum (Lefkosia) 138
  Byzantinisches Museum (Kalopanayiotis) 74
  Byzantinisches Museum (Kykkos-Kloster) 74–75
  Byzantinisches Museum (Larnaka) 110
  Byzantinisches Museum (Pafos) 90
  Byzantinisches Museum (Pedoulas) 73
  Canbulat-Museum 192
  Derwisch-Pascha-Museum 158
  Ethnografisches Museum (Lefkosia) 138
  Ethnografisches Museum (Pafos) 90
  Fatsa-Wachsmuseum 120
  Fort & Museum (Larnaka) 112
  Haus des Hatzigeorgakis Kornesios 137
  Kourion-Museum 61
  Lanitis Art Foundation 51
  Lapidarium 160
  Leventis-Stadtmuseum 134
  Makarios-Kulturstiftung 138
  Makarios-Kulturzentrum 106
  Mevlevi-Schrein-Museum 157–158

Mittelaltermuseum (Lemesos) 49
Mousio Theasis 20, 113
Museum des Nationalen Kampfes 138
Museum für traditionelle Stickerei & Silberschmiedekunst 120
Namık-Kemal-Gefängnis 192
Natural Sea Sponge Exhibition Centre 55
Naturkundemuseum (Larnaka) 112
Naturkundemuseum (Pomos) 20, 103
Nicosia Municipal Arts Centre 133–134, 135
Panzyprisches Gymnasium 135–136
Pierides-Museum 110–111
Schiffswrackmuseum 168–169
Staatliche Galerie für Zeitgenössische Zyprische Kunst 136
Städtisches Kulturzentrum (Larnaka) 112
Thalassa-Meeresmuseum 121
Volkskunstmuseum (Deryneia) 127
Volkskunstmuseum (Fyti) 105
Volkskunstmuseum (Kyrenia) 169
Volkskunstmuseum (Pedoulas) 73
Zypern-Museum 131
Zyprisches Museum für Motorrad-Oldtimer 145
Zyprisches Weinmuseum 12, 51, **12**
Museum des Nationalen Kampfes 138
Musik 250, 251, **250–251**
  Aphroditefest (Pafos) 24, 90, 251
  Infos im Internet 223
  Internationales Musikfestival (Lemesos) 24
  Musikfestival (Bellapais) 23, 176, 251
  Musiksonntage (Larnaka) 113
  Paradise Jazz Festival 24, 251
  Sommernächte (Polis) 101
Musikfestival (Bellapais) 23, 176, 251

N

Nachhaltiger Tourismus 262
Namık-Kemal-Gefängnis 192
Nationalparks & Naturschutzgebiete 203, 241
Natural Sea Sponge Exhibition Centre 55
Naturkundemuseum (Larnaka) 112
Nekropole von Salamis 197
Nicosia Master Plan 10, 137
Nicosia Municipal Arts Centre 133–134, 135
Nikosia, *siehe* Lefkosia
Nikosia, Internationales Dokumentarfilmfest in 23
Nissi-Strand 121

Nord-Nikosia 9, 44, 153–164, **154**, **155**, **159**, 9
  Aktivitäten 158–159
  An- & Weiterreise 163–164
  Ausgehen 162
  Essen 153, 160–162
  Feste & Events 153
  Geschichte 155
  Highlights 154, **154**
  Kinder 161
  Klima 153
  Reisezeit 153
  Schlafen 153, 216–217
  Sehenswertes 155–160
  Shoppen 162
  Stadtspaziergänge 159, **159**
  Touristeninformation 163
  Unterhaltung 162
  Unterwegs vor Ort 164
Notfälle 19
  Sprache 270, 274

O

Octopus Aqua Park 178
Öffnungszeiten 257
Ökotourismus, *siehe* Agrotourismus
Olivenfest (Kyrenia) 24
Olivenmühle von „Paphitaina" 83
Olympos 8, 68, 69
Omeriye-Hamam 10, 138, **11**
Omeriye-Moschee 138
Omodos 9, 77–78, **9**
Orangen 181
Orchideen 170, 242
Orounda 151
Orthodoxe Agios-Mamas-Kirche 182
Ostern 23
Ostrich Wonderland Theme Park 145
Othelloturm 190–191

P

Pachyammos 104
Pafos 44, 84–106, **86**, **88**, **91**
  Aktivitäten 90, 94
  An- & Weiterreise 94–95
  Ausgehen 93–94
  Essen 84, 91–93
  Feste & Events 90–91
  Highlights 86, **86**
  Kinder 93, 94
  Klima 84
  Reisezeit 84
  Schlafen 84, 210–212

000 Verweise auf Karten
000 Verweise auf Fotos

Sehenswertes 85–90
Spritztouren 99, **99**
Strände 92
Touristeninformation 94
Unterhaltung 94
Unterwegs vor Ort 85, 95
Pafos, Aphroditefest in 24, 90, 251
Pafos, Archäologischer Park von 6, 85, **7**, **22**
Pafos Bird Park 93
Pafos, Burg von 89–90
Pafos Marina 20, 95
Pafos, Mosaiken von 85–87
Paintball 25, 28
Palast des Erzbischofs **235**
Paläste (Felsformationen) 126
Palm Beach 192
Panagia-Absinthiotissa-Kloster 177–178
Panagia Asomatos 203
Panagia Chrysaliniotissa 138–139
Panagia Forviotissa 79–80
Panagia Khrysiotissa 203
Panagia Theotokos 79
Panagia tis Podithou 79
Panagia tou Araka 82
Panagia tou Moutalla 74
Panayiotou, Christodoulous 249
Pano Akourdalia 97
Pano Panagia 106
Panzyprisches Gymnasium 135–136
Paradise Jazz Festival 24, 251
Paragliding 170
Paralimni 126
Parko Paliasto 123
Paulussäule 88
Pedoulas 72–73
Pera 151
Perdios, Kypros 249
Peristerona 151
Perivolia 117, 118
Pernera 128
Petra tou Romiou 13, 61, **2–3**, **13**
Pflanzen 106, 241–243, *siehe auch* Blumen
Picknickplätze 68, 77, 98, 100, 104, 106, 126, 152
Pide 14, 22, 38, 154, **15**
Pierides-Museum 110–111
Pierides, Theodosis 252
Pissouri-Bucht & -Dorf 60–61
Pitsylia 80
Planung, *siehe* Reiseplanung
Plateia Eleftherias (Lefkosia) 20, 136
Platres 70–72, 208–209
Polis 98–102, **101**
Polis, Sommernächte in 101
Politik 222, 223
Polizei 19

Pomos 103–104
Post 257–258
Potima 20, 95
Preise, *siehe* Kosten
Privatzimmer *(domatia)* 205, *siehe auch* einzelne Orte
Prodromos 76
Protaras 127–128
Pyla 127

R

Radfahren 27, 69, 265–266, **31**, **32**
  Geführte Touren 20, 101, 114
Radio 255
Rauchen 255
Rechtsfragen 258
Reisepässe 261, *siehe auch* Visa
Reiseplanung
  Budget 18
  Infos im Internet 19
  Kinder 41–42
  Regionen 43–45
  Reiserouten 33–36, **33**, **34**, **35**, **36**
  Reisezeit 18, 23–24, 206
  Veranstaltungskalender 23–24
  Wiederkehrende Besucher 20
Reiserouten 33–36, **33**, **34**, **35**, **36**
Reiseschecks 256
Reisezeit 18, 23–24, 206
Reiten 25, 28, 60, 69, 100, 127–128
Religion 181, 223, 239–240
Restaurants 39, 40, 96, 97, 254, *siehe auch* Essen
Richard Löwenherz 49, 78, 167, 177, 201, 229
Roccas-Bastion 137
Roudhias-Brücke 77

S

Salamis 16, 195–197, **196**, **16**, **227**, **247**
Santa Marina Retreat 55
Saranta-Kolones-Festung 87
Savva, Christofors 248
Savvides, Andreas 249
Schattenpuppentheater 161, 247
Schiffsreisen 263, 267
Schiffswrackmuseum 168–169
Schiffswracks 11, 25–26
Schildkröten 10, 96, 174, 201, 244
Schlangen 195, 244
Schnorcheln 26, *siehe auch* Tauchen
Schwefelquellen 73, 77
Schwule 240, 258
Selimiye-Moschee 155–157
Senioren 254
Sfikas, George 249

Shacolas-Tower-Observatorium 135
Shoppen 12, *siehe auch einzelne Orte*
   Öffnungszeiten 257
   Sprache 270, 274–275
Sicherheit 223, 258, *siehe auch* Notfälle
   Abzocke 258
   Straßenverkehr 258, 264
Sihapi 202
Silver Beach 194
Silvester 24
Skifahren 28, 69
Skoutari-Strand 128
Solar Car Challenge 20, 91
Solea-Tal 78–80, 210
Soloi 182–183
Sotira 127
souvla 240
Spanos, Leonidas 249
Spas 22
Spilia 83
Spitze 120, 246
Sport 146
Sprache 18, 223, 268–276
   Essen 268–270, 273–274
   Getränke 270
   Griechisch 268–272
   Namen 170, 239
   Türkisch 273–276
Spritztouren
   Famagusta (Mağusa) & die Karpaz-(Kırpaşa-)Halbinsel 199, **199**
   Kyrenia (Girne) & die Nordküste 179, **179**
   Larnaka & der Osten 119, **119**
   Lemesos & die Südküste 59, **59**
   Pafos & der Westen 99, **99**
   Troodos-Gebirge 76, 81, **76**, **81**
Staatliche Galerie für Zeitgenössische Zyprische Kunst 136
Staatliche Kunsthandwerkszentren 12, 57, 246
Städtisches Kulturzentrum (Larnaka) 112
Stadtspaziergänge
   Kyrenia (Girne) & die Nordküste 170
   Lefkosia (Nikosia) 139, 140, **140**
   Lemesos & die Südküste 51–53
   Nord-Nikosia (Lefkoşa) 159, **159**
Stavros tou Agiasmati 82
Stavros tis Psokas 104–105
Stavrovouni-Kloster 118
Stavrovounis, Vater Kallinikos 249
Stehpaddeln 27
St.-Hilarion-Burg 14, 175–176, **14**
St.-Hilarion-Kohl 242
St.-Hilarion-Weingut 22

Strände 21, 240, *siehe auch einzelne Orte*
   Agia-Triada-Strand 128
   Agios-Georgios-Strand 96
   Agios-Philon-Strand 201
   Alagadi-(Schildkröten-)Strand 174
   Alykes-Strand 92
   Aphroditefelsen & -strand 13, 61, **2**, **13**
   Asmalı-Strand 180
   Avdimou-Strand 60
   Bafra-Strand 194–195
   Bediz-Strand 194
   Çatalköy-Strand 174
   Faros-Strand 92
   Feigenbaumbucht 128
   Finikoudes-Strand 117
   Glapsides-Strand 192
   Golden Beach (Nangomi-Bucht) 200–201
   Governor's Beach 58
   Kap Kiti 117
   Kermia-Strand 121–122
   Kissonerga-Bucht 92
   Konnos-Strand 122
   Kourion-Strand 16, 58
   Kumyali-(Koma-Tou-Gialou-)Strand 200
   Lady's Mile Beach 58
   Lara-Strand 10, 96, **10**
   Lara-(Vakıflar-)Strand 174
   Louma-Strand 128
   Makenzy-Strand 117
   Melanda-Strand 60
   Nissi-Strand 121
   Palm Beach 192
   Perivolia 117
   Pernera-Strand 128
   Petra tou Romiou 13, 61, **2**, **13**
   Polis 100
   Protaras 128
   Silver Beach 194
   Skoutari-Strand 128
   Vrysi-(Acapulco-)Strand 174
   Vrysoudia-Strand 92
   Yedidalga Belediyesi Plaji 180
Strom 258

T
taksim 75, 232
Tamassos 149–150
Tanz 13, 250–251, **13**, **245**, **250**
Tanzende Derwische 158
Tauchen 11, 25, 25–26, 90, 123–124, 169–170, **11**, **29**
Taxis 266–267
Teilung 231–235, 238–239
Telefon 259
Telefonkarten 259

Tenta (Kalavasos) 120
Thalassa-Meeresmuseum 121
Theater 57, 146, 247
Themenparks
   Aphrodite Waterpark 93
   Fasouria Watermania 55
   Octopus Aqua Park 178
   Ostrich Wonderland Theme Park 145
   Pafos Bird Park 93
   Water World 122–123
Throni-Schrein 77
Tiere 243–244, *siehe auch* Vögel, Vogelbeobachtung
   Esel 17, 60, 69, 173, 200, 243–244, **17**
   Insekten 71
   Kraken 26
   Mönchsrobben 96, 244
   Mufflons 100, 243, 244
   Schildkröten 10, 96, 174, 201, 244
   Schlangen 195, 244
Toiletten 259
Tonwaren 115, 246, **246**
Toumazis, Yiannis 135
Touristeninformation 259–260, *siehe auch einzelne Orte*
Trampen 267
Treis Elies 77
Trekking, *siehe* Wandern
Trinkgeld 256–257
Trinkwasser 257
TRNZ 235
Trockenheit 243
Trooditissa-Kloster 76
Troodos 68–70, 208
Troodos, Byzantinische Kirchen 14, 72, **14**
Troodos-Gebirge 8, 43, 65–83, **66–67**, **8**, **30**
   Aktivitäten 68–70, 71, 77, 80, 243
   An- & Weiterreise 70, 71–72, 73, 79, 80
   Essen 65, 70, 71, 73, 78–79, 82
   Geschichte 68
   Highlights 66, **66–67**
   Kinder 69
   Klima 65
   Reisezeit 65
   Schlafen 65, 208
   Sehenswertes 68–70, 71, 73–74, 80–82
   Shoppen 80–82
   Spritztouren 76, 81, **76**, **81**
   Touristeninformation 71
   Unterwegs vor Ort 70
   Wandern 8, 69–70
Troodos-Lotwurz 242

TV 255
Tylliria 103–106, 213

U

Umweltthemen 183, 203, 241, 242–243, 262
Unesco-Welterbestätten
  Agios-Ioannis-Lampadistis-Kloster 73–74
  Agios Nikolaos tis Stegis 79
  Archangelos Michail 73
  Byzantinische Kirchen (Troodos) 14, 72, **14**
  Choirokoitia 13, 118–120, **13**
  Kirche der Verklärung des Erlösers 83
  Königsgräber 87–88
  Panagia Forviotissa 79
  Panagia tis Podithou 79
  Panagia tou Araka 82
  Panagia tou Moutalla 74
  Stavros tou Agiasmati 82
  Timios-Stavros-Kirche 82
Unterkunft 204–220, *siehe auch einzelne Orte*
  Agrotourismus 205, 244
  Apartmenthotels 206
  Camping 205
  Hotels 205–206
  Infos im Internet 205, 207
  Kosten 204
  Privatzimmer *(domatia)* 205
  Reisezeit 206
  Sprache 271, 275
  Villen 206
Unterwegs auf Zypern 263–267

V

Varosia 191
Vegetarier 37, 38
Venezianische Festungsmauer (Famagusta) 190
Venezianische Festungsmauer (Lefkosia) 134
Verantwortungsvoller Tourismus 262
Verkehrsregeln 258, 264
Versicherung 260
  Auto 264, 265
  Gesundheit 257
  Reise 257
Viertageslauf 24
Villen 206
Visa 19, 260, *siehe auch* Reisepässe
Vögel 69, 73, 93, 117, 243
Vogelbeobachtung 69, 170, 192, 243
Volkskunst, *siehe* Kunsthandwerk
Volkskunstmuseum (Deryneia) 127
Volkskunstmuseum (Fyti) 105
Volkskunstmuseum (Kyrenia) 169
Volkskunstmuseum (Pedoulas) 73
Vorwahlen 19, 259
Vouni 183–184
Vouni-Eselpark 17, 60, **17**
Vrysi-(Acapulco-)Strand 174
Vrysoudia-Strand 92

W

Währung 18, 223, 256–257
Wandern 25, 27–28, **32**
  Akamas-Halbinsel 98
  Aphrodite-Wanderweg 98, **31**
  Artemis-Wanderweg 69
  Atalante-Wanderweg 70
  Europäischer Fernwanderweg E4 77
  Kap Greco 126
  Kyrenia-Gebirge 173
  Persephone-Wanderweg 69
  Pitsylia 80
  Troodos-Gebirge 8, 69–70, **8**
  Tylliria 105
Wandmalereien 82
Wasserfälle 73
Wasserknappheit 243
Wasserparks, *siehe* Themenparks
Water World 122–123
Weben 105
Wechselkurse 19
Wein 22, 82
Commandaria 78
krasohoria 9, 68, 77, **9**
Spritztouren 81, 99, **81**, **99**
Weinfest (Lemesos) 24, 53
Weingüter 9, 22, 59, 78, 81, **9**
Weintraubenfest (Mehmetcik) 24
Zyprisches Weinmuseum 12, 51, **12**
Weinfest (Lemesos) 24, 53
Weintraubenfest (Mehmetcik) 24
Westliches Troodos-Gebirge 213
Wetter 18, 23–24, 257, *siehe auch einzelne Orte*
Wiedervereinigung 234, 236
Wildblumen, *siehe* Blumen
Windsurfen 11, 25, 26, 58, 117, **11**, **29**
Wirtschaft 222–223

X

Xyliatos-Damm 152
Xylofagou 127

Y

Yasin, Nese 252
Yavuz-Çıkarma-(Fünf-Meilen-)Strand 173–174
Yedidalga Belediyesi Plaji 180
Yenierenköy 202
Yiaskouris-Weingut 78
Yoga 113

Z

Zafer Burnu 203
Zederntal 106
Zeit 260
Zeitungen 255
Zollbestimmungen 162, 260, 263, 264, 265
Zoos 55
Zypern-Krokus 242
Zypern-Museum 131–132
Zypern-Tulpe 242
Zyprisches Museum für Motorrad-Oldtimer 145
Zyprisches Weinmuseum 12, 51, **12**

000 Verweise auf Karten
000 Verweise auf Fotos

Auf einen Blick

Folgende Symbole helfen sich im Verzeichnis zurechtzufinden:

- 👁 Sehenswertes
- 🏖 Strände
- 🏃 Aktivitäten
- 🎓 Kurse
- 👉 Touren
- 🎉 Festivals & Events
- 🛏 Schlafen
- 🍴 Essen
- 🍺 Ausgehen
- ⭐ Unterhaltung
- 🛍 Shoppen
- ℹ Praktisches/Transport

Empfehlungen von Lonely Planet:

- **LP TIPP** Das empfiehlt unser Autor
- **GRATIS** Hier bezahlt man nichts
- Nachhaltig und umweltverträglich

Für die Sehenswürdigkeiten, Unterkünfte, Organisationen und Restaurants mit diesen Symbolen ist Verantwortungsbewusstsein nicht nur eine Marketingfloskel, deshalb wurden sie von den Lonely Planet Autoren ausgewählt. Sie unterstützen z. B. lokale Erzeuger, haben vor allem regionale Produkte auf ihrer Speisekarte oder setzen sich für die Erhaltung der Umwelt ein.

Weitere hilfreiche Symbole:

- ☎ Telefonnummer
- ⊙ Öffnungszeiten
- P Parkmöglichkeiten
- ⊖ Nichtraucher
- ❄ Klimaanlage
- @ Internetzugang
- 🛜 WLAN
- 🏊 Swimmingpool
- 🥗 Vegetarisches Angebot
- 📖 Englische Speisekarte
- 👪 Familienfreundlich
- 🐾 Tierlieb
- 🚌 Bus
- ⛴ Fähre
- Ⓜ Metro
- Ⓢ U-Bahn
- ⊖ London Tube
- 🚆 Straßenbahn
- Ⓡ Zug

Die Einträge unter „Schlafen", „Essen" usw. sind nach den Vorlieben der Autoren geordnet.

Kartenlegende

Sehenswertes
- Strand
- Buddhistisch
- Burg/Festung
- Christlich
- Hinduistisch
- Islamisch
- Jüdisch
- Denkmal
- Museum/Galerie
- Ruine
- Weingut/Weinberg
- Zoo
- Noch mehr Sehenswertes

Aktivitäten, Kurse & Touren
- Tauchen/Schnorcheln
- Kanu-/Kajakfahren
- Skifahren
- Surfen
- Schwimmen/Pool
- Wandern
- Windsurfen
- Noch mehr Aktivitäten/Kurse/Touren

Schlafen
- Hotel/Pension
- Camping

Essen
- Restaurant

Ausgehen
- Bar/Kneipe
- Café

Unterhaltung
- Theater/Museum

Shoppen
- Geschäft

Praktisches
- Postamt
- Touristeninformation

Transport
- Flughafen
- Grenzübergang
- Bus
- Seilbahn
- Fahrradweg
- Fähre
- Metro
- Eisenbahn eingleisig
- Parkplatz
- S-Bahn
- Taxi
- Eisenbahn
- Straßenbahn
- Tube Station
- U-Bahn
- Anderes Verkehrsmittel

Verkehrswege
- Mautstraße
- Autobahn
- Hauptstraße
- Landstraße
- Verbindungsstraße
- Sonstige Straße
- Unbefestigte Straße
- Platz/Fußgängerzone
- Stufen
- Tunnel
- Fußgängerbrücke
- Wanderung
- Wanderung mit Abstecher
- Pfad

Grenzen
- Internationale Grenze
- Bundesstaatengrenze/Provinzgrenze
- Umstrittene Grenze
- Regionale Grenze/Vorortgrenze
- Meerespark
- Klippen
- Mauer

Städte
- Hauptstadt
- Landeshauptstadt
- Großstadt
- Ort/Dorf

Landschaften
- Hütte
- Leuchtturm
- Aussichtspunkt
- Berg/Vulkan
- Oase
- Park
- Pass
- Raststelle
- Wasserfall

Gewässer
- Fluss/Bach
- Periodischer Fluss
- Sumpf/Mangrove
- Riff
- Kanal
- Wasser
- Trocken-/Salz-/Periodischer See
- Gletscher

Gebietsformen
- Strand/Wüste
- Christlicher Friedhof
- Weiterer Friedhof
- Park/Wald
- Sportanlage
- Sehenswerte Bebauung
- Highlights (Bebauung)

DIE LONELY PLANET STORY

Ein uraltes Auto, ein paar Dollar in den Hosentaschen und Abenteuerlust, mehr brauchten Tony und Maureen Wheeler nicht, als sie 1972 zu der Reise ihres Lebens aufbrachen. Diese führte sie quer durch Europa und Asien bis nach Australien. Nach mehreren Monaten kehrten sie zurück – pleite, aber glücklich –, setzten sich an ihren Küchentisch und verfassten ihren ersten Reiseführer *Across Asia on the Cheap*. Binnen einer Woche verkauften sie 1500 Bücher und Lonely Planet war geboren. Seit 2011 ist BBC Worldwide der alleinige Inhaber von Lonely Planet. Der Verlag unterhält Büros in Melbourne (Australien), London und Oakland (USA) mit über 600 Mitarbeitern und Autoren. Sie alle teilen Tonys Überzeugung, dass ein guter Reiseführer drei Dinge tun sollte: informieren, bilden und unterhalten.

UNSERE AUTOREN

Josephine Quintero

Hauptautorin; Lemesos & die Südküste, Pafos & der Westen, Lefkosia, Nord-Nikosia Josephine war schon oft auf Zypern und wird jedes Mal von Neuem überrascht. Eins bleibt jedoch immer gleich: die aufrichtige Freundlichkeit der Zyprer auf beiden Seiten der Grünen Linie. Highlight dieser Reise waren für sie die Kaffeepausen in den schlichten Dorftavernen der Akamas-Höhen, wo sie mit den Einheimischen (und mit dem Dorfpriester) plauschte. Besonders ergreifend fand sie die Kunstwerke in den Museen von Lefkosia und die byzantinischen Kirchen. Außerdem hat sie den unwiderstehlichen Reiz traditioneller Meze-Gerichte wiederentdeckt, vor allem in Verbindung mit einem Wein von einer der Winzereien im Troodos-Gebirge, deren Zahl immer weiter steigt.

Mehr zu Josephine unter:
lonelyplanet.com/members/josephinequintero

Matthew Charles

Troodos-Gebirge, Larnaka & der Osten, Kyrenia & die Nordküste, Famagusta & die Karpaz-Halbinsel Matthew reiste erstmals 1997 nach Zypern, um seine Wurzeln in Pafos zu ergründen. Er verliebte sich in die Insel und blieb vier Jahre, bevor er in sein Geburtsland Australien zurückkehrte. Seither hat er Zypern immer wieder besucht und Larnaka ist ihm eine zweite Heimat geworden. Wenn er nicht gerade Reiseführer für Lonely Planet verfasst, schmiedet er – mit einem Frappé in der Hand am Strand liegend – Pläne oder spielt in der Sonne Basketball.

Mehr zu Matthew unter:
lonelyplanet.com/members/matthewcharles

Lonely Planet Publications,
Locked Bag 1, Footscray, Melbourne, Victoria 3011, Australia
Verlag der deutschen Ausgabe: MAIRDUMONT,
Marco-Polo-Straße 1, 73760 Ostfildern, www.mairdumont.com, lonelyplanet@mairdumont.com
Chefredakteurin deutsche Ausgabe: Birgit Borowski
Übersetzung: Julie Bacher, Anne Cappel, Britt Maaß, Katja Weber
Redaktion: Meike Etmann, Isabelle Oster
(Verlagsbüro Wais & Partner, Stuttgart)
Mitarbeit: Maria Onken
Technischer Support: Primustype, Notzingen

Obwohl die Autoren und Lonely Planet alle Anstrengungen bei der Recherche und bei der Produktion dieses Reiseführers unternommen haben, können wir keine Garantie für die Richtigkeit und Vollständigkeit dieses Inhalts geben. Deswegen können wir auch keine Haftung für eventuell entstandenen Schaden übernehmen.

Zypern
1. deutsche Auflage September 2012, übersetzt von *Cyprus 5th edition*, März 2012, Lonely Planet Publications Pty
Deutsche Ausgabe © Lonely Planet Publications Pty, September 2012, Fotos © wie angegeben 2012
Printed in China

Alle Rechte vorbehalten. Das Werk einschließlich aller seiner Teile ist urheberrechtlich geschützt und darf weder kopiert, vervielfältigt, nachgeahmt oder in anderen Medien gespeichert werden, noch darf es in irgendeiner Form oder mit irgendwelchen Mitteln – elektronisch, mechanisch oder in irgendeiner anderen Weise – weiter verarbeitet werden. Es ist nicht gestattet, auch nur Teile dieser Publikation zu verkaufen oder zu vermitteln, ohne schriftliche Genehmigung des Herausgebers.

Lonely Planet und das Lonely Planet Logo sind eingetragene Marken von Lonely Planet und sind im US-Patentamt sowie in Markenbüros in anderen Ländern registriert.

Lonely Planet gestattet den Gebrauch seines Namens oder seines Logos durch kommerzielle Unternehmen wie Einzelhändler, Restaurants oder Hotels nicht. Informieren Sie uns im Fall von Missbrauch: www.lonelyplanet.com/ip.